Aprendendo
TRIBUTÁRIO

Pedro Barretto

Aprendendo TRIBUTÁRIO

Dicas para Provas de Concursos e Exame de Ordem

Expediente

Fundador	Italo Amadio (*in memoriam*)
Diretora Editorial	Katia Amadio
Editoras	Janaína Batista
	Mayara Sobrane
Editora Assistente	Mônica Ibiapino
Projeto Gráfico	Sergio A. Pereira
Diagramação	Sheila Fahl/Projeto e Imagem

Dados Internacionais de Catalogação na Publicação (CIP)
Angélica Ilacqua CRB-8/7057

Barretto, Pedro
   Aprendendo tributário : dicas para provas de concursos e exame de ordem / Pedro Barretto. – 2. ed. – São Paulo : Rideel, 2021.

   ISBN 978-65-5738-220-2

   1. Direito tributário 2. Ordem dos Advogados do Brasil - Exames I. Título

21-0734

CDD 343.8104
CDU 343.04(079.1)

Índice para catálogo sistemático:
1. Direito tributário - Concursos

© Copyright – Todos os direitos reservados à

EDITORA AFILIADA

Av. Casa Verde, 455 – Casa Verde
CEP 02519-000 – São Paulo – SP
e-mail: sac@rideel.com.br
www.editorarideel.com.br

Proibida a reprodução total ou parcial desta obra, por qualquer meio ou processo, especialmente gráfico, fotográfico, fonográfico, videográfico, internet. Essas proibições aplicam-se também às características de editoração da obra. A violação dos direitos autorais é punível como crime (art. 184 e parágrafos, do Código Penal), com pena de prisão e multa, conjuntamente com busca e apreensão e indenizações diversas (artigos 102, 103, parágrafo único, 104, 105, 106 e 107, incisos I, II e III, da Lei nº 9.610, de 19/02/1998, Lei dos Direitos Autorais).

1 3 5 7 9 8 6 4 2
0221

APRESENTAÇÃO DA OBRA

Estimados alunos e alunas, queridos leitores!

O presente livro tem por objetivo ensinar o Direito Tributário a cada um de vocês, com linguagem simples e de fácil compreensão, de modo que a leitura seja prazerosa, atraente e não se faça cansativa. Assim, permite-se que vocês, ao avançarem na leitura desta obra, capítulo a capítulo, possam ter a sensação concreta de que realmente estão APRENDENDO TRIBUTÁRIO. Aprendendo DE VERDADE.

Com a experiência de quase vinte anos lecionando diariamente em Cursos Preparatórios para Concursos Públicos e para a Prova do Exame de Ordem, já tendo realizado mais de 1.000 palestras, aulões e treinamentos (em mais de 200 cidades diferentes, incluindo todas as regiões do Brasil), procurei escrever esta obra adotando a LINGUAGEM DO CONCURSEIRO. Escrevendo da maneira como falamos em sala de aula, naquelas aulas de alto nível, que são do agrado desse perfil de público. Nesse linear, peço vênia à Academia, pois o livro não se edifica sob o perfil formal que normalmente se adota nas escritas de Manuais e Cursos. Optamos pela substituição da linguagem rebuscada e do uso excessivo de uma retórica sofisticada para buscarmos ao máximo uma conexão eficiente com a mente desse perfil de leitor, que quer ler e entender de forma segura, rápida e eficaz, aprendendo e dominando a informação que será passada com o devido aprofundamento, responsabilidade e, acima de tudo, DIRECIONAMENTO PARA QUEM ESTUDA PARA REALIZAR PROVAS.

Procurei, como Professor Escritor, ser menos "filosófico" e mais pragmático, objetivo, transmitindo o ensinamento sem rodeios e floreios, falando na sua língua diretamente para você, que sonha com a sua aprovação, que luta contra o tempo e faz o máximo para ver seu tempo ser aproveitado de forma adequada. Você que dorme estafado em cima dos livros, que esgota caixas de canetas marca-textos sublinhando a legislação. Você que acorda com o despertador para estudar antes de o dia amanhecer, que já manchou muitas páginas de caderno com o café derramado em razão da estafa de tanto estudar. Você que ESTÁ LUTANDO PELO SONHO DE SER APROVADO. É PARA VOCÊ que escrevi esta obra e é com a sua mente que quero me conectar por meio desta escrita.

Penso que vocês gostarão. Espero ajudar na caminhada e mostrar a cada um o quão fácil é APRENDER TRIBUTÁRIO.

Desejo as melhores energias e sensações possíveis, irradio vibrações positivas e fico aguardando os comentários pelas minhas redes sociais, especialmente pelo Instagram de uso pessoal, @pedrobarrettoportalf3.

Forte abraço, os sinceros votos de sucesso e a lembrança daquele mantra que sempre abraçamos nas aulas: "o meu melhor somado ao seu melhor nos levarão a um resultado extraordinário!".

Desfrutem da obra, pessoal!

Com o carinho de sempre,
Professor Pedro Barretto ("PB").

SOBRE O AUTOR

PEDRO BARRETTO

Advogado, Mestre em Direito, com MBA/Direito Tributário, triplamente Pós-Graduado, *Master Coach* profissional, autor de diversas publicações jurídicas e fundador do Portal F3.

SUMÁRIO

CAPÍTULO 1 – PODER DE TRIBUTAR E A TEORIA GERAL DOS TRIBUTOS 1
 1. Poder de tributar 3
 2. O tributo 6

CAPÍTULO 2 – O SISTEMA TRIBUTÁRIO NACIONAL 25

CAPÍTULO 3 – DIREITOS HUMANOS, DIREITOS FUNDAMENTAIS DO CONTRIBUINTE, A CONSTITUIÇÃO DE 1988 E O SISTEMA TRIBUTÁRIO NACIONAL 37

CAPÍTULO 4 – TEORIA GERAL DOS IMPOSTOS 57
 1. Teoria geral dos impostos 59
 2. Dos impostos residuais (art. 154, I, da CRFB/1988) e dos Impostos Extraordinários de Guerra – IEG (art. 154, II, da CRFB/1988) 73

CAPÍTULO 5 – IMPOSTOS MUNICIPAIS – I (IPTU E ITBI) 77
 1. Dos Impostos Municipais 79
  1.1. Do IPTU 79
 2. Do ITBI 84

CAPÍTULO 6 – IMPOSTOS MUNICIPAIS – II (ISS – PARTE 1) 93
 1. Do Imposto sobre Serviços de Qualquer Natureza (ISS – QN) 95

CAPÍTULO 7 – IMPOSTOS MUNICIPAIS – III (ISS – PARTE 2) 125
 1. ISS – II (sujeitos, alíquota, base de cálculo, lançamento) 127

CAPÍTULO 8 – IMPOSTOS ESTADUAIS – I (IPVA E ITCMD) 139
 1. IPVA 141
 2. ITCMD 145

CAPÍTULO 9 – IMPOSTOS ESTADUAIS – II (ICMS) 151

CAPÍTULO 10 – TAXAS E CONTRIBUIÇÕES DE MELHORIA 181
 1. Taxas e contribuições de melhoria. Características gerais comuns a ambas as espécies 183
 2. Contribuições de melhoria 187
 3. Taxas 189

CAPÍTULO 11 – EMPRÉSTIMOS COMPULSÓRIOS E CONTRIBUIÇÕES 205
 1. Empréstimos compulsórios 207
 2. Contribuições especiais 208

CAPÍTULO 12 – COMPETÊNCIA TRIBUTÁRIA 221

CAPÍTULO 13 – PRINCÍPIOS TRIBUTÁRIOS 233
CAPÍTULO 14 – IMUNIDADES TRIBUTÁRIAS – I: TEORIA GERAL DAS IMUNIDADES 307
1. Conceito e domínio do instituto 309
2. Teoria geral das imunidades 312
   2.1. Imunidades e institutos afins 312

CAPÍTULO 15 – IMUNIDADES TRIBUTÁRIAS – II: IMUNIDADES TRIBUTÁRIAS EM ESPÉCIE 325
1. Imunidades tributárias em espécie – parte I 327
   1.1. Imunidades esparsas na CRFB/1988 fora do art. 150, VI 327
2. Imunidades tributárias em espécie – parte II 348
   2.1. Imunidades do art. 150, VI, da CRFB/1988 348

CAPÍTULO 16 – RESERVA DE LEI COMPLEMENTAR 375
1. O direito tributário e as matérias que só podem ser normatizadas por lei complementar 377

CAPÍTULO 17 – RELAÇÃO JURÍDICA OBRIGACIONAL TRIBUTÁRIA 395
1. Obrigação principal e acessória 397

CAPÍTULO 18 – RESPONSABILIDADE TRIBUTÁRIA 403
CAPÍTULO 19 – CRÉDITO TRIBUTÁRIO – I 425
1. O crédito tributário 427

CAPÍTULO 20 – CRÉDITO TRIBUTÁRIO – II: SUSPENSÃO DA EXIGIBILIDADE – I 461
1. Teoria geral da suspensão da exigibilidade do crédito tributário 463

CAPÍTULO 21 – CRÉDITO TRIBUTÁRIO – III: SUSPENSÃO DA EXIGIBILIDADE – II 505
1. Primeiro bloco de "causas" de suspensão da exigibilidade do crédito tributário: acautelamento do exercício do direito do contraditório 507
   1.1. Noções iniciais 507
   1.2. Do depósito do montante integral em dinheiro 507

CAPÍTULO 22 – CRÉDITO TRIBUTÁRIO – IV: PRESCRIÇÃO E DECADÊNCIA ... 531
CAPÍTULO 23 – CRÉDITO TRIBUTÁRIO – V: EXCLUSÃO DO CRÉDITO E TEORIA DAS ISENÇÕES 547
1. Isenções fiscais 549

CAPÍTULO 24 – CRÉDITO TRIBUTÁRIO – VI: GARANTIAS E PRIVILÉGIOS DO CRÉDITO TRIBUTÁRIO 589
CAPÍTULO 25 – AÇÕES TRIBUTÁRIAS 595

CAPÍTULO 1

PODER DE TRIBUTAR E A TEORIA GERAL DOS TRIBUTOS

CAPÍTULO 1 – PODER DE TRIBUTAR E A TEORIA GERAL DOS TRIBUTOS

1. PODER DE TRIBUTAR

DICA 1: O QUE É O PODER DE TRIBUTAR?

O *Poder de Tributar* é o poder que o Estado exerce sobre a sociedade objetivando a captação dos recursos financeiros com os quais custeia a sua existência e a persecução das suas atividades-fim. É o *poder* pelo qual ele consegue auferir o capital que proporciona o financiamento das despesas que suporta quando age na execução das políticas públicas direcionadas para a concretude das suas finalidades existenciais.

DICA 2: OBJETO DO PODER DE TRIBUTAR

O *objeto* perseguido quando se exerce o *Poder de Tributar* é o **TRIBUTO,** prestação que se torna exigida quando o *poder* em comento é exercido. A arrecadação dos recursos financeiros buscados pelo Estado se materializa exatamente quando os destinatários do exercício do *Poder de Tributar* cumprem a exigência que lhes é imposta, fornecendo o capital exigido pela Estado. Tal prestação, como adiante se estudará com maior aprofundamento, é o **Tributo**, sem dúvidas, o *objeto do poder de tributar estatal.*

DICA 3: FINALIDADE DO PODER DE TRIBUTAR

A finalidade precípua do *Poder de Tributar* é a de proporcionar ao Estado a captação dos recursos financeiros com os quais se torna possível o custeio das despesas que hão de ser suportadas quando ele atua buscando efetivar tudo aquilo que dele se espera.

Isso posto, é possível depurar em dois quadrantes a *finalidade* do *Poder de Tributar*, estabelecendo, sem dificuldades, uma distinção entre aquela que pode ser apontada como a *finalidade imediata* (o fim primeiro) e aqueloutra passível de ser reconhecida como *finalidade mediata* (o fim último a ser alcançado, após e em razão de se ter concretizado a finalidade imediata). Nesse sentido, pode-se afirmar que *a finalidade imediata* perseguida com o exercício do *Poder de Tributar* é **a arrecadação dos recursos financeiros**; porquanto a *finalidade mediata* é a **viabilização da manutenção existencial do Estado e do custeio das despesas que suporta para efetivar a sua atividade-fim.**

Seguindo o raciocínio apresentado, não resta dúvida que a finalidade do *Poder de Tributar* é viabilizar, sob a óptica do custeio, a funcionalidade estatal, o que traduz a própria efetividade constitucional. De nada adiantaria que um povo instituísse um Estado, outorgasse a ele missões, e não proporcionasse a ele meios para captar os recursos com os quais custearia as despesas que precisariam ser suportadas na persecução dessas missões; se tornaria impossível obter efetividade na ideia pretendida; daí que não há Estado viável sem a arrecadação dos tributos, e, portanto, sem o exercício do *Poder de Tributar*.

DICA 4: TITULARIDADE, EXERCÍCIO E DESTINATÁRIO DO PODER DE TRIBUTAR

O **povo** é o legítimo *titular* do *Poder de Tributar*. Ao contrário do que alguns poderiam cogitar, a titularidade do *Poder Tributário* não é estatal, sendo do Estado apenas a legitimação para o seu exercício. O *Poder de Tributar*, como todo poder autônomo e reconhecido, pertence ao povo, seu legítimo e único dono. Todavia, assim como alguns demais Poderes, que se exercem sob o império estatal, o *Poder de Tributar* se perfila ao lado daqueles que realmente têm sua executoriedade conduzida pelos atos da Administração Pública, qualificando-se como um poder de *executoriedade estatal*. É poder do povo, mas quem exerce é o estado instituído por esse povo, como ocorre, rememoremos, com o *poder de punir* (o *ius puniendi*) e o *poder de polícia*. O povo não tributa, não exerce o poder ora em estudo, cabendo-lhe apenas, na qualidade de titular, autorizar o Estado a exercer, dentro dos limites e das condições que entenda por bem constitucionalmente estabelecer.

Por fim, perceba-se que, além de titular, *o povo é o próprio* **destinatário** *do Poder de Tributar*. Isso mesmo! É sobre o próprio povo que dito *poder* se exerce, sendo o tributo uma prestação que se exige, como regra, do próprio povo. Nessa toada, possível enxergar que o povo é titular e ao mesmo tempo destinatário desse poder que tem sua executoriedade capitaneada pelo Estado, seu exequente.

Nem poderia ser diferente. A lógica é simples: se um determinado povo institui seu Estado de Direito, entregando-lhe missões e exigindo o cumprimento das mesmas, cabe a esse próprio povo constituinte assumir o papel de custear esse Estado constituído, entregando-lhe os recursos com os quais sobreviverá e terá condições de cumprir as finalidades existenciais que justificaram sua criação. Daí que no próprio ato de Constituição (quando do exercício do poder constituinte) é natural que o povo organize um *sistema tributário* e legitime o Estado criado a exercer o *Poder de Tributar*, firmando-se, desde então, as normas cardeais que regulam e limitam seu exercício.

DICA 5: CARACTERÍSTICAS DO PODER DE TRIBUTAR

Entre as características de maior destaque à respeito do Poder de Tributar, importante citar três: primeiro, a *instrumentalidade*; em segunda monta, o fato de se apresentar como um *poder de império*; por fim, a sua *limitabilidade*. Analisemos.

CAPÍTULO 1 – PODER DE TRIBUTAR E A TEORIA GERAL DOS TRIBUTOS

Afirmar que o *Poder de Tributar* é um *poder instrumental* significa reconhecê-lo como um poder *meio*, que não se esgota em si mesmo, edificando-se como instrumento central a proporcionar que outros Poderes mais amplos se possam ver efetivados, quais sejam, os poderes de *administrar, legislar e de exercício da função jurisdicional*. Ou seja, é por meio do exercício do *Poder de Tributar* que se captam os recursos financeiros com os quais se custeia toda a existência (estrutura e funcionamento) das instituições Poder Executivo (e por via dele, o exercício do *poder de administrar*), Poder Legislativo (e a aplicabilidade do *poder de legislar*) e Poder Judiciário (e a concretude do *poder de aplicar a jurisdição*). Daí se enxergar no *Poder de Tributar* um poder **meio**, de caráter **instrumental**, que termina por ser serviente à viabilização da efetividade desses poderes de prospecção mais ampla.

Identificá-lo como **poder de império** significa reconhecer que quando ele está em exercício o que se tem em vigor é a aplicação da soberania estatal, edificada no alicerce da supremacia do interesse público. Não obstante sempre respaldada na soberania popular, não há dúvida de que é a soberania do Estado que impulsiona a executoriedade do *Poder de Tributar*. Diferentemente do que ocorre quando se analisa o *poder de contratar*, a *autonomia privada da vontade negocial*, a liberdade para a edificação de relações de trabalho, a liberdade para atos societários etc., em que a vontade privada e os interesses particulares são os pilares nodais, quando se analisa o *Poder de Tributar* se está diante de um poder sobre o qual recai a vontade estatal, a força do interesse público e, com eles, a força de império que emana dos atos da Administração Pública quando esta age no exercício de sua soberania e na persecução de seus interesses cardeais. É, portanto, o *Poder de Tributar* um *poder de império* revestido de todo o manto protetivo que o ordenamento jurídico despeja sobre os atos de império da Administração Pública.

Por fim, fundamental enxergar se tratar de um poder **sujeito a limitações**, o que não exclui a ideia de ser um *poder de império*, mas traz os devidos contornos que promovem a harmonização entre a voracidade do *ius imperii* e a necessidade de evitar desmandos e excessos que de forma arbitrária poderiam corromper a integridade de valores que são essenciais e caros aos seres humanos. Nesse compasso, o ordenamento jurídico estabelece uma série de instrumentos limitadores que impõem freios ao exercício do *Poder de Tributar*, buscando-se, por meio de tais ferramentas de contenção, sedimentar um sistema equilibrado em que se preserva, de um lado, a supremacia do interesse público, sem deixar de proteger, do outro lado, os valores essenciais aos seres humanos.

Quanto a tais limitações, as mesmas serão estudadas minuciosamente mais adiante na presente obra, quando nos debruçarmos sobre o tema dos *Princípios Tributários* e das *Imunidades Tributárias*, institutos que são exatamente os veículos limitadores do exercício do *Poder de Tributar*.

2. O TRIBUTO

DICA 6: NOÇÕES INICIAIS SOBRE O TRIBUTO

O **TRIBUTO**, como supramencionado, é o *objeto* sobre o qual recai o exercício do *Poder de Tributar* e para o qual converge sua finalidade imediata. É a prestação que se exige das pessoas sobre as quais o Estado exerce o referido poder, exatamente quando o aludido *poder* está em exercício. Essa prestação é por essência uma prestação de natureza pecuniária e a submissão a sua exigência significa o dever de entregar recursos financeiros aos cofres públicos. O *tributo* é algo que quando nos é exigido impõe que disponibilizemos parte de nossas riquezas em prol do erário.

DICA 7: O TRIBUTO E INSTITUTOS AFINS

É importante registrar que nem tudo aquilo que pagamos ao Estado é *tributo*. Noutras palavras, é dizer que nem toda prestação pecuniária que o poder público nos exige é necessariamente um tributo. Ainda que o tributo seja, não há dúvidas, a mais importante das prestações pecuniárias que o Estado exige dos administrados, existem algumas outras que com ele não se confundem e que também se apresentam como prestações pecuniárias pagáveis aos cofres públicos. A título de exemplo, temos os *preços públicos*, as *penalidades pecuniárias* aplicadas fora do universo das relações tributárias (exemplo: multa de trânsito), as *indenizações* que particulares pagam ao poder público, bem como alguns emolumentos especiais exigidos no seio de algumas relações jurídicas reguladas pelo Direito Administrativo, como o *laudêmio, o foro* e a *taxa de ocupação*, que, apesar da resistência de parte da doutrina tributarista, não possuem natureza tributária.

Existem, portanto, alguns diferentes institutos jurídicos, distintos do *tributo*, disciplinados por regras próprias e sujeitos a regime jurídico diferente do tributário, e que também traduzem prestações pecuniárias que o Estado exige e que o administrado, quando sujeito a tal exigência, terá que pagar, entregando parte de seus recursos aos cofres públicos.

Nessa toada, de se concluir, portanto, que o *tributo* é espécie do gênero "prestações pecuniárias exigíveis pelo Estado e pagáveis aos cofres públicos", sendo, como bem frisado, a mais importante de todas elas, assumindo o papel decisivo de ser a fonte central de custeio das despesas públicas e da viabilidade estatal.

CAPÍTULO 1 – PODER DE TRIBUTAR E A TEORIA GERAL DOS TRIBUTOS

> **DICA 8: EXISTÊNCIA DE UM CONCEITO LEGAL DE TRIBUTO FIXADO NO ART. 3º DO CÓDIGO TRIBUTÁRIO NACIONAL**

No art. 3º do Código Tributário Nacional encontramos uma definição legal de tributo, apresentada pelo legislador. Em que pese a nossa particular restrição a tal medida (afinal, não é papel do legislador definir conceitos, cabendo à doutrina tal missão, especialmente para não engessar os conceitos, fossilizando-os face o passar do tempo), o conceito é aceito e vem servindo como parâmetro para que se possa mensurar com exatidão qual tipo de prestação pode ou não ser enquadrada como um "tributo", e, por assim ser, se sujeitar às normas de Direito Tributário, ficando, portanto, inserida na sujeição ao regime jurídico tributário.

Com base no conceito apontado, a prestação que se define como *tributo* possui <u>seis características cumulativas</u>. Ou seja, *para que possamos aceitar como "tributo", a prestação precisa ser dotada das seis qualidades exigidas no art. 3º do CTN*, não podendo faltar qualquer delas. A ausência de quaisquer dos caracteres apontados desnatura a prestação afastando a natureza tributária.

Indo além, de se perceber que *toda prestação* que vier a possuir as seis características cumulativamente, segundo o legislador, é tributo. Desse modo, a lei afirma que *tributo é toda prestação que exista e possua as seis características* mencionadas no dispositivo.

Tal definição, como dito, vem servindo como parâmetro para se apontar a ausência de natureza tributária de alguns institutos, que não possuem a globalidade dos caracteres indicados na lei. É o que ocorre com as multas, o pedágio, os preços públicos em geral, as indenizações etc.

Atualmente, apenas cinco prestações reúnem as seis características descritas no art. 3º, sendo, portanto, as cinco espécies de tributos atualmente contemplados na ordem vigente. Trata-se, como se verá adiante nessa obra, de *impostos, taxas, contribuições de melhoria, empréstimos compulsórios* e *contribuições especiais*.

> **DICA 9: O CONTEÚDO DO CONCEITO LEGAL DE TRIBUTO. AS SEIS CARACTERÍSTICAS**

Seguindo à risca a expressa previsão legal, ensina o art. 3º do CTN que o tributo é toda prestação que seja, ao mesmo tempo, *pecuniária* e *compulsória*, *em moeda ou cujo valor nela se possa exprimir*, *que não constitua sanção de ato ilícito*, *instituída em lei* e *cobrada mediante atividade administrativa plenamente vinculada*.

A primeira característica é a **_pecuniariedade_**, o que evidencia que tributo é algo que traduz riqueza, pecúnia, capital a ser disponibilizado para quem o exige. Nesse compasso, se afasta a ideia do tributo em *labor*, ensejando a velha parêmia de que *"tributo não se paga* in labore *por via de trabalho, mas sim entregando riqueza"*. O aspecto pecuniário denota que o adimplemento tributário se faz mediante cumprimento de **obrigação de dar,** e não **de fazer**; de **dar coisa certa**, acrescendo-se ainda que não pode ser "qualquer coisa". Via de regra, tributo se paga em dinheiro (moeda), podendo todavia se admitir, de forma excepcional e nos casos expressa e validamente autorizados por lei, o adimplemento em bens nos quais a moeda se possa exprimir (pagamento com uso de cheques – *títulos de crédito* –, pagamento mediante compensação de valores estampados em títulos da dívida pública – precatórios – ou ainda mediante procedimento especial de **dação de bens imóveis**, conforme autorizado pelo art. 156, XI, do CTN. O CTN faz ainda menção ao pagamento mediante uso de *selos e estampilhas* – art. 162, CTN).

A **_compulsoriedade_** é a segunda qualidade e impõe que a prestação tributária é exigível independentemente do consentimento do administrado. Na verdade, ensina que a formação da relação jurídica obrigacional tributária se dá sem que seja necessária a manifestação volitiva do sujeito passivo, não sendo necessário o seu consentimento para a construção do vínculo obrigacional, exatamente o oposto do que se dá em relação às relações jurídico-obrigacionais privadas, as quais erigem a partir do consenso. Para que surja a relação obrigacional tributária e se torne viável a exigência do tributo previsto em lei, basta que ocorra, no mundo dos fatos, a tipificação de uma hipótese legal de incidência da norma tributária; ocorrido o fato típico, materializada a hipótese de incidência, o tributo incide automaticamente e isso, por si só, já é suficiente para dar constituição à relação jurídico-obrigacional tributária, sendo irrelevante a análise da vontade do sujeito passivo, que fica inserido no contexto obrigacional por expresso mandamento legal.

Ser **_paga em moeda ou cujo valor se possa exprimir_** é a terceira característica do **tributo** e traduz exatamente o que se registrou linhas *in retro*, demonstrando que o pagamento deve, prioristicamente, se fazer em dinheiro (moeda), podendo a lei flexibilizar essa regra e admitir o adimplemento por alguns meios alternativos nos quais o dinheiro se possa exprimir, como o uso de cheques, selos, estampilhas, precatórios e bens imóveis cedidos em procedimento de dação imobiliária em pagamento legalmente regulamentado.

A quarta característica vem no sentido de que o tributo **_não constitui sanção por ato ilícito_**, o que evidencia que quando alguém pratica um ato ilícito, transgredindo as normas postas, não é o tributo o instrumento pelo qual o Estado atua no exercício do *poder de punir* para repreender a conduta ilícita. Para sancionar atos ilícitos, o poder público se vale de outros institutos disponibilizados

CAPÍTULO 1 – PODER DE TRIBUTAR E A TEORIA GERAL DOS TRIBUTOS

pelo ordenamento jurídico, como as sanções, as penas, nas suas mais variadas gamas de prospecção. O tributo tem como nexo causal de sua incidência condutas lícitas e quando exigida sua imposição nãos e dá como modo de sancionar um comportamento violador das normas jurídicas. Tributo não é, a toda evidência, uma sanção por ato ilícito, ainda que quando se praticam atos ilícitos no caminho para a concretização das hipóteses de incidência dos tributos, tais sanções devem ser punidas, sendo as penalidades aplicadas aquelas previstas na legislação repressora, e não os tributos. Acresça-se, inclusive, que o fato de se praticarem condutas ilícitas (o que atrai SANÇÕES e não tributos) no percurso comportamental para a concretização de fatos típicos a atrair a incidência dos tributos (o que atrairá tributos) não impede que os tributos incidam. É que a ilicitude das condutas praticadas no caminho para se concretizar fatos geradores de obrigação tributária não pode impedir (e não impede) que o Estado possa regularmente exercer o seu *poder de tributar*. A ilicitude não interfere na tributação, merecendo ser punida por sua ocorrência e não obstando a tributação que se dá em razão da ocorrência do fato típico fiscal. É o que se depreende do clássico princípio do **NON OLET**, o qual será mais adiante aprofundado nesta obra quando tratarmos especificamente dos **princípios tributários**. Apenas a título ilustrativo, tome-se como exemplo a situação em que um traficante de drogas aliena com habitualidade substância psicotrópicas proibidas e aufere renda. Ele será punido pelo crime de tráfico (e não pelo fato de ter auferido renda) e será tributado porque auferiu renda (e não pela conduta de traficar); o nexo causal para a incidência do tributo é e aferição da renda e não a alienação habitual e volumosa de drogas. O tributo não foi e não é a sanção pelo ilícito, frise-se mais uma vez; a sanção pelo crime apontado será aquela prevista na legislação penal, a qual poderá ser aplicada sobre o criminoso após esgotado o devido processo legal no âmbito da jurisdição penal.

A quinta qualidade essencial e cumulativa do ***tributo*** é a que ensina que a prestação é ***instituída em lei***, nos reportando à regra basilar do **princípio da legalidade tributária** e sua ***cláusula da reserva legal***, também adiante estudadas minuciosamente no capítulo dos **princípios tributários**. Por via de tal característica, o que se quer deixar claro é que os particulares não possuem o poder de instituir tributos por contratos ou convenções particulares, assim como também não o podem os hermeneutas por via de processo interpretativo, nem os magistrados por via de indevida atuação em exercício de "legislação positiva" inventando tributos que não foram criados pelo Legislativo por meio de ***lei***, e, por fim, também não pode o Poder Executivo (ressalvada apenas a possibilidade de uso das Medidas Provisórias) instituir tributos por via de atos normativos secundários, como Decretos, Portarias, Instruções Normativas, Circulares etc. Tributo se cria por ***lei*** (em regra, lei ordinária, e excepcionalmente é necessário lei complementar), cabendo, de forma excepcional, em situações de relevância e urgência e quando a matéria não depende de lei complementar, uso das **medidas provisórias**, as quais possuem força de lei e devem ser convertidas em lei para que o ato normativo ganhe definitividade. Fato: medida provisória pode instituir tributos, ressalvados apenas os que dependem de lei complementar, quando então não caberá uso das MPs, já que a Constituição veda uso de medidas provisórias em matérias reservadas à lei complementar (art. 62, § 1º, III, da CRFB/1988).

Por fim, a sexta e última característica do **tributo** faz alusão ao procedimento administrativo com o qual a Administração Pública, credora, o cobra, que é o procedimento apelidado de **lançamento**. Tal procedimento se constitui em **atividade administrativa plenamente vinculada**, o que significa que a autoridade administrativa, quando constata a ocorrência do fato típico, gerador da relação tributária, e percebe que ela **deve lançar**, não lhe sendo facultado valorar se é conveniente ou oportuno o lançamento; trata-se de **atividade vinculada**, não cabendo enquadrar o ato como discricionário; o lançamento **deve ser feito,** e tal obrigatoriedade denota o caráter vinculado da cobrança. Indo adiante, oportuno lembrar que além de ser obrigatória a cobrança é também obrigado o agente público responsável por seu feitio a agir exatamente do modo que a lei estabelece, não lhe sendo oportunizado valorar "como" agir; deve agir estritamente na forma imposta pela lei, ficando **vinculado** aos comandos oriundos da mesma, sob pena de se sujeitar à responsabilização funcional e, claro, caso cabível, às sanções penais aplicáveis. O lançamento está regulado nos arts. 142 a 150 do CTN.

DICA 10: A DIFERENÇA ENTRE O TRIBUTO E O PREÇO PÚBLICO

O **preço público** é uma remuneração que o Estado aufere quando age na celebração de **contratos onerosos** com particulares, sendo remunerado em razão de sua atuação. É o que ocorre nos contratos privados celebrados pela Administração Pública (ex: locação de bens públicos) ou nos contratos administrativos celebrados pela Administração (ex: contratos de prestação de serviço público). O **preço público** é uma remuneração que o Estado faz jus a receber quando celebra negócios com os administrados e, via de regra, tem caráter contraprestacional. Nos dias atuais, seu *habitat* natural tem sido o campo das concessões e permissões de exploração de serviços públicos, quando o Estado descentraliza a executoriedade da atividade pública repassando-a a terceiros, sejam pessoas jurídicas de direito privado por ele instituídas (Ex.: Empresas Públicas e Sociedades de Economia Mista prestadoras de atividade econômica), sejam particulares que na qualidade de **delegatários** recebem do Estado, após vencerem procedimento licitatório (em regra), a legitimação para executarem os serviços em prol dos destinatários finais, *tarifando* esses últimos. A remuneração auferida pelo Estado, seja quando atua diretamente, ou pelas suas empresas, ou ainda por parceiros contratados, é o *preço*, chamado de *preço "público"* ou, também, de *tarifa*.

A característica marcante do *preço* é que ele, em regra, se capta por meio do exercício de **atividade econômica** pelo Estado, permitindo a captação de **lucro**. É uma receita acessória do Estado não sendo projetado para ser a fonte central de custeio da vida pública. Com certeza, não por meio dos *preços* que o Estado sobrevive, nem foram eles os instrumentos idealizados para serem o pilar central de sustentabilidade estatal.

O tributo não se cobra quando ocorre atividade econômica, mas sim em atos de *império* estatal, sempre no exercício de sua atividade típico administrativa; o tributo não é fonte para geração de lucro; também não é contraprestação contratual; não se cobrar por empresários e jamais pertencerá a particulares delegatários do poder público; também não é receita acessória e complementar ao orçamento público. Todas essas características estão presentes no *preço*, o que deixa claro que não se confunde, em hipótese alguma, com o tributo.

Acresça-se, por fim, que o regime jurídico aplicável aos preços públicos é o regime de direito privado, exatamente pelo fato de que tais remunerações são captáveis no exercício de atividade econômica, submetidas às normas de direito privado prioristicamente. Já quanto aos tributos, aplica-se o regime jurídico de direito público. Esse critério da distinção dos regimes jurídicos, inclusive, é prestigiado pelo STF, que chegou mesmo à edita, antes da Constituição de 1988, a importante (e ainda aplicável) **Súm. nº 545, STF**, consagrando esse entendimento. Exemplo clássico de remuneração que hoje não mais pode ser enquadrado como tributo (e que um dia o foi) é o **pedágio**, nítido expoente dos *preços públicos* (ou *tarifas*, tanto faz), pagáveis a concessionárias, gerando margem de lucro, remunerando atividade econômica exercida por particulares delegatários do serviço público.

DICA 11: A DIFERENÇA ENTRE O TRIBUTO E AS MULTAS

Ainda que tanto os *tributos* quanto as *multas* sejam prestações pecuniárias a pagar, existem algumas visíveis diferenças entre os institutos. A primeira reside na definição da *finalidade* de cada um desses institutos. A finalidade do *tributo* é proporcionar os recursos com os quais se custeia a vida estatal, e não a de repreender condutas ilícitas, sancionando-as; a seu turno e de forma oposta, a *multa* tem por finalidade impor uma sanção a quem praticou comportamento proibido, repreendendo atitude violadora das normas postas, e não a de gerar os recursos com os quais se custeia a vida pública; ainda que por meio das multas se gerem recursos financeiros aos cofres públicos, a "arrecadação" não é a finalidade perquirida com a estipulação e aplicação de multas, e sim meramente uma consequência, a qual, reafirme-se, não é sua razão existencial; tributos foram idealizados para gerar recursos ao Estado, multas não.

Quanto à importância das receitas geradas quando tributos ou multas são pagas, fácil perceber que *tributos traduzem a **receita principal*** dentro orçamento público, porquanto *multas traduzem **receita acessória, acidental e complementar*** dentro da universalidade do orçamento.

Por fim, quanto à **origem**, os **tributos sempre decorrem de lei,** porquanto as multas, a um outro giro, podem decorrer das leis ou das convenções negociais, quando, por exemplo, emanam dos contratos (exemplo: cláusulas penais contratuais).

DICA 12: TRIBUTOS, "MULTAS FISCAIS" E CRÉDITO TRIBUTÁRIO

É importante fixar de modo claro a distinção entre esses três institutos: o **tributo**, as **multas fiscais** e o **crédito tributário**, todos inerentes do universo das relações obrigacionais tributárias.

Das três expressões, a que revela abrangência de maior extensão é a expressão **crédito tributário**, com a qual se indica ***todo o montante que o credor tem a receber na relação tributária***, podendo abranger tanto os tributos devidos, como também as penalidades pecuniárias que tenham sido aplicadas e, ainda, os eventuais consectários da mora em caso de atraso no adimplemento (juros e correção monetária); todo esse valor a que o credor faz jus a receber forma o seu **direito de crédito**; e, por se tratar de um crédito gerado **na relação tributária**, ele é adjetivado como **crédito tributário**. Ou seja, o **crédito tributário** abrange a soma de todos os valores que o credor tem direito a receber na relação tributária, abarcando tanto os tributos como as penalidades pecuniárias e, ainda, como dito, os eventuais juros moratórios e a correção monetária.

O *tributo* e a *multa*, quando devidos, geram, em favor do credor que possui o direito de receber as quantias, um direito de crédito, que traduz a legitimação dada pelo ordenamento de se apropriar de tais montantes, seja pelo recebimento extrajudicial ou pela cobrança em razão de demanda judicialmente promovida. Constate-se que ***o tributo e a multa são elementos internos do crédito tributário***, sendo esse último, sem qualquer sombra de dúvida, mais abrangente que quaisquer dos dois primeiros.

Essencial constatar que é plenamente possível existir um crédito tributário composto somente pelos valores de *tributos* devidos, não sendo imprescindível a

CAPÍTULO 1 – PODER DE TRIBUTAR E A TEORIA GERAL DOS TRIBUTOS

presença da multa na sua estruturação. É dizer, o crédito tributário pode existir sem que haja multas devidas, bastando imaginar as situações de normalidade das relações obrigacionais tributárias, em que os contribuintes tenham suas dívidas de tributos, mas não atrasem os pagamentos (não ensejando aplicação de *multas moratórias*) e não cometam qualquer infração às normas da legislação tributária (não justificando a imputação de *multas sancionatórias*); nesse sentido, de se observar que **o crédito tributário pode ser composto apenas pelo valor do tributo devido**, sendo a *multa* um elemento acidental na estruturação do crédito.

Quanto ao *tributo*, o raciocínio também se repete igualmente. Anotem: é plenamente viável existir um *crédito tributário* sem que haja tributos devidos, havendo apenas valores correspondentes a *multas*, como o débito obrigacional do contribuinte. Isso mesmo: existem incontáveis situações em que os contribuintes não estão devendo tributos, mas, por terem cometido certas infrações, violando normas da legislação tributária, se sujeitam à aplicação de sanções; nesse linear, o valor das multas aplicadas é devido e enseja, por lógico, um *crédito* em favor do credor; e esse crédito, por estar relacionado a valores devidos em razão do descumprimento de *obrigações tributárias* (obrigações "acessórias", comportamentais, procedimentais), é qualificado como **crédito tributário**. Visualize-se que o crédito é *"tributário"* não porque necessariamente corresponda ao valor de um *tributo* devido, mas sim porque *se origina na relação tributária,* decorrendo dela, e por isso tendo sua mesma natureza. A conclusão derradeira a que se quer levar o leitor é no sentido de que é plenamente possível que haja crédito tributário sem que haja tributo devido, o que se dá nas hipóteses em que existem apenas multas fiscais devidas, inexistindo débito de tributo. E, por assim ser, correto afirmar que **o tributo não é um elemento imprescindível para que possa existir crédito tributário**. Imagine-se, por fim, a título de exemplo, a hipótese de certo contribuinte que é isento do dever de pagar ICMS, mas que possui a obrigação legal de declarar as vendas que realiza; ora, mesmo não havendo o dever de pagar o tributo, a Administração entendeu que esse contribuinte isento deveria informar as vendas que celebrava, havendo interesse do Estado em obter tais informações, o que justificou a imputação do dever comportamental, havendo expressa previsão na legislação tributária quando ao dever em comento; caso o contribuinte não cumpra esse dever, violando a obrigação "acessória", se sujeitará à aplicação de *penalidade pecuniária* (a *multa fiscal*), nascendo contra ele um dever de pagamento (agora, por ser dever de pagar, uma obrigação *principal*) e nascerá para o fisco credor o **crédito** referente a tal valor. No exemplo narrado, mesmo não havendo dívida de ICMS, haverá o valor da multa a ser recolhido, e o fisco se torna *credor* dessa quantia; por ser ela originada na relação tributária, por ser decorrente de uma multa por descumprimento de obrigação tributária (logo, multa *fiscal*), o crédito é um **crédito <u>tributário</u>**.

DICA 13: A NATUREZA JURÍDICA DO TRIBUTO

Quando analisamos o **tributo** como um instituto jurídico próprio, autônomo, e buscamos identificar sua essência juridicamente explicada, sua **natureza** juridicamente compreendida, sua qualidade mais marcante que o define e o posiciona como categoria jurídica própria e independente no ordenamento jurídico, o que detectamos é que ele, o tributo, se apresenta como sendo um **ingresso público**, que, como regra, se revela na modalidade de *ingresso público* **receita derivada**. De fato, quando buscamos **a natureza jurídica do tributo**, realmente a melhor definição é aquela que ainda se sobressai na doutrina, seja sob a óptica do próprio Direito Tributário, seja sob as luzes analíticas do Direito Financeiro, firmando que **tributo é ingresso público na modalidade receita derivada**. A única exceção que abranda essa regra é quanto aos **empréstimos compulsórios**, que apesar de serem **tributos**, não podem ser classificados como **receitas**, o que realmente relativiza suavemente a regra geral, a qual, todavia, se mantém hígida e não merece ser afastada; até porque, os *empréstimos compulsórios também são ingressos públicos*, somente não sendo *receitas* (já que não são ingressos *definitivos* nos cofres públicos e sim *transitórios*, *temporários*, meras movimentações transitórias de recursos nos fundos públicos).

Desse modo, nos parece que a melhor e mais feliz definição quanto à **natureza jurídica do tributo**, englobando o *empréstimo compulsório*, é no sentido de afirmar que **tributo é ingresso público, como regra, na modalidade receita derivada (impostos, taxas, contribuições de melhoria e contribuições especiais), e, excepcionalmente, não sendo receita e, sim, um ingresso captado a título de empréstimo, legal e compulsoriamente exigido (empréstimos compulsórios)**.

A definição presente é emanada dos dogmas da ciência das finanças, que melhor precisão estuda os institutos que apontam recursos arrecadáveis pelo Estado. Nesse sentido, aprende-se que todo e qualquer bem ou valor que ingressa aos cofres públicos é um **ingresso público**, possuindo, esse, duas subcategorias, quais sejam, **as receitas** e **os empréstimos**. Quando o <u>**ingresso**</u> é <u>**definitivo**</u> (os valores entram no patrimônio público de forma definitiva e permanente, não havendo qualquer dever de restituir o montante recebido), ele é chamado de <u>**receita**</u>, diferentemente do que ocorre em relação a quantias que o Estado recebe e no simples ato de receber já sabe que tem a obrigação de restituir integralmente o que adquiriu; nesse caso, o ingresso é *transitório*, os valores apenas *transitam* de forma *temporária* no patrimônio público, não sendo o Estado verdadeiramente titular desse capital,

CAPÍTULO 1 – PODER DE TRIBUTAR E A TEORIA GERAL DOS TRIBUTOS

do qual apenas se apropria temporariamente, ficando obrigado a ressarcir que o cedeu; trata-se, em tais situações, dos ingressos que são chamados de **empréstimos**, que nada mais são do que valores que circulam temporária e transitoriamente pelos cofres públicos sem que o poder público possa contabilizá-los como parte definitiva de seu patrimônio; são os **ingressos temporários**.

Quanto às **receitas** (ingressos *definitivos*), elas se subdividem em duas modalidades, quais sejam, as **receitas originárias** e as **receitas derivadas**. As primeiras são de caráter muito mais raro e excepcional quando comparadas com as últimas; as receitas *originárias* são aquelas que o Estado capta quando age fora da sua atividade típica, fora do seu *poder de império*, prestando *atividade econômica*; são os valores que decorrem de relações contratuais, como os *preços públicos (tarifas)*. Já as receitas **derivadas** são as que o Estado busca receber quando age no seu poder de império, em regime de direito público, empreendendo atividade administrativa em sentido técnico; é o que ocorre com os **tributos** (captados por via do *poder de tributar*) e das *multas administrativas*.

Constate-se que *o tributo não é a única espécie de receita derivada*, ainda que seja *a principal modalidade de receita derivada*, traduzindo-se na fonte basilar de sustentabilidade do Estado.

Portanto, ressalvando apenas o Empréstimo Compulsório, que não é receita (por não ser ingresso *definitivo*) mas que é *tributo*, pode-se afirmar que *salvo o empréstimo compulsório o tributo é receita derivada*. E incluindo o empréstimo compulsório pode-se dizer que *a natureza jurídica do tributo é a de ser um ingresso público, como regra uma receita derivada e excepcionalmente um empréstimo compulsório*. Vale a leitura do art. 9º da Lei nº 4.320/1964, que afirma que *"tributo é a receita derivada instituída pelas entidades de direito público, compreendendo os impostos, as taxas e as contribuições nos termos da constituição e das leis vigentes em matéria financeira, destinando-se o seu produto ao custeio de atividades gerais ou específicas exercidas por essas entidades"*.

DICA 14: NATUREZA JURÍDICA "ESPECÍFICA" DO TRIBUTO. IDENTIFICAÇÃO DAS ESPÉCIES TRIBUTÁRIAS

Imperioso tomar cuidado com o tópico anteriormente exposto e esse que ora se redige para evitarmos algumas confusões que normalmente são cometidas no estudo da **natureza jurídica DO TRIBUTO**. E isso pelo fato de que no art. 4º do CTN o legislador, fazendo aquilo que entendemos não ser o seu papel (registrar conceitos e ideias pessoais nas leis), registrou que *"a natureza jurídica específica do tributo é determinada pelo fato gerador da respectiva obrigação, sendo irrelevantes* *para qualificá-la a denominação e demais características formais adotadas pela lei e a destinação legal do produto da sua arrecadação".*

Observe-se que no aludido dispositivo legal o redator do texto afirmou que a natureza jurídica *"específica"* do tributo é determinada pelo fato gerador da respectiva obrigação tributária. Não está errado o que ele afirmou. Todavia, tal verdade vem sendo interpretada com algumas impropriedades. Ao que nos parece, o que o legislador quis afirmar foi que para que se possa identificar cada uma das espécies tributárias, entre as três espécies que à época estavam emancipadas e consagradas (impostos, taxas e contribuições de melhoria – os empréstimos compulsórios ainda recebiam forte relutância à aceitação de sua natureza tributária, vide a própria Súm. n° 418 do STF, hoje superada; as contribuições especiais ainda eram incipientes no sistema tributário e sequer foram lembradas no art. 5º do Código que afirmou que *"os tributos são impostos, taxas e contribuições de melhoria"*) basta se analisar o perfil, a estrutura, as características do fato gerador das obrigações de pagar cada uma delas, e, diante de tal análise, se poderia, sem esforços, identificar de qual das espécies tributárias se estaria tratando, se de um imposto, uma taxa ou uma contribuição de melhoria.

O que o Prof. Rubens Gomes de Souza, responsável pelo Projeto que deu ensejo ao CTN, quis, ao nosso entender, colocar de modo claro é que é possível distinguir os impostos, das taxas e das contribuições de melhoria, bem como essas duas últimas entre si, apenas analisando os perfis de fatos típicos que atraem suas incidências e geram as relações tributárias, o que é de todo correto. Daí a teoria de que ***a análise do fato gerador identifica especificamente as espécies tributárias***. Daí a eterna lição que é possível distinguir os tributos apenas se analisando os perfis de condutas que atraem suas incidências. Mas, constate-se, em momento algum se está buscando definir a essência do "instituto jurídico" do "tributo"; o "tributo", considerado em si mesmo.

A nosso pensar, em humilde e respeitosa crítica, o erro capital do legislador, no art. 4º do *Codex Fiscal*, foi utilizar a expressão ***"natureza jurídica"***, a qual não deveria ali aparecer. Talvez, melhor fosse a redação dada se tivesse um texto que apenas afirmasse que *"cada uma das três espécies de tributo é determinada pelo fato gerador da respectiva obrigação, sendo irrelevantes para qualificá-la a denominação e demais características formais adotadas pela lei e a destinação legal do produto da sua arrecadação"* (afirmativa nossa).

A natureza jurídica **_do tributo_**, como visto no item anterior, é a de ser ele um **ingresso público** e, em regra, uma **receita derivada**.

A tal *"natureza jurídica específica"* é nada mais do que a identificação da essência de cada **_espécie_** tributária. Para as três primeiras espécies das atuais cinco que vigoram no sistema tributário brasileiro vigente (impostos, taxas e

CAPÍTULO 1 – PODER DE TRIBUTAR E A TEORIA GERAL DOS TRIBUTOS

contribuições de melhoria), realmente se acolhe a ideia implantada na lei de que o fato gerador das relações obrigacionais que surgem por força da incidência de cada uma delas permite distingui-las (o fato gerador de uma obrigação de pagar taxas é sempre uma conduta estatal – ou o exercício do poder de polícia ou a prestação de um serviço público específico e divisível; o fato gerador da obrigação de pagar uma contribuição de melhoria é sempre a obtenção de uma valorização imobiliária decorrente de uma obra pública; o gato gerador de uma obrigação de pagar imposto é sempre um ato, fato ou situação em que uma determinada pessoa está auferindo riqueza – auferindo renda, recebendo herança, adquirindo bem doado, comprando imóvel etc.).

Quanto ao ponto trabalhado na lei, de fato, coerente também as afirmativas dos incisos do art. 4º, quando registram o lógico, lembrando que *"a denominação e demais características formais adotadas pela lei e a destinação legal do produto da sua arrecadação"*; de fato, se chamarmos, por exemplo, uma "contribuição de melhoria" de "taxa" ou de "imposto", ou se dermos à sua arrecadação destinação diversa da que deve ser dada ou se a forma de cobrança foi "a", "b" ou "c", o tributo em apreço não deixará de ser a "contribuição de melhoria" nem deixará de se submeter às suas regras próprias, à sua legislação específica; o tributo que se pode instituir e cobrar em decorrência do **fato gerador** "obtenção de valorização imobiliária em decorrência de obras públicas" é e sempre será a *contribuição de melhoria*, e tal verdade não mudará por força de uso indevido de nomes, formas de cobranças ou má aplicação das receitas.

DICA 15: A FUNÇÃO DOS TRIBUTOS: FISCALIDADE, PARAFISCALIDADE E EXTRAFISCALIDADE

Quando fazemos a análise da **_função_** dos tributos, percebemos que o ordenamento jurídico designa a cada tributo um determinado "papel", uma "missão", uma "finalidade específica", o que, normalmente, vem sendo definido como a **_função_** do tributo.

Dentro desse cenário, é possível identificar que existem **_três funções_** básicas para os tributos, que são as chamadas **_função fiscal_**, **_função parafiscal_** e **_função extrafiscal_**.

Fala-se que a **_função fiscal_** é aquela que indica a própria essência e finalidade básica de todo e qualquer tributo, qual seja, a de proporcionar a arrecadação de recursos financeiros aos cofres públicos. Ou seja, a função **fiscal** é aquela que indica que o tributo tem o papel de atuar no sistema jurídico com a missão de ser um canalizador de riqueza para o erário; é a **_função arrecadatória_** por excelência.

A _**função parafiscal**_ é uma variação da função *fiscal*. É apontada para indicar o fenômeno que ocorre nos países em que os ordenamentos jurídicos permitem que se utilizem tributos para gerar arrecadação para pessoas, entidades, fundos, diversos do próprio Estado "central", formando-se um "fisco paralelo" ao "fisco central". Ou seja, alguns tributos atuam no sistema jurídico com o propósito de gerarem recursos financeiros, mas não para os cofres centrais do Estado, não para os orçamentos públicos centrais e, sim, para algumas pessoas ou instituições, entidades ou fundos, diferentes do próprio Estado, ainda que a ele vinculados e normalmente por ele instituídos e mantidos; forma-se, assim, um "fisco lateral", um "fisco paralelo", um "parafisco".

O modelo é adotado no Brasil, de sorte a que o nosso ordenamento jurídico tributário realmente reconhece a possibilidade de algumas pessoas que não se confundem com os próprios entes federativos (Estado Central – "fisco central") serem legitimadas à arrecadação de tributos, como é, por exemplo, o caso dos Conselhos Profissionais (que são, salvo a OAB – que não é autarquia segundo posicionamento pacificado no STF no julgamento da ADIN 3026/DF – autarquias especiais, distintas da própria União). Para quem entende que os valores das prestações pagas às Agências Reguladoras por algumas pessoas do segmento fiscalizado têm natureza tributária de Taxa de Polícia (questão ainda bem controvertida), tratar-se-ia, também, não há dúvida, do fenômeno da *parafiscalidade*. Do mesmo modo, para os que aceitam que as contribuições sociais gerais do Sistema S (SESI, SESC, SEBRAE etc.) são fontes que geram recursos que pertencem a essas próprias instituições e não a orçamento fiscal da União, também se englobaria o fenômeno no âmbito da *parafiscalidade*. O mesmo em relação às contribuições previdenciárias para o INSS. Portanto, perceba-se que apesar de ainda existir uma certa margem de indefinição e imprecisão quanto à extensão do fenômeno da *parafiscalidade* no direito tributário brasileiro, ele é presente, ele é real, ele acontece. E os tributos que são designados pelo ordenamento a essa missão, de trazer recursos financeiros para pessoas, entidades, instituições, fundos, distintos dos entes federativos centrais, são os tributos de _**função parafiscal**_, os quais, via de regra, se aninham na órbita das chamadas **Contribuições Especiais**, o que não exclui que possam ser tributos de outra natureza, vide o exemplo citado da polêmica sobre as supostas "Taxas de Polícia" pagáveis às Agências Reguladoras.

Diferentemente da *função fiscal* e da *função parafiscal*, existe a importantíssima _**função extrafiscal**_, a qual consiste na missão que o ordenamento designa a alguns tributos de atuarem como _**instrumentos de intervenção e regulação estatal sobre certos segmentos estratégicos da atividade econômica**_. Noutras palavras, fala-se que um tributo possui **função extrafiscal** quando se percebe que o que se espera dele é algo que vai além do que meramente uma função arrecadatória; se

CAPÍTULO 1 – PODER DE TRIBUTAR E A TEORIA GERAL DOS TRIBUTOS

visualiza nos referidos tributos instrumentos que são destinados a proporcionar ao Estado um uso deles de modo a que se possa alcançar resultados concretos, práticos, distintos da busca de recursos financeiros. A função *extrafiscal* está associada ao uso de tributos com fontes de intervenção do governo sobre certas situações, sobre certas crises, sobre certos contextos fáticos em que o estado precisa interferir para gerar resultados que são importantes à governabilidade e ele consegue realizar tal intervenção através do uso do tributo. Fala-se, desse modo, que o tributo assume um papel que vai "além da mera função fiscal", uma missão que transcende a finalidade estritamente arrecadatória, revelando uma essência "extrafiscal" (ser mais do que meramente uma fonte de custeio).

Há alguns tributos que **<u>nascem com essa proposta</u>**, trazendo na sua essência existencial o gene da extrafiscalidade. É o caso típico de quatro impostos federais ordinários, a saber: o *imposto de importação*, o *imposto de exportação*, o *imposto sobre produtos industrializados* e, por fim, o *imposto sobre operações financeiras* (II, IE, IPI e IOF), ferramentas por via das quais o governo federal consegue, a todo instante, intervir sobre três segmentos cruciais da atividade econômica, regulando-os, os quais, caso não controlados, podem causar drásticos transtornos à condução do processo governamental, que são o comércio internacional (o que entra e sai, não entra ou não sai do país), o segmento industrial e o mercado financeiro. Por meio do II, do IE, do IPI e do IOF, o governo central consegue interferir nos preços, nos ganhos de capital, nas margens de lucro, nos fluxos dos contratos, e, de modo geral, no poder desses fortíssimos agentes econômicos (industriais, empresários internacionais exportadores e importadores, agentes financeiros).

Não obstante existam esses tributos em que a extrafiscalidade é algo essencial, é possível que tenhamos o fenômeno da chamada **extrafiscalidade acidental**, de caráter **eventual**, e que pode, pontualmente, se fazer presente em todo e qualquer tributo, inclusive aqueles de natureza meramente *fiscal*, os quais, em certas situações específicas, podem ser utilizados de forma extrafiscal para gerar resultados inteligentes e interessantes ao poder público. É o caso, por exemplo, do uso das alíquotas progressivas sancionatórias no IPTU e ITR, que são impostos meramente *fiscais*, mas que, nessas situações específicas, ganham uma inequívoca faceta de extrafiscalidade, atuando como instrumentos de combate ao mau uso dos imóveis no Brasil. É inconteste que quando se aplicam alíquotas progressivas no ITR para desestimular a manutenção de propriedades rurais improdutivas (art. 153, § 4º, I, da CRFB/1988), a intenção dessa progressão das alíquotas não é gerar um aumento da arrecadação e, sim, combater o mau aproveitamento das terras rurais no país; do mesmo modo, quando o IPTU passa a ser aplicado com alíquotas progressivas em razão do desrespeito à função social da propriedade do imóvel urbano (art. 182, § 4º, II, da CRFB/1988), a finalidade de tal aumento das alíquotas não é a ampliação da arrecadação e, sim, a de forçar o proprietário a utilizar corretamente seu imóvel, não prejudicando o crescimento sustentável da cidade e a efetividade das propostas do sistema urbanizatório; visível, em ambos os casos, um fim distinto do fim arrecadatório, identificando-se que em tais circunstâncias o tributo, de caráter em regra meramente fiscal, se torna útil para proporcionar que se gere outro resultado, útil, quiçá necessário, ao interesse público. Outro exemplo é o das alíquotas diferenciadas do IPVA em razão do *tipo de combustível* utilizado pelo proprietário do veículo; diversos Estados da Federação fixam nas leis locais de IPVA alíquotas menores para o imposto quando o proprietário do veículo utiliza o etanol ou o gás, e não a gasolina, como combustível; a intenção é desestimular o consumo de combustível derivado de petróleo, evitando o uso da petróleo para fins individuais e de interesse particular, atenuando a crise da necessidade sempre maior de extração e refino de petróleo para consumo interno no país; nesse caso, o IPVA, tributo de finalidade meramente fiscal, assume uma papel extrafiscal, em uma **extrafiscalidade acidental, eventual, pontual**, que não lhe é viés peculiar.

Concluamos, portanto, que todo tributo fiscal pode, em certa e específica situação, ser utilizado com o propósito extrafiscal.

DICA 16: AS ESPÉCIES DE TRIBUTOS

No Brasil atualmente são reconhecidas *cinco espécies autônomas de tributos*, a saber: *impostos*; *taxas*; *contribuições de melhoria*; *empréstimos compulsórios*; *contribuições especiais*. Por força disso, costuma-se utilizar, na linguagem doutrinária, a expressão "pentapartite" (cinco partes) para indicar a teoria adotada no atual sistema tributário brasileiro, revelando que nós inserimos *cinco* espécies tributárias na nossa ordem jurídico-tributária.

Não foi sempre assim. O estágio atual foi alcançado após um longo processo evolutivo em que o ponto de partida foi a existência do **imposto** como único tributo por via do qual se exerce o poder de tributar (*teoria individualista das espécies ou "monopartida"*). Em um segundo momento se alcançou a *teoria dualista* também chamada de *bipartite,* quando se acresceu o instituto da **taxa** ao lado dos impostos e o sistema tributário passou a reconhecer os **impostos e taxas**. Já no Século XX (e no Brasil nos idos da década de 1930) se incorporou a terceira espécie de tributo, a **contribuição de melhoria**, passando-se a adotar a famosa **teoria tripartite**, a qual, inclusive, consta no art. 5º do CTN, escrito ao tempo em que a referida tripartição era entendida como a regra adotada. Com a chegada dos anos 1970, a doutrina, evoluindo e revendo conceitos, passou a

CAPÍTULO 1 – PODER DE TRIBUTAR E A TEORIA GERAL DOS TRIBUTOS

reconhecer a natureza tributária dos *empréstimos compulsórios e das contribuições especiais*, e esses dois tributos passaram a ser abarcados no rol das espécies tributárias adotadas no constitucionalismo brasileiro.

Hoje, não há dúvidas que essas são as cinco espécies adotadas no Brasil. No atual sistema tributário, a previsão é expressa, restando previstos os impostos nos arts. 145, I, 147, 153, 154, 155 e 156 da Constituição, as Taxas no art. 145, II e § 2º, as Contribuições de Melhoria no art. 145, III, os Empréstimos Compulsórios no art. 148 e as Contribuições Especiais nos arts. 149, 149-A, 177, § 4º, 195, I, II, III, IV e § 4º, 212, § 5º, 239 e 240, todos da *Lex Mater*.

> **DICA 17: AS DIMENSÕES TEMPORAIS E A EVOLUÇÃO NO TEMPO DA TEORIA DAS ESPÉCIES TRIBUTÁRIAS: AS TRÊS ESCOLAS (ESCOLA DA "*CONTRIBUTIVIDADE PARA FINS GENÉRICOS*", ESCOLA DA "*RETRIBUTIVIDADE*" E ESCOLA DA "*CONTRIBUTIVIDADE PARA FINS ESPECÍFICOS*")**

Trazendo apertados comentários, entendemos oportuno registrar que, sob a perspectiva da filosofia fiscal, a evolução da teoria das espécies tributárias ao longo do tempo pode ser catalogada em três momentos, identificando-se três "escolas" ou três concepções ideológicas, três linhas de acepção filosófica.

Em um primeiro momento, podemos falar que brotou a **Escola da "Contributividade para Fins Genéricos"**, que envolve os *impostos*. Tais tributos, os primeiros que assumem o papel de serem a principal fonte de custeio da vida estatal, se fundam na lógica da "contributividade", e as receitas geradas com a sua incidência se destinam ao custeio dos fins gerais, básicos, ordinários e de destinação universal em favor dos administrados e dentro do cenário da Administração. Tais tributos incidem sobre situações em que pessoas revelam *capacidade contributiva*, como veremos adiante, e servem como fontes de custeio das despesas públicas de destinação *geral e universal*. Fala-se, em diminuta síntese, que se trata de tributos fundados na óptica da "contributividade" (pessoas *contribuindo com parte das riquezas que manifestam*) com o propósito de custear os fins genéricos do Estado. Cuida-se de tributo por via do qual o Estado, de modo *unilateral*, sem se vincular a uma contraprestação específica em favor da pessoa que será tributada, *impõe* a ela que entregue a ele, Estado, parte da riqueza que revelou. Essa pessoa, destinatária da *imposição*, haverá de pagar o que lhe foi *imposto*, contribuinte entregando parte de sua riqueza, exercendo a sua *contributividade* em prol do sustento do Estado.

Após algum tempo em que apenas os impostos eram cobrados, surgiu uma segunda era, uma segunda dimensão na história cronológico-evolutiva das espécies tributárias, quando se amadureceu para a escolha da **retributividade**, em que se enxergou a necessidade de se perseguir aquilo que podemos chamar de **justiça retributiva**, pensamento que deu ensejo à aparição das **taxas** no mundo jurídico-tributário, e, mais adiante um pouco no tempo, também às **contribuições de melhoria**. A lógica da **retributividade** consiste no aspecto de se legitimar o Estado a tributar algumas pessoas, obrigando-as a retribuírem aos cofres públicos o valor correspondente a algumas despesas suportadas pelo Poder Público, normalmente atreladas a políticas públicas executadas diretamente em favor dessas pessoas ou por elas provocadas. É o que acontece com as despesas suportadas quando da prestação de serviços públicos específicos e divisíveis e com o exercício do poder de polícia; no primeiro caso, se vislumbram políticas públicas direcionadas apenas a parte da população, e não a todos do povo, ocorrendo uma *divisibilidade* no grupo social; na segunda perspectiva (poder de polícia), se identificam despesas que são causadas por força dos comportamentos de alguns do povo (os que dão causa à fiscalização), e não de todos. Em ambos os casos se evoluiu para enxergar uma imperfeição em se tolerar que o dinheiro arrecadado com os impostos custeasse esses perfis de políticas públicas e essas pessoas não arcassem com tais custos; nesse compasso, o ordenamento jurídico da maioria dos países do mundo (inclusive o brasileiro) adotou a ideia de autorizar o Estado a exigir dessas pessoas, destinatárias do serviço público específico e divisível ou provocadoras do poder de polícia, que pagassem um tributo com o propósito de restituir ao erário, **retribuir ao cofres públicos**, capital despendido na execução de tais ações estatais. Surgia assim a lógica da **persecução da justiça retributiva**, a qual inspiraria o uso de um tributo com o propósito retributivo, com o qual o Estado exigiria dos sujeitos passivos da tributação não que entregassem parte de uma riqueza revelada em certa situação, mas sim a retribuição de um custo suportado para viabilizar uma política pública a eles direcionada. Bem diferente da lógica da *contributividade* (inspiradora dos *impostos*), surgia a lógica da *retributividade* (impulsionadora das *taxas*).

As Contribuições de Melhoria, apesar de não serem iguais às Taxas e de terem nexo causal específico distinto, também são tributos *retributivos* e inequivocamente se alinham à **escola da retributividade**. Quem as paga está ressarcindo ao erário o custo suportado com a realização da obra pública ensejadora da melhoria imobiliária que, quando auferida, legitimou o ato de tributação.

Após sedimentadas as duas escolas, sem que a segunda tenha substituído a primeira e, sim, se harmonizado com ela, a maioria dos sistemas tributários do globo passaram a se estruturar com essa lógica dicotômico-filosófica, a da

CAPÍTULO 1 – PODER DE TRIBUTAR E A TEORIA GERAL DOS TRIBUTOS

contributividade para os fins genéricos (impostos) e a da *retributividade* (taxas e contribuições de melhoria).

Passado bastante tempo, em alguns países houve uma evolução para a aceitação de uma terceira concepção, a da **contributividade para fins específicos**, o que fez com que aparecessem os tributos dessa **terceira dimensão temporal**, os *empréstimos compulsórios e as contribuições especiais*. A ideia que norteou a implementação dessa terceira concepção foi a de se autorizar o uso de alguns tributos, com o perfil parecido com o dos impostos (daí que muitos citam que eles são mutantes derivados dos impostos) para gerar receitas que seriam destinadas a certos **fins específicos** previamente selecionados e expressamente mensurados na Constituição. Seriam, na verdade, "impostos de receita afetada para certos fins específicos constitucionalmente selecionados", como se costuma falar.

A terceira dimensão, consagrando a mentalidade da **contributividade para fins específicos**, vem permitir que o Estado possa captar recursos para alguns fins especiais sem precisar ficar dependente do uso das receitas arrecadadas com os impostos para bancá-los. No nosso atual sistema, podemos listar **sete fins específicos** na atual Constituição; três deles de perfil emergencial, indesejável, listados nos incisos I e II do art. 148, autorizando o uso dos *Empréstimos Compulsórios* como via de persecução de arrecadação para custeá-los (guerras externas; calamidades públicas; custeio de investimentos públicos urgentes de relevante interesse nacional), e outros quatro não atrelados à ideia da emergencialidade, da urgência, e que autorizam as Contribuições Especiais; e por serem exatamente quatro fins é que se têm quatro espécies de Contribuições Especiais; trata-se do custeio das despesas com a rede de *iluminação pública* (Contribuições de Iluminação Pública – CIP, do art. 149-A, da CRFB/1988), as despesas com as políticas públicas do *estado social* (Contribuições Sociais, dos arts. 149, 195, I a IV e § 4º, e 212, § 5º, da CRFB/1988), as despesas com a manutenção dos *Conselhos Profissionais* (Contribuições Profissionais e das Categorias Econômicas, art. 149 da CRFB/1988) e, por fim, as despesas com as atividades por via das quais a União desenvolve *intervenções no domínio econômico* (CIDE – Contribuição de Intervenção no Domínio Econômico, arts. 149 e 177, § 4º, da CRFB/1988).

Conclua-se, portanto, que três mentalidades inspiraram a construção do catálogo das atuais cinco espécies de tributos no Brasil e cada uma delas foi surgindo ao longo do tempo, em um evolutivo processo cronológico. E junto a cada uma dessas escolas, foram se acoplando novos perfis de tributos, ampliando-se a tábua das espécies tributárias.

Na primeira dimensão temporal, apareceram os Impostos; na segunda dimensão, as Taxas e Contribuições de Melhoria; na terceira dimensão, os Empréstimos Compulsórios e as Contribuições Especiais.

A primeira dimensão dos tributos está atrelada à escola da **Contributividade para os Fins Genéricos** da Administração Pública; a segunda se correlaciona com a escola da **Retributividade** e, por fim, os tributos da terceira dimensão surgiram com a encampação da escola da **Contributividade para Fins Específicos**.

CAPÍTULO 2

O SISTEMA TRIBUTÁRIO NACIONAL

CAPÍTULO 2 – O SISTEMA TRIBUTÁRIO NACIONAL

DICA 1: O SISTEMA TRIBUTÁRIO NACIONAL E SEU POSICIONAMENTO NA ATUAL CONSTITUIÇÃO DE 1988

Na atual Constituição, o *Sistema Tributário Nacional* se posiciona no Título VI, chamado de *"Da Tributação e Do Orçamento"*, estando o primeiro dos dois capítulos ali previstos compreendido entre os arts. 145 a 162. Está firmado, portanto, como o *Capítulo I do Título VI da CRFB/1988*. É composto por 20 artigos, tendo sido dois deles inseridos por Emendas Constitucionais, o art. 146-A (inserido pela EC 42/2003) e o art. 149-A (incluído pela EC 39/2002). É subdividido em seis seções, sendo a *Seção I* a dos *"Princípios Gerais"* (arts. 145 a 149-A), a *Seção II* a que cuida das *"Limitações ao Poder de Tributar"* (arts. 150 a 152), a *Seção III* trata *"Dos Impostos da União"*, porquanto a *Seção IV* versa sobre *"Dos Impostos dos Estados e do Distrito Federal"*, a *Seção V* vem tratando sobre o tema *"Dos Impostos dos Municípios"* e, por fim, na *Seção VI* se aborda o tema *"Da Repartição das Receitas Tributárias"*.

Alguns artigos esparsos ao longo do texto constitucional guardam conectividade íntima com o sistema tributário merecendo correlação. Vale destacar os arts. 24, I e §§ 1º a 4º, 30, I, II e III, 49, I, 62, § 1º, III, e § 2º, 177, § 4º, 195, I a IV e § 4º, 212, § 5º, 239 e 240, todos da Constituição.

DICA 2: O CONSTITUCIONALISMO E OS SISTEMAS CONSTITUCIONAIS. SISTEMAS E SUBSISTEMAS. A NATUREZA DO "SISTEMA" TRIBUTÁRIO NACIONAL

A Constituição é formada pela junção de alguns *sistemas normativos*, os quais, quando considerados individualmente, traduzem conjuntos de normas organizadas, unidas dentro de uma mesma vertente ideológica e concatenadas para atingir um fim comum preestabelecido. Esses *sistemas dialogam* e interagem, não podendo ser considerados como partículas isoladas ou isoláveis; ao contrário, se harmonizam, se complementam, dialogando, constituindo um todo maior de caráter unitário, que é o grande *sistema constitucional*, estruturado pela ligação inseparável dos seus *sistemas internos*, cada um deles cumprindo o seu papel dentro do organismo mais amplo. Entre esses *sistemas internos* é possível que tenhamos um *sistema tributário*, que tem a função de erguer as normas matrizes que direcionam e conduzem a estruturação das relações tributárias entre o Estado constituído e o povo constituinte, proclamando os vetores mais amplos que norteiam todos os parâmetros e limites de validade das relações jurídicas que podem surgir quando do exercício do *poder de tributar* por parte do Estado.

Como sempre comento nas aulas, a compreensão a respeito do que significam os sistemas constitucionais internos e sua importância, seu papel e seu modo de se relacionar com os demais sistemas dentro da Constituição pode ser comparada, em raciocínio analítico comparativo, à dos órgãos e sistemas do corpo humano, ao corpo dos atores de uma peça ou aos trechos de um filme. Cada órgão interno e cada sistema do corpo humano têm um papel específico para que o corpo, como um todo, considerado globalmente, funcione e proporcione a seu titular uma vida viável e, se possível, saudável; observe-se que a função do sistema respiratório não é a mesma do sistema digestório, que por sua vez não tem o mesmo papel designado ao sistema circulatório, ao nervoso, ao muscular etc.; todavia, todos, juntos, convergem para que um fim maior se possibilite, qual seja, que o "todo" uno e "indiviso" se torne possível, o que seja, o corpo humano com funcionalidade efetiva. Em uma peça teatral, o ator principal tem o seu nobre papel, mas sem o coadjuvante, sem os figurinistas, sem a equipe de produção, a peça não é possível. Do mesmo modo, para que ao final de um filme se possa extrair a mensagem projetada pelo autor, é necessário raciocinar e entender o significado de cada um dos seus trechos, os quais, separados e analisados fria e isoladamente, perdem o sentido.

Assim como no exemplo do corpo humano ou da peça de teatro ou do filme no cinema, os ***sistemas constitucionais*** também possuem, cada um, a sua função dentro da proposta constitucional, distinguindo-se uns dos outros, mas sempre entrelaçados na certeza de que há uma incontestável necessidade de se promoverem o diálogo e a harmonização, o equilíbrio, sem estabelecimento de relações de hierarquia, sem vínculos de superioridade ou inferioridade, mas sim de complementaridade, para que o Estado constituído se torne possível, para que os objetivos do povo constituinte se revelem viáveis, para que a Constituição edificada possa obter sua efetividade normativa.

Apesar de serem bem variados os pontos de vista direcionados na doutrina para definir quais são os sistemas constitucionais, optamos por seguir, pelo menos para os fins a que se destina essa obra, uma orientação que é aceita pela maioria dos pensadores e também pelas bancas de concursos públicos, qual seja, a de se reconhecer que cada ***Título*** da Constituição representa um de seus ***sistemas***, e, dentro deles, os ***Capítulos*** seriam os ***subsistemas***. Sob essa perspectiva, a atual Constituição seria composta por **10 *sistemas*** (sendo o último o **ACDT**, presente no derradeiro Título X). A se seguir essa premissa, o *Sistema Tributário Nacional* seria, a bem da verdade, um dos **<u>subsistemas constitucionais</u>**, ínsito em um **<u>sistema mais amplo</u>** que envolveria as normas matrizes de "tributação" e de "orçamento", compondo, dessa maneira, o chamado **<u>Sistema Constitucional de Tributação e Orçamento</u>**, composto por **<u>dois subsistemas</u>**, quais sejam, o **<u>subsistema das</u>**

CAPÍTULO 2 – O SISTEMA TRIBUTÁRIO NACIONAL

<u>normas matrizes de tributação</u> (chamado de "Sistema Tributário Nacional"), seu capítulo primeiro, e o <u>subsistema das normas matrizes de orçamento</u> (chamado de "Sistema das Finanças Públicas"), que são seus segundo e último capítulos.

Esse é, inclusive, o nosso pensamento. Acreditamos que, apesar de o "Sistema" Tributário Nacional ser chamado de "Sistema" (e não o deixa de ser!), ele é, **dentro do todo constitucional**, um dos **subsistemas constitucionais**. Logo, percebam: quando analisado o STN em relação à Constituição globalmente considerada, ele não é um dos *sistemas constitucionais maiores* (que são dez), e sim *parte estruturante de um desses 10 sistemas* (do sexto, na ordem de numeração dos Títulos), sendo, portanto, um dos **subsistemas constitucionais**. Todavia, quando analisado em relação às normas de direito tributário, não há qualquer questionamento; ele realmente é, **para o Direito Tributário**, o grande **SISTEMA TRIBUTÁRIO NACIONAL**.

DICA 3: O CONSTITUCIONALISMO BRASILEIRO E UM SISTEMA TRIBUTÁRIO NACIONAL

Pode parecer estranho para os leigos, mas a existência de um *Sistema Tributário Nacional* não é algo que tenha ocorrido ao longo de todo o constitucionalismo brasileiro. Não. Nas nossas primeiras Constituições escritas, não existia um Sistema Tributário Nacional.

Assim foi com a Constituição Imperial de 1824, com a Constituição Republicana de 1891, com as Constituições de 1934 (Constituição de "Weimar") e 1937 (Constituição "Polaca"), bem como com o *texto originário da Constituição de 1946*.

Nessas Constituições, quando muito, o constitucionalismo brasileiro adotava parcos comandos normativos, esparsos, dispondo sobre regramentos tributários. Não é correto reconhecer, nesses textos, a existência de um *sistema* de normas tributárias. Em que pese a opinião (minoritária) em contrário de alguns colegas, não entendemos correto reconhecer a existência de um Sistema de normas matrizes para as relações tributárias nas primeiras cinco Constituições brasileiras, ressaltando-se, todavia, o fato de que a aparição do primeiro *Sistema Tributário Nacional* se deu <u>ainda na vigência do texto da Constituição de 1945</u> e já <u>no final de sua era</u>, por obra da **Emenda Constitucional 18 de 1965**, conhecida como *"a grande reforma tributária"*, um verdadeiro divisor de águas na história do Direito Tributário Brasileiro.

Portanto, somente com a aprovação da EC nº 18/1965 é que se introduziu um *sistema tributário* nas Constituições brasileiras, o que se repetiu na Constituição militar de 1967, igualmente com a EC nº 1/1969 e na atual Constituição democrática de 1988.

DICA 4: A CRIAÇÃO DO SISTEMA TRIBUTÁRIO NACIONAL

A criação do **Sistema Tributário Nacional** se deu, como dito, por força da aprovação da famosa **EC nº 18/1965**, logo após a efetivação do Golpe Militar de 1964. A medida veio dentro de um grande bloco de inovações normativas, fruto do conturbado momento político, econômico e ideológico da jovem história da nossa República.

Foi editada logo após a aprovação da Lei nº 4.320/1964 (uma das fontes normativas mais importantes da história do país, estabelecendo normas gerais de direito financeiro e orçamentário), da Lei nº 4.504/1964 (que estabeleceu o "Estatuto da Terra"), da Lei nº 4.591/1964 (que veio regular os conflitos que pipocavam no país referente às questões condominiais e de incorporação imobiliária), da Lei nº 4.595/1965 (que veio criar o Conselho Monetário Nacional e instituir normas gerais para políticas bancárias), entre outras importantes leis para a história do país, instituídas exatamente naquele momento em que as transformações jurídico-políticas no Brasil estavam em ebulição, ebulição essa tão intensa que, em meio aos *atos institucionais militares*, culminou com a queda da Constituição de 1946 e a outorga da Carta Militar de 1967, acompanhada, logo a seguir, pela EC nº 1/1969.

Logo após a aprovação da EC nº 18/1965 (1-12-1965) foi aprovada a **Lei nº 5.172/1966**, em 25-10-1966 (entrando em vigência em 1º-1-1967), vigente até hoje e conhecida por todos nós como o **CÓDIGO TRIBUTÁRIO NACIONAL**.

Observe-se que a EC nº 18/1965 foi a base inspiradora e impulsionadora da edição do primeiro (e até hoje único) Código Tributário da história do nosso país. Ou seja: nosso direito tributário sistematizado na Constituição e codificado goza de apenas meio século de vida, uma ainda diminuta história cinquentenária! A EC nº 18/1965 é praticamente reproduzida na íntegra dentro do livro primeiro do CTN.

O CTN é dividido em *dois livros* (o que leva alguns autores a falar em "Parte Geral" e "Parte Especial", em comparação às linguagens utilizadas na estruturação dos Códigos Civil e Penal). O seu *Livro Primeiro* (que vai do art. 2º ao art. 95 de um total de 218 artigos do Código) se chama exatamente *"SISTEMA TRIBUTÁRIO NACIONAL"*, quando então se normatizou o que havia sido recém-criado pelo poder constituinte reformador, na citada EC nº 18/1965.

Diferentemente do Código Penal que tem aproximadamente 400 artigos e do Código Civil com mais de 2.000 artigos, o CTN é um Código pequenino, como é o próprio Direito Tributário (um dos menores e mais jovens ramos autônomos do Direito), tendo apenas 218 artigos, dos quais 21 são já revogados (sobram 197 artigos) e 10 formam as "disposições finais e transitórias", restando, portanto,

187 artigos, dos quais vários são dispositivos meramente conceituais (exemplo: arts. 3º, 4º, 5º, 16, 78 etc.).

> **DICA 5: O LIVRO PRIMEIRO DO CTN E SUA INSERÇÃO NO CONTEXTO DO ATUAL SISTEMA TRIBUTÁRIO DE 1988**

É preciso prestar muita atenção quando se estuda o livro primeiro do CTN, relembrando sempre que ele foi escrito em 1966 e fazia menção ao Sistema Tributário criado pela EC nº 18/1965, quando ainda era vigente a Constituição de 1946.

Isso porque, com o passar do tempo, diversas alterações foram feitas no texto das Constituições que se seguiram, profundas reformas foram aplicadas, de sorte que diversos dos dispositivos do CTN se tornaram totalmente obsoletos, não mais sendo recepcionados na conjuntura atual. Do mesmo modo, outra grande quantidade de dispositivos precisa passar por sensível processo hermenêutico de filtragem constitucional para que eles possam ser adaptados à normatização atual, sendo então recepcionados e mantidos de forma correta dentro dos pilares da atual ordem jurídica.

A título de exemplo, observemos que no CTN ainda se faz menção ao imposto federal sobre serviços de transporte e comunicação (arts. 68 a 70) que hoje não mais existe, tendo sido, com algumas adequações, incorporado na competência dos Estados e Distrito Federal, tornando-se o "S" da sigla do "ICMS", que até então era apenas "ICM"; do mesmo modo, constate-se que não existia o atual ITBI de competência municipal, sendo que somente os Estados tinham competência para tributar a aquisição de bens imóveis (arts. 35 a 42), fosse por transmissão *inter vivos* ou *causa mortis*.

Observe-se, também, por exemplo, que no campo referente aos princípios tributários, o *princípio da anterioridade*, uma das mais fortes garantias que os contribuintes têm para limitar o poder de tributar do Estado, apenas era previsto para ser aplicado sobre alguns impostos, e não sobre todos os tributos, como é atualmente (aplicava-se apenas para os *impostos sobre "patrimônio e renda"*), conforme se constata na leitura do art. 9º, II, do CTN (que correspondia ao art. 2º, II, da EC nº 18/1965).

Perceba-se, também, que diversas regras hoje existentes sequer existiam à época, não foram valoradas pela EC nº 18/1965 e por isso não aparecem no CTN/1966, como a competência estadual para instituição do IPVA (que só foi introduzida após a EC nº 27/1985, quando nasceu o IPVA) ou a previsão de imunidades para entidades sindicais de trabalhadores (que não estava no texto originário do art. 9º, IV, "c", do CTN e que foi incluída pela LC nº 104/2001 no referido dispositivo).

Princípios como os do *não confisco* (atual art. 150, IV, da CRFB/1988), da *capacidade contributiva* (art. 145, § 1º, da CRFB/1988), da *vedação de isenções heterônomas* (art. 151, III, da CRFB/1988), sequer aparecem no texto do CTN.

Portanto, é necessário que se tenha atenção ao tema, lembrando-se sempre de que o que há de prevalecer, evidentemente, é o que consta na atual Constituição de 1988, nos arts. 145 a 162, somente se preservando como recepcionado e aplicável o conjunto de dispositivos do CTN que tenha adequação aos atuais proclames normativos, ainda que, para tanto, seja necessário aplicar o procedimento de *filtragem constitucional* em alguns dispositivos para que os eles sejam "relidos" com uma sutil "manipulação" textual, para que possam ganhar a adaptabilidade necessária para poderem se manter aplicáveis.

DICA 6: A ESTRUTURA DO ATUAL SISTEMA TRIBUTÁRIO NACIONAL

Na Constituição de 1988, o atual Sistema Tributário segue, no seu conjunto de dispositivos, uma lógica bem simples de ser compreendida, a qual revela sua proposta normativa.

Para se tornar fácil tal percepção, podemos organizar o raciocínio com base em cinco momentos, identificando os cinco passos dados pelo constituinte no seu caminho estruturante do Sistema.

Primeiro, o constituinte legitima os entes políticos ao exercício do *poder de tributar*, o que já faz de modo claro no descortinar do *sistema*, afirmando, no primeiro dos artigos, o art. 145, que tanto a União como os Estados, o DF e os Municípios são aptos à instituição de Impostos (art. 145, I), Taxas (art. 145, II) e Contribuições de Melhoria (art. 145, III).

Legitimado o exercício do Poder de Tributar, podemos dizer que o segundo passo é o de estabelecer a partilha das competências tributárias, estatuindo as normas que ensinam quais são os tributos que cada um dos entes pode utilizar; ou, em outras palavras, as regras por via das quais se distribuem entre os entes federativos as titularidades tributárias, entregando-se a cada um dos entes quais serão os tributos que ficarão no seu espectro de competência.

O terceiro passo, após definidas as regras de distribuição das competências tributárias, é o de se estabelecer o catálogo de instrumentos *limitadores do poder de tributar*, os quais impõem contenções às margens de liberdade para o exercício das competências tributárias de cada um dos entes federativos; trata-se, nesse linear, dos **princípios e imunidades tributárias**. Os **princípios**, apresentando-se como instrumentos que impõem limitações *regulatórias* do exercício do poder de tributar, porquanto as **imunidades** estabelecem limitações *proibitivas* de tal

CAPÍTULO 2 – O SISTEMA TRIBUTÁRIO NACIONAL

exercício; juntos, harmonizam-se, formando um sistema dual que tem por escopo coibir excessos e arbitrariedades que pudessem violar, de um lado, a integridade dos direitos fundamentais dos contribuintes e, de outro, a unidade da própria Federação.

O quarto passo é direcionado para regular a distribuição, entre os próprios entes federativos, das receitas tributárias arrecadadas, especialmente as que decorrem da incidência dos impostos. Nesse momento, o constituinte revela sua preocupação em promover uma justiça distributiva da arrecadação fiscal, almejando promover o equilíbrio entre os entes e assegurar a viabilidade da autonomia de todos, especialmente dos entes menores e tendenciosamente mais carecedores de amparo, como os Municípios. Para implementar tal lógica, o legislador maior trabalha, em seis dos 20 artigos (quase um terço de todo o STN – arts. 157 a 162) do Sistema, valendo-se de uma metodologia que apelidou de *"Repartição das Receitas Tributárias"*, que consiste em um conjunto de regras pelas quais os entes federativos considerados mais fortes (a União em relação aos demais; os Estados em relação aos Municípios) entregam parte da arrecadação que recebem com alguns de seus impostos aos entes menores. A título exemplificativo, registremos que a União entregará 50% do que arrecada com o ITR ao Município em que se situa o imóvel rural (sendo possível, inclusive, em algumas situações especiais, que o Município fique com 100% da receita – art. 153, § 4º, III, c/c art. 158, II, da CRFB/1988), assim como entregará 21,5% da sua arrecadação do IR e do IPI para o Fundo de Participação dos Estados (FPE) e 24,5% para o Fundo de Participação dos Municípios – FPM (entregando ainda 3% para aplicação em programas de financiamento ao setor produtivo das Regiões Norte, Nordeste e Centro-Oeste, por meio de suas instituições financeiras de caráter regional, de acordo com os planos regionais de desenvolvimento, ficando assegurada ao semiárido do Nordeste a metade dos recursos destinados à Região, na forma que a lei estabelecer), conforme regramento previsto no art. 159, I, da CRFB/1988; os Estados entregarão 25% da arrecadação do ICMS para os seus Municípios (art. 158, IV, da CRFB/1988) e 50% da receita do IPVA para o Município no qual é feito o licenciamento do veículo; os Municípios, os Estados e o DF se apropriam da arrecadação do Imposto de Renda retido sobre as rendas que são pagas por eles próprios, suas autarquias e fundações (exemplo: imposto de renda retido na fonte de um servidor estadual pertence ao próprio Estado; se o servidor é municipal, a arrecadação do IR pertence ao município), conforme regra dos arts. 157, I, e 158, I, da Constituição. Caso a União institua *impostos residuais* (com base na competência residual prevista no art. 154, I, da CRFB/1988), deverá entregar aos Estados 20% da arrecadação desse eventual imposto que venha a ser instituído (regra do art. 157, II, da CRFB/1988).

Por fim, o quinto e último passo, após legitimado o exercício do poder de tributar pelo Estado brasileiro, após definidas as regras de competência tributária, após apresentados os princípios e imunidades como instrumentos limitadores do exercício das competências tributárias dos entes, o constituinte estabelece um conjunto de regras fundamentais sobre **política legislativa no âmbito do direito tributário**, selecionando algumas matérias e estabelecendo que sobre elas somente se poderá legislar por meio de **lei complementar**. Ou seja, o constituinte estabelece o campo da chamada <u>**Reserva de Lei Complementar no âmbito do Direito Tributário**</u>. Ainda que haja dois dispositivos centrais para o tema (arts. 146 e 146-A), os mandamentos normativos pertinentes se encontram esparsos no sistema tributário, e um deles, inclusive, fora do STN. No caso, trata-se do seguinte conjunto de artigos: 146, 146-A, 148, 153, VII, 154, I, 155, § 1º, III, 155, § 2º, XII, 156, § 3º, 162 e 195, § 4º, este último, o único não inserido formalmente dentro do Sistema Tributário Nacional, ainda que a ele totalmente coligado.

Esses são, portanto, os cinco pilares com os quais se alicerça a proposta normativa do atual Sistema Tributário Nacional na Constituição de 1988.

DICA 7: O SISTEMA TRIBUTÁRIO E A PROTEÇÃO À CLÁUSULA FEDERATIVA. O PRINCÍPIO DO FEDERALISMO FISCAL

Um dos pontos que merece destaque no Sistema Tributário Nacional é que dentro do conjunto de normas postas se conseguiu incrementar alguns dispositivos direcionados a promover a proteção da cláusula federativa como forma estrutural do nosso Estado, velando-se pela estabilização do pacto federativo, pela preservação da harmonia e do equilíbrio na condução do relacionamento e da convivência entre os entes da Federação.

Diversas normas são edificadas exatamente com este propósito, o de preservar a sustentabilidade da *federação* como forma de Estado, o que não é tarefa fácil, ainda mais em um país em que se legitimou a emancipação de tantos entes titulares de poder político (são mais de 5.500 Municípios, mais 26 Estados-membros, além do Distrito Federal e da União), implementando dois graus de descentralização do poder político, chegando a três níveis de autonomia (federal, estadual e municipal).

A esse conjunto de normas de direito tributário direcionadas a proteger a forma federativa e promover a preservação do pacto federativo entre os entes se pode chamar por <u>**normas de federalismo fiscal**</u>, sendo o adjetivo "fiscal" acoplado para externar que se trata de normas que regulam a política *tributária* de sorte que ela se exerça harmoniosamente com os propósitos federativos.

CAPÍTULO 2 – O SISTEMA TRIBUTÁRIO NACIONAL

Dentro desse contexto, podemos destacar, primeiro, as já comentadas normas de **repartição de receita tributária**, o que revela louvável preocupação do constituinte em promover equitativa distribuição da arrecadação de sorte a proporcionar autossustentabilidade a todos os entes da Federação, relativizando o modelo experimentado nos regimes jurídicos anteriores de concentração da receita nas mãos do governo federal.

Em um segundo linear, as regras de competência legislativa concorrente, permitindo-se aos Estados, Distrito Federal e até mesmo aos Municípios, desde que respeitando as normas gerais de caráter nacional, legislar nos seus próprios tributos, suplementarmente (ou em competência legislativa plena quando da inexistência de normas gerais – art. 24, I, §§ 1º, 2º, 3º e 4º, da CRFB/1988 c/c art. 146, III), regulando as suas políticas de tributação com normas de melhor adequação a suas realidades individualmente compreendidas.

Em uma terceira frente, a clássica norma da **imunidade recíproca** insculpida no art. 150, VI, "a" e §§ 2º e 3º, c/c art. 173, caput, § 1º, II, e § 2º, da Constituição, evitando que se promovam cobranças de impostos reciprocamente de um ente sobre os demais contra seus patrimônios, rendas, serviços, estendendo-se a proteção às autarquias e às fundações públicas que venham a instituir e manter, e até mesmo de forma excepcional, algumas empresas públicas e sociedades de economia mista (as que sejam prestadoras de serviço público típico de estado e não prestadoras de atividade econômica – exemplo: ECT, Infraero, Casa da Moeda do Brasil).

Dois princípios importantes, fincados no art. 151, I (Uniformidade Geográfica da Tributação Federal) e no art. 152 (Não Discriminação pela Procedência ou Destino), também fortalecem o espírito federativo e evitam que os entes federativos se discriminem uns em relação aos outros, valendo o primeiro comando (do art. 151, I) para impedir que a União discrimine certos Estados, DF ou Municípios em detrimento de outros, e a norma do art. 152 coibindo que os Estados, DF e Municípios se discriminem entre si.

Outro princípio fundamental é o do art. 151, III, que deve ser lido em consonância com o art. 18 da Constituição, que prega o princípio da autonomia federativa dos entes políticos. Pela norma principiológica do art. 151, III se veda que quaisquer dos entes possam interferir na autonomia arrecadatória de outros entes, consagrando-se o princípio que é conhecido como **princípio da vedação de concessão de benefícios fiscais heterônomos** ("heteronomia" no sentido de invasão de autonomia); não obstante o texto do art. 151, III se refira apenas à vedação de que "a União" conceda "isenções" de tributos de competência dos demais entes políticos, o texto diz bem menos que o real sentido normativo albergado na norma principiológica, a qual veda, reitere-se, que qualquer que seja o ente possa tentar conceder renúncias de receitas de tributos de outro ente, seja lá qual for.

Observe-se que o conjunto dos dispositivos citados revela a nítida preocupação do constituinte em estruturar um Sistema Tributário realmente vocacionado a preservar o equilíbrio da federação, nossa forma organizacional de Estado, cláusula pétrea (art. 60, I, da CRFB/1988) que não pode ser corrompida por desmandos no exercício das competências tributárias por parte de cada ente da Federação.

DICA 8: O SISTEMA TRIBUTÁRIO NACIONAL, OS DIREITOS HUMANOS, A DIGNIDADE DA PESSOA HUMANA E O MÍNIMO EXISTENCIAL

Outro aspecto que merece relevo dentro do acervo normativo do Sistema Tributário Nacional é o notório e notável zelo que teve o constituinte em edificar regras e princípios direcionados à proteção das necessidades vitais dos seres humanos, buscando preservar a integridade dos direitos basilares ao mínimo existencial dos contribuintes, blindando a tábua dos direitos humanos contra agressões oriundas de atos imoderados de tributação. Nesse compasso, foram projetadas diversas normas, em imensa maioria de caráter principiológico, focadas na tutela dos direitos fundamentais dos contribuintes, sejam eles os direitos de liberdade civil e política, sejam os direitos econômicos, sociais e culturais, amparando-se, desse modo, tanto os direitos humanos de primeira como os de segunda dimensão. Do mesmo modo, a proteção ao interesse difuso e coletivo, com especial destaque para a tutela dos consumidores, revela o avanço do nosso sistema tributário projetando normas protetivas também dos direitos de terceira dimensão.

No capítulo seguinte dessa obra, teceremos alguns comentários sobre o tema, destacando os dispositivos constitucionais em que se protegem os direitos de liberdade civil, liberdade política, os direitos econômicos, sociais e culturais, a viabilização do cumprimento das prestações estatais obrigatórias, especialmente as destinadas a promover a efetividade dos direitos econômicos e sociais, bem como a tutela aos interesses difusos e coletivos, destacando os direitos básicos dos consumidores.

CAPÍTULO 3

DIREITOS HUMANOS, DIREITOS FUNDAMENTAIS DO CONTRIBUINTE, A CONSTITUIÇÃO DE 1988 E O SISTEMA TRIBUTÁRIO NACIONAL

CAPÍTULO 3 – DIREITOS HUMANOS, DIREITOS FUNDAMENTAIS ...

DICA 1: DIREITOS HUMANOS

Os **direitos humanos**, em apertada definição, traduzem o conjunto de direitos inatos ao ser humano, essenciais à sua dignidade e asseguradores do seu mínimo existencial de forma digna, sem degradação, sofrimento e qualquer tipo de violência física, psíquica ou moral. Foram sendo conquistados e reconhecidos paulatinamente, em longo processo evolutivo no transcorrer da história, mediante a maturação dos valores e dogmas direcionados do reconhecimento do ser humano como a razão existencial de toda a ordem jurídica e de todo o processo de convívio social, bem como da indispensável certeza de ser ele merecedor de proteção para que possa se valer de uma vida digna, porquanto trafegue no plano terreno.

Ao longo do tempo, no evoluir dos séculos, blocos de direitos foram sendo conquistados e reconhecidos, daí os estudiosos costumarem modular no tempo alguns diferentes cortes temporais na história, que são chamados de **dimensões**, para atrelar os grupos de direitos que foram se emancipando e sendo incorporados na tábua afirmativa durante esses períodos. Nesse linear, se definem certos direitos como os direitos da **primeira dimensão temporal**, outros tantos como os de **segunda dimensão** e, ainda, aqueles que vieram em momento posterior, se apresentando como os **direitos humanos de terceira dimensão**.

Feita a catalogação dos blocos e seu posicionamento na escala temporal, parte-se para o estudo de suas características, analisa-se o rol de desdobramentos que seu reconhecimento gera nas relações do homem com o Estado e do próprio homem um com o outro, avaliando-se, ainda, qual o melhor modo de assegurar uma efetiva proteção à sua integridade.

Os blocos de direitos que vão surgindo em cada nova dimensão não têm o condão de excluir os antecedentes; pelo contrário, agregam-se a eles, alargando a extensão da prancha declaratória dos direitos humanos, a qual somente se modifica expansivamente, sendo acolhido pela maioria da doutrina e aplicado no exercício da jurisdição constitucional em quase todos os países do globo o **princípio da vedação ao retrocesso**. Uma nova **dimensão** não é substitutiva da anterior e, sim, complementar, o que revela a característica da **historicidade** dos direitos humanos, revelando que eles vão sendo afirmados historicamente em processo gradativo-progressivo. São deferíveis a todas as pessoas, posto serem de titularidade de **todo e qualquer ser humano**, independentemente de sexo, idade, cor, raça, etnia, crença religiosa, nacionalidade, etc., o que revela a característica da **universalidade**, algo que sofre pequeno abrandamento face o fenômeno do **relativismo cultural**, pelo qual, em algumas localidades, um determinado tipo de direito não é aplicado ou reconhecido face aos costumes e à cultura do povo local, respeitando-se a soberania popular dessa comunidade e a soberania jurisdicional interna desse país.

Via de regra, **os direitos humanos surgiram para proteger o ser humano contra desmandos do Estado e dos governantes**, acautelando os interesses das pessoas humanas no intento de blindar suas dignidades contra vilipêndios oriundos de exercício autoritário e abusivo do poder de governo pelo Estado e seus gestores. Não obstante, atualmente, face à inenarrável evolução da teoria dos direitos humanos, hoje sua aplicação alcança, no que é possível, relações que envolvem **pessoas jurídicas** criadas pelos homens, e, também e já fora de qualquer discussão, se aplica nas relações horizontais dos próprios homens entre si, quando não há (ou se há é meramente de forma indireta) a participação do Estado (eficácia horizontal dos direitos humanos, teoria alemã do *drittwirkung*).

DICA 2: AS DIMENSÕES DOS DIREITOS HUMANOS

Apesar de alguns doutrinadores apontarem para uma já consumação do que seria uma *quarta dimensão* dos direitos humanos, entendemos coerente reconhecer que existem, de forma já definida e estabilizada, apenas **três dimensões** de direitos humanos, essas sim, bem posicionadas, temporalmente definidas e com seus objetos bem delineados. Ao nosso humilde pensar, ainda estamos vivendo a construção e a sedimentação do que, em um futuro próximo, poderá ser afirmado e identificado como a quarta dimensão, a qual tem processo construtivo em andamento e dentro do qual estamos inseridos, mas, possivelmente, muitos de nós que ora escrevemos e lemos essa obra, não estaremos aqui pelo plano terreno para poder falar com propriedade dessa quarta dimensão, como hoje podemos falar das três anteriores. Algo natural e ordinário na vida.

A ***primeira dimensão dos direitos humanos*** é conhecida como a dimensão em que se consagrou a proteção aos **direitos civis e políticos**, nitidamente reconhecidos como **direitos de liberdade**. Seu marco temporal é a passagem entre os séculos XVII e XVIII, tendo como marcos simbólicos as três grandes **Revoluções pela Liberdade** (a Revolução Inglesa do século XVII e as Revoluções Americana e Francesa do século XVIII – 1640 a 1688, 1786 e 1789, respectivamente) e como marco ideológico a busca das classes menos favorecidas da libertação da ingerência e interferência estatal nas suas liberdades; era a busca de um modelo de relação em que o Estado se afastasse e respeitasse o livre arbítrio dos seres humanos. Essa liberdade impunha ao Estado uma postura de abstenção (postura **negativa**), recuando e diminuindo sua margem de dirigismo e de imposição de limites às liberdades privadas. Tal modelo ideológico resultou no chamado ***Estado Liberal***, em que se valoraram as ***liberdades civis*** (liberdade de propriedade, de crença, de expressão, de opinião, de ideologia política, de reunião, de locomoção etc.) e as ***liberdades políticas*** (liberdade de participar do processo decisório de governabilidade – direito de eleger governantes, de se candidatar a ser governante, de participar do feitio das leis, das tomadas de decisões estratégicas, de ter membros do povo em órgãos importantes dos poderes públicos etc.), sedimentando aquilo que veio a se categorizar como ***direitos civis e políticos***, impondo ao Estado dever de respeito e ao ordenamento jurídico, o dever de protetividade.

A ***segunda dimensão dos direitos humanos*** é a que chancela os chamados ***direitos econômicos, sociais e culturais*** e surge junto ao amadurecimento do *socialismo*, trazendo à baila novos valores, novas preocupações e nova mentalidade no modo de analisar a maneira como o Estado deveria se relacionar com o povo, especialmente com as pessoas menos abastadas. Traz como **marco ideológico** a ideia de que o Estado deve *intervir* de forma *ativa* e *participativa* sobre o convívio gregário das pessoas em sociedade, *fornecendo políticas públicas* efetivadoras de alguns direitos que se clamava ver reconhecidos e que não eram objeto da preocupação e da normatização na dimensão anterior. Clamava-se, primordialmente, pela tutela à *saúde* e à *educação* das pessoas, entendendo-se que o Estado deveria assumir o dever de fornecer mecanismos materializadores da integridade desses bens, pelos quais se lutava para ver reconhecidos como direitos intangíveis e que jamais poderiam ficar carentes de efetivação, pretendendo-se impor ao Estado o dever de agir para proporcionar a sua concretude. Junto à saúde e à educação, acresceu-se o clamor para que os mesmos fins se alcançassem em relação à *assistência social* às pessoas desamparadas, o *lazer* para todos, um regime de *previdência social* direcionado à tutela da senectude das pessoas. Em passo mais largo, se reconheceu a necessidade de o Estado ganhar o direito de intervir nas relações de trabalho, podendo gerenciar e modificar normas geradas nos vínculos contratuais, intervindo por meio do poder normativo e jurisdicional (Estado Legislador e Estado Judicante), exatamente para libertar os trabalhadores escravizados em relações covardes constituídas de forma brutalmente arbitrária e até então protegidas pelo escudo gerado na égide do Estado Liberal, quando os mais fortes dominaram, manipularam, esculacharam os mais fracos. Por fim, a prospecção dessa ideologia da terceira dimensão desembocou no setor econômico, no exercício da livre-iniciativa, entendendo-se que o Estado deveria intervir na ordem econômica buscando equilibrá-la, combatendo abusos por parte de agentes econômicos poderosos, criando normas de regulação, prevendo infrações, crimes e suas sanções, estipulando mecanismos de proteção ao acesso à livre-iniciativa para todos, a uma concorrência justa e equilibrada, a um combate ao monopólio e aos abusos de posições dominantes etc.

Perceba-se que ao contrário do ideal da primeira dimensão, na segunda dimensão é nítida a ideologia de se trazer o Estado para perto, reaproximá-lo, devolver a ele poder gerencial e ingerencial, o que fora repudiado pela primeira dimensão. Daí se tratarem de direitos de eficácia **positiva**, que existem do Estado **postura ativas**, direcionadas para a proteção dos **direitos econômicos, sociais e culturais** das pessoas.

Os marcos simbólico-históricos da segunda dimensão são, em um inicial momento, o **Manifesto do Partido Comunista de 1848**, de Karl Mark e Friedrich Engels, e, na sequência, a **Revolução Mexicana de 1910**, a **Revolução Russa de 1917** e a **Criação da Organização Internacional do Trabalho OIT em 1919**, com a assinatura do **Tratado de Versalhes**.

A <u>*terceira dimensão dos direitos humanos*</u> é a que surge após a Segunda Guerra Mundial, com o fim do nazismo e de todas as suas barbáries, quando o mundo, chocado, testemunhou os mais perversos tipos de atrocidades cometidas contra a raça humana. Surgiu ali uma nova concepção no que diz respeito às preocupações com a integridade da dignidade dos seres humanos. Começou-se a pensar no tema da tutela do mínimo existencial dos seres humanos sob uma outra perspectiva que não mais aquela perspectiva individualista até então reinante, quando se analisava o ser humano na sua individualidade, isoladamente, na sua particularidade existencial.

Passou-se a analisar a humanidade como um todo uno, o grande *conjunto dos seres humanos*. Iniciava-se um novo processo reflexivo, analisando **os seres humanos em grupos, em blocos e em um grande e único todo**. Amadurecia a visão para a necessidade de se construir uma forma diferente de oferecimento de tutela normativa e jurisdicional, o que culminaria da gestação e sedimentação das **tutelas difusas e coletivas**, direcionadas ao que se passava a reconhecer como os **direitos difusos e coletivos** como *"direitos transindividuais"* e os **direitos individuais homogêneos**. Alguns valores passam a ser objeto de preocupação e proteção, como o **meio ambiente** e as **relações de consumo**. A proteção dos grupos de ideologias minoritárias, dos senis, dos deficientes, como pessoas vulneráveis, passa a ser objeto de exigência de proteção. Caminha-se, portanto, em uma nova direção de afirmação de direitos humanos a serem averbados na tábua registral de tais nobres direitos.

Em síntese, essas são as três dimensões já cristalizadas no nosso processo histórico afirmativo dos direitos humanos. Absteremo-nos aqui de tecer comentários sobre as concepções que já vêm sendo declinadas por alguns estudiosos quanto ao que seria uma quarta e, até mesmo, para alguns, uma quinta dimensão dos direitos humanos. Tal enfrentamento foge ao propósito dessa singela obra.

CAPÍTULO 3 – DIREITOS HUMANOS, DIREITOS FUNDAMENTAIS ...

DICA 3: DIREITOS HUMANOS E DIREITOS FUNDAMENTAIS

Apesar de existirem alguns diferentes pontos de vista para conciliar as duas expressões e para se tentar definir de forma objetiva um critério comparativo e distintivo das duas categorias jurídicas, acompanhamos o entendimento que a expressão *direitos humanos* é mais *ampla* que a expressão *direitos fundamentais*. A primeira faz menção a todo o rol de direitos essenciais ao mínimo existencial ao ser humano e direcionados para efetivar a sua dignidade, qualquer que seja a natureza desses direitos e sejam eles ou não incorporados à Constituição de um ou outro país, implementados nas suas ordens internas. Diferentemente, os *direitos fundamentais* traduzem exatamente o conjunto de direitos humanos que são introduzidos, reconhecidos e protegidos na ordem interna de determinado país. Por isso, não obstante, os direitos humanos sejam sempre os mesmos, o catálogo de direitos fundamentais pode variar entre um e outro país e seus Estados de Direito, já que cada povo local, no exercício do poder constituinte, tem a ilimitada liberdade de selecionar quais direitos inserirá nas suas constituições como aqueles merecedores de proteção, bem como de alargar (ou não) esse rol no exercício da jurisdição constitucional praticada nos seus tribunais. Nesse contexto, para nós, *os direitos fundamentais traduzem os direitos humanos internalizados na ordem interna de cada país, seja por força do reconhecimento expresso de suas Constituições ou pelo reconhecimento jurisdicional de seus Tribunais diante de eventual silêncio do texto da lei suprema.*

DICA 4: DIREITOS FUNDAMENTAIS DOS CONTRIBUINTES

Quando falamos dos direitos fundamentais dos contribuintes não estamos falando de uma nova gama de direitos, de direitos diferentes dos que já existem e são previstos na ordem jurídica. Não. Estamos a nos reportar aos mesmos direitos fundamentais já conhecidos, todavia, avaliados no bojo de uma relação tributária, quando então o titular de tais direitos assume o viés de *contribuinte*.

Falar em *direitos fundamentais e tributação* ou em *direito fundamentais do contribuinte* significa analisar as limitações que o Estado deve observar, quando está no exercício do poder de tributar, para não violar direitos fundamentais das pessoas que estão sendo tributadas. Noutras palavras, é dizer que cada ente federativo, quando está no exercício da sua competência tributária, tem que se curvar ao mandamento normativo maior da ordem jurídica, qual seja, *a dignidade da pessoa humana*, valor fonte de todo o ordenamento, não podendo sufragar, na persecução arrecadatória, a integridade de bens e valores atrelados a tal monumento, agraciado com a mais forte e inabalável proteção deferida nos Estados de Direito contemporâneos.

Nesse viés, não pode o Estado, ao tributar, violar os direitos fundamentais ligados às liberdades civis e políticas dos contribuintes, funcionando tais bens como barreiras de contenção ao que, por certo, não é um poder ilimitado, o que seja, o poder de tributar.

Do mesmo modo, não pode o Estado deixar de promover a efetivação das políticas públicas direcionadas ao implemento da saúde, educação, lazer, assistência e previdência social, fazendo portanto uso adequado dos recursos fiscais gerados para tal propósito, destacando-se, aqui, em especial, as **Contribuições Sociais**, sejam elas as **Contribuições Sociais de Seguridade Social** ou as **Contribuições Sociais Gerais**, não podendo haver descumprimento do dever de se manter em permanente andamento o exercício das prestações estatais obrigatórias.

No mesmo caminho, é dever do Estado se manter em permanente ação para promover as necessárias medidas de intervenção no domínio econômico, zelando pelo seu equilíbrio, pelo respeito aos princípios constitucionais que estabelecem as diretrizes de validade para toda e qualquer ação nesse nicho de atividades e atuações, utilizando-se, corretamente, por exemplo, dos recursos auferíveis mediante a arrecadação das **CIDEs – Contribuições de Intervenção no Domínio Econômico**.

Por fim, não pode o Estado, ao tributar, faltar com a atenção para respeitar e aplicar corretamente as normas tributárias previstas na Constituição para respeitar os direitos básicos do contribuinte consumidor, bem como o interesse de todos de ver a proteção ao meio ambiente, às normas direcionadas para a efetividade de uma salutar e eficiente política de urbanização das cidades etc.

O caminho adotado pelo constituinte para proteger os direitos fundamentais dos contribuintes passou pela edição de normas principiológicas e preceituais.

As primeiras, estabelecendo uma série de **princípios normativos** que almejam proporcionar a efetividade dos fins anteriormente narrados. São os **princípios tributários**.

Já as normas preceituais, a seu turno, estabelecem **regras,** por via das quais se almeja, igualmente, alcançar o mesmo fim.

Algumas são **regras vedatórias,** de caráter proibitivo, como a título de exemplo, as regras que estabelecem as **normas imunitórias**, que geram as chamadas **"imunidades tributárias"**, que se apresentam como normas que proíbem o exercício da competência tributária dos entes federativos em certas situações, vedando-o, seja para proteger a liberdade religiosa, sindical, de expressão, educação e informação, seja para preservar a liberdade de ideologia política expressa pela manutenção do pluripartidarismo, seja para preservar entidades privadas que atuam na órbita da geração de políticas voltadas para a efetivação de direitos

CAPÍTULO 3 – DIREITOS HUMANOS, DIREITOS FUNDAMENTAIS ...

sociais (entidades de educação, saúde e assistência social que atuam sem fins lucrativos) etc. São **normas constitucionais de caráter vedatório**.

De outro lado, aparecem na Constituição diversas regras que ordenam certas posturas estatais, o cumprimento de programas, a aplicação de certas posturas ativamente, que são as chamadas **normas constitucionais de caráter mandatório** e as **normas constitucionais de caráter programático**. Normas regras que determinam uso progressivo de alíquotas para combater uso indevido de bens, que determinam afetação de receita tributária para segmentos sociais, que ordenam práticas dos próprios contribuintes em certas situações para que se gere proteção a outros contribuintes, e assim por diante.

Portanto, o sistema constitucional é permeado pela inserção de diversas normas, ora **normas princípios** e ora **normas regras**, as quais impõem, de um lado, diversas **limitações ao poder de tributar**, e, de outro, estabelecem **comandos imperativos comportamentais** ao Estado, gerando deveres de fiscalização e de uso adequado dos recursos arrecadados. E tudo isso para **proteger os <u>direitos fundamentais dos contribuintes</u>**, velando-se pela integridade da <u>**dignidade da pessoa humana**</u>, procurando-se blindar o <u>**mínimo existencial**</u> dos contribuintes contra potenciais corrosões emanadas de um mau exercício do poder de tributar, impondo-se ao Estado que se mantenha em permanente <u>**cumprimento das prestações estatais obrigatórias**</u>, e, em complemento, zelando-se para que as relações tributárias se ergam e se executem dentro das membranas da justiça, valor transcendente e inspirador da existência da própria ciência do Direito, buscando-se efetivar a chamada <u>**justiça fiscal**</u> no âmbito das relações que surgem entre o Estado e os contribuintes quando do exercício do poder de tributar.

> **DICA 5: LIMITAÇÕES DIRECIONADAS À PROTEÇÃO DAS LIBERDADES CIVIS. DIREITOS HUMANOS DE PRIMEIRA DIMENSÃO**

O primeiro ponto a destacar é o da **proteção à liberdade de locomoção**. O art. 150, V, assegura que nenhuma pessoa será tributada pelo simples fato de estar se deslocando fisicamente ou por estar deslocando fisicamente certo bem de um ponto a outro. É dizer: o mero exercício do direito de locomoção, de si mesmo e de seus bens pessoais, não será fato gerador de uma obrigação tributária. A proteção emana da norma ora citada e que consagra o **Princípio da Não Limitação ao Trânsito de Pessoas ou Bens**. Fica ressalvado o lícito direito de se cobrar pedágio para remunerar a prestação de serviços de conservação das vias pedagiadas e efetivamente utilizadas.

O segundo ponto é o da **proteção à liberdade de consciência religiosa** e de **exercício da fé**. O art. 150, VI, "c" e § 4º veda que incidam impostos sobre os templos religiosos, qualquer que seja o culto, blindando o patrimônio, renda e serviços dessas instituições que se mantenham vinculados às finalidades essenciais religiosas contra a incidência de impostos. É comum afirmar que dita norma vedatória tem por escopo evitar que as instituições religiosas pudessem fechar suas portas, especialmente as de menor poder econômico, por não suportarem a carga tributária, e tal fechamento poderia prejudicar o acesso à fé e ao livre exercício do credo por parte de diversas pessoas que buscam nas Igrejas o santuário ideal para a prática de atos de fé.

O terceiro ponto a ser destacado faz menção à proteção à **liberdade de expressão**, ao direito de **manifestação dos pensamentos, teses e ideologias e a promoção à sua circulação**. A norma imunizante do art. 150, VI, "d", que veda a incidência de impostos sobre a circulação de livros, jornais, periódicos e o papel destinado a sua impressão, tem, entre os seus propósitos finalísticos, o de proteger os direitos de liberdade ora citados, pertencentes aos escritores, autores, que expõem em suas obras o resultado de sua produção intelectual. Do mesmo modo, a mesma norma se propõe, também, a efetivar a **proteção do direito de liberdade de informação**, e isso por parte do destinatário da obra, para quem a informação literária é direcionada após escrita pelo produtor intelectual. Por meio da aludida norma se veda a incidência de impostos sobre a comercialização de tais bens, objetivando-se evitar que a oneração tributária pudesse comprometer a sua circulabilidade, vide o encarecimento do preço, e, dessa forma, impedir o seu acesso por parte de grande parte da população, especialmente as pessoas desprovidas de capacidade contributiva para, "de fato", pagar os impostos embutidos nos preços finais dos referidos bens de consumo (livros, jornais, periódicos).

Oportuno mencionar que a citada norma (art. 150, VI, "d") tem espectro de projeção multifacetário, protegendo também os direitos de segunda e terceira dimensão. Na segunda dimensão, destaca-se o forte papel que a mencionada imunidade tributária tem no processo educacional, incentivando a circulação dos livros, jornais, revistas informativas, e, com isso, impulsionando com maior atomização a propagação da educação, nos mais diferentes níveis de projeção dessa. Do mesmo modo, colabora para que se possa *garantir o desenvolvimento nacional*, objetivo fundamental da nossa República (art. 3º, II), o que se faz por meio da expansão do conhecimento, da circulação das informações e da capacitação intelectual dos indivíduos, algo que atrai o debate para o plano dos interesses *transindividuais*.

No que tange à **proteção à liberdade de informação**, destacamos ainda o **Princípio da Transparência Fiscal**, previsto no art. 150, § 5º, que será mais adiante abordado quando da referência aos direitos de terceira dimensão com especial foco na proteção do consumidor. Todavia, apesar de cuidar do tema tópicos adiante, não podemos deixar de mencionar, aqui nesse item, que tal *Princípio*, regulado pela

CAPÍTULO 3 – DIREITOS HUMANOS, DIREITOS FUNDAMENTAIS ...

Lei nº 12.741/2012, que impõe aos fornecedores que informem os consumidores sobre a carga tributária repassada por dentro dos preços dos bens de consumo adquiridos, é, *também*, ferramenta de tutela das liberdades, protegendo a ***liberdade de informação e consciência fiscal*** de todo consumidor, para que tenha o direito de saber quanto paga de imposto em cada ato de consumo que pratica.

Por fim, a ***liberdade sindical*** também é objeto de proteção, vide a imunidade tributária insculpida no art. 150, VI, "c" e § 4º. Se as entidades sindicais de trabalhadores não pudessem se sustentar e se manter viáveis, por força de não suportarem a carga tributária, de que adiantaria se assegurar uma teoria liberdade de associação sindical se tais instituições não existissem de fato? Daí que a norma protetora de tais pessoas jurídicas revela, entre os seus propósitos essenciais, o de preservar a efetividade da liberdade de associação e defesa dos direitos laborais por via do movimento sindical.

DICA 6: LIMITAÇÕES DIRECIONADAS A PROTEGER AS LIBERDADES POLÍTICAS. DIREITOS HUMANOS DE PRIMEIRA DIMENSÃO

Boa parte dos direitos políticos são exercíveis por meio de processos dos quais as entidades partidárias (Partidos Políticos) são engrenagens cruciais, sendo, portanto, necessárias a sua existência e a atuação ativa para que se torne possível a concretização de tais liberdades.

Para que certa pessoa possa exercer o direito de escolha de um representante para fazer parte do colegiado representativo popular no parlamento, bem como para que possa escolher seu chefe de governo, necessário é, por força das normas do nosso sistema político, que o candidato seja filiado a um Partido Político.

De igual forma, caso certo cidadão pretenda se candidatar para concorrer a um desses cargos políticos, também precisará se filiar a um determinado Partido.

O exercício da capacidade eleitoral ativa e passiva passa por essas instituições, hoje, essenciais à funcionalidade do sistema político pátrio e à viabilização do exercício da ***cidadania,*** um dos fundamentos centrais do nosso Estado (art. 1º, II, da CRFB/1988). A manutenção de suas existências traduz a preservação das condições de exercício da democracia representativa, e, por meio dela, o exercício de parte dos direitos políticos fundamentais.

Agregue-se ainda a lembrança de que o nosso povo exigiu não apenas a existência de Partidos Políticos, mas uma existência ***plural***, para que se possa ter a diversidade ideológica e, com isso, a pluralidade de opções para que se possam fazer as melhores escolhas, consagrando-se, desse modo, o ***pluralismo político*** (que é um dos fundamentos da nossa Constituição – art. 1º, V, da CRFB/1988) e a fórmula do *pluripartidarismo* (art. 17 da CRFB/1988), caminho para efetivar uma ideia de *liberdade política*. No intento de não prejudicar a efetividade dessas propostas constitucionais e dos direitos fundamentais a elas correlacionados, o constituinte vedou a possibilidade de os entes federativos promoverem a incidência de impostos sobre o patrimônio, a renda e os serviços prestados por tais instituições, sempre que estiverem vinculados nas finalidades essenciais político-partidárias. Tal proteção se encontra averbada na norma imunizatória fixada no art. 150, VI, "c" e § 4º, da Lei Maior, estendendo-se, ainda, a imunidade ora em apreço às fundações privadas instituídas e mantidas pelos referidos Partidos.

DICA 7: LIMITAÇÕES DIRECIONADAS A PROTEGER OS DIREITOS HUMANOS DE SEGUNDA DIMENSÃO. TUTELA AOS DIREITOS SOCIAIS DOS TRABALHADORES

O art. 150, VI, "c" e § 4º, já tão comentado nos tópicos anteriores, consagra, como também já ventilado, a imunidade de impostos das **entidades sindicais de trabalhadores**, o que tem por objetivo proporcionar a melhor condição de manutenção dessas instituições, as quais são vitais para promover, sob uma ótica de *direito coletivo do trabalho*, a defesa dos direitos dos trabalhadores nas relações de trabalho, e, em especial (ainda que não apenas), os direitos dos empregados em face dos empregadores. A importância cada vez mais forte dos sindicatos e demais entidades representativas de trabalhadores para a tutela dos direitos e prerrogativas dos obreiros é algo inconteste, e o fortalecimento dessas entidades significa, última *ratio*, maior proteção aos direitos dos seus filiados, os trabalhadores sindicalizados. A vedação constitucional da incidência de impostos sobre ditas pessoas jurídicas revela mais uma vez a sensibilidade do legislador maior em procurar evitar que os atos de tributação pudessem gerar efeitos prejudicais à efetividade dos direitos fundamentais, razão pela qual se pode, juridicamente, explicar a existência da norma em comento.

DICA 8: LIMITAÇÕES DIRECIONADAS A PROTEGER OS DIREITOS HUMANOS DE SEGUNDA DIMENSÃO. TUTELA AOS DIREITOS SOCIAIS DE EDUCAÇÃO, SAÚDE, ASSISTÊNCIA SOCIAL E PREVIDÊNCIA SOCIAL

A preocupação em viabilizar a efetividade dos direitos sociais é visível nas normas tributárias edificadas na nossa Constituição.

Primeiro, o simples fato de se ter estatuído competência para a União para instituir *Contribuições Sociais* já revela esse zelo, vide normas dos arts. 149, 195, I a IV e § 4º, e 212, § 5º. Em segunda pontuação, a previsão de vinculação de um percentual mínimo da arrecadação da receita dos impostos para o custeio do sistema educacional e de saúde, conforme regramento estabelecido nos arts. 167, IV, c/c 198, § 2º, e 212. Por fim, a imunização contra a incidência de impostos que se concede a instituições privadas que atuam prestando educação, saúde e assistência social sem fins lucrativos (art. 150, VI, "c" e § 4º) bem como a imunidade de contribuições que protege as entidades beneficentes de assistência social, nos termos do art. 195, § 7º, todos da Lei Magna.

É inconteste o direcionamento traçado pelo constituinte para que, de um lado, o exercício do poder de tributar não prejudique entidades privadas que de forma altruística atuam prestando atividades que promovem o acesso aos direitos sociais; de outro lado, não faltem recursos para que o Estado implemente um sistema eficiente e de qualidade de educação, saúde, assistência, previdência, lazer, trabalho e emprego e todas as demais bases do Estado Social (o que infelizmente ainda está muito longe de se materializar, por razões que não cabe aqui nessa obra o descortinar de comentários).

> **DICA 9: LIMITAÇÕES DIRECIONADAS A PROTEGER OS DIREITOS HUMANOS DE SEGUNDA DIMENSÃO. TUTELA AOS DIREITOS ECONÔMICOS**

Quatro pontos do sistema normativo fiscal constitucional merecem destaque, revelando o propósito protetor da ordem econômica. Primeiro, o fato de ser instituída em favor da União a competência tributária para promover a criação de CIDEs as quais revelem, pelo menos em tese, o escopo de viabilizar a angariação de recursos financeiros destinados a proporcionar a execução de atividades interventivas na ordem econômica, atividades essas que, evidentemente, *pelo menos em tese*, se devem exercer com o desiderato de proteger o equilíbrio e a estabilidade da atividade econômica, e, dessa forma, a efetividade do exercício da *livre-iniciativa* por parte de todo e qualquer agente econômico, especialmente os pequenos empreendedores.

Um segundo aspecto relevante, e de caráter já mais setorial, é do regime que foi implementado de incentivo às exportações, o que gera benefícios diretos aos exportadores e também indiretos a incontáveis segmentos da atividade econômica (art. 149, § 2º, I; art. 153,§ 3º, III; art. 155, § 2º, X, "a"; art. 156, § 3º, II).

Um terceiro aspecto fundamental se depreende da análise do regime jurídico que se implementou por meio das normas relativizadoras dos princípios da legalidade e da anterioridade, especialmente no que diz respeito aos impostos extrafiscais (II, IE, IPI e IOF). No que tange ao Princípio da Legalidade, e em especial à cláusula da "reserva legal", a permissão dada ao Poder Executivo da União para majorar e reduzir as alíquotas desses impostos por atos normativos próprios, não se dependendo de lei, proporcionou a viabilização da concessão de incentivos fiscais aos agentes econômicos de forma rápida, o que em momentos de crises no mercado é fundamental; com as céleres desonerações de alíquotas, o setor industrial, o mercado financeiro e os contratos internacionais são protegidos com a redução imediata da carga tributária e assim se legitima uma preservação de sua estabilidade e a evitabilidade de danos e sequelas indesejosas em momentos de crise e instabilidade econômica, o que termina revertendo positivamente para os próprios agentes, empresários, que escapam de prejuízos a mantêm viável o exercício dos seus direitos econômicos. Quanto ao princípio da anterioridade e à possibilidade de se aplicar imediatamente as novas alíquotas do II, IE e IOF fruto de majorações, sem que seja necessário aguardar o mínimo de 90 dias (que deve ser observado no caso do IPI) nem a entrada do exercício financeiro seguinte, pode significar, sob uma óptica de proteção e regulação do mercado, algo salutar, benéfico, a depender do modo e do contexto em que a majoração se faça. A título de exemplo, imagine-se a majoração de alíquotas do Imposto de Importação com o propósito de evitar a entrada de mercadorias estrangeiras a preços muito baixos no Brasil e gerando prejuízos à indústria interna e aos comerciantes locais; tal majoração com aplicabilidade imediata se revela como medida de proteção à atividade econômica e aos direitos econômicos dos agentes nacionais.

Um quarto ponto a comentar diz respeito às imunidades de ITBI previstas para algumas situações especiais envolvendo aquisições de móveis por pessoas jurídicas, conforme previsto no art. 156, § 2º, I. Se incentiva e se protege a formação de pessoas jurídicas novas com a imunização do imposto municipal em apreço quando a aquisição imobiliária se dá nos termos do citado dispositivo constitucional; do mesmo modo se evita a oneração dos processos de fusão, cisão e incorporação societária, que muitas vezes são vitais no seio da atividade econômica. Incentiva-se ainda a aquisição de imóveis de pessoas jurídicas em extinção, imunizando-se o adquirente (ressalvados apenas aqueles que possuem como atividade preponderante a compra e venda, o arrendamento e a locação de imóveis) e o atraindo para a aquisição dos bens que se estão por alienar com a extinção da pessoa jurídica em processo de óbito; tal atração é importante para viabilizar a extinção e estimular que seu feitio se dê de forma regular.

CAPÍTULO 3 – DIREITOS HUMANOS, DIREITOS FUNDAMENTAIS ...

> **DICA 10:** LIMITAÇÕES DIRECIONADAS A PROTEGER OS DIREITOS HUMANOS DE SEGUNDA DIMENSÃO. TUTELA AOS DIREITOS CULTURAIS. IMUNIDADE TRIBUTÁRIA E MUSICALIDADE

Com a aprovação da EC nº 75/2013, no dia 15-10-2013, se inseriu no art. 150, VI, da Constituição a alínea "e", até então inexistente, a qual veio consagrar uma nova imunidade tributária, criando louvável proteção ao setor artístico musical brasileiro, imunizando-se a circulação de alguns bens relacionados à música e ao seu setor artístico. A benesse é bem-vinda, seja sob a perspectiva de proteção aos artistas e produtores, bem como sob a óptica de se proteger os consumidores de tal segmento, desonrando-se as operações que promovem a circulação dos *CDs e DVDs musicais* quando trazem obras cantadas por artistas brasileiros. Determina o texto do **art. 150, VI, "e"**, da Constituição que fica vedada a incidência de impostos nas operações que promovem a circulação de fonogramas e videofonogramas musicais produzidos no Brasil contendo **obras musicais** ou **literomusicais** de autores brasileiros e/ou obras em geral interpretadas por artistas brasileiros, estendendo-se para alcançar também a circulação dos suportes materiais ou arquivos digitais pelos quais esses bens se apresentem, ressalvada apenas a circulação na etapa de replicação industrial de mídias ópticas de leitura a *laser*.

A *musicalidade*, especialmente a *música brasileira*, faz parte da cultura do nosso país, sendo marco que nos distingue e nos identifica em qualquer lugar do mundo. A expressão artística dos cantores e compositores brasileiros é algo que merece proteção e se aloja dentro da órbita da nossa expansão cultural. A imunidade deferida pela EC nº 75/2013 tem por escopo desonerar as vendas dos bens que veiculam essas obras, combatendo a pirataria e tentando preservar como ainda viável o setor de vendas dos CDs e DVDs, cada vez mais deficitário e remunerando menos os cantores, compositores, intérpretes e artistas em geral ligados ao meio.

Lembremo-nos, por fim, que a *cultura* é tema merecedor de densa proteção constitucional, gozando de importante espaço no texto magno e merecendo a destinação de três importantíssimos artigos, o art. 215, o art. 215-A e o art. 216.

> **DICA 11:** LIMITAÇÕES DIRECIONADAS A PROTEGER OS DIREITOS HUMANOS DE TERCEIRA DIMENSÃO. TUTELA AOS DIREITOS DOS CONSUMIDORES. A SELETIVIDADE DE ALÍQUOTAS DO IPI E ICMS

Analisando o conjunto das normas tributárias na Constituição, é possível detectar em pelo menos dois diferentes momentos a edificação de *princípios tributários* que se fundam na ideia de se proteger os consumidores. Ainda que a proteção se dê de modo distinto em cada um dos dois casos, ambos se unem pela proposta similar que os inspira, qual seja, a de se gerar uma tutela aos consumidores quando estão sendo tributados no momento em que praticam atos de consumo.

O primeiro desses princípios é o **Princípio da Seletividade**, direcionado ao IPI e ao ICMS (art. 153, § 3º, I, e art. 155, § 2º, III). O segundo é o **Princípio da Transparência**, estampado no art.150, § 5º.

O comando da **seletividade** interfere no processo de fixação das alíquotas por parte do legislador. Orienta-se que se avalie o grau de essencialidade que os bens de consumo, que são objeto de alienação nas operações tributadas, representam para o mínimo existencial do ser humano, e, dessa forma, estipula-se que se fixem menores alíquotas quando se tratar de bens mais essenciais e que se projetem mais elevadas alíquotas quando for menor o grau de essencialidade. Nesse prumo, promove-se uma distribuição da carga tributária orientada pelo norte que determina que os atos de consumo direcionados para o mínimo existencial sejam menos onerados e que a maior concentração de carga tributária seja imputada sobre os atos de consumo atrelados ao conforto, ao *status*, à luxúria, à vaidade, à comodidade, ao lazer, ao prazer etc. A ideia é simples: a distribuição da carga tributária sobre os atos de consumo deve ser feita de modo a que quando o ato de consumo for direcionado para a subsistência, ele sofrerá menor impacto fiscal e, na medida em que se afasta desse fim, ele vai sofrendo gradativamente a elevação da agressão tributária. Paga mais imposto quem pode consumir acima da órbita do mínimo existencial, sendo menos onerado com o fardo contributivo aquele que apenas consome para sobreviver. As alíquotas mais elevadas impõem uma carga tributária mais pesada, o que gera prestações fiscais a pagar aos cofres públicos mais intensas; ao contrário, quando se seleciona na lei uma alíquota mais branda, a carga tributária é mais suave e a prestação a recolher ao erário é mais diminuta, e, logo, mais suportável.

Podemos destacar três resultados que são gerados quando se faz uso da técnica da **seletividade das alíquotas em razão da essencialidade dos bens de consumo**, os quais são louváveis: primeiro, se protege todo e qualquer consumidor com o benefício de se lhe assegurar que quando ele estiver consumindo bens cruciais à sua sobrevivência, ele pagará o mínimo de imposto possível embutido no preço que paga pela aquisição do bem de consumo (e essa proteção é dada a *todo* e qualquer consumidor, independentemente do poder econômico e do nível patrimonial que possua; a ideia aqui é a da proteção ao *consumidor*, de forma ampla e plena, sem distinção); segundo, se evita que consumidores de poder aquisitivo mais escasso, menos abalizados financeiramente, fiquem impedidos de acessar o consumo dos bens essenciais à sua subsistência; no mínimo, ameniza-se uma eventual dificuldade gerada por uma carga tributária mais elevada que viesse a ser inserida no preço final quando da aquisição de tais bens; respeita-se, nesse clarear, a inexistência de *capacidade contributiva de fato*, ou, sendo o caso, a *baixa capacidade contributiva de fato* desses consumidores de pequeno poder econômico no grupo social; por fim, em terceira frente, se percebe que realmente se faz uma distinção entre aqueles que pagam mais e os que pagam menos, conseguindo-se impor um isonômico processo distributivo da carga tributária sobre a massa consumerista, firmando-se, para fins práticos, aquilo que teoricamente se doutrina como o ideal, o que seja, a noção de que o perfil do ato de consumo a ser mais onerado é aquele em que se detecta que o consumidor está adquirindo bens que não são imprescindíveis para seu mínimo existencial, quando consome bens supérfluos, artefatos de luxo e, em certos casos, até mesmo, consumindo bens que são nocivos a sua saúde (exemplos clássicos do cigarro e da bebida alcoólica).

> **DICA 12: LIMITAÇÕES DIRECIONADAS A PROTEGER OS DIREITOS HUMANOS DE TERCEIRA DIMENSÃO. TUTELA AOS DIREITOS DOS CONSUMIDORES**

Outro fortíssimo instrumento de proteção aos consumidores, como supramencionado no tópico anterior, é o chamado **Princípio da Transparência Fiscal**, previsto no art. 150, § 5º, da Constituição e regulado pela Lei nº 12.741/2012. Tal *princípio* impõe aos fornecedores de bens de consumo que informem aos consumidores qual a carga tributária que está sendo repassada contra eles quando do ato de alienação. Ou seja, é dever de quem vende informar a quem compra qual o encargo fiscal que lhe fora exigido e que está sendo repassado embutido no preço final do bem adquirido.

O dever gerado pelo princípio em comento almeja assegurar ao consumidor a efetividade do direito de saber quanto ele paga de imposto em cada ato de consumo que pratica. O objetivo maior de se assegurar o acesso a essa informação fiscal é o de gerar na sociedade uma consciência crítica que permita a cada um, a partir do momento em que realmente percebe e sente (no ato de compra) a quantidade de imposto que está pagando, cobrar dos governante um bom uso dos recursos gerados. O objetivo mor, não há dúvidas, é o de gerar o mais genuíno e poderoso sistema de controle externo da eficiência do uso dos recursos fiscais pelo poder público, qual seja, o *controle popular* da carga tributária. De tal modo, cada cidadão, aparelhado na legitimação para ajuizamento de Ação Popular, pode, caso entenda que está havendo lesão ao erário, desvio dos recursos, mau uso etc., fazer uso do nobilíssimo remédio constitucional em apreço e assim velar pelo bom uso do dinheiro que fornece aos cofres públicos. Do mesmo modo, criando-se a consciência popular à respeito da carga tributária efetivamente paga por cada um, são geradas maiores possibilidades de se impulsionar o Ministério Público e os demais legitimados à propositura de Ações de Improbidade Administrativa em face do mau uso da verba pública. Mas para que tudo isso se torne possível, necessário que o povo tenha essa noção, tenha a consciência de quanto paga de tributo em cada pasta de dente, cada rolo de papel higiênico, cada saco de feijão que adquire, dia após dia, na sua vida. Tal ideal é combatente da velha parêmia *"ao povo pão e circo, mas não informação"*, que serve como modelo de escravidão popular de blindagem à corrupção.

DICA 13: LIMITAÇÕES DIRECIONADAS A PROTEGER OS DIREITOS HUMANOS DE TERCEIRA DIMENSÃO. TUTELA AO MEIO AMBIENTE

Um dos mais interessantes caminhos que vem sendo adotado por diversos Estados da nossa Federação, no sentido de conduzir o regime tributário de forma protetiva ao meio ambiente, é a implementação do chamado *"regime do ICMS VERDE"* ou *"ICMS ECOLÓGICO"*, como vem sendo chamado. Tal regime se torna possível por força do sistema projetado no Sistema Tributário Nacional para conduzir o modo como se deve realizar a distribuição da parcela do ICMS que os Estados são obrigados a entregar aos seus Municípios, consoante regra apregoada no art. 158, IV e par. ún., II, da Constituição.

O constituinte impôs aos Estados-membros que entregassem obrigatoriamente um quarto (25%) do montante arrecadado com o ICMS aos seus Municípios, distribuindo-se essa quantia para fortalecer a sustentabilidade dos orçamentos municipais e a viabilização da manutenção da autonomia governamental desses menores entes da Federação. Quanto a esse valor a ser repassado, de ¼ do total arrecadado, existem dois modos de se efetivar o repasse: de um lado, o chamado *sistema proporcional*, que está previsto no inciso primeiro do parágrafo único do art. 158 (os Municípios que geram mais arrecadação recebem mais no repasse e os Municípios que geram menos recebem menor quantia, sendo a distribuição feita de modo proporcional à intensidade de arrecadação de ICMS com que cada cidade contribui) e, de outro, o *sistema discricionário*, firmado no inciso segundo do mesmo parágrafo único. E é exatamente **na regra do sistema "discricionário" de distribuição do ICMS** que vem se aplicando uma inteligente metodologia distributiva que rendeu o apelido *"ICMS VERDE"*.

Pelo *sistema discricionário* de distribuição, cada Estado decide, por meio de lei a ser aprovada na Assembleia Legislativa, quais critérios adotará para distribuir o ICMS entre os Municípios, o que concede, evidentemente, certa dose de liberdade e discricionariedade aos representantes do povo (Governador – que faz o projeto de lei – e Deputados – que aprovam o projeto de lei) para decidirem como se deve

CAPÍTULO 3 – DIREITOS HUMANOS, DIREITOS FUNDAMENTAIS ...

fazer a distribuição dos recursos naquele ano, priorizando-se mais ou menos esses ou aqueles municípios dentro do Estado. O limite autorizado pelo constituinte para que se aplique o *sistema discricionário* é de **até 1/4 (25%) do valor total a ser repassado** (logo, 1/4 daquele montante de 1/4). Explicando: do valor bruto do ICMS arrecadado, os Estados repassarão 1/4 (25% do total arrecadado) aos Municípios; **desse 1/4 do bruto a ser repassado, até 1/4** (1/4 do 1/4 – 25% dos 25%) **pode ser repassado com base no sistema discricionário**, sendo permitido que o legislador local estabeleça os critérios definidores do modo desse repasse, que pode ser de até 6,25% do ICMS bruto do Estado (1/4 dos 25% repassáveis).

E dentro desse cenário, no que consiste o chamado *"ICMS ECOLÓGICO"*? É a nomenclatura que se vem utilizando quando o legislador local utiliza critérios de *incentivo à tutela do meio ambiente* para orientar a distribuição do ICMS, determinando que se repasse maior parcela aos Municípios que empreendam melhores comportamentos e desenvolvam com mais eficiência as políticas públicas direcionadas à proteção do meio ambiente e, ao contrário, se repasse menor quantia para os Municípios que sejam menos eficientes nessa proposta.

Por meio de tal sistema, se incentiva os Municípios a perseguirem melhor nível de qualidade na gestão ambiental exercida localmente, fiscalizando com maior rigor o cumprimento das leis, perseguindo a satisfação de metas estabelecidas nas leis e punindo infratores aos bens ambientais.

O resultado globalmente analisado gerado pela adoção desse sistema distributivo do ICMS é o impulso a um regime em todo o território nacional no qual os Municípios agirão sempre direcionando suas ações para implementar uma política cada vez mais qualificada na busca da eficiência na proteção ambiental e no combate aos atos degradantes. O repasse maior do ICMS vira um incentivo para promover essa dinâmica, que se implementada em todo país contribui para o fortalecimento nacional do sistema de proteção ambiental.

> **DICA 14:** **LIMITAÇÕES DIRECIONADAS A PROTEGER OS DIREITOS HUMANOS DE TERCEIRA DIMENSÃO. TUTELA AOS INTERESSES DIFUSOS ATRELADOS À NECESSIDADE DE UMA POLÍTICA URBANÍSTICA EFICIENTE**

A política de urbanização é uma realidade que desafia cuidados, exige boa normatização e qualificada fiscalização para que dita normatização se aplique de modo eficaz. A estruturação das cidades de forma sustentável é algo vital para que as pessoas possam habitar e conviver de modo digno, alcançando boa qualidade de vida e não sofrendo danos e mazelas oriundos da falta de estrutura, da má estrutura ou da má conservação de uma boa estrutura existente em determinado centro coexistencial. Daí a necessidade de se gerar um sistema eficiente de condução do processo urbanizador, no qual se insiram mecanismos de combate aos comportamentos atentatórios às ordenações de postura fixadas no plano normativo que dirige as políticas urbanas na cidade, almejando efetivar uma urbanização eficiente, sustentável, saudável. É interesse de todos na cidade, de pessoas de fora da cidade, do governo e de toda a coletividade, que a gestão urbanística se exerça de forma eficiente.

Nesse linear, se projetam instrumentos sancionatórios para repreender posturas colidentes com as normas comportamentais que se impõem no propósito de evitar danos ao processo urbanizador. E no rol de tais ferramentas repressoras se inclui o sistema de **progressão das alíquotas do IPTU**, consagrando o fenômeno que ficou apelidado como *"progressividade sanção do IPTU"* ou, também, como *"progressividade extrafiscal das alíquotas do IPTU"*.

Tal progressão das alíquotas, autorizada no art. 182, § 4º, II, da Constituição e regulada no art. 7º do Estatuto da Cidade (Lei nº 10.257/2001), é instrumento urbanístico fiscal destacável, aplaudível. A finalidade de seu uso não é a de gerar aumento da arrecadação (ainda que essa seja uma natural consequência), mas sim a de proporcionar o uso de um mecanismo que auxilie a combater o comportamento de se usar indevidamente o imóvel dentro da cidade. Ou seja, é dizer que a finalidade de tal progressividade de alíquotas (que não pode exceder ao teto de 15% no total), aumentando a cada ano (e em até no máximo cinco anos) o valor do imposto a pagar, não é meramente *fiscal* (arrecadatória), mas sim *extrafiscal*, regulatória, sendo o tributo aqui utilizado como instrumento interventivo em uma política pública de interesse coletivo.

Entendemos que o tema em apreço revela normatização que se direciona a promover uma proteção às expectativas benéficas geradas em torno da política de urbanização das cidades brasileiras, pelo que, ao nosso pensar, a **progressividade sanção das alíquotas do IPTU** traduz engrenagem constitucional vocacionada à proteção dos interesses e das necessidades de toda a população, sob uma perspectiva de titularidade que se encaixa no âmbito dos direitos transindividuais, adentrando na órbita da terceira dimensão dos direitos humanos.

CAPÍTULO 4

TEORIA GERAL DOS IMPOSTOS

CAPÍTULO 4 – TEORIA GERAL DOS IMPOSTOS

1. TEORIA GERAL DOS IMPOSTOS

DICA 1: O QUE É IMPOSTO?

O *imposto* é o principal dos tributos, revelando-se como a primordial fonte de custeio de uma Administração Pública. Nenhum Estado consegue viver sem o imposto. Ele é sua *natural* fonte de **sustentação**. O imposto é o tributo que o ente federativo cobra de certas pessoas em razão do fato de elas terem revelado riqueza na prática de certas condutas. Logo, quando algumas pessoas do povo praticam condutas exteriorizadoras de riqueza, o constituinte autoriza o Estado a *impor* a essas pessoas que lhe entreguem parte das riquezas que demonstraram. E é pagando o que lhes foi *imposto* que essas pessoas fornecem ao Estado a receita basilar que ele precisa para financiar sua atividade típica de autoadministração e autogoverno. E é com esse recurso arrecadado após as *imposições expropriatórias* que o Estado "paga suas contas" e executa sua administração.

É o que ocorre, por exemplo, quando pessoas auferem renda, são proprietárias de imóveis ou automóveis, recebem herança, recebem remunerações pela prestação de serviços ou comercialização de mercadorias etc. Em todos esses casos, ocorrem condutas demonstradoras de poder econômico por seus praticantes. E é em situações como essas que o Estado ficará autorizado a *impor* a essas pessoas que entreguem parte das riquezas que demonstram, cobrando-lhes o *imposto*. Sem esse tipo de relação, o Estado não vive, não funciona.

O Estado precisa de riqueza para efetivar suas finalidades. E quem tem que dar riqueza ao Estado é o próprio povo que o constituiu e que se submete à sua jurisdição/administração. E, nessa linha, dentro da sociedade, só podem ser compelidos a fornecer esses recursos ao Estado aqueles que têm riqueza, aqueles que praticam fatos exteriorizadores de poder econômico, pois não pode ser compelido a dar riqueza ao Estado quem não a tem; ninguém pode entregar parte de algo que não possui.

O imposto é o tributo que o Estado cobra de algumas pessoas da sociedade, as que revelam riquezas, exigindo delas parte dessas riquezas reveladas, sem se obrigar a dar nenhuma contraprestação específica ao seu titular, apenas lhes expropriando parcela dessas riquezas externadas, gerando a sua receita principal.

DICA 2: CARACTERÍSTICA DOS IMPOSTOS

Três características podem ser destacadas nos impostos:
- é tributo **não vinculados**;
- é tributo de **receita não afetadas**;
- é tributo que **se funda na capacidade contributiva**.

Quando se fala de *tributo não vinculado*, o que se quer afirmar é que o ente federativo pode cobrar o imposto sem se obrigar a dar algo em troca especificamente àquela pessoa que será tributada. Ou seja, o ente *não se vincula, não se obriga* a fornecer alguma contraprestação específica e personalíssima àquele que será alvo da cobrança do imposto. Essa característica, por exemplo, diferencia o imposto das taxas e contribuições de melhoria; nessas duas espécies, o ente federativo só pode tributar a pessoa se der a ela a contraprestação; exemplo: só pode o ente cobrar a taxa de polícia de certo contribuinte se tiver exercido o poder de polícia sobre ele; só pode cobrar a taxa de serviço se colocou à disposição dessa pessoa o serviço; só pode cobrar a contribuição de melhoria de alguém se realmente essa pessoa teve o seu imóvel valorizado pela obra pública. Ou seja, nas taxas e nas contribuições de melhoria, o ente federativo fica *vinculado* a essa contraprestação específica ao sujeito passivo. Nos impostos, isso não ocorre. O ente não se obriga a dar nada em troca, simplesmente *impõe*, em um ato unilateral extorsivo de riqueza. Por isso se fala que é um tributo *não vinculado*, já que o ente não se vincula ao dever contraprestacional!

Quando se fala que é tributo de *receita não afetada*, o que se quer afirmar é que quando o ente federativo recebe a arrecadação dos impostos, ele tem a liberdade de determinar como será distribuída essa receita, não havendo uma predeterminação constitucional de como ela deve ser utilizada. Ou seja, o constituinte não cometeria o grosseiro equívoco de estipular uma regra determinando como deve ser distribuída essa receita, já que cada ente tem suas prioridades, suas necessidades; os entes não são iguais entre si. Não poderia o constituinte *afetar* essa receita, determinando para onde ela deve ser destinada. Quem dá a destinação da receita é o próprio ente, na aprovação da sua lei orçamentária. É na discussão no parlamento local do projeto de lei orçamentária anual que se dá a destinação desses recursos, atendendo-se às prioridades de cada governo. É por isso que se fala que os impostos são tributos caracterizados pela *não afetação constitucional da receita*, o que enseja a chamada *liberdade distributiva dos recursos*. Importante ainda citar que essa característica da *não afetação da receita* é critério determinante para diferenciar os impostos das contribuições especiais e empréstimos compulsórios. Esses dois últimos se caracterizam exatamente por terem suas receitas totalmente afetadas pelo constituinte, que predetermina para onde devem ser revertidas. Exemplo: a arrecadação dos empréstimos compulsórios é destinada ou às despesas de guerra externa, ou às de calamidade, ou para o custeio dos investimentos públicos urgentes e de relevante interesse nacional (art. 148 da CRFB/1988); não há discricionariedade para se aplicarem esses recursos, estando eles *afetados* pela Constituição; é o mesmo que ocorre nas contribuições especiais. Não por acaso, na linguagem corriqueira dos tributaristas, é comum se falar que

CAPÍTULO 4 – TEORIA GERAL DOS IMPOSTOS

os tributos especiais (empréstimos compulsórios e contribuições especiais) nada mais são do que "impostos especiais de receita afetada".

ATENÇÃO: O único caso de imposto de receita afetada pela Constituição é o dos impostos extraordinários de guerra, previstos no art. 154, II, da CRFB/1988. Nesse caso, a Carta afirma que pode a União, em caso de guerra externa ou sua iminência, instituir impostos extraordinários, os quais destinarão recursos financeiros para custear as despesas de guerra externa. Nesses termos, a receita realmente está afetada pela Carta. É, frisamos, **o único caso de imposto de receita afetada**.

DICA 3: MODALIDADES DE IMPOSTOS E COMPETÊNCIAS

Há, no nosso Sistema Tributário em vigência, três modalidades de impostos:

- **Impostos Ordinários** ou **"Privativos"** de cada ente;
- **Impostos Residuais**;
- **Impostos Extraordinários de Guerra**.

Os *Impostos Ordinários* são aqueles que cada ente utiliza no seu dia a dia, os quais servem como suas *ordinárias* ferramentas arrecadatórias, suas fontes básicas de custeio. Cada ente da Federação tem os seus, e é com eles que consegue a receita da qual depende para sobreviver, para bancar seus gastos correntes. Nessa linha, a União recebeu sete impostos ordinários do constituinte originário, os quais aparecem listados nos sete incisos do art. 153 (II, IE, IR, IPI, IOF, ITR e IGF); já os Estados-membros e o Distrito Federal receberam três impostos cada um, os quais constam nos incisos do art. 155 (ITD, ICMS e IPVA); por fim, os Municípios receberam outros três impostos, apresentados nos incisos do art. 156 (IPTU, ITBI e ISS).

Importante frisar que, como no DF não existem Municípios, o art. 147 consagra a sua chamada **competência cumulativa**, determinando que **cumula os impostos municipais com os estaduais**. Logo, **o DF é competente para instituir seis impostos: ITCMD, ICMS, IPVA (competência originária), além do IPTU, ITBI e do ISS (competência cumulativa)**.

Pela mesma previsão do art. 147, também se consagra uma **competência cumulativa da União nos Territórios**. Apesar de atualmente não existirem Territórios no Brasil, eles já existiram e, caso voltem a existir, **sempre caberá à União cobrar os impostos estaduais neles**; e, caso o Território não seja dividido em Municípios, caberá também à União cobrar os impostos municipais; do contrário, existindo Municípios dentro do Território, cada Município, por lógica, cobrará seus próprios impostos, e, nesse caso, a União apenas cumularia a competência dos impostos estaduais com os federais. Já nos Territórios não divididos em Municípios, a União cumula "tudo", concentrando a competência dos impostos estaduais e municipais junto à sua originária competência para os impostos federais. Portanto, **a União só cumulará a competência dos impostos municipais nos Territórios se estes não tiverem Municípios; do contrário, o próprio Município terá competência sobre seus impostos**.

O resumo que deixo sobre a competência cumulativa nos impostos ordinários é o seguinte: **o DF cumula os impostos municipais com os estaduais; nos Territórios, a União sempre cumula os estaduais com os federais, podendo (ou não) cumular os municipais; cumulará os municipais se o Território não for dividido em Municípios, e, nesses casos, consagrar-se-á a única situação viável no nosso ordenamento da chamada "competência cumulativa absoluta ou plena". Se o Território for dividido em Municípios, a União só cumulará os impostos estaduais com os federais, cabendo ao Município cobrar os municipais.**

Além de todos esses treze impostos ordinários previstos nos arts. 153, 155 e 156, a Constituição autoriza a União a inventar outros, se for necessário. Ou seja, surge no art. 154, I a previsão de que a União possa aumentar esse rol dos impostos ordinários, criando, *residualmente*, **outros impostos, além dos ordinariamente já previstos**. Logo, pode a União, a qualquer momento, criar o que seria um décimo quarto imposto ordinário, o qual se agregaria aos 13 já previstos, e pode fazer isso, repito, a qualquer momento. É a chamada **competência residual da União**, conforme será comentado adiante.

Por fim, além desses impostos ordinários já previstos na Carta e da possibilidade de se criarem impostos residuais para aumentar o rol de impostos ordinários, é ainda autorizada a União, conforme previsão do art. 154, II, a criar *Impostos Extraordinários de Guerra – IEGs*, os quais seriam criados *exclusivamente nos casos de guerra externa*, já acontecendo ou em iminência de começar, e esses impostos serviriam apenas para capitanear recursos financeiros para custear as despesas de guerra externa.

Logo, concluímos que existem três modalidades de impostos no nosso atual Sistema Tributário Constitucional: os *Impostos Ordinários*, os *Impostos Residuais* e os *Impostos Extraordinários de Guerra*.

DICA 4: CLASSIFICAÇÕES DOS IMPOSTOS

Algumas classificações se destacam no mundo dos impostos e são normalmente exploradas em provas de concursos públicos. Teçamos objetivos e breves comentários sobre elas.

CAPÍTULO 4 – TEORIA GERAL DOS IMPOSTOS

Quatro impostos federais são chamados de *Impostos Extrafiscais*, que são o *II, IE, IPI e IOF*, previstos no art. 153, I, II, IV e V. Esses quatro impostos não se resumem a atuar como *fonte de custeio* da União, desenvolvendo função que vai além de serem apenas ferramentas captadoras de receita, servindo ao Governo Central do país como verdadeiras armas de intervenção e regulação sobre segmentos especiais da ordem econômica, como a indústria (IPI), o mercado financeiro (IOF) e o comércio internacional (II e IE). Esses quatro impostos se propõem a funcionar como elementos de regulação desses segmentos, controlando a variação dos preços, a intensidade das operações etc. Por isso são reconhecidos como tributos que vão *além* da mera função *fiscal* que todo tributo tem, que é a função *arrecadatória*, sendo, por isso, apelidados de tributos *extrafiscais*.

Dois impostos que incidem nas relações de consumo são apelidados de *Impostos Indiretos*. É o caso do *IPI* e do *ICMS*. Esses impostos têm como característica o fato de que **quando ocorre o fato gerador da obrigação tributária, o contribuinte legal ou "de direito", que é a pessoa que foi escolhida pelo legislador para suportar a carga tributária e assumir o dever jurídico de pagar o imposto para o FISCO, consegue repassar a carga tributária para uma terceira pessoa, que é quem de fato termina suportando o encargo fiscal, e que, nesse caso específico do IPI e do ICMS, é o consumidor, e tal repasse se dá quando da simples ocorrência do fato gerador; ou seja, ocorrendo o fato gerador, a carga tributária já é repassada pelo fornecedor vendedor da mercadoria/produto (o contribuinte de direito) ao consumidor (contribuinte de fato), que é quem "de fato" termina pagando o imposto, que vem embutido no preço de compra do bem, sendo indiretamente atingido pela carga tributária.**

É exatamente por conta desse repasse, o qual faz com que seja atingida pela carga tributária uma pessoa (consumidor) diferente daquela que foi escolhida pelo legislador para sofrer esse encargo (empresário fornecedor), é que o ICMS e o IPI são apelidados de *Impostos Indiretos*, já que, em razão das características de seu fato gerador, propiciam que seja o consumidor indiretamente atingido pelo gravame fiscal. O nome desse fenômeno de repasse da carga tributária do contribuinte de direito ao contribuinte de fato é *Repercussão Tributária*. Logo, atenção para a prova: *o ICMS e o IPI, em razão das características de seu fato gerador, são classificados como Impostos Indiretos, viabilizando o fenômeno da repercussão tributária, o qual traduz o repasse da carga tributária incidente sobre os empresários fornecedores (contribuintes legais ou de direito) para os consumidores (contribuintes de fato).*

Importante acrescentar que o ISS, apesar de não prestigiado por parte da doutrina quando faz alusão aos impostos indiretos, deve ser considerado como tal, igualmente ao IPI e ao ICMS. De se observar que, quando o prestador de serviços oferece o seu serviço ao tomador e cobra o preço que o remunera,

ele inclui o valor do ISS a ser recolhido e promove o repasse ao adquirente do serviço, ocorrendo dessa forma a repercussão tributária. A nossa opinião é inequívoca no sentido de que o ISS deve ser considerado, juntamente ao IPI e ao ICMS, um imposto indireto, ocorrendo nele, também, a repercussão tributária.

São apelidados de *Impostos Reais* aqueles que incidem sobre condutas em que a riqueza revelada é uma *res*, uma *coisa*, sendo desnecessário analisar aspectos e critérios *pessoais* do perfil da pessoa titular da riqueza; basta analisar a própria *res*. É o caso do **IPTU**, do **ITR**, do **IPVA**, do **ITD** e do **ITBI**. Esses cinco impostos incidem sobre *coisas*; ora sobre a *aquisição de bens (ITD e ITBI)*, ora sobre a *manutenção da propriedade de certos bens (IPTU, ITR e ITBI)*. Na cobrança desses impostos, não se preocupa o legislador em avaliar dados subjetivos e personalíssimos do sujeito passivo da relação tributária, como quantidade de filhos e dependentes, despesas com educação e saúde etc., como ocorre no Imposto de Renda. Nesses cinco impostos reais, não; basta analisar o bem revelado no fato gerador e se aplicar a tributação, exigindo-se um percentual dessa riqueza. **Ao contrário desses** *Impostos Reais, temos o Imposto de Renda, apelidado de Imposto Pessoal*, pois para ser tributada a riqueza se leva em conta uma série de aspectos pessoais de cada sujeito passivo. Além do mais, o IR não incide sobre uma *propriedade*, uma *res*, e assim seria imperfeito chamá-lo de **Imposto Real**. Portanto, para a prova, lembrem-se: *IPTU, ITR, IPVA, ITD* e *ITBI são Impostos Reais; já o Imposto de Renda é Imposto Pessoal*.

Conforme será explicado adiante, **o IPI e o ICMS são Impostos Seletivos** enquanto **o IPTU, o ITCMD, o IR e o ITR são Impostos Progressivos.** Em ambos os casos, a referência se dá em razão do fenômeno de *Variação de Alíquotas*, o que no ICMS e no IPI se chama "seletividade", e nos IR, IPTU, ITCMD e ITR se chama "progressividade".

Por fim, **o IPI e o ICMS, que são impostos indiretos, seletivos e não cumulativos, são também chamados Impostos "Plurifásicos"**, pois seus fatos geradores ocorrem em "cadeia", em sequência; a venda das mercadorias não se dá direto de um extrator da matéria-prima ao consumidor final; existem várias etapas na construção da cadeia produtiva, com vendas intermediárias e sequenciadas, sendo que todas são tributadas; daí o apelido de impostos "Plurifásicos".

DICA 5: LEI INSTITUIDORA DOS IMPOSTOS

Como regra geral, os tributos se criam por **lei ordinária**. E com os impostos não é diferente. **Quase todos os impostos se criam por lei ordinária**. A única exceção é quanto aos **impostos residuais, que se criam por lei complementar**.

CAPÍTULO 4 – TEORIA GERAL DOS IMPOSTOS

Entretanto, merece atenção o **Imposto sobre Grandes Fortunas – IGF**, previsto no art. 153, VII, da CRFB/1988. O constituinte determinou que seja feita uma *lei complementar* para definir o que seja uma "grande fortuna", para que somente então possa ser criado o IGF. Ou seja, especialmente no IGF, é necessária a elaboração de uma lei complementar antes que se possa instituir o imposto. O papel dessa LC é definir a estrutura matriz do IGF, vale dizer, definir o que é o *fato gerador*, a *base de cálculo* e quem é o *contribuinte*. Enquanto não existir essa lei complementar, não pode ser instituído o imposto, o que, por certo, será feito mediante simples lei ordinária, como com todos os demais impostos ordinários previstos no Sistema Tributário.

Em face do modo como foi escrita a norma no texto estampado no art.153, VII, parte substancial da doutrina optou por interpretação diferente, afirmando que o IGF seria mais um caso de tributo *criável* por lei complementar. Para esses, haveria então quatro tributos criáveis por lei complementar: os empréstimos compulsórios, os impostos residuais, as contribuições de seguridade social residuais e o imposto sobre grandes fortunas.

Na Carta, o texto afirma o seguinte: "Compete à União, instituir impostos sobre: grandes fortunas, nos termos de lei complementar". Fica a divergência quanto a qual é o papel da *lei complementar*, se é *criar o IGF* ou *definir o que seja uma grande fortuna* para que então se possa, por simples lei ordinária, criar o imposto. Essa segunda é nossa posição pessoal.

Para a prova, prestem atenção: a banca examinadora pode *transcrever o texto* do art. 153, VII, e assim, termina que o IGF vem na prova associado à lei complementar, já que o texto é copiado.

Outro ponto que merece muito cuidado sobre o tema diz respeito ao ITCMD (Imposto sobre Transmissão *Causa Mortis* e Doação), de competência estadual, quando a transmissão dos bens tiver origem no exterior. É que a Constituição expressamente determina que em algumas dessas situações caberá à lei complementar regular o exercício da competência tributária relativamente ao imposto em comento. Afirma o art. 155, § 1º, III, do texto magno que o ITCMD "terá competência para sua instituição regulada por lei complementar se o doador tiver domicílio ou residência no exterior ou se o *de cujus* possuía bens, era residente ou domiciliado ou teve o seu inventário processado no exterior".

Por força da aludida previsão é possível extrair duas conclusões: uma primeira no sentido de que somente por lei complementar se pode instituir o referido imposto quando se pretender promover sua incidência sobre tais situações fáticas originadas no estrangeiro; uma segunda, todavia, indicando que basta a lei ordinária para a instituição do tributo, desde que se tenha, antes, uma lei complementar nacional regulando a incidência do imposto sobre tais hipóteses.

Independentemente do posicionamento adotado em relação à questão ora levantada, o fato certo é que é necessária uma lei complementar para "regular a competência para a instituição" do ITCMD nos mencionados casos de transmissão internacional de bens. Quando se tratar de bens imóveis, o art. 41 do CTN é serviente a tal necessidade e apresenta a regulamentação exigida, afirmando que "o imposto compete ao Estado da situação do imóvel transmitido, ou sobre que versarem os direitos cedidos, mesmo que a mutação patrimonial decorra de sucessão aberta no estrangeiro". Lembrando que o CTN é recepcionado pela Constituição de 1988 como lei materialmente complementar, não há dúvida que o citado art. 41 do *Codex Fiscal* cumpre o mandamento do art. 155, § 1º, III em relação às transmissões imobiliárias internacionais, impondo que a competência para tributar a transmissão é do Estado no qual fica situado o imóvel transmitido. Quanto a bens móveis, nas mesmas hipóteses, ainda não existe lei complementar regulando o exercício da competência, pelo que entendemos não ser possível a tributação por Estado algum da Federação enquanto não se faça a lei complementar exigida pelo constituinte.

ATENÇÃO: Os impostos são criados por lei ordinária, salvo os impostos residuais, que são por lei complementar. O IGF depende de uma lei complementar, pois a Constituição afirma que "compete à União criar o Imposto sobre Grandes Fortunas, nos termos de lei complementar". E quanto ao ITCMD, nos casos em que o doador tiver domicílio ou residência no exterior ou em que o *de cujus* possuía bens, era residente ou domiciliado ou teve o seu inventário processado no exterior, cabe à lei complementar regular a competência para a instituição do imposto, o que, hoje, no que tange a bens móveis, ainda não foi feito.

DICA 6: PRINCÍPIOS TRIBUTÁRIOS E OS IMPOSTOS

Os impostos são regidos pelos princípios tributários em geral, mas vale destacar que, em sua essência, se pautam no princípio da *Capacidade Contributiva*, seu grande norte e que tem abrigo no art. 145, § 1º, da CRFB/1988. O direito do Estado de cobrar imposto se funda no dogma da *capacidade contributiva*, que termina sendo o grande postulado autorizativo da cobrança de um imposto. Só se pode exigir riqueza de quem tem riqueza; somente se pode *impor* a uma pessoa que ceda riqueza quando essa pessoa pratica um fato revelador de riqueza. Apenas se cobra imposto de uma pessoa porque ela revela a *capacidade contributiva*, a partir

CAPÍTULO 4 – TEORIA GERAL DOS IMPOSTOS

do momento em que pratica um fato objetivo externador de riqueza (exemplo: tem renda, tem carro, tem imóvel, recebe herança etc.). Portanto, *todo imposto se funda e se legitima na capacidade contributiva.*

Vale destacar que o **Princípio da Legalidade é excepcionado nos quatro impostos** *extrafiscais* **da União, o II, IE, IPI e IOF**, podendo esses quatro tributos ter suas alíquotas majoradas e reduzidas por ato do Executivo, por exemplo, um decreto presidencial.

O **Princípio da Anterioridade** também tem exceções nos impostos. Nos quatro referidos impostos extrafiscais, o II, IE e o IOF, caso majorados, as majorações se aplicam de imediato; já no caso do IPI, há de se respeitar apenas a *noventena*. Se forem criados impostos extraordinários para a guerra externa, os IEGs, assim como o II, IE e o IOF, também incidirão imediatamente. No IPTU e IPVA, fundamental lembrar que, se houver majoração pela *base de cálculo, não se aplica a noventena*, bastando aguardar o dia 1º de janeiro do exercício seguinte para poder aplicar o tributo; ou seja, mesmo que o IPTU e o IPVA sejam majorados no último dia do ano, se a majoração for da *base de cálculo*, poderão esses impostos ser aplicados já em janeiro, pois não se aplica a *noventena* nessas hipóteses; mas, se a majoração for da alíquota, não há qualquer exceção, devendo ser respeitada também a cláusula da *noventena*.

Quanto aos impostos sobre circulação, vale lembrar que o IPI e o ICMS são regidos pelos princípios da *não cumulatividade* e da *seletividade*, frisando que a Constituição impõe a seletividade *compulsoriamente* no *IPI* e apenas aborda em tom *facultativo* no *ICMS*, afirmando que "o IPI será seletivo" e "o ICMS poderá ser seletivo". Destaque-se ainda que, se forem criados *Impostos Residuais*, esses também respeitarão a *não cumulatividade*.

O **Imposto de Renda** é regido por três princípios específicos, conforme expressa previsão do art. 153, § 2º, I: **progressividade, generalidade e universalidade**. Vale dizer: as alíquotas aumentam à medida que a renda revelada é maior (progressividade); qualquer pessoa que aufira renda deve ser tributada, sendo irrelevante o perfil da pessoa (generalidade); por fim, é indiferente a origem da renda, não interessa "como" se auferiu renda, basta que esta exista (universalidade). Vale dizer: quem tem mais renda se submete a uma alíquota maior; qualquer pessoa que aufira renda será tributada; não importa como se auferiu renda, a origem é irrelevante, pode vir de qualquer fonte do universo; havendo renda, será tributada a pessoa.

Outro Princípio importante que também se aplica ao IR, apesar de não ser expressamente mencionado, é o *Princípio da PESSOALIDADE,* **o qual tem, no Imposto de Renda, seu mais natural** *habitat* **de projeção. Tal comando, que encontra fundamento no art. 145, § 1º, da Constituição, interfere no modo de**

quantificação da carga tributária a ser paga por cada contribuinte a título de Imposto de Renda, conduzindo o legislador a uma valoração de aspectos pessoais da vida particular de cada contribuinte, de sorte que tal valoração interfira na definição do valor a ser recolhido. Desse modo, o legislador prestigia alguns dados da vida individual de cada contribuinte e tais dados são levados em consideração para fins de interferência na definição do valor do imposto a ser pago ao final. Nessa toada, analisam-se certas despesas que o titular da renda suportou ao longo do ano, atreladas a direitos sociais (despesas com saúde, educação, custeio com a manutenção de idosos ou filhos menores dependentes etc.), e, dentro de alguns limites, se permite que possa ser feita uma dedução em relação àquele que seria o valor de IR a se pagar, abatendo-se de tal quantia o montante dispendido nas mencionadas despesas. E, por ser dessa forma, o que se constata é que a lei termina por prestigiar aspectos da vida pessoal de cada contribuinte, e tais aspectos realmente influem na dosimetria que estabelece o *quantum* deve ser recolhido aos cofres públicos. É por isso que pessoas com a mesma renda, sendo tributadas com a mesma alíquota e sobre a mesma base de cálculo, podem se sujeitar ao dever de pagamento de valores diferentes, havendo, de fato, uma *personalização* da carga tributária, a qual oscilará não apenas com base no fator objetivo (valor da riqueza revelada no fato gerador), mas, especialmente, em razão desse aspecto *pessoal*, subjetivo. Basta imaginar, a título de exemplo, uma comparação entre dois contribuintes que tenham auferido em determinado ano a mesma renda, exatamente igual, sendo que um deles tem filhos e sustenta seus pais, idosos, dependentes, suportando despesas com educação, saúde, escola, medicamentos etc., porquanto o outro contribuinte, solteiro e sem filhos, morando na casa dos pais e sendo por eles sustentado, não possui dependentes. Sem dúvidas, o primeiro dos contribuintes citados no exemplo poderá fazer algumas deduções do valor do imposto que se teria por pagar, o que não será facultado ao segundo contribuinte do exemplo, de modo a que, ao final, eles pagarão valores diferentes aos cofres públicos, mesmo tendo auferido exatamente a mesma renda, sendo certo que os aspectos da vida pessoal deles, valorados pelo legislador, interferiram na carga tributária, pelo que se reconhece no IR a aplicação do princípio da *PESSOALIDADE*. Diferentemente por exemplo do que ocorre no IPTU, em que independentemente do número de filhos, das despesas existentes ou não com saúde e educação, esses dois contribuintes, caso tivessem imóveis iguais e de mesmo valor, na mesma localidade, utilizando-os nos mesmos fins, pagariam exatamente o mesmo montante relativamente ao imposto municipal em comento, já que não é comum que a lei valore aspectos pessoais da vida particular do contribuinte para fins de definir a dosimetria fiscal com a qual

CAPÍTULO 4 – TEORIA GERAL DOS IMPOSTOS

se exige o IPTU, não sendo atualmente costume das leis munícipes a aplicação do princípio da Pessoalidade no tributo imobiliário em apreço.

"Pegando o gancho", vale citar que, **mesmo que a renda seja auferida em razão de atos ilícitos e criminosos, ela será tributada**. Ou seja, se a renda foi gerada por venda de drogas, por contrabando, comercialização proibida de armas etc., **em nada é afetado o dever de tributação do FISCO**. A pessoa que pratica ato ilícito não vai ser beneficiada com a dispensa do dever de pagar tributo, o que seria um prêmio pela ilicitude e uma discriminação às pessoas honestas que auferem renda licitamente e pagam seus impostos. Os criminosos serão punidos pelas suas condutas ilícitas, e pagarão também os impostos, normalmente. A ilicitude "não fede nem cheira" para a tributação, em nada interfere. Por isso, a clássica frase que *pecunia non olet*, que significa que o odor da ilicitude não interfere na tributação, incomodando apenas o Estado Penal. Dinheiro não tem cheiro, independentemente de sua origem e sua titularidade, vale sempre a mesma coisa. Na prova, fiquem atentos: **com base no *non olet*, toda renda pode ser tributada, até mesmo a auferida mediante atividade ilícita**.

DICA 7: O PRINCÍPIO DA PROGRESSIVIDADE NOS IMPOSTOS I

Quanto ao princípio da **progressividade**, vale dizer que **não é apenas o IR que pode ter alíquotas progressivas em razão do valor da riqueza revelada no fato gerador**. Apesar de o texto originário da Constituição só ter feito referência expressa ao IR, o uso das alíquotas progressivas passou a ser estendido para os demais impostos diretos, como o IPTU, o ITCMD e o ITR, algo que o STF em um primeiro momento refutou, mas terminou modificando seu entendimento e admitindo. O assunto merece atenção e deixamos breves comentários a seguir.

No primeiro momento de vigência da Constituição a doutrina amplamente majoritária criticou o uso de alíquotas progressivas em todos os impostos que não o IR, enxergando diversos vícios nessa técnica de tributação que levariam a uma suposta inconstitucionalidade. O STF concordou e formou ao longo da década de 1990 uma jurisprudência sólida no sentido de que as leis que autorizassem alíquotas progressivas (salvo no IR) em razão do valor da riqueza revelada no fato gerador seriam inconstitucionais. Todavia, aos poucos esse entendimento foi sendo superado.

O primeiro caso foi o do IPTU, para o qual foi aprovada a EC 29/00, modificando a Constituição e incluindo expressa autorização para o uso das alíquotas progressivas em razão do valor venal do imóvel. Com isso, o STF reviu seu entendimento e estabeleceu que as leis municipais que fossem feitas após a EC nº 29/2000 autorizando o IPTU progressivo seriam constitucionais, mantendo-se como inconstitucionais as anteriores, e esse entendimento ensejou a aprovação da Súm. nº 668 em 2003.

Uma década depois, no ano de 2013, o STF, pacificando profunda controvérsia que dividia os estudiosos, definiu que, apesar de inexistir expressa previsão constitucional, o ITCMD pode ter alíquotas progressivas em razão do maior valor da riqueza transmitida. No dia 6-2-2013, julgando o RE 562.045/RS, o Pleno, por maioria, declarou a constitucionalidade da lei estadual do Rio Grande do Sul que previa a utilização das alíquotas progressivas no aludido imposto.

Logo, com base nesse julgamento, que foi um divisor de águas na compreensão da matéria, passou-se a reconhecer que a progressividade poderia ser aplicada mesmo sem expressa autorização constitucional, o que se reafirmou em 2014 em novo julgamento, agora em relação ao ITR, quando a Suprema Corte admitiu o uso das alíquotas progressivas para dito tributo, vide julgamento do AgRg no RE 720.945/SP, relatado pelo Ministro Ricardo Lewandowski.

Desde então se pode afirmar que, conforme a expressa previsão constitucional e também nos termos das decisões recentes do Supremo Tribunal Federal, pelo menos <u>**QUATRO IMPOSTOS PODEM TER ALÍQUOTAS PROGRESSIVAS EM RAZÃO DO MAIOR VALOR DA RIQUEZA REVELADA NO FATO GERADOR**</u>: o IR (que sempre teve expressa autorização, desde a promulgação da Constituição em 1988), o IPTU (somente após a EC nº 29/2000 e nos Municípios que fizeram NOVAS LEIS DE IPTU com base na Emenda) e o ITCMD e o ITR (que não tem previsão expressa na Constituição, tratando-se de hipótese de progressividade "implicitamente" autorizada, associada ao Princípio da Capacidade Contributiva previsto no art. 145, § 1º, da CRFB/1988).

DICA 8: O PRINCÍPIO DA PROGRESSIVIDADE NOS IMPOSTOS II

Por fim, última informação importante: por outro fundamento, as alíquotas de dois impostos podem aumentar, crescer, progredir, e também se fala em *progressividade*. Se uma pessoa não utilizar adequadamente seu imóvel, seja urbano ou rural, a Constituição autoriza que as alíquotas cresçam, progridam, tornando o imposto mais caro, e tal medida funciona como espécie de sanção pelo modo ilícito de se comportar com a propriedade. É caso do IPTU e do ITR. Logo, **o IPTU e o ITR podem ter alíquotas progressivas em razão do desrespeito à função social da propriedade**; se a propriedade urbana não se adequar às exigências do plano diretor, bem como a propriedade rural não alcançar os índices de produtividade, o IPTU e o ITR terão alíquotas progressivas.

Nesses casos, é o que se chama de *Progressividade Sanção*. Para o ITR, está prevista no art. 153, § 4º, I; e para o IPTU, no art.182, § 4º, II.

Chamamos a atenção para um detalhe técnico normalmente não percebido: o nexo causal para legitimar a aplicação das alíquotas progressivas sancionatórias no IPTU e no ITR não é necessariamente igual. Quanto ao IPTU, para que as alíquotas possam progredir, a conduta infracional valorada é "o desrespeito à função social da propriedade"; já no ITR, a conduta que permite a tributação progressiva consiste em manter uma propriedade rural como improdutiva. Noutras palavras, é preciso perceber que o nexo causal permissivo da progressividade no ITR não é, necessariamente, o desrespeito à função social do imóvel rural, mas sim a sua IMPRODUTIVIDADE. E é importante perceber isso, pois é possível que um imóvel rural seja PRODUTIVO e ainda assim esteja em desacordo com a função social, já que para cumpri-la não basta tornar a terra produtiva, sendo necessário obedecer a algumas outras exigências, cumulativamente. Logo, é plenamente possível que o imóvel rural esteja sendo utilizado de modo atentatório à função social (exemplo: por se estar desrespeitando as normas de proteção ao meio ambiente, por se estar explorando o trabalhador rural com regime de trabalho escravo etc.) e ainda assim seja produtivo. Quando assim o for, NÃO É CABÍVEL APLICAR AS ALÍQUOTAS PROGRESSIVAS para o ITR, as quais, reprise-se, somente se tornam adequadas quando se tem propriedade rural *IMPRODUTIVA*.

DICA 9: LANÇAMENTO

Dos atuais 13 impostos ordinários, dois deles se sujeitam ao *Lançamento Direto ou de Ofício*, **que são o IPTU e o IPVA**. Por serem tributos em que o *fato gerador* é perceptível pelo *Fisco*, ficam sujeitos ao lançamento praticado de ofício pela própria autoridade administrativa. Fogem à regra de que a Fazenda não enxerga a ocorrência dos fatos geradores. Nesses dois impostos, o *Fisco* vê a conduta, ele sabe exatamente quem são as pessoas que são proprietárias de imóvel ou automóvel, não sendo necessário que o dono do bem informe isso, pois a Administração tem esses dados. Logo, sempre que tal situação ocorre se adota o *lançamento de ofício* como modalidade de cobrança e arrecadação do crédito, por ser ele o procedimento mais técnico, com menor margem de erro, já que realizado por quem sabe, por uma autoridade administrativa competente. Nesses dois impostos não é necessário adotar o procedimento do *pagamento antecipado* feito pelo sujeito passivo, sequer sendo preciso que ele formalize uma declaração informando que praticou o fato gerador, como sói acontecer na imensa maioria das relações tributárias nascidas pela prática do fato gerador dos demais tributos. Portanto, *o IPVA e o IPTU se sujeitam a Lançamento de Ofício.*

Dos demais 11 impostos, o IGF (Imposto sobre Grandes Fortunas) ainda não foi criado. Sobram, portanto, outros 10 impostos. Seis deles se sujeitam ao *lançamento por homologação,* e são **IR, IPI, ITR, IOF, ICMS, ISS**. Ou seja, os três impostos que incidem nas relações de consumo sobre operação de alienação de bens (IPI, ICMS e ISS), mais os impostos sobre renda, operações financeiras e propriedade territorial rural.

Por fim, há quatro impostos que suscitam controvérsia na doutrina, em face de diferentes pontos de vista de nossos juristas. Alguns entendem que se sujeitam a lançamento por homologação (e têm argumentos merecedores de reflexão); outros sustentam serem tributos sujeitos a lançamento por declaração. Trata-se dos impostos aduaneiros (II e IE) e dos impostos reais de aquisição de bens (ITBI e ITCD). Concordamos com a última posição. Nesses quatro impostos, o procedimento é o do *Lançamento por Declaração,* também chamado de *Híbrido ou Misto.* É necessário que o sujeito passivo preste a declaração de que praticou o fato gerador, mas não cabe a ele interpretar a lei, calcular o montante devido e proceder a um pagamento antecipado antes de receber a cobrança. Não. Cabe ao Fisco, após receber a declaração, dar continuidade ao feito, ficando o sujeito passivo aguardando ser notificado. Ou seja, deve a autoridade administrativa proceder à interpretação da lei tributária, calcular o valor da dívida e expedir a guia de pagamento para que só então o contribuinte fique obrigado a adimplir. Não há o dever do pagamento antecipado, peculiar ao procedimento do *lançamento por homologação*. Apesar de termos nosso entendimento, não acreditamos que esses quatro impostos devam cair na prova, pelo menos em um provão objetivo, pois paira controvérsia sobre essa compreensão.

Dessa forma, o macete que sempre dou aos alunos é: deixando de lado o II, o IE, o ITD e o ITBI, basta lembrar que o IPTU e o IPVA se lançam de ofício; todos os demais impostos se lançam por homologação! Visualizou que no IPTU e IPVA se aplica o lançamento direto, então, para o resto, o gabarito deverá dar lançamento por homologação!

Se porventura o examinador perguntar se algum imposto se lança por *declaração*, o gabarito trabalhará ou com o Imposto de Importação – II, ou com o Imposto de Exportação – IE ou com os impostos sobre aquisição de bens, o ITBI e o ITD.

Chamo a atenção para terem máximo cuidado com o Imposto de Renda – IR, pois normalmente o candidato se confunde e pensa que é um imposto lançado *por declaração*, quando na verdade não é, sendo o IR o mais clássico exemplo de tributo lançável *por homologação*. No IR não há o procedimento misto, híbrido (o particular declara e fica aguardando a autoridade administrativa seguir no procedimento, interpretando a lei, calculando o montante e notificando para pagamento), do *lançamento por declaração*. Há o dever do pagamento antecipado, cabendo ao contribuinte declarar que praticou o fato gerador, calcular o montante e pagar no prazo que a lei determina, independentemente de qualquer participação do Fisco, o qual terá um prazo de cinco anos para conferir o procedimento feito e homologar o pagamento efetuado.

Por fim, tenham ainda cuidado com o ITR, que não é lançado *de ofício* como muitos pensam, fazendo uma analogia ao IPTU. O ITR é sujeito a *Lançamento por Homologação*, cabendo ao proprietário da terra preencher a declaração, pagar e somente depois o Fisco proceder à homologação.

2. DOS IMPOSTOS RESIDUAIS (ART. 154, I, DA CRFB/1988) E DOS IMPOSTOS EXTRAORDINÁRIOS DE GUERRA – IEG (ART. 154, II, DA CRFB/1988)

DICA 10: IMPOSTOS ESPECIAIS (ART. 154 DA CRFB/1988)

Como já exposto, existe no Sistema Tributário o importante art. 154, o qual, no inciso I, consagra a chamada *Competência Residual*, permitindo à União a criação de *Impostos Residuais*, e no inciso II consagra a chamada *Competência Extraordinária*, a qual permite a criação de *Impostos Extraordinários de Guerra*.

Os *Impostos Residuais e os Impostos Extraordinários de Guerra não existem atualmente, e, apesar dessa semelhança, são bem diferentes,* sendo *fundamental* entender essas diferenças.

Os impostos *residuais* não são previstos para certa e determinada situação específica, como ocorre nos IEGs; os *residuais* podem ser criados a qualquer tempo e serão nada mais do que novos impostos ordinários; já os IEGs só podem ser criados no caso específico da Guerra Externa. Logo, constate-se que a norma do art. 154, II, que autoriza criação dos IEGs *nos casos de guerra externa* é uma norma que está com aplicabilidade sob condição suspensiva; já a norma do art. 154, I, autorizativa da criação de impostos *residuais*, tem aplicabilidade imediata, podendo ser a qualquer momento criado um imposto residual.

Os impostos *residuais*, se criados, serão tributos permanentes, definitivos, que se agregarão aos demais impostos para ficarem de modo definitivo no sistema tributário; já os **IEGs**, caso criados, durarão por certo período apenas, pois, acabada a guerra e cessadas suas despesas, não há mais razão para esse imposto permanecer sendo cobrado; logo, perceba-se que a lei instituidora do IEG é uma lei de eficácia temporária, já sabendo em certo momento que perderá sua eficácia, e o imposto será retirado do plano jurídico.

Para se criar um imposto *residual*, é necessário uso da excepcional *lei complementar*, não sendo possível a instituição por simples lei ordinária; os impostos *residuais* são exceção à regra de que tributo se cria por lei ordinária; já os IEGs, não. Os IEGs podem ser criados por simples *lei ordinária*, não sendo necessário o quórum qualificado da lei complementar para aprovar o projeto de lei instituidora. Importante destacar que, havendo relevância e urgência (o que por certo ocorre no caso de guerra), os IEGs podem ser criados por *medida provisória*, porquanto nunca será cabível MP nos impostos *residuais*, já que esses são matéria de *lei complementar* e a Constituição proíbe uso de medidas provisórias em matéria de lei complementar (art. 62, § 1º, III).

Caso sejam criados impostos *residuais*, eles terão sua *receita desafetada*, como qualquer imposto ordinário. Já os IEGs consagram o único caso de imposto de *receita afetada*, a qual, no caso em tela, é afetada para as despesas de guerra externa.

Os impostos *residuais* sofrem algumas limitações para poderem ser criados. Uma delas é a de que **não podem ter o mesmo fato gerador e base de cálculo dos impostos ordinários**. O constituinte se preocupou em expressamente vedar, deixando claro que fica proibido o *bis in idem* e a bitributação. A intenção é clara e louvável: se são tributos permanentes, que ficarão em definitivo no sistema tributário, caso criados, devem incidir sobre outras riquezas, sobre outras pessoas, não podendo incidir sobre riquezas que já são alvo de tributação, evitando-se confisco e ampliando-se o rol de pessoas diferentes sendo tributadas. Logo, o imposto *residual* nunca poderá ter como fato gerador a conduta de "auferir renda", ou de "ser proprietário de imóvel" ou de "receber herança", devendo incidir sobre outras condutas, outras riquezas, outras pessoas. Já nos IEGs, temos o oposto, o que se justifica em razão da urgência e gravidade da situação (guerra externa) bem como pela certeza de ser uma medida temporária apenas, já que o IEG não é um tributo que sobreviverá permanentemente no sistema tributário. Tanto que a Carta afirma no art. 154, II, que a União pode, nos casos de guerra externa ou sua eminência, criar impostos extraordinários já "compreendidos ou não na sua competência". Isso quer dizer que a União pode, no caso de uma guerra externa, acontecer ou estando na iminência de se iniciar, criar um IPTU Federal de Guerra ou um IPVA Federal de Guerra, ou até mesmo um segundo Imposto de Renda para a Guerra. Esses seriam os *impostos* **extraordinários** criados para as despesas de guerra, *já compreendidos ou não na competência ordinária da União*.

CAPÍTULO 4 – TEORIA GERAL DOS IMPOSTOS

Quanto aos impostos *residuais,* como não se sabe qual seria o fato gerador, o constituinte, por precaução, afirmou que esses tributos, caso criados, respeitarão a *não cumulatividade,* técnica aplicada nos impostos de fato gerador plurifásico (ICMS e IPI); na dúvida, se o fato gerador do imposto *residual* tiver a característica de ser plurifásico, também ficará submetido a esse importante comando que veda enriquecimento ilícito da Fazenda Pública, proibindo a arrecadação cumulativa. A previsão resta no próprio art.154 da Magna Carta.

DICA 11: DIFERENÇAS ENTRE IMPOSTOS EXTRAORDINÁRIOS DE GUERRA (ART. 154, II, DA CRFB/1988) E EMPRÉSTIMOS COMPULSÓRIOS DE GUERRA (ART. 148, I, DA CRFB/1988)

Por fim, vale esclarecer que, no caso de uma *guerra externa,* o IEG não é única fonte de captação de recursos que foi projetada no Sistema Tributário. **Além do direito de criar** *Impostos Extraordinários* **(art. 154, II), a União pode ainda e também criar Empréstimos Compulsórios para a guerra (art.148, I)**. Importantíssimo perceber a diferença entre os dois tributos, não obstante criáveis em uma mesma situação e focando captação de receita para um mesmo fim. Caso o governo crie *empréstimos,* obrigar-se-á a restituir em momento futuro o montante arrecadado; já se criar *impostos,* não terá esse dever. Ao contrário dos **IEGs, os Empréstimos Compulsórios dependem de Lei Complementar**; logo, percebam, no caso de uma guerra, que é situação relevante e urgente, **não pode o presidente expedir medida provisória para instituir Empréstimo Compulsório (já que esse tributo é reservado à lei complementar), mas pode criar por via de MP um Imposto Extraordinário para a guerra.** Deixemos claro ainda que é plenamente possível que **ambos os tributos sejam criados paralelamente, sem nenhuma incompatibilidade entre eles. A Carta faculta à União o exercício de ambas as competências.** No caso concreto é que o governo decidirá se buscará a receita para financiar a atividade de guerra por meio da instituição de impostos (e, assim, não se obrigando a restituir depois) ou se de empréstimos (e, assim, ficando obrigado ao ressarcimento futuro). Pode, inclusive, criar os dois tributos dividindo essa arrecadação, captada em parte por impostos e em parte por empréstimos.

DICA 12: RESUMO COMPARATIVO

Deixo, portanto, o resumo comparativo: *impostos residuais só se criam por lei complementar, não cabe medida provisória, têm receita desafetada, podem ser criados a qualquer tempo, serão tributos permanentes e definitivos, não podem ter os mesmos fato gerador e base de cálculo dos impostos ordinários (vedação de* bis in idem *e bitributação), e respeitarão a não cumulatividade. Já os IEGs serão tributos temporários, precários, podendo ser criados apenas nos casos de guerra externa, já em ocorrência ou em iminência de começarem, estando o exercício de sua competência sob condição suspensiva; podem ser criados por simples lei ordinária, cabendo medida provisória; podem ser criados em* bis in idem *ou bitributação com os impostos ordinários já previstos; os IEGs não se confundem com os empréstimos compulsórios para guerra, os quais só podem ser criados por lei complementar, não cabendo medida provisória, e ensejam dever de restituição futura da verba arrecadada.*

CAPÍTULO 5

IMPOSTOS MUNICIPAIS – I
(IPTU E ITBI)

CAPÍTULO 5 – IMPOSTOS MUNICIPAIS – I (IPTU E ITBI)

1. DOS IMPOSTOS MUNICIPAIS

1.1. DO IPTU

DICA 1: FATO GERADOR DO IPTU

O IPTU é imposto que incide sobre a conduta de *ser proprietário de imóvel urbano*. Esse é seu fato gerador. Merece atenção a afirmação feita no art. 32 do CTN, o qual diz que o **fato gerador é a propriedade, o domínio útil ou a posse**. Em algumas situações, a **posse** é o fato gerador. É o que ocorre, por exemplo, quando o possuidor tem uma posse com *animus domini*, ou seja, uma posse voltada para a aquisição da propriedade do bem e juridicamente protegida para esse fim; situações típicas são a posse do *usucapiente* bem como a do *promitente-comprador de imóveis*.

Importante acrescer que, quando falamos do IPTU, o imposto incide tanto sobre o bem imóvel *por natureza* (solo) como o bem imóvel *por acessão* (as construções que se erguem sobre o solo); é dizer, a hipótese que atrai a incidência do imposto é a conduta de ser proprietário (ou titular de domínio útil ou possuidor) do imóvel tanto no seu aspecto *territorial* como no *predial*, sendo a propriedade, no seu todo, levada em consideração para fins de incidência do IPTU. Esse é um dos grandes traços distintivos, por exemplo, entre o IPTU e o ITR, já que esse último imposto, de competência da União, incide apenas sobre a propriedade do imóvel por natureza, ou seja, o solo, a terra nua, e não sobre o valor das acessões que sobre ela se justapõem. Essa distinção, inclusive, é refletida na própria sigla com a qual se costuma fazer referência a essas exações fiscais; observe-se que na sigla **IPTU** existe o **"P"** que não está incluso na sigla **ITR**; e esse "p" indica exatamente a propriedade *predial*, a construção, a edificação (aquilo que se imobiliza sobre o solo em razão da construção – a acessão).

DICA 2: SUJEITO PASSIVO DO IPTU

O Sujeito Passivo do IPTU é o próprio titular do bem, ou, eventualmente, o titular do *domínio útil* ou, ainda, o possuidor, nos casos em que a posse realmente é fato gerador. Por isso que o CTN, no art. 34, afirma que "contribuinte do imposto é o proprietário do imóvel, o titular do seu domínio útil ou o **seu possuidor a qualquer título**".

Importante questão ocorria nas situações de *promessa de compra e venda de imóveis*, em que a Fazenda passava a tributar o *promitente-comprador* que é o *possuidor direto* do imóvel, mas, quando ocorria o inadimplemento, pretendia executar o promitente vendedor, por ser ele formalmente o proprietário do bem. O STJ entendeu que, desde que a lei municipal determine a responsabilidade solidária entre o promitente-comprador e o promitente vendedor, poderá o Fisco municipal cobrar de qualquer dos dois a dívida, já que o CTN fala que contribuinte é o proprietário ou o possuidor e o próprio Código autoriza que a lei estipule solidariedade (art. 124). Por isso, foi publicada a **Súm. nº 399 do STJ**, que afirma que **cabe à lei municipal fixar o sujeito passivo do IPTU**.

Ainda relativamente ao tema, importante destacar que, não obstante o texto da súmula ser largamente ampliativo, todos os precedentes eram relativos exclusivamente a situações envolvendo *promessa de compra e venda*. Tal entendimento *não se aplica na locação*. Importante frisar que *o locatário não é sujeito passivo do IPTU*. Sua posse é desprovida de *animus domini*, não tem intento de se converter em propriedade, sequer tendo proteção jurídica para conduzir a esse resultado. É uma posse sem qualquer demonstração de capacidade contributiva, não havendo poder econômico sobre o bem por parte do locatário. Apesar disso, interessante registrar uma prática contratual muito comum: nada obsta que *no contrato de locação* o locador crie o dever *cível* de o locatário pagar os impostos ao Fisco, o que será válido; havendo a cláusula contratual, essa é admitida e cria deveres entre as partes, locador e locatário. O locatário assume, perante o locador, a obrigação civil de pagar a dívida tributária *do locador* ao Fisco, pagando em nome e por conta do locador, que é o sujeito passivo da relação tributária. Essa convenção particular vale apenas entre as partes, não podendo ser oponível ao Fisco. Para este, o sujeito passivo será sempre o locador, proprietário do bem, não sendo a Fazenda municipal atingida pela convenção particular, que produz efeitos apenas entre os contratantes (vale leitura do art.123 do CTN). Se o locatário não pagar, quem será réu na execução fiscal será o locador, pois ele é o sujeito passivo da obrigação tributária. E, no cível, terá, por lógico, uma ação de regresso contra o locatário com base no inadimplemento do dever contratual assumido e não honrado.

Derradeiramente, oportuno lembrar que, se cair na prova de vocês a famosa questão indagando qual o imposto que deve ser cobrado sobre a propriedade de um **imóvel rural em área urbana, o imposto devido é o ITR. Essa é a posição prevalecente no STF**. Ainda que a previsão legal do CTN sugira que é o IPTU e que a própria lei atual do ITR (Lei nº 9.393/96), o STF entendeu que ainda prevalece a previsão do Decreto-lei nº 57/66 que determinou que se cobre ITR sobre qualquer imóvel rural, ainda que situado em área urbana. Nesses termos, como exemplo, uma fazenda em área urbana será tributada com ITR, e não com IPTU.

CAPÍTULO 5 – IMPOSTOS MUNICIPAIS – I (IPTU E ITBI)

DICA 3: BASE DE CÁLCULO DO IPTU

A **base de cálculo do IPTU é o valor venal do imóvel**, conforme consta no art. 33 do CTN. Importante informação é a do parágrafo único do citado artigo, narrando que no momento de se apurar o *valor venal do imóvel* **não se deve levar em conta o valor dos bens móveis que guarnecem o bem**. E é lógico que assim seja, pois o IPTU incide sobre a propriedade *imobiliária*, não se podendo incluir o valor das coisas móveis na formação do valor final do bem imóvel para se fazer a tributação.

Importante destacar que *é possível atualizar a base de cálculo do IPTU por ato do Executivo*. Pode um prefeito, **por meio de decreto,** promover no fim de cada ano a atualização monetária da base de cálculo do imposto. Ou seja, promover a *atualização do valor do imóvel*, com base no índice de correção anual. Não precisa parar a Câmara de Vereadores para tal fim, é desnecessário aprovar uma lei para tal medida. A **atualização monetária não se confunde com majoração.** Quem apenas "atualiza" não está majorando! Não precisa de lei! Importante firmar, entretanto, que o ato de atualização **deve ser feito com base no índice oficial do mercado imobiliário; é defeso atualizar por decreto a base de cálculo do IPTU mediante** *índice superior ao índice legal de correção monetária!* Vale a leitura da **Súm. nº 160 do STJ.**

DICA 4: DAS ALÍQUOTAS DO IPTU

O IPTU **pode ter alíquotas diferenciadas por quatro fundamentos**, a saber:

- **desrespeito à função social da propriedade** (art. 182, § 4º, II, da CRFB/1988) (Progressividade Sanção);
- **pela diferença de valor venal do imóvel** (art. 156, § 1º, I – Obs.: somente após a EC 29/2000) (Progressividade Fiscal);
- **pela localização** (art. 156, § 1º, II);
- **pelo uso** (art. 156, § 1º, II).

Ou seja, constatemos que a Constituição, nos dispositivos citados, permite que a lei do IPTU determine a variação das alíquotas com base em quatro critérios distintos. Em uma dessas situações, é nítido o caráter sancionatório da medida, que ocorre quando o proprietário não dá um uso adequado ao seu imóvel, sendo, portanto, sancionado em razão dessa conduta inadequada; e a sanção é o aumento do imposto, mediante a **progressividade sanção das alíquotas**. Nessa situação, chamo a atenção de que **só pode aplicar a progressividade sanção o Município que tenha plano diretor, mesmo que não possua mais de 20.000 habitantes**. Repito, isto é importante: não obstante a Constituição afirme que não é obrigatório o plano diretor para Municípios com até 20.000 habitantes, **se quiser aplicar a progressividade, tem que ter plano diretor! (Ver art. 41, III, do Estatuto da Cidade.)**

No que tange à **progressividade em razão do valor venal do imóvel**, vale frisar que **somente após a EC 29/2000 ficou autorizada**. Até a referida emenda, a Carta não autorizava essa técnica de tributação, a qual só era cabível para o Imposto de Renda. Chamo a atenção para que todas as leis que autorizavam tal progressão de alíquotas para o IPTU antes da EC 29/2000 foram declaradas inconstitucionais pelo STF. **Ver Súm. n° 668 do STF. Desse modo, para que seja constitucional a aplicação da alíquota progressiva, é imprescindível que o Município tenha feito uma nova lei após a EC 29/2000, legitimando essa possibilidade, já que, como sabido, a lei inconstitucional não se torna constitucional pela emenda constitucional superveniente, e, por assim ser, as leis anteriores à EC 29/2000 continuarão sendo consideradas inconstitucionais.**

DICA 5: DAS IMUNIDADES E O IPTU

Sempre importante lembrar que **algumas pessoas são imunes ao IPTU** por expressa proteção constitucional. Reporto-me àquelas pessoas citadas no **art. 150, VI, da CRFB/1988**. A saber:

- Templos de qualquer culto (igrejas);
- Partidos políticos e suas fundações;
- Entidades sindicais de trabalhadores;
- Instituições de educação sem fins lucrativos;
- Instituições de saúde sem fins lucrativos;
- Autarquias e órgãos estaduais e federais;
- Empresas públicas e sociedades de economia mista estaduais e federais que sejam prestadoras de serviço público exclusivo (exemplo: Correios – ECT e Infraero).

Chamo a atenção para as seguintes pegadinhas no que tange às imunidades dessas pessoas:

a) o imóvel pertencente a essas pessoas **só fica imune se for utilizado na atividade-fim**; ou seja, tem que haver **vinculação às finalidades essenciais**;

b) quando essas pessoas alugam imóveis a terceiros, **se reverterem os aluguéis no custeio da atividade-fim, continuam imunes**. É o clássico exemplo de imóveis alugados para exploração de estacionamentos. Se a pessoa imune, proprietária locadora do bem, provar que usa o valor

CAPÍTULO 5 – IMPOSTOS MUNICIPAIS – I (IPTU E ITBI)

recebido no custeio de sua atividade preponderante, **mantém a imunidade**, pois prova que está utilizando o imóvel (ainda que indiretamente) na atividade-fim; **ver Súm. n° 724 do STF e também Súmula Vinculante n° 52**;

c) não devemos confundir com a situação em que **um particular, não possuidor de imunidade tributária, aluga seu imóvel a uma pessoa imune; o IPTU é d-e-v-i-d-o!** O particular tem que pagar seu imposto, sendo irrelevante o que ele faz com seu imóvel. Mesmo que alugue a uma pessoa imune, e ainda que repasse o encargo no contrato para o locatário, **o Município pode (deve!) cobrar o IPTU desse proprietário, pois ele não tem qualquer imunidade!**;

d) quanto às **igrejas**, o STF entendeu que **cemitérios religiosos podem ter imunidade de IPTU**, bastando provar que não exploram a atividade funerária de modo econômico, com fins lucrativos, não caracterizando atividade empresarial, mas sim meramente uma extensão da prática religiosa; nesses casos, o cemitério terá imunidade do IPTU, pois será considerado mera extensão do templo religioso; diferentemente dos cemitérios explorados economicamente, os quais pagam IPTU normalmente;

e) o STF entendeu que também haverá imunidade de IPTU sobre os imóveis das **entidades de saúde sem fins lucrativos**, equiparando-as às entidades de educação e assistência social para fins de, da mesma forma, gozarem da imunidade;

f) a imunidade do IPTU **não protege as concessionárias e permissionárias de serviço público**, as quais não integram a estrutura central da Administração Pública, agindo como particulares empresários, com fins lucrativos; pagam impostos normalmente;

g) quando um **imóvel público** é alienado a um particular mediante celebração de contrato de **promessa de compra e venda**, não fica esse particular alforriado do dever de pagar o IPTU; **o Município pode cobrar o IPTU do particular promitente comprador, mesmo sendo o imóvel ainda um bem público; a imunidade não exonera o promitente comprador** (ver art.150, § 3º, *parte final*, da CRFB/1988, c/c Súm. n° 583, STF).

DICA 6: DO LANÇAMENTO E O IPTU

O IPTU é um dos poucos casos de tributo **sujeito a Lançamento de Ofício (também chamado Lançamento Direto)**. Como o fato gerador do IPTU é uma conduta visível, percebida pelo Fisco, não é necessário que o particular declare que tem a propriedade do imóvel. O Fisco sabe. Não faria sentido determinar que o proprietário tivesse o dever de interpretar a lei e promover o pagamento antecipado. A maioria das pessoas do povo é leiga. Por isso, **como o fato gerador é visível pelo Fisco**, dá para condicionar a arrecadação desse imposto ao dever de a Fazenda municipal proceder a um obrigatório lançamento de ofício. **É dever do Fisco lançar; sem o lançamento, o particular não se obriga a pagamento.**

Importante observar a polêmica que ensejou a aprovação da **Súm. nº 397 do STJ**. O **IPTU se considera lançado e o contribuinte plenamente notificado quando o carnê é enviado pelo Correio, e não quando do recebimento**. Logo, o Fisco não precisa provar que o contribuinte recebeu o carnê; basta provar que o enviou. Como o Fisco provaria que cada pessoa realmente recebeu o carnê? Teria que, por exemplo, em cada prédio/condomínio, acompanhar os porteiros na casa de cada pessoa? Impossível. Logo, enviado o carnê e feita essa prova, se presume que o contribuinte já foi notificado. Isso é importante para poder inscrever em dívida ativa e executar os inadimplentes, após vencido o prazo de pagamento sem que ele tenha se realizado.

2. DO ITBI

DICA 7: DO FATO GERADOR DO ITBI

O ITBI é imposto que incide sobre certas aquisições onerosas que as pessoas fazem em vida. **O fato gerador é sempre uma aquisição onerosa de bem, e, sempre em vida, nunca por morte; está ligado a imóveis!** Incide sobre dois tipos de situações, a saber:

- aquisição onerosa de propriedade de imóveis;
- aquisição onerosa de alguns direitos reais sobre imóveis (todos, exceto os de garantia – penhor, hipoteca e anticrese).

Importante destacar algumas observações sobre o fato gerador do ITBI:

a) o ITBI **não é apenas o imposto sobre "transmissão de bens imóveis"; incide também na transmissão de "direitos reais sobre imóveis"**; logo, a título de exemplo, se alguém cede onerosamente o **direito real de superfície** para outrem, o adquirente pagará ITBI para registrar, por se tratar da aquisição onerosa, em vida, de um direito real imobiliário, que não é "de garantia"; no caso, é direito real "de gozo e fruição". Seria o mesmo na cessão onerosa de usufruto imobiliário. Sempre frisando, insistentemente, que, se for **direito real de garantia, não cabe ITBI!**

b) o STF pacificou que **não incide ITBI** quando uma pessoa procede ao **registro de promessa de compra e venda!** Isso porque, quando se age

CAPÍTULO 5 – IMPOSTOS MUNICIPAIS – I (IPTU E ITBI)

de tal modo, o feito não materializa uma "**transmissão**" **de um direito real**. Quando a pessoa registra a promessa, é evidente que **constitui** um direito real, o chamado *direito real de promitente comprador,* amparado no art. 1.225, VII, do Código Civil, e não se trata de um direito real *de garantia*. Entretanto, o STF (corretamente!) entendeu que no mero registro da promessa não está ocorrendo a *transmissão* de um direito real, de uma pessoa a outra, e sim a constituição unilateral de um direito real, pela postura opcional do promitente comprador de levar a escritura da promessa a registro. Diferente seria se houvesse a situação de uma cessão onerosa de uma promessa de compra e venda registrada; aí, sim, o cessionário adquirente teria que pagar ITBI, pois, nessa hipótese, restaria transmitido o direito real de promitente comprador já existente. Portanto, fiquem atentos à pegadinha: **Não incide ITBI no registro de promessa de compra e venda de imóveis, pois não há fato gerador!**

c) o ITBI **não incide apenas sobre compra e venda de imóveis!** Observe-se que o fato gerador é a *transmissão de bens imóveis* **inter vivos e a título oneroso**. A compra e venda é *também* uma das muitas situações que permitem a materialização do tipo! "Transmissão *inter vivos* de bens imóveis por via onerosa" é algo mais amplo do que "compra e venda"; na compra e venda de imóveis incidirá ITBI, o que não quer dizer que apenas nessa hipótese o imposto seja devido! Logo, em outras hipóteses em que **também ocorre uma transmissão onerosa em vida de bem imóvel, o imposto incide normalmente**, como nos casos de contratos de **troca ou permuta imobiliária** ou de adimplemento obrigacional pela via indireta da **dação de imóveis em pagamento** etc.

d) algumas situações, entretanto, exatamente por não caracterizarem uma operação de "transmissão", não podem ser alvo da incidência do ITBI, já que se trataria de situação de atipicidade para incidência da norma. É o que ocorre, por exemplo, na *usucapião imobiliária* (que além de não cumprir o requisito da *onerosidade* também não materializa ato de *transmissão* de propriedade, e sim de aquisição originária). Logo, fiquem atentos à dica: **Não incide ITBI na aquisição de imóveis por usucapião, já que não ocorre "transmissão" do bem, sendo atípica a conduta apontada!**

O mesmo deveria ser o raciocínio nas *arrematações judiciais de imóveis* (não obstante haja a onerosidade da aquisição, não há um ato de *transmissão* do bem, que pressupõe volitividade, ocorrendo aqui uma translação dominial em razão de uma expropriação forçada via executória, mas nunca um ato negocial de alienação). Jamais se poderia aceitar a incidência do ITBI em desfavor do arrematante. Mas, infelizmente, **o STJ vem aceitando a incidência do ITBI nas arrematações judiciais**, entendendo que a "translação do domínio do bem a título oneroso" é suficiente para permitir a incidência do ITBI. Nesses casos, importante destacar que a Corte vem entendendo que o imposto incide sobre o *valor apurado no leilão*, ou seja, o próprio *valor da arrematação*. Portanto, **a base de cálculo do ITBI na arrematação é o valor pago no leilão!**

Nesses casos de arrematação, é muito comum acontecer, na prática, a seguinte situação: quando o imóvel é levado a leilão, faz-se uma avaliação do valor real desse bem; expede-se um laudo de avaliação. Só que na hora da arrematação, o valor do lance é um pouco inferior. O arrematante paga valor menor e arremata. Registra a carta de arrematação e paga ITBI sobre o valor da arrematação (que é o correto, como visto anteriormente!). Ocorre que o Fisco municipal vem em momento superveniente tentar cobrar esse diferencial de ITBI, alegando ser o mesmo devido. Se o particular não paga, a Fazenda ajuíza execução fiscal. O administrado não deve curvar-se a esse abuso. Deve se defender na execução, embargando, alegando que o diferencial de ITBI não é devido, pois a base de cálculo é realmente o valor da arrematação, e não o valor do laudo de avaliação, e, assim sendo, todo o ITBI devido já está quitado.

DICA 8: DO SUJEITO PASSIVO DO ITBI

A Constituição reza que seja feita uma lei complementar de normas gerais para definir o perfil dos impostos, e, dentro dessa definição, especificar qual é o fato gerador, a base de cálculo e o sujeito passivo de cada imposto (art. 146, III, "a", da CRFB/1988). Seria salutar que para cada imposto existisse essa lei, determinando um perfil harmônico e padronizante que todos os entes seguiriam. Ocorre que apenas para o ICMS (LC nº 87/1996) e para o ISS (LC nº 116/2003) é que foram feitas essas leis. Para os demais impostos, termina se aplicando o CTN, subsidiariamente, quando cabe. E falo "quando cabe", pois o CTN foi escrito há mais de 50 anos, em 1966, sob a égide de um Sistema Tributário que não existe mais, e que, no caso, era o STN criado pela EC nº 18/1965 na ainda vigente Carta de 1946. Se vocês forem ler o CTN verão que aparecem referências a impostos que nem existem mais. Assim como não há citação a impostos que surgiram em momento superveniente, como o IPVA, o ITCMD e o ITBI. Apesar disso, repito, dentro do possível, aplicam-se alguns dos dispositivos do CTN, quando não há incompatibilidade. É o que ocorre com o art. 42, que serve como base legal para afirmar que **contribuinte do imposto é qualquer das partes na operação tributada, como dispuser a lei**. E isso vale hoje para o ITBI, assim como para o ITD estadual. No ITBI, podem ser sujeitos passivos tanto o alienante como o adquirente. Será o sujeito passivo "oficial" da relação tributária **aquele que a lei do ITBI determinar**. E nada obsta possa a lei instaurar uma **responsabilidade solidária** entre alienante e adquirente, o que é possível se a lei dispuser expressamente (ver art. 124, II, CTN).

Seguindo os princípios tributários, e em especial a orientação emanada da **capacidade contributiva, o razoável é que o adquirente seja nomeado pela lei como contribuinte do imposto**, pois é ele que revela o poder econômico, adquire a riqueza imobiliária e será ele quem levará, em regra, o bem a registro para adquirir *para si* a propriedade. Por isso que deve ser ele o ordinário e natural sujeito passivo do ITBI. E é o que acontece na prática quase sempre. **Praticamente todas as leis de ITBI determinam que o sujeito passivo é o adquirente.** Apesar disso, faço questão de frisar pedindo enorme atenção a vocês que *é possível nomear como sujeito passivo tanto o adquirente como o alienante, podendo-se inclusive estabelecer solidariedade. Será sujeito passivo a pessoa que a lei dispuser!* Vale tomar por empréstimo o art. 42 do CTN, o qual fecha o capítulo que fora escrito para se referir, no ano de 1966, ao imposto estadual sobre transmissão de bens imóveis e direitos a ele relativos, fosse transmissão onerosa ou gratuita, em vida ou por morte. Esse imposto estadual foi o embrião histórico da divisão entre ITBI e ITD que surgiu em Constituições futuras e que presentemente é utilizada. Ainda se segue, tanto para o ITBI municipal como para o atual ITD estadual, a aplicação do art. 42 do CTN.

DICA 9: DA BASE DE CÁLCULO DO ITBI

Pelas mesmas explicações anteriormente fornecidas quanto à inexistência de lei complementar de normas gerais para fixar *fato gerador, base de cálculo e contribuinte*, e diante da omissão constitucional em fazer referência expressa a esses elementos estruturantes do ITBI, continua-se a aplicar o CTN, que no seu art. 38 afirma que **a base de cálculo do imposto é o valor venal do bem ou direito transmitido**. E assim é, em regra, em praticamente todas as leis municipais de ITBI no nosso país.

Exceção ocorre quando o imóvel é arrematado em hasta pública, pois, como comentado anteriormente, o STJ vem aceitando a incidência do imposto, e, por assim ser, entende que **nos casos de arrematação em hasta a base de cálculo do ITBI é o valor apurado no leilão, ou seja, o valor pago na arrematação!**

DICA 10: DAS ALÍQUOTAS DO ITBI

Não se aplica para o ITBI municipal a previsão do art. 38 que afirma que caberia ao Senado fixar alíquotas máximas para o imposto, de sorte que não se pudesse adotar alíquota maior que a fixada em resolução da Casa parlamentar referida. Isso porque o Senado representa o interesse dos Estados, e não dos

Municípios. E a citação feita no CTN fazia sentido ao seu tempo, pois, como comentado no item anterior, o imposto era de competência dos Estados; sequer existia a divisão entre ITD e ITBI. Frise-se ainda que na atual Constituição, quando da regulamentação dos impostos estaduais e especificamente do ITD, o constituinte atual reafirmou essa salutar previsão limitadora, no art. 155, § 1º, IV, determinando que os Estados e o DF não utilizem alíquotas superiores às fixadas em Resolução do Senado. Essa Resolução, inclusive, existe e é a RSF nº 09/92, que fixou o teto em 8%, alíquota máxima aplicada para o ITD. Mas, frise-se, **não há mandamento de que haja alíquota máxima para o ITBI**. Valerá o controle de razoabilidade para evitar esse excesso, advindo do princípio da proibição de confisco (art. 150, IV, da CRFB/1988), mas não há qualquer norma específica sobre um teto de alíquotas para o ITBI.

A grande polêmica sobre as alíquotas do ITBI é que muitos Municípios tentaram aplicar a técnica da progressividade em razão do aumento do valor do bem adquirido, o que aumentaria a arrecadação. Como citado nas referências ao IPTU, não é possível. A EC nº 29/2000 até autorizou que o IPTU pudesse ter alíquotas progressivas em razão do valor venal do imóvel, mas não o fez para o ITBI. E o STF mantém rigoroso entendimento de que, se houver essa progressividade de alíquotas prevista na lei do ITBI, a lei será inconstitucional. Logo, prestem bem atenção: **Não cabe o uso da progressividade no ITBI. É inconstitucional a adoção da técnica de alíquotas progressivas para o ITBI**. Vale a leitura da **Súm. nº 656 do STF**.

DICA 11: DAS IMUNIDADES E O ITBI

Existem duas imunidades tributárias para o ITBI, ambas previstas no art. 156, § 2º, I, da CRFB/1988, ambas ligadas a **pessoas jurídicas**, ora no que tange ao momento da **constituição de pessoa jurídica**, ora no que se refere ao momento de **extinção de pessoa jurídica**.

Buscando incentivar a fase inicial de formação de uma pessoa jurídica e desonerá-la do pagamento do ITBI, quando adquire o imóvel mediante realização de capital, imuniza a pessoa jurídica emergente quanto à incidência do imposto. E a primeira das imunidades, vedando ITBI sobre essa aquisição de imóvel pela pessoa jurídica na sua fase de realização de capital societário. Vejamos a leitura do dispositivo constitucional em evidência: **não incide sobre a transmissão de bens ou direitos incorporados ao patrimônio de pessoa jurídica em realização de capital**.

Em um segundo momento, o constituinte imuniza de ITBI alguns adquirentes de imóveis que os adquirem em razão da **extinção de pessoa jurídica**, bem como, na mesma via, imuniza também as **novas pessoas jurídicas resultantes de fusão ou cisão de outras**, e, ainda, **aquela pessoa jurídica que incorpora outra**. Ou seja, quando alguém adquire imóvel na dissolução de pessoa jurídica, não pagará ITBI para registrar, contemplado que estará pela imunidade tributária. O mesmo se dá quando uma pessoa jurídica maior (incorporadora) incorpora outra (incorporada); nesses casos, a adquirente não pagará ITBI para passar para o seu nome o imóvel da incorporada. Assim como pessoas jurídicas resultantes de *fusão* ou *cisão* também não se sujeitam à incidência do ITBI quando do ato de registrarem a nova propriedade imobiliária em seus nomes. Portanto, peço muita atenção a vocês para tomarem cuidado com essas imunidades do ITBI, e transcrevo o texto constitucional: **Nem sobre a transmissão de bens ou direitos decorrente de fusão, incorporação, cisão ou extinção de pessoa jurídica**.

O ponto nodal, entretanto, que se revela como a maior das pegadinhas no tema das imunidades do ITBI é a *ressalva* feita na parte final do imenso texto desse inciso I do art. 156, § 2º, da Carta. É que lá se consagra uma **excludente imunizatória de caráter subjetivo**, ou seja, a Carta **afasta o direito à imunidade se o adquirente dos bens imóveis em razão da extinção da pessoa jurídica for um empreendedor do mercado imobiliário. O mesmo quanto à pessoa resultante da fusão, da cisão ou relativamente à pessoa jurídica incorporadora. Se qualquer desses adquirentes tiver como atividade preponderante a revenda de imóveis, a locação imobiliária ou o arrendamento mercantil, N-Ã-O T-E-R-Á A I-M-U-N-I-D-A-D-E!**

Observem, agora, na íntegra, o texto do art. 156, § 2º, I e prestem atenção na parte final do dispositivo, o qual afirma que o imposto:

> não incide sobre a transmissão de bens ou direitos incorporados ao patrimônio de pessoa jurídica em realização de capital, nem sobre a transmissão de bens ou direitos decorrente de fusão, incorporação, cisão ou extinção de pessoa jurídica, salvo se, nesses casos, a atividade preponderante do adquirente for a compra e venda desses bens ou direitos, locação de bens imóveis ou arrendamento mercantil.

Portanto, amigos, atentos na hora da prova! *A priori*, o adquirente de imóveis que os adquire na extinção de pessoa jurídica não paga ITBI, pois este não incide; salvo se for um empreendedor do mercado imobiliário, ou seja, alguém que tenha como atividade preponderante a compra e venda de imóveis, a locação e o arrendamento de imóveis. **Se for uma pessoa desse perfil, paga o ITBI normalmente, não gozando da imunidade. O mesmo quanto à PJ resultante de fusão, cisão e à PJ incorporadora. Sobre o tema, peço que leiam com especial** carinho o texto que escrevemos no capítulo das IMUNIDADES TRIBUTÁRIAS, no qual aprofundamos a questão com maior zelo e detalhamento.

DICA 12: DO LOCAL DO PAGAMENTO. SUJEITO ATIVO

Conforme afirma a Constituição no art. 156, § 2º, II, o Município onde se situa o imóvel é que será titular do direito de arrecadar o ITBI. E não poderia ser outra a solução, correto? Não faria qualquer sentido que uma pessoa que tem imóvel no Município "x" pague o ITBI para outro Município que não seja "x". Seria grosseiramente irrazoável. Cuidado com a pegadinha, pois os examinadores gostam de criar falsos raciocínios na mente do candidato, utilizando a técnica de indução ao erro. Nessa linha, se lhes for narrado que "o ITBI será devido ao Município onde o imóvel é matriculado, salvo os casos em que o proprietário tem domicílio fixo e comprovado em Município vizinho, situações em que o imposto seria devido ao Município fronteiriço", **essa afirmativa é completamente falsa! C-U-I-D-A-D-O! Lembrem-se sempre: o ITBI sempre será devido ao Município onde se situa o imóvel. E ponto!**

DICA 13: DO LANÇAMENTO DO ITBI

O ITBI revela clássico exemplo de tributo sujeito originariamente ao **Lançamento por Declaração**, também chamado de **Lançamento Híbrido ou Misto**. Não obstante alguns autores sustentarem que o ITBI seria um imposto sujeito a *lançamento por homologação*, em especial os que pregam o abolicionismo do lançamento por declaração do nosso ordenamento, o ITBI se sujeita ao lançamento híbrido. O procedimento para sua arrecadação é o típico procedimento do modelo que se compreende como lançamento misto.

Analise-se: **Cabe ao sujeito passivo declarar a prática do fato gerador para que depois a autoridade administrativa proceda à notificação formal para pagamento, informando ao contribuinte declarante o valor a ser recolhido**. Não cabe ao Fisco lançar direto sem que antes haja uma declaração do fato gerador, como ocorreria nos casos de *lançamento de ofício*. Também não há o dever de pagamento antecipado, precedente a qualquer notificação, como ocorreria nos tributos lançáveis *por homologação*. Quanto ao lançamento *por homologação*, também não há, no ITBI, para o sujeito passivo, o dever de *ele* proceder à interpretação da norma legal e desenvolver o cálculo do montante devido para, em seguida, pagá-lo sem sequer ser notificado; não! No ITBI, o ônus de realizar a hermenêutica da norma legal tributária é da autoridade administrativa fazendária, típica característica do chamado *lançamento por declaração*. E sendo assim, não nos resta dúvida de reconhecer o procedimento misto, híbrido, que se inicia com a declaração do contribuinte e prossegue até sua conclusão com a atuação da autoridade fiscal, a quem incumbe interpretar a norma legal de tributação, calcular o montante e expedir a guia de pagamento, notificando o contribuinte para que então este passe a ficar obrigado ao recolhimento da exação fiscal. Portanto, guardem com vocês: **apesar de algumas divergências doutrinárias, o ITBI se sujeita a lançamento por declaração!**

DICA 14: ITBI × ITD. AS SIGLAS "ITIV" E "SISA"

É muito comum que se encontre a referência ao ITBI com base no uso da sigla **ITIV** (Imposto por Transmissão *Inter Vivos* de bens imóveis). Isso porque antes da Constituição de 1988, quando o CTN foi escrito, em 1966, o Sistema Tributário vigente na Carta daquele momento (era, como já afirmado *retro*, a Carta de 1946) se referia a um único imposto estadual, que tributaria tanto as transmissões de bens *inter vivos* como também *causa mortis*. Na Carta de 1988, entretanto, é nítida a distinção, ficando para os Estados/DF a tributação de todas as transmissões *causa mortis* (**ITD** – também estampado nas siglas ITCD ou ITCMD), cabendo aos Municípios apenas tributações por aquisições *inter vivos* de bens, e, como já visto, desde que **imóveis** e, ainda, desde que **a título oneroso**. Conforme se viu também, o Município cumula a permissão para tributar a transmissão *inter vivos* e *onerosa* de direitos reais (desde que não sejam de garantia) sobre imóveis. Em razão desse resultado na reorganização das competências é que se costumou chamar o imposto municipal de ITIV, já que os Municípios só tributam operações *inter vivos* e cabe exclusivamente aos Estados tributar as aquisições *mortis causa*.

Entretanto, há uma perigosa pegadinha no uso da sigla ITIV para se fazer referência ao ITBI. É que **os Estados não tributam A-P-E-N-A-S as transmissões *causa mortis*, mas também as D-O-A-Ç-Õ-E-S**, e, à guisa de inconteste certeza, **quando um bem se transmite por doação, ocorre uma transmissão *inter vivos*, e a competência é estadual!** Ou seja, é correto afirmar que tanto os Municípios como os Estados podem cobrar impostos em razão de operações de transmissões de bens *inter vivos*. O que determinará a competência estadual será a **gratuidade** da operação, modulada no conceito de **doação**. Entretanto, caso se trate de operação com **onerosidade** e sendo **imóvel** o objeto da operação, sobressaltará a competência municipal.

Observe-se, também e ainda, que **nem toda transmissão *inter vivos* enseja tributação**. Isso porque, se o bem for móvel e a operação for onerosa, não ocorrerá fato típico para nenhum dos dois "ITIVs", já que, por ser onerosa, o "ITD" não incide, e, por ser de coisa móvel, o "ITBI" não incide.

Portanto, quero chamar a atenção de vocês: por mais que se use a sigla ITIV para se fazer referência ao ITBI, há de se constatar que o ITIV pode ser o IT-"D", por serem, como visto, as *DOAÇÕES*, operações *INTER VIVOS*. Em uma prova, ao que vocês devem se ater e prestar **total atenção** é nas características da conduta narrada, para saber se houve gratuidade da operação (doação – e aí o imposto a incidir é o ITD) ou se houve onerosidade; se houve onerosidade, observem se a questão trata de bem imóvel (se afirmativo, caberá o ITBI municipal); posto caso se refira à coisa móvel, não incidirá imposto algum, ainda que haja a transmissão *inter vivos* e *onerosa* do bem!

Por fim, registre-se que também é comum se chamar o ITBI de **Imposto de SISA**, linguagem muito peculiar nas décadas passadas!

CAPÍTULO 6

IMPOSTOS MUNICIPAIS – II
(ISS – PARTE 1)

CAPÍTULO 6 – IMPOSTOS MUNICIPAIS – II (ISS – PARTE 1)

1. DO IMPOSTO SOBRE SERVIÇOS DE QUALQUER NATUREZA (ISS – QN)

DICA 1: BASE POSITIVA DO ISS

O ISS – Imposto Sobre Serviços de qualquer natureza (também apelidado com a sigla "ISS-QN") tem amparo constitucional no art. 156, III (que o insere na órbita da competência tributária dos Municípios) e disciplina especial no § 3º do mencionado artigo. O referido parágrafo determina que certos feitos ficam sujeitos à disciplina de lei complementar, conforme especifica nos seus três incisos (art. 156, § 3º, I, II e III). Oportuno destacar que durante 15 anos (entre os anos de 2002 e 2017) teve grande importância o art. 88 do ADCT, inserido pela EC nº 37/2002, que disciplinava transitoriamente a aplicabilidade da norma do art. 156, § 3º, incisos I e III (estabelecendo o teto mínimo de alíquotas do imposto e limites e condições para a concessão de isenções, incentivos e benefícios fiscais) até que fosse feita lei complementar clamada para tal fim; dita lei foi editada ao final de 2016 (LC nº 157/2016) e no seu art. 8º-A regulamentou a matéria, entrando a norma em vigor em 2017, quando então deixou de ter aplicabilidade a norma transitória do art. 88 do ADCT.

No plano infraconstitucional, o ISS é disciplinado primordialmente na LC nº 116/2003 (com as alterações inseridas pela LC nº 157/2016 e LC nº 175/2020), seu grande "Estatuto Nacional de Normas Gerais". Dito diploma normativo revela crucial importância e atende ao mandamento do art. 146, III, *a*, da Constituição de 1988 (que estabelece que cabe à lei complementar definir as normas gerais para a legislação tributária e, quanto aos impostos, definir o fato gerador, base de cálculo e contribuintes).

A LC nº 116/2003 traz as normas padronizadoras do ISS, pormenorizando seu perfil estrutural e tem que ser obedecida por todos os Municípios do país, assim como pelo Distrito Federal, quando elaboram suas legislações próprias sobre o ISS. Como demonstrado, o referido estatuto nacional veicula as normas gerais sobre o ISS, as quais devem, obrigatoriamente, ser obedecidas e servem como parâmetro referencial para os Municípios, os quais, em hipótese alguma, podem legislar violando os limites nela estabelecidos. A LC nº 116/2003 é o guia orientador e delimitador do campo de liberdade legislativa municipal em relação ao ISS. Na hipótese de se ter lei de algum Município veiculando normas incompatíveis com as normas da mencionada lei nacional, tais normas locais serão desprovidas de validade, sendo inconstitucionais, já que ao violar as normas gerais da lei complementar nacional, estarão afrontando o art. 146, IIII, *a*, da CRFB/1988.

Registro, por fim, que antes de 2003, quando inexistia a LC nº 116/2003, o ISS era regulado pelo DL nº 406/1968 e pela LC nº 56/1987. Chamo a atenção de vocês para informar que não obstante a LC nº 56/1987 tenha sido totalmente revogada pela LC nº 116/2003 (revogação expressa prevista no art. 10 da LC nº 116/2003), *o Decreto-lei nº 406/68 teve seu art. 9º MANTIDO, não revogado, e o mesmo está plenamente recepcionado na ordem jurídica atual, inclusive materialmente, como lei complementar*. Ou seja, a LC nº 116/2003 revogou os arts. 8º, 10, 11 e 12, *mas NÃO REVOGOU O ART. 9º DO DL Nº 406/68*, o qual traz algumas regras importantes sobre a *base de cálculo do ISS*, devendo ser lido em consonância com o art. 7º da atual LC nº 116/2003, que cuida do mesmo tema (base de cálculo do ISS).

DICA 2: FATO GERADOR DO ISS

O fato gerador do ISS é **a prestação de serviços, mediante remuneração, qualquer seja a natureza do serviço, desde que realmente seja uma "prestação de serviço" e que esteja autorizada na lista permissiva da LC nº 116/2003.**

A conduta de *prestar serviço* traduz uma **obrigação de fazer**, ou seja, revela-se como uma **prestação material, operacional**. É um **labor**. Inúmeras são as situações em que os Municípios pretendem tributar condutas praticadas por empresários, as quais, por não traduzirem uma **prestação de serviços em sentido verdadeiro**, não podem ser tributadas.

Ponto crucial para o candidato é entender que **qualquer serviço, independentemente da natureza, pode ser tributado, desde que realmente a conduta chamada de "serviço" seja de fato um** *serviço*, **uma obrigação de fazer, e seja remunerada**. Friso: *qualquer que seja a natureza*, desde consultoria, atendimento médico, advocacia, atuação na área de engenharia ou de informática, sendo *serviço*, pode ser tributada! Por isso que chamamos o ISS de **ISSQN**, pois o serviço pode ser de "qualquer natureza".

Entretanto, importante frisar que, para que o serviço possa ser tributável com ISS por um Município, *é preciso estar na lista autorizativa anexa à LC nº 116/2003*. Ou seja, **não basta ser uma prestação de serviços! Se não estiver na lista da lei nacional do ISS como serviço autorizado a ser tributado, não pode o Município autorizar o imposto a incidir.**

Por fim, lembremos sempre que é **imprescindível que o serviço seja R-E-M-U-N-E-R-A-D-O! Não havendo pagamento, não ocorre o fato gerador!** Observe-se que a conduta reveladora da *capacidade contributiva* e assim permissiva da incidência do imposto é o **recebimento do preço**, e **não apenas a disponibilização da atividade laboral.**

CAPÍTULO 6 – IMPOSTOS MUNICIPAIS – II (ISS – PARTE 1)

> **DICA 3: O CONTROLE DE TIPICIDADE DO ISS. EXPLICANDO "O PRIMEIRO PASSO": PRESTAÇÃO CIVIL DE SERVIÇOS, NOS MOLDES DEFINIDOS PELO DIREITO PRIVADO. O ART. 110 DO CTN**

Aprofundando a lição anteriormente exposta sobre o fato gerador do ISS, passo a apresentar a vocês um mapeamento de raciocínio que ajuda muito na hora de resolver questões práticas, seja na vida real, quando da advocacia, seja no momento de enfrentar quesitos de provas. É o que chamo de "cinco passos do controle de tipicidade do ISS", algo que ensino nas minhas aulas, especialmente no curso completo que leciono de Direito e Processo Tributário nas turmas de Segunda Fase de Direito Tributário no Exame de Ordem. Passemos, então, a conhecer esses cinco passos, frisando-se, desde logo, que eles são *cumulativos*, o que quer dizer que só pode incidir o ISS se os cinco requisitos a ser apresentados estiverem cumpridos! Se qualquer deles faltar, não pode incidir o ISS. De fato, como o próprio nome sugere, é um "controle de tipicidade". Resumidamente, são os seguintes passos:

- deve se tratar de uma prestação civil de serviços nos moldes definidos pelo direito privado (primeiro passo);
- o serviço não pode ser de "comunicação" ou de "transporte intermunicipal ou interestadual" (segundo passo);
- o serviço deve ser um dos que estão autorizados na lista anexa à LC nº 116/2003 (terceiro passo);
- deve existir autorização para incidir ISS sobre o serviço *também na lei municipal (ou distrital, no caso do DF) de ISS* (quarto passo);
- a conduta que se pretende tributar não pode estar protegida por uma regra especial de não incidência qualificada (quinto passo).

Passo a comentar o primeiro passo. Como destacado no tópico anterior, a conduta que o Município pretende tributar deve realmente ser uma **prestação de serviços**, mas o traço especial agora exposto é: uma "prestação de serviços" conforme definição apresentada pelo **direito privado**. Não pode o Fisco tentar manipular o conceito "prestação de serviços", tentando alterar o conteúdo, o alcance, a definição desse "instituto" de direito privado. Para que entendamos o que significa "prestação de serviços" para fins de incidência tributária, teremos que adotar a definição dada pelo direito civil, bem como o conteúdo e o alcance que o mesmo ramo jurídico atribuiu a esse instituto. Assim será por força de uma regra própria da *hermenêutica tributária*, a regra insculpida no art. 110 do CTN, a qual ensina que quando a Constituição utiliza conceitos, institutos ou formas de direito privado para definir competências tributárias (exatamente o que ocorreu com o conceito "serviço" – utilizado para definir a competência dos municípios para fins de exigência de imposto), é vedado modificar a definição, o conteúdo e o alcance que o direito privado historicamente atribuiu a esse instituto, conceito ou forma. A intenção de tal regra é vedar que o intérprete manipule o alcance da norma constitucional, alterando o significado da expressão utilizada e assim "brinque" de alargar ou restringir os contornos da tipicidade fiscal. Noutras palavras, o art. 110 do CTN quer ensinar que devemos entender que, quando o constituinte utiliza conceitos de direito privado para definir competências, o significado que ele, constituinte, quis atribuir a esses conceitos é exatamente aquele que o direito privado atribuiu. Dessa forma, não podemos manipular a definição, o conteúdo e o alcance que foram apregoados a esses institutos, e assim, gera-se segurança no que tange ao conhecimento de qual seja realmente a conduta que atrairá o exercício da competência tributária. Portanto, por força desse mandamento interpretativo erigido no art. 110 do CTN, entenderemos que *o primeiro passo para que se fale de incidência do ISS é termos uma prestação de serviços nos moldes que o Direito Civil define e disciplina; e, nesse diapasão, "prestação civil de serviços" é um negócio jurídico contratual, sendo contrato bilateral e oneroso (definição), que tem como conteúdo estrutural o conjunto de duas prestações contrapostas, sendo que, de um lado, existe a obrigação de fazer do prestador (atividade laboral, que pode ser física, intelectual ou com ambos os teores e que consiste na disponibilização de uma atuação, em regra comissiva, em prol do adquirente desse serviço, chamado "tomador"), e, do outro lado, a prestação do tomador do serviço, que consiste em uma obrigação de dar, qual seja, a de "pagar o preço", remunerando o suor do prestador; esse é, portanto, o "conteúdo" da prestação civil de serviços: uma obrigação de fazer em contraposição de uma obrigação de dar; um labora (prestador) e o outro paga (tomador). Quanto ao "alcance", a prestação civil de serviços alcança basicamente todas as formas de prestar serviços, excluídas apenas, por questões lógicas, algumas relações que são regidas por normas próprias, como é o caso das relações de emprego bem como o serviço público prestado por agentes públicos à Administração Pública, hipóteses não alcançadas pelo ISS; além dessas, há algumas relações em que a própria LC nº 116/2003 exclui a incidência do ISS, como ocorre, à guisa de exemplo, com os trabalhadores avulsos.*

Visto, portanto, o primeiro passo para que se possa cogitar da incidência do ISS, passemos a falar dos demais passos, nas dicas seguintes. Friso que **não basta ser uma prestação civil de serviços**; é **fundamental** que os próximos passos também sejam cumpridos; do contrário, ainda que se trate, de fato, de uma prestação civil de serviços, não incidirá o ISS.

CAPÍTULO 6 – IMPOSTOS MUNICIPAIS – II (ISS – PARTE 1)

DICA 4: O CONTROLE DE TIPICIDADE DO ISS. EXPLICANDO "DO SEGUNDO AO QUINTO PASSO"

Bem, como destacado nas linhas anteriores, existem outros passos fundamentais para que concluamos que o ISS deve incidir. O *segundo passo* é que essa prestação civil de serviços não traduza um serviço de *comunicação*, assim como também não traduza um serviço de *transporte intermunicipal ou interestadual*. Isso porque a nossa Constituição optou por determinar que a competência para tributar esses dois serviços seja dos **Estados-membros**. Compete aos Estados (e ao DF também) cobrar imposto sobre esses dois tipos de prestação de serviços. Na verdade, é exatamente por força dessa competência atribuída aos Estados após 1988 que o velho ICM passou a se chamar ICMS. O "S" da sigla "ICMS" traduz exatamente a competência estadual para tributar essas duas modalidades de prestação de serviços. Nesse propósito, fica claro qual o segundo passo para caber o ISS: não pode ser um serviço tributável pelos Estados.

O *terceiro passo* para que caiba o ISS e de crucial importância para fins práticos, é aquele que ensina que *somente incidirá o ISS quando se tratar de um serviço que foi selecionado pela lei complementar de normas gerais como um dos autorizados a ser tributados*. É o que costumamos falar como "tem que ter previsão na lista". Sobre esse terceiro passo, comentaremos nas dicas do tópico seguinte como interpretar esse requisito, para que realmente saibamos se o serviço que se pretende tributar está ou não na lista. E esse conhecimento é fundamental, pois a eterna briga que muitas vezes os contribuintes travam com a Fazenda é no sentido de se avaliar se aquele determinado serviço está ou não na lista, especialmente quando o nome dele não vem expressamente previsto.

O *quarto passo* é o de que *a lei de ISS local deve repetir essa autorização*. Observem que a LC nº 116/2003 é apenas uma lei nacional de normas gerais; ela não institui o ISS de município algum, atuando unicamente com a função de estabelecer as normas gerais dentro das quais cada município institui o seu próprio ISS; ou seja, se o Município não fizer a sua lei local de ISS, não estará autorizado o seu ato de tributação; e percebam a importância do que vou escrever agora: mais do que fazer a sua lei local, nessa lei, deve existir a autorização de incidência do ISS sobre os serviços que esse Município pretende tributar, e, obviamente, serviços entre os que foram previamente autorizados na lista da lei nacional de normas gerais; em outras palavras, o Município tem de fazer sua própria lei e elaborar sua lista de serviços autorizados a ser tributados quando do exercício da sua própria competência tributária. É o que chamamos de *democracia fiscal "in loco"*, ou "o povo local autoriza a tributação sobre os prestadores locais". Chamo a atenção para que não passe despercebido que nessa lista da lei local somente se podem incluir os serviços autorizados na lista da lei nacional, pois é a Lei Complementar de Normas Gerais que faz a triagem de quais são os serviços que os municípios brasileiros podem tributar; entre esses (inclusive, todos eles) é que cada município pode (e deve!) fazer sua lista autorizativa local. Não existindo a lei local, sequer se cogita da existência de ISS nesse Município. Não existindo a lista da lei local, incabível a incidência de ISS; e, por fim, mesmo que exista a lei local, se certo serviço previsto na lista da LC nº 116/2003 não estiver repetido na lei local, **nesse município** não caberá o ISS sobre esse serviço, pois não foi repetida a autorização na lei local.

Por fim, o **quinto passo**, último com o qual verificamos o controle de tipicidade do ISS: **serviço que se quer tributar não pode estar protegido por uma regra de "não incidência qualificada"**. Ou seja, se existir no ordenamento uma regra que proíba expressamente a incidência do ISS (regra qualificadora de não incidência), obviamente que a lei municipal não poderá autorizar a aplicação do imposto sobre essa conduta. Exemplifiquemos: a Constituição, ao consagrar as "imunidades tributárias" dos templos religiosos (art. 150, VI, "b"), assegura em favor das Igrejas a proteção de que, caso prestem certos serviços focados no desenvolvimento da atividade religiosa, não sofrerão a incidência do ISS. Percebam que pode ser um serviço que tenha previsão na lista; todavia, sendo prestado pela Igreja e de modo vinculado às finalidades essenciais da Instituição, não pode incidir o ISS prevalecendo a regra constitucional proibitiva; nesse caso, falamos que, em face da existência de uma regra de **não incidência constitucionalmente qualificada**, o ISS não pode incidir; nesse exemplo, a Igreja, imune, não pratica fato típico, exatamente por estar protegida pela excludente constitucional de tipicidade tributária. Mais um exemplo, agora no plano infraconstitucional: a LC nº 116/2003, no seu art. 2º, assegura, em seus três incisos, uma série de regras proibitivas de incidência do ISS; todas elas refletem situações de **não incidência legalmente qualificadas**; em todas essas hipóteses é vedada a incidência do ISS, de modo que, quando os serviços forem prestados nas situações ali listadas, o ISS realmente não vai incidir; e o "fato" praticado não vai "gerar" relação jurídica obrigacional tributária, inocorrendo "fato gerador"; a conduta será atípica, em face da regra legal de não incidência emanada da lei complementar nacional de normas gerais, a qual deve obrigatoriamente ser respeitada por todas as leis ordinárias locais de ISS. Para especificar o exemplo, cito o caso dos exportadores: se determinado prestador de serviços prestar um serviço para o exterior, de forma que os resultados desse serviço prestado sejam apurados, verificados, no exterior, não incidirá o ISS (LC nº 116/2003, art. 2º, I e parágrafo único); observe-se que, caso esse mesmo prestador esteja prestando esse mesmo serviço aqui dentro do Brasil, essa prestação pode normalmente ser alcançada pelo ISS (desde que

CAPÍTULO 6 – IMPOSTOS MUNICIPAIS – II (ISS – PARTE 1)

cumpridos os demais requisitos do controle de tipicidade, é claro); todavia, ao ser prestado para um tomador fora do país e que gozará dos resultados do serviço fora do país, o ISS não vai incidir, em face da existência da regra qualificadora de não incidência; temos, nesse caso, uma situação de **não incidência legalmente qualificada**, o que impede a incidência do ISS sobre a conduta.

Portanto, verificamos aqui, junção das dicas fornecidas nesse tópico e no tópico anterior, os cinco passos para que se possa falar de conduta tributável pelo ISS, ou, como costumamos chamar em nossas aulas, o **controle de tipicidade do ISS**. No tópico seguinte, aprofundaremos com maior detalhamento o *terceiro passo*, qual seja, o de analisarmos o que significa falar que "o serviço está previsto na lista anexa à Lei Complementar de Normas Gerais".

DICA 5: COMO SABER SE O SERVIÇO ESTÁ OU NÃO NA LISTA? COMO SE INTERPRETA O CONTEÚDO DA LISTA?

Bem, como antecipado em linhas anteriores, avancemos agora na busca do aprendizado de um dos mais polêmicos temas a respeito da incidência do ISS: *como saber se o serviço está ou não na lista?* Aperfeiçoemos a pergunta: se o serviço não estiver descrito expressamente na lista, é possível considerar que ele poderia estar *implicitamente* listado no rol de serviços tributáveis?

A resposta, com alguns devidos cuidados, é, sem dúvida, **sim!** É claro que é possível considerar que determinados serviços estão inclusos na listagem, mesmo que no texto escrito da lista não se faça menção expressa ao nome com o qual se identifica especificamente esse determinado serviço. Analisemos como isso ocorre.

Amigos, a lista tem **40 GÊNEROS de serviços.** São os ***itens 1 a 40.*** Lendo "de cima para baixo", ou "na vertical", como costumamos falar, percebemos que passeando pelos itens 1 a 40 encontramos, na verdade, **40 nichos de mercado**; noutras palavras, **40 segmentos da atividade econômica**, entre os quais diversas formas de se prestarem serviços são cabíveis. Insistindo na explicação dos 40 itens: o que o legislador fez, ao elaborar essa seleção de 40 itens, foi nada mais do que expor o resultado de uma escolha seletiva que fez: ele, legislador, selecionou os 40 "mercados", dentro de uma variedade de infindos mercados que se desenvolvem e se exploram dentro do mundo da atividade econômica, sobre os quais ele entendeu que deveria recair o ato de tributação com a cobrança do ISS. Ou seja, ao escolher esses 40 mercados, o que fez, na verdade, foi determinar quais são os nichos da atividade econômica, regida pela livre-iniciativa e pelo valor social do trabalho, entre os quais, quando pessoas prestarem serviços e forem remuneradas, deverão pagar o ISS. Persistindo na explicação, com o objetivo de não deixar qualquer dúvida, concluímos que a seleção desses 40 gêneros não quer dizer, em hipótese alguma, um rol fechado de apenas 40 tipos de contratos de prestação de serviços. Não. Jamais! Na verdade, em cada um desses "gêneros" (ou *segmentos de mercado*) existem incontáveis variações de formas e modalidades de prestação de serviços. O legislador não poderia ter a inocente pretensão de exaurir todas as maneiras de se prestar um serviço entre determinado segmento; a um, pois a criatividade do ser humano é inesgotável, de modo que a cada dia se inventam e reinventam novas formas de se contratar, de se oferecer o labor, de se alterar o modo de prestar o serviço, dentro de um mesmo mercado; a dois, pois a evolução da tecnologia, da ciência, a revolução da informação, a globalização da comunicação, a interação econômica mundial, entre outros fenômenos, fazem com que as maneiras de se prestar o serviço dentro daquele mesmo grupo de mercado sejam alteradas, readequadas, reprojetadas, a todo instante. Imaginem se o legislador fosse obrigado a prever todas as formas e modalidade de se prestar o serviço dentro de cada um desses 40 segmentos de mercado, para que então os Municípios (e o DF) pudessem cobrar o ISS? Teríamos uma grave distorção na Ordem Jurídica Tributária, com terríveis sequelas, pois essa lista ficaria permanentemente defasada, precisando ser atualizada a cada novo pequeno ciclo de tempo em que a dinâmica constante de mutação da atividade econômica se manifesta. É evidente que não seria esse, portanto, o modo correto de pensar e interpretar a lista. É claro que os múltiplos serviços que se podem prestar em cada mercado não precisam estar expressamente descritos. Seria tola inocência assim pensar. Curvar-se a essa leviana crença, por apego a certos jargões meramente pragmáticos, peculiares a um modo de pensar que foi aceito durante o já superado Estado Liberal, traduziria a irresponsável opção hermenêutica de se abraçar uma interpretação que geraria como consequência uma incontável série de distúrbios na ordem jurídica, principalmente sob a ótica de que esse posicionamento levaria a um modelo em que o Município não poderia tributar certos tipos de prestadores de serviços, certas modalidades de serviços prestados, pelo simples fato de que seus nomes não estão expressamente na lista, quando, na verdade, eles atuam normal e ordinariamente no mesmo mercado de outros tantos agentes econômicos, muitas vezes concorrentes diretos, os quais seriam tributados, pois a lista faz expressa referência aos serviços que esses últimos prestam. Tal tese afetaria brutal e ilicitamente a ordem econômica, ferindo a lealdade de concorrência e fomentando um total desequilíbrio na atividade econômica; noutra perspectiva, na qual também se constatam hediondas sequelas, afetar-se-ia letalmente o valor da *justiça fiscal*, aniquilando-se a ideia da isonomia, esmigalhando-se o objetivo da justiça distributiva da carga tributária, já que alguns pagariam, outros não, mesmo competindo em mercados comuns, mesmo sendo todos prestadores de serviços, recebendo seus preços, manifestando capacidade contributiva; e essa

CAPÍTULO 6 – IMPOSTOS MUNICIPAIS – II (ISS – PARTE 1)

desigualdade seria bizarramente aceita, e tudo por conta da irresponsável escolha de se aceitar que os serviços tributáveis têm de estar expressamente previstos na lista; nesse equivocado prumo de pensar, uma série de empresários, com manifesta capacidade contributiva, ficaria alforriada do dever de pagamento do imposto, aproveitando-se da fragilidade textual da lei, e da impossibilidade de se alterá-la diariamente. Ora, *é evidente que é inconcebível ainda se defender um pensamento como esse! Data maxima venia, não merece sequer o debate!*

Acertadamente, o nosso Superior Tribunal de Justiça, de muito, abraçando-se com os direcionamentos já previamente cantados pelo Pretório Excelso, vem consagrando clara e sólida jurisprudência no sentido de que *as espécies de serviços tributáveis não precisam estar expressamente descritas na lista*. Ou seja, *quando dentro de cada um dos 40 itens, o legislador especifica os SUBITENS, estes, sem qualquer chance de controvérsia, ESTÃO EM ROL EXEMPLIFICATIVOS, cabendo, tranquilamente, a INTERPRETAÇÃO EXTENSIVA DOS SUBITENS; se determinado prestador de serviços estiver prestando um serviço que seja COMPATÍVEL COM UM DOS GÊNEROS DA LISTA (COMPATÍVEL COM O GÊNERO = CONGÊNERE), esse serviço deve ser considerado como tributável, pois, quando a lista selecionou o mercado dentro do qual ele é prestado, deve se entender que todos os serviços peculiares a esse mercado são alcançados pela escolha do legislador, de sorte que é legítima a incidência do ISS ainda que esse serviço não esteja previsto expressamente como um subitem na lista.*

O maior exemplo que pode ser citado é o do atual *ITEM 15* da lista, que envolve os serviços prestados dentro do mercado financeiro, destacando-se os serviços bancários, de suma importância para a vida da população, prestados em todas as cidades do país, e que se apresentam em dezenas de modalidades de diferentes formas de prestação. Ora, será que seria razoável pensar que a lista, dentro do item 15, ao listar alguns subitens, teria exaurido os tipos de serviços bancários tributáveis? Será que seria coerente permitir aos banqueiros se livrarem do ISS pelo simples fato de alterarem pequenos detalhes na forma de prestarem determinados serviços? Seria justo que, nos novos modelos de prestação de serviços bancários, esses poderosos contribuintes não se submetessem ao imposto? É evidente, meus amigos, que a resposta é negativa em todos os casos! Claro! E tenho certeza de que não lhes faltará o bom senso para acompanharem o raciocínio aqui exposto, o qual é compartilhado pela doutrina *qualificada* e vem sendo, felizmente, aplicado nos Tribunais maiores. Por força desse entendimento é que o **STJ editou o verbete sumular de nº 424**, ensinando que os serviços bancários citados na lista estão em rol meramente exemplificativo. Percebam que a **Súm. nº 424, STJ**, ainda faz referência ao velho DL nº 406/68, o que em nada prejudica a sua aplicação para a atual lei de normas gerais, que é a LC nº 116/2003, na qual está a lista que atualmente vem sendo aplicada. A **Súm. nº 424 se aplica normalmente**.

Por fim, chamo a atenção para um dado muito, muito, muito importante: tenham carinhoso cuidado com a argumentação de que "cabe interpretação extensiva dos subitens da lista", para que não confundam as "espécies" (subitens) com os "gêneros" (itens). Os "gêneros", em número de 40, estão em rol taxativo, não cabendo interpretar de modo extensivo a listagem de mercados selecionados. O que se pode interpretar extensivamente é o rol de serviços que se prestam dentro de cada um desses 40 gêneros (mercados). Ou seja, o legislador escolheu, entre mais de 50 tipos de mercados segmentados, autônomos, bem definidos e especificados, *apenas 40*, reconhecendo que deveria ser sobre eles que se concentraria a carga tributária do ISS. Não se preocupem quando à "qualidade" dessa escolha, pois asseguro aos senhores, após longa e cuidadosa pesquisa e aprofundado estudo sob as luzes do direito econômico, que a escolha foi benfeita, ressalvadas pequenas críticas que poderiam sugerir alguns ajustes na lista, mas sem prejudicar a real qualidade da escolha feita. O importante é que vocês entendam que, como essa foi a escolha (e é ela que vale), *o ISS só pode incidir sobre prestações de serviços que se façam dentro desses 40 segmentos de mercado, não sendo legítimo incluir um quadragésimo primeiro mercado no rol dos mercados tributáveis, assim como nem mesmo por uso da analogia se pode tentar equiparar outro nicho de mercado a um dos 40 listados*. Traduzindo a ideia, o que quero que vocês entendam é que, *quanto aos itens, a interpretação é taxativa, não cabendo sequer uso da analogia; quanto aos subitens, o texto é exemplificativo, cabendo interpretação extensiva*. Dizendo a mesma coisa com palavras diferentes, insta concluir que os gêneros (ou mercados selecionados) estão em *numerus clausus* na lei, porquanto as espécies (formas e modalidades de se prestar o serviço dentro desses mercados) estão em rol meramente sugestivo, em *numerus apertus*. **Dessa forma, para que caiba a incidência do ISS sobre um novo grupo de mercado, é necessário que seja feita nova lei complementar para incluir o "item 41" na lista, autorizando a tributação sobre esse novo segmento de mercado; já quanto aos mercados já listados na lei, qualquer que seja a forma de prestar o serviço dentro desse segmento cabe o ISS, de modo que os subitens listados dentro de cada um dos 40 itens da lista o sejam apenas em sentido meramente exemplificativo; os serviços que não estejam citados expressamente como subitens, desde que sejam realmente compatíveis com o gênero (congênere), são alcançados pela incidência do ISS.**

CAPÍTULO 6 – IMPOSTOS MUNICIPAIS – II (ISS – PARTE 1)

DICA 6: ALGUMAS ATIVIDADES EM QUE NÃO INCIDE O ISS

Por alguns diferentes motivos, podemos perceber que não incidirá o ISS sobre determinados tipos de atividade que certos agentes econômicos desempenham. Às vezes, o fundamento para não caber o ISS é simplesmente pelo fato de que a conduta não traduz verdadeiramente uma "prestação de serviços", não vencendo, portanto, o primeiro passo do controle da tipicidade do ISS. É o que ocorre, por exemplo, nos contratos de *locação de coisas móveis* e também nos *contratos de franquia*. Todavia, às vezes, o fundamento para que não caiba o ISS é que, *apesar de a conduta ser uma prestação de serviço, ela não está autorizada na lista*; é o que ocorre com os serviços de *provimento de acesso à internet*. Por fim, em outras situações, o fundamento pelo qual não incidirá o ISS reside no fato de existir uma norma qualificadora de não incidência, seja de origem constitucional, seja com gênesis legal, como ocorre nas situações de imunidades tributárias (origem constitucional) ou nas previsões feitas no art. 2º da LC nº 116/2003.

Registremos algumas situações com as quais vocês devem ter muito cuidado nas provas, já que, em todas elas, **não incide o ISS**, variando apenas o fundamento justificante da não incidência. Listo, nas dicas a seguir, algumas dessas condutas.

DICA 7: ISS E LOCAÇÃO DE COISAS MÓVEIS. NÃO INCIDÊNCIA. SÚMULA VINCULANTE Nº 31, STF

Não incide o ISS no contrato de locação de coisas móveis. Exemplo: quando se loca veículo automotor, guindaste, brocas de perfuração, aparelhagem de sonorização, aparelhos de ar-condicionado ou de iluminação etc., a locação não se confunde com a prestação de serviços. **Na locação se tem uma "obrigação de dar"** enquanto a *prestação de serviços* traduz *obrigação de fazer*. Essa matéria está pacificada desde o julgamento do clássico precedente do RE nº 116.121/SP, o qual, inclusive, ensejou a expedição da **Súmula Vinculante nº 31, STF**. Quanto ao tema, sempre oportuno lembrar que a velha lista dos serviços tributáveis, constante na antiga legislação do ISS, autorizava expressamente a incidência do ISS sobre a atividade de locação; todavia, *mesmo com a previsão na lista da lei de normas gerais* (LC nº 56/1987, revogada pela LC 116/2003 e DL nº 406/68), o STF declarou a inconstitucionalidade da lei, pois reconheceu que, como locação não se confunde com prestação de serviços, a lei nacional errou ao incluir a locação na lista, autorizando a tributação sobre conduta diferente da permitida pela Constituição; no julgamento do precedente se deu destaque à regra de interpretação emanada do art. 110 do CTN. A atual lei, aprovada em 2003, já depois do julgamento do

STF, insistia no mesmo erro, já que mantinha a autorização para a incidência do ISS sobre locação de coisas móveis, no subitem 3.01 da lista. Todavia, em face de inúmeros pedidos, inclusive de diferentes Ministérios, o Presidente Lula vetou o item, de modo que, atualmente, nem sequer na lista da lei nacional de normas gerais existe a famigerada autorização que aparecia na legislação pretérita.

DICA 8: ISS E CONTRATOS DE "CESSÃO DE LICENÇA DE USO DE MARCA". A JURISPRUDÊNCIA DO STJ E DO STF

Em interessante discussão promovida pela advocacia tributária, o STF, discordando da pretensão dos advogados de contribuintes, reconheceu como cabível a incidência do ISS sobre o valor arrecadado em razão de contratos de **CESSÃO DE USO DE MARCA**, validando a previsão do item 3.02 da *lista anexa à* LC nº 116/2003, negando a pretensão deduzida pelos advogados de que a "cessão de direito de uso de marcas" nada mais seria do que uma variação de *locação,* razão pela qual se tentou ver aceita a tese exposta no intento de afastar a aplicabilidade do aludido dispositivo legal, aplicando, analogicamente, o raciocínio sedimentado para afirmar pela não incidência do ISS nas locações de coisas móveis. O STF rechaçou a pretensão e não concordou com a aplicação da Súmula Vinculante nº 31 para os contratos de cessão de uso de marca, pacificando a questão de modo a aceitar como legítima a previsão estabelecida pelo legislador e, dessa maneira, convalidando os atos de tributação praticados pelos Municípios.

Com todo o respeito que temos pela mais alta Corte, parece-nos que a questão merece uma reflexão mais carinhosa em favor do pleito dos contribuintes. De fato, um contrato pelo qual certa pessoa cobra para ceder o direito de se usar uma marca, não é um contrato que se amolde na definição daquilo que já aprendemos a conceituar como "prestação de serviços". O conteúdo é distinto, assim como a estrutura, interna e externa, da relação jurídica contratual entre o cedente e o cessionário, não se espelhando na imagem que expõe a base de um contrato de prestação de serviços. Entendemos que o cedente da marca (seja dele ou de terceiro, mas, nesse último caso, sob sua administração), ao ser contratado pelo cessionário, passa a assumir como obrigação principal uma prestação distinta do que se vislumbra como uma *obrigação de fazer*. Com certeza, aos nossos olhos, a atividade exigida para o cedente, no contrato em comento, nem de longe se configura prestação laboral, *faciendi*, razão pela qual entendemos que jamais poderia ser equiparado a um *prestador* de serviços. Sua atividade contratualmente exigida se traduz em uma obrigação de natureza híbrida, ora podendo ser considerada como obrigação de dar coisa certa (a licença para o uso, nos moldes negociados), bem como também revelando uma carga negativa, como obrigação de não fazer.

CAPÍTULO 6 – IMPOSTOS MUNICIPAIS – II (ISS – PARTE 1)

O que não nos parece crível é que se reconheça na prestação do cedente do direito de uso da marca uma atividade obrigacional que se assimile a uma obrigação de fazer. E, não se tratando de obrigação de fazer, não se pode, sob título algum, equiparar a relação àquela desenvolvida pelo *prestador de serviços*.

Frisamos, portanto, que, a nosso pensar, a mais nobre casa judicante do nosso Poder Judiciário trafegou em águas turvas para decidir em favor da pretensão fiscal munícipe e da validade da lei de normas gerais. Achamos que melhor teria sido o desfecho da questão se ficasse reconhecida a inconstitucionalidade do item 3.02 da *lista anexa à* LC nº 116/2003, assim como se reconheceu para a *locação de coisas móveis* ao tempo da legislação anterior. Indo além, acusamos falha do próprio chefe do Poder Executivo, de sorte que, ao vetar o subitem 3.01 da lista (que fazia expressa referência à locação de coisas móveis), deveria, do mesmo modo, ter também vetado o subitem 3.02. Em fevereiro de 2011, julgando o Agravo Regimental na Reclamação Constitucional nº 8.623/RJ, manuseada pela famosa empreendedora White Martins, o STF decidiu a questão. Da leitura do voto do Relator, Ministro Gilmar Mendes, extrai-se que ele, de modo direto e objetivo, sem expor maiores fundamentações, declarou que a atividade de "cessão de direito e licença de uso de marcas e sinais" se considera "serviço autônomo" que não se confunde com a locação. Portanto, em face ao decidido no julgamento da **Rcl nº 8.623 AgR/RJ, STF**, não posso orientá-los a sustentar a não incidência do imposto. Apesar de nossa fundamentada discordância, a questão está pacificada e incide o ISS, sendo válida a previsão da lista.

DICA 9: ISS E CONTRATOS DE EXPORTAÇÃO DE SERVIÇOS. NÃO INCIDÊNCIA LEGALMENTE QUALIFICADA. SITUAÇÕES ESPECIAIS DE INCIDÊNCIA DO ISS. SUJEIÇÃO PASSIVA ESPECIAL

Questão sempre factível de indagação em prova é a que envolve a possibilidade (ou não) de incidência do ISS quando se prestam serviços para o exterior. A matéria está disciplinada no art. 2º, I, e parágrafo único da LC nº 116/2003, conforme expectativa gerada na Constituição, já que o art. 156, § 3º, II, da Magna Carta determinou que caberia à lei complementar excluir a incidência do ISS na exportação. Observe-se, de início, que a Constituição não proibiu que o ISS incidisse sobre serviços prestados para o exterior, razão pela qual não se deve falar em "imunidade tributária"; o que a Carta fez foi determinar que *lei complementar* regulasse a questão, o que se deu por via da LC nº 116/2003, a qual, no dispositivo supra-aludido, estabeleceu que, respeitada uma exigência, não incidirá o imposto em comento sobre os preços recebidos quando o serviço é fornecido para o exterior. Comentemos.

Quando um prestador atuante no Brasil é contratado para fornecer seu serviço de modo que a benesse gerada com o seu labor seja aproveitada fora do país, não suportará a incidência do imposto, razão pela qual não deverá recolher o tributo. Em outras palavras, caso os resultados decorrentes do serviço prestado sejam apurados fora do Brasil, não poderá o Município exercer a competência tributária sobre o contrato celebrado. Conforme ensina o art. 2º, I, da LC nº 116/2003, o ISS não incide sobre serviços prestados para o exterior; todavia, o direito ao gozo do benefício é limitado pela regra restritiva prevista no parágrafo único do mesmo artigo, o qual condiciona o direito de fruição da vantagem fiscal ao fato de os resultados decorrentes do serviço prestado serem apurados no exterior. Ora, o que isso quer dizer? Quer dizer que **nem sempre que o serviço for prestado para o exterior poderá se afirmar que o ISS não incidirá; é necessário detectar o local em que os resultados decorrentes do contrato serão verificados; caso esses resultados se apurem no exterior, aí sim, vale a regra benéfica do inciso I do art. 2º; do contrário, sendo os resultados verificados no país, o ISS incide normalmente e não se aplica a excludente de incidência da norma tributária prevista no referido inciso, já que, nessas hipóteses, ela resta afastada pela norma do parágrafo único.**

Percebam, portanto, que o grande segredo na questão relativa ao ISS na exportação é o de se identificar em que local os resultados do contrato serão verificados. Nesse caso, fácil concluir que a questão apresenta imensa "pegadinha", pois, se o candidato não fizer a referida análise, pode ser induzido a erro. De fato e de direito, o ISS pode ou não incidir sobre serviços prestados para o exterior. A análise finalística do contrato, avaliando-se onde serão usufruídas as vantagens decorrentes da aquisição do serviço pelo tomador, é que vai determinar se o imposto incide ou não. Nessa linha de pensamento, constate-se que é irrelevante onde o valor é pago, para que estabelecimento bancário o pagamento será enviado, bem como, até mesmo, o local físico em que o labor será desenvolvido; o que vale, sem equívoco, é, unicamente, *o local em que a utilidade decorrente do serviço será usufruída*. Nada além disso.

Trazendo a questão para o plano da realidade, é evidente que o mais comum é que, quando um prestador radicado no Brasil seja contratado por alguém de outro país para que preste seu serviço, o normal é que o serviço adquirido venha a ser utilizado nesse país do qual partiu a contratação, e não dentro do próprio Brasil. Todavia, percebam sem qualquer dificuldade que a premissa é bem relativa, sendo que nenhum óbice existe em se reconhecer o que realmente ocorre em certas situações, em que contratantes estrangeiros contratam empresas prestadoras

CAPÍTULO 6 – IMPOSTOS MUNICIPAIS – II (ISS – PARTE 1)

brasileiras para adquirirem serviços que lhes capacitarão a utilizar as vantagens adquiridas dentro do próprio Brasil. Como exemplo, imagine-se um grupo de estrangeiros que queira iniciar certa atividade econômica em determinado mercado brasileiro, e, para tanto, resolva contratar um serviço de consultoria, assistência e treinamento, fornecido por prestador brasileiro. Ora, ainda que o "curso" seja ministrado fora do país, ainda que o valor seja depositado em certa conta bancária que o prestador brasileiro possui em outro país, com moeda estrangeira, e ainda que a assinatura do contrato se faça no estrangeiro, percebemos que essa **prestadora radicada no Brasil** pagará normalmente o ISS, aqui no Brasil, já que, *como os resultados decorrentes do serviço prestado serão utilizados no Brasil,* não há razão para afastar a incidência do imposto. Mais uma vez chame-se a atenção que o direito de gozo do benefício fiscal da não incidência legalmente qualificada no inciso II do art. 2º da LC nº 116/2003 **não é para todo e qualquer caso de exportação de serviço**.

Por fim, registramos nosso entendimento no sentido de que aplaudirmos a técnica restritiva imposta pelo legislador, já que se os resultados decorrentes da prestação de serviços são apurados no Brasil, não faria sentido alforriar o contrato com a não incidência do imposto, pelo simples fato de o adquirente desse serviço vir de fora do país. Sagaz, o legislador entendeu que, a bem da verdade, a situação fática que se apresenta em tais casos em nada difere de um serviço prestado dentro do Brasil, entre pessoas aqui domiciliadas e atuantes. Ora, é como se o serviço nunca tivesse saído do país. Sendo prestado por um empreendedor local e adquirido por um consumidor que, ainda que residente ou domiciliado fora do Brasil, usufruirá das benesses decorrentes do serviço aqui dentro do nosso país, ainda que, no caso concreto, o serviço seja faticamente executado no outro país. Mas, se de fato o gozo do bem adquirido se fizer no Brasil, esse consumidor adquirente do serviço tem que pagar o ISS que naturalmente é embutido no preço, assim como os demais consumidores brasileiros. Caso contrário, percebam que disparate poderia ser gerado: enquanto alguns consumidores brasileiros contratam certos serviços para adquirirem *know-how*, treinamento, capacitação, melhoramentos, em seus negócios, outros consumidores, adquirindo os mesmos serviços, e, o mais grave, com os mesmos prestadores, ficariam livres do encargo fiscal, pelo simples fato de terem contratado o serviço no exterior. Esse privilégio para os *consumidores de serviços* que contratassem o serviço no exterior (inclusive poderiam ser os próprios consumidores brasileiros com técnicas de elisão fiscal abusiva simulando contratos celebrados no exterior), mas para utilizá-lo dentro do país poderia se transformar em um fator de perigoso desequilíbrio na atividade econômica, abalando pilares clássicos da livre-iniciativa, especialmente a baliza da lealdade de concorrência, e, o mais grave, é que os mais prejudicados seriam os pequenos empresários, os quais, por certo, não teriam acesso a esse benefício e teriam que pagar o ISS embutido no preço dos serviços que contratam, sendo de fato onerados com uma carga tributária que diversos concorrentes não suportariam, seja por terem origem estrangeira ou por, mesmo sendo brasileiros, serem mais poderosos a ponto de conseguirem arquitetar a celebração dos contratos de aquisição de serviços para seus empreendimentos como se estivessem sendo contratados no exterior. Por isso, reiteramos nosso entendimento de que acertou em cheio o legislador, e, dessa forma, permitimos a você, leitor, não apenas decorar a regra, mas sim entender os fundamentos dela. Aliás, essa é a metodologia com a qual procuro ensinar Direito Tributário aos meus alunos, e assim fazemos sempre, em todas as nossas aulas, seja nos Cursos Presenciais, seja na internet: um dos nossos grandes lemas sempre foi: "Tributário não se decora, se entende! A gente pensa, sente, respira, transpira, vive Tributário".

DICA 10: ISS E ALGUMAS RELAÇÕES ESPECIAIS DE TRABALHO. NÃO INCIDÊNCIA

Alguns trabalhadores ficam livres da incidência do ISS, por força de expressa previsão emanada da LC nº 116/2003, no que tange a seu art. 2º, II. É o que ocorre com todo aquele que trabalha na qualidade de *empregado*. Como sabemos, a *relação de trabalho* é um gênero dentro do qual se apresentam diversas espécies, entre elas, a **relação de emprego**, a qual se edifica como a principal forma de se contrair o vínculo de trabalho na interação social. E é exatamente sobre as verbas recebidas a título seja de salário, seja de remuneração (mais amplo), ***não incide ISS***. Em outras palavras, todo aquele que presta seu serviço na qualidade de *empregado*, a um *empregador*, tem no preço pago por seu labor uma receita blindada contra a incidência tributária do ISS.

O mesmo benefício se estende aos **trabalhadores avulsos**, que também ficam protegidos pela mesma regra legal qualificadora de não incidência, o que decorre do mesmo inciso II do art. 2º da LC nº 116/2003. A título de exemplo, lembremos as figuras dos trabalhadores portuários, ligados ao Órgão Gestor de Mão de Obra Portuária. Sobre suas remunerações não incide ISS.

Por fim, o mesmo dispositivo legal também protege com o benefício da não incidência do ISS aqueles que atuam dentro de algumas estruturas internas de *sociedades e fundações*. Nesse linear, todo aquele que atua como **membro de conselho consultivo ou de conselho fiscal de uma sociedade ou fundação, não sofre a incidência do ISS**. Da mesma forma, se alguém é contratado para **dirigir** tais conselhos, gozará da proteção fiscal em apreço, já que a LC nº 116/2003 também determina a não incidência do imposto sobre as remunerações dos **diretores**

CAPÍTULO 6 – IMPOSTOS MUNICIPAIS – II (ISS – PARTE 1)

de sociedades e fundações. Por fim, o mesmo inciso proclama a não incidência do ISS sobre os vencimentos recebidos pelos **administradores, sejam os administradores titulares, sejam aqueles que temporariamente exercem o cargo mediante delegação**; esse é o entendimento adequado, com a devida adaptação da linguagem, no que diz respeito à referência feita aos "sócios gerentes e gerentes delegados", expressões utilizadas na parte final do dispositivo.

DICA 11: ISS E O VALOR DOS DEPÓSITOS BANCÁRIOS: NÃO INCIDÊNCIA

Merece atenção a famosa questão que ensina que **não incide o ISS sobre o valor dos depósitos bancários**, já que tais valores, depositados pelo usuário dos serviços bancários, *não é o valor que os banqueiros recebem para si dos correntistas usuários de seus serviços*. Seria completamente irrazoável exigir que a instituição financeira pagasse imposto sobre o valor que o correntista deposita, seja em conta-corrente, conta-poupança ou qualquer outra equiparável. A relação de prestação de serviços que existe entre o banqueiro e o consumidor é plenamente tributável com ISS, não há qualquer dúvida a respeito dessa verdade, vide o próprio item 15 da *lista anexa* à LC nº 116/2003. Todavia, necessário se ter a sensibilidade adequada para enxergar que o ISS deve incidir sobre a verba que a instituição financeira aufere *para si* em razão do contrato que celebra com o usuário. Ou seja, sobre a chamada *tarifa bancária* que o usuário paga para ter o direito de utilizar certos serviços oferecidos pelo banco é que deve incidir o ISS, e não sobre o valor *em reais* de cada depósito feito. Utilizar o banco para depositar seus valores nada mais é do que se valer de uma das comodidades que o contrato assegura. Independentemente de quanto se deposite, de *um real* a *um milhão de reais*, em nada se altera, geralmente, o valor da tarifa bancária paga. À guisa de exemplo, imaginemos que certo banco ofereça um programa cobrando anuidade de R$ 50,00 do correntista e, por via da referida assinatura e abertura de conta, assegure ao usuário certo rol de vantagens e direitos; ora, o ISS deve incidir sobre esse valor de R$ 50,00, que é o numerário que o prestador de serviços, no caso, o banqueiro, está recebendo como remuneração pelos serviços contratados e oferecidos. Utilizar um sistema de *depósitos de valores* é algo essencial e básico no que tange aos contratos bancários, e, atrevo-me a dizer, sendo o principal objeto do contrato bancário, de modo que todas as benesses adicionais devem ser consideradas como aditivos a esse elemento substancial da relação de consumo em apreço.

Em face ao exposto, fica flagrante a certeza de que realmente não podem os Municípios imputar às instituições financeiras o ônus de pagarem ISS sobre o valor dos depósitos feitos para sua guarda, pelos usuários de seus serviços. Nesse sentido, vale a expressa previsão no art. 2º, III, da LC nº 116/2003, positivando entendimento que já vinha sendo ricamente aplicado na mais alta casa decisória do nosso Judiciário, tendo sido, inclusive, objeto da elaboração do texto da **Súm. nº 588, STF**, redigida ainda sob as luzes da Carta pretérita e atualmente plenamente válida e aplicável.

DICA 12: ISS E O VALOR INTERMEDIADO NO MERCADO DE TÍTULOS E VALORES MOBILIÁRIOS: NÃO INCIDÊNCIA

Também clama especial atenção a questão com a qual se aprende que *não incide ISS sobre os VALORES INTERMEDIADOS no mercado de TÍTULOS E VALORES MOBILIÁRIOS*, como, a título de exemplo, a bolsa de valores, o mercado de *ações*, a circulação de títulos e papéis com valores econômicos. Em regra, sobre esse *valor intermediado* por via das operações no aludido mercado o que incide é o **IOF**, de competência da União, razão pela qual, em inteligente política fiscal almejando evitar conflitos de competência e uma indesejada situação de *bitributação*, o legislador nacional, elaborando as normas gerais do ISS, determinou, no art. 2º, III, da LC nº 116/2003 que não deve incidir o ISS sobre esses ganhos propiciados pelo mercado de títulos e valores mobiliários.

Assim como pontuei na questão do *franchising*, chamo a atenção de vocês para que percebam que também é plenamente legítima a incidência do ISS sobre a atividade de **intermediação** exercida pelo **agenciador**, que é, nesse caso, aquele que aproxima o titular do capital e o operador desse capital no mercado de títulos e valores móveis. Exemplificando, imaginemos que Caio (titular do capital) contrata Tício (agenciador) para que Tício, intermediador, viabilize um contrato entre Caio e Mévio, este último, um exímio operador no mercado de compra e venda de ações. Por meio da atividade de Tício (intermediador), Mévio ("jogador") aceitou a proposta de Caio e resolveu celebrar contrato com ele, para então operar com seu capital, almejando *intermediar* ganhos com esse capital, quando manipulado no mercado que domina com imensa habilidade. No cenário exposto, observemos que existem algumas diferentes relações. Na relação entre Caio (titular do capital) e Tício, celebra-se um *contrato de intermediação*, pelo qual Tício, agenciador, estará incontestavelmente prestando um serviço a Caio. Sobre a verba recebida por Tício (em regra, uma *comissão*, nada impedindo que se tenha combinado outra forma de pagamento) **incide o ISS**, aplicando-se a previsão do subitem 10.02 da *lista anexa* à LC nº 116/2003. Todavia, quando Mévio (operador contratado por Caio pela intermediação viabilizada por Tício) aplicar o capital de Caio e gerar ganhos sobre esse capital (*valor intermediado no mercado de títulos e valores mobiliários*), tais ganhos não serão atingidos pela

CAPÍTULO 6 – IMPOSTOS MUNICIPAIS – II (ISS – PARTE 1)

incidência do ISS, ficando, entretanto, plenamente expostos à aplicabilidade da norma tributante do IOF. Por fim, registre-se ser improvável (ainda que possível) que Mévio (operador do mercado financeiro – "jogador") atue em favor de Caio (titular do capital – "investidor") sem cobrar dele alguma remuneração a título de contraprestação por sua atividade (a qual, nos dias de hoje, cada vez mais vem se destacando com uma atividade própria, autônoma, que já apresenta uma imensa gama de profissionais altamente gabaritados para atuar nesse segmento); nesse viés, razoável aceitar que *sobre a remuneração auferida pelo operador do mercado financeiro, quando opera com capital alheio, em razão de contrato com o titular do capital, incide ISS*. A atividade desse último pode ser tranquilamente enquadrada como uma atividade de *apoio técnico* para uso de capital nesse tão requintado e perigoso segmento que é o mercado de títulos e valores mobiliários, atuando o operador como um administrador do capital e, às vezes, até mesmo dos negócios do titular dos valores, bem como ora assessorando o uso desse capital, fornecendo verdadeira *assessoria financeira*. A atividade do operador se enquadra perfeitamente no *item 17* da *lista anexa à* LC nº 116/2003, encaixando-se muitas vezes, inclusive, a depender do caso concreto e das características da relação contratual estabelecida, nos subitens 17.12 ou 17.20.

Encerro repetindo, sintetizando e aproveitando para chamar a atenção para a pegadinha: **ainda que não incida ISS sobre o valor intermediado no mercado de títulos e valores mobiliários, incide ISS tanto sobre o valor pago ao agenciador do contrato entre o titular do capital e seu operador, bem como também incide ISS sobre a remuneração paga pelo titular do capital (investidor) ao operador (que presta o serviço de apoio, enquadrado no item 17 da lista, podendo ser catalogado tanto no subitem 17.12 como no 17.20). Sobre o "valor intermediado" vale a regra de não incidência legalmente qualificada emanada do art. 2º, III, da LC nº 116/2003, sem qualquer prejuízo à incidência do IOF de competência da União.**

DICA 13: ISS, ICMS E O FORNECIMENTO DE ALIMENTOS E BEBIDAS A BARES, RESTAURANTES E ESTABELECIMENTOS SIMILARES

Importante abordarmos o famoso tema da atividade de **fornecimento de alimentos e bebidas a bares, restaurantes e estabelecimentos similares**. Sobre as remunerações auferidas como contraprestação paga em razão da aquisição de tais bens, o imposto a incidir é o **ICMS**, de competência estadual, e não o ISS, conforme regra clara exposta no art. 2º, I, parte final, da LC nº 87/96, lei nacional de normas gerais para o ICMS. É que o legislador entendeu que quando um bar, um restaurante, uma cantina, ou qualquer outro estabelecimento de estrutura símile, oferece aos consumidores o consumo de bebidas ou de alimentos, a atividade qualifica *venda de mercadorias*, o que, quando se exerce com habitualidade e com fim lucrativo, qualifica ato de mercancia, atraindo a incidência do ICMS. Em outras palavras, optou o Legislativo por declinar preferência pela tese de que se trata de uma venda de mercadoria, e não de uma prestação de serviços. Apesar de algumas ponderações suscitadas por alguns colegas na doutrina, é o entendimento realmente aplicável e que hoje não goza de qualquer mitigação na jurisprudência. Aliás, a LC nº 87/96 apenas veio ratificar o entendimento que já se mostrava consolidado no STJ no início da década de 1990, o que se percebe na leitura de importantes julgamentos como o **REsp nº 32.203/RJ**, **REsp nº 36.060/MG**, **REsp nº 37.842/SP**, os quais fomentaram a edição da **Súm. nº 163, STJ**, em 12-6-1996.

DICA 14: ISS, ICMS E A CAPTURAÇÃO E EDIÇÃO DE SONS E IMAGENS

Tema que exploraremos mais detalhadamente quando da abordagem do ICMS é o que envolve a tributação da atividade que preferimos definir como atividade de *capturação e edição de sons e imagens para fins de comercialização da mídia produzida*. A depender do que se tenha como objeto central da atividade a ser comentada, podemos ter um negócio jurídico de compra e venda ou, em linha oposta, uma prestação de serviços; no primeiro caso, a conduta pode atrair a incidência do ICMS, porquanto na segunda, do ISS. Comentemos o tema.

Imaginemos um pequeno empreendedor que atue oferecendo serviços de *filmagens* de certos eventos, para oferecer a gravação, em regra com uma edição, ao interessado que o contratou. Ora, em situações como essa, ainda que as imagens e sons capturados, após editados, sejam entregues em uma estrutura física, material (um DVD, um arquivo em *download*, um *blu-ray*, ou qualquer outra forma de armazenamento do conteúdo), a relação em apreço não identifica uma mera compra e venda, jamais! Trata-se, indubitavelmente, de uma prestação de serviços. O agente que foi contratado para fazer a filmagem assumiu, na relação negocial, a obrigação de *fazer*, sendo a atividade laboral a carga central, nuclear, a identificar o objeto desse pacto. Não houve a compra de um DVD previamente elaborado, com sons e imagens genéricos que qualquer pessoa poderia ter interesse em comprar para assistir (como seria, por exemplo, no caso da compra de filmes em DVD em determinada loja), mas sim a contratação para se filmar, para certa e determinada pessoa, os sons e imagens de certo ambiente, durante certo tempo de filmagem contratada, cumprindo-se certas orientações dadas pelo contratante do que se deve, por exemplo, priorizar, filmar em maior ou menor intensidade, quais pessoas devem ser mais atenciosamente filmadas etc. Sem

CAPÍTULO 6 – IMPOSTOS MUNICIPAIS – II (ISS – PARTE 1)

maiores esforços, possível concluir que é legítima a incidência do ISS sobre a atividade de *capturação e edição de sons e imagens em certo ambiente, mediante contratação personalizada, para fins de se entregar, em certo corpo físico, resultado final da atividade, qual seja, o material editado*; em tais casos, o que se tem é uma atividade de prestação de serviços.

Em linha oposta, quando uma pessoa (e pode, em regra, ser qualquer pessoa interessada) resolve comprar um objeto material por meio do qual se reproduzem sons e imagens que não foi ela que contratou, que não foram capturados e editados para ele, mas sim, feitos por certo produtor/editor para que qualquer do povo possa comprar o "produto" e assistir, o que se tem é uma mera compra e venda de mercadoria, a qual, quando feita dentro de um contexto que traduza *operação de circulação econômica de mercadoria*, atrai a incidência do ICMS. A título de exemplo: se o Curso PORTAL F3 produzir coleções de aulas de Direito Tributário ou Direito Constitucional do Prof. Pedro Barretto e, após editá-las em DVDs, colocando-os à venda, sempre que algum estudioso vier a comprar esses DVDs, teremos uma celebração de um contrato pelo qual o CURSO PORTAL F3 estará assumindo uma obrigação de dar, de entregar a coisa, e não uma obrigação de fazer. No contrato celebrado para venda dos DVDs, o adquirente, aluno, não contratou o PORTAL F3 para produzir o DVD, mediante suas requisições, interesses, sob regime de encomenda personalizada, escolhendo os assuntos a ser abordados conforme seu interesse e necessidade. Não. Desse negócio jurídico não resulta uma obrigação de fazer para o alienante, o qual, por força da avença, não se compromete a uma atuação laboral, mas sim, meramente, à entrega da coisa que está vendendo, mediante pagamento do preço. Nesses casos, em que as vendas passam a ser feitas com habitualidade, com fim lucrativo, transferindo a titularidade da coisa para o adquirente, edificando-se ato mercantil, qualificando a operação como uma circulação econômica de mercadoria, inconfundível que o imposto a incidir é o ICMS.

O mesmo se dá quando muitas vezes pessoas entram em estabelecimentos que locam DVDs com filmes, mas optam por *comprarem* certos filmes, certos lançamentos, coleções clássicas etc. Ora, nessas situações, o imposto a incidir e que deve ser recolhido pelo estabelecimento alienante também é o ICMS. O mesmo quando compramos DVDs de musicais, ou *blu-rays*, e assim seria anos atrás com as compras de "fitas cassetes" para aparelhos de "videocassete" etc. Para essa situação, o STF já vinha desde a década de 1990 se posicionando pela incidência do ICMS, o que se confirmou, no ano de 2003, com a edição da **Súm. nº 662, STF**, a qual determinou que "é legítima a incidência do ICMS na comercialização de exemplares de obras cinematográficas gravadas em fitas de videocassetes"; frise-se que a referência feita ao conteúdo da gravação/edição (exemplares de obras cinematográficas) e ao corpo físico no qual se entrega o "produto" (fitas de videocassete) deve ser considerada de modo meramente exemplificativo, de sorte que mesmo outros tipos de conteúdo (exemplo: cursos com aulas prontas em qualquer segmento de ensino) e ainda que postados em outros tipos de objetos (DVDs, *blu-rays* etc.) atrairão o ICMS, devendo se aplicar o entendimento da Súmula igualmente.

Por fim, não confundamos a **comercialização** de tais bens com uma atividade bem diferente, que é a atividade de produção de vinhetas, videopropagandas, *jingles* musicais etc., em que certa pessoa interessada contrata um **prestador de serviços** para fazer a produção do material e entregá-lo conforme solicitações e exigências especificadas no personalizado contrato. Esse tipo de atividade ***não configura operação de circulação de mercadoria, e sim prestação de serviços***, ***não permitindo a incidência do ICMS***. Nesse sentido, vale o entendimento pacificado no STJ, vide **Súm. nº 135, STJ,** afirmando que não incide ICMS sobre a atividade de mera gravação e distribuição de fitas cassetes, o que, por certo, alcançaria atualmente os CDs, DVDs, blu-*rays* e afins.

O mais importante quanto a essa específica atividade é que o STJ, desde o ano de 2012, formou jurisprudência no sentido de que ***não incide ISS sobre a atividade de produção e distribuição de vinhetas, videoteipes e congêneres***, por entender que ***houve expresso veto ao item que autorizaria na lista anexa, no caso, o item 13.01***. A atividade (que já não poderia ser tributada com o ICMS) fica fora do campo da incidência do ISS por falta de permissão de incidência na LC nº 116/03. Entendeu o Superior Tribunal de Justiça, no julgamento do **RECURSO ESPECIAL Nº 1.308.628 – RS** que não poderia o Judiciário fazer interpretação extensiva da lista em uma situação em que o subitem foi expressamente vetado pelo Poder Executivo e com o veto acatado pelo Legislativo. Os Municípios sustentavam a incidência do ISS tentando incutir a atividade no subitem 13.03 (cinematografia), o que não prosperou. Na antiga lista do velho DL nº 406/68, as atividades estavam em itens distintos (itens 63 e 65 da lista antiga) e na lista reeditada na LC nº 116/2003 também vieram em subitens distintos (13.01 e 13.03), sendo que houve a rejeição ao subitem 13.01 com o veto confirmado. Ora, se o Judiciário permitisse a tributação da atividade que estava no 13.01 enquadrando-a no 13.03 por interpretação extensiva, restaria evidente que o Poder Judiciário estaria criando para si a prerrogativa de "rejeitar o veto", passando por cima da vontade dos Poderes Executivo e Legislativo, legislando indiretamente, criando situação de tributação afastada expressamente da lei, edificando flagrante violação à separação dos poderes.

CAPÍTULO 6 – IMPOSTOS MUNICIPAIS – II (ISS – PARTE 1)

> **DICA 15:** ISS E SERVIÇOS DE IMPRESSÃO GRÁFICA PERSONALIZADA. INCIDÊNCIA DO IMPOSTO. IMPRESSÃO GRÁFICA DE JORNAIS: O STF E A JURISPRUDÊNCIA NO SENTIDO DO NÃO CABIMENTO DA IMUNIDADE TRIBUTÁRIA DO ART. 150, VI, "A", DA CRFB/1988

Agora passo a enfrentar o tema da tributação da atividade de *impressão gráfica*. Quando empreendedores atuam no mercado para oferecer aos consumidores o serviço de *impressão gráfica*, devem recolher o ISS diante do que recebem pelo serviço oferecido, frisando-se que apenas o ISS incide sobre a atividade, não se podendo cobrar ICMS relativamente ao valor do material físico (papelificado ou não) utilizado para a impressão. A atividade está prevista no item 13 da lista anexa à LC nº 116/2003, e, em regra, se modula no subitem 13.05. Por estar na lista, cabe o ISS, e como a própria lista não faz qualquer ressalva autorizando o ICMS sobre o valor do material utilizado para a impressão, realmente não pode incidir o imposto estadual.

O **STJ** com a clássica **Súm. nº 156** já vinha de muito declarando que realmente apenas o ISS incide sobre a atividade. Interessante, todavia, é observar que não obstante o texto da citada Súmula faça alusão apenas à impressão gráfica personalizada, feita mediante encomenda, tal redação não exclui, em hipótese alguma, a incidência do imposto munícipe sobre os prestadores que recebem pedidos de impressão sem qualquer especificidade mais detalhada, mediante encomenda e com exigência de detalhamentos na impressão. O que importa perceber é que a simples atividade de organizar um estabelecimento, equipar com maquinários destinados ao trabalho de impressão, recrutar funcionários, e viabilizar ao consumidor receber impressa em um suporte físico (pode ser em um papel, em uma tela, camisa etc.) a imagem que possuía (uma foto, uma logomarca, uma frase, um desenho qualquer etc.), exigindo remuneração por tal fornecimento, qualifica, por si só, uma atividade de *prestação de serviços*, atraindo, portanto, a exação municipal.

> **DICA 16:** ISS, ICMS E A IMPRESSÃO GRÁFICA DE EMBALAGENS. SUBITEM 13.05 DA LISTA. INSUMOS EM PROCESSO FABRIL. INCIDÊNCIA DO ICMS

Aqui, precisamos ter muita atenção com uma situação específica referente ao subitem 13.05, da lista anexa à LC nº 116/2003, o qual passou por alteração recente promovida pela LC nº 157/16 em razão de controvérsia que já havia sido pacificada anteriormente no STF.

Falo da importante questão referente à atividade de *impressão gráfica de embalagens destinadas ao processo fabril de mercadorias*; ou seja, em outras palavras, a *fabricação de embalagens, com impressão, que se comercializam como insumos para fabricantes e produtores, destinando-se a servirem para embalar as mercadorias e produtos a serem fabricados/produzidos*. Nesses casos, o imposto que deve incidir sobre a venda das embalagens impressas para os citados fins é o ICMS, e não o ISS, como durante muitos anos tentaram defender os Municípios (e os próprios empresários, que prefeririam pagar o ISS com menores alíquotas que o mais caro ICMS). O fabricante das embalagens, as quais, por certo, passam por um processo de impressão, não deve recolher ISS para o Município, e sim ICMS para o Estado. O ICMS é o tributo a gravar os preços recebidos em tais vendas, já que estas devem ser consideradas, inequivocamente, *operações de circulação econômica de mercadoria*, aperfeiçoando-se por meio de contratos de compra e venda, não qualificando prestações de serviços.

Nessas hipóteses, ainda que o fabricante das embalagens, ao gerá-las, faça constar certos dados no corpo físico delas, para que quando ocorra a impressão tais referências apareçam no corpo impresso (exemplo: a marca, imagem, o slogan, eventual e-mail, endereço, referências do produto, informação sobre carga tributária etc.), a atividade contratada nesses casos vem sendo compreendida como uma venda, que traduz obrigação de dar, e não como um labor, acusando obrigação de fazer. Ou seja, quem compra não contrata a prestação de um serviço, e sim a venda de uma mercadoria.

O **STF** já se manifestou sobre o tema, ainda que a apreciação tenha se dado em sede de medida cautelar, o que ocorreu no julgamento da **ADI 4389** quando entendeu que embalagens impressas por um fabricante/produtor para serem comercializadas por outro fabricante/produtor (esse último, fabricante/produtor de mercadorias/produtos em geral) devem ser compreendidas como ***insumos na cadeia produtiva***. Nesse compasso, o Pretório Excelso seguiu linha de pensamento no sentido de que a venda das embalagens impressas para que sirvam a "embalar" outros bens, integrando o processo fabril, deve ser aceita como mera "etapa meio" de um ciclo de circulação de mercadorias, sendo vista a embalagem vendida como mero insumo destinado a integrar a fabricação/produção do bem final. Trata-se, portanto, de mera venda de mercadoria.

Registro que, em particular, acompanho o entendimento edificado no STF, mesmo que, pesquisando cuidadosamente a jurisprudência, perceba que no STJ alguns ministros pensam de modo diverso. Opto por seguir inteiramente a orientação declinada pela mais alta Corte, não apenas pelo poder pacificador de suas proclamações quanto às matérias de fundo constitucional, mas pelo fato de realmente entender ter sido coerente o posicionamento assumido, ainda que enfatizando. Acrescemos que, além da citada ADI 4389, a ADI 4413 também é relacionada ao tema.

CAPÍTULO 6 – IMPOSTOS MUNICIPAIS – II (ISS – PARTE 1)

A repercussão prática desse julgamento do STF culminou na alteração do texto da LC nº 116/03 no final do ano de 2016, quando a LC nº 157/16 promoveu nova dicção literal para o subitem 13.05, encampando definitivamente a jurisprudência da Corte Excelsa, e o novo texto passou a vigorar com a seguinte redação: *"13.05 – Composição gráfica, inclusive confecção de impressos gráficos, fotocomposição, clicheria, zincografia, litografia e fotolitografia, exceto se destinados a posterior operação de comercialização ou industrialização, ainda que incorporados, de qualquer forma, a outra mercadoria que deva ser objeto de posterior circulação, como bulas, rótulos, etiquetas, caixas, cartuchos, embalagens e manuais técnicos e de instrução, quando ficarão sujeitos ao ICMS."*

DICA 17: ISS, ICMS E OS CONTRATOS MISTOS (FORNECIMENTO DE SERVIÇOS JUNTAMENTE COM VENDA DE MERCADORIAS)

Nesta dica, enfrentamos o bom tema da tributação dos chamados **CONTRATOS MISTOS**, ou, como igualmente apelidados, **CONTRATOS HÍBRIDOS**, por meio dos quais certo fornecedor aceita disponibilizar a um consumidor adquirente uma determinada prestação de serviços que inclui também a venda de mercadorias. Tais contratos ocorrem quando o serviço contratado, para ser disponibilizado, envolve, necessariamente, a disponibilização de mercadorias, sem as quais se torna inviável cumprir o labor exigido. Exemplificando tal modalidade de contrato, imagine-se a situação em que certa pessoa contrate um empreiteiro para realizar em terreno de sua titularidade a execução de uma obra de construção civil.

DICA 18: ISS E *SOFTWARES*. CESSÃO DAS LICENÇAS DE USO DOS *SOFTWARES* (PROGRAMAS DE COMPUTADOR)

Diante da eterna polêmica sobre identificar se o imposto a incidir na comercialização do direito de usar um *software* seria o ISS ou o ICMS, o **STF** decidiu de forma altamente técnica e satisfatória. A polêmica residia em identificar se, nessas vendas, o que havia como predominante seria uma *prestação de serviços* (produzir o programa; construir o *software*) ou a *comercialização de uma mercadoria*. Quando você compra a licença para usar um programa, como o *Windows*, por exemplo, você comprou uma *mercadoria* ou adquiriu um *serviço* que lhe foi prestado? Essa era a polêmica central.

O **STF** dividiu dois tipos de *softwares*, e, a depender do caso concreto, ora incidirá o ISS, ora o ICMS. Quando se tratar de um *software* **feito por encomenda**, para certa pessoa, um *software* de caráter **personalíssimo**, tem-se como clara a noção da **prestação de serviço** e o imposto que incide é o **ISS**. É o que ocorre quando certo empresário contrata uma empresa de informática e encomenda um programa voltado para seus interesses, para sua particular situação, para a realidade de sua empresa. Esse *software* será feito *personalizadamente* para esse requerente. Não será uma *mercadoria* colocada no mercado, aberta a toda e qualquer pessoa que se interesse. Logo, **nos chamados *softwares* por encomenda ou personalíssimos, incide o ISS**. Ao contrário, quando a empresa de programação e informática faz um modelo genérico de *software*, que pode ser útil a diferentes pessoas, e coloca no varejo para comercialização da licença de uso, o que se tem é a caracterização da operação de circulação de mercadoria. Logo, nesses casos de ***software* de prateleira, destinado ao público em geral, ao mercado aberto, incide o ICMS**.

DICA 19: ISENÇÕES DE ISS

As isenções de ISS são concessíveis por simples **lei ordinária**, já que não há qualquer exigência na Carta de que se dependa de lei complementar para se isentarem impostos e, em especial, o ISS. O único benefício fiscal de ISS que vem por lei complementar é a sua ***exclusão de incidência nas exportações***, com base no art. 156, § 3º, II, já que o constituinte afirmou que "Lei Complementar excluirá o ISS da incidência na exportação", matéria disciplinada na LC nº 116/03, art. 2º, I e parágrafo único.

Válido lembrar que essa lei isentiva deve ser uma **lei específica**, como deve ser com os tributos em geral, salvo o ICMS, em que as isenções são dadas por *convênios* aprovados no Conselho Nacional de Política Fazendária – CONFAZ. Logo, para o ISS, as isenções vêm, em regra, por lei ordinária, devendo ser essa uma *lei específica*, como exige a Carta no art. 150, § 6º.

Fundamental, entretanto, prestar atenção à previsão do art. 156, § 3º, III, da CRFB/1988, que reza que **lei complementar deve regular a forma e as condições como serão concedidas isenções e incentivos fiscais de ISS**. Observe-se que a Constituição **não exige lei complementar para o ato de "isentar", mas sim para estabelecer normas que ensinarão os limites dentro dos quais se poderá isentar em matéria de ISS**. Logo, não se confundam, as **isenções de ISS se dão por lei ordinária, mas dentro de limites fixados em lei complementar**.

Importante registrar que a normatização definidora dos limites dentro dos quais isenções e incentivos fiscais de ISS podem ser concedidos demorou bastante para surgir. Não existia quando foi feita a LC nº 116 em 2003. Diante das irresponsáveis renúncias de receita de ISS que se testemunhava em incontáveis municípios, foi inserido o art. 88 no ADCT pela EC nº 37/02 que trouxe uma primeira regulamentação, de caráter transitório e que deveria prevalecer até que viesse uma

CAPÍTULO 6 – IMPOSTOS MUNICIPAIS – II (ISS – PARTE 1)

Lei Complementar cumprir essa missão, conforme exigido no art. 156, § 3º, III. Somente no final de dezembro de 2016, com o advento da LC nº 157/16 é que, enfim, se veio disciplinar o tema, tendo sido criado o art. 8º-A na LC nº 116/03, o qual se reporta ao assunto no parágrafo primeiro, que deve ser lido em conjunto aos arts. 6º e 7º, § 1º, da LC nº 157/16.

O art. 88, II, do ADCT vedou concessão de isenções ou outras formas de benefícios fiscais de ISS que gerassem para o prestador de serviços uma dispensa de pagamento tão intensa, que o colocasse na situação de pagar um valor menor que aquele que se pagaria caso a tributação ocorresse com a alíquota mínima (de 2%). Em outras palavras, significava dizer que o Município até poderia isentar de ISS os prestadores, mas não de forma tão intensa a ponto de deixá-los sem pagar uma quantia que fosse equivalente a pelo menos 2% do valor do serviço prestado. Disso resultou a conclusão de que, a partir da vigência do art. 88 do ADCT, ficava vedada a concessão de isenções totais, ou seja, isenções que dispensassem todo o débito fiscal, concluindo-se a partir daquele momento que somente seriam admitidas isenções parciais de ISS. As únicas três exceções a essa vedação ficaram expressamente previstas no próprio texto do art. 88, II, o que se daria em relação aos serviços de *execução de obras*, de *demolição* e de *reparação, conservação e reforma de edifícios, portos, pontes, estradas e congêneres*, previstos nos subitens 7.02, 7.04 e 7.05 da lista anexa da LC nº 116/2003 (que equivaliam aos itens 32, 34 e 35 da lista anterior do DL nº 406/68).

Além da vedação das isenções totais (ressalvados apenas os três serviços mencionados), a norma abrigada no dispositivo estabeleceu limites para a intensidade das isenções parciais, já que nenhuma delas poderia favorecer o isento de tal modo que ele ficasse obrigado a pagar quantia inferior ao valor equivalente a 2%. Nesse sentido, os prestadores que eram tributados com a alíquota máxima de 5% somente poderiam ser isentos com um máximo de 3/5 do valor do débito (isenção máxima de 60% da dívida), para que de tal forma ainda tivesse que pagar um valor correspondente a pelo menos 2% do preço arrecadado no serviço prestado. Do mesmo modo, se um prestador era tributado com a alíquota de 4% somente poderia ser isento em até 50% da sua dívida, a metade do valor, para que sobrasse, na parcela não isenta, um valor equivalente a pelo menos 2% do preço total arrecadado com o serviço prestado. No mesmo raciocínio, o prestador que era tributado com 3% só poderia receber isenções de até 1/3 do valor da dívida fiscal, preservando-se uma obrigatoriedade de pagamento de quantia equivalente aos 2% minimamente exigidos. E a conclusão lógica é que **os prestadores que eram tributados com a alíquota mínima de 2% <u>não poderiam ser isentos</u>**, pois, como já estavam pagando o valor mínimo exigido, não caberia qualquer renúncia de receita para esses contribuintes (excepcionando-se apenas os mesmos serviços já citados, dos subitens 7.02, 7.04 e 7.05 da lista anexa da LC nº 116/2003, que poderiam ser tributados com qualquer alíquota – inclusive alíquota zero – e serem totalmente isentos).

Com o advento da LC nº 157/16, a regra foi positivada no plano infraconstitucional, restando saciada a exigência do art. 156, § 3º, III, da CRFB/1988, ficando prevista no citado art. 8º-A, § 1º, da LC nº 116/03, criado a partir de então.

Fundamental perceber que _**houve uma alteração no rol das exceções**_, tendo sido _**substituído o serviço de demolição pelo serviço de transporte**_. Nesse sentido, o serviço de _demolição_ do _subitem 7.04_ _**passa a se submeter aos limites e não mais pode ter isenção de 100% nem alíquota inferior a 2%**_, algo que continuou admitido para os serviços dos subitens 7.02 e 7.05 e que _**se estendeu para o serviço de transportes do item 16 da lista**_.

DICA 20: DAS IMUNIDADES E O ISS

Assim como os demais impostos sobre o patrimônio e também o imposto sobre a renda, o ISS (imposto sobre serviço) é objeto da previsão de imunidade constante no art. 150, VI, da CRFB/1988, ficando proibido de incidir sobre certas pessoas listadas nas alíneas "a", "b" e "c" do aludido dispositivo. Logo, **não incide o ISS sobre serviços prestados pelas instituições religiosas, partidárias, sindicais de trabalhadores, bem como pelas educacionais e assistenciais sem fins lucrativos**. Também não poderia, jamais, o Município pretender cobrar ISS em situações eventuais em que órgãos e autarquias estaduais e federais prestassem serviços mediante remuneração.

Por oportuno, reafirmando o já comentado, **a imunidade recíproca não alcança as entidades cartorárias**, já que o STF entendeu que não se aplica em favor delas a chamada "imunidade recíproca" do art. 150, VI, "a".

Por derradeiro, importante destacar o caso específico em que o STF entendeu que a imunidade prevista no art. 150, VI, "d", da CRFB/1988, a qual veda a incidência de impostos na circulação de livros, jornais e periódicos, bem como o papel destinado a sua impressão, **não favorece os prestadores de serviços de impressão gráfica desses bens**; ou seja, se alguma editora terceiriza o serviço de _impressão gráfica_, não poderá esse empresário que faz a impressão dos livros, jornais e periódicos avocar a imunidade em seu favor, com o objetivo de não pagar o ISS; no caso, o STF entendeu que a imunidade prevista no art. 150, VI, "d", da Carta é uma imunidade de caráter _objetivo_, e não _subjetivo_, ou seja, é adstrita apenas às operações de circulação dos referidos bens, não alcançando atividades-meio e agentes intermediários que contribuem com essa produção final. Logo, o ISS incide normalmente sobre esses serviços gráficos.

CAPÍTULO 6 – IMPOSTOS MUNICIPAIS – II (ISS – PARTE 1)

DICA 21: SERVIÇOS DE CUIDADOS PESSOAIS, ESTÉTICA, ATIVIDADES FÍSICAS E CONGÊNERES: APLICAÇÃO DE TATUAGENS, *PIERCINGS* E CONGÊNERES

Com o advento da LC nº 157/16 restou afastada qualquer possibilidade de ainda se tentar defender a não incidência do ISS sobre os serviços prestados por profissionais que eram contratados para fazer tatuagens ou colocar *piercings* nos corpos das pessoas, sendo inserido o subitem 6.06 na lista anexa. Os municípios tributavam os profissionais desse segmento, alegando que tais atividades se enquadravam no rol de serviços do *item 6 da lista anexa*, sustentando que, mesmo sem haver expressa previsão no texto, a atividade ali se enquadrava como *congênere*, já que efetivamente ligada à estética das pessoas que optavam pela inclusão de uma tatuagem ou inserção de um *piercing* no seu corpo. Houve resistência de parte dos estudiosos que entendiam que não haveria enquadramento da atividade, em razão de suas especificidades, a quaisquer dos itens da lista. A questão resta plenamente superada pela mencionada inclusão do subitem 6.06 na lista anexa da LC nº 116/2003 pela LC nº 157/16.

DICA 22: SERVIÇOS DE INFORMÁTICA. DISPONIBILIZAÇÃO DE FILMES E VÍDEOS. TRIBUTAÇÃO DE EMPRESÁRIOS COMO O NETFLIX E O SPOTIFY. A INCLUSÃO DO SUBITEM 1.09

Uma das maiores polêmicas sobre a possibilidade de incidência do ISS nos últimos anos foi encerrada com a aprovação da LC nº 157/16. Dita lei incluiu no item 1 da lista anexa o subitem 1.09, autorizando a incidência do imposto sobre os prestadores de serviços de disponibilização pela internet do acesso a conteúdos de filmes, vídeos, imagens, músicas etc. A redação do subitem é a seguinte: *"disponibilização, sem cessão definitiva, de conteúdos de áudio, vídeo, imagem e texto por meio da internet, respeitada a imunidade de livros, jornais e periódicos (exceto a distribuição de conteúdos pelas prestadoras de Serviço de Acesso Condicionado, de que trata a Lei nº 12.485, de 12 de setembro de 2011, sujeita ao ICMS)".*

A tributação em comento atinge serviços que passaram a gozar de amplo consumo no seio social, vide a revolução que a evolução tecnológica vem proporcionando. Nesse sentido, empresários famosos como o grupo NETFLIX e o grupo SPOTIFY, conhecidos por viabilizarem o acesso pela internet a vídeos, filmes, músicas etc., passar a ter que acatar a incidência do ISS, a qual já era defendida pelas Procuradorias municipais, que alegavam que as atividades não precisariam ser expressamente tipificadas no subitem próprio e poderiam entrar no subitem 1.05 da lista referente à *cessão de programas de uso de computação*. Com a inclusão do subitem 1.09 não há mais necessidade de se advogar o enquadramento da atividade no 1.05, vide inequívoca autorização de tributação agora expressa no 1.09.

Evidentemente que a massa de consumidores dos serviços em apreço não simpatizou com a medida legislativa, já que o ISS será indubitavelmente repassado ao adquirente do serviço, ocorrendo a repercussão da carga tributária, o que pode provocar um sutil encarecimento do custo de acesso ao serviço.

CAPÍTULO 7

IMPOSTOS MUNICIPAIS – III
(ISS – PARTE 2)

CAPÍTULO 7 – IMPOSTOS MUNICIPAIS – III (ISS – PARTE 2)

1. ISS – II (SUJEITOS, ALÍQUOTA, BASE DE CÁLCULO, LANÇAMENTO)

DICA 1: SUJEITO PASSIVO DO ISS

O sujeito passivo do ISS é, **em regra, o próprio prestador do serviço**, que é quem recebe o *preço*, o *pagamento*, e assim revela a riqueza no fato concreto, demonstrando a *capacidade contributiva* e por isso se sujeitando à incidência do imposto. É o chamado *contribuinte do ISS*. Nesse sentido atuou o próprio legislador, definindo no art. 5º da LC nº 116/2003 que *"contribuinte é o prestador do serviço"*.

Nada obsta, entretanto, que em algumas situações especiais a lei municipal possa nomear sujeito passivo o próprio *tomador do serviço*, ou seja, a pessoa que adquire o serviço. Em certos serviços isso é muito comum, utilizando-se a famosa técnica de **substituição tributária**, em que se nomeia como sujeito passivo para fins de cumprir a obrigação do pagamento perante o Fisco uma pessoa diferente da que praticou o fato gerador, mas, ligada a ela, e que é de mais fácil fiscalização e acesso pelo Fisco. A postura do legislador munícipe de optar por convocar o tomador do serviço (consumidor) para figurar no polo passivo como substituto tributário é plenamente compatível com as normas gerais que regem a construção da legislação tributária, emanadas do CTN, especialmente no art. 128, o qual expressamente permite que o legislador local adote tal medida, a qual, sem dúvidas, se revela de notória utilidade para a fiscalização municipal. Sempre que a lei estabelece regra de substituição tributária, fica o tomador obrigado a recolher o imposto. E qual a vantagem nesse feito? É que cabe ao tomador pagar ao prestador (praticante do fato gerador) o valor que remunera o serviço prestado; ora, se o dinheiro que pagará o prestador está nas mãos do tomador, melhor para o Fisco cobrar do próprio tomador de serviço, determinando-se legalmente a ele que quando for pagar o prestador já retenha o montante relativo ao imposto a pagar e repasse ao Fisco, pagando ao prestador apenas a o valor remanescente; nesses moldes, o prestador recebe seu pagamento já com o desconto do imposto, de sorte que o Fisco já recebe a quantia fiscal que lhe cabe sem sofrer riscos de que o prestador possa se apropriar desse valor e sonegar a carga tributária devida. Perceba-se, por logo, a utilidade do exercício da opção de se implementar um regime de substituição tributária. Para o Fisco, gera mais segurança e diminui a margem de risco de sonegação fiscal.

Ainda quanto ao regime de substituição, recorde-se regra geral, emanada do próprio art. 128 do CTN e reproduzida no art. 6º da LC nº 116/2003, no sentido de que, mesmo que a lei fixe a responsabilidade pelo pagamento para o tomador, qualificando-o como substituto tributário, nenhum problema há em determinar a responsabilização subsidiária para o prestador, o que fortalece mais ainda a segurança para a arrecadação fiscal. Ou seja, pode a lei estipular que, caso o substituto não pague, o Fisco pode demandar o substituído. Essa regrinha que finca responsabilidade subsidiária para o prestador resguarda a fazenda e preserva o interesse público, sendo plenamente adequada à previsão normativa emanada dos aludidos dispositivos que afirmam ser possível manter a responsabilidade "supletiva", no todo ou em parte, sobre o dever de pagamento da dívida.

Continuando a falar da figura do substituto, importante sempre frisar que tal medida é excepcional e depende de expressa previsão legal, sendo que, de fato, a regra mesmo é que o sujeito passivo na relação jurídica obrigacional tributária envolvendo o ISS é o prestador de serviços, contribuinte natural do imposto.

Por fim, registre-se que, quando o serviço é prestado em favor de um tomador que seja **pessoa jurídica**, temos algumas hipóteses expressamente previstas no estatuto nacional de normas gerais do ISS que estabelecem, desde logo, a aplicação da regra de substituição tributária, o que, de plano, se aplica a todos os municípios do país, bem como ao Distrito Federal. Portanto, é fundamental analisar os subitens da lista que estão fincados no art. 6º, § 2º, II, da LC nº 116/2003, para que se conheça esse rol de serviços e se entenda que, quando qualquer deles é prestado, o sujeito passivo será o tomador do serviço, desde que, como frisado, esse tomador seja pessoa jurídica. Logo, a conclusão simples com a qual nos abraçamos vem no sentido de que, nessa seleta gama de prestações de serviços descritas no referido parágrafo, o sujeito passivo da relação tributária é a pessoa jurídica consumidora do serviço. É o que ocorre em diversos serviços previstos no item 7 da lista, como exemplo, nos importantíssimos subitens 7.02 (execução de obras de construção), 7.04 (execução de obras de demolição) e 7.05 (execução de obras de conservação, reparação e reforma); nesses casos, se o consumidor que contratou o prestador de serviços é uma pessoa jurídica, a essa pessoa jurídica tomadora do serviço caberá o fardo contributivo, devendo recolher o imposto ao Fisco municipal, descontando do valor a ser pago ao prestador. Friso, ainda, que, nos termos do que a própria lei ensina, **mesmo que a pessoa jurídica seja uma pessoa imune ao ISS, ela terá que recolher o imposto, figurando como substituta tributária, não sendo a imunidade salvo-conduto para escusa do dever de pagamento**. E, quanto a essa última informação, andou bem o legislador, pois no caso da substituição tributária a dívida que está sendo paga é uma dívida do *prestador*, o qual, por certo, não goza de imunidade tributária. Imagine-se, à guisa de exemplo, que uma igreja contrate um empreiteiro para executar obra de construção civil em terreno de sua propriedade (subitem 7.02 da lista). Ora, em tal situação, caberá à igreja (pessoa jurídica de direito privado) pagar ao Fisco

CAPÍTULO 7 – IMPOSTOS MUNICIPAIS – III (ISS – PARTE 2)

municipal o valor do ISS devido *pelo prestador do serviço*, o qual, por certo, não goza de qualquer imunidade e pode ser regularmente tributado; nenhuma afronta à Constituição com a aplicação dessa regra, ok? No caso, em momento algum se violou a imunidade tributária da igreja, a qual se aplicaria nas situações em que *ela fosse a prestadora do serviço*; nesse caso exemplificado, ela é apenas a consumidora do serviço, e terá de recolher o imposto devido pelo prestador, na qualidade de substituta, o que, perceba-se, em nada lhe onera, já que ela desconta do montante a ser pago ao prestador do serviço o valor a recolher para o Fisco.

Sugiro a todos que façam aquilo que sempre faço em sala de aula com meus alunos da segunda fase de direito tributário para o Exame de Ordem, bem como com aqueles que estudam para provas de Procuradorias Municipais: e outros certames: façam remissões na LC nº 116/2003; recomendo que ao lado de cada subitem da lista a que se refere o art. 6º, § 2º, II, da LC nº 116/2003, façam uma remissão para o referido dispositivo; e, no citado inciso II, sublinhem a expressão "pessoa jurídica" para se lembrarem de que a regra de substituição tributária é aplicável quando o tomador for pessoa jurídica; para que tal comando normativo pudesse alcançar pessoas físicas, seria necessário que a lei ordinária municipal de ISS expressamente determinasse, já que a regra da LC nº 116/2003 somente se aplica às pessoas jurídicas.

Outro ponto importante a se destacar é no que tange à norma do inciso III § 2º do art. 6º, criada pela LC nº 157/2016. Ela também traz uma hipótese de substituição tributária impondo responsabilidade para a pessoa jurídica tomadora do serviço. É o que ocorre quando há desrespeito à regra do art. 8º-A, *caput* e § 1º, que impõe limites para a concessão de benefícios fiscais de dispensa de pagamento (concessão de isenções, por exemplo); desrespeitados os limites fixados no art. 8º-A, *caput* e § 1º, e concedidos benefícios de forma excessiva, altera-se a regra da sujeição ativa e o imposto passa a ser devido em favor do Município da pessoa jurídica tomadora do serviço (art. 3º, § 4º: *"Na hipótese de descumprimento do disposto no caput ou no § 1º, ambos do art. 8º-A desta Lei Complementar, o imposto será devido no local do estabelecimento do tomador ou intermediário do serviço ou, na falta de estabelecimento, onde ele estiver domiciliado"*), e quando isso se der, *também se inverte a sujeição passiva*, determinando-se que o dever de recolhimento do imposto será da pessoa jurídica tomadora do serviço (art. 6º, § 2º, III: *"sem prejuízo do disposto no caput e no § 1º deste artigo, são responsáveis: III – a pessoa jurídica tomadora ou intermediária de serviços, ainda que imune ou isenta, na hipótese prevista no § 4º do art. 3º desta Lei Complementar"*. Essa norma é muito importante nas situações em que determinado prestador de serviço é contratado para prestá-lo a uma pessoa jurídica de Município distinto daquele em que é estabelecido/domiciliado e a sujeição ativa seria da municipalidade da origem (aplicando-se a regra do *caput* do art. 3º da LC nº 116/2003); se, nesses casos, houver concessão indevida de benefícios fiscais ao prestador (violando-se os limites fixados no art. 8º-A da LC nº 116/2003), o imposto passa a ser devido em favor do Município do local do estabelecimento/domicílio do tomador do serviço (regra fixada no supratranscrito § 4º do art. 3º), e em tais situações o sujeito passivo passará a ser a própria pessoa jurídica tomadora do serviço e não mais o prestador (regra do art. 6º, § 2º, III, LC nº 116/2003).

Outro ponto novo e bem importante a se destacar é o *inciso IV* do § 2º do art. 6º, criado pela LC nº 175/2020 e que traz regra importante relativa aos serviços previstos no subitem 15.01 da lista anexa de serviços tributáveis da LC nº 116/2003 (*15.01: Administração de fundos quaisquer, de consórcio, de cartão de crédito ou débito e congêneres, de carteira de clientes, de cheques pré-datados e congêneres*"). O texto afirma que "*Art. 6º, § 2º: sem prejuízo do disposto no caput e no § 1º deste artigo, são responsáveis: IV – as pessoas referidas nos incisos II ou III do § 9º do art. 3º desta Lei Complementar, pelo imposto devido pelas pessoas a que se refere o inciso I do mesmo parágrafo, em decorrência dos serviços prestados na forma do subitem 15.01 da lista de serviços anexa a esta Lei Complementar*". Ou seja, havendo a prestação de serviços do subitem 15.01 (hipótese em que o ISS é devido em favor do Município do domicílio do *tomador do serviço* – art. 3º, XXIV, LC nº 116/2003) e sendo devido o imposto pela "bandeira" (art. 3º, § 9º, I), os responsáveis pelo recolhimento do imposto serão ora as "credenciadoras" (art. 3º, § 9º, II), ora as "emissoras de cartões de crédito e débito" (art. 3º, § 9º, III).

DICA 2: ALÍQUOTAS DO ISS

Cada Município, por meio de suas próprias leis locais de ISS, fixa as alíquotas do imposto. Entretanto, importante constatar que há um teto para se fixarem essas alíquotas, valendo a regra de que a **alíquota máxima é de 5%**, nos termos do art. 8º, II, da LC nº 116/2003. Tal teto visa evitar o efeito confiscatório, o qual é vedado pela Carta Magna – vide art. 150, IV, do diploma maior. A fixação das alíquotas máximas em 5% decorre de comando constitucional que determina que lei complementar estabeleça o teto a ser respeitado pelas leis municipais, o que, sem dúvidas, revela salutar preocupação do nosso legislador pai em evitar que a maioria de prestadores de serviços da sociedade, que são agentes econômicos de pequeno porte, possa sucumbir diante de eventuais tributações arbitrárias, desrespeitosas aos limites da efetiva capacidade contributiva. Tal regra decorre do art. 156, § 3º, I, da CRFB/1988, o qual deve ser lido em consonância com o citado art. 150, IV.

CAPÍTULO 7 – IMPOSTOS MUNICIPAIS – III (ISS – PARTE 2)

Necessário destacar que o art. 156, § 3º, I, da Constituição determina que **lei complementar** fixe alíquotas **máximas e mínimas** para o ISS, e não apenas alíquotas "máximas". A preocupação em exigir fixação de alíquotas mínimas se propaga em outro vetor, qual seja, o de evitar que o legislador local atue de modo irresponsável, fixando alíquotas muito baixas e assim prejudicando a arrecadação, da qual o município necessita substancialmente para sobreviver. Como sabido por todos, o ISS é o pulmão de sustentabilidade financeira de um e de qualquer Município; se a arrecadação ficar comprometida, o que se compromete é a viabilidade de se manter o ente com sustentabilidade. Daí a necessidade de se exigir que os prestadores contribuam para o orçamento, ainda que com pequena parcela do que recebem no pagamento que remunera o serviço prestado; a intenção do constituinte ao exigir a fixação de alíquotas mínimas vem exatamente dentro desse propósito de evitar o uso de alíquotas "zero" ou próximas de zero, o que, infelizmente no Brasil, sabemos todos, virou "moda" dentro de articulações eleitorais entre candidatos que almejam a prefeitura das cidades, de modo que durante a campanha eleitoral são articuladas negociações com empresários milionários para que eles financiem a campanha e, caso o candidato se eleja, ele brigará pela aprovação da lei na Câmara de Vereadores para fixar, durante o mandato, a alíquota zero para os serviços prestados por esses empresários, em uma suja troca de favores à custa do dinheiro público, de modo que, em vez de pagarem o ISS para os cofres públicos, esses empresários ricos despejam dinheiro nas campanhas de candidatos com potencial de assumirem o Poder. O ISS desses contribuintes poderosos é desviado para ser derramado na indústria eleitoral, em vez de ser entregue ao orçamento para ser revertido em saúde, educação, urbanismo etc. Andou muito bem, por logo, o constituinte, ao exigir que lei complementar fixe as alíquotas mínimas, estabelecendo um teto abaixo do qual nenhum município poderá atuar, obrigando-se todo e qualquer prestador a contribuir com pelo menos um pouco para o orçamento.

Como não havia definição das alíquotas mínimas por lei complementar e os anos iam se passando, aproveitou-se uma emenda constitucional no ano de 2002 para se criar uma regra transitória estabelecendo alíquotas mínimas de 2% para que o ISS incidisse, valendo temporariamente a regra com esse teto até que enfim a matéria fosse regulamentada por lei complementar (o que só viria a ocorrer com a LC nº 157 de 29-12-2016). Foi, portanto, inserido pela EC nº 37/2002 o art. 88 no ACDT da Constituição, e no inciso I do referido artigo ficou estabelecido que o ISS não poderia incidir com alíquota de percentual inferior a 2%, ressalvados apenas três tipos de casos específicos de contratos de prestações de serviços que poderiam ser tributados com alíquotas inferiores a 2%, não se lhes aplicando o teto mínimo (eram os serviços de *execução de obras*, de *demolição* e de *reparação*, *conservação e reforma de construções*, serviços descritos nos itens 32, 33 e 34 da lista da então vigente lei nacional, que à época era o Decreto-lei nº 406/68; os serviços ganhariam nova numeração em 2003 com a substituição da lista do DL nº 406 pela nova lista, apresentada pela LC nº 116/2003, ficando posicionados nos subitens 7.02, 7.04 e 7.05 da lista anexa na LC nº 116/2003).

Quando feita a LC nº 116/2003, optou o legislador infraconstitucional por não disciplinar o tema de sorte a que a norma do art. 88, I, ADCT continuou sendo aplicada, mantendo-se a alíquota mínima em 2% para os serviços em geral e preservadas as três exceções anteriormente mencionadas. E assim foi até o final do ano de 2016, quando, nos últimos dias de dezembro, foi aprovada a LC nº 157/16 que enfim criou uma norma, agora no plano infraconstitucional (e por lei complementar, como o art. 156, § 3º, I, CRFB sempre exigiu), inserindo o art. 8º-A na LC nº 116/03 para fixar as alíquotas mínimas para o ISS. Dito dispositivo não modificou o percentual mínimo (que foi mantido em 2%), mas promoveu importante modificação no rol das exceções ao teto mínimo.

Apesar de o *caput* do art. 8º-A não fazer de forma expressa qualquer exceção à alíquota mínima de 2%, a interpretação do seu parágrafo primeiro afasta qualquer dúvida de que é possível reduzir a alíquota para aquém do teto mínimo em três serviços, e é exatamente aqui que surgiu uma importante novidade: o serviço do subitem 7.04 (*demolição*) foi substituído pelo serviço do subitem 16.01 (serviços de transporte coletivo municipal rodoviário, metroviário, ferroviário e aquaviário de passageiros), sendo mantidas as já existentes exceções para os serviços dos subitens 7.02 e 7.05 (serviços de execução de obras de construção e serviços de reparação, reforma e conservação de edifícios, estradas, pontes, portos e congêneres).

DICA 3: BASE DE CÁLCULO DO ISS

Como em qualquer imposto, a *base de cálculo* é a expressão quantitativa do fato gerador, ou seja, o valor da riqueza externada no fato imponível. E no ISS não seria diferente. A riqueza demonstrada é o *preço* recebido em razão do serviço prestado. Logo, **a base de cálculo é preço do serviço**. Ou seja, o *quantum* obtido a título de pagamento em razão do labor fornecido; esse valor é que será adotado como *base de cálculo* do ISS. E é nesse sentido que se manifesta o legislador nacional complementar de normas gerais, dispondo no *caput* do art. 7º da já badalada LC nº 116/2003.

O referido art. 7º fixa no *caput* a regra geral, indicando ser o preço do serviço, realmente, a base de cálculo do imposto. Todavia, apresenta algumas regrinhas especiais nos seus parágrafos. Quanto a tais regrinhas especiais, também deve ser

CAPÍTULO 7 – IMPOSTOS MUNICIPAIS – III (ISS – PARTE 2)

estudado o art. 9º do velho DL nº 406/68, artigo este que não foi revogado e está em plena vigência, inclusive, com eficácia de lei complementar. Em tal dispositivo, ficam previstas as regras especiais para a tributação do chamado "ISS FIXO" sobre atividades prestadas em "caráter pessoal", o que envolve, por exemplo, os advogados e as sociedades uniprofissionais de advocacia; é no mesmo dispositivo que se estabelece a norma de dedução da base de cálculo que os empreiteiros usam, deduzindo do valor sobre o qual devem aplicar a alíquota de ISS o montante que pagam aos subempreiteiros que contratam.

Peço muito carinho com a informação anteriormente apresentada quanto à referida legislação, já que o tema vem sendo reiteradamente explorado em provas. Peço vênia para repetir, com o intento de frisar mesmo, que o velho **DL nº 406/68 não foi integralmente revogado**, já que a LC nº 116/2003 deixou claro que apenas alguns artigos foram revogados. Nesse viés, **o art. 9º do DL nº 406/68 não foi revogado, tendo sido recepcionado e valendo atualmente o que nele está escrito**; e vale, inclusive, como **lei materialmente complementar!** Observem com atenção o art. 10 da LC nº 116/2003, especialmente quando afirma a revogação dos artigos que ainda sobreviviam no velho DL nº 406/68 e constatem que apenas o art. 9º não foi revogado. Vale também a leitura da **Súm. nº 663 do STF**, a qual, apesar de só se referir aos §§ 1º e 3º do referido art. 9º, em nada interfere no fato de que o § 2º desse dispositivo também foi recepcionado na ordem de 1988, e como lei complementar. Aliás, friso para evitar quaisquer dúvidas que a jurisprudência é assente e intangível, tanto no STF como no STJ, que **todo o art. 9º do DL nº 406/68 está recepcionado na ordem de 1988, e com eficácia de lei complementar**.

Quanto a esse art. 9º, quero tecer dois sucintos comentários, importantes para o estudo da base de cálculo do ISS. Analisemos.

A primeira previsão importante é a que determina que o ISS cobrado sobre prestação de serviços pessoais pode ser cobrado em valores fixos; é o que ocorre, por exemplo, com os advogados. Ou seja, **o ISS cobrado de advogados pode ser em valores fixos, valendo o disposto no art. 9º do DL nº 406/68.** Para se mudar essa previsão, só mediante uma nova lei complementar. Caso algum Município tente por lei ordinária local mudar essa regra sobre a incidência do ISS dos advogados, referida lei será inconstitucional, em face do disposto no art. 146, III, "a", da CRFB/1988, já que, quando uma lei complementar de normas gerais fixa a base de cálculo do imposto, não pode a lei ordinária local alterar esses parâmetros, e o disposto no art. 9º do DL nº 406/68 é válido e vale como lei materialmente complementar. Logo, a forma de recolhimento do ISS sobre serviços advocatícios é a fórmula do chamado **ISS FIXO**, não incidindo o ISS sobre o montante total dos honorários percebidos pelos advogados. A lei municipal estabelece o valor fixo e anualmente esse valor é cobrado. Afasta-se a regra geral de que a base de cálculo é o preço do serviço. Não se aplica, portanto, o art. 7º da LC nº 116/2003, prevalecendo a regra antiga do art. 9º do DL nº 406/68. Tal comando vale também para sociedades uniprofissionais de advocacia.

A segunda importante observação sobre base de cálculo do ISS emanada do art. 9º do aludido DL nº 406/68 é a que se refere às **empreitadas e subempreitadas**. É **direito do empreiteiro deduzir da base de cálculo do seu ISS a recolher, o valor pago pelo subempreiteiro, desde que recolha aos cofres públicos o montante devido pelo subempreiteiro; feito esse recolhimento, não pagará novamente o ISS sobre o mesmo montante.** É simples entender. Vejamos o exemplo: quando um empreiteiro recebe um valor de R$ 30.000.000,00 para fazer certa obra e entregar um prédio pronto, suponhamos que a alíquota do ISS seja de 5% e que ele tenha que recolher o valor de 5% sobre esse montante de R$ 30.000.000,00. Ocorre que esse empreiteiro pode optar por terceirizar partes da obra, contratando **subempreiteiros** para que executem essas parcelas do empreendimento, e, por logo, pagará a eles certo valor combinado, o qual, lógico, sairá dos R$ 30.000.000,00 que recebeu. Suponhamos que esse empreiteiro, portanto, pagou R$ 10.000.000,00 ao subempreiteiro para ter a parte da obra delegada entregue. O que ocorre? Ocorre que esse subempreiteiro, que também é um empresário prestador de serviços, terá que pagar 5% de ISS sobre esse valor de R$ 10.000.000,00. Ora, se esses 10 milhões saem dos 30 milhões que o empreiteiro recebeu do tomador da obra, e esses 10 milhões já são tributados no subempreiteiro, não seria justo que o empreiteiro pagasse o ISS em cima de 30 milhões, concordam? Óbvio! Afinal, quando o empreiteiro recebe os 30 milhões, ele, de fato, só fica com 20, pois repassa 10 para o subempreiteiro. E se esse último paga o ISS sobre o referido valor de 10, não seria honesto que o empreiteiro pagasse em cima de 30. Daí se falar no **direito do empreiteiro de deduzir da base de cálculo do seu ISS a recolher o valor sobre o qual incide o ISS em desfavor do subempreiteiro**. Ou seja, no nosso exemplo, a base de cálculo do ISS a incidir sobre o empreiteiro será de 20 milhões, e não de 30. O fundamental aqui é perceber que **esse direito de dedução fica condicionado ao fato de o subempreiteiro pagar o ISS que deve; o empreiteiro só pode fazer a dedução se provar que o subempreiteiro recolheu o imposto**. Na prática, para não correr o risco de ficar prejudicado, o que o empreiteiro faz na hora de pagar o subempreiteiro é já descontar o valor do ISS, pagá-lo em nome do subempreiteiro e assim assegurar seu direito de não ter que recolher ISS em cima do valor da subempreitada. No nosso exemplo, é como se o empreiteiro, em vez de pagar em dinheiro os 10 milhões ao subempreiteiro, pagasse apenas R$ 9.500.000,00 e apresentasse o recibo de quitação dos 5% de ISS, no valor de R$ 500.000,00. É assim que funciona! Aliás, sendo mais preciso, é assim que **tem**

CAPÍTULO 7 – IMPOSTOS MUNICIPAIS – III (ISS – PARTE 2)

de funcionar, já que nos termos do art. 6º, § 2º, II, da LC nº 116/2003, o contrato entre o empreiteiro e o subempreiteiro é plenamente adequado para a aplicação da regra de substituição tributária ali prevista; o subempreiteiro executará obra de construção, estando sua atividade tipificada no subitem 7.02 da lista (referido no art. 6º, § 2º, II, da LC nº 116/2003); o subempreiteiro presta o serviço ao empreiteiro, que é o seu tomador e é quem lhe paga; o empreiteiro, tomador do serviço do subempreiteiro, é pessoa jurídica; logo, não há dúvidas, o empreiteiro deve recolher ao Fisco o imposto em nome do subempreiteiro; feito isso, poderá deduzir da base de cálculo do seu ISS a pagar esse valor já tributado sobre o subempreiteiro.

DICA 4: LANÇAMENTO E ISS

O ISS é típico tributo sujeito a **lançamento por homologação**, assim como todos os demais impostos que incidem nas relações de consumo, a lembrar, o ICMS e o IPI. Logo, se cair na prova de vocês, o ISS se recolhe mediante pagamento antecipado dos prestadores, os quais devem, dentro do prazo que a lei estabelece, proceder ao recolhimento do valor devido, independentemente de qualquer prévia notificação de ofício pela Fazenda municipal. Devem ainda formalizar a declaração desse fato gerador nos moldes do que seja exigido pela legislação local disciplinadora das relações fiscais pertinentes ao ISS.

Não custa lembrar, todavia, que, caso o sujeito passivo (em regra o prestador, excepcionalmente o substituto) não recolha o imposto no tempo e forma devidos, poderá a Administração Municipal proceder a lançamento de ofício para cobrar o montante objeto da sonegação. Aliás, como sabido, em todo e qualquer tributo sujeito ao regime de pagamento antecipado (lançamento por homologação), sempre que o sujeito passivo se omitir no dever de pagar dentro do prazo fixado na legislação tributária, será plenamente cabível o exercício do lançamento de ofício, por meio do qual o Fisco age na intenção de cobrar o que lhe é de direito.

DICA 5: SUJEITO ATIVO DO ISS

O **sujeito ativo** do ISS é o **Município ao qual se reconhece o direito de crédito** em relação ao imposto que incide quando da prestação do serviço. Trata-se da municipalidade que recebe do ordenamento jurídico o direito de tributar o contrato e se apropriar do valor arrecadado.

A compreensão do tema envolve a necessidade de se fazer uma distinção entre algumas diferentes situações, avaliando-se alguns dados, a saber: o local em que o prestador tem seu estabelecimento e é domiciliado, o local em que o serviço é prestado e o local do domicílio do tomador do serviço. E conforme possam haver variações nessas informações, altera-se a definição do Município, que será considerado sujeito ativo na relação tributária.

A primeira e mais simples das situações, inclusive mais comum no cotidiano da vida da imensa maioria das pessoas, é a que abarca as hipóteses em que o prestador de serviços o presta dentro do próprio Município em que é domiciliado e mantém seu estabelecimento, sendo o tomador igualmente domiciliado na mesma localidade. Ou seja: o prestador presta seu serviço na cidade em que atua e é domiciliado e seu consumidor é alguém que ali também tem domicílio. Sem dúvidas, essa é a mais comum situação na vida da imensa maioria das pessoas, que quando precisam contratar alguém para lhes prestar um serviço, optam por contratar um prestador estabelecido no seu próprio Município e o serviço é disponibilizado ali mesmo. E para tais situações não há qualquer dificuldade de perceber que o ISS deve ser recolhido em favor desse próprio Município no qual prestador e tomador são domiciliados, sendo ali mesmo prestado o serviço. É apenas o lógico e assim se faz na prática.

As complicações surgem, todavia, quando essa regra é quebrada. Imagine-se, por exemplo, que um prestador de serviços domiciliado no Município X seja contratado para prestar um serviço no Município Y, cidade vizinha, na qual é domiciliado o tomador do serviço. Ou, indo além, imagine-se que o tomador de serviços domiciliado no Município Y contrate o prestador de serviços que tem estabelecimento e domicílio no Município X para executar a prestação do serviço no Município Z. Em tais situações, qual Município deve ser considerado o sujeito ativo? O Município no qual o prestador tem seu estabelecimento e domicílio, o Município do domicílio do tomador do serviço ou a municipalidade em que o serviço é executado? Percebe-se?

Bem, não obstante a grande celeuma que envolve o tema e as múltiplas teses e linhas de argumentação para defender as distintas possibilidades, a matéria resta pacificada no **art. 3º da LC nº 116/2003**. A *regra geral* (que possui exceções) é apresentada no **caput** do dispositivo, definindo que <u>**o imposto é devido para o Município em que o prestador tem seu estabelecimento e, caso não o tenha, do seu domicílio**</u>. Ou seja, no que tange à dita *regra*, consagra-se por via dela o modelo de tributação na origem da atividade, prevalecendo o critério da localidade com a qual tem vínculo o prestador. De fato, essa é a regra e ela vale para a imensa maioria dos contratos de prestações de serviços. Nesse linear, é irrelevante se o prestador executa o seu serviço em cidade distinta do seu Município, assim como igualmente não faz diferença se o presta a tomador de municipalidade diversa da sua; o imposto deve ser recolhido em favor "do seu próprio Município", ou seja, aquele no qual tem seu estabelecimento (e se não possuir um estabelecimento próprio, o do seu domicílio).

CAPÍTULO 7 – IMPOSTOS MUNICIPAIS – III (ISS – PARTE 2)

Ocorre que o próprio *caput* do art. 3º da LC nº 116/2003, na sua parte final, determina que tal regra ficará afastada quanto a alguns serviços, os quais são apresentados nos *incisos I a XXV* no prestigiado artigo. Ou seja: **caso o serviço a ser tributado seja um dos que aparece no rol de incisos do art. 3º da LC nº 116/2003, afasta-se a regra do caput** e o imposto **deixa de ser devido ao Município do estabelecimento do prestador, passando a ser devido em favor de outra municipalidade**, que ora poderá ser a do local da prestação do serviço, ora a do local do domicílio do tomador, podendo ainda, excepcionalmente, se ter critério diverso. Exemplo quanto a essa possibilidade de se ter outro critério para indicar o Município titular do direito de crédito é o que ocorre com o inciso XVI do art. 3º em relação aos serviços do item 11/subitem 11.02 da lista anexa no que tange aos serviços de vigilância e segurança de pessoas, em que o imposto será devido para o Município do domicílio da pessoa protegida, que não necessariamente é o município em que o serviço é prestado e nem mesmo o do domicílio do tomador que contrata o serviço.

Quando afastava a regra do *caput*, levando a arrecadação do ISS para fora do Município em que o prestador tinha seu estabelecimento/domicílio, o legislador, via de regra, utilizava o critério do local da execução do serviço (previsto na quase totalidade dos incisos do art. 3º). Todavia, após as inovações implementadas pelas **Leis Complementares nº 157/2016 e nº 175/2020,** implementou-se de forma efetiva para alguns importantíssimos contratos de prestações de serviços o regramento de ser o ISS *devido em favor do município do domicílio do tomador do serviço*, o que se constata nos *incisos XXIII, XXIV e XXV do art. 3º*, havendo regras especiais nos parágrafos seguintes aos incisos para explicitar como definir o conceito de "tomador" e então identificar, verdadeiramente, qual o Município credor do imposto. Tal fato se deu para serviços de grande propagação no dia a dia da imensa maioria da população, envolvendo os **planos de saúde, planos de assistência médica veterinária, administradoras de cartão de crédito, administração de fundos e arrendamento mercantil** (subitens 4.22, 4.23, 5.09, 15.01 e 15.09 da lista anexa), em que se buscou implementar uma descentralização da arrecadação do ISS que se concentrava em pouquíssimos Municípios do país (nos quais as empresas prestadoras são sediadas – quase sempre em São Paulo) para partilhar a arrecadação do imposto para todas as municipalidades do país, considerando que há tomadores desses serviços em todas as cidades do Brasil. Essa foi uma das maiores transformações vivenciadas no modelo jurídico de arrecadação do ISS (o ISS, nessas importantes prestações de serviços de massa, deixa de ter sua arrecadação concentrada nas municipalidades de origem e passa a ser partilhado em favor de praticamente todos os Municípios do país) e sua implementação definitiva ficou submetida a uma regra de transição imposta em

2020 pela LC nº 175/2020 (art. 15) para vigorar nos anos de 2021 e 2022, somente se passando a legitimar o município do domicílio do tomador do serviço a ficar com 100% da arrecadação a partir do ano de 2023 *(art. 15. O produto da arrecadação do ISSQN relativo aos serviços descritos nos subitens 4.22, 4.23, 5.09, 15.01 e 15.09 da lista de serviços anexa à Lei Complementar nº 116, de 31 de julho de 2003, cujo período de apuração esteja compreendido entre a data de publicação desta Lei Complementar e o último dia do exercício financeiro de 2022 será partilhado entre o Município do local do estabelecimento prestador e o Município do domicílio do tomador desses serviços, da seguinte forma: I – relativamente aos períodos de apuração ocorridos no exercício de 2021, 33,5% (trinta e três inteiros e cinco décimos por cento) do produto da arrecadação pertencerão ao Município do local do estabelecimento prestador do serviço, e 66,5% (sessenta e seis inteiros e cinco décimos por cento), ao Município do domicílio do tomador; II – relativamente aos períodos de apuração ocorridos no exercício de 2022, 15% (quinze por cento) do produto da arrecadação pertencerão ao Município do local do estabelecimento prestador do serviço, e 85% (oitenta e cinco por cento), ao Município do domicílio do tomador; III – relativamente aos períodos de apuração ocorridos a partir do exercício de 2023, 100% (cem por cento) do produto da arrecadação pertencerão ao Município do domicílio do tomador".*

CAPÍTULO 8

IMPOSTOS ESTADUAIS – I
(IPVA E ITCMD)

CAPÍTULO 8 – IMPOSTOS ESTADUAIS – I (IPVA E ITCMD)

1. IPVA

DICA 1: ORIGEM DO IPVA

O IPVA surgiu no Brasil a partir do ano de 1985, por obra da EC nº 27/85 que o incluiu na então vigente Constituição de 1967, com redação dada pela EC nº 1/69, sendo, portanto, um dos mais recentes impostos a aparecer no nosso sistema tributário nacional.

O IPVA surgiu para substituir a velha e famosa Taxa Rodoviária Única – TRU, que era cobrada pela União de todos os proprietários de veículos terrestres licenciados. A finalidade dessa taxa era gerar uma arrecadação que retribuísse o custo que o governo federal tinha com a construção e conservação das BRs e rodovias federais, as quais pavimentavam o país e oportunizavam o deslocamento das pessoas por todo o território nacional. Com o passar do tempo, as principais autopistas já estavam construídas e essa arrecadação passava a perder o sentido, arrecadação a qual, frise-se, era cada vez mais multiplicada, em face do contínuo progresso na fabricação e venda de automóveis no nosso país. Com isso, a EC nº 27/85 teve o papel de extinguir a taxa de serviço ora cobrada e permitiu que surgisse um imposto em seu lugar, o qual seria cobrado dos mesmos proprietários, os de veículos automotores terrestres, mas não mais pelo mesmo nexo causal nem mesmo com a velha finalidade. O imposto incidiria pelo fato de que *ser proprietário de veículo automotor* é ato revelador de riqueza, de poder econômico, de capacidade contributiva. É conduta própria para ser fato gerador de imposto. Nesse viés, ampliar-se-ia a competência tributária dos Estados membros, outorgando-lhes mais uma fonte de custeio, o **Imposto sobre Propriedade de Veículos Automotores Terrestres – IPVA**. A receita do IPVA não teria como destinação a atividade de construção e conservação de rodovias, como era na TRU, e, como em qualquer imposto, fica desafetada, desvinculada, sendo objeto de livre distribuição orçamentária, sendo utilizada de acordo com o que se determine na aprovação da proposta orçamentária anual, igualmente ao que ocorre com a receita do ICMS e do ITD, por exemplo. Por favor, chamo a atenção para este ponto especial: **A receita do IPVA não tem qualquer vinculação com a construção e conservação de rodovias; é, igualmente à receita do ITD e ICMS, receita genérica do Estado (ou DF), ficando totalmente desafetada de qualquer fim específico, sendo distribuída de acordo com as deliberações orçamentárias.**

DICA 2: FATO GERADOR DO IPVA

Decorrente do anteriormente narrado, **o fato gerador do IPVA é a conduta de ser proprietário de veículo automotor terrestre**.

Polêmica conhecida enfrentada no STF era a de saber se a propriedade de veículos automotores náuticos, anfíbios e aéreos também poderia ser considerada *fato gerador* da obrigação de pagar o IPVA. À míngua de muitos doutrinadores assim entenderem, em face de uma melhor efetivação do dogma da capacidade contributiva e da justiça distributiva do encargo contributivo na sociedade (nosso pensamento pessoal, inclusive), **prevaleceu no STF o entendimento de que o IPVA só pode incidir sobre veículos terrestres, e não sobre os aéreos, náuticos e anfíbios**. O caminho hermenêutico adotado pela Corte Mãe foi no sentido da *interpretação histórica*, afirmando-se que, apesar de a Constituição atual falar apenas em "veículos automotores" (art. 155, III), a análise da história do IPVA desde sua origem sugeriria que a interpretação correta da vontade do constituinte seria no sentido de que a intenção do legislador foi a de autorizar a incidência do imposto apenas sobre os veículos terrestres, já que o recente tributo nasceu para substituir a TRU, taxa que, como visto, se cobrava de proprietários de veículos terrestres somente.

Derradeiramente, chame-se a atenção para o fato de que a conduta que é o fato gerador é uma conduta que está em *permanente e continuado acontecimento*, ou seja, o verbo é **ser**, "ser proprietário". Não por acaso se acostumou a doutrina a apelidar o fato gerador do IPVA de **fato gerador continuado**, o mesmo que ocorre com o IPTU e o ITR. Para fins de tributação, utiliza-se um padrão convencional: **apura-se no primeiro dia de cada ano a continuidade da conduta; se a pessoa tem o veículo em nome dela no primeiro dia do ano, ela deve um novo IPVA, pois continua praticando o fato gerador**. Esse é o sistema que se adota para os carros usados (99% de toda a frota; observe-se que o carro novo só é "novo" no primeiro ano de aquisição; na virada do ano, entrando um novel exercício, já é carro "usado"). Quanto aos **veículos novos e importados, o fato gerador se considera ocorrido no momento da primeira aquisição ou da importação, incidindo o IPVA proporcionalmente ao número de meses do ano em que se materializa a propriedade**.

DICA 3: SUJEITO PASSIVO DO IPVA

O sujeito passivo do IPVA é o próprio titular do bem, a quem incumbirá o dever do pagamento. Nos casos de alienação do veículo, caso haja passivo fiscal não quitado, aplica-se a regra de sucessão tributária em desfavor do adquirente, com base no disposto no art. 131, I, do CTN, operando-se a transferência da

CAPÍTULO 8 – IMPOSTOS ESTADUAIS – I (IPVA E ITCMD)

responsabilidade tributária para o novo titular do veículo, que passará a responder pelas dívidas anteriores à sua aquisição. É o que se costuma chamar de *sucessão tributária* ou *transferência fiscal*, delineando-se com a linguagem a modificação do sujeito passivo na relação tributária em razão da situação fática de alienação da propriedade.

Por fim, frise-se que nada obsta que a própria lei local do IPVA determine responsabilidade solidária entre o antigo proprietário e o eventual adquirente, o que será admitido já que o CTN prevê essa possibilidade no art. 124, II.

DICA 4: BASE DE CÁLCULO DO IPVA

A **base de cálculo do IPVA é o valor venal do automóvel**, entendido esse como o valor que o veículo alcança em uma compra e venda em situação normal de mercado.

Interessante frisar que **a base de cálculo do IPVA é regida pelo princípio da *regressividade natural***, o que quer dizer que o simples passar do tempo, ano a ano, imputa uma diminuição do valor do bem, o que, por lógico, impõe a diminuição da base de cálculo, a qual *regride* naturalmente.

A apuração desses valores deve ser feita sempre levando em conta as condições normais de mercado, e é fixada em uma **tabela**, por ato executivo da Secretaria de Fazenda, por meio de seu órgão especializado. Observe-se que a fixação do valor real para cada ano não viola a reserva legal, pois a base de cálculo é fixada pela lei do IPVA, a qual determina, em abstrato, que a base é o valor do bem; o que o decreto faz é apenas o *preenchimento desse conteúdo*, ou seja, a imputação do *real valor no momento*, mas não pode jamais querer fixar outra referência para ser base de cálculo que não seja esse *valor real*, pois essa foi a fixação determinada pela lei.

Por fim, registre-se que qualquer contribuinte insatisfeito tem o livre direito de impugnar a tabela do IPVA, caso entenda que o valor foi fixado de modo equivocado.

DICA 5: DAS ALÍQUOTAS DO IPVA

Existe uma perigosa *pegadinha* sobre as alíquotas do IPVA nas provas. Ao contrário do IPTU, **o IPVA não pode ter alíquotas progressivas com base no valor do veículo**. Salvo para o Imposto de Renda, o STF sempre negou o direito de se usar a técnica da progressividade de alíquotas na cobrança dos impostos reais (IPTU, ITBI, ITD, ITR e IPVA), por reconhecer a flagrante violação à proporcionalidade, já que a tributação com alíquotas progressivas, crescentes em razão do crescimento do valor da riqueza da *res* revelada no fato gerador, leva a uma desigualdade *desproporcional* entre os desiguais. Ocorre que com a EC nº 29/2000, foi autorizada a progressividade para o IPTU, em razão do valor venal do imóvel. Mas foi **apenas para o IPTU**, não se referindo a referida emenda aos demais impostos reais. Logo, prevalece a certeza de que **não pode o IPVA ser tributado com alíquotas progressivas em razão do valor do automóvel**.

A grande pegadinha, entretanto, é que, com a **EC nº 42/2003, ficou autorizado que o IPVA tenha "alíquotas diferenciadas" em razão do "tipo e utilização" do veículo**. Ora, após a referida emenda, passou a ser legítimo que o legislador ordinário local, na sua lei de IPVA, permita o uso de alíquotas crescentes, diferenciadas, e com base no critério do "tipo" e "utilização" (?) do automóvel. Só que a Carta não define o que é "tipo", nem mesmo o que se deve entender por "utilização". Ou seja, passou-se a autorizar a diferenciação de alíquotas, mas com base em um critério que está expresso pelo uso de um *conceito indeterminado*. Os mais variados critérios concretos podem ser imaginados e alguns têm sido utilizados. O que é "tipo" e "utilização"? Seria classificar o carro pela quantidade de eixos? Pela destinação? Bom, para a nossa prova, objetiva que é, já é satisfatório conhecermos que a Carta autoriza que o IPVA tenha alíquotas *diferenciadas* em razão do *tipo* e *utilização* do veículo. Na prática, apenas para exemplificar, medida que tem sido comumente adotada é a de diferenciar as alíquotas de acordo com o **tipo de combustível**. Nesses termos, muitos Estados colocam alíquotas mais elevadas para veículos a *gasolina* e mais baratas quando é a álcool, e menor ainda fica a alíquota no carro a gás. Dessa forma, busca-se desincentivar o consumo de gasolina pelas pessoas, o que é de suma importância na crise da produção de petróleo. Nessas situações, o IPVA termina assumindo um papel *extrafiscal*, função que nem lhe é elementar, mas que nas hipóteses em tela se revela latente.

Por fim, destaco que o único critério que não deve ser utilizado para diferenciar as alíquotas é o critério *carro nacional X carro importado*. O STF entendeu que a lei do IPVA **não pode diferenciar as alíquotas mediante o critério "nacional" x "importado"**, pois vislumbrou que o uso desse específico critério implicaria uma discriminação indevida, violando o princípio constitucional estampado no art. 152 da Carta, o chamado princípio da **não discriminação pela procedência ou destino**.

DICA 6: DAS IMUNIDADES E O IPVA

Sempre importante lembrar, assim como fizemos nas dicas do IPTU, que **algumas pessoas são imunes ao IPVA** quanto aos seus veículos, em face de expressa proteção constitucional, já que o constituinte veda a incidência de impostos

CAPÍTULO 8 – IMPOSTOS ESTADUAIS – I (IPVA E ITCMD)

sobre o patrimônio delas. Refiro-me ao disposto no **art. 150, VI, da CRFB/1988**. Lembremos quais são essas pessoas:

- Templos de qualquer culto (igrejas);
- Partidos políticos e suas fundações;
- Entidades sindicais de trabalhadores;
- Instituições de educação sem fins lucrativos;
- Instituições de saúde sem fins lucrativos;
- Autarquias e órgãos estaduais e federais;
- Empresas públicas e sociedades de economia mista estaduais e federais que sejam prestadoras de serviço público exclusivo (exemplo: Correios – ECT, e Infraero).

Lembro a vocês que **só fica assegurada a imunidade se o veículo for utilizado na atividade-fim**; ou seja, tem que haver **vinculação do veículo às finalidades essenciais** da instituição!

DICA 7: DO LANÇAMENTO DO IPVA

O IPVA é um dos poucos casos de tributo **sujeito a lançamento de ofício (também chamado lançamento direto)**. Como o fato gerador do IPVA é uma conduta visível, percebida pelo Fisco, não é necessário que o particular declare que tem a propriedade do veículo. O Fisco sabe. Não faria sentido determinar que o proprietário tivesse o dever de interpretar a lei e promover o pagamento antecipado. A maioria das pessoas do povo é leiga. Por isso, *como o fato gerador é visível pelo Fisco*, dá para condicionar a arrecadação desse imposto ao dever de a Fazenda estadual proceder a um obrigatório lançamento de ofício. *É dever do Fisco lançar; sem o lançamento, o particular não se obriga a pagamento.* Lembrem-se sempre: dois impostos se sujeitam obrigatoriamente ao lançamento de ofício: o IPVA e o IPTU.

2. ITCMD

DICA 8: DO FATO GERADOR DO ITCMD

O ITD é imposto de competência estadual e que tem dois fatos geradores diferentes: um ligado à letra "T" da sigla; o outro ligado à letra "D"; dessa forma, o imposto incide sobre:

- transmissões *causa mortis* de bens e direitos;
- doações de bens e direitos.

Logo, observe-se que, na maioria das vezes que adquirimos bens gratuitamente, temos que pagar imposto. Quando adquirimos bens por herança ou legados, pagamos o ITD, em razão da aquisição gratuita de bens. Os herdeiros e legatários pagarão ao Estado, entregando parte do que recebem do *de cujus*. E quando adquirimos bens gratuitamente em vida, em razão de doações que nos favoreçem, também pagamos o imposto, sendo-nos obrigado entregarmos parte do que ganhamos ao Estado.

O ITD também é chamado de ITCD ou ITCMD, o que apenas traduz alargar a sigla em razão da expressão *causa mortis*. Tanto faz chamar de ITD, ITCD ou ITCMD. O "T" equivale ao "TC" e ao "TCM". Estamos falando de uma única situação, a transmissão *causa mortis*.

O ITD sempre foi entendido como um dos mais justos impostos, pois incide sobre uma situação em que as pessoas revelam uma riqueza que adquiriram gratuitamente, sem qualquer esforço, diferente, por exemplo, do que ocorre no ISS e no IR, ou no ITBI, em que a riqueza demonstrada é adquirida com base em um esforço e sacrifício do contribuinte. Por isso que sempre foi o ITD entendido como dos mais justos impostos existentes.

DICA 9: SITUAÇÕES ESPECIAIS NO INVENTÁRIO QUE TAMBÉM SÃO FATO GERADOR. AS CESSÕES DE DIREITOS

Importante ter atenção, pois os herdeiros podem fazer **cessões de seus direitos hereditários**, transmitindo bens que seriam seus e que possuem valor econômico. A depender de como se faça, pode se caracterizar um ato de **doação**, e, se assim o for, ocorre uma doação dentro do inventário, e, nesses termos, haverá a incidência do ITD de novo, só que, dessa vez, em razão de uma transmissão *inter vivos* de bens. Logo, não há que se confundir a incidência desse ITD, pela **doação** de direitos hereditários, com o primeiro ITCMD cobrado, que índice em razão do fato gerador *transmissão da herança* do *de cujus* para os herdeiros. Observe-se que são condutas distintas. Uma delas, a primeira, é a de alguém morrer e deixar bens a seus herdeiros. Em razão desse fato, na **transmissão** causa mortis *de bens e direitos*, incide o ITCMD; a segunda, em momento superveniente, é a que consagra a cessão gratuita de direitos hereditários (doação), que é um ato *inter vivos*, e que, logicamente, será tributado, devendo pagar o imposto o adquirente do quinhão cedido!

Fundamental, entretanto, perceber que existe uma diferença entre a chamada *renúncia abdicativa* (que se faz em prol do monte) e a *cessão de direitos hereditários* (após a aceitação), também chamada de *renúncia translativa*. Na primeira, não incide o imposto, pois não há fato gerador; já na segunda, incidirá! Observemos.

CAPÍTULO 8 – IMPOSTOS ESTADUAIS – I (IPVA E ITCMD)

Se os beneficiários da herança quiserem exercer a opção de recusarem o recebimento, é lícito que o façam. Ninguém é obrigado a herdar. Por serem direitos de caráter patrimonial, são plenamente disponíveis. Em tais casos, ocorre a chamada **renúncia abdicativa**, em que o "herdeiro" sequer herda, renunciando em prol do monte, e o inventário e a partilha serão feitos sem considerar a pessoa dele. É como se ele fosse "pré-morto"; a divisão dos quinhões será feita normalmente entre os demais herdeiros, como se ele não existisse. Nessas situações, nesse tipo de renúncia, **não ocorre fato gerador de obrigação tributária**, pois **não ocorreu uma cessão de bens, já que o renunciante sequer herdou, e, por ser assim, ninguém doa o que nunca recebeu. Não ocorre doação de direitos hereditários na renúncia abdicativa, pois sequer se recebeu esse crédito, não incidindo o ITD!**

É o oposto o que se percebe quando, **após aceitar a herança, o herdeiro resolve dispor de seu quinhão, no todo ou em parte. Nesses casos, há uma cessão de bens *inter vivos*. Se for a título gratuito, equipara-se a "doação" e incide o ITD!**

Por fim, essencial destacar que, **se a cessão dos direitos hereditários (renúncia translativa) for feita a título oneroso, o imposto a incidir é o ITBI**. Isso porque o Código Civil afirma que os direitos decorrentes da sucessão aberta são bens imóveis por destinação legal. Nesses termos, a cessão de quinhão qualifica cessão imobiliária. Se for a título oneroso, incide o ITBI, pois se materializa o fato típico do imposto municipal em referência (transferência de bem imóvel inter vivos e onerosamente).

DICA 10: DO SUJEITO PASSIVO DO ITD

Nas doações, pode ser sujeito passivo tanto o doador como o donatário. Quem vai determinar é a própria lei que regula o imposto dentro de cada Estado. Como não existe lei complementar de normas gerais sobre o ITD, é possível que haja certa diferença entre os Estados da Federação, pois, realmente, caberá a cada um determinar quem será o sujeito passivo, definindo em suas leis essa previsão.

Todavia, o que se tem observado é a fixação do ***donatário*** como sujeito passivo, seguindo orientação emanada do princípio da **capacidade contributiva**. E é **razoável que o adquirente/donatário seja nomeado pela lei como contribuinte do imposto**, pois é ele que revela o poder econômico ao adquirir a riqueza.

Entretanto, chamo sempre a atenção para frisar que será a lei que determinará se o sujeito passivo é o doador ou o donatário, podendo, inclusive, nos termos do art. 124 do CTN, estipular a previsão de solidariedade entre ambos.

Já nas transmissões *causa mortis*, os sujeitos passivos são os herdeiros e legatários, tantos quantos sejam beneficiados. Cada um sendo tributado na proporção do quinhão que recebe.

DICA 11: DA BASE DE CÁLCULO DO ITCMD

Pelas mesmas explicações anteriormente fornecidas quanto à inexistência de lei complementar de normas gerais para fixar *fato gerador, base de cálculo e contribuinte*, e diante da omissão constitucional em fazer referência expressa a esses elementos estruturantes do ITBI, continua-se a aplicar o CTN, que no seu art. 38 afirma que **a base de cálculo do imposto é o valor venal do bem ou direito transmitido**. E assim é, em regra, em praticamente todas as leis municipais de ITBI no nosso país.

DICA 12: DAS ALÍQUOTAS DO ITCMD

Na Constituição consta mandamento de que o **Senado** fixe as **alíquotas máximas do ITD**; essa missão foi cumprida com a expedição da **Resolução nº 09/92**, que fixou em **8% as alíquotas máximas do ITD**. Logo, nenhuma lei estadual pode determinar alíquota superior a esse patamar. Na Carta, a previsão consta no art. 155, §1º, IV.

Discussão ainda não resolvida no STF é sobre a possibilidade de uso da **progressividade** das alíquotas em razão do valor do bem doado ou da herança, semelhante ao que ocorre no IPTU e no IR. Ainda prevalece que **não cabe a progressividade, analogicamente ao ITBI, por tal técnica ferir o princípio da proporcionalidade. Entretanto, o STF está julgando a matéria em RE com repercussão geral.** Friso que a Constituição não autoriza expressamente o uso da progressividade, como o faz em relação ao IR e, após ser emendada (EC nº 29/2000), passou a dispor em relação ao IPTU.

DICA 13: DO LOCAL DO PAGAMENTO. SUJEITO ATIVO

Nas doações, há de se distinguir o *objeto* doado. Sendo **imóvel** o bem doado, **o imposto será devido sempre onde o imóvel se situa – no Estado em que ele está, ou no DF, se estiver nele.** Já nos bens móveis, o critério escolhido pelo nosso legislador constituinte foi outro, optando por determinar que, **na doação de bens móveis, o imposto será recolhido em favor do Estado onde tem domicílio o doador, ou no DF, se lá tiver domicílio o doador.**

Nas **transmissões *causa mortis*, o imposto será devido ao Estado onde fica o imóvel, relativamente ao valor deste (ou ao DF, se o imóvel for situado lá); já nos bens móveis, o imposto incidente será pago em favor do Estado onde se processa o inventário ou arrolamento, que é aquele em que tinha domicílio o *de cujus*.**

CAPÍTULO 8 – IMPOSTOS ESTADUAIS – I (IPVA E ITCMD)

Importante observar que nas heranças podem os herdeiros ter que pagar o imposto para diferentes e diversos Estados. No que tange ao valor dos bens móveis, ações, créditos, dinheiro, o imposto incidirá sobre o valor desses bens e será totalmente pago ao Estado onde se processa o inventário/arrolamento. Já nos imóveis, não. Pagar-se-á o montante resultante da incidência do imposto sobre o valor do bem imóvel para o Estado onde esse imóvel se encontra. Se coincidir de o imóvel estar no próprio Estado onde está sendo feito o inventário/arrolamento, pagar-se-á o imposto para esse mesmo Estado, assim como se paga a ele o valor incidente sobre os bens móveis. Mas, se existirem imóveis espoliados que estão em outros Estados, o imposto, proporcionalmente ao valor desses imóveis, será pago ao Estado onde eles estiverem. A título de exemplo: se o *de cujus* deixou 300 "x" em bens móveis e mais 5 imóveis, cada um valendo 100 "x", estando cada um deles em um Estado diferente da Federação, e considerando ainda que o imposto incida com alíquota de 4%, será pago o valor de 4 "x" em favor de cada um dos Estados onde estão cada um esses imóveis (4% de 100 "x") e será pago o montante de 12 "x" ao Estado onde estiver processando-se o inventário, em razão da aplicação da alíquota de 4% sobre o valor dos bens móveis.

DICA 14: ITCMD, LEI COMPLEMENTAR E RELAÇÕES INTERNACIONAIS

A Constituição determina que deva ser feita uma **lei complementar** para regular a incidência do ITD quando o *de cujus* era domiciliado no exterior, tinha residência lá, deixou bens lá, ou teve seu inventário ou arrolamento processado lá fora. Da mesma forma, se o doador é domiciliado ou residente no exterior.

Essa lei complementar, de caráter nacional, que vinculará todos os Estados e o DF a aceitá-la, ainda não existe, de forma que as leis ordinárias estaduais é que terminam regulando a matéria. Como regra, o que se constata é que o legislador local, defendendo o interesse arrecadatório do ente, termina determinando que o imposto incidirá normalmente em todas essas hipóteses, sendo cobrado do donatário ou herdeiro/legatário que estiver aqui no Brasil e domiciliado nesse Estado. Mas, para a prova de vocês, quero chamar a atenção que a regulação dessa matéria fica submetida a lei complementar! Logo, **cabe à lei complementar regular a instituição e incidência do ITD quando o doador tiver domicílio ou residência no exterior, bem como quando o *de cujus* possuía bens, era residente ou domiciliado, ou teve seu inventário processado no exterior.**

DICA 15: DO LANÇAMENTO DO ITCMD

Assim como escrevi nos comentários sobre o ITBI, o ITD revela clássico exemplo de tributo sujeito originariamente ao **Lançamento por Declaração**, também chamado de **Lançamento Híbrido ou Misto**. Repito o comentário feito em alusão ao ITBI, por ser idêntico para o ITD. Lembremos: não obstante alguns autores sustentarem que o ITD seria um imposto sujeito a *lançamento por homologação*, em especial os que pregam o abolicionismo do lançamento por declaração do nosso ordenamento, o ITD se sujeita ao lançamento híbrido (lançamento por declaração). O procedimento para sua arrecadação é o típico procedimento do modelo que se compreende como lançamento misto (por declaração).

Analise-se: **Cabe ao sujeito passivo declarar a prática do fato gerador para que depois a autoridade administrativa proceda à notificação formal para pagamento, informando ao contribuinte declarante o valor a ser recolhido.**

Não cabe ao Fisco lançar direto sem que antes haja uma declaração do fato gerador, como ocorreria nos casos de *lançamento de ofício*. Também não há o dever de pagamento antecipado, precedente a qualquer notificação, como ocorreria nos tributos lançáveis *por homologação*. Quanto ao lançamento *por homologação*, também não há, no ITD, para o sujeito passivo, o dever de *ele* proceder à interpretação da norma legal e desenvolver o cálculo do montante devido para em seguida pagá-lo sem sequer ser notificado; não! No ITD, o ônus de realizar a hermenêutica da norma legal tributária é da autoridade administrativa fazendária, típica característica do chamado *lançamento por declaração*. E, sendo assim, não nos resta dúvida de reconhecer o procedimento misto, híbrido, que se inicia com a declaração do contribuinte e prossegue até sua conclusão com a atuação da autoridade fiscal, a quem incumbe interpretar a norma legal de tributação, calcular o montante e expedir a guia de pagamento, notificando o contribuinte para que então este passe a ficar obrigado ao recolhimento da exação fiscal. Portanto, guardem com vocês: **apesar de algumas divergências doutrinárias, o ITD se sujeita a lançamento por declaração!**

CAPÍTULO 9

IMPOSTOS ESTADUAIS – II (ICMS)

CAPÍTULO 9 – IMPOSTOS ESTADUAIS – II (ICMS)

DICA 1: DA COMPETÊNCIA E DO FATO GERADOR DO ICMS

O ICMS, previsto no art. 155, II e §§ 2º a 5º, da CRFB/1988, e regulado pela LC nº 87/96, que é a lei complementar nacional de normas gerais sobre o tributo em comento, é imposto de **competência dos Estados e do Distrito Federal**, e incide basicamente sobre duas condutas, a lembrar:

a) Operações de Circulação de Mercadorias;

b) **Prestação de Dois Serviços**:

b.1) Serviços de Comunicação;

b.2) Serviços de Transporte Intermunicipal e Interestadual.

Observem, amigos, quanto aos fatos típicos do ICMS, que a sigla "I – **CM** – **S**" indica os dois fatos geradores. No primeiro, o mais tradicional, o imposto incide sobre as **operações de circulação de mercadorias**. Aqui, temos a grande base dos fatos geradores do ICMS. Em sua imensa maioria, o imposto é arrecadado nessas condutas. Já no que tange às prestações de serviços, vale lembrar que o ente que normalmente tributa a prestação de serviços é o Município, com o tradicional ISS. O Estado só tributa serviços quando se trata de um de dois serviços, conforme destacado anteriormente: ora o serviço de **comunicação**, ora o serviço de **transporte intermunicipal ou interestadual**. Quanto a esses serviços de transporte, sempre importante prestar atenção no fato de que o ICMS só incide se for um serviço *além-fronteiras*, ou seja, é preciso romper os limites do Município ou de Estados. Se o transporte é executado integralmente dentro de um mesmo Município, não incide o ICMS, cabendo ao próprio Município cobrar o ISS, já que o ICMS só incide se o transporte romper fronteiras, ficando autorizados os Municípios, pela LC nº 116/2003, a cobrar o ISS sobre os serviços prestados dentro do município.

Por fim, vital perceber, quanto à conduta de realização de *operações* de circulação de mercadorias, que o ICMS não incide sobre uma simples conduta de *deslocamento físico de um bem* de um ponto a outro no espaço. Nem mesmo sobre a conduta de uma *mera venda de um bem particular*. É preciso que haja a **operação econômica**, o **ato mercantil, ato de empresa**, celebrado com habitualidade, com fim lucrativo, transferindo o domínio do bem para terceira pessoa que o adquire, para que então possa incidir o imposto.

Exemplifico para vocês. Se alguém, querendo se desfazer de um bem pessoal, resolve vendê-lo a um amigo, não pagará ICMS por conta dessa conduta. Imagine que você optou por vender uma câmera fotográfica a seu vizinho. Pergunto: você é um vendedor profissional de equipamentos eletrônicos? Você faz isso com habitualidade? Essa conduta de alienação faz parte de um ciclo contínuo de condutas símiles que você pratica? Por acaso você age de forma organizada e habitual para prestar condutas como essa, ordinariamente, e com fins lucrativos? Você faz disso sua atividade básica e principal para se sustentar e obter ganhos de capital? Você organizou uma empresa para esses fins? A resposta a todas essas perguntas é "não!", correto? Assim como será a resposta para a pergunta: você pagará ICMS nessa venda da sua particular máquina de fotos? Não! Vejam, amigos, que para incidir o ICMS é preciso que a conduta realmente traduza a celebração de um ato comercial, um ato de mercancia, qualificando a conduta como aquela em que se materializa uma *operação de circulação econômica de mercadoria*. Para haver a **operação de circulação E-C-O-N-Ô-M-I-C-A de mercadoria**, não basta que o bem circule fisicamente; não basta deslocar o bem de um ponto a outro no espaço; assim como não basta uma mera venda de bem pessoal, um mero ato de desfazimento oneroso de um bem; uma venda isolada de um bem não materializa ato de comércio; o "bem" vendido nunca merecerá adjetivo de "mercadoria". Ou seja, se você quiser vender esse computador que você está usando agora para um amigo, você estará alienando um "bem", mas não uma mercadoria; e o imposto incide sobre a comercialização de *mercadorias*, e não apenas de *bens*. Toda mercadoria é um bem, mas nem todo bem é uma mercadoria!

Portanto, para se falar em **ICM**, é preciso que se cumulem as seguintes características:

a) habitualidade da conduta;

b) fim lucrativo;

c) transferência do domínio da coisa para o adquirente.

DICA 2: DAS SITUAÇÕES ESPECIAIS EM QUE SE PODE COBRAR ICMS

Quero falar com vocês sobre algumas situações em que poderiam ficar na dúvida sobre a possibilidade de incidência ou não do ICMS. E, em todas essas hipóteses, os Estados vão poder cobrar o imposto. Normalmente, são situações ligadas a conflitos com o ISS, em que, conforme vão observar, restará a dúvida em saber se o que ocorre de fato é uma prestação de serviços ou uma operação de circulação de mercadorias. Quero falar, portanto, sobre as seguintes polêmicas:

a) ICMS sobre fornecimento de alimentos e bebidas;

b) ICMS sobre comercialização de licenças de uso de *software de prateleira*;

c) ICMS sobre comercialização de CDs, DVDs e VIDEOTEIPES com gravações.

CAPÍTULO 9 – IMPOSTOS ESTADUAIS – II (ICMS)

2.a) ICMS sobre fornecimento de alimentos e bebidas.

Por mais que se tenha tentado sustentar que o imposto a incidir sobre a venda de doces, salgados, alimentos, sucos, bebidas etc. pudesse ser o ISS, alegando-se que haveria uma prestação de serviços (fazer o alimento/bebida), apenas culminando a conduta com a sua entrega ao requerente, o legislador resolveu pacificar de modo diverso, entendendo que o que ocorre é a comercialização de mercadorias, devendo incidir o ICMS, e não o ISS. E assim está previsto no art. 2º, I, da LC nº 87/96, que transcrevo para verificação dos amigos:

> LC nº 87/96.
> Art. 2º O imposto incide sobre:
> I – operações relativas à circulação de mercadorias, **inclusive o fornecimento de alimentação e bebidas em bares, restaurantes e estabelecimentos similares**;

2.b) ICMS e comercialização de licença de uso de *software* de prateleira.

Assim como comentei com vocês nas dicas sobre o ISS, quando se comercializa uma licença para alguém usar um *software*, pode incidir ora o ISS, ora o ICMS. **Depende de qual é a finalidade do *software*.**

Se estivermos a falar de um ***software* de prateleira**, também chamado de *software de mercado aberto*, ou ainda, *software* **de destinação geral**, o que temos é a **incidência do ICMS**.

Entretanto, se estivermos diante do chamado *software* **por encomenda ou personalíssimo ou de destinação personalizada**, o que teremos como correto é a afirmação de que o imposto a incidir É o ISS.

E é bem simples entender a distinção. Se o programa de computador *(software)* foi feito personalizadamente para certa pessoa, para certa empresa, sendo destinado exclusivamente para ela, o que se mostra flagrante é a característica da **prestação de serviço**, fornecida pelo programador ao adquirente que faz essa **encomenda particular**. Diferente quando certo programador constrói um *software* com funções genéricas que podem ser úteis para toda e qualquer pessoa, não tendo sido encomendado por esta ou aquela pessoa, não sendo destinado a atender certas funções específicas e peculiares exigidas por um agente que fez uma encomenda para uso pessoal. Não. Nesses casos, tem-se um *software* que vai para a **prateleira**, sendo destinado ao **mercado aberto**, para quem quer que seja o utilize. O que se flagra aqui é a característica da **operação de circulação de mercadoria**, e não a contratação de uma prestação de serviços.

Para encerrarmos, observem o exemplo: quando vocês adquiriram a licença para utilizarem em seus computadores o programa *Windows*, vocês não contrataram a *Microsoft* para lhes prestar um serviço. Vocês adquiriram uma *mercadoria*.

E qualquer pessoa pode adquirir. Nesses casos, incidiu ICMS sobre a venda. Entretanto, quando eu, Pedro, contratei um programador de informática para fazer um *software* para o *site supermandaoab.com.br*, o que ocorreu foi a contratação de uma *prestação de serviços*, e, nesse caso, quem me forneceu pagou ISS sobre o preço recebido pela contratação. Logo, na prova, não se esqueçam: **nos *softwares* de prateleira incide ICMS; nos *softwares* por encomenda, ICMS.**

2.c) Comercialização de gravações em DVDs, videoteipes, fitas cassetes e similares.

Observem a transcrição do texto exposto no **verbete sumular nº 662 do STF**:

> STF, SÚM. Nº 662
> É legítima a incidência do ICMS na **comercialização** de exemplares de obras cinematográficas, gravados em fitas de videocassete.

Não obstante o contrato para a gravação feita por certo empresário, que empreende o negócio de produção do filme, traduzir um contrato de prestação de serviço, celebrado entre o ator e a produtora (e aqui incide ISS sobre a remuneração paga ao ator!), a conduta de **comercialização do DVD** (que carrega como conteúdo o filme) se submete à **incidência do ICMS**. Vejam que, se vocês entrarem em uma loja que loca e vende filmes em DVDs (outrora em fitas de videocassete), sobre a conduta da venda, a **comercialização**, incidirá ICMS, sem problemas, pois existe a prática do ato de mercancia.

O que não podemos é confundir essa conduta de **comercialização do veículo corpóreo (CD, DVD, fita etc.)**, que carrega como conteúdo as informações, imagens e sons gravados, com a **mera distribuição gratuita desses bens**. Percebam que é sempre possível para fins de uma divulgação, de uma ação de *marketing*, distribuir-se certa quantidade de DVDs ou CDs com filmes, musicais etc. **Essa mera distribuição não traduz comercialização, e, logo, não permite incidir ICMS.**

Recordo ainda aos amigos que **não incide ICMS na conduta de gravação do conteúdo**. Pode ser um filme, uma aula, uma apresentação de qualquer conteúdo. **A conduta de gravação não traduz comercialização de mercadoria**. Aproveito para transcrever o texto constante na **Súm. nº 135 do STJ**:

> STJ, SÚM. Nº 135:
> O ICMS não incide na gravação e distribuição de filmes e videoteipes.

Portanto, lembre-se sempre de: *não incide ICMS na conduta de gravação e na mera distribuição; mas incide na comercialização!*

Por fim, nunca confundam a conduta de gravar e comercializar um filme, um aulão, ao público aberto, com a conduta específica de se contratar uma filmagem particular para certo evento específico, caso em que teremos uma prestação de

CAPÍTULO 9 – IMPOSTOS ESTADUAIS – II (ICMS)

serviços, tributável com ISS, e não uma operação de comercialização de mercadoria. Exemplifico. Se você contrata alguém para filmar seu casamento, sua formatura, uma aula que você deu e que você quer guardar as imagens como recordação, é evidente que quem você contratou para fazer a filmagem, edição e entrega do CD/DVD ao final, **se sujeitará à incidência do ISS,** pois o que ocorreu foi a prestação de um serviço. Não se confunde com o que eu, Pedro, por exemplo, faço quando gravo aulas para certas empresas que comercializam DVDs de aulas jurídicas, como é o caso da querida TELEJUR, que comercializa minhas aulas Brasil afora. Em cada DVD vendido, incide ICMS. Na minha contratação para gravar, prestei um serviço à TELEJUR e paguei ISS. E se eu contratasse os câmeras da TELEJUR para uma filmagem particular de um evento pessoal meu, eles pagariam ISS sobre suas remunerações.

DICA 3: DAS SITUAÇÕES ESPECIAIS EM QUE NÃO SE PODE COBRAR ICMS

Amigos, o ICMS não pode incidir sobre certas condutas. É importante vocês conhecerem, pois normalmente caem em prova! Na primeira situação temos proibições constitucionais de incidência do ICMS, e aí falamos das *imunidades tributárias* do ICMS, as quais serão tratadas no tópico seguinte. Em um segundo momento, existem situações que não podem ser tributadas porque a conduta não materializa o *tipo* do ICMS, não podendo incidir o imposto porque não ocorre fato gerador. Quero destacar oito dessas importantes situações que geraram polêmica e que, **em todas elas, não incide ICMS!** Vejamos:

a) ICMS e comodato;
b) **ICMS e deslocamento de mercadorias de um estabelecimento para outro, ambos do mesmo dono;**
c) **ICMS e concreto fabricado em betoneiras no trajeto da obra;**
d) ICMS e *leasing* interno;
e) **ICMS e serviço de provimento de acesso à Internet;**
f) **ICMS e serviço de habilitação de telefonia celular;**
g) **ICMS e demanda de potência contratada e não utilizada.**

3.a) Não incide ICMS nos contratos de comodato de máquinas e utensílios (STF, Súm. nº 573).

Amigos, como no contrato de *comodato* (contrato de empréstimo de coisas infungíveis, a título gratuito) não ocorre a transferência de domínio, não havendo a mudança de titular do bem, não se pode reconhecer ocorrência de fato gerador do ICMS, pois, como visto, uma das "elementares de tipo" do ICMS é a transferência do domínio da mercadoria. Quando uma máquina é emprestada a título de comodato o comodatário não adquirirá a coisa, apenas a recebendo para uso. Não se fecha a tipicidade da conduta *circulação econômica do bem*. Além do mais, em regra, os contratos de comodato são feitos sem qualquer remuneração, não havendo fim lucrativo, inexistindo onerosidade na operação. Logo, não pode incidir o ICMS, pois não ocorre fato gerador. Nesses termos, vale a leitura da **Súm. nº 573 do STF:**

> STF, SÚM. Nº 573
> Não constitui fato gerador do imposto de circulação de mercadorias a saída física de máquinas, utensílios e implementos a título de comodato.

3.b) O ICMS não incide sobre deslocamento de mercadorias entre estabelecimentos do mesmo titular (STJ, Súm. nº 166).

Assim como citado relativamente ao comodato, é fundamental, para que se caracterize o fato gerador do ICMS, que ocorra a **transferência do domínio da coisa**. Nesses casos, se um contribuinte de ICMS remete mercadorias de uma loja sua para outra, não se materializa a referida elementar do tipo, não podendo, assim, incidir o imposto. Além do mais, não ocorre *comercialização*, não há onerosidade, razão pela qual o Superior Tribunal de Justiça expediu o verbete sumular 166 afirmando pela não incidência do imposto em tais casos. Transcrevo a **Súm. nº 166 do STJ:**

> STJ, SÚM. Nº 166
> Não constitui fato gerador do ICMS o simples deslocamento de mercadoria de um para outro estabelecimento do mesmo contribuinte.

3.c) Não incide ICMS sobre o valor do concreto fabricado em betoneiras no trajeto da obra (STJ, Súm. nº 167).

Quando o empreiteiro/construtor fornece o seu serviço ao contratante tomador da obra, fica responsável por entregá-la conclusa nos termos requisitados. E para executá-la, precisa de material de construção. Se comprar esse material com fornecedores dentro do Estado, é evidente que essa venda é tributada com ICMS, já que o lojista fornecedor de material tem que recolher o referido imposto em razão da venda.

A questão que motivou, entretanto, a edição da Súm. nº 167 foi a seguinte: muitas vezes, no trajeto para a obra, as betoneiras vêm fabricando cimento, concreto, argamassa etc. Nesse caso, **não ocorre compra de mercadoria**; não há venda, **não há circulação**. Dentro da própria carreta se fabrica o insumo. Ora, é claro que **não pode incidir ICMS sobre o valor desse material, pois não houve qualquer circulação, não houve venda de material, não há fato gerador**. O

CAPÍTULO 9 – IMPOSTOS ESTADUAIS – II (ICMS)

STJ entendeu que nesses casos esse material ficará compreendido como ínsito à realização do serviço de obra, sendo considerado como parte do serviço prestado, sujeitando-se o valor da obra ao ISS, não se podendo abater o valor imputado a esse material. No caso, esse material fabricado nas betoneiras entra na base de cálculo do ISS, sujeita-se ao ISS, não podendo incidir o ICMS. Vale a leitura da **Súm. nº 167, STJ**:

> STJ, SÚM. Nº 167
> O fornecimento de concreto, por empreitada, para construção civil, preparado no trajeto até a obra em betoneiras acopladas a caminhões, é prestação de serviço, sujeitando-se apenas à incidência do ISS.

Ocorre, todavia, que o STF (ao nosso pensar, acertadamente) reconheceu que não deve incidir o ISS sobre esse custo referente ao concreto produzido nas betoneiras, não devendo ser incluído na base de cálculo do imposto municipal. Segundo a corte máxima, essas despesas não podem ser alcançadas nem pelo ICMS, nem pelo ISS. Noutras palavras, é dizer que o custo do material produzido pelo próprio prestador dentro da obra é blindado contra a incidência de ambos os tributos em apreço. O fundamento para a não incidência do ISS é a aplicação da regra do art. 7º, § 2º, I, da LC nº 116/2003, que promove a exclusão da base de cálculo do ISS dos valores relativos às despesas com materiais produzidos pelo próprio construtor durante a execução da obra. Assim sendo, não incide o imposto estadual, pois não há operação de circulação jurídico-econômica de mercadoria, e não incide o tributo munícipe, pois se aplica a regra especial de exclusão da base de cálculo. Posto isso, a Súm. nº 167 do STJ merece muito cuidado, pois ela afirma que incide o ISS, o que, de fato, não ocorre. Sua utilidade, todavia, segue preservada apenas pelo fato de que ele é importante para evidenciar que não pode incidir o ICMS.

3.d) Não incide ICMS no *leasing* (arrendamento mercantil) feito dentro do país (*leasing* operacional interno).

Amigos, recordem-se de que no denominado *LEASING* temos um contrato híbrido, traduzindo a chamada *locação com opção de compra ao final*; ou, como alguns preferem, *locação mais promessa de venda*. Ou seja, certa pessoa *aluga* bem de sua titularidade a outra, permitindo ao locatário escolher, ao final do contrato, entre três possibilidades: devolver o bem encerrando qualquer relação jurídica com o dono da coisa; renovar a locação; ou então, comprar a coisa, pagando o chamado *valor residual*, qual seja, o valor do bem, abatido o que se pagou de aluguéis ao longo da fase da locação. E é o locatário quem decide o que prefere fazer. O *leasing* é, portanto, um contrato que propicia ao locatário refletir o que é melhor para si finda a locação, e, caso opte por adquirir a coisa, tem a vantagem de abater o que pagou de aluguéis durante o contrato locatício. É como se o valor pago durante a locação tivesse servido como uma grande "entrada" para essa compra e venda que se opta por celebrar.

Durante o *leasing* propriamente dito, na sua fase substancial, que é a da locação, **não pode incidir o ICMS, pois não ocorre a transferência do domínio. Enquanto não se materializa a opção de compra ao final, não circula economicamente a mercadoria, razão pela qual não há fato gerador do ICMS.** Até porque, reflitam, não se pode afirmar que o arrendatário vai comprar a coisa, podendo ele exercer a opção de devolvê-la ou de renovar a locação. Portanto, na prova, sempre lembrem: *leasing* **feito dentro do país não pode ser tributado com ICMS, pois não há fato gerador!**

Esclareço, por fim, que estou tendo o zelo de frisar que o ICMS não incide no *leasing* feito **dentro do país**, pois, como veremos adiante em tópico específico, no **leasing internacional pode (ou não) incidir o ICMS**. Mas, nesses casos, não por ser **leasing** (o que é irrelevante!), e **sim por ser uma importação**, já que cabe ICMS nas importações! Adiante detalhamos o *leasing* internacional! Por enquanto, basta saber que, nos termos da vedação expressamente prevista no art. 3º, VIII, da LC nº 87/96, não incide ICMS no arrendamento mercantil feito internamente no país.

3.e) Não incide ICMS nos serviços de provimento de acesso à Internet. As empresas provedoras não se sujeitam ao ICMS (STJ, Súm. nº 334).

Nesse caso a questão é bem simples. Durante algum tempo se tentou qualificar o serviço em que as empresas proveem o acesso à internet como um serviço de comunicação, afinal, sobre tais serviços incide o ICMS. Ocorre que **as empresas provedoras de acesso à internet N-Ã-O prestam serviço de comunicação**. A natureza do serviço que elas prestam é outro; **não há fato gerador do ICMS**.

Quando você se utiliza do serviço prestado pelas empresas provedoras, como o IG, Gmail, Hotmail, Uol, Terra etc., **quem está se comunicando é você (navegador) e a rede. A empresa provedora apenas adiciona um valor operacional em sua máquina para permitir que ela consiga captar os sinais de satélite e te inserir na rede. Ela não se comunica, apenas permite que outrem o faça!**

O apelido dado ao serviço prestado pelas empresas provedoras é SVA – Serviço de Valor Adicionado, pois o que elas realmente fazem é *adicionar* um valor operacional no seu "PC" para que você entre na internet. Logo, o serviço de engenharia de informática que elas prestam não se confunde com serviço de *comunicação*! Essa foi a compreensão definitiva do STJ, após profunda divergência interna entre as Turmas de Direito Público da própria Casa, quando julgados os famosos embargos de divergência do Paraná (EREsp nº 456.650/PR). Vejamos o texto da **Súm. nº 334 do STJ:**

> STJ, SÚM. Nº 334
> O ICMS não incide no serviço dos provedores de acesso à Internet.

3.f) Não incide ICMS sobre serviços de habilitação de celular (STJ, SÚM. Nº 350).

Pelos mesmos motivos anteriormente narrados, o STJ entendeu que não há fato gerador do ICMS quando uma empresa atua fornecendo o serviço técnico de habilitação de aparelhos celulares para que suas linhas sejam ativadas. Esse serviço operacional **não qualifica serviço de comunicação, motivo pelo qual não se pode cobrar o ICMS.** Vejamos o texto da **Súm. nº 350 do STJ**:

> STJ, SÚM. Nº 350:
> O ICMS não incide sobre o serviço de habilitação de telefone celular.

3.g) Não incide ICMS sobre o valor do contrato de reserva de demanda de potência, se essa não for utilizada. Só incide ICMS sobre o valor da energia efetivamente consumida (STJ, Súm. nº 391).

Amigos, importante questão pacificada no STJ se deu no acertado sentido de se definir que **não incide o ICMS sobre o valor do contrato de reserva de potência, se essa demanda de energia contratada não for, de fato, utilizada, consumida. O ICMS só incidirá se a energia for realmente utilizada pelo contratante.** Do contrário, quando se trata da energia contratada como *reserva de potência*, caso essa não seja utilizada pelo contratante que paga para tê-la disponível, **não ocorre a circulação da mercadoria, não há fato gerador!**

É comum que alguns industriais e grandes empresários celebrem esse especial tipo de contrato com as distribuidoras de energia elétrica, que é o contrato pelo qual eles pagam certa quantia para "reservar" certa quantidade de potência, para que esta fique disponível por certo período de tempo em favor desse contratante. A intenção é ter a tranquilidade de que, se ocorrer um "apagão", suas fábricas/empresas não pararão, não ficarão sem energia, pois eles possuem certa quantidade de energia disponível dentro da distribuidora. É, na linguagem de alguns, algo que equivaleria a uma "locação de um supergerador particular dentro da distribuidora"; para outros, aproximar-se-ia de um "contrato de seguro", em que o contratante paga certo valor para ter a certeza e a tranquilidade de que se faltar energia ele terá certa quantidade de potência disponível para enfrentar esse período sem sofrer prejuízos.

Observe-se que, nesse tipo de contrato, o contrato de *reserva de potência* ou de *demanda de energia contratada*, como ficou apelidado, **o contratante não está adquirindo a mercadoria, mas sim o direito de tê-la disponível, durante** o período assegurado no contrato, para caso precise usá-la. Se esgotar o prazo e ela não for utilizada, perde-se o direito à "reserva". Obviamente que o valor da energia reservada é menor que o da energia verdadeiramente consumida.

Os Estados membros tentavam cobrar ICMS sobre o valor desse contrato. Prevaleceu, entretanto, a tese da advocacia privada, no sentido de que, **enquanto a energia não for E-F-E-T-I-V-A-M-E-N-T-E utilizada, não há circulação da mercadoria, não ocorrendo fato gerador e não podendo incidir ICMS, o qual só incide sobre o valor da energia verdadeiramente utilizada.** Vejamos o texto presente na **Súm. nº 391 do STJ:**

> STJ, SÚM. Nº 391
> O ICMS incide sobre o valor da tarifa de energia elétrica correspondente à demanda de potência efetivamente utilizada.

DICA 4: DAS IMUNIDADES DO ICMS

O art. 155, § 2º, X, da nossa Carta consagra, em suas quatro alíneas, as imunidades de ICMS. Vale a leitura do dispositivo, a seguir transcrito, para fins de que se possa ter o conhecimento dessas situações nas quais o imposto não incidirá por expressa vedação constitucional, tratando-se, sempre, de casos de atipicidade tributária, já que quando falamos de "imunidades" estamos falando das excludentes constitucionais de tipicidade tributária. Vejamos o referido inciso X:

> X – não incidirá:
> a) sobre operações que destinem mercadorias para o exterior, nem sobre serviços prestados a destinatários no exterior, assegurada a manutenção e o aproveitamento do montante do imposto cobrado nas operações e prestações anteriores;
> b) sobre operações que destinem a outros Estados petróleo, inclusive lubrificantes, combustíveis líquidos e gasosos dele derivados, e energia elétrica;
> c) sobre o ouro, nas hipóteses definidas no art. 153, § 5º;
> d) nas prestações de serviço de comunicação nas modalidades de radiodifusão sonora e de sons e imagens de recepção livre e gratuita;

Registrem-se alguns breves comentários. A alínea "d" foi criada pela EC nº 42/2003, sendo que é a única imunidade que não existia no texto originário em 1988. Veio determinar a não incidência de ICMS em alguns serviços de **comunicação**, que são, como lido, os serviços nas modalidades de "radiodifusão sonora e de sons e imagens de recepção livre e gratuita".

Na alínea "b", há que se ter atenção, pois a imunidade se restringe às vendas **interestaduais** dos bens nela citados. Logo, para todos os bens ali dispostos

CAPÍTULO 9 – IMPOSTOS ESTADUAIS – II (ICMS)

(petróleo, lubrificantes, combustíveis derivados de petróleo e energia elétrica), quando comercializados dentro do Estado, não há vedação constitucional de que o ICMS incida; não tem imunidade nessas hipóteses. Ainda nessa alínea, crucial atentar para a questão dos combustíveis; **apenas os combustíveis derivados de petróleo é que são imunes ao ICMS quando comercializados interestadualmente**, não valendo a norma benéfica para os demais combustíveis, como o álcool, por exemplo. Indo além, é fundamental perceber que a regra proibitiva de incidência tributária se aplica *na origem da operação e não no destino*. Ou seja, por força da norma do art. 155, § 2º, X, "b", da CRFB/1988, *fica vedado ao Estado de origem da operação tributar o fornecedor da mercadoria com o ICMS*; insistindo, é dizer que *não incide o "ICMS INTERESTADUAL DA ORIGEM"* (que, como regra, incidiria – com alíquota de 12% ou 7% nos termos da Resolução nº 22/1989 do Senado Federal. Importante perceber que a norma constitucional ora analisada não tem o condão de impedir a incidência do ICMS na entrada do território de destino, no qual está o adquirente do bem. Quanto à entrada da mercadoria no Estado destinatário, a possibilidade (ou não) de incidência do ICMS é regulada no **art. 2º, § 1º, III c/c art. 3º, III, ambos da LC nº 87/1996.** Caso o adquirente esteja adquirindo os bens para comercialização ou industrialização (ou seja, para uma provável futura revenda), **não incidirá o ICMS na entrada** (e, nesse caso, o Estado de destino não pode cobrar o imposto do adquirente); é o conhecido caso da rede de postos de gasolina do Estado X que adquire o combustível de uma distribuidora do Estado Y, hipótese em que o combustível é adquirido para comercialização. Se, todavia, de forma oposta, os bens não estiverem sendo adquiridos com a finalidade de comercialização ou industrialização (possivelmente para consumo próprio), aí sim **incidirá o ICMS na entrada, cobrado pelo Estado de destino dos bens e contra o adquirente** (exemplo clássico da empresa de ônibus do Estado X que adquire o combustível de uma distribuidora do Estado Y, hipótese em que o combustível será utilizado para abastecer os veículos – uso próprio – e não para comercialização ou industrialização). Vale a leitura do **art. 2º, § 1º, III c/c art. 3º, III, LC nº 87/1996** para se compreender que, a depender da finalidade da aquisição dos bens nas operações mencionadas no art. 155, § 2º, X, "b" da Constituição, *pode ou não* ser caso de incidência do ICMS quando da entrada das mercadorias no Estado de destino; **na origem, prevalecerá a imunidade tributária, não podendo o Estado de origem da operação tributar o fornecedor.**

Na alínea "a", importante perceber que essa imunidade de ICMS na exportação se insere em um contexto mais amplo dentro do Sistema Tributário Nacional, já que existem quatro dispositivos que determinam benefícios aos exportadores, e a previsão de não incidência do ICMS na exportação é apenas um desses tentáculos do regime de **Befiex Constitucional**, ou "benefícios fiscais aos exportadores na

Constituição". Oportuno ler também os dispositivos que afirmam que não incide IPI na exportação (art. 153, § 3º, III) e que não incidem CIDEs e Contribuições Sociais sobre as *receitas* auferidas na exportação (art. 149, § 2º, I). Por fim, importante também verificar o art. 156, § 3º, II, que se refere ao ISS, dispositivo esse que, não obstante, não tenha proibido a incidência do ISS na exportação, determinou que lei complementar o fizesse, o que fora atendido pela LC nº 116/2003 (art. 2º, I). Ou seja, resumindo a informação: a Constituição expressamente proíbe a incidência do ICMS, IPI e de Contribuições sobre as Receitas auferidas na exportação (nesses três casos, fala-se em "imunidades do exportador"); além disso, determina que *lei complementar* exclua o ISS da incidência quando da exportação de serviços, o que foi cumprido pela LC nº 116/2003 (nesse caso, não se trata de "imunidade" tributária, e sim de "não incidência *legalmente* qualificada").

Ainda na alínea "a", importante frisar que esse dispositivo foi modificado pela EC nº 42/2003, a qual deu maior amplitude a ele e alargou o alcance da imunidade. É que de 1988 até 19/12/2003 o referido benefício fiscal era apenas para a exportação de **alguns bens**, e não para qualquer exportação. Resta dizer, é que **até a EC nº 42/2003 a imunidade era apenas para a exportação de produtos industrializados, excluídos os semielaborados**. Ou seja, se a exportação era de um produto não industrializado, não cabia a imunidade e o ICMS incidia normalmente. Se o exportador exportava um produto semielaborado ele tinha que pagar ICMS, pois a norma imunizatória excluía os produtos semielaborados. Logo, qual era a grande polêmica e o grande desafio dos exportadores? Provar que o produto que eles exportavam **não se qualificava como semielaborado**, para que então pudessem gozar da imunidade e não pagar ICMS. E o que fazia a Fazenda? Tentava provar que o produto exportado se enquadrava no conceito de "semielaborado" para que não coubesse a imunidade e incidisse o ICMS. Quem definiu esse conceito foi a **LC nº 65/1991**, no seu **art. 1º, I, II e III**, determinando **TRÊS REQUISITOS C-U-M-U-L-A-T-I-V-O-S** para que o produto pudesse ser conceituado como "semielaborado" e assim ficar sujeito à incidência do ICMS na exportação. Repito e chamo a atenção de vocês para a informação de que, para que coubesse o ICMS nas exportações até antes da EC nº 42/2003, era fundamental que se tratasse de produto semielaborado e esse assim só seria considerado se ostentasse **as três características definidas nos incisos do art. 1º da LC nº 65/91**. O Fisco tentou durante anos aplicar a tese de que se o produto tinha qualquer uma das três características, alternativamente, seria um "semielaborado" e o exportador seria devedor de ICMS. Prevaleceu, entretanto, nos Tribunais maiores o entendimento da advocacia, vide recente publicação da **Súmula nº 433 do STJ**, afirmando esse entendimento. Por fim, enfatizo que **após a EC nº 42/2003 essa questão se** encerrou, pois com a referida emenda toda e qualquer exportação se tornou imune ao ICMS, independentemente do tipo de bem exportado!

DICA 5: ICMS E IMPORTAÇÃO

Ao contrário da exportação, o tratamento constitucional dado nas operações de *importação* é inverso. Cabe ICMS, cabe IPI, cabe ISS, cabe Contribuição Social e cabe CIDE na exportação. Quanto ao ICMS, o art. 155, § 2º, IX, é claro ao afirmar que o ICMS incide também **sobre a entrada de bem ou mercadoria importados do exterior**, sendo irrelevante quem seja o importador, se **pessoa física ou jurídica**, seja esse importador **contribuinte habitual ou não**. Essa larga permissão de incidência do ICMS na importação, é bem verdade, foi **ampliada pela EC nº 33/2001**, que, ao dar nova redação ao dispositivo em comento, realmente veio a permitir que o ICMS pudesse incidir nas importações em geral. E não era assim que o STF vinha aceitando o alcance dessa incidência; antes da EC nº 33/2001, o entendimento era outro. É que o STF fazia a distinção entre o perfil do importador, determinando que só incidiria ICMS na importação se o importador fosse um **contribuinte habitual do imposto**; ou seja, ao revés, **o STF entendia que, se o importador era uma pessoa que não era contribuinte habitual de ICMS, não incidiria ICMS na importação realizada**. Nesses termos, para que se pudesse determinar a incidência do ICMS nas importações era preciso analisar o perfil do importador. Esse era o entendimento que prevalecia, o qual, inclusive, passou a ser estampado na Súm. nº 660 do STF, a qual, hoje, inclusive, está desatualizada, exatamente pelo fato de a EC nº 33/2001 ter alterado formalmente a Constituição para determinar que qualquer importação seria tributável. Logo, hoje, a informação correta que vocês devem levar para suas provas é a de que, na importação, o ICMS sempre incidirá, seja o importador contribuinte habitual ou não. Transcrevo a redação do art. 155, § 2º, IX, "a":

> Art. 155. Compete aos Estados e ao Distrito Federal instituir impostos sobre:
> (...)
> II – operações relativas à circulação de mercadorias e sobre prestações de serviços de transporte interestadual e intermunicipal e de comunicação, ainda que as operações e as prestações se iniciem no exterior;
> (...)
> § 2º O imposto previsto no inciso II atenderá ao seguinte:
> (...)
> IX – incidirá também:

a) sobre a entrada de bem ou mercadoria importados do exterior por pessoa física ou jurídica, ainda que não seja contribuinte habitual do imposto, qualquer que seja a sua finalidade, assim como sobre o serviço prestado no exterior, cabendo o imposto ao Estado onde estiver situado o domicílio ou o estabelecimento do destinatário da mercadoria, bem ou serviço;

DICA 6: ICMS E *LEASING* INTERNACIONAL

Após a EC nº 33/2001, que provocou uma recompreensão da incidência do ICMS nas importações, o tema interferiu na interpretação da questão relativa ao direito de se cobrar ICMS no *leasing*. Isso porque era pacífico que não caberia por não ter fato gerador, já que no *leasing* não ocorre a transferência do domínio da coisa, mas, com a EC nº 33/2001, passou-se a questionar se ela não teria legitimado que se cobrasse ICMS nos *leasings* internacionais, quais sejam, aqueles que se iniciam no exterior, em que o importador aluga o bem com a opção de comprá-lo ao final. E a razão para essa discussão estava no fato de que o novo texto dado ao art. 155, § 2º, IX, "a" veio afirmar que **o ICMS incide na importação independente da sua finalidade**. Ou seja, após a EC nº 33, passa a ser um dado irrelevante, sem qualquer poder de interferência, que a forma de importar foi por um contrato de *leasing*; essa informação passaria a ser desprezível; afinal, o texto constitucional afirma que o imposto incide **independentemente de quem importa e independentemente de "para que fim" importa**. E foi exatamente na esteira desse pensamento que o **STF, no RE nº 206.069/SP** (vide *Informativo* 399 do STF), legitimou a possibilidade de incidir ICMS no *leasing* internacional. Fundamental perceber que o fundamento para a incidência do ICMS não era o fato de ser *leasing*, e sim de ser importação. Após esse precedente, a jurisprudência do STF passou a caminhar no seguinte sentido: **no *leasing* interno, feito dentro do país, não cabe ICMS, valendo a vedação prevista no art. 3º, VIII, da LC nº 87/96; já no *leasing* internacional seria possível incidir o ICMS, nos termos do art. 155, § 2º, IX, "a", da CRFB/1988.**

Por fim, fundamental esclarecer que alguns anos após o julgamento do RE nº 206.069/SP, em que o STF legitimou a incidência do ICMS no *leasing* internacional, houve precedente pontual e específico em sentido diverso, conforme se percebe na leitura do julgamento do **RE nº 461.968/SP** (vide *Informativo* 469 do STF), no famoso caso do *leasing* de equipamentos das empresas de aviação civil. Nessa hipótese, a nosso ver, motivado por uma necessidade política que era a de não onerar as empresas de aviação em um momento em que o país atravessava gravíssima crise nesse segmento, a Corte encontrou uma fundamentação especial para afastar a aplicação do entendimento do RE nº 206.069/SP nesse caso específico, e terminou por decidir que não caberia o ICMS. Em particular, creio com profunda convicção que, se não fosse a situação específica que envolvia o caso e o momento superdelicado pelo qual passava a aviação brasileira, talvez o julgamento não fosse nesse sentido; mas era necessário que assim se decidisse e, portanto, o STF abrandou seu entendimento de cabimento do ICMS no *leasing* internacional e determinou que "em alguns *leasings* internacionais" seria possível não incidir o ICMS. O caminho seria o de analisar a estrutura e a finalidade de cada *leasing* em si. Nesse viés, seria direito dos advogados do importador tentarem provar que, no seu caso específico, a ideia de "entrada" do bem pode ser mitigada, pois em algumas importações a intenção é apenas de uso, sendo flagrantemente perceptível que não há a intenção de compra ao final, ainda que ela seja possível. A advocacia no sentido de afastar a incidência do ICMS seria por meio da argumentação de que, "de fato, não houve uma entrada definitiva do bem", alegando-se que haveria apenas uma "circulação transitória, temporária, do bem, por dentro do país, já que ele retornará para o exterior". Ou seja, criou-se um caminho interpretativo que possibilitou decidir de modo a não aplicar a incidência do ICMS naquele específico caso, o que, repito, era importante para a conjuntura governamental do país. A argumentação das empresas de aviação foi no sentido de que, quando se dava ao contrato a estrutura de *leasing*, essa escolha era apenas por precaução, para que, caso fosse urgente e necessário, se pudesse fazer a compra ao final; mas, em tais circunstâncias, é latente a certeza de que a importação seria apenas para uso mesmo (e era, de fato, o caso das empresas de aviação, que locavam turbinas e equipamentos sem nenhuma intenção de compra ao final, resguardando essa possibilidade apenas por prudência). Logo, a conclusão **final** que se **alcançaria na análise desse quadro fático seria no sentido de que, no *leasing* interno, não cabe ICMS porquanto no *leasing* internacional poderia ou não caber ICMS.**

Diante da insegurança que tal circunstância gerava em relação às expectativas de tributação sobre o *leasing* internacional, o STF decidiu, no ano de 2014, pacificar em definitivo a questão uniformizando o entendimento. E optou, por maioria de votos de seus ministros, por sedimentar que <u>não incide ICMS nas importações a título de leasing independentemente do tipo de leasing e da sua finalidade</u>. A decisão foi tomada no julgamento do RE 540.829/SP, relatoria do Ministro Gilmar Mendes, por maioria, sendo vencidos o relator e o Ministro Teori Albino Zawasky. No ano de 2015, o Pretório Excelso decidiu não aplicar a modulação de efeitos.

DICA 7: DA NÃO INCIDÊNCIA DO ICMS SOBRE A ALIENAÇÃO DE SALVADOS DE SINISTRO PELAS COMPANHIAS SEGURADORAS

O ICMS não incide sobre as operações de alienação de bens salvados de sinistros de veículos praticadas pelas companhias seguradoras. Após longas discussões entre os Advogados das seguradoras e os procuradores das fazendas estaduais, o STF bateu o martelo e, acolhendo o entendimento dos contribuintes, decidiu que o tributo não incide, sendo a conduta em análise fato atípico para a hipótese de incidência do imposto. Concordou a Corte com a advocacia dos administrados, reconhecendo que quando as companhias seguradoras vendem as peças que preservaram utilidade econômica após o sinistro que envolveu o veículo do segurado, não ocorre *operação mercantil*, especialmente em razão da ausência de fim lucrativo em tais alienações. É dizer: o fundamento jurídico para a não incidência do ICMS sobre tais operações é a atipicidade da conduta; ditas alienações, por não terem fins lucrativos e propósito empresarial, inviabilizam a caracterização como *ato mercantil*, inviabilizando a incidência do ICMS. O *case* deu ensejo ao **Tema 216 da Repercussão Geral do STF** e foi apreciado no julgamento do **RE 588.149/SP** de relatoria do Min. Gilmar Ferreira Mendes. Após o julgamento do precedente em apreço foi aprovada a **SÚMULA VINCULANTE nº 32,** que tem o seguinte texto: *"O ICMS não incide sobre alienação de salvados de sinistro pelas seguradoras"*. Ainda sobre o assunto, o tema foi apreciado na órbita do controle abstrato de constitucionalidade em algumas Ações Diretas, merecendo destaque a **ADI 1648-MC/MG**.

O tema tem grande importância prática pois as relações envolvendo seguros de automóveis entre proprietários de veículos e as respectivas companhias seguradoras são usuais em todos os cantos do país. Em tais contratos, a seguradora, em troca do valor que recebe pago pelo segurado, assume o risco de cobrir determinados prejuízos que o segurado sofra em relação ao veículo, conforme regras legais e regras contratuais definindo a amplitude desse risco, as espécies de sinistros etc. Não raro, ocorre a situação fática em que o segurado sofre a perda total do veículo e o sinistro está coberto pelo seguro contratado. Em tais casos, a seguradora paga a quantia devida ao segurado (uma quantia próxima do valor que o veículo alcançaria se fosse alienado naquele momento numa compra e venda à vista) e, em contrapartida, se apropria do veículo no estado em que se encontre. Ou seja, o segurado que tem a perda total do veículo recebe uma quantia em dinheiro e a seguradora fica com o que restou do bem (que é alienado pelo segurado – normalmente no próprio contrato já é pactuada a cláusula de alienação futura e condicionada desde sua celebração, definindo-se que na hipótese de perda

CAPÍTULO 9 – IMPOSTOS ESTADUAIS – II (ICMS)

total coberta pelo contrato, o segurado dispõe do veículo para a seguradora que paga a quantia definida com base nas regras legais e da apólice). Após adquirir o bem, a seguradora, como titular do que restou deste, naturalmente tenta alienar os salvados do sinistro que preservaram utilidade econômica de forma que consiga minimizar o prejuízo que indubitavelmente suporta em relação a esse segurado (é comum que aliene para leiloeiros de salvados, lojas de autopeças, oficinas, companhias que locam veículos e precisam de peças de reposição para utilizar nas suas frotas etc.). E é exatamente quando ocorre essa alienação (vendendo-se as peças que preservaram utilidade econômica) que se tem o *case* aqui abordado. A fazenda estadual defendia a incidência do ICMS a ser cobrado contra a companhia seguradora alienante, ao passo que a advocacia sustentava que em tais operações não havia configuração de ato mercantil, inexistia fim lucrativo, não havia uma atividade econômica organizada e habitual desenvolvida para gerar lucro quando da prática dessas alienações dos salvados dos sinistros. As seguradoras sustentaram que, como instituições financeiras que são, não desenvolvem atividade comercial, que não tem por atividade-fim a venda de mercadorias e que, inclusive, sofrem restrições da legislação regente do mercado financeiro a atuarem como agentes econômicos (o que de fato procede). Demonstraram que em momento algum organizam uma atividade de compra e venda de peças, que não são fabricantes, distribuidoras nem comerciantes de peças de automóveis e que tais alienações são mero desdobramento natural da sua atividade-fim (seguro de automóveis), não havendo configuração de atividade comercial a justificar a incidência do ICMS. Os argumentos foram acolhidos pelo STF, que acompanhou a doutrina amplamente majoritária que sempre defendeu a inocorrência de fato gerador em tais alienações.

Por fim, ainda oportuno registrar que igualmente não incide ICMS quando o titular do veículo o aliena para a companhia seguradora, sendo tal alienação uma mera característica natural dos contratos de seguros de veículos. Quando o proprietário do bem contrata a seguradora, ele consente em abrir mão do bem em favor desta na hipótese de ser indenizado nos casos de perda total do automóvel. Essa alienação é da essência do contrato, é mero desdobramento natural da executoriedade do plano de eficácia desse tipo de seguro, não configurando, em hipótese alguma, uma operação mercantil de venda de veículo do segurado para a seguradora. É dizer: quando uma pessoa contrata uma companhia de seguro para deixar seu automóvel "coberto" contra os riscos definidos no contrato, o segurado sabe que pode perder o veículo para a companhia quando do recebimento do prêmio que o indeniza no valor compensatório pela perda do bem, mas isso não faz dele um fornecedor de mercadoria, nem desse contrato um negócio jurídico de compra e venda de veículo. Em outras palavras, mantendo a linha de pensamento, o segurado não é transformado num estabelecimento contribuinte de ICMS por assumir tal efeito (que é da essência desse tipo de contrato), não se torna alguém que, com habitualidade e fim lucrativo, promove operações de circulação jurídica e econômica de mercadorias. Evidentemente que é incogitável a incidência do ICMS em tais situações. E nesse linear andou bem o legislador, ao deixar claro no **art. 3º, IX da LC nº 87/1996** que fica vedada tal incidência. Transcrevemos o texto para finalizarmos o tópico: *"Art. 3º O imposto não incide sobre: (...) IX - operações de qualquer natureza de que decorra a transferência de bens móveis salvados de sinistro para companhias seguradoras".*

DICA 8: DOS PRINCÍPIOS E CLASSIFICAÇÕES

O ICMS é classificado como imposto **indireto**, já que é da natureza de seu fato gerador propiciar o repasse da carga tributária para um terceiro. Ou seja, o contribuinte legal, *de direito*, que é o fornecedor da mercadoria/prestador do serviço, repassa a carga tributária para o consumidor, embutida no preço pago, fazendo com que o tributo *repercuta, de fato*, no bolso do consumidor, que é quem verdadeiramente suporta a carga tributária. Ocorre o fenômeno da **repercussão tributária**, que representa exatamente esse repasse da carga tributária do *contribuinte de juris* pra o *contribuinte de fato*, em razão da mera ocorrência do fato gerador.

É apelidado também de imposto **plurifásico**, pois desencadeia fatos geradores sequenciados, os quais se integram em uma grande cadeia composta por diversas *fases* sucessivas e interligadas. Isso é comum nas circulações de mercadoria. Para que certo bem circule até o consumidor final, algumas etapas de vendas ocorreram anteriormente, dentro de uma mesma cadeia, a qual se propõe a viabilizar o ato final, que é a chegada do bem até o consumidor. Passa pelo extrator da matéria-prima, depois pelo fabricante, pelo distribuidor, às vezes por um intermediário local, até chegar ao comerciante final, o lojista, que enfim repassa o bem ao consumidor. Toda a cadeia gira em torno desse propósito fim. Ocorrem várias e diferentes etapas ou *fases* para que então o objetivo maior que uniu todas elas seja alcançado. E o imposto incide em cada uma e em todas essas etapas, já que, em cada uma delas, ocorre uma circulação de mercadoria. Daí o apelido **imposto plurifásico**.

O ICMS é regido pelos **princípios da seletividade e não cumulatividade**.

Pelo primeiro desses dois comandos, o da *seletividade*, determina-se que as alíquotas sejam diferenciadas em razão da **essencialidade dos bens**, devendo a alíquota ser menor quando as mercadorias forem mais essenciais, mais importantes e próximas ao mínimo existencial, e, ao revés, devendo a alíquota aumentar

CAPÍTULO 9 – IMPOSTOS ESTADUAIS – II (ICMS)

e ser mais intensa quando o bem é mais supérfluo e menos se aproximando do mínimo existencial do ser humano. Por isso que se diz que o ICMS é regido pela **seletividade de alíquotas em razão da essencialidade dos bens; quanto mais essencial, menor a alíquota; quanto menos essencial, maior a alíquota**. Dessa forma, o consumo de bens mais importantes (remédios, cesta básica etc.) fica menos onerado, concentrando-se a carga tributária no consumo dos bens menos essenciais, mais supérfluos.

Pelo segundo princípio citado, o da *não cumulatividade*, evita-se que, em cada *fase* da cadeia que se forma na circulação da mercadoria, possa o Fisco cobrar o ICMS que já cobrou nas operações anteriores (fases anteriores). Evita-se um enriquecimento ilícito da Fazenda, coibindo-se a arrecadação *cumulativa*. Dessa forma, em cada etapa da cadeia, a cada venda feita, o imposto deve recair apenas sobre o valor que o agente intermediário agregou no preço da mercadoria, não podendo recair sobre o preço total, de sorte que cada intermediário realmente pague seu imposto proporcionalmente à parcela do preço do bem que realmente agregou.

Portanto, para a prova de vocês, se lembrem: **O ICMS é regido pelos princípios da seletividade e da não cumulatividade**.

DICA 9: DA IMUNIDADE PROMOVIDA PELA EC Nº 75/13. PROTEÇÃO À MUSICALIDADE E À CULTURA

O ICMS não poderá incidir sobre a circulação de DVDs e CDs com conteúdo musical ou literomusical que veicule músicas cantadas por artistas brasileiros, assim como *shows* de artistas brasileiros, ainda que a canção interpretada seja de autoria de cantor ou artista estrangeiro. A proibição de incidência do ICMS chegou em boa hora, harmonizando-se à necessidade de desoneração das vendas das obras dos nossos cantores e artistas pátrios que vêm enfrentando profunda dificuldade para combater o mercado ilícito da "pirataria", bem como a revolução do sistema de aquisição de mídias musicais pela internet, em que atualmente as pessoas deixam de comprar CDs e DVDs para adquirir apenas uma ou outra música ou *show* por sistemas inteligentes de comprar por aparelhos de telefonia móvel.

A inovação se deu com base na EC nº 75 de 15-10-2013, que acresceu no inciso VI do art. 150 a *alínea "e"*, a qual abriga o comando proibitivo da incidência do imposto, consagrando a imunidade tributária. Transcrevemos, *in verbis*, a literalidade do comando em apreço para apreciação:

> Art. 150. Sem prejuízo de outras garantias asseguradas ao contribuinte, é vedado à União, aos Estados, ao Distrito Federal e aos Municípios:

(...)
VI – instituir impostos sobre:
(...)
e) fonogramas e videofonogramas musicais produzidos no Brasil contendo obras musicais ou literomusicais de autores brasileiros e/ou obras em geral interpretadas por artistas brasileiros bem como os suportes materiais ou arquivos digitais que os contenham, salvo na etapa de replicação industrial de mídias ópticas de leitura a *laser*.

> **DICA 10: A SÚMULA VINCULANTE Nº 57 DE 2020 E A PACIFICAÇÃO DA EXTENSÃO DA IMUNIDADE TRIBUTÁRIA NA COMERCIALIZAÇÃO DOS LIVROS ELETRÔNICOS E *E-READERS* (SUPORTES FABRICADOS EXCLUSIVAMENTE PARA A FIXAÇÃO DOS *E-BOOKS*)**

O ICMS não pode incidir sobre a comercialização de livros eletrônicos. A imunidade tributária emanada do art. 150, VI, "d" da Constituição não fica restrita à circulação de livros de papel, alcançando também os *e-books*. O STF, no julgamento do **RE 330.817/RJ** (que foi o precedente do **Tema 593 da Repercussão Geral** na Corte), pacificou em definitivo tal entendimento, afastando a tese da Fazenda Pública estadual que defendia ser legítima a cobrança do imposto em tais operações. O Tribunal maior acolheu os argumentos da advocacia dos contribuintes no sentido de ser indevida a interpretação do texto constitucional que excluísse da proteção imunizatória a venda de livros eletrônicos restringindo a benesse fiscal unicamente para operações em que se comercializasse livros papelificados. Aceitou-se o pensamento de que é irrelevante a natureza física do *suporte* por via do qual se veicula a mensagem (se um corpo de papel ou uma mídia digital), acatando-se o entendimento de que a intenção do constituinte é não onerar a circulação do conteúdo, seja lá qual for o veículo utilizado para propagá-lo.

Ampliando o espectro imunizante, o STF entendeu que também não pode incidir o ICMS quando da comercialização dos *suportes* exclusivamente utilizados para fixá-los, como leitores de livros eletrônicos *(e-readers)*, ainda que possuam funcionalidades acessórias. Ou seja, quando o fornecedor vende esse aparelho (fabricado exclusivamente para servir como *e-reader)*, tal operação não é alcançada pela incidência do ICMS, ficando protegida pela aplicação da imunidade tributária ora analisada. E ao que nos parece, andou bem a Corte ao adotar tal entendimento. Assim como o constituinte afirmou que não incide o imposto na comercialização do *papel* destinado à fabricação dos livros (insumo principal e no qual se fixa o texto para que o leitor possa ter acesso à mensagem), faz sentido, analogicamente, que a comercialização do aparelho fabricado para possibilitar

CAPÍTULO 9 – IMPOSTOS ESTADUAIS – II (ICMS)

a fixação da mensagem que o leitor a acessará também seja igualmente imune. Do mesmo modo que não é viável acessar a mensagem num livro físico sem o papel, também não o é num livro digital sem o suporte físico que fixa a mídia e reproduz a mensagem na tela de leitura. Concordamos com o posicionamento do Tribunal. A imunidade, portanto, afasta a incidência da exação fiscal tanto nas operações de comercialização dos livros digitais como naquelas em que se aliena o *e-reader* destinado a fixar e reproduzir o livro.

Quanto aos *e-readers*, fundamental ter atenção para constatar que a imunidade protegerá as operações em que o objeto comercializado é um aparelho fabricado **exclusivamente** para servir a tal finalidade, não sendo correto tentar estendê-la para desonerar operações envolvendo *notebooks*, computadores e outros equipamentos multifuncionais nos quais *também* se pode reproduzir um *e-book*. Deve haver cautela na análise de cada caso, avaliando-se cuidadosamente o que realmente está sendo comercializado para que não se faça aplicação indevida do entendimento. De se perceber com clareza que não há cabimento para tentar estender a norma proibitiva de incidência fiscal em favor de alienações de máquinas com finalidade outras, ainda que possam cumulativamente servir para a fixação de livros digitais. Nesse sentido, a venda de um simples aparelho *Kindle, Lev, Kobo, Myreader* etc., fabricados **exclusivamente** para tal finalidade (reprodução de livros eletrônicos em suas telas), estará alforriada pela imunidade tributária; já a venda de *tablets*, *notebooks*, aparelhos de telefonia móvel, microcomputadores etc. não gozará do mesmo tratamento.

Informação de relevante importância e que merece ser acrescida é no sentido de que, no ano de 2020, em sessão plenária virtual realizada no dia 14/04, a Corte deu um passo além e decidiu aprovar projeto de súmula vinculante dando ensejo ao surgimento de novo verbete, a **SÚMULA VINCULANTE nº 57**, passando a impor (de forma vinculante) a força do entendimento adotado a todos os demais Tribunais e Juízes, assim como a toda a Administração Pública direta e indireta de quaisquer dos entes da Federação, afastando qualquer possibilidade de se persistir, administrativa ou judicialmente, na implementação da tese contrária, definitivamente afastada no plenário da Corte. Aproveitamos para transcrever na integralidade o texto do verbete: *"A imunidade tributária constante do art. 150, VI, d, da CF/88 aplica-se à importação e comercialização, no mercado interno, do livro eletrônico (e-book) e dos suportes exclusivamente utilizados para fixá-los, como leitores de livros eletrônicos (e-readers), ainda que possuam funcionalidades acessórias"*.

Por fim, válido ainda lembrar que o fato de tais operações serem protegidas pela incidência da norma imunizatória (e, logo, pela não incidência do imposto) em nada atinge o dever dos fornecedores de tais bens de cumprirem as obrigações acessórias emanadas da legislação e que eventualmente devam ser adimplidas em razão de tais vendas. É dizer: ***a imunidade tributária de ICMS na comercialização dos livros (eletrônicos ou de papel)*** <u>***não exonera o fornecedor do dever de cumprir as obrigações acessórias previstas na legislação tributária***</u> e, em caso de descumprimento, possível a aplicação de penalidades pecuniárias e demais sanções previstas em lei. Daí o cuidado que tais fornecedores devem ter, já que, apesar de não se sujeitarem ao dever de recolhimento do imposto, podem ser onerados com a aplicação de multas caso não observem as obrigações acessórias impostas.

> **DICA 11: DA REPARTIÇÃO DE RECEITA TRIBUTÁRIA DO ICMS COM OS MUNICÍPIOS E AS ALTERAÇÕES IMPLEMENTADAS PELA EC Nº 108/2020**

Os Estados são obrigados a entregar um quarto da arrecadação do ICMS aos seus Municípios, conforme norma expressamente prevista na Constituição do país quando da organização do microssistema especial de **repartição das receitas tributárias** (temática disciplinada na última sessão do Sistema Tributário Nacional – Sessão VI, compreendendo os arts. 157 a 162 da CRFB/1988). A regra ora comentada é fixada no art. 158, IV e parágrafo único, incisos I e II. Dito regramento, inclusive, passou por importante alteração no mês de agosto de 2020 em razão da aprovação da EC nº 108/2020.

O constituinte, além de definir que os Municípios são credores de 25% do montante arrecadado pelo Estado com o ICMS, definiu também o modo de distribuição desse montante entre as municipalidades, estabelecendo dois sistemas para guiar a partilha dos recursos, os quais se aplicam paralelamente: de um lado, o ***sistema discricionário*** (art. 158, IV, p. único, II) e, do outro, o ***sistema proporcional*** (art. 158, IV, p. único, I).

Por meio do ***sistema discricionário***, o constituinte faculta ao próprio Estado, mediante aprovação de ***lei estadual***, definir os critérios para conduzir a distribuição de <u>***até 35%***</u> do montante a repartir entre os Municípios (havendo o dever de se vincular pelo menos 10% para o segmento educacional, nos termos definidos no próprio texto constitucional – adiante transcrito). Isso porque <u>***pelo menos 65%***</u> da quantia a distribuir deve ser partilhada com base no ***sistema proporcional***. Ou seja: assegura-se que, ***no mínimo, 65%*** da quantia a ser dividia entre os entes munícipes o seja levando-se em consideração o fator da ***proporcionalidade*** com que cada Município contribui para a arrecadação total do Estado (os Municípios que geram mais ICMS recebem mais e os que geram menos recebem menos). Nesse linear, o constituinte confia aos governantes a prerrogativa de elaborarem lei própria escolhendo os critérios a serem prestigiados para definir como

CAPÍTULO 9 – IMPOSTOS ESTADUAIS – II (ICMS)

distribuirão *até 35%* do montante a ser partilhado. Daí se falar que a *margem de discricionariedade* recai sobre até 35% e que a regra da proporcionalidade se aplicará sobre, pelo menos, 65% do valor total a distribuir (lembrando que esse *"valor total a distribuir"* corresponde a ¼ da arrecadação do ICMS pelo Estado). Oportuno registrar que esses percentuais ora mencionados foram definidos após o advento da EC nº 108/2020, já que até antes dele eles eram de *até 25%* para o sistema discricionário e de, *no mínimo, 75%* para o sistema proporcional. Aproveitamos para transcrever o texto já atualizado pela EC nº 108/2020:

> "Art. 158. Pertencem aos Municípios: (...) IV – vinte e cinco por cento do produto da arrecadação do imposto do Estado sobre operações relativas à circulação de mercadorias e sobre prestações de serviços de transporte interestadual e intermunicipal e de comunicação.
>
> Parágrafo único. As parcelas de receita pertencentes aos Municípios, mencionadas no inciso IV, serão creditadas conforme os seguintes critérios: I – 65% (sessenta e cinco por cento), no mínimo, na proporção do valor adicionado nas operações relativas à circulação de mercadorias e nas prestações de serviços, realizadas em seus territórios; II – até 35% (trinta e cinco por cento), de acordo com o que dispuser lei estadual, observada, obrigatoriamente, a distribuição de, no mínimo, 10 (dez) pontos percentuais com base em indicadores de melhoria nos resultados de aprendizagem e de aumento da equidade, considerado o nível socioeconômico dos educandos".

Diante do exposto, constata-se que cada Estado da Federação tem a prerrogativa de deliberar sobre como pretende distribuir parte do montante do ICMS a ser partilhado, sendo facultada ao legislador local tal definição. Em alguns Estados, a título de exemplo, tornou-se comum no início do século o uso do chamado **critério ambiental**, por via do qual se definia que haveria entrega de maior parcela dos recursos em favor das municipalidades que fossem mais eficientes no cumprimento de metas relacionadas às políticas públicas de preservação do meio ambiente, sendo menor o repasse para os entes que tivessem desempenho inferior (o que levou o ICMS em tais Estados a ser apelidado de **ICMS ECOLÓGICO**, ou **ICMS VERDE**, ou ainda **ICMS AMBIENTAL**).

Observe-se também que quanto ao critério **discricionário**, a liberdade do legislador estadual não é plena, já que após a inovação promovida pela EC nº 108/2020, ficou imposto o dever de assegurar pelo menos 10% para o segmento da **educação,** nos moldes indicados na parte final do texto do inciso II do p. único do art. 158 (*"observada, obrigatoriamente, a distribuição de, **no mínimo, 10 (dez) pontos percentuais** com base em **indicadores de melhoria nos resultados de aprendizagem** e de **aumento da equidade**, considerado o nível socioeconômico dos educandos"*).

Por fim, registre-se ainda que apesar de a Constituição facultar o uso do limite de *até 35%* para definir, mediante lei local, os critérios de partilha, *o Estado não é obrigado a distribuir os 35% com base nos critérios discricionariamente definidos em lei estadual*, podendo estabelecer um percentual menor (ex.: define na lei que com base nos critérios nela estabelecidos se distribuirá 30% do montante total a repartir e não os 35% a que se poderia chegar). Desse modo, caso algum Estado opte por não utilizar o percentual máximo de 35%, automaticamente se terá a distribuição do montante remanescente pelo critério proporcional, sendo partilhado em quantia superior aos 65% mínimos referidos no inciso I do p. único do art. 158 (o que não revela qualquer vício, pois a distribuição pelo sistema proporcional pode ser em percentual superior a 65%, só não podendo ser inferior a tal teto; 65% é *o mínimo* que deve ser partilhado pelo critério proporcional e não o máximo).

> DICA 12: AS ISENÇÕES E DEMAIS ATOS DE RENÚNCIAS DE RECEITAS DE ICMS. OS CONVÊNIOS DO CONFAZ E OS TRATADOS INTERNACIONAIS. PROIBIÇÕES DE LEIS ESTADUAIS E A EXCEÇÃO PONTUAL DO PRECEDENTE DA ADI 3.421/PR

Como regra, os atos de *renúncia de receita de ICMS* ensejando favores fiscais de *dispensas de pagamento* para os contribuintes *dependem de acordos,* não podendo ser concedidos de forma unilateral por leis autônomas dos Estados. Noutras palavras, é dizer que *para o ICMS*, diferentemente do que ocorre com todos os demais tributos, a *regra* é que é *vedado ao legislador promover unilateralmente atos de renúncias de receitas*. Tais atos, para que sejam válidos, dependem da *formalização de acordos*, os quais podem se dar no *plano nacional* (por meio da aprovação dos **CONVÊNIOS DO CONFAZ – Conselho Nacional de Política Fazendária**) ou no plano internacional (por meio da celebração de *Acordos e Tratados Internacionais* entre o Brasil e outros países e devidamente internalizados na ordem jurídica pátria).

No *plano nacional* (que é o mais comum de se ter no dia a dia), o caminho natural para viabilizar a concessão dos benefícios fiscais de ICMS é o de se submeter a proposta a uma prévia *deliberação* no Conselho Nacional de Política Fazendária – CONFAZ (no qual cada Estado, assim como o Distrito Federal, possui um representante) e caso, após os diálogos, todos concordem com a aprovação do benefício proposto entendendo-se que este não ensejará *guerra fiscal entre os entes federados* ou *guerra econômica entre os empresários,* formaliza-se um **CONVÊNIO** para homologar a vontade comum de todos em autorizar a implementação

CAPÍTULO 9 – IMPOSTOS ESTADUAIS – II (ICMS)

do benefício fiscal. O *convênio* é o documento que exterioriza de modo formal o benefício, veiculando não apenas seu conteúdo e alcance (sobre quais mercadorias ou serviços recai o favor fiscal, para quais contribuintes, com qual período de duração ou se a prazo indeterminado, com aplicabilidade em quais locais da Federação ou se em toda ela, se com dispensa total ou parcial de pagamento etc.), mas também evidenciando que houve o acordo entre os representantes de todas as unidades da Federação consentindo com tal prática, demonstrando-se estar preservada a harmonia federativa (registre-se que, como regra, a aprovação dos Convênios de ICMS no CONFAZ depende de *quórum de unanimidade* – LC nº 24/1975 – não podendo haver rejeição de nenhuma unidade da Federação).

No *plano internacional*, a jurisprudência dos nossos Tribunais Superiores é pacífica no sentido de reconhecer a possibilidade de concessão de benefícios fiscais de tributos estaduais (o que inclui o ICMS – mas não apenas ele) por via de **Acordos e Tratados Internacionais**. Entendeu a cúpula do nosso Judiciário que, em tais situações, quem age para viabilizar a concessão da renúncia de receita tributária estadual não é a União (pessoa jurídica interna da Federação), e sim o Estado brasileiro (pessoa jurídica de direito público externo, soberana, com personalidade internacional). Acolheram, os Tribunais maiores, o correto entendimento de que quando um Tratado Internacional promove uma norma que dispensa o pagamento de certo tributo, o que está em voga é a vontade soberana da própria Federação, do Estado brasileiro, e dita vontade se sobrepõe a eventual vontade divergente de um ou outro ente ínsito do plano interno da federação. É dizer: nenhum estado membro é maior que o país. O Tratado é fruto de uma aliança de vontades de distintos países, que, na busca da autocooperação internacional, constroem regras jurídicas de interesse global, destacando-se aqui as que buscam evitar tributações que comprometam a efetividade de parcerias, aproximação dos mercados e unificação global da economia. E tais valores são fortes o suficiente para que essa harmonia de vontade do Brasil com outros estados soberanos se imponha e se sobreponha sobre a vontade eventualmente colidente de qualquer unidade interna da nossa federação. Na celebração do Tratado, o Presidente do país não age como Chefe de Governo federal, e sim como Chefe de Estado brasileiro; o acordo não é celebrado com a União, e sim com a República Federativa do Brasil; o benefício não tem origem "federal", e sim "federativa" e não colide com a regra da proibição de concessão de benefícios fiscais heterônomos. Sim, é importante registrar isso: ***os Tratados e Convenções Internacionais que concedem isenções, incentivos e benefícios fiscais de ICMS não colidem com o art. 151, III, da CRFB/1988, que veda que "a União" conceda isenções de tributos dos Estados e Municípios; não há violação ao comando principiológico que veda a concessão de isenções heterônomas***. Como bem demonstrado, as isenções e

177

demais atos de renúncia fiscal gerados por tais acordos não emanam da União, e sim da Federação. Frise-se, ainda, que para que tais normas sejam aplicáveis no país é imprescindível a aprovação do Tratado pelo Congresso Nacional, casa legislativa maior do nosso país, na qual inclusive, destaque-se, tem-se o Senado como organismo que representa os interesses dos Estados. Nesse linear, podem ser citados o **MERCOSUL, GATT, ALALC,** entre outros acordos por via dos quais se concederam isenções de ICMS no Brasil que foram reconhecidas como válidas pelo STF e pelo STJ, vide o famoso caso da isenção na comercialização do **bacalhau, salmão e merluza vindos na Noruega.** Oportuna a leitura da **SÚMULA nº 575 do STF** e das **SÚMULAS nº 20 e nº 71 do STJ.**

Em suma, o que se depreende das explanações supra-acostadas é que *a regra* do nosso Sistema Tributário é no sentido de ser *vedado aos Estados e ao Distrito Federal* promover de forma *unilateral* as *isenções, incentivos e benefícios fiscais que gerem dispensas de pagamento/renúncias de receita de ICMS*. A implementação de tais atos por leis estaduais deve ser considerada *inconstitucional*, havendo necessidade de *celebração de convênio no CONFAZ* (art. 155, § 2º, XII, "g", da CRFB/1988), após as deliberações dos representantes dos Estados e do Distrito Federal, admitindo-se também as que emanarem de *Tratados Internacionais*.

E em relação aos *convênios do CONFAZ*, **oportuno** lembrar que procedimento para suas celebrações se submete às normas da **LC nº 24/1975.**

Por fim, gostaríamos de lembrar que no julgamento da **ADI 3.421/PR, o STF** gerou um **precedente** muito especial em que afastou o regramento ora comentado e validou uma lei ordinária específica do Estado do Paraná, que concedeu unilateralmente isenção de ICMS na hipótese de fornecimento de energia elétrica pela COPEL (concessionária fornecedora de energia elétrica no Paraná) quando a energia fosse destinada a uso e consumo em imóveis que estavam sob posse e uso das igrejas como locatárias ou comodatárias. O **precedente** deve ser compreendido com máxima cautela, pois, apesar de sua importância, ele *não desconstitui a regra geral pela qual é vedada a concessão de isenções, incentivos e benefícios fiscais de ICMS por meio de leis locais sem celebração de convênio no CONFAZ*. Ou seja, a regra continua plenamente válida *apesar do precedente*, o qual foi pontual e em face das nuances do caso analisado. Na hipótese, o Ministro Marco Aurélio entendeu que havia diversos traços excepcionais na situação que justificavam o afastamento do regramento constitucional, o qual perdia o sentido na situação, merecendo, portanto, *naquela hipótese*, ser relativizado. Tratava-se de situação em que a efetivação do benefício concedido pela lei local não tinha o condão de gerar guerra fiscal entre o Estado do Paraná e outros Estados da Federação (tratava-se de fornecimento de energia elétrica em operação interna, dentro do Estado, que ficava com 100% da arrecadação, não sendo possível a tributação decorrer de outros Estados em razão do monopólio da COPEL; logo, não havia prejuízo a outros Estados com a isenção fornecida), assim como não se vislumbrava guerra econômica entre agentes da iniciativa privada, já que o contribuinte legal isento (no caso, a Concessionária de fornecimento de energia) não disputava o mercado com terceiros, sendo titular de direito de monopólio na exploração da atividade.

CAPÍTULO 10

TAXAS E CONTRIBUIÇÕES DE MELHORIA

CAPÍTULO 10 – TAXAS E CONTRIBUIÇÕES DE MELHORIA

1. TAXAS E CONTRIBUIÇÕES DE MELHORIA. CARACTERÍSTICAS GERAIS COMUNS A AMBAS AS ESPÉCIES

DICA 1: FINALIDADE E CARACTERÍSTICAS

Durante muito tempo o único tributo existente era o imposto. Depois surgiram a *taxa* e, em momento superveniente, a *contribuição de melhoria*. Os tributos da chamada "segunda geração das espécies tributárias" surgiram com uma finalidade parecida: *corrigir uma imperfeição no uso pelo Estado do dinheiro arrecadado com os impostos*. É que esse dinheiro arrecadado com o pagamento de impostos pela população *pertence a toda a população*, mas às vezes esses recursos são gastos no custeio de políticas púbicas que se destinam a apenas alguns do povo, e não a todos. E quando isso ocorre, esse dinheiro tem que retornar aos cofres públicos. Para propiciar esse retorno ao erário da verba pública utilizada "imperfeitamente" (não *indevidamente*, mas sim *imperfeitamente*) é que se projetaram as *taxas* e as *contribuições de melhoria* no ordenamento jurídico constitucional tributário.

Observemos esse uso *imperfeito* e compreendamos a lógica das *taxas*. Dita imperfeição ocorre, por exemplo, no custeio do poder de polícia e no custeio da prestação de alguns serviços públicos específicos, os que são dotados da característica da *divisibilidade*. Sempre que esses serviços são prestados, eles se destinam a apenas parte da população, e não a toda ela. São os chamados *serviços públicos* **específicos e divisíveis**. É o exemplo do serviço de *coleta de lixo domiciliar*, o qual, quando prestado, se destina apenas aos *donos de imóveis,* e não às demais pessoas da população. E o nosso ordenamento entende que é imperfeito esse tipo de uso do dinheiro público. Daí por que se cobra a *taxa de serviço* para assim se fomentar a *retributividade* ao erário da verba despendida. A mesma imperfeição se flagra quando se observa o custeio do exercício regular do *poder de polícia* pela Administração Pública. Nem todos provocam a fiscalização, nem todos do povo são fiscalizados. Logo, nada mais justo do que cobrar daqueles que deram causa à fiscalização uma *taxa de polícia*, para que assim retribuam aos cofres públicos as despesas suportadas com a fiscalização a que deram causa.

Já nas *contribuições de melhoria*, temos um tributo ligado exclusivamente a um tipo de situação: a *realização de* **obras públicas** *pelo Estado, gerando* **valorização** *nos imóveis privados.* Todo administrador público sabe que precisará fazer obras públicas durante sua gestão, e essas custam caro e absorvem parcela significativa da arrecadação dos impostos. Ocorre que algumas dessas obras têm como efeito gerar **valorização econômica** nos imóveis de alguns particulares, circunscritos à área onde a obra foi realizada. Sempre que isso ocorre, consagra-se um fenômeno que o ordenamento não tolera, que é o *enriquecimento sem causa*. Alguns do povo se locupletam à custa do uso do capital coletivo. O dinheiro de todos do povo custeia uma obra pública e *alguns do povo* aumentam seu capital particular, mediante a aquisição de valorização dos seus imóveis. Tal fato gerou um desconforto na comunidade jurídica, e o remédio idealizado para corrigir tal imperfeição foi exigir dos proprietários dos imóveis valorizados que pagassem uma contribuição em razão da *melhoria imobiliária* obtida à custa do dinheiro público. Cobrar deles a *contribuição de melhoria*, vedando a perpetuação do enriquecimento sem causa, seria uma forma justa de acalmar a angústia social, fazendo justiça com o resto da população. Logo, buscar-se-ia com a cobrança das *contribuições de melhoria* a *retributividade* ao erário do custo suportado com a realização da obra pública que deu a valorização imobiliária. E com isso se daria causa aos enriquecimentos obtidos.

Portanto, constate-se que a *contribuição de melhoria* se parece intensamente com as taxas, já que ambos os tributos se propõem a viabilizar a *justiça retributiva*, permitindo que retorne ao erário uma verba que foi gasta no custeio de uma política pública típica da Administração Pública, a qual, entretanto, foi compreendida como de execução imperfeita. A diferença nodal é que as contribuições de melhoria têm como *plus* finalístico o intento de coibirem a perpetuação do enriquecimento sem causa, o que não ocorre com as taxas. No mais, ambos são tributos retributivos.

DICA 2: CLASSIFICAÇÕES

Tanto as *taxas* como as *contribuições de melhoria* são tributos **vinculados**, **retributivos**, **sinalagmáticos**, e chamados ainda de **contraprestacionais**. Para que o ente federativo possa cobrar esses tributos, fica ele *obrigado* a fornecer a contraprestação em favor do administrado que será tributado. O ente fica *vinculado* a essa prestação, sem a qual não pode exercer a competência tributária. Não se pode cobrar uma taxa de polícia de certa pessoa sem que se tenha exercido o poder de polícia fiscalizando-a. Não se pode cobrar uma taxa de serviço de certo administrado sem que se tenha oferecido a ele o serviço. Não se pode cobrar uma contribuição de melhoria de certa pessoa sem que se tenha feito a obra pública e valorizado o imóvel dessa pessoa. Portanto, a relação jurídica que se vislumbra é uma relação bilateral, sinalagmática, contraprestacional.

Como se viu no item anterior, os tributos em análise são ainda classificados como tributos *retributivos*, em razão de atuarem no propósito de retribuírem ao erário verbas públicas já utilizadas.

CAPÍTULO 10 – TAXAS E CONTRIBUIÇÕES DE MELHORIA

DICA 3: COMPETÊNCIA E LEI INSTITUIDORA

Conforme emana do art. 145, II e III, da CRFB/1988, são tributos de *competência comum*, o que quer dizer que *qualquer dos quatro entes federativos pode instituir*. Ao contrário dos "tributos especiais" (empréstimos compulsórios e contribuições especiais) que, em regra, são de competência exclusiva da União, as *taxas* e *contribuições de melhoria* podem ser instituídas tanto pelos Municípios como pelos Estados e pelo DF, bem como ainda pela União. A razão é simples. É que o papel desses dois tributos é o de implementar a *justiça retributiva* e isso pode ser necessário nas quatro esferas de autonomia federativa. Todos os entes exercem poder de polícia, prestam serviços públicos específicos e divisíveis e fazem obras públicas que geram valorizações imobiliárias aos imóveis privados. É por isso que os quatro entes precisam ser legitimados a utilizarem as taxas de polícia, as taxas de serviços e as contribuições de melhoria. Daí por que ser a competência *comum* aos quatro entes.

Quanto à *lei instituidora* dos referidos tributos, **basta simples lei ordinária**, não sendo necessária a lei complementar. Aqui, ficamos na regra geral de que tributo se cria por simples lei ordinária, ressalvadas apenas algumas raras hipóteses excepcionais em que o tributo depende de uma lei complementar para poder ser criado (é o caso dos empréstimos compulsórios, impostos residuais e contribuições sociais de seguridade social residuais. Obs.: Há, ainda, alguns que sustentam que o Imposto sobre Grandes Fortunas – IGF seria criável por lei complementar).

DICA 4: DIFERENÇA ENTRE OS DOIS TRIBUTOS

Duas diferenças podem ser apontadas. A primeira, como já informado, reside no *plus* finalístico que a contribuição de melhoria tem e a taxa não, qual seja, o objetivo de atuar como instrumento de vedação à manutenção do enriquecimento sem causa. A segunda diferença se constata na análise dos *fatos geradores* de cada uma dessas espécies tributárias. Não são iguais. Há diferença entre os *fatos típicos* para que esses tributos possam incidir. O *fato* que *gera* a obrigação de se pagar uma contribuição de melhoria é a *obtenção de valorização imobiliária decorrente de obra pública*. Esse é o *fato* que permite a tributação. O ganho da *melhoria*. Não é esse o fato que gera a obrigação de pagar uma taxa. O *fato gerador de taxa de polícia* é o *exercício do poder de polícia* pela Administração. Já na *taxa de serviço* o *fato gerador* é a *prestação do serviço púbico específico e divisível*. Portanto, observe-se que o grande traço que distingue as espécies tributárias é o *fato gerador*, pois cada um dos tributos possui o seu, em individual singularidade. Vale, inclusive, remissão à leitura do art. 4º do CTN, que afirma que o que determina a *natureza jurídica específica dos tributos é o seu fato gerador*, ou seja, a análise do fato gerador permite identificar a espécie tributária.

DICA 5: PRINCÍPIOS DA LEGALIDADE E ANTERIORIDADE

Não há qualquer exceção a esses dois importantes princípios nas taxas e contribuições de melhoria. Os tributos em epígrafe se submetem à regra geral. Só podem ser criados e majorados em virtude de lei, bem como, caso o sejam, só poderão ser exigidos no exercício financeiro seguinte àquele em que for publicada a lei criadora/majoradora, e, ainda, desde que já passados pelo menos 90 dias a partir da publicação da lei.

DICA 6: LANÇAMENTO

Os dois tributos são cobrados mediante uso do **lançamento de ofício**. Quebrando a regra de que a maioria dos tributos se sujeita a *pagamento antecipado*, sendo arrecadados por meio da técnica do *lançamento por homologação*, as *taxas* e *contribuições de melhoria*, assim como o IPTU, IPVA e a CIP são tributos que cobrados mediante necessário e obrigatório *lançamento de ofício*.

Por esse procedimento de arrecadação, não é necessário que o contribuinte participe do procedimento de cobrança, não se exigindo que ele declare a ocorrência do fato gerador, não havendo o dever de o próprio administrado interpretar a lei, calcular o montante do tributo devido e promover o pagamento antecipado antes de receber qualquer notificação. Não. Aqui é o inverso. No *lançamento de ofício*, a Administração *tem o dever de fazer tudo*, interpretando a lei tributária, calculando o montante devido determinado por essa lei e notificando o contribuinte formalmente para que então promova o pagamento no local e prazo determinados, só ficando o administrado sujeito ao dever de pagamento após ocorrer a notificação.

Portanto, na prova, fiquem atentos: **taxas e contribuições de melhoria se sujeitam a lançamento de ofício!**

DICA 7: IMUNIDADES

Vale frisar que as *imunidades subjetivas* previstas no art. 150, VI, "a", "b" e "c", da Constituição **não alcançam taxas e contribuições de melhoria**. As imunidades previstas naquelas alíneas **são apenas para impostos**. Logo, a título de exemplo, quando a Constituição consagra a imunidade religiosa, fica vedado aos quatro entes federativos cobrarem *impostos* sobre os templos de qualquer culto, mas **não fica vedada a cobrança de taxas e contribuições de melhoria**. O mesmo quanto às demais pessoas previstas nas alíneas do inciso VI do art. 150 (partidos políticos e suas fundações, entidades sindicais de trabalhadores, entidades de educação e assistência social sem fins lucrativos, autarquias e fundações públicas etc.).

Portanto, **atenção:** na prova, *a Carta não assegurou a essas pessoas importantes a imunidade de taxas e contribuições de melhoria, só havendo para elas imunidades de impostos!*

2. CONTRIBUIÇÕES DE MELHORIA

> **DICA 8: FATO GERADOR E SUJEITO PASSIVO DAS CONTRIBUIÇÕES DE MELHORIA**

O *fato gerador* do dever de pagar a contribuição de melhoria é a *obtenção da melhoria imobiliária decorrente da obra realizada pelo Poder Público*. Fiquem atentos nas provas, pois o fato que gera o direito de tributar por parte do ente federativo não é *apenas fazer a obra pública*. É *fundamental* que da obra decorra a *valorização imobiliária*. O tributo não é uma contribuição "de obra", e sim uma contribuição "de melhoria".

O sujeito passivo é *o proprietário do imóvel valorizado*.

> **DICA 9: BASE DE CÁLCULO DAS CONTRIBUIÇÕES DE MELHORIA**

A *base de cálculo* que se utiliza para se cobrar a contribuição de melhoria é *o limite da valorização obtida*. Em outras palavras, a análise do **quantum de valorização** auferida é que servirá como **base** para que se faça o **cálculo** de modo isonômico, distribuindo-se entre todos os sujeitos passivos os valores que cada um pagará. Logo, quem obtiver mais valorização, pagará mais; quem lograr menos benesse, pagará menos. A base para se fazer o cálculo distributivo das cobranças fixando os valores individuais de cada sujeito passivo será o *quantum* de melhoria obtido. É no uso dessa *base* que se fará a distribuição do valor da obra entre os proprietários dos imóveis valorizados, apurando-se isonomicamente os valores individuais que cada um terá que pagar.

> **DICA 10: A COBRANÇA DA CONTRIBUIÇÃO DE MELHORIA E OS LIMITES**

Existem *três limites* que norteiam a cobrança da contribuição de melhoria. De um lado, o chamado *limite geral ou global*; em uma segunda perspectiva, o chamado *limite individual ou personalizado*; por fim, o chamado *limite do pagamento anual*.

Pelo primeiro limite, o *limite geral*, determina-se que a Administração não pode arrecadar mais do que gastou com a obra. Logo, a soma de todas as contribuições de melhorias cobradas não pode ultrapassar o limite do custo total com a obra. Não pode ocorrer arrecadação em limite que extrapole a despesa suportada.

Pelo segundo limite se fixa que nenhum contribuinte ficará sujeito a uma cobrança em valor superior ao *quantum* de melhoria individualmente obtida.

O terceiro limite está previsto no *caput* do art. 12 do DL nº 195/67, que registra que *"a Contribuição de Melhoria será paga pelo contribuinte da forma que a sua parcela anual não exceda a 3% (três por cento) do maior valor fiscal do seu imóvel, atualizado à época da cobrança"*. O legislador, nesse caso, preocupou-se em evitar que o contribuinte seja obrigado a pagar um valor muito alto dentro de um único ano; nessa linha, caso a cobrança seja de valor que supere a margem de 3% do valor do imóvel, obrigatoriamente deve haver um parcelamento do débito em anos diferentes.

Analisados os três limites de se concluir que nenhum ente poderá arrecadar mais do que gastou com a obra, que nenhuma pessoa pode ser obrigada a pagar mais do que obteve a título de melhoria nem deve ser sujeita a pagar dentro de um mesmo ano valor que supere a quantia de 3% do valor do seu imóvel.

DICA 11: OBRA DE "PAVIMENTAÇÃO ASFÁLTICA ORIGINÁRIA OU CALÇAMENTO". DIFERENTE DE OBRA DE "RECAPEAMENTO ASFÁLTICO"

Merece especial atenção a questão que envolve a obra de *recapeamento asfáltico*, ou, na linguagem popular, a obra de "tapar buracos das ruas" ou de "recauchutamento de asfalto". Essa obra **não gera valorização imobiliária**. Quando o ente federativo (em regra o Município) faz esse tipo de obra, os proprietários de imóveis na área circunscrita têm a falsa noção de que seus imóveis estão sendo valorizados. Na verdade, quando a Administração Pública faz uma obra como essa, tapando os buracos, está apenas conservando e recuperando o patrimônio público, e, quando muito, devolvendo aos imóveis o seu real valor, o qual se encontrava depreciado em razão da omissão de conservação das vias públicas. Tanto o STF como o STJ uniformizaram entendimento no sentido de que não ocorre *valorização* nos imóveis em razão de obras de *recapeamento*, mas apenas, quando muito, a devolução de um valor que estava inferiorizado.

CAPÍTULO 10 – TAXAS E CONTRIBUIÇÕES DE MELHORIA

Não se confunde, entretanto, a obra de *recapeamento* com a obra de *primeira pavimentação* de uma via que *jamais foi asfaltada*. No avanço do urbanismo se promove o *primeiro calçamento*, a *pavimentação asfáltica originária* de certas vias, às vezes até então de terra, de barro, de paralelepípedo. Inegável que, quando ocorre esse tipo de obra, *os imóveis da região se valorizam*. Nesses termos, cabe a contribuição de melhoria.

Portanto, para a prova, fiquem atentos: **CABE contribuição de melhoria quando se realiza a obra de pavimentação asfáltica originária (primeiro calçamento), mas NÃO CABE a cobrança do tributo quando a obra é de recapeamento, já que, nesse último caso, não ocorre fato gerador.**

3. TAXAS

DICA 12: MODALIDADES DE TAXAS

O nosso sistema tributário engloba dois tipos de taxas: a **taxa de serviço** e a **taxa de polícia**. Com a primeira, busca-se a retributividade ao erário do montante despendido com a prestação de alguns serviços públicos (os serviços públicos *específicos* e *divisíveis*); já com a segunda, almeja-se a recuperação das despesas suportadas no exercício do poder de polícia pela Administração. Não há previsão constitucional para outras modalidades de taxas. Logo, nas provas devemos sempre ter atenção para esta informação: só existem dois tipos de taxas previstas na Constituição (art. 145, II) e no CTN (art. 77), a **taxa de serviço** e a **taxa de polícia**.

DICA 13: FATO GERADOR E SUJEITO PASSIVO DA *TAXA DE SERVIÇO*

O fato que gera a obrigação de se pagar a *taxa de serviço* é a *disponibilização do serviço público* **específico e divisível** pela Administração Pública, **prestando-o efetivamente ao grupo de destinatários, colocando-o à disposição para uso**. Observe-se que **nessa modalidade de tributo,** quem **realmente** pratica o *fato gerador* da obrigação tributária é o próprio sujeito ativo, ou seja, o ente credor que exercerá a competência tributária.

Basta que o serviço seja prestado, ou seja, colocado à disposição do administrado, para que ele já fique obrigado ao pagamento da taxa (tratando-se aqui, evidentemente, de serviços públicos que sejam específicos e divisíveis). Para que a prestação do serviço seja passível de tributação, não é necessário que ocorra o efetivo uso do serviço pelo contribuinte. Reiterando, **o simples**

oferecimento do serviço público específico e divisível já é suficiente para nascer a obrigação tributária, ensejando o direito de tributação pela Fazenda pública. *A obrigação tributária surge com a efetiva prestação do serviço*, sendo indiferente se o contribuinte o utilizará realmente (usuário efetivo) ou se apenas se resumirá a ser um usuário potencial.

ATENÇÃO: não é a prestação de qualquer serviço pela Administração Pública que enseja o direito de cobrar uma taxa de certas pessoas. É **fundamental** que o serviço prestado tenha **duas características**: precisa ser **específico** e também **divisível**. Observe-se que não são características *alternativas*, e sim *cumulativas*, ou seja, é preciso ter a *especificidade* e também a *divisibilidade*. Não sendo um serviço *específico* e *divisível*, não se pode cobrar a taxa de serviço.

Nesse ponto específico da matéria, acho oportuno registrar uma informação. É que por força da redação que foi dada ao art. 77 do CTN, quando da normatização do instituto das Taxas, algumas respeitosas vozes na doutrina citam que o fato gerador da *Taxa de Serviço* seria "o uso efetivo ou potencial do serviço público efetivamente prestado ou colocado à disposição". Observem que sob essa ótica compreensiva a conduta que seria acusada como fato típico seria a conduta do administrado, a conduta do contribuinte, de *utilizar* o serviço público, seja essa utilização uma utilização *efetiva* (quando então se diria que o serviço foi "efetivamente prestado") ou uma utilização *potencial* (quando se falaria em serviço "colocado à disposição"). *Data venia*, ainda que respeitando a livre concepção interpretativa de cada um, lícita, frise-se, ousamos divergir (o que também é lícito!). A bem da verdade, parece-nos crível que o *uso* do serviço pelo contribuinte, seja ele *efetivo* ou *potencial*, é uma mera consequência de o serviço *ter sido prestado*, ter sido realmente *disponibilizado*. Ser utilizado *efetivamente* ou não em nada muda a concretização da conduta do Estado, já *consumada*, de ter disponibilizado o serviço. E desde esse momento em que o serviço é prestado, já nasce a relação jurídica obrigacional tributária, já se ergue o liame obrigacional em razão do qual o destinatário do serviço e o ente prestador já estão unidos pelo traço obrigacional. Não tem qualquer relevância para que apure a gênese da relação jurídica a análise de qual foi a modalidade de uso empreendida pelo sujeito passivo; ele já será sujeito passivo independente dessa análise, e o fato que realmente lhe imputa o *status* de sujeito passivo, dando surgimento ao elo obrigacional tributário é a conduta do Estado de prestar o serviço. Esse é verdadeiramente o fato gerador da relação jurídica tributária. De toda sorte, recomendando a leitura do art. 77 do CTN e do art. 145, II, da Constituição, deixamos averbado o nosso registro de que alguns colegas na docência e na academia sustentam que o fato gerador

CAPÍTULO 10 – TAXAS E CONTRIBUIÇÕES DE MELHORIA

seria o *uso* do serviço pelo contribuinte, seja esse uso *efetivo* ou *potencial*. Caso se deparem em prova com essa afirmativa, recomendo que a aceitem como correta também, apesar do meu particular incômodo com a comunhão desse pensamento.

Por fim, **sujeito passivo do dever de pagar a taxa de serviço é toda pessoa em favor da qual o serviço foi oferecido**, utilize-o ou não. Ou seja, **tanto o usuário efetivo como o usuário potencial** são sujeitos passivos da *taxa de serviço*.

DICA 14: FATO GERADOR E SUJEITO PASSIVO DA *TAXA DE POLÍCIA*

O fato que gera a obrigação de pagar a *taxa de polícia* é o **exercício regular do poder de polícia pela Administração Pública**. Ou seja, a conduta que faz nascer a relação obrigacional tributária é a **atividade de fiscalização sobre certos administrados**. E são exatamente esses administrados fiscalizados que serão os sujeitos passivos da cobrança do tributo. Ou seja, aqueles que dão causa à fiscalização pagarão a taxa para retribuir ao erário os custos suportados pelo Estado no exercício do poder de polícia que se realizou. Portanto, basta que ocorra de fato o exercício do poder de polícia e nascerá o direito de se cobrar a *taxa de polícia* das pessoas fiscalizadas.

ATENÇÃO: para que se considere ocorrido o poder de polícia (e assim se tenha materializado o fato gerador da obrigação tributária de pagar a taxa de polícia) **não é necessário que ocorra uma diligência presencial no estabelecimento da pessoa fiscalizada. Basta que se prove que o Órgão/Autarquia da Administração fiscalizadora está em regular funcionamento**. Ou seja, o STF já pacificou que se considera ocorrido o *poder de polícia* (e, logo, pode-se cobrar o tributo) quando se comprova que a entidade fiscalizadora se encontra em normal exercício, em regular funcionamento. Basta isso. Não é imprescindível, frisamos, que se concretize uma operação de fiscalização *in loco*, já que atualmente se admite o poder de polícia sendo exercido a distância. É claro que o poder de polícia deve ocorrer efetivamente (afinal, se não ocorrer exercício efetivo do poder de polícia, não há fato gerador de obrigação tributária), mas o que se quer deixar evidente é que esse exercício *efetivo pode estar ocorrendo sem a necessidade de operacionalização de uma diligência presencial no estabelecimento do sujeito passivo*. A reestruturação do pensamento jurídico na compreensão dos institutos do Direito Administrativo, motivada pela constante e dinâmica mutação na forma de relação entre a Administração Pública e a sociedade, faz com que precisemos ter a sensibilidade de reler conceitos básicos e dogmas clássicos, de modo a enxergar o alcance da aplicação dos institutos que disciplinam essas relações entre o Estado e os administrados de forma mais adequada à realidade vivida, contextualizando a aplicação das normas jurídicas dentro da real estrutura das relações sociais. Nesse viés, não se pode mais pensar no *poder de polícia* como aquele *poder de polícia* que o Estado exercia na época do Império, ou nos primórdios da República, em que seria possível exigir que para cada foco de necessidade fiscalizatória se pudesse dedicar um agente fiscalizador, conduzindo presencialmente uma diligência fiscalizadora, atuando *in loco* em cada estabelecimento a ser fiscalizado. Não. Em um Brasil de mais de 200 milhões de pessoas, foco contínuo de multiplicação de conflitos sociais, insistentemente mais agravados a cada dia, e com uma Administração cada vez mais suplicante por socorro em sua reestruturação e na urgência de receber mecanismos eficientes para combater a corrupção, torna-se inviável exigir que o poder de polícia se exerça presencialmente em todos e quaisquer locais e focos de necessidade fiscalizatória. No mundo moderno as fiscalizações passam a ocorrer mediante sistemas globais de controle, por meio de técnicas de monitoramento a distância do comportamento social, sistema esse exercido permanentemente pelos Órgãos da Administração Pública e por suas Autarquias, quando é o caso. E para fazer frente aos custos despendidos na viabilização desse custeio é que se faz justa a cobrança da Taxa de Polícia, já que, pelo simples fato de se perceber que os Órgãos/Autarquias fiscalizadores estão em regular atuação, se legitima crer que o poder de polícia está de fato ocorrendo, ainda que mediante sua nova forma de propagação. Ainda teimar em interpretar o alcance do poder de polícia sob as luzes de uma realidade já não mais vivenciada demonstra falta de sensibilidade e bom senso para evoluir na forma de interpretar o Direito dentro do processo das permanentes transformações sociais, enxergando nas normas jurídicas um alcance que não se pode crer seja mais o verdadeiro.

DICA 15: BASE DE CÁLCULO DAS TAXAS. ART. 145, § 2º, DA CRFB/1988. METRAGEM DOS IMÓVEIS COMO BASE DE CÁLCULO. SÚMULA VINCULANTE Nº 29, STF

Fiquem **muito** atentos na prova, meus amigos, com a seguinte afirmativa **correta**: *Taxas não podem ter base de cálculo própria de impostos!* E realmente não podem! Paira expressa proibição no art. 145, § 2º, da CRFB/1988.

Na cobrança dos impostos, a *base de cálculo* é sempre o **valor** *da riqueza* revelada no fato gerador (exemplo: no Imposto de Renda, a *base de cálculo* é o *valor da renda* auferida; no IPTU, a *base de cálculo* é o *valor venal do imóvel*; no IPVA, o *valor do automóvel* etc.). Jamais se pode tomar como *base* para se fazer o *cálculo* de uma taxa o valor de uma riqueza. Ninguém pode ser *mais* ou *menos* taxado pelo fato de ter *mais* ou *menos* riqueza. Não pode ser essa a base de cálculo das taxas, como se faz nos impostos. E por um motivo simples e de lógica

CAPÍTULO 10 – TAXAS E CONTRIBUIÇÕES DE MELHORIA

compreensão: pois *ninguém paga taxa pelo fato de ter revelado uma riqueza*! Ora, se o fato que gera a obrigação de pagar uma taxa não é a conduta de exteriorizar uma riqueza, por que o critério para calcular o valor da taxa seria a medição de uma riqueza? Não teria qualquer fundamento, adequação, referibilidade. Uma pessoa tem que pagar uma *taxa de polícia* mais cara ou mais barata de acordo com o critério da *medição do custo do poder de polícia*. Se a fiscalização foi mais cara, a taxa deve ser mais cara; se foi menos onerosa, o tributo deve ser cobrado em menor intensidade. Na *taxa de serviço*, se a pessoa a quem o serviço foi ofertado tinha maior potencial de usar o serviço, deve pagar mais; se tinha menor potencial de uso do serviço, a taxa deve ser menos custosa. É assim que se deve cobrar a taxa. Nunca se tomando como referência, como parâmetro, como *base* para se calcularem os montantes a serem exigidos de cada contribuinte, o valor de uma riqueza, o que seria próprio de imposto e não teria qualquer adequação à finalidade do ato de cobrança de uma taxa. É por isso que o constituinte afirmou e vocês devem ficar atentos na prova: **taxa não pode ter base de cálculo própria de imposto!**

Polêmica conhecida e que *pode cair na prova* surgiu em razão de diversas leis instituidoras de Taxas de Polícia e de Serviço (exemplo: Taxa de Coleta de Lixo Domiciliar; Taxa de Esgoto; Taxa de Incêndio etc.) adotarem como base de cálculo a **metragem do imóvel** onde se desenvolve a fiscalização ou ao qual se disponibiliza o serviço. Ou seja, **se o imóvel for maior, o tributo fica mais caro; se for menor, fica mais barato**; o valor da taxa varia de acordo com a oscilação da *metragem* do imóvel. E **não há inconstitucionalidade** nessa técnica! O STF pacificou (acertadamente!) que **metragem não é sinônimo de valor**. Um imóvel pode ser maior e valer menos e outro ser menor e valer mais! Medir a metragem e tomar essa unidade de medida como *base* para se calcular o valor das taxas é analisar *a intensidade do potencial de uso do serviço oferecido* (exemplo: parte-se da presunção de que, se o imóvel é maior, cabem mais pessoas, logo, há mais potencialidade de se produzir lixo e se utilizar mais intensamente o serviço público oferecido; mesmo que *de fato* isso não ocorra, a potencialidade sempre existirá) bem como a *intensidade do custo suportado pela Administração para exercer o poder de polícia* (em regra mais caro em imóveis maiores). Logo, superando uma vencida jurisprudência antiga, **o STF entendeu que é possível que a lei utilize como base de cálculo da taxa a metragem do imóvel, não havendo colisão com a vedação prevista no art. 145, § 2º**, e não sendo tal parâmetro uma base de cálculo própria de imposto. Base de cálculo própria de imposto seria tomar como referência o *valor venal do imóvel*, como ocorre no IPTU. Não é o caso. Por mais que quando se apure o valor do imóvel se leve em consideração o tamanho (metragem), a metragem por si só não é a base de cálculo do imposto e não é suficiente para definir o valor da riqueza. Logo, o **STF**, expedindo a **Súmula Vinculante nº 29**, deixou claro que a utilização como base de cálculo de uma taxa de um elemento que também é utilizado na técnica para apurar a base de cálculo do imposto não é inconstitucional, não fere a *ratio* normativa do art. 145, § 2º. O que não pode é haver ***total identidade entre as duas bases***. Portanto, amigos, fiquem atentos para a seguinte proposição verdadeira: ***taxas podem ter como base de cálculo a metragem dos imóveis***; ou então: ***na base de cálculo de uma taxa pode ser utilizada uma medida que também se usa na apuração da base de cálculo de um imposto, desde que não haja total identidade***. É isso!

DICA 16: TAXA DE LIMPEZA PÚBLICA – TLP: INCONSTITUCIONAL. TCLLP: INCONSTITUCIONAL. SÚMULA VINCULANTE Nº 19, STF

Como já explicado, só se pode cobrar uma *taxa de serviço* quando o serviço público é **específico e divisível**. Não basta que se tenha a prestação de um serviço público para que se possa cobrar uma taxa de certas pessoas buscando retribuir ao erário o valor gasto na prestação do serviço. É fundamental que o serviço seja dotado de *especificidade e divisibilidade,* **o que não ocorre no serviço de limpeza pública** (em outras palavras, serviço de varredura de ruas, limpeza de praças, remoção de resíduos das vias públicas), que é serviço *indivisível.*

Não se pode cobrar de um grupo de pessoas uma taxa para retribuir o custo despendido na execução de um serviço que se prestou a *todas* as pessoas do povo, e não apenas àquele grupo. E é o que ocorria no caso em análise. Os Municípios cobravam dos proprietários de imóveis uma *taxa* pelo *serviço de limpeza pública* (a TLP). Ocorre que tal serviço não é prestado apenas aos donos de imóveis, mas sim a toda a população indivisamente, além de outras pessoas, como turistas, trabalhadores de cidades vizinhas, transeuntes, mendigos etc. Portanto, **o STF declarou inconstitucional a TLP**.

DICA 17: TAXA DE COLETA DE LIXO DOMICILIAR – TCLD

Diferente da TLP é a **TCLD – Taxa de Coleta de Lixo Domiciliar**, esta, plenamente tributável, aceita pelo STF e realmente não violadora dos mandamentos constitucionais tributários.

O serviço de **coleta de lixo produzido nos domicílios** é prestado apenas aos donos desses imóveis para os quais o serviço é destinado, e não a toda e qualquer pessoa. ***O serviço tem divisibilidade***. *A Taxa é constitucional.*

CAPÍTULO 10 – TAXAS E CONTRIBUIÇÕES DE MELHORIA

O grande problema que ocorria no Brasil é que diversos Municípios malandramente instituíam por lei uma *taxa* que na verdade não se resumia a ser a *TCDL* e pretendiam englobar sorrateiramente e embutida também a *TLP*. Ou seja, buscavam taxar os contribuintes, proprietários de imóveis, exigindo a retributividade do custo dos dois serviços, o de *coleta de lixo domiciliar* mais o de *limpeza pública*. Tentavam camuflar a *Taxa de Limpeza Pública* inclusa na cobrança da *Taxa de Coleta de Lixo Domiciliar*. Era a chamada *Taxa de Coleta de Lixo e Limpeza Pública – TCLLP*. Por lógico que **o STF declarou inconstitucional a cobrança da TCLLP**, afinal, como explicado no item anterior, o serviço de limpeza pública não é passível de taxação, pois é serviço *indivisível*. Nesse contexto é que foi expedida a **Súmula Vinculante nº 19 do STF**, afirmando só ser constitucional a taxa que é cobrada **exclusivamente** em razão do serviço de **coleta de lixo domiciliar**. Logo, reafirmando, a **TCLD é constitucional; a TLP e a TCLLP são inconstitucionais**.

DICA 18: TAXA JUDICIÁRIA. STF, SÚM. Nº 667

Não obstante as coerentes críticas da doutrina, o STF vem aceitando como constitucional a utilização do **valor da causa** como **base de cálculo da taxa judiciária**, de modo que quem paga mais é quem pede uma vantagem maior, retribuindo menos quem postula menor valor. Entretanto, a Suprema Corte estabeleceu que *o valor da causa até pode ser a base de cálculo, mas não ilimitadamente. Há de se ter um teto máximo*. Do contrário, pedidos em valores muito altos importariam uma *taxa* excessivamente cara, o que poderia inviabilizar o acesso ao Judiciário para pessoas de menor poder aquisitivo. Imagine-se, por exemplo, uma pessoa que pretendesse uma indenização em valor de 10 milhões de reais por uma lesão que realmente suportou. Se fosse tributada com os tradicionais 2% de *taxa judiciária*, teria que pagar o absurdo montante de R$ 200.000,00 apenas para ajuizar a ação. Inviável! Além do mais, não há processo que represente tamanho custo para o Estado a ponto de justificar uma prestação retributiva de tal dimensão.

Nesses termos é que o STF determinou que *há de se ter um teto para que se utilize o valor da causa como base de cálculo*, sob pena de se *comprometer o acesso à justiça*. Esse é o tema que fomentou a edição da **Súm. nº 667**.

DICA 19: TAXA DA CVM. STF, SÚM. Nº 665. TAXA E CAPACIDADE CONTRIBUTIVA

A União fiscaliza continuamente um importante segmento da atividade econômica, qual seja, o mercado no qual atuam os operadores financeiros, e, em especial, por meio da circulação de valores e títulos mobiliários, destaque, por exemplo, para a Bolsa de Valores e o mercado de Ações. Para que se mantenham respeitadas as normas que regem tal órbita de atuação dos investidores e operadores, é exercido o poder de polícia pelo Governo Federal, o que se faz por uma Autarquia fiscalizadora, a Comissão de Valores Mobiliários, a CVM.

Para retribuir o custo dessa fiscalização, os operadores são *taxados* com a famosa *Taxa da CVM*.

A polêmica que envolveu o tributo resultou do fato de a lei instituidora determinar que **a base de cálculo é o patrimônio líquido da pessoa fiscalizada**. Ou seja, se o empresário fiscalizado tinha maior patrimônio líquido, a taxa era mais cara; se menor, pagava uma prestação retributiva menor.

Foi questionada a constitucionalidade de a lei fazer a vedação do art. 145, § 2º, da CRFB, alegando-se que a lei havia utilizado base de cálculo que seria própria de imposto, pois estaria mensurando a intensidade da capacidade contributiva dos contribuintes.

Apesar de alguns ministros aceitarem a tese, prevaleceu a vontade do legislador, e, por maioria, o Supremo acolheu a constitucionalidade, pois restou provado que a fiscalização se concentrava em elementos do patrimônio líquido, e, caso esse fosse maior, realmente a fiscalização seria mais custosa, daí por que a taxa deveria ser mais cara. Desse modo, não se estava valorando a intensidade da capacidade contributiva, e sim o custo da fiscalização. E assim surgiu, no ano de 2003, a **Súm. nº 665, STF**, afirmando a constitucionalidade da lei e da taxa.

Frise-se que depois, já em 2008, o STF, com nova composição de Ministros, reafirmou a constitucionalidade da Taxa da CVM, sendo que alguns Ministros chegaram até mesmo a afirmar que seria possível valorar a capacidade contributiva em algumas taxas, especialmente aquelas que se cobram de agentes econômicos, como era o caso da CVM, relativizando o dogma de que o princípio da capacidade contributiva não se aplicaria nas taxas.

> **DICA 20: TAXA DE ILUMINAÇÃO PÚBLICA. CONTRIBUIÇÃO DE ILUMINAÇÃO PÚBLICA. TIP X CIP. STF, SÚM. Nº 670. EC Nº 39/2002. A SÚMULA VINCULANTE Nº 41 DO STF**

Conforme toda a explicação feita no outro rol de "dicas", DICA 8, sobre empréstimos compulsórios e contribuições especiais, também disponível no nosso site, fizemos o comentário sobre **a inconstitucionalidade da Taxa de Iluminação Pública – TIP, contrastando com a constitucionalidade da Contribuição de Iluminação Pública – CIP**.

Apenas recordando, os Municípios cobravam a velha Taxa de Iluminação Pública, a qual foi declarada inconstitucional já que **iluminação pública é serviço indivisível**. O **STF**, ver **Súm. nº 670**, pacificou esse entendimento.

CAPÍTULO 10 – TAXAS E CONTRIBUIÇÕES DE MELHORIA

Apesar disso, foi feita a **EC nº 39/2002**, a qual criou o **art. 149-A na CRFB/1988** e passou então a ficar autorizada a cobrança da **contribuição especial de iluminação pública – CIP**, de competência dos Municípios e do Distrito Federal.

A CIP é tributo autorizado pela Constituição, tem como *fato gerador o consumo de energia elétrica* e, como *sujeito passivo, o proprietário do imóvel onde se consome a energia elétrica*.

Portanto, atenção à prova de vocês: se de um lado a TIP é inconstitucional, a CIP é autorizada pela Carta e admitida no STF, tendo sido autorizada pela EC nº 39/2002.

Utiliza-se como *base de cálculo a intensidade do consumo de energia elétrica*, de sorte que quem consome mais paga mais. A *CIP é cobrada na fatura de energia elétrica*, já que os Municípios celebram convênios com as concessionárias e aproveitam a estrutura de cobrança da tarifa de consumo de luz, sendo então feita uma única cobrança das duas dívidas, a *tarifa de energia elétrica* e a *contribuição de iluminação pública*, esta última, de natureza tributária. No ano de 2015, o STF editou a Súmula Vinculante de nº 41 e reafirmou esse entendimento, agora sob o efeito vinculante que veda a qualquer autoridade desobedecer-lhe, seja na esfera do Poder Executivo, seja no Poder Judiciário.

DICA 21: TAXA DE CONTROLE E FISCALIZAÇÃO AMBIENTAL – TCFA

A União desenvolve, por meio do Ibama, o exercício de poder de polícia fiscalizando alguns industriais e fabricantes, os quais se caracterizam, em razão de suas atividades e do tipo de lixo e dejetos que geram no exercício delas, como **potenciais poluidoras do meio ambiente**.

A fiscalização se desenvolve no propósito de exigir que sejam respeitadas as normas de proteção do meio ambiente. Para retribuir o custo de tal atividade fiscalizadora é que se cobra dessas pessoas uma *taxa de polícia*, a **Taxa de Controle e Fiscalização Ambiental – TCFA**.

O *fato gerador* da TCFA é o *exercício do poder de polícia*, o qual, no caso, é exatamente essa fiscalização protetiva do meio ambiente. A grande polêmica residiu no fato de que diversos sujeitos passivos alegaram que nunca haviam sido fiscalizados, pois jamais um fiscal do Ibama ou qualquer outra pessoa em sua representação teria desenvolvido a fiscalização do estabelecimento. O STF, entretanto, aceitou a tese da Procuradoria da União de que *para se provar que houve exercício de poder de polícia não é necessário que seja realizada uma diligência de fiscalização* in loco *no estabelecimento, guiada por um servidor presencialmente. O STF acolheu a tese do "poder de polícia a distância"*, *aceitando que basta que se prove que o órgão/autarquia/fiscalizadores estejam em regular funcionamento.*

No caso, como o Ibama sempre esteve em regular funcionamento, o STF aceitou a tese de que o poder de polícia jamais deixou de ser exercido, e, por logo, declarou a **constitucionalidade da TCFA**.

DICA 22: TAXA DE FISCALIZAÇÃO E FUNCIONAMENTO – TFF

A maioria dos Municípios brasileiros cobra a famosa ***Taxa de Fiscalização e Funcionamento – TFF***, que se destaca, antes de qualquer coisa, pelo fato de ser apelidada com as mais variadas nomenclaturas, variando muitas vezes seu pseudônimo de uma cidade para a outra. Todavia, o tributo é o mesmo. Ora visualizamos a **TFF** sendo chamada de **"Taxa de Renovação de Licença e Alvará"**, ou então de **"Taxa de Manutenção de Funcionamento"**, ou ainda **"Taxa de Localização e Funcionamento"** e até mesmo **"Taxa de Fiscalização e Localização"**, entre outras linguagens que já flagramos pesquisando a matéria. O que importa é entender o que é essa Taxa, qual o *poder de polícia* que está sendo exercido para de fato justificar a sua cobrança. Avancemos.

Utilizemos o linguajar popular aqui. Quando certa pessoa requer ao Município a autorização para poder "abrir" uma "empresa", para instalar uma "firma", para fazer valer legalmente seu "negócio", formalizando o pleito de que em certa localidade possa estabelecer seu ponto de atuação, uma série de fatores precisa ser ponderada para que possa o ente conceder o permissivo almejado. Notório que não basta a livre vontade de um Administrado em querer "abrir" seu "negócio" para que simplesmente o Estado reconheça como cabível tal implementação. Há de se avaliar, entre outras tantas ponderações, detalhes essenciais como o objeto que se pretende empreender, a localidade na cidade em que se propõe a executá-lo, as características do imóvel e do ponto na urbe em que se deseja atuar etc. Muitas vezes, para preservar o interesse coletivo, a paz pública, o Estado é obrigado a vedar a instalação do estabelecimento e o exercício da atividade, detectando a colisão entre sua prática e o interesse da coletividade e do próprio Estado, sendo certo que a livre-iniciativa, como qualquer valor, princípio e direito fundamentais, encontram limites que dão os contornos de sua lícita manifestação. Logo, quando um Município legitima a instalação e funcionamento de certo estabelecimento, empresarial ou não, dentro da cidade, concedendo o alvará ou a licença para que a pessoa possa empreender sua atividade, é evidente que após todo esse processo de análise se percebeu que, *dentro dos limites propostos pelo administrado*, aquela atividade, naquele local, naquele ponto comercial, naquele imóvel, seria compatível com o sistema de normas protetivas do interesse público e da harmonia social; do contrário, não se concederia o alvará ou a licença, cada um quando for o devido caso. Concedida a benesse, portanto, o administrado deve manter sua conduta na execução da atividade de modo a não se desviar dos limites traçados e do perfil exposto quando da conquista do deferimento de liberdade para naquela localização ter tido deferido seu funcionamento de modo legal e regular. Ou seja, para que continue merecedor do direito de se manter na exploração da atividade, precisa, evidentemente, continuar se adequando às normas de ordem pública. E, infelizmente, como flagrantemente sabido, não é isso que ocorre sempre na sociedade, ainda que fosse o que deveria acontecer. O fato é que muitas vezes o administrado conquista o alvará ou licença para o seu funcionamento naquela determinada localização, e logo em seguida passa a desrespeitar o estatuto das normas públicas que disciplinam esse direito de se manter naquele local, de modo que inegavelmente se torna ilícita a manutenção daquele estabelecimento.

Nesse momento é que surge a necessidade de se desenvolver uma permanente atividade de *fiscalização* por parte do Poder Público para que avalie essas situações, buscando analisar periodicamente o comportamento dos administrados para detectar quais deles estão se mantendo de acordo com a ordem jurídico-administrativa, e quais estão infringindo as bases do sistema. Quanto aos primeiros, nenhum óbice em se legitimar a *renovação da licença ou alvará*, permitindo a *manutenção do funcionamento naquela localização*. Já quanto aos últimos, deve a Administração aplicar as devidas medidas sancionatórias e restritivas, e, se for o caso, cancelar o ato permissivo e interditar a continuidade da execução da atividade, a qual, em razão do modo ilícito com que passou a ser desenvolvida, de fato não merece prosperar na continuidade de seu empreendimento, colidindo com o interesse público e com o bem-estar social.

Em face dessa contextualização exposta, de se perceber que a Administração Pública atua em nítida atividade de *poder de polícia*, fiscalizando os administrados, suportando, por logo, imenso custo para empreender tal política pública, a qual, enfatize-se, é de exequibilidade permanente, reexecutando-se a cada período de tempo.

Para lograr retributividade ao erário dos valores gastos em tal fiscalização é que busca, por meio de lei, a instituição de uma *taxa de polícia*, a qual fomenta a recuperação de tal custeio. Nesse linear é que surge a *Taxa de Fiscalização e Funcionamento – TFF*, a qual tem por escopo nodal permitir ao Estado exigir dos estabelecimentos fiscalizados que, juntos, restituam aos cofres públicos o montante gasto para lhes fiscalizar.

Registre-se por fim que o STF, em diversos julgamentos, fez da TFF palco para que se acendessem as luzes da discussão anteriormente enfrentada a respeito do ***poder de polícia a distância***, tendo sido esse apenas mais um de outros tantos casos em que a Suprema Corte reconheceu o poder de polícia legitimamente exercido sem que se precisasse provar que teria ocorrido uma "visita" presencial do "fiscal" no estabelecimento que *de fato está sendo fiscalizado*, na medida em que se reconhece o regular funcionamento do Órgão da Administração Pública que se destina à fiscalização. Assim como no precedente da Taxa de Controle e Fiscalização Ambiental – TCFA, aqui na TFF o Supremo manteve seu coerente posicionamento de reconhecer que há o fato gerador e a taxa é devida mesmo que a empresa não tenha sofrido uma fiscalização mediante procedimento de incursão presencial em sua sede. Tal fato não impede perceber que ele pode estar sendo plenamente fiscalizado, e, por uma presunção de que nenhum erro veio cometendo, tornou-se desnecessário gastar tempo e dinheiro designando uma fiscalização em seu estabelecimento.

Por fim, perceba-se que em nenhum momento se fala de *"poder de polícia potencial"*, e sim de **exercício efetivo do poder de polícia**, apenas se reconhecendo que pode ocorrer esse **exercício efetivo** sem a necessidade de uma fiscalização presencial conduzida por um agente da Administração Pública localmente no ambiente fiscalizado.

DICA 23: POLÍTICA DE SEGURANÇA PÚBLICA E A FAMOSA "TAXA DE GRANDES EVENTOS"

A expressão *"Segurança Pública"* é expressão que designa um vasto rol de políticas públicas, que se edificam dentro do conjunto de relações do Estado com a sociedade mediante uma série de diferentes atividades, nas quais se vislumbram prestações de serviços públicos, práticas de atos administrativos e inegavelmente exercício de poder de polícia.

Por meio dos órgãos e entidades pelos quais a Administração se projeta e que atuam nesse núcleo das políticas de segurança pública, o Estado se manifesta em diferentes frentes para atender aos interesses e às necessidades da sociedade, prospectando-se por intermédio de instituições com as Polícias Civil e Militar, pelo Corpo de Bombeiros, pela Defesa Civil, por meio de uma série de operações normalmente coordenadas por uma central estratégica de inteligência e comando, a Secretaria Estatal de Segurança Pública.

Com tais práticas, a Administração realmente age em diversos planos de prospecção. Em muitas das vezes, por exemplo, atua para gerar proteção à integridade física das pessoas e de seus bens em face da violência, combatendo

CAPÍTULO 10 – TAXAS E CONTRIBUIÇÕES DE MELHORIA

a criminalidade. Em outras, atua combatendo acidentes e sinistros, como desmoronamentos, incêndios, traumas sociais emanados de enchentes e catástrofes naturais etc.

E a polêmica de natureza tributária que envolve o ponto que nos une no debate presente é sobre a intenção revelada por alguns Estados em instituir uma Taxa para retribuir aos cofres públicos a verba despendida na execução de algumas ações de segurança em face da realização de alguns eventos privados de grande porte que provocam a necessidade de o Estado organizar operações especiais de patrulhamento, segurança, esquemas especiais no trânsito etc. Poderia o Estado exigir dos organizadores de tais eventos uma *taxa* visando à retributividade dos custos especiais suportados em decorrência deles? Antecipo que não, não pode. Vejamos.

Tomemos como exemplo a realização de uma grande festa de música, um *show* para 20 ou 30 mil pessoas em certo clube ou espaço destinado à realização de tais eventos. Por certo que o Estado, antenado ao potencial que eventos de tal porte possuem de gerar problemas na harmonia do convívio social e possíveis situações de desordem, adotará medidas preventivas para evitá-los, correto? Mais de 20 mil pessoas aglomeradas em um evento musical, com bebida alcoólica sendo consumida, por certo permite crer que podem surgir problemas desagradáveis para pessoas que moram próximo à localidade, a turistas e transeuntes que passem por aquele ponto da cidade no momento da realização do evento etc. Daí que o Estado adota ações de reforço de policiamento, monitoramento especial do trânsito etc. E tudo isso representa custo. A intenção da Administração Pública é dividir esses custos suportados com as ações especiais de segurança provocadas pela realização desses eventos entre seus organizadores. A argumentação para defender a tributação seria no sentido de que o serviço seria oferecido aos donos do evento, o que a olho nu se percebe ser um equívoco, já que os serviços de segurança e patrulhamento das ruas não são prestados apenas a essas pessoas, sequer aos usuários e participantes do evento... Também atendendo a eles, a atuação do Estado é em prol de toda a população, visa albergar os interesses de moradores, de turistas, transeuntes, trabalhadores, pedestres etc. Ou seja, quando atua no fornecimento das prestações de policiamento de ruas, de combate à violência e almejando evitar danos à ordem social, o Estado não está prestando serviços públicos *divisíveis*, razão pela qual seria incoerente admitir permitir que os custos com tais serviços, de caráter *uti universi*, indivisíveis, fossem repartidos entre os empresários que empreendem a organização dos aludidos eventos.

A atuação do Estado na política de segurança pública configura disponibilização de serviço que se destina a toda a sociedade indistintamente, não legitimando crer se tratar de serviço público taxável. A conduta padece do mesmo vício que torna indevida a cobrança de taxas como a de iluminação pública e a de limpeza pública. Não se trata, aqui, de serviço público *específico e divisível*. Esse é, inclusive, o entendimento reinante no STF.

DICA 24: POLÍTICA DE SEGURANÇA PÚBLICA E A FAMOSA "TAXA DE INCÊNDIO"

Em 18-8-2020, o STF, no julgamento da **ADI 4.411/MG**, reafirmando o entendimento esposado pouco antes no julgamento da **ADI 2.908/SE**, em 11-10-2019, decidiu por reconhecer a <u>*inconstitucionalidade*</u> da *"Taxa de Incêndio"*, também conhecida como **"Taxa de Combate e Prevenção a Incêndios e Sinistros"**. Afastando de forma definitiva entendimento oposto que chegou a ser adotado na Corte, o Pretório Excelso declarou que o serviço em apreço, apesar de revelar grande importância para a sociedade, não preenchia os requisitos exigidos no art. 145, II, da Constituição de 1988 para legitimar a instituição de uma Taxa de Serviço, especialmente pelo fato de não poder ser considerado um serviço *divisível*. Sim, o Tribunal acatou a tese dos contribuintes, em que se sustentou que o serviço prestado se inseria no campo das atividades estatais genéricas de segurança pública, sendo <u>**serviço indivisível**</u>, prestado à população de forma ***uti universi***, não permitindo a taxação de apenas alguns (por exemplo, os proprietários de imóveis) para onerá-los com o encargo retributivo dos custos da atividade, a qual, enfatize-se, é oferecida a todas as pessoas que convivem e transitam na sociedade e não apenas aos que são proprietários de bens imóveis. Afirmou a Suprema Casa que o custo das atividades ali desempenhadas tinha que ser viabilizado com o produto da arrecadação dos impostos e não mediante cobrança de Taxa.

Em muitos Estados, a exemplo do Rio de Janeiro, Minas Gerais, Sergipe, entre outros, instituiu-se a referida *"Taxa de Incêndio"* para tributar proprietários de imóveis, alegando-se que o objetivo da Taxa seria retribuir os custos da atividade de ***prevenção e salvamento de incêndios, explosões, desabamentos e demais sinistros*** em prédios e construções, atividade que, em muitas das unidades da Federação, é capitaneada pelo Corpo de Bombeiros Militar do Estado, como ocorre na unidade fluminense. Tal atividade, todavia, não é prestada unicamente aos proprietários dos imóveis, mas, sim, a toda e qualquer pessoa que convive na sociedade e pode estar passando no local do acidente, estar visitando o imóvel, estar prestando um serviço ou entregando bens no imóvel etc. O serviço realmente deve ser entabulado dentro do rol das atividades de segurança pública do Estado e custeado com o produto da arrecadação dos impostos.

Não há dúvida alguma de que se trata de atividade de imensa importância e que atrai a sensibilidade de todos. Há um natural (e normalmente justo) sentimento

CAPÍTULO 10 – TAXAS E CONTRIBUIÇÕES DE MELHORIA

de admiração, apreço e gratidão da população pelos profissionais que atuam na corporação do Corpo de Bombeiros, dedicando seu tempo (e muitas vezes suas vidas) em prol do salvamento de pessoas da sociedade. Todavia, analisando o fato sob o prisma meramente jurídico, isso, por si só, não legitima a instituição de Taxas, assim como igualmente não se pode fazer em razão da prestação de serviços públicos de saúde e educação (e até mesmo de policiamento), que são igualmente importantes e sensíveis à sociedade. Para que se possa instituir e cobrar de forma válida uma Taxa de Serviço se faz necessária a obediência ao requisito constitucional que o serviço público seja *divisível*, além de *específico*; sendo gravada pela indivisibilidade, a atividade se revela inviável para a taxação e nula será a eventual Taxa instituída, maculada pela insuperável pecha da inconstitucionalidade material.

Em alguns Estados, chegou-se a desenvolver curiosa política de "apelo" à população, afirmando-se que os recursos da arrecadação da referida Taxa (inconstitucional, como demonstrado) se destinariam à manutenção e compra de equipamentos para os Bombeiros trabalharem com melhor qualidade. Tal dição, em muitos dos casos, vinha propagada em campanhas publicitárias até mesmo ostensivas promovidas pelo Estado com o objetivo de mobilizar a população para pagar o tributo sem questioná-lo, o que durante anos surtiu (quiçá ainda surte) efeitos práticos, gerando a efetiva arrecadação. Reiteramos que não há dúvida qualquer sobre o quão importante é a atividade desenvolvida pelo Corpo de Bombeiros Militar, do quanto merecem ser louvados e tratados com honraria os profissionais da carreira e o tanto que o Estado realmente deve investir em equipamentos e na estrutura como um todo da corporação; todavia, tais custos devem ser financiados à base da arrecadação dos impostos, devendo haver melhor distribuição dos recursos na aprovação da lei orçamentária estadual anual. Ou então se tentar a medida que outrora já foi adotada quando da declaração de inconstitucionalidade das Taxas Municipais de Iluminação Pública (pelos mesmos fundamentos: *indivisibilidade do serviço*): tentar modificar a Constituição aprovando uma emenda constitucional, criando um dispositivo novo que conceda aos Estados competência para instituir uma nova modalidade de Contribuição Especial, a qual poderia ser chamada de "Contribuição de Incêndio", similar ao que ocorreu por meio da EC nº 39/2002, que inseriu o art. 149-A na CRFB/88 e autorizou os Municípios e o Distrito Federal a instituírem a CIP – Contribuição de Iluminação Pública. Quem sabe não estaremos, em breve, diante de um possível "art. 149-B", inserido por obra do poder constituinte derivado reformador, quando então passaremos a falar que o número de espécies de Contribuições Especiais (que um dia foi de três e depois passou para quatro – Contribuições Sociais; Contribuições Profissionais; Contribuições de Intervenção no Domínio Econômico; Contribuição de Iluminação

Pública) seria de cinco modalidades autônomas em razão da novel espécie introduzida por emenda. Aguardemos. Não nos surpreenderá se ocorrer. Sobre o tema, recomendo a leitura do artigo científico intitulado *Incêndio: quem pagará a conta dos bombeiros,* publicado no Portal JOTA, ao final de 2020 e que teve grande repercussão no início do ano de 2021, de autoria do ilustre Prof. Marcus Abraham da Fundação Getulio Vargas, magistrado do TRF 2ª Região, Pós-Doutor em Direito pela Universidade de Lisboa e Doutor pela UERJ, uma das grandes mentes pensantes do Direito Tributário contemporâneo.

CAPÍTULO 11

EMPRÉSTIMOS COMPULSÓRIOS E CONTRIBUIÇÕES

CAPÍTULO 11 – EMPRÉSTIMOS COMPULSÓRIOS E CONTRIBUIÇÕES

1. EMPRÉSTIMOS COMPULSÓRIOS

DICA 1: COMPETÊNCIA E LEI INSTITUIDORA

Os Empréstimos Compulsórios, previstos no art. 148 da CRFB/1988, são tributos de **competência exclusiva da União**, cabendo apenas a ela instituí-los, não sendo admitida a instituição desse tributo por qualquer dos demais entes federativos.

Só podem ser criados **mediante lei complementar**, não se admitindo lei ordinária para tal instituição. Vale frisar que, por ser matéria reservada a lei complementar, é expressamente vedado uso de medida provisória, ainda que haja relevância e urgência. Vide a proibição disposta no art. 62, § 1º, III, o qual proíbe uso de medidas provisórias em toda e qualquer matéria reservada a lei complementar. Logo, *somente a União, e mediante lei complementar, pode instituir empréstimos compulsórios.*

DICA 2: SITUAÇÕES PERMISSIVAS DE CRIAÇÃO. CARACTERÍSTICAS

A União só pode criar empréstimos compulsórios em três situações, descritas nos dois incisos do art. 148. Trata-se dos casos de ocorrência de **guerra externa (já acontecendo ou em sua iminência de começar)**, de **calamidade pública**, e ainda da necessidade de realização de *investimentos públicos urgentes que atendam a um relevante interesse nacional*. Em qualquer dessas três hipóteses, e apenas nelas, pode a União lançar mão da lei complementar e instituir um Empréstimo Compulsório.

Basta analisar o perfil desses três fins para se detectarem as características do tributo, o qual é marcado por ser o <u>único tributo que gera restituição do valor pago</u> (tanto que é pago a título de "empréstimo") bem como por ser ligado a *situações emergenciais, urgentes*, as quais não ocorrem sempre. Por isso é possível afirmar que os empréstimos são tributos *emergenciais, eventuais, não definitivos (temporários, precários), e, ainda, restituíveis.*

Sempre importante destacar que, assim como os impostos, os empréstimos compulsórios podem ser cobrados sem que a União *se vincule, se obrigue* a qualquer contraprestação específica a cada sujeito passivo. Ou seja, a União não precisa fornecer uma prestação que atenda especificamente cada pessoa que vai ser tributada, não havendo relação bilateral, sinalagmática, como ocorre nas taxas e contribuições de melhoria. Daí a afirmação que os **Empréstimos Compulsórios são tributos não vinculados**, igualmente como os Impostos e também as Contribuições

Especiais. Por fim, a diferença entre os Empréstimos Compulsórios e os Impostos reside primordialmente no fato de que *a receita arrecadada por Empréstimos é toda afetada pela Constituição para fins predeterminados (guerra, calamidade e investimentos urgentes), o que não ocorre nos impostos, gravados pela não afetação constitucional da receita arrecadada*. Friso, conforme repetirei adiante, que essa também é a característica das Contribuições Especiais (afetação constitucional da receita arrecadada), diferenciando-se, essas, dos Empréstimos, pelo fato de que, além de os Empréstimos gerarem restitutividade dos valores pagos, *o perfil dos fins para os quais a receita dos Empréstimos é afetada pela Carta é o da emergencialidade, porquanto nas Contribuições Especiais os quatro fins são previsíveis, programáveis*. Há uma diferença entre as *finalidades* a serem custeadas por empréstimos e contribuições. No mais, são extremamente parecidos, ambos *não vinculados* e de *receita afetada*.

DICA 3: PRINCÍPIO DA ANTERIORIDADE

Se os Empréstimos forem criados nas situações permissivas narradas no art. 148, I, quais sejam, **guerra externa ou calamidade pública**, poderão ser **cobrados imediatamente**, não ficando a norma tributária sujeita ao princípio da anterioridade, por qualquer de suas duas cláusulas temporais, a do exercício financeiro seguinte (150, III, "b") e a do *mínimo nonagesimal* (150, III, "c"). Logo, *nos casos de guerra externa ou calamidade pública, os Empréstimos Compulsórios terão incidência imediata, sendo exceção ao princípio da anterioridade*. Peço a vocês que na prova, caso a questão seja abordada, tenham máxima **A-T-E-N-Ç-Ã-O**, pois, nos casos do art. 148, II (Empréstimos para custeio de Investimentos Públicos Urgentes e de Relevante Interesse Nacional), são respeitadas as duas cláusulas temporais do princípio da anterioridade. Não se esqueçam disso! Logo, *Empréstimos Compulsórios podem, ou não, ficar sujeitos ao princípio da anterioridade, incluindo a cláusula da noventena. Nos casos de guerra e calamidade, não se sujeitam; nos de investimentos, respeitam normalmente o comando em tela*.

2. CONTRIBUIÇÕES ESPECIAIS

DICA 4: COMPETÊNCIA

Em regra, somente a União pode instituir Contribuições Especiais, ressalvadas apenas duas exceções:
a) a **Contribuição de Iluminação Pública – CIP (ou COSIP)**, que será instituída pelos Municípios e DF, conforme prevê o art. 149-A da Carta;

CAPÍTULO 11 – EMPRÉSTIMOS COMPULSÓRIOS E CONTRIBUIÇÕES

b) as **Contribuições Previdenciárias cobradas dos próprios servidores públicos para custeio dos benefícios do Regime Especial de Previdência Social dos Servidores** (previsto no art. 40 da CRFB/1988), as quais devem ser cobradas pelos Estados, DF e Municípios, cada ente cobrando dos seus próprios servidores, conforme prevê o art. 149, § 1º.

Logo, meus amigos, *salvo a CIP e as Contribuições Previdenciárias dos Servidores Públicos, somente a União poderá criar as Contribuições Especiais, em qualquer de suas modalidades* (Contribuições Sociais, Contribuições de Intervenção no Domínio Econômico – CIDE, Contribuições Profissionais).

DICA 5: MODALIDADES E CARACTERÍSTICAS

Existem **quatro espécies** de **Contribuições Especiais**, e o critério para distingui-las é **O FIM para o qual os recursos são destinados, conforme expressa afetação constitucional**.

Nesse propósito, temos as seguintes espécies de Contribuições Especiais:

a) **Contribuições Sociais**

   a.1) Contribuições Sociais de Seguridade Social

   (Saúde + Previdência Social + Assistência Social)

   a.2) **Contribuições Sociais Gerais**

   (demais focos do Estado Social)

b) **Contribuições Profissionais**

   (para custear as Entidades Representativas de Classes)

c) **Contribuições de Intervenção no Domínio Econômico – CIDEs**

   (para custear as despesas que a União suporta quando desenvolve ações de Intervenção no Domínio Econômico)

d) **Contribuição de Iluminação Pública – CIP**

   (para os Municípios ou o DF custearem a Iluminação Pública das ruas)

Podemos destacar duas das características das Contribuições Especiais, quais sejam, são *tributos não vinculados* (assim como os Impostos e os Empréstimos Compulsórios), mas *de receita afetada pela Constituição* (assim como os Empréstimos Compulsórios e ao contrário dos Impostos).

DICA 6: LEI INSTITUIDORA

A lei que extingue as Contribuições Especiais é a ***lei ordinária***, havendo, entretanto, uma **única exceção**, em que é necessária lei complementar. É para os casos em que a União queira *inventar outras Contribuições de Seguridade Social,* *além das já previstas expressamente na Carta*, que são as chamadas **Contribuições Residuais de Seguridade Social**, autorizadas no art. 195, § 4º. Logo, fiquem atentos na prova, pois, *salvo as Contribuições Residuais de Seguridade Social (que dependem de lei complementar), todas as demais Contribuições Especiais se criam por lei ordinária.*

DICA 7: PRINCÍPIO DA ANTERIORIDADE

Salvo **duas exceções** a seguir descritas, *não há exceções ao princípio da anterioridade nas Contribuições Especiais*. Logo, ressalvados os dois casos excepcionais, a seguir comentados, o raciocínio regra a ser assimilado é o de que, quando forem criadas ou majoradas as Contribuições Especiais, elas se sujeitam normalmente ao princípio em evidência, só podendo ser aplicadas no *exercício financeiro seguinte* (art. 150, III, "b") e desde que respeitado o *mínimo de 90 dias* (art. 150, III, "c"). Vejamos as duas exceções cuidadosamente:

1. Contribuições Sociais de Seguridade Social (tanto as ordinariamente já previstas na Carta como as residualmente inventáveis): nesse caso, somente se aplica o prazo de 90 dias; o art. 195, § 6º, prevê, desde 1988, regra especial para as Contribuições de Seguridade Social, afirmando expressamente que não se aplica o disposto no art. 150, III, "b", sobre elas ("exercício financeiro seguinte"), ficando sujeitas apenas ao lapso temporal nonagesimal; logo, a contar do dia da publicação da lei, respeitam-se 90 dias, e, logo em seguida, pode-se passar a tributar, ainda que no mesmo ano!

2. CIDE-Combustíveis: essa CIDE, autorizada pela EC nº 33/2001 e criada pela Lei nº 10.336/2001, prevista no art. 177, § 4º, da Carta, pode ter suas alíquotas *reduzidas e* **restabelecidas** *por decreto do Executivo*, sendo, de início, *exceção à legalidade tributária*. Quando do ato de **restabelecimento** da alíquota outrora reduzida, não é necessário aguardar o exercício financeiro seguinte, **bastando que se respeite a "noventena"**. Ou seja, quando o Poder Executivo federal estiver promovendo o ato de **restabelecimento da alíquota** a qual havia sido reduzida, **nesse ato de restabelecimento**, basta esperar 90 dias para poder voltar a tributar com a alíquota restabelecida, a qual já era prevista antes da redução. A tributação restabelecida pode ser aplicada no mesmo ano, bastando se observar o mínimo nonagesimal. Vale frisar que a situação em tela **não se confunde** com "majorações" de alíquotas; caso as alíquotas sejam **majoradas** há de se respeitar integralmente o princípio da anterioridade, tanto pela regra do art. 150, III, "b" (exercício financeiro seguinte) como a do art. 150, III, "c" (noventena). Portanto, esclarecendo, a quebra de anterioridade é apenas para os atos de *restabelecimento da alíquota*, e não para as hipóteses de majoração. Ocorre *restabelecimento* quando o Poder

CAPÍTULO 11 – EMPRÉSTIMOS COMPULSÓRIOS E CONTRIBUIÇÕES

Executivo *não inova gravosamente*, apenas trazendo a alíquota para o patamar que se encontrava antes da redução; não há uma *majoração*; esta se materializaria quando a alíquota fosse fixada em limite superior ao que se encontrava antes da redução, consagrando, aí sim, verdadeira inovação, majoração propriamente dita, e não um mero restabelecimento.

Por fim, friso que essa exceção à anterioridade **não é para qualquer CIDE, mas apenas para a CIDE dos Combustíveis. Exclusivamente nessa CIDE, e não em qualquer outra!**

DICA 8: IMUNIDADES

Temos na Constituição algumas imunidades tributárias concedidas quanto a Contribuições Especiais. Ou seja, existem alguns dispositivos constitucionais que *proíbem a incidência das Contribuições*.

O primeiro caso a ser destacado é o dos *exportadores*, em que a Constituição afirma que não incidirão Contribuições Sociais nem CIDEs sobre as receitas oriundas da exportação. Logo, o exportador é imune a Contribuições Sociais e de Intervenção no Domínio Econômico. A previsão está positivada no **art. 149, § 2º, da CRFB/1988**.

O segundo caso de imunidade é o das *entidades beneficentes de assistência social*, em favor das quais o constituinte concedeu a vedação da incidência de Contribuições de Seguridade Social. Logo, trata-se aqui de uma imunidade setorial, apenas atingindo as contribuições de *seguridade social*. A matéria está prevista no **art. 195, § 7º, da CRFB/1988**.

DICA 9: CONTRIBUIÇÃO DE ILUMINAÇÃO PÚBLICA – CIP

- A **CIP** é a mais recente das Contribuições Especiais. Não era prevista no texto originário da Constituição, tanto que não está citada no art. 149. Entrou no corpo da Carta por via da **EC nº 39/2002**, por meio da criação do **art. 149-A**.
- A **CIP** substituiu a velha (e inconstitucional!) Taxa de Iluminação Pública. Os Municípios cobravam a referida Taxa (TIP), a qual foi declarada inconstitucional pelo STF (STF, Súm. nº 670), já que "iluminação pública" é serviço *indivisível*, de destinação universal, não podendo, portanto, ser objeto de taxação. Foi então articulada a EC nº 39/2002, que inventou uma nova espécie de Contribuição Especial, a "CIP", que veio substituir a velha "TIP".

- A **CIP** não é uma *taxa*, e sim uma **Contribuição Especial**. Atenção a esse detalhe na prova! Tem as características de Contribuição Especial e será regida pelas normas peculiares a esse tributo. É tributo **não vinculado** (assim como os impostos e demais contribuições), ou seja, o Município não se obriga a uma prévia contraprestação dada individual e especificamente a cada pessoa que será tributada. É também tributo de *receita afetada*, quer dizer, a Constituição predetermina para que fim será destinada a receita (afetando a receita!), o que, no caso, é para o custeio da iluminação pública.
- Para se criar a **CIP** basta **lei ordinária**.
- A **CIP** tem como **fato gerador** da obrigação de pagá-la o **consumo de energia elétrica**, conforme preveem as leis que as instituem e bem como aceitou como legítimo o STF. Logo, a conduta que gera a obrigação de pagar a CIP quando é praticada é *consumir energia elétrica*. O **STF** concluiu, inclusive, que a CIP é regida pelo princípio da **capacidade contributiva**, comando peculiar aos impostos, mas que também se aplica a várias contribuições especiais.
- A **CIP** pode ser cobrada na **fatura de energia elétrica**. O Município formaliza um convênio com a concessionária prestadora do serviço de fornecimento de energia elétrica e faz a **delegação de capacidade tributária**, de sorte que a concessionária cobra a CIP junto da "conta de luz" e, depois de receber, repassa ao Município o valor da CIP. Consagra-se verdadeiro **lançamento de ofício**.

DICA 10: CONTRIBUIÇÕES PROFISSIONAIS

- São as contribuições que se destinam a custear a manutenção e atividade das Entidades de Classes, como o Conselho Nacional de Medicina, o CREA, o Conselho de Odontologia etc.
- O **STJ** vem entendendo que a contribuição paga **pelos advogados à OAB** não se equipararia às demais contribuições profissionais pagas pelos demais profissionais a suas entidades de classes, firmando que **a contribuição da OAB não tem natureza tributária**. A questão é política e visa libertar a OAB da sujeição aos princípios tributários, especialmente os da legalidade e anterioridade. ATENÇÃO, pois na prova o melhor entendimento é este, de que a contribuição paga pelos advogados não é tributo!
- Não sendo tributo, não se pode utilizar a LEF e seu rito na execução dos inadimplementos, pois a LEF só se aplica para *dívidas tributárias*

CAPÍTULO 11 – EMPRÉSTIMOS COMPULSÓRIOS E CONTRIBUIÇÕES

(não é o caso da contribuição da OAB) e para dívidas não tributárias *da Fazenda Pública* (não é o caso da OAB, que não se inclui no conceito de *Fazenda Pública*).

- Por fim, também não se aplicará a prescrição de cinco anos do art. 174 do CTN contra a OAB, e sim a de 10 anos do Código Civil (art. 205, CCB).

DICA 11: CONTRIBUIÇÃO DE INTERVENÇÃO NO DOMÍNIO ECONÔMICO – CIDE

- As CIDEs são tributos que se propõem a angariar recursos destinados a custearem as despesas que a União suporta quando atua desenvolvendo intervenções no domínio econômico; é para esse fim que fica afetada a receita da CIDE.

- Sempre que for necessário angariar recursos para se custearem as atividades que a União desenvolve no intento de *intervir na ordem econômica*, é possível criar uma CIDE para levantar recursos para custear tais fins.

- As CIDEs podem ser **criadas por leis ordinárias**, são, em regra, regidas pelo **princípio da capacidade contributiva** (assim como os impostos) e incidem sobre condutas que, normalmente, são exteriorizadoras de capacidade econômica (exemplo: a famosa CIDE dos Combustíveis incide sobre a conduta "circulação de combustíveis"; a CIDE dos *royalties* incide sobre a conduta "emissão de *royalties* para o exterior"); em outras palavras, o **fato gerador** da CIDE pode ser uma conduta reveladora de capacidade contributiva, assim como nos impostos.

- A mais importante das CIDEs para os concursos públicos é a famosa "CIDE dos Combustíveis", que foi autorizada pela **EC nº 33/2001** e criada pela Lei nº 10.336/2001. Essa emenda inseriu no art. 177 da CRFB um parágrafo novo (**art. 177, § 4º**), onde resta disciplinada essa CIDE. No referido dispositivo encontrar-se-á o rol de características estruturantes dessa CIDE, as quais normalmente são indagadas em provas.

- Sobre a **Cide Combustíveis**, essa é a única CIDE em que temos na Constituição uma definição do que seja "intervenção no domínio econômico". Ou seja, o constituinte emendador definiu exatamente para quais fins deve ser destinada a receita arrecadada por essa CIDE. E são os seguintes: **a) meio ambiente** (projetos ambientais, especialmente ligados às questões conexas com a exploração do petróleo e gás); **b) transportes de combustíveis** (especialmente os gasodutos e oleodutos); **c) Política Nacional de Transportes**. Logo, é para esses três fins que será destinada a arrecadação da referida CIDE.

- O *fato gerador* da **CIDE Combustíveis** é a *circulação de combustíveis*, sejam eles fabricados no Brasil ou importados.

- Como já visto linhas *retro*, a **CIDE Combustíveis** pode ter suas *alíquotas reduzidas e restabelecidas por Decreto Executivo*, havendo *exceção ao princípio da legalidade*. Observe-se com TOTAL ATENÇÃO que *não se admite a M-A-J-O-R-A-Ç-Ã-O por decreto*, mas apenas a *redução e R-E-S-T-A-B-E-L-E-C-I-M-E-N-T-O* das alíquotas. Resta dizer, o Poder Executivo pode desonerar esse tributo por decreto, reduzindo as alíquotas até 0%, se for o caso; depois, pode *restabelecer* a alíquota até o patamar em que se encontrava antes da redução, não podendo, por decreto, aumentar a alíquota para limite superior ao que a lei fixou, cabendo apenas recolocá-la no alcance em que se encontrava antes de ter sido reduzida.

- Quando houver o ato de *restabelecimento da alíquota reduzida* da **CIDE Combustíveis**, não é necessário aguardar o exercício financeiro seguinte para aplicar a alíquota restabelecida, bastando aguardar um prazo de 90 dias. Ou seja, *no restabelecimento de alíquota reduzida, não se aplica o princípio da anterioridade pela cláusula do "exercício financeiro seguinte" (art. 150, III, "b", da CRFB/1988), mas se aplica a noventena (art. 150, III, "c", da CRFB/1988)*. Logo, quando restabelecida a alíquota que havia sido reduzida da referida CIDE, basta contar 90 dias e já se pode voltar a tributar, ainda que seja no mesmo ano em que ocorreu o ato de restabelecimento, pois *não se aplica o art. 150, III, "b"* (conforme disposto no art. 177, § 4º, I, "b", da CRFB/1988).

- Ainda sobre a **CIDE Combustíveis**, o tributo é de *competência da União*, sendo a União que *legisla, fiscaliza e arrecada* o tributo em tela. Não obstante, merece TOTAL ATENÇÃO o fato de que a referida CIDE passa por um sistema especial de *Repartição de Receita Tributária*, que foi determinado pelas EC nºs 42/2003 e 44/2004. Nesses termos, *a União só fica com 71% da receita arrecadada*. O governo federal é obrigado a *repassar 29% para os Estados e Distrito Federal*. E atente-se para o fato de que *cada Estado membro será obrigado a repassar a seus Municípios 25% do quinhão que recebeu* (exemplo: em uma arrecadação total da CIDE Combustíveis de 1.000 "x", o valor de 290 "x" será rateado entre os Estados e o DF, ficando a União apenas com 710 "x". Suponhamos que, dos 290 "x", o Estado do Rio de Janeiro receba 28 "x" desse montante repartido; ao receber esses 28 "x", o Estado do Rio de Janeiro será obrigado a distribuir 7 "x" – 1/4 do que recebeu – entre seus 92 Municípios).

CAPÍTULO 11 – EMPRÉSTIMOS COMPULSÓRIOS E CONTRIBUIÇÕES

- Existe outra CIDE importante, que é a *CIDE da Marinha Mercante*, apelidada de *AFRMM*. É tributo destinado a custear a frequente *renovação da frota da Marinha Mercante brasileira*, a qual é utilizada na atividade econômica nacional nos transportes e fretes aquaviários. O *fato gerador* é a *contratação de fretes* de mercadorias transportadas aquaviariamente; a CIDE incide como um "adicional" sobre o valor do frete. Daí o apelido de *Adicional de Frete para Renovação da Marinha Mercante – AFRMM*. Por ter sua arrecadação destinada ao custeio dessa renovação da frota da Marinha brasileira, o STF chegou a afirmar ser essa CIDE uma "contribuição PARAFISCAL", já que sua receita seria destinada a um Fisco "paralelo", uma "pessoa", diferentemente dos entes federativos, no caso a instituição da Marinha brasileira. Nos concursos, vocês devem ter a atenção de perceberem que a *natureza do AFRMM é de CIDE, podendo ainda se afirmar ser esta CIDE uma contribuição especial PARAFISCAL. As duas afirmativas estarão corretas. O AFRMM é uma CIDE e é uma Contribuição Parafiscal.*

- Outra CIDE importante é a *CIDE do Sebrae*. Essa CIDE é *cobrada dos micro, pequenos e médios empresários* e se propõe a captar recursos financeiros para manter o Sebrae funcionando com eficiência e qualidade. O Sebrae é um braço do governo que atua no apoio, orientação e fomento da inclusão dos micro e pequenos empresários na atividade econômica. Sua atuação reflete conduta com a qual a União promove uma *intervenção no domínio econômico*. Merece MUITA ATENÇÃO o fato de que *o STF pacificou que a CIDE do Sebrae pode ser cobrada dos empresários de médio porte, mesmo não sendo eles destinatários diretos da atuação do Sebrae, o qual atua em favor dos micro e pequenos empresários apenas*. Logo, na prova, fiquem atentos, pois a CIDE do Sebrae pode ser cobrada mesmo de quem não seja um *micro* ou *pequeno* empresário.

- Outra CIDE importante é a que foi criada pela Lei nº 10.168/2000. É a chamada *CIDE Serviços*. Incide sobre a comercialização de *tecnologias, marcas e patentes, serviços de assistência técnica* e, após a Lei nº10.332/2001, passou a incidir também sobre a emissão de *royalties* para o exterior. Nas provas, normalmente se indaga qual é a natureza do tributo que incide sobre tais condutas, e o gabarito apontará a "CIDE" como resposta.

DICA 12: DAS CONTRIBUIÇÕES SOCIAIS

- As *Contribuições Sociais* são tributos que se propõem a captar recursos financeiros para custear as despesas advindas das políticas públicas com as quais se implementa o "Estado Social". A Constituição apresenta direitos sociais no art. 6º. Apresenta uma "Ordem Social Constitucional" como seu Título VIII, dentro da qual elenca uma série de normas programáticas e políticas públicas delineadas para concretizarem os direitos sociais. Para viabilizar a execução de tais medidas é que se projetam as *contribuições sociais*, as quais são contribuições especiais destinadas a custear as despesas com tal intento.

- As **Contribuições Sociais** se dividem em **dois grupos**, e o critério para dividi-las é analisar para "qual segmento do Estado Social" está sendo alocada a receita; esta pode ser destinada à *seguridade social* (saúde, previdência social e assistência social) ou então aos demais segmentos do Estado Social que não se incluam no conceito de *seguridade social*. Logo, podemos falar, em primeiro plano, das **Contribuições Sociais de Seguridade Social; e,** em um segundo plano, de todas as demais contribuições sociais que não destinem receita à *seguridade social*, as quais serão apelidadas de **Contribuições Sociais Gerais**.
- As *Contribuições Sociais de Seguridade Social – CSSS* podem ser subcategorizadas em duas espécies: as **CSSS Ordinárias** e as **CSSS Residuais**.
- As *Contribuições Ordinárias* de Seguridade Social são aquelas que já estão apresentadas e definidas na Constituição. Ou seja, o constituinte listou as contribuições que quer ver sendo cobradas para que por meio delas se gere a arrecadação que custeia a Seguridade. São as contribuições do "dia a dia", as já previstas na Carta e as que são ordinariamente utilizadas. Elas estão na Lei Maior em número de "quatro", e **estão previstas nos incisos I a IV do art. 195**.
- Apesar de o constituinte ter listado as contribuições ordinárias para a Seguridade Social, pode a União, caso julgue necessário, **criar qualquer outra contribuição para custear a seguridade social além das que já estão ordinariamente previstas**, já que o legislador maior expressamente autoriza, conforme se percebe na leitura do § 4º do art. 195. E aqui nos referimos às Contribuições **Residuais** de Seguridade Social, que são nada mais do que *quaisquer outras* que a União queira inventar, diferentemente das já previstas expressamente na Carta.
- Para criar **Contribuições Residuais** para a Seguridade Social, a União se sujeita a algumas limitações. **ATENÇÃO:** as Contribuições Residuais de Seguridade Social *só podem ser criadas por lei complementar*; **não podem ter o mesmo fato gerador e a mesma base de cálculo das Contribuições de Seguridade Social Ordinárias**; por fim, se for o caso, a depender de qual seja o fato gerador escolhido pela lei complementar

instituidora da Contribuição Residual e suas características, a referida contribuição respeitará a técnica da *não cumulatividade*, que evita tributações indevidas e que é peculiar a fatos geradores "plurifásicos", o que ocorre com o ICMS e o IPI.

- As **Contribuições Ordinárias de Seguridade Social**, como também as **Contribui**ções Sociais G*erais,* são criáveis por simples *Lei Ordinária*. Havendo *relevância e urgência*, é possível expedição de *medidas provisórias*. Já as Contribuições **Residuais** de Seguridade Social *jamais podem ser criadas por medida provisória*, pois são reservadas à órbita da *lei complementar*, sendo absolutamente proibido uso de medida provisória em matéria de lei complementar (art. 62, § 1º, III, da CRFB/1988).

DICA 13: CRIAÇÃO DE CONTRIBUIÇÕES SOCIAIS

Salvo **uma única exceção**, <u>**somente a União pode criar Contribuições Sociais**</u>, sejam elas as destinadas ao custeio da Seguridade Social (os recursos financeiros arrecadados se destinam ao custeio de políticas públicas direcionadas para a efetivação da *saúde, previdência social* e *assistência social* – os três direitos sociais que integram o conceito de *seguridade social, conforme art. 194 da CRFB/1988)*, sejam as chamadas Contribuições Sociais Gerais (em que os recursos arrecadados se destinam a políticas públicas direcionadas para a efetivação de outros direitos sociais que não a saúde, previdência e assistência – exemplo: educação; moradia; transportes etc.).

A exceção em comento é a que resta expressamente prevista no art. 149, § 1º, da CRFB/1988, autorizando que cada ente da Federação cobre a Contribuição Previdenciária dos seus servidores públicos efetivos para viabilizar o custeio dos benefícios do regime próprio de previdência (pensão e aposentadoria) aplicado a esses servidores. A tais agentes públicos não se aplica o Regime Geral de Previdência Social – RGPS do art. 201 da Constituição, mas sim o Regime especial, conhecido como Regime Próprio de Previdência Social – RPPS, embasado no art. 40 do texto magno. Cada ente federativo deve instituir o regime próprio para seus servidores efetivos e nesse compasso administrar a relação de previdência social deles, inclusive cobrando a Contribuição Previdenciária. Tal situação, peculiar, afasta a regra da competência exclusiva da União para a instituição de Contribuições Sociais, sendo o único caso em que a Constituição admite uma Contribuição Especial de tal natureza sendo criada pelos demais entes federativos.

Fundamental registrar, todavia, que a permissão dada pelo constituinte aos Estados, DF e Municípios se restringe estritamente à possibilidade da criação da Contribuição **Previdenciária**, e nada além disso. Nessa toada, inconstitucionais todas as leis que foram elaboradas por diversos desses entes almejando a instituição de *Contribuições Assistenciais* e *Contribuições para Serviços de Saúde* para serem exigidas dos mencionados servidores. A Constituição não autorizou. Os Municípios e Estados jamais poderiam instituir essas Contribuições (como muitos fizeram), sob o pretexto de implementarem políticas assistenciais direcionadas a tais agentes e seus familiares ou serviços especializados de saúde para os mesmos destinatários. Salvo a Contribuição Previdenciária, qualquer outra Contribuição Social fica no campo da competência exclusiva da União. Vale a leitura, no STF, da **ADI 3.106** e do **RE 573.540/MG**.

DICA 14: CONTRIBUIÇÕES SOCIAIS GERAIS E CONTRIBUIÇÕES SOCIAIS DE SEGURIDADE SOCIAL

Como já percebido com base no exposto nas linhas anteriormente registradas, a União pode instituir Contribuições Sociais tanto para a Seguridade Social como para outras políticas sociais não afetadas ao tripé da *saúde, previdência social e assistência social*, sendo estas últimas apelidadas de *Contribuições Sociais Gerais*. A competência é estatuída no art. 149 do texto maior. A Constituição traz em seu corpo previsões expressas tanto de uma quanto da outra, ficando as duas modalidades textualmente consagradas no diploma normativo supremo.

Exemplo de **Contribuição Social Geral** prevista na Constituição é o da chamada *Contribuição Social do Salário-Educação*, prevista no art. 212, §§ 5º e 6º, da CRFB/1988 e regulada pelas leis nºs 9.424/96 e 9.766/98, e ainda pelo Decreto Federal nº 6003/2006. Seus recursos se destinam a políticas públicas na área da educação, evidentemente não se enquadrando no conceito de "seguridade social". Observe-se o disposto no citado art. 212, § 5º, da CRFB/1988:

> **Art. 212.** *A União aplicará, anualmente, nunca menos de dezoito, e os Estados, o Distrito Federal e os Municípios vinte e cinco por cento, no mínimo, da receita resultante de impostos, compreendida a proveniente de transferências, na manutenção e desenvolvimento do ensino.*
>
> *(...)*
>
> **§ 5º** *A educação básica pública terá como fonte adicional de financiamento a contribuição social do salário-educação, recolhida pelas empresas na forma da lei.*
>
> **§ 6º** *As cotas estaduais e municipais da arrecadação da contribuição social do salário-educação serão distribuídas proporcionalmente ao número de alunos matriculados na educação básica nas respectivas redes públicas de ensino.*

CAPÍTULO 11 – EMPRÉSTIMOS COMPULSÓRIOS E CONTRIBUIÇÕES

As *Contribuições Sociais de Seguridade Social* estão previstas no art. 195 e evidentemente se apresentam como fontes vitais para o custeio das políticas públicas nas áreas da saúde, previdência e assistência. Importante, todavia, destacar que *as Contribuições Sociais* **não são as fontes exclusivas de custeio da Seguridade Social**, devendo os entes federativos destinar **também** recursos oriundos da arrecadação dos impostos em tais segmentos. A previsão consta, inclusive, de forma expressa no *caput* do art. 195, que assim prescreve:

> **Art. 195.** *A seguridade social será financiada por toda a sociedade, de forma direta e indireta, nos termos da lei, mediante recursos provenientes dos orçamentos da União, dos Estados, do Distrito Federal e dos Municípios, e das seguintes contribuições sociais (...)*

Nos incisos do art. 195 encontramos as *Contribuições que já foram expressamente autorizadas pelo Constituinte* e por isso são chamadas de *Contribuições* **Ordinárias** *de Seguridade Social*. São as fontes básicas de custeio, já apontadas pelo constituinte como aptas a serem instituídas, bastando simples lei ordinária para instituir e viabilizar a incidência dessas espécies tributárias. Esse rol, todavia, pode ser ampliado sem a necessidade de emendas constitucionais, já que no parágrafo quarto do mesmo artigo o constituinte autoriza que a União, *mediante lei complementar*, possa instituir **outras fontes de custeio para a seguridade social**, o que quer dizer que o governo federal pode criar **outras contribuições além das já previstas nos incisos do art. 195**, devendo, para tanto, observar as limitações previstas no parágrafo quarto (que deve ser lido combinado com o art. 154, I). Essas Contribuições que eventualmente venham a ser instituídas para acoplarem-se ao rol das que já são descritas nos incisos do art. 195 são as que a doutrina chama de **Contribuições Residuais para a Seguridade Social**.

Aproveitamos para transcrever o art. 195 com os incisos que abrigam as Contribuições Ordinárias de Seguridade Social e também o § 4º que autoriza as Contribuições Residuais:

> **Art. 195.** *A seguridade social será financiada por toda a sociedade, de forma direta e indireta, nos termos da lei, mediante recursos provenientes dos orçamentos da União, dos Estados, do Distrito Federal e dos Municípios, e das seguintes contribuições sociais:*
> *I – do empregador, da empresa e da entidade a ela equiparada na forma da lei, incidentes sobre:*
> *a) a folha de salários e demais rendimentos do trabalho pagos ou creditados, a qualquer título, à pessoa física que lhe preste serviço, mesmo sem vínculo empregatício;*
> *b) a receita ou o faturamento;*
> *c) o lucro;*

> *II –* do trabalhador e dos demais segurados da previdência social, não incidindo contribuição sobre aposentadoria e pensão concedidas pelo regime geral de previdência social de que trata o art. 201;
> *III –* sobre a receita de concursos de prognósticos.
> *IV –* do importador de bens ou serviços do exterior, ou de quem a lei a ele equiparar.
> (...)
> **§ 4º** A lei poderá instituir outras fontes destinadas a garantir a manutenção ou expansão da seguridade social, obedecido o disposto no art. 154, I.

Observe-se que a leitura dos incisos do art. 195 permite identificar o perfil daqueles que suportam o fardo de serem os contribuintes para a seguridade social: *empregadores, empregados, casas de prognósticos e importadores*. São os que pagam as chamadas "COFINS" (Contribuições para Financiar a Seguridade), destacando-se que, quanto aos *empregadores*, o art. 195, I, permite que incida Contribuição sobre a folha de salário, assim como a receita ou o faturamento e ainda sobre o lucro líquido, podendo o empregador ser tributado mais de uma vez.

CAPÍTULO 12

COMPETÊNCIA TRIBUTÁRIA

CAPÍTULO 12 – COMPETÊNCIA TRIBUTÁRIA

DICA 1: CONCEITO

A expressão *competência tributária* é utilizada para designar a *titularidade plena que certa pessoa tem sobre certo tributo*. Logo, reflete o *domínio tributário*, a *propriedade perfeita* sobre certos tributos. Nessa linha de pensamento, "ter competência tributária" significa ser titular de certos tributos, tendo permissão e possibilidade de exercer todas as faculdades inerentes a esse domínio fiscal, quais sejam, as faculdades de *instituir, legislar, fiscalizar e arrecadar* os tributos, prerrogativas às quais apelidamos *capacidades*. Logo, *ter competência tributária significa ter a titularidade plena sobre certos tributos, podendo exercer as quatro capacidades inerentes a essa titularidade*. Nesse propósito, fiquem atentos, pois no ordenamento jurídico *somente quatro pessoas são titulares de competência tributária*, já que somente existem quatro pessoas aptas a *legislar*. Por assim ser, *somente a União, os Estados, o Distrito Federal e os Municípios possuem competência tributária, e ninguém mais!*

DICA 2: SUJEITOS ATIVOS

Apesar de só serem *competentes* os quatro entes federativos, existem outras pessoas importantes em favor das quais se permitiu gozarem de *arrecadação tributária própria*. Pessoas que não são entes federativos, não se confundem com a União nem com os demais entes que integram a organização infraestruturante político-administrativa do Estado. Mas são pessoas importantes em favor das quais se quis reconhecer o direito de arrecadarem tributos e terem certa autonomia orçamentária. É assim com os Conselhos Profissionais (exemplo: Conselho de Medicina; Conselho de Odontologia etc.), com o INSS, com o Fundo Nacional do Desenvolvimento Educacional – FNDE, com algumas entidades do Sistema "S" (exemplo: Sesi, Sesc, Sebrae), entre outras pessoas importantes. Essas pessoas não têm *titularidade plena sobre os tributos que arrecadam*, já que **não têm capacidade legislativa**, e, assim sendo, não podem legislar sobre esses tributos que arrecadam e sequer puderam instituí-los. Apesar disso, o ordenamento jurídico, entendendo a importância diferenciada que essas pessoas representam para a sociedade e para o próprio Estado Central, optou por quebrar a regra de que somente os entes federativos dotados de competência tributária poderiam arrecadar tributos e permitiu que essas pessoas arrecadem certas *contribuições especiais* que algumas pessoas da sociedade se obrigam a pagar. Nesse desiderato, surge o apelido que demonstra que essas pessoas formam um *Fisco paralelo*, ao lado dos entes do Estado Central, e por isso chamadas de *entidades parafiscais*. Logo, as contribuições especiais que se pagam a esse "Fisco paralelo" são apelidadas *contribuições parafiscais*. Tenham atenção na prova, pois essas entidades parafiscais são sujeitos ativos nas relações tributárias e arrecadam tributos para si mesmas, podendo gozar e fruir de arrecadação tributária em interesse próprio. Apesar disso, **não possuem competência tributária**, já que a expressão *competência* designa algo **maior** do que o que elas realmente têm. Somente os entes federativos possuem *competência!* O que as entidades parafiscais possuem é apenas o rol de duas das capacidades inerentes à competência, quais sejam, as **capacidades tributárias de fiscalizar e arrecadar!** Por isso pegou a expressão que *as entidades parafiscais possuem capacidade tributária ativa*. Por fim, registro a vocês que podem ser credores nas relações tributárias tanto os entes federativos dotados de *competência tributária* como as entidades parafiscais dotadas de *capacidade tributária ativa*!

DICA 3: TITULARIDADE E INDELEGABILIDADE

A *competência tributária* como *titularidade plena* que certo ente federativo tem sobre certos tributos é **outorgada pela Constituição** e se caracteriza pela **absoluta indelegabilidade**. Nenhum ente federativo pode contrariar a vontade constituinte e pretender modificar as *competências tributárias* nos termos em que foram instituídas pela Constituição. Nenhum ente é tão autônomo a ponto de poder afrontar a vontade soberana do povo constituinte e pretender alterar as repartições das titularidades tributárias. Logo, se algum ente fizer uma lei própria determinando o abandono de sua titularidade sobre certo tributo ou alegando que transferiu essa titularidade para outro ente, **tal lei será nula, plenamente inconstitucional**, já que a nenhum ente assiste o direito de delegar suas competências tributárias. Para se modificar uma competência tributária, somente em virtude de Emenda Constitucional e, ainda assim, desde que isso não implique afronta à *cláusula federativa*, já que os artigos que, juntos, estampam as fixações constitucionais das competências tributárias de cada um e de todos os entes federativos denotam uma grande **cláusula pétrea tentacular**. Para as provas de vocês, o que gostaria de deixar muito bem frisado é a característica da **indelegabilidade da competência tributária!**

DICA 4: INDELEGABILIDADE E PROCEDIMENTO ARRECADATÓRIO DE TRIBUTOS

Não obstante a *indelegabilidade da competência tributária*, nada obsta, pelo contrário, que os entes possam celebrar acordos com terceiros, inclusive particulares, para que colaborem no procedimento arrecadatório dos tributos de sua competência. Nesse diapasão, lícita e habitual a prática da **delegação de capacidade tributária de fiscalização e arrecadação**, o que se pode fazer, por exemplo, com casas lotéricas, bancos e demais instituições financeiras, concessionárias de serviço público etc. Em tais situações, *o ente federativo titular do tributo não deixa de ser competente, não delega sua competência, não perde a titularidade sobre seu tributo. Apenas transfere a outra pessoa o exercício de duas das capacidades tributárias inerentes ao domínio fiscal*, o que se faz, frise-se, dentro de alguns limites, pois o delegatário (que pode inclusive ser um particular, não há problemas nisso!) não poderá aplicar autos de infração, ajuizar execuções nem usufruir da arrecadação, já que age em nome e no interesse do delegante. Portanto, guardem esta informação preciosa: *a competência tributária é indelegável, mas duas das quatro capacidades que dela emanam podem ser delegadas, dentro de limites e, em regra, transitoriamente, podendo ser revogadas as delegações a qualquer tempo!*

DICA 5: DISTRIBUIÇÃO DE COMPETÊNCIAS

Quanto às distribuições das competências entre os entes federativos, importante conhecer o Sistema Tributário Nacional, compreendido nos arts. 145 a 162 da CRFB/1988 e em mais alguns artigos esparsos, fora do STN, que fixam competências sobre contribuições especiais (exemplo: é o caso dos arts. 177, § 4º, 195, 212, § 5º, 239 e 240). Nesse tema específico, é comum se indagar em provas de concursos sobre *qual ente* tem a competência para instituir determinado tributo. O macete que quero dar a vocês é o seguinte:

a) duas das cinco espécies tributárias são de **competência comum**, ou seja, **todos os quatro entes podem instituir**; é o caso das **taxas e contribuições de melhoria**;

b) outras duas das cinco espécies são de **competência exclusiva da União**, e aqui falamos dos **tributos especiais**, que se agregaram à clássica teoria tripartida (impostos, taxas e contribuições de melhoria), e então falamos dos **empréstimos compulsórios e contribuições especiais**, previstos nos arts. 148 e 149 da CRFB/1988. Aqui, entretanto, rogo a vocês *especial C-U-I-D-A-D-O,* pois existem **duas exceções** à exclusividade da União, e ambas são relativas ao mundo das **Contribuições Especiais**; quero falar do art. 149, § 1º, e do art. 149-A. No art. 149, § 1º, está a primeira exceção, e lá fica previsto que *os Estados, o DF e os Municípios deverão instituir Contribuição Previdenciária sobre seus servidores públicos para o custeio dos benefícios previdenciários do regime especial de previdência do art. 40 da CRFB/1988*; a segunda exceção à exclusividade da União na instituição dos *tributos especiais* está no art. 149-A, incluso na Carta pela EC nº 39/2002, e estou falando da **Contribuição de Iluminação Pública – CIP**, que veio substituir a velha e inconstitucional Taxa de Iluminação Pública – TIP, e que é de *competência dos Municípios e do Distrito Federal*;

c) Por fim, quanto aos *impostos*, existem três tipos no Sistema Tributário: *c.1)* os *impostos ordinários*, também chamados de impostos de *competência privativa de cada ente (arts. 153, 155 e 156); c.2)* os chamados *impostos residuais*, de *competência exclusiva da União (art. 154, I);* *c.3)* por fim, os chamados *impostos extraordinários de guerra (IEGs)*, também de *competência exclusiva da União (art. 154, II)*. O macete que sempre dou é o seguinte: aprendam a visualizar os *três impostos ordinários dos Municípios e os três dos Estados/DF; todo o resto é da União*. Logo, se o aluno perceber que os Municípios utilizam apenas três impostos, o *IPTU*, o *ITBI* e o *ISS* (art. 156 da CRFB/1988), bem como que aos Estados e ao DF cabem o *ITCD*, o *ICMS* e o *IPVA* (art. 155 da CRFB/1988), todos os demais impostos, os sete ordinários que sobraram (**II; IE; IR; IPI; IOF; ITR; IGF – todos no art. 153),** bem como os *residuais* e os *extraordinários de guerra,* são da União.

DICA 6: COMPETÊNCIA CUMULATIVA TRIBUTÁRIA

Fiquem mega atentos ao instituto da *competência cumulativa tributária*, prevista no art. 147 da Carta. Por essa norma especial, fica autorizado o *Distrito Federal* a *cumular* os *impostos municipais* com os *impostos estaduais*, esses últimos, que já são de sua ordinária competência, nos termos do art. 155. No mesmo sentido, é prevista *competência cumulativa* em favor *da União* nos casos de existirem eventuais *territórios*. Nesses, *a União sempre cumulará com os seus ordinários impostos federais os impostos estaduais; e, se o Território não for dividido em município, a União cumulará também os municipais*; por lógico que, a *contrario sensu*, se o Território for subdividido em Municípios, nos termos autorizados pelo art. 33, § 1º, da CRFB/1988, são esses Municípios que cobrarão os impostos municipais, cabendo à União cumular apenas os impostos estaduais com os federais. *Como atualmente não existem Territórios, só temos a competência cumulativa do DF*.

DICA 7: IMPOSTO TERRITORIAL RURAL – ITR

Fiquem ATENTOS a uma novidade inserida no Sistema Tributário por via da *EC nº 42/2003* em relação ao *Imposto Territorial Rural – ITR*. Na previsão originária, em 1988, o ITR veio como imposto ordinário da União, mas devendo ela, após arrecadar seu montante, *repassar 50% do produto recebido ao Município* dentro do qual fica situado o imóvel rural tributado. Ou seja, ficou estipulada uma

CAPÍTULO 12 – COMPETÊNCIA TRIBUTÁRIA

norma de *repartição de receita tributária*, o que *em nada afeta a competência tributária que sempre foi e continua sendo da União*. Ocorre que após a EC nº 42 o art. 153 sofreu considerável alteração no parágrafo que regula o ITR, que é o § 4º, bem como no dispositivo que cuida da repartição da receita de referido imposto, que é o art. 158, inciso II. A EC nº 42/2003 *autorizou os Municípios a O-P-T-A-R-E-M* por continuar a receber 50% da receita do ITR, de bandeja, após a União cobrar, fiscalizar, arrecadar, ou, então, *exercerem a faculdade de chamarem a União para celebração de um Convênio, por meio do qual avocarão para si a legitimidade para fiscalizar e cobrar o ITR, e assim farão jus a ficarem com 100% da arrecadação*. Leiam com atenção a redação do art. 153, § 4º, III, c/c art. 158, II, da Carta. Vocês perceberão algumas conclusões importantíssimas:

a) o Município *não é obrigado* a fiscalizar e arrecadar o ITR; é uma *opção* que ele pode exercer; se o fizer, assumirá todo o ônus administrativo de cobrar e fiscalizar, mas, em compensação, ficará com 100% da receita;

b) *a União não delegou a competência tributária do ITR ao Município; o tributo continua sendo federal, de competência da União*;

c) o direito de exercício oportunizado pela EC nº 42/2003 é do Município, e não da União;

d) hoje, o ITR pode ser trabalhado nos dois regimes; quanto aos Municípios que não tiverem interesse em fazer a opção autorizada pela Emenda, continuará o regime antigo, com a União fiscalizando, cobrando e entregando 50% da receita ao Município.

DICA 8: COMPETÊNCIA RESIDUAL TRIBUTÁRIA

Por fim, prestem atenção no famoso instituto da **competência residual tributária**, previsto nos arts. 154, I, e 195, § 4º. A Constituição autorizou *a União*, e *somente a União*, a *criar outros impostos e outras contribuições de seguridade social*, além dos já previstos na própria Carta. Ou seja, a *competência residual* atua como verdadeira **norma tributária "em branco"**, sendo lícito que a União possa inventar qualquer outro imposto além dos já autorizados expressamente na Carta, bem como qualquer outra fonte de custeio para a Seguridade Social (novas Contribuições Sociais de Seguridade Social) também não previstas expressamente no texto constitucional. Se esses tributos residuais forem criados, agregar-se-ão aos *impostos ordinários* e às *COFINs ordinárias*, ficando como tributos permanentes, definitivos, dentro do rol das espécies tributárias. Importante conhecer as **limitações ao exercício** dessa perigosa **competência residual tributária**, e rogo sua especial atenção para esses detalhes:

a) somente por **lei complementar** é que se podem criar **impostos residuais e contribuições de seguridade social residuais**; aqui, quebra-se a regra de que os tributos se criam por simples lei ordinária, e, ao lado dos *empréstimos compulsórios*, os **tributos residuais** se revelam como as seletas espécies fiscais criáveis por **lei complementar**;

b) se são criáveis apenas por *lei complementar*, sempre importante lembrar e frisar que **jamais poderão ser criados por medida provisória**, vide expressa proibição no art. 62, § 1º, III, de *medidas provisórias* atuarem em matéria reservada à *lei complementar*. Pode estar eclodindo urgência e relevância, nem assim caberá uso de MP no exercício da competência residual tributária, o que, repita-se, somente se dará por meio de lei complementar;

c) os **tributos residuais** foram alvo de **expressa vedação de clonagem de tipo**. Ou seja, **impostos residuais não podem ter fato gerador e base de cálculo igual aos dos impostos ordinários**, assim como as **Contribuições Sociais de Seguridade Social não podem ter fato gerador e base de cálculo semelhantes aos das contribuições já previstas na Carta**;

d) por fim, em ambos os casos, é **vedada a técnica de tributação cumulativa, sendo aplicável aos tributos residuais o comando da não cumulatividade**, tão peculiar ao ICMS e ao IPI.

DICA 9: COMPETÊNCIA LEGISLATIVA CONCORRENTE

Atenção quanto ao instituto da **competência legislativa concorrente**.

Apesar de o *caput* do art. 24 da CRFB/1988 só se referir à União, aos Estados e ao Distrito Federal, não citando os Municípios, **todos os quatro entes federativos legislam em Direito Tributário**, cada um nos tributos de sua particular competência. Exemplificando: a União legisla no IR, o Estado no IPVA e o Município no ISS, podendo o DF legislar tanto nos tributos estaduais como nos municipais. Logo, todos os entes realmente legislam em *Direito Tributário*, ainda que não legislem concorrentemente nas mesmas espécies tributárias. Portanto, tenham cuidado com a leitura do art. 24, *caput*, pois ele induz a erro, já que não cita os Municípios, os quais realmente legislam em Direito Tributário.

Exceção importante a ser observada é a de que a União pode legislar nos tributos de competência estadual e municipal, **mas apenas para estabelecer normas gerais**. Ou seja, a União recebe autorização expressa da Constituição para estabelecer as **normas gerais** para a legislação tributária. Afora essa atribuição (estabelecer as normas gerais), não pode a União legislar na matéria estadual ou municipal. Não pode, por exemplo, a União majorar ou reduzir um tributo estadual

CAPÍTULO 12 – COMPETÊNCIA TRIBUTÁRIA

ou municipal, não pode conceder isenções, anistias, interferir no parcelamento das dívidas etc.

Importante observação é a de que a lei, a estabelecer normas gerais para a legislação tributária, *tem que ser uma lei complementar*, como expressamente exigiu o constituinte no **art. 146 da CRFB/1988**.

Apesar de, em regra, as leis nacionais que estabelecem normas gerais em matérias de competência legislativa concorrente serem simples leis ordinárias, *em Direito Tributário, tem que ser lei complementar*. Reafirmando, vale a leitura do art. 146, que especializa o art. 24, *caput* e § 1º.

Ainda quanto a essa competência concorrente da União para legislar na matéria estadual e municipal, a Constituição cita, em rol exemplificativo, algumas matérias específicas que devem ser objeto dessa elaboração de normas gerais por lei complementar. É o que está descrito no rol de alíneas do inciso III do art. 146 da Carta. Chamo atenção para a alínea "a" do art. 146, III. Ao elaborar as normas gerais, deve a lei complementar *definir o perfil das espécies tributárias*. Especializando mais ainda, o constituinte avança na mensagem e diz que, se o tributo para o qual se esteja elaborando o perfil for o imposto, *a lei complementar de normas gerais deve definir, quanto aos impostos, o fato gerador, a base de cálculo e o contribuinte*. Ou seja, a mensagem deste art. 146, III, "a", é a de que a lei complementar defina o perfil dos tributos, em especial dos impostos, e, quanto a estes, ensinando qual será o *fato gerador*, a *base de cálculo* e o *contribuinte*.

A importância de existir essa lei complementar definindo, em normas gerais, o perfil do imposto, determinando detalhadamente qual é o *fato gerador*, qual é a *base de cálculo* e quem é o *contribuinte*, é que *se cria um padrão geral, um perfil homogêneo* para o imposto que todos os entes terão que seguir, evitando-se assim que tenhamos o mesmo imposto com diferentes características básicas, a depender de qual tenha sido o Estado ou Município que tenha legislado para lhe instituir. Ou seja, com as normas gerais padronizadoras, em qualquer que seja o Município brasileiro, o ISS terá o mesmo fato gerador, a mesma base de cálculo e o mesmo contribuinte. Da mesma forma, em qualquer Estado, o ICMS terá as mesmas características estruturantes. Essa é a vantagem de existir a lei complementar de normas gerais definidoras do perfil do tributo.

Chamo a atenção para a pegadinha famosa: **A Constituição, no art. 146, III, "a", não exige que a lei complementar de normas gerais definidora do perfil do imposto defina qual será a sua A-L-Í-Q-U-O-T-A.** Ou seja, não é papel da LC de normas gerais definir a alíquota, mas apenas o *fato gerador*, a *base de cálculo* e o *contribuinte*. Quanto às alíquotas, o legislador local terá maior flexibilidade para fixá-las, não se submetendo a um padrão geral predefinido na lei complementar nacional de normas gerais.

São exemplos dessas leis complementares nacionais de normas gerais definidoras do perfil do imposto, a **LC nº 87/96** e a **LC nº 116/2003**, que definiram, respectivamente, o perfil do **ICMS** e do **ISS**. Suas normas gerais têm que ser respeitadas por todos os Estados, DF e Municípios, sob pena de violação ao art. 146, III, "a", da Carta Magna.

DICA 10: ORGANIZANDO AS COMPETÊNCIAS

É muito comum que na prova o examinador analise se o candidato sabe quais são os tributos da competência de cada ente. Existem alguns macetes. Prestem atenção.

De modo objetivo: *o primeiro passo* é saber que as **taxas e contribuições de melhoria são tributos de competência comum**, podendo ser instituídos por todos os entes federativos, vide art. 145, II e III, da Carta Magna.

O *segundo passo* é saber que, *em regra (salvo duas únicas exceções), os empréstimos compulsórios (art. 148 da CRFB/1988) e as contribuições especiais (art. 149 da CRFB/1988) são tributos de competência exclusiva da União*. E quais são as exceções? A primeira é a das *Contribuições Previdenciárias dos Servidores Públicos*, que cada ente institui a sua, nos termos do art. 149, § 1º, da Constituição. A segunda é a Contribuição de Iluminação Pública – CIP, do art. 149-A do texto maior. Logo, qual o macete: *salvo a CIP (Municípios e DF) e as Contribuições Previdenciárias cobradas dos Servidores Públicos (cada ente institui a sua), os Empréstimos Compulsórios e as Contribuições Especiais (Contribuições Sociais, Contribuições Profissionais e Contribuições de Intervenção no Domínio Econômico – CIDE) são de competência exclusiva da União*.

O *terceiro passo* é quanto aos impostos. E o macete é apenas decorar quais são os três impostos ordinários de competência privativa dos Municípios (IPTU, ITBI e ISS) e os três impostos ordinários de competência privativa dos Estados e do Distrito Federal (ITD, ICMS e IPVA); *todos os demais impostos são de competência da União*. Existem treze impostos ordinários previstos na Constituição: sete da União, previstos no art. 153 (II, IE, IR, IPI, IOF, ITR e IGF); três dos Estados e DF, previstos no art. 155 (ITD, ICMS e IPVA); e três dos Municípios, nos termos do art. 156 (IPTU, ITBI e ISS). Além desses impostos ordinários, a União pode criar outros, alargando esse rol, tendo sido assim autorizada a criar os chamados **Impostos Residuais** (art. 154, I); por fim, pode ainda a União criar, em casos de guerra externa, os chamados **Impostos Extraordinários de Guerra – IEGs**, conforme autoriza o art. 154, II.

Logo, qual o macete: o candidato precisa apenas lembrar que *os impostos dos Municípios são o IPTU, ITBI e ISS; os impostos dos Estados são o ITD, o*

CAPÍTULO 12 – COMPETÊNCIA TRIBUTÁRIA

ICMS e o IPVA; todos os demais impostos (os demais ordinários, os residuais e os extraordinários de guerra) são da União. Vale frisar que pelas regras da *competência cumulativa* do art. 147, o DF, que tem competência originária estadual, *cumula* os impostos municipais, podendo instituir e cobrar os seis impostos (IPTU, ITBI, ISS, ITD, ICMS e IPVA).

Portanto, finalizando, como memorizar as competências tributárias para a prova? Repetindo este raciocínio: *Taxas e contribuições de melhoria são de competência comum de todos os entes; empréstimos compulsórios e contribuições especiais são de competência exclusiva da União, salvo duas exceções, quais sejam, a CIP, que é dos Municípios e do DF, e as Contribuições Previdenciárias dos Servidores Públicos são instituídas por cada ente; por fim, salvo o IPTU, ITBI e ISS, que são dos Municípios, e o ITD, IPVA e ICMS, que são dos Estados, todos os demais impostos são da União! O DF cumula os impostos municipais com os estaduais.*

CAPÍTULO 13

PRINCÍPIOS TRIBUTÁRIOS

CAPÍTULO 13 – PRINCÍPIOS TRIBUTÁRIOS

DICA 1: PRINCÍPIO DA IRRETROATIVIDADE

Um dos princípios que mais tem sido abordado é o da *irretroatividade*, previsto no art. 150, III, "a", da CRFB/1988. É um princípio geral de direito, que se aplica em diferentes ramos do ordenamento, como no Direito Penal, Civil, e também no Tributário. O comando em tela determina a proibição de que uma nova lei tributária gravosa, *criadora* ou *majoradora* de tributo possa retroagir para tributar fatos que tenham ocorrido antes de sua vigência. Portanto, o primeiro ponto a ser observado é quanto à *regra* imposta pela norma principiológica em análise: o **princípio da irretroatividade** veda que leis criadoras e majoradoras de tributos retroajam para alcançar fatos ocorridos antes de sua vigência.

Entretanto, o mais importante é conhecermos as *exceções* ao princípio, ou seja, as **três** situações em que as *leis tributárias se aplicam retroativamente*. O CTN, no art. 106, em seus incisos I e II, ensina que retroagirão as leis que forem *interpretativas*, assim como as leis *benéficas em penalidade*. Já no art. 144, o Código reconhece a possibilidade de as *leis que alteram aspectos meramente formais do lançamento* (critérios quanto ao *procedimento* da cobrança) também se aplicarem retroativamente.

Quanto à retroação das leis benéficas em penalidade, tome-se como exemplo a seguinte situação hipotética: cogite-se que no ano de 2005 uma lei previa penalidade de 30% em razão da prática de certa infração, cometida por João; todavia, em 2007, é editada nova lei que determina para a mesma infração uma penalidade mais branda, reduzindo a intensidade da multa para 20%; quando chega o ano de 2008, João é autuado pela infração praticada em 2005, e a autoridade lança a multa no valor de 30%. Poderia agir dessa forma? Não! A multa a ser cobrada teria de ser a de 20%, já que em 2007 foi editada lei benéfica em penalidade, a qual retroage para alcançar situações que não foram encerradas pela coisa julgada ou pelo pagamento; desse modo, em 2008 a autoridade lançadora deveria ter cobrado a multa de 20%, em face da aplicação retroativa da lei benéfica de 2007, que alcança a infração praticada em 2005.

Ou seja, fiquem atentos, pois, caindo na prova, é *verdadeiro* quando se afirma que, além das leis que modificam aspectos de forma/procedimento do lançamento, as leis tributárias interpretativas retroagem, bem como as leis benéficas em penalidades! Quanto a essas últimas, faço questão de alertar vocês para a "pegadinha": *as leis benéficas em penalidades não retroagirão se já houver pagamento ou coisa julgada*. Ou seja, a garantia de retroação da lei benéfica não ultrapassa os limites da coisa julgada nem do ato jurídico perfeito, somente alcançando atos não definitivamente julgados e, evidentemente, desde que não tenha ocorrido o pagamento das multas! Vale a leitura do art. 106 do CTN!

DICA 2: RETROATIVIDADE DA LEI BENÉFICA EM PENALIDADE

Continuo a falar do **Princípio** da **Irretroatividade**, e, em especial, quero dar um destaque à possibilidade de aplicação retroativa da *lei benéfica em penalidade*. Peço a vocês que tenham máximo cuidado nas provas, pois, quando tratamos dessa excepcional situação em que a lei tributária se aplica retroativamente, estamos a falar de **_penalidades_**. Ou seja, não é qualquer lei benéfica que retroage, mas sim uma lei que é benéfica em matéria de *infrações e sanções*. Nesse viés, o candidato deve ter muito cuidado em prova, pois uma lei que, por exemplo, reduz uma alíquota, não pode retroagir, ainda que aparentemente pareça ser benéfica ao contribuinte, já que reduz a carga tributária. Não retroage! O que se permite aplicar retroativamente é a lei superveniente que, a título de exemplo, diminui a intensidade de uma multa, desqualifica certa conduta como infração etc. Logo, cogitando de um caso concreto, se uma lei determina que o fato gerador do ISS seja tributado com alíquota de 3%, e, um ano depois, uma nova lei determina a redução da alíquota para 2%, é evidente que essa alíquota de 2% não vai retroagir para alcançar aquele fato gerador pretérito, o qual, ao tempo de sua ocorrência, era regido pela alíquota de 3%. Manter-se-á, em tal situação, a regra geral do princípio da irretroatividade, segundo a qual, *como regra*, aplica-se ao fato, a lei do tempo do fato (*tempus regit actum*).

O que devemos compreender é que, quando o fato gerador ocorre e a norma tributária incide, a relação jurídica tributária será disciplinada por essa norma jurídica vigente e aplicável ao tempo da ocorrência do fato gerador, abrindo-se exceção apenas para a possibilidade de aplicação retroativa de leis futuras quando essas forem benéficas **em penalidades**, de modo que, aí sim, as penalidades mais favoráveis estipuladas supervenientemente é que passam a incidir sobre o fato. Todavia, quanto aos elementos *substanciais* da relação tributária (identificação do sujeito passivo; base de cálculo e alíquota; delimitação do fato gerador), a norma legal que se aplicará é a norma do tempo do fato, e não uma norma futura, seja ela mais favorável, seja mais gravosa; não retroage!

Nesses termos, seguindo-se a regra geral da irretroatividade, se uma lei, em janeiro do ano de 2001, aumenta alíquotas e agrava a intensidade de penalidades, não pode, em hipótese alguma, ter sua norma aplicada a fatos ocorridos no ano 2000, perfeito? Mesmo que se venha a cobrar o tributo e a multa no ano de 2002, relativos aos fatos geradores de 2000... A lei de janeiro de 2001 não retroagirá por ser uma lei gravosa. Do mesmo modo, ainda que essa lei fosse benéfica por reduzir a alíquota, não retroagiria, e em 2002 se cobraria a dívida fiscal de 2000 com a alíquota da lei de 2000, e não com a alíquota mais benéfica da lei do ano de 2001;

a única possibilidade de retroação aqui seria se a lei de 2001 fixasse penalidade mais benéfica; aí sim, sem sombra de dúvidas, tratando-se de lei benéfica em penalidade, retroagiria, e em 2002 se cobraria a multa mais branda relativamente ao fato do ano 2000, utilizando-se a lei benéfica retroativamente.

DICA 3: PRINCÍPIO DA LEGALIDADE

A dica 3 vem sobre o princípio da **legalidade**. Tal comando se revela como instrumento concretizador da *democracia* como *regime de governo*, dando efetividade à ideia de que somente a *vontade do povo* pode legitimar os atos da Administração, entre eles, os atos de tributação. **Somente a lei pode criar e extinguir tributos**, bem como **majorá-los e reduzi-los**! Vale a leitura do art. 150, I, da CRFB/1988 e o art. 97 do CTN.

O primeiro ponto a ser destacado sobre a *legalidade* é que, para que se criem tributos, **basta lei ordinária** como **regra!** Ou seja, quando o ente federativo vai inaugurar o exercício de sua competência tributária constitucionalmente deferida, não precisa adotar o processo legislativo especial de lei complementar para introduzir seu tributo no plano concreto, bastando *lei ordinária* para criá-lo. Apenas em **três casos** é que é **necessária a lei complementar** para criar tributo, havendo ainda uma "pegadinha" sobre outro caso, em que parte da doutrina afirma que seria uma quarta situação de tributo criável por lei complementar. Nesse propósito, criam-se por lei complementar, incontroversamente, os seguintes tributos:

- empréstimos compulsórios (art. 148 da CRFB/1988);
- impostos residuais (art. 154, I, da CRFB/1988);
- contribuições residuais de seguridade social (art. 195, § 4º, da CRFB/1988).

Além desses três tributos, a Constituição, ao cuidar dos impostos ordinários da União no art. 153, afirma que: "Compete a União instituir impostos sobre **grandes fortunas, nos termos de lei complementar**". Parte da doutrina, em razão desse escrito, afirma que o IGF seria um quarto caso de tributo a ser *criado* por LC, quando na verdade o papel reservado pela Carta à LC não é exatamente o de *criar* o tributo, mas sim o de definir o que é uma *grande fortuna*, para que então, feita essa definição, possa qualquer lei ordinária criar o IGF. Apesar disso, quando o tema cai em provas objetivas, cai *exatamente como está escrito na Constituição*, ou seja, afirma-se que "Compete à União instituir o imposto sobre grandes fortunas, nos termos de lei complementar", e aí, **termina ficando verdadeiro**.

Portanto, se cair na prova de vocês, estará certo dizer que **tributos se criam por lei ordinária, salvo os empréstimos compulsórios, impostos residuais e contribuições residuais de seguridade social, bem como que "compete à União instituir impostos sobre grandes fortunas, nos termos de lei complementar".**

DICA 4: LEGALIDADE E MEDIDA PROVISÓRIA

Essa dica 4 também vem sobre o princípio da **legalidade**. Pacífica é a possibilidade de **medidas provisórias** poderem criar e majorar tributos. Somente não poderão quanto aos tributos reservados à lei complementar, pois é vedado uso de MP em matéria de lei complementar, conforme expressa vedação constitucional prevista no art. 62, § 1º, III. Portanto, fiquem atentos, pois **não há qualquer incompatibilidade entre tributo e medida provisória, mas há entre essas e a lei complementar; logo, MP pode criar tributos, mas não os que forem de LC, ou seja, os empréstimos compulsórios, os impostos residuais e as contribuições residuais de seguridade social**!

DICA 5: A REGRA DA RESERVA LEGAL E ALGUMAS DE SUAS PRINCIPAIS EXCEÇÕES. ATOS NORMATIVOS INFRALEGAIS PASSÍVEIS DE EXPEDIÇÃO PELO PODER EXECUTIVO.

A dica 5 é, ainda, sobre a **legalidade**. Quero destacar para vocês algumas situações em que se torna viável a prática de certos atos importantes em matéria tributária sem a necessidade de lei. Em tais hipóteses, atos normativos expedidos pelas autoridades competentes do Poder Executivo serão suficientes, não sendo necessária uma lei em sentido estrito.

O primeiro ponto a destacar é quanto à possibilidade de os quatro **impostos federais extrafiscais** poderem ter suas **alíquotas majoradas e reduzidas por Decreto Executivo**. Ou seja, não é necessário lei para majorar o **II, IE, IPI e IOF**. Esses quatro impostos, em razão de ostentarem uma função que vai *além* da proposta arrecadatória (fiscal) que é peculiar a todo tributo, intentando uma função *extrafiscal*, que é a função de atuarem como instrumentos de *intervenção e regulação* de segmentos estratégicos da ordem econômica, quais sejam, a *indústria* (IPI), o comércio de fronteiras (Impostos de IMPORTAÇÃO e EXPORTAÇÃO) e o *mercado das operações financeiras* (IOF), precisam ter **celeridade** no processo de majoração e redução de suas alíquotas. E a **celeridade** é incompatível com a *morosidade* natural do processo legislativo. A *legalidade* é morosa por natureza, infelizmente. Daí que a Constituição, para dar eficiência no manuseio desses impostos de forma a se viabilizar a efetividade de sua função finalística (extrafiscal), optou por afastar a regra da *legalidade* e permitir que o Executivo manuseie rápidos e imediatos decretos e então promova a modificação da tributação, exercendo o papel regulatório com rapidez e eficiência. Vale a leitura do art. 153, § 1º, da CRFB/1988. Logo, poderá cair na sua prova: o **II, IE, IPI e IOF podem ter suas** *alíquotas majoradas e reduzidas por ato do Executivo, não precisando de lei para tanto, em razão de sua função extrafiscal, a qual requer celeridade, algo inviável no plano moroso da legalidade!* E para sermos mais precisos ainda sobre o tema, podemos ir até mesmo um pouco mais longe, afirmando que nos termos do mencionado dispositivo constitucional, a possibilidade de majoração e redução das alíquotas não é outorgada exclusivamente ao Presidente da República para que o faça mediante decreto; a bem da verdade, o dispositivo afirma ser facultado "ao Poder Executivo" o que não necessariamente impõe que tenha que ser a medida adotada por um decreto presidencial (ainda que logicamente possa o ser por tal via). Nesse compasso, entendemos que outras autoridades e órgãos do Poder Executivo que atuam dentro da estrutura da Administração Tributária da União e subordinadas à Presidência da República poderia promover tais atos normativos. A título de exemplo, poderíamos citar a **CAMEX – Câmara de Comércio Exterior** (vinculada ao Ministério da Economia), que, por meio de resoluções, promove alterações das alíquotas dos impostos de importação e exportação. Entendemos não haver qualquer incompatibilidade com a ordem constitucional, sendo tais atos normativos compatíveis com a norma do art. 153, § 1º, da CRFB/1988. Nesse sentido também caminha a jurisprudência do STF, vide os importantes precedentes dos julgamentos do **AG. REG. NO RECURSO EXTRAORDINÁRIO 606.368/RS** de relatoria da Min. Rosa Weber, julgado em 26-8-2016 (com Embargos Declaratórios interpostos, julgados em 30-8-2019 e não providos, sendo mantida a decisão de 2016), bem como o **RE 570.680/RS**, de relatoria do Min. Ricardo Lewandowski (Tribunal Pleno, Repercussão Geral – *Mérito*, DJE de 04-12-2009).

No que tange às exceções à *reserva legal*, podemos elencar algumas situações em que se afasta a necessidade de lei em sentido estrito, a saber:

a) **modificar a data de recolhimento dos tributos** (já que não se trata de uma *criação* nem de uma *majoração* de tributo, mas "apenas" da alteração do momento de seu pagamento); nesse caso, o prazo do pagamento pode ser fixado por todas as fontes da *legislação tributária*, como portarias e normas complementares (vide art. 160, CTN);

b) não é necessário lei para **atualização monetária da base de cálculo dos tributos**, já que a mera "atualização" não significa uma *majoração*; é o clássico exemplo das atualizações do IPTU que se fazem em toda virada de ano, em que um simples decreto executivo aplica o índice de atualização anual e promove a readequação do valor do imóvel, *atualizando* a base de cálculo. Aqui, todavia, é fundamental registrar que o ato normativo do Poder Executivo deve ser praticado com a adoção do índice oficial de correção *monetária* previsto para imóveis, não se podendo fazer uso de índices que não sejam os estabelecidos por lei para tal medida; caso o decreto de atualização seja alicerçado em índice distinto do oficial, o ato será nulo (entendimento pacificado na jurisprudência do Superior Tribunal de Justiça, vide **Súm. nº 160 do STJ**).

c) não é necessária lei para a *redução e restabelecimento das alíquotas da CIDE dos Combustíveis* (art. 177, § 4º, I, "b", da CRFB/1988);

d) não é necessária lei para conceder descontos para pagamentos antecipados, podendo eles emanar de atos normativos da legislação tributária oriundos de autoridades do Poder Executivo (art. 160, p. único, do Código Tributário Nacional);

e) não é necessária lei para a criação, regulamentação e extinção das *obrigações acessórias*, as quais podem ser disciplinadas por quaisquer das fontes da legislação tributária (art. 113, § 2º c/c art. 96 do CTN).

Outro ponto importante que merece destaque é que, como regra (exceção apenas quanto ao ICMS), exige-se *lei em sentido estrito* para a concessão de incentivos e benefícios fiscais que geram renúncia de receita tributária, dispensando os contribuintes do pagamento de tributos e tal lei deve ser uma **lei específica** feita para a formalização do ato concessivo da benesse fiscal (art. 150, § 6º, da CRFB/1988). Desse modo, a concessão de *isenções, remissões, anistias*, entre outras modalidades de benefícios fiscais **depende de lei**, não se podendo praticar mediante atos infralegais. Em relação ao ICMS, afasta-se a regra da *reserva legal* e se estabelece um modo próprio para a viabilização da concessão de benefícios fiscais quanto a essa espécie de tributo: os atos de dispensas de pagamento devem emanar de **Convênios do CONFAZ** ou de ***Tratados Internacionais***.

Em relação à regra da **reserva legal**, chamamos a atenção para a importância do art. 97 do Código Tributário Nacional, que elenca em seus seis incisos uma série de matérias que somente mediante lei em sentido estrito podem ser disciplinadas. Aproveitamos para transcrever o mencionado artigo no seu inteiro teor:

> "Art. 97. Somente a lei pode estabelecer: I – a instituição de tributos, ou a sua extinção; II – a majoração de tributos, ou sua redução, ressalvado o disposto nos artigos 21, 26, 39, 57 e 65; III – a definição do fato gerador da obrigação tributária principal, ressalvado o disposto no inciso I do § 3º do artigo 52, e do seu sujeito passivo; IV – a fixação de alíquota do tributo e da sua base de cálculo, ressalvado o disposto nos artigos 21, 26, 39, 57 e 65; V – a cominação de penalidades para as ações ou omissões contrárias a seus dispositivos, ou para outras infrações nela definidas; VI – as hipóteses de exclusão, suspensão e extinção de créditos tributários, ou de dispensa ou redução de penalidades. § 1º Equipara-se à majoração do tributo a modificação da sua base de cálculo, que importe em torná-lo mais oneroso. § 2º Não constitui majoração de tributo, para os fins do disposto no inciso II deste artigo, a atualização do valor monetário da respectiva base de cálculo".

CAPÍTULO 13 – PRINCÍPIOS TRIBUTÁRIOS

DICA 6: PRINCÍPIO DA ANTERIORIDADE

A dica 6 vem sobre o princípio da *anterioridade*. Clássico comando tributário que se ergue como um dos cânones da *segurança jurídica* nas relações tributárias entre o Estado e o cidadão, afeiçoando-se como nobre garantia individual limitadora do poder de tributar do Estado. Para nos proteger contra *surpresas fiscais lesivas*, tal dogma veda que se possa aplicar de imediato uma nova tributação até então desconhecida, fazendo valer a máxima da **não surpresa fiscal**, gerando estabilidade nos planejamentos fiscais dos contribuintes. Por tal postulado, nenhuma pessoa será submetida a uma nova lei de tributação no próprio ano em que ela seja publicada, bem como sem que se passem, *no mínimo*, 90 dias a contar da informação dela (ou seja, da publicação da lei que está criando ou majorando o tributo). Nesse propósito, o *princípio da anterioridade* nos garante que, se for **criado** ou **majorado** um tributo, seja qual for o dia do ano, essa nova tributação fica com aplicabilidade diferida, não podendo alcançar fatos que ocorram até o fim do ano, e, ainda, tendo que respeitar um intervalo obrigatório MÍNIMO de 90 dias a contar da publicação da lei. Nesse propósito, por exemplo, se uma lei cria ou majora certo tributo e a lei é publicada no dia 26 de novembro de 2009, até o fim do ano de 2009 essa lei é inaplicável, pois vale a garantia estampada na cláusula temporal do "exercício financeiro seguinte", prevista no art. 150, III, "b", da Carta, que veda a aplicação no mesmo ano; mas, observem com atenção, que no dia 1º de janeiro de 2010 *ainda não será viável aplicar essa nova tributação*, pois entre 26-11-2009 (dia da publicação da lei) e 1º-1-2010 *não estará vencido o prazo mínimo de 90 dias*, garantia assegurada a todos os contribuintes na alínea "c" do mesmo inciso III do art. 150. Ou seja, *o contribuinte não será submetido à aplicação da nova tributação gravosa antes de decorridos, PELO MENOS, 90 dias da publicação da lei, ainda que já tenha virado o ano*. Nesse exemplo, somente no final de fevereiro de 2010 é que ficará autorizada a tributação. Dou mais um exemplo: imagine-se uma majoração de ISS; cogitemos que certo estabelecimento, que atue no ramo de hotelaria, venha recolhendo ISS sob alíquota de 3% e imaginemos que em determinado mês no meio do ano (maio, junho, julho) essa alíquota seja majorada para 5%. Amigos, nessa situação, o estabelecimento não é obrigado a recolher o ISS com a alíquota de 5% até o fim do ano, mantendo-se a tributação com os 3%. Somente a partir de janeiro do ano seguinte é que o ISS poderá ser recolhido com 5% (já se terá vencido o mínimo nonagesimal também). Caso recolha nesses meses até o fim do ano o ISS com a alíquota majorada de 5%, poderá tranquilamente ajuizar uma Ação de Repetição de Indébito na Justiça Estadual, propondo, na Vara de Fazenda Pública do Município, o pedido de restituição, com os devidos juros e correção monetária.

Portanto, meus amigos, concluam que o **princípio da anterioridade proíbe a aplicação imediata de novos tributos bem como de majorações de tributos já existentes, determinando que elas só se apliquem no exercício financeiro seguinte, bem como após vencido o mínimo nonagesimal**.

DICA 7: ANTERIORIDADE E REVOGAÇÃO DE BENEFÍCIOS FISCAIS

A sétima dica vem, de novo, sobre o **Princípio da Anterioridade**. Há que se ter cuidado com as situações em que o Estado revoga benefícios fiscais que vinham favorecendo o contribuinte. Em tais casos, existe grande discussão a respeito de se avaliar se deveria ser ou não aplicado o **Princípio da Anterioridade**. O que se debate é: revogado o benefício, poderia se restabelecer o regime jurídico anterior de imediato ou dito restabelecimento somente se poderia aplicar com base no exercício financeiro seguinte, observando-se ainda o mínimo nonagesimal? Noutras palavras: o contribuinte poderia continuar a fazer jus ao benefício até o fim do ano e por pelo menos 90 dias mesmo já tendo sido revogado (e dessa forma, valer-se da aplicação do Princípio da Anterioridade) ou após a revogação da benesse ficaria imediatamente sujeito ao regime de tributação anterior, sem o benefício?

Essa discussão existe pelo fato de que grande parte da doutrina entende que o *Princípio da Anterioridade* somente deve ser aplicado nas hipóteses em que ocorre **instituição** ou **majoração** de tributo, o que evidentemente não se dá quando o fisco apenas cancela a manutenção de um benefício fiscal que temporariamente reduzia ou dispensava o dever de pagamento. Para os que seguem esse pensamento (negando a aplicação do princípio em comento nos casos de redução ou revogação de benefício fiscal), o contribuinte volta a se submeter ao regime de tributação anterior no momento imediato em que entra em vigência a norma que reduz ou revoga o benefício. Entende-se, nessa linha interpretativa, que o constituinte só forneceu a proteção do *Princípio da Anterioridade* aos contribuintes nos casos estritos em que a Administração **cria** um tributo novo ou **majora** um que já existia. Para os defensores dessa tese, é dever dos contribuintes se organizarem e se programarem para um restabelecimento imediato do regime de tributação sem o benefício a partir do momento em que ele seja revogado ou, sendo o caso, reduzido. Em tais casos, não haveria qualquer *surpresa*, pois se trataria de um tributo que já existia, com a mesma intensidade de incidência que sempre teve, não se criando nada de "novo"; haveria apenas o encerramento de uma situação de favorecimento, cancelando-se a manutenção de um ato de renúncia de receita do Estado, firmando-se a certeza de que, desde quando o favor foi gratuitamente

CAPÍTULO 13 – PRINCÍPIOS TRIBUTÁRIOS

instituído, sempre foi previsto que ele poderia ser revogado ou reduzido a qualquer momento em face de uma necessidade do poder público de voltar a tributar nos moldes que já vinham sendo aplicados antes da concessão da benesse. Em particular, é o nosso pessoal entendimento. Ousamos divergir dos colegas que entendem que deveria ser aplicado o ***Princípio da Anterioridade*** nas situações ora analisadas. Somos dos que preferem entender, em nome da segurança jurídica, que, se a fazenda optou por instituir um benefício em favor dos administrados (quando em tese não tinha qualquer obrigação de fazê-lo), dispensando temporariamente os contribuintes de um ônus fiscal legalmente previsto, e era de sabença de todos que o benefício não era eterno, que não era a prazo certo e que poderia ser revogado a qualquer tempo em face de uma necessidade de se restabelecer a tributação para preservar a supremacia do interesse público, é lícito que o fisco aplique de imediato o regime de tributação anterior imediatamente após retirar o benefício. Não concordamos com os argumentos de que o contribuinte é pego de surpresa; com todo respeito aos que pensam em contrário, **não há surpresa alguma**, já que **desde o dia que o favor fiscal foi concedido se deixou claro que o fisco se reservava o poder de retirá-lo e voltar a tributar quando fosse necessário**. Sábio ditado popular ilustra bem a leitura que extraímos do feito: *"o combinado não sai caro"*. O que alguns chamam no Brasil de "efeito surpresa", nós preferimos enxergar como fruto de uma infeliz realidade que evidencia que muitos de nós ainda não se educaram para se organizar e fazer um planejamento adequado das contas pessoais. Surpresa haveria se fosse introduzido um novo tributo ou majorado um para além do que a lei previa. Bem diferente do que ocorre quando o fisco concede uma dispensa de pagamento de algo que já vinha sendo cobrado e que é plenamente autorizado por lei de ser exigido e em momento posterior informa ao contribuinte que retirará o benefício; *data maxima venia*, se foi avisado desde o início que tal possibilidade existia quando do momento em que se concedeu a benesse, não há surpresa alguma. Daí nos filiarmos ao entendimento de que, <u>***como regra***</u>, ***não deve ser aplicado o Princípio da Anterioridade quando ocorre a revogação ou redução de qualquer benefício fiscal de dispensa de pagamento***. Tal entendimento deve ser <u>***a regra***</u>, a qual somente deveria ser mitigada em caso de proporções extremas, em que realmente se constatasse que o restabelecimento imediato do regime de tributação poderia gerar um caos desestabilizador da economia, da atividade econômica, trazendo mazelas de proporções insuportáveis ao sistema jurídico, à vida dos contribuintes, ao equilíbrio da atividade econômica. Em tais nuances, evidentemente que a ***ponderação de valores*** merece guarida para legitimar uma relativização do entendimento que, frisamos, deve ser tomado como *a regra* e, assim, possibilitar, <u>***excepcionalmente***</u>, a aplicação do ***Princípio da Anterioridade*** em situação distinta da ***criação ou majoração de tributo***.

No **STF**, a questão já foi analisada muitas vezes. Salvo alguns julgamentos pontuais nos quais o Supremo Tribunal aplicou o *Princípio da Anterioridade* em situações nas quais não se tinha a *criação ou majoração* de tributo, a regra foi a Corte Excelsa negar dita aplicação. Um dos defensores da tese de fazer valer a garantia do Princípio da Anterioridade nas situações em que se revogavam ou reduziam benefícios fiscais sempre foi o *Ministro Marco Aurélio*, um dos com maior tempo de vivência na Casa e que sempre defendeu a tese de que o cancelamento do benefício fiscal seria equivalente a uma **criação indireta de tributo** assim como a redução da benesse teria equivalência a uma **majoração indireta de tributo**. Aliás, os clássicos precedentes em que se assegurou aos contribuintes a aplicação do comando protetivo da *Anterioridade* ocorreram em casos de sua relatoria, como se constata, por exemplo, na leitura do julgamento da **ADI 2325 – MC/DF**, no qual o STF em 23-9-2004 concedeu *medida cautelar* para suspender a aplicação imediata do art. 7º da LC nº 102/00 que alterava a LC nº 87/96, modificando o regime de incidência do ICMS, determinando que o novo regramento somente se pudesse aplicar a partir do primeiro dia do ano seguinte, no caso, o ano de 2001. Nesse clássico *leading case*, o Tribunal maior aplicou o Princípio da Anterioridade e não permitiu que as regras do novo regime de creditamento de ICMS pudesse se aplicar no mesmo ano em que eram anunciadas; e não se tratava de criação nem majoração de tributo. Observe-se a transcrição a seguir extraída do *site* do STF:

> **ADI 2325 MC / DF – DISTRITO FEDERAL**
> **MEDIDA CAUTELAR NA AÇÃO DIRETA DE INCONSTITUCIONA-LIDADE**
> **Relator(a):** Ministro MARCO AURÉLIO
> **Julgamento:** 23-9-2004
> **Órgão Julgador:** Tribunal Pleno
> **PROCESSO OBJETIVO – CONTROLE DE CONSTITUCIONALIDA-DE – LIMINAR. Surgindo a relevância e o risco de se manter com plena eficácia o preceito atacado, impõe-se o deferimento da medida acauteladora, suspendendo-o. Decisão:** O Tribunal, por unanimidade, apreciando a questão do princípio da anterioridade, deferiu, em parte, a cautelar para, mediante interpretação conforme a Constituição e sem redução de texto, afastar a eficácia do artigo 7º da Lei Complementar nº 102, de 11 de julho de 2000, no tocante à inserção do § 5º do artigo 20 da Lei Complementar nº 87/96 e às inovações introduzidas no artigo 33, II, da referida lei, bem como à inserção do inciso IV. Observar-se-á, em relação a esses dispositivos, a vigência consentânea com o dispositivo constitucional da anterioridade, vale dizer, terão eficácia a partir de 1º de janeiro de 2001.

CAPÍTULO 13 – PRINCÍPIOS TRIBUTÁRIOS

Dez anos após, mais uma vez o STF repetiu a aplicação do entendimento excepcional, impondo o respeito ao Princípio da Anterioridade em situação na qual não havia criação nem majoração de tributo. E mais uma vez em matéria de ICMS e novamente em julgado de relatoria do eminente Ministro Marco Aurélio. Tratava-se de caso em que foi revogado benefício fiscal de redução de base de cálculo de ICMS em favor e companhias prestadoras do serviço de televisão por assinatura no Rio Grande do Sul. Nesse precedente, todavia, de se destacar que a decisão **não foi proferida no Plenário**, e sim na primeira turma, órgão fracionário. No caso concreto, a turma decidiu por impor a observância ao Princípio da Anterioridade e a queda do benefício somente se deu a partir do ano subsequente. Leia-se a ementa:

> **RE 564225 AgR / RS – RIO GRANDE DO SUL**
> **AG.REG. NO RECURSO EXTRAORDINÁRIO**
> **Relator(a):** Ministro MARCO AURÉLIO
> **Julgamento:** 2-9-2014
> **Órgão Julgador:** Primeira Turma
> **Publicação:** ACÓRDÃO ELETRÔNICO
> **EMENTA:**
> **IMPOSTO SOBRE CIRCULAÇÃO DE MERCADORIAS E SERVIÇOS – DECRETOS Nº 39.596 E Nº 39.697, DE 1999, DO ESTADO DO RIO GRANDE DO SUL – REVOGAÇÃO DE BENEFÍCIO FISCAL – PRINCÍPIO DA ANTERIORIDADE – DEVER DE OBSERVÂNCIA – PRECEDENTES.** Promovido aumento indireto do Imposto Sobre Circulação de Mercadorias e Serviços – ICMS por meio da revogação de benefício fiscal, surge o dever de observância ao princípio da anterioridade, geral e nonagesimal, constante das alíneas "b" e "c" do inciso III do artigo 150, da Carta. Precedente – Medida Cautelar na Ação Direta de Inconstitucionalidade nº 2.325/DF, de minha relatoria, julgada em 23 de setembro de 2004. MULTA – AGRAVO – ARTIGO 557, § 2º, DO CÓDIGO DE PROCESSO CIVIL. Surgindo do exame do agravo o caráter manifestamente infundado, impõe-se a aplicação da multa prevista no § 2º do artigo 557 do Código de Processo Civil.

Pouco mais de um ano depois, em novembro de 2015, novo precedente no STF, mais uma vez em matéria de ICMS e novamente em julgado de relatoria do Ministro Marco Aurélio. Outro julgado da primeira turma, não sendo do Plenário. Na ocasião, cuidou-se de hipótese em que no Estado do Rio de Janeiro se modificaram regras a respeito da aplicação do regime de substituição tributária, a primeira turma da Corte entendeu que se deveria aplicar a norma da *Anterioridade*, só permitindo a imposição do novo regime implementado a partir do ano subsequente. Leia-se a ementa do julgado:

> **RE 457792 AgR / RJ – RIO DE JANEIRO**
> **AG.REG. NO RECURSO EXTRAORDINÁRIO**
> **Relator(a):** Ministro MARCO AURÉLIO
> **Julgamento:** 10-11-/2015
> **Órgão Julgador:** Primeira Turma
> **Publicação:** ACÓRDÃO ELETRÔNICO
> IMPOSTO SOBRE CIRCULAÇÃO DE MERCADORIAS E SERVIÇOS – SUBSTITUIÇÃO TRIBUTÁRIA PROGRESSIVA – MERCADORIAS EM ESTOQUE – INOVAÇÃO ONEROSA – PRINCÍPIOS DA ANTERIORIDADE E IRRETROATIVIDADE – OBSERVÂNCIA – PRECEDENTES. Promovido aumento indireto do Imposto Sobre Circulação de Mercadorias e Serviços – ICMS por meio da inovação quanto a mercadorias no regime de substituição tributária, alcançadas aquelas em estoque, surge o dever de observância aos princípios da irretroatividade e da anterioridade, geral e nonagesimal, constantes das alíneas "a", "b" e "c" do inciso III do artigo 150 da Carta. Precedente – Medida Cautelar na Ação Direta de Inconstitucionalidade nº 2.325/DF, de minha relatoria, julgada em 23 de setembro de 2004.

Constate-se, portanto, que já tivemos sim alguns precedentes na Corte legitimando a *excepcional aplicação do Princípio da Anterioridade em situações fáticas nas quais não houve criação nem majoração de tributo*. Nos três casos citados, algumas semelhanças: todos eles envolvendo o ICMS, todos com relatoria do Ministro Marco Aurélio (que sempre foi o grande defensor da tese no STF) e os dois últimos fora do plenário da Corte, conferindo decisões de Turma; o único caso em que a decisão foi plenária, mais de uma década atrás, de se destacar que a decisão foi para *deferir medida cautelar* e não no julgamento de mérito (em 2004 o julgamento para deferir a *medida cautelar* na ADI 2325/DF para fins de suspender a aplicação do art. 5º da LC nº 102/2000 e somente autorizar a aplicação no ano seguinte. Nos *leading cases* citados houve, no primeiro caso, modificação nas regras de *creditamento de ICMS*, envolvendo o *Princípio da Não Cumulatividade*; no segundo caso, cancelamento de benefício de *redução de base de cálculo*; na terceira hipótese, alteração nas regras do regime de *substituição tributária*. Constate-se que em nenhuma dessas ocorrências houve criação de tributo (o ICMS já existia) ou majoração dele (não se elevavam as alíquotas nem se modificava a definição da base de cálculo pré-fixada pela lei)).

Apesar da citação aos três precedentes anteriores, é importante registrar que, **como regra, o STF, em <u>diversos outros julgamentos</u>, negou aplicação ao Princípio da Anterioridade** em plúrimas situações em que houve revogações ou reduções de incentivos fiscais. Pode-se afirmar, com segurança, que esse é o entendimento prevalecente no Supremo. A título de exemplo, pode-se citar

CAPÍTULO 13 – PRINCÍPIOS TRIBUTÁRIOS

a **Súm. nº 615 do STF**, aprovada no dia 17-10-1984 (e até hoje não cancelada), consagrando a compreensão de que *revogações ou reduções de isenção não se sujeitariam ao Princípio da Anualidade* (que na Constituição de 1988 é tratado como *Princípio da Anterioridade, e não mais da "Anualidade"*).

Nessa direção se construiu a jurisprudência do **STF** desde os idos dos anos de 1980, podendo ser citados inúmeros julgados dessa época, destacando o **RE nº 97.482/RS**, Primeira Turma, Relator o Ministro Soares Muñoz, *DJ* de 17-12-82; **RE nº 97.455/RS**, Segunda Turma, Relator o Ministro Moreira Alves, *DJ* de 6-5-83; **RE nº 99.908/SP**, Segunda Turma, Relator o Ministro Rafael Mayer, *DJ* de 5-8-83; **RE nº 102.993/SP**, Segunda Turma, Relator o Ministro Aldir Passarinho, DJ de 31-5-85.

Essa orientação foi mantida na égide da atual Constituição. Por ocasião do julgamento do **RE nº 204.062**, Segunda Turma, o Ministro Carlos Velloso como Relator, a Corte voltou a negar o direito de os contribuintes se valerem do *Princípio da Anterioridade* em casos em que não houvesse criação ou majoração de tributo.

Igualmente se deu no julgamento do **RE nº 682.631/MG – AgR**, no ano de 2014 (Primeira Turma, Relator o Ministro Roberto Barroso, *DJe* de 2-5-14). Observe-se a ementa:

> **ARE 682631 AgR-AgR / MG – MINAS GERAIS**
> **AG.REG. NO AG.REG. NO RECURSO EXTRAORDINÁRIO COM AGRAVO**
> **Relator(a):** Ministro ROBERTO BARROSO
> **Julgamento:** 25-3-2014
> **Órgão Julgador:** Primeira Turma
> EMENTA: AGRAVO REGIMENTAL EM AGRAVO REGIMENTAL EM RECURSO EXTRAORDINÁRIO COM AGRAVO. DECRETO Nº 45.138/09-MG. INSTITUIÇÃO DO REGIME DE SUBSTITUIÇÃO TRIBUTÁRIA. HIPÓTESE QUE NÃO REPRESENTA OFENSA AOS PRINCÍPIOS DA ANTERIORIDADE ANUAL E NONAGESIMAL. 1. O Supremo Tribunal Federal tem entendido que os postulados da anterioridade anual e da anterioridade nonagesimal estão circunscritos às hipóteses de instituição e majoração de tributos. 2. O regime de apuração da substituição tributária não está alcançado pelo âmbito de proteção da tutela da não surpresa, na medida em que o agravamento inicial que decorre do dever de suportar o imposto pelos demais entes da cadeia será ressarcido na operação de saída da mercadoria. 3. Na hipótese sob análise, não há aumento quantitativo do encargo e sim um dever de cooperação com a Administração tributária. 4. Agravo regimental a que se nega provimento.

Corroborando esse mesmo entendimento, oportuno mencionar também os seguintes acórdãos: **RE nº 562.669/MG-AgR**, Primeira Turma, Relator o Ministro Ricardo Lewandowski, *DJe* de 1-5-11; **AI nº 783.509/SP-AgR**, Primeira Turma, Relator o Ministro Ricardo Lewandowski, *DJe* de 17-11-10. Ainda no mesmo sentido, as seguintes decisões monocráticas: **AI nº 747.391/MG,** Relatora a Ministra Rosa Weber, *DJe* de 30-8-13; **AI nº 259.646/BA,** *DJe* de 30-11-11 e **AI nº 650.966/SP,** *DJe* de 15-8-11; **RE nº 492.781/MG,** Relator o Ministro Celso de Mello, *DJe* de 18-3-10.

Válida ainda a citação ao emblemático e importante julgamento da **ADI 4.016/MC-PR**, que transcrevemos a ementa:

> **ADI 4016 MC / PR – PARANÁ**
> **MEDIDA CAUTELAR NA AÇÃO DIRETA DE INCONSTITUCIONALIDADE**
> **Relator(a):** Ministro GILMAR MENDES
> **Julgamento:** 1-8-2008
> **Órgão Julgador:** Tribunal Pleno
> EMENTA: Medida cautelar em ação direta de inconstitucionalidade. 2. Art. 3º da Lei nº 15.747, de 24 de dezembro de 2007, do Estado do Paraná, que estabelece como data inicial de vigência da lei a data de sua publicação. 3. Alteração de dispositivos da Lei nº 14.260/2003, do Estado do Paraná, a qual dispõe sobre o Imposto sobre a Propriedade de Veículos Automotores – IPVA. 4. Alegada violação ao art. 150, III, alínea "c", da Constituição Federal. 5. A redução ou a extinção de desconto para pagamento de tributo sob determinadas condições previstas em lei, como o pagamento antecipado em parcela única, não pode se r equiparada à majoração do tributo em questão, no caso, o IPVA. Não-incidência do princípio da anterioridade tributária. 6. Vencida a tese de que a redução ou supressão de desconto previsto em lei implica, automática e aritmeticamente, aumento do valor do tributo devido. 7. Medida cautelar indeferida.

A conclusão a que se pode chegar é que, salvo situações verdadeiramente excepcionais, a regra tem sido a negatória de aplicação do *Princípio da Anterioridade* nas hipóteses de revogação ou redução de benefícios fiscais que implicam dispensa de pagamento, legitimando-se que seja aplicada de imediato a norma que retira o benefício e restabelece o regime jurídico tributário que antecedia a concessão dele. É bem verdade, sabemos todos, que a jurisprudência do STF está sempre sujeita a mudanças, vide a dinâmica realidade do Direito como ciência e a modificação dos Ministros que integram a Casa. Todavia, não obstante os recentes precedentes da primeira turma e de relatoria do Ministro Marco Aurélio, ainda acreditamos ser coerente afirmar que o entendimento consolidado na Casa é no sentido de que, ***como regra**, não se aplica o Princípio da Anterioridade em* *casos nos quais não há criação ou majoração de tributo*, o que somente deve ser afastado em situações de extrema excepcionalidade.

DICA 8: ANTERIORIDADE E SÚM. Nº 669 DO STF

A oitava dica vem na mesma esteira do exposto anteriormente, também sobre a *anterioridade*. O STF entendeu que nos casos em que ocorre uma *modificação de data de recolhimento de tributo*, ou seja, situações em que se *altera o prazo de vencimento da obrigação tributária*, não é necessário esperar o ano seguinte para que apenas nas obrigações tributárias geradas nesse próximo exercício financeiro se aplique a nova data. Ou seja, o STF entendeu que *o princípio da anterioridade não se aplica nas situações de modificação do prazo para recolhimento do tributo*, já que não se trata de *criação* nem de *majoração* de tributo, entendimento esse consolidado e exposto na **Súmula nº 669 do STF**.

DICA 9: EXCEÇÕES AO PRINCÍPIO DA ANTERIORIDADE

A nona dica vem para citar as *exceções ao princípio da anterioridade*. Temos três situações, a saber:

a) **tributos de incidência imediata**; ou seja, a eles não se aplica nem a cláusula temporal do "exercício financeiro seguinte", nem a do "mínimo nonagesimal";

b) **tributos que só respeitam a *noventena***, sendo exceção apenas à cláusula do exercício financeiro seguinte;

c) **tributos que só respeitam a cláusula do *exercício financeiro seguinte***, sendo exceção apenas à noventena.

Nos termos da primeira situação, para ter *incidência imediata*, a Carta valorou duas situações: os tributos destinados a custear **catástrofes (empréstimos compulsórios para guerra externa ou para calamidade** – art. 148, I, além dos **impostos extraordinários de guerra** – art. 154, II), bem como *três dos quatro impostos federais extrafiscais, o II, IE e IOF*, ficando o IPI sujeito apenas à noventena, como veremos na segunda situação.

Obs.: Ainda nessa primeira hipótese, dos tributos de incidência imediata, chamo a atenção para a letal "pegadinha": *apenas os empréstimos compulsórios para guerra e calamidade é que podem ser cobrados de imediato, sendo exceção à anterioridade; pois os empréstimos para custeio de investimentos públicos, previstos no art. 148, II, se sujeitam normalmente ao princípio da anterioridade, inclusive à cláusula da noventena.*

Logo, tributos que incidem *de imediato* são o **II, IE, IOF, IEG e Empréstimos Compulsórios de Guerra e Calamidade**.

Na segunda situação, dos tributos que somente se sujeitam à *noventena*, temos o **IPI**, as **Contribuições de Seguridade Social** (em face da norma especial prevista no art. 15, § 4º, da CRFB/1988), além dos casos de *restabelecimento de alíquotas reduzidas da CIDE-Combustíveis* e do *ICMS/Interestadual/Combustíveis cobrado na origem*.

Ou seja, na CIDE que incide na venda de combustíveis, se o governo reduzir a alíquota, quando estiver *restabelecendo* (ou seja, apenas recolocando no patamar em que se encontrava antes da redução – não quer dizer MAJORAÇÃO, mas sim, e apenas, RESTABELECIMENTO), não precisa esperar o ano seguinte, bastando contar 90 dias do ato de mero restabelecimento da alíquota e já poderá tributar! O mesmo quanto ao ICMS, que se pode cobrar no Estado de origem nas vendas interestaduais de combustíveis!

Por fim, os tributos que só respeitam a regra do *exercício financeiro seguinte*, não respeitando, entretanto, a noventena, são o **Imposto de Renda – IR**, o **IPTU** e o **IPVA**, mas, quanto a esses dois últimos, *apenas quando a majoração for pela base de cálculo, pois, se for pela alíquota, se respeita também a noventena*.

Vejamos um **quadro RESUMO**:

a) tributos de incidência imediata:
- II, IE e IOF
- Empréstimos Compulsórios para Guerra e Calamidade
- Impostos Extraordinários de Guerra

b) **tributos que só respeitam a *noventena:***
- IPI – art. 153, IV, c/c art. 150, III, "b" e "c", e § 1º, da CRFB/1988
- Contribuições de Seguridade Social – art. 155, § 6º, da CRFB/1988
- Restabelecimento de Alíquota Reduzida na CIDE-Combustíveis – art. 177, § 4º, I, "b", da CRFB/1988
- Restabelecimento de alíquotas reduzidas no ICMS cobrável uma única vez na origem de operações que destinam combustíveis derivados de petróleo para outros Estados (operações interestaduais) – art. 155, § 4º, c/c art. 155, § 2º, XII, "h", c/c art. 155, § 2º, X, "a", todos da CRFB/1988

c) **tributos que só respeitam a cláusula do *exercício financeiro seguinte*:**
- IR
- Modificações na Base de Cálculo de IPTU e IPVA que importem em torná-los mais onerosos

CAPÍTULO 13 – PRINCÍPIOS TRIBUTÁRIOS

ATENÇÃO: em relação ao Imposto de Renda, é de suma importância destacar que, **após o julgamento do RE 159.180/MG, em 22-6-2020** (relatoria do Ministro Marco Aurélio), **o STF superou o famigerado entendimento que permanecia no texto da Súm. nº 584 e tomou a decisão de promover o seu cancelamento**. O mencionado verbete era alvo de profundas críticas pela doutrina e pela advocacia, já que nos termos do seu entendimento se chancelava a esdrúxula possibilidade de que uma lei que viesse a majorar o Imposto de Renda até o último dia do ano-base pudesse ter sua norma majoradora aplicada sobre todos os rendimentos auferidos no próprio ano-base, pelo simples fato de que a nova carga tributária somente seria exigida no exercício financeiro seguinte. O bizarro entendimento de outrora se apoiava no art. 105 do CTN, que afirma que a lei se aplica ao fato futuro *e ao fato pendente,* e, nesse sentido, a Fazenda Nacional sempre defendeu que o fato gerador do IR estava pendente durante todo o ano, já que teria início no primeiro dia de janeiro e conclusão apenas no último dia de dezembro (31-12). Com base no teratológico entendimento que lastreava o verbete ora superado, entendia-se que a lei que se aplicaria no ano da declaração seria *a última lei que estivesse vigente no ano-base*, o que validava a aplicação de leis que viessem a majorar o imposto até 31 de dezembro do ano-base. A título de exemplo, se uma lei majorasse as alíquotas do Imposto de Renda em 30-12-2021, tal norma majoradora se aplicaria sobre todas as rendas do próprio ano de 2021, alcançando o "fato gerador pendente" e ensejando a tributação no ano de 2022; desse modo, a lei do fim de 2021 se imporia sobre as rendas auferidas em todo o ano de 2021 (inclusive anteriores à data da publicação dela), ensejando tributação final em 2022. O inaceitável entendimento foi, enfim, afastado e a Corte, mesmo que tardiamente, acerta ao ordenar o cancelamento da odiada Súmula nº 584, incompatível com os limites da segurança jurídica e com a adequada interpretação do Princípio da Anterioridade. Diante disso, pode-se afirmar com precisão que o correto em relação à aplicação do mencionado Princípio ao Imposto de Renda é reconhecer que a lei que majora o tributo só pode ter sua norma majoradora aplicada aos rendimentos auferidos no ano subsequente, o que, por evidente, ensejará a tributação final no ano posterior que será o da declaração e pagamento final (nesse sentido, exemplificamos para não deixar dúvidas: se uma lei majora o IR em 2021, a nova tributação só pode alcançar os rendimentos auferidos **a partir de 2022**, ensejando a tributação no ano de 2023). Os rendimentos do ano-base devem ser tributados pela lei vigente no momento de sua abertura; a lei em vigor no primeiro momento do dia inaugural do exercício financeiro (que é, evidentemente, a mesma lei que estava em vigor no dia 31 de dezembro do ano que se encerrou o antecedendo). A lei que rege os rendimentos auferidos durante todo o ano de 2021 (e que gerarão tributação em 2022) é a lei que encerrou o ano de 2020 (e, por conseguinte, abriu o ano de 2021), sendo certo que qualquer nova lei ao longo de 2021 que altere o valor do

Imposto somente se aplicará sobre rendimentos a serem auferidos a partir de 1º de janeiro de 2022 e não no próprio anuênio de 2021.

DICA 10: PRINCÍPIO DA SELETIVIDADE

A décima dica é para destacar o princípio da **seletividade**! Em seguida, na *décima primeira dica* falarei com vocês sobre a *progressividade*, instituto muito próximo à *seletividade*, os quais sempre são estudados em conjunto.

Os comandos normativos da *progressividade* e da *seletividade* aparentam algo comum: ambos representam fenômenos de **variação de alíquotas nos impostos**. Como digo em sala de aula, há um **gênero** que se chama "alíquotas diferenciadas", com o qual a Constituição trabalha **oito vezes** em relação aos impostos. Em oito diferentes dispositivos a Carta autoriza que os impostos possam ter alíquotas diferenciadas, crescentes. Por diferentes fundamentos, com diferentes finalidades, caso a caso. Nesse linear, a **seletividade** e a **progressividade** se apresentam como espécies desse rol de situações. Para dois impostos o constituinte fala em *seletividade*, e, para outros três, fala em *progressividade*. E, nas provas, os examinadores indagam quais são os impostos *seletivos* e quais são os *progressivos*.

A **seletividade** representa a técnica de variação de alíquotas aplicada em impostos que incidem nas **relações de consumo**, o **ICMS e o IPI**. Nesses impostos, as alíquotas variam de acordo com a **essencialidade** dos bens de consumo que estão sendo comercializados. Logo, **quanto mais essencial o bem, menor a alíquota**; por outro lado, **quanto menos essencial o bem, maior a alíquota**. As alíquotas são "selecionadas" de acordo com a ordem **inversa** de essencialidade: quanto mais próximo ao mínimo existencial dos seres humanos está o objeto do ato de consumo, *menor* será a intensidade da tributação; quanto menos próximo da órbita do mínimo de existência, logo, mais supérfluo, o fim do ato de consumo, *maior* será a alíquota. Nesse propósito, imputa-se um critério justo de distribuição da carga tributária entre a sociedade consumerista. Quem consome para se divertir, paga mais; quem consome para sobreviver, paga menos.

A grande observação que peço a vocês que tenham **muito cuidado** está no fato de que a Constituição determina que "o IPI SERÁ seletivo", porquanto em relação ao ICMS o legislador maior afirmou que "*o ICMS poderá ser seletivo*". Ou seja, em menor intervenção na autonomia estadual a Carta **faculta** a seletividade no ICMS, sugere-a, recomenda, orienta. Já no IPI, há uma imposição. Nessa frente, ***a seletividade é compulsória no IPI e facultativa no ICMS***.

CAPÍTULO 13 – PRINCÍPIOS TRIBUTÁRIOS

DICA 11: PRINCÍPIO DA PROGRESSIVIDADE

Na décima primeira dica, quero falar com vocês sobre o princípio da **progressividade**. Assim como a *seletividade*, a *progressividade* também se revela como técnica de *variação de alíquotas*, aplicável em alguns impostos. Há **duas situações diferentes** em que a Carta autoriza os impostos a terem alíquotas diferenciadas, crescentes, e, ***em ambos os casos, se chama progressividade***. Logo, a primeira informação a ser mentalizada é que ***existem duas progressividades***. Uma delas tem caráter sancionatório, recriminando uma postura malvista pelo ordenamento; na outra situação, a progressão de alíquotas não terá caráter sancionatório, mas sim apenas uma finalidade arrecadatória, buscando-se cobrar mais imposto de quem revela mais riqueza no fato gerador (por meio de alíquotas maiores) e menos arrecadação sobre pessoas que revelam a riqueza em menor intensidade no fato gerador (alíquotas menores). Logo, há a ***progressividade sanção*** e também a ***progressividade fiscal***, esta última, sem caráter punitivo.

A *progressividade sanção* se aplica no **IPTU** e **ITR**, em razão do uso inadequado das propriedades imobiliárias. Quem tiver imóvel urbano e não der a ele função social, ficará sujeito a pagar IPTU mais caro, mediante aplicação de alíquotas progressivas, conforme prevê o art. 182, § 4º, II, da CRFB/1988. Quem tiver imóvel rural e não der a ele produtividade (a produtividade é um dos elementos da *função social* do imóvel rural), ficará sujeito ao ITR progressivo, nos termos do art. 153, § 4º, I, da CRFB/1988. Logo, ***a progressividade sanção se aplica ao IPTU e ITR em razão do desrespeito à função social da propriedade imobiliária, tendo verdadeiro caráter punitivo***.

Importante ponto a ser destacado em relação à *progressividade sancionatória* é que ***no IPTU ela só poderá ser aplicada se o Município tiver plano diretor. Mesmo que tenha menos de 20 mil habitantes***. O plano diretor, aprovado em lei e que atua como instrumento básico da política urbana, é que define o que se entende por *função social*. Logo, se o Município não o aprovar, não poderá aplicar a progressividade sanção, nos termos do art. 41, III, do Estatuto da Cidade (Lei nº 10.257/2001) bem como dos limites estabelecidos pela Constituição nos parágrafos do art. 182.

Já a ***progressividade fiscal*** nada tem a ver com sanção, aplicando-se em razão de o fato gerador revelar uma riqueza mais ou menos intensa. Por exemplo, no Imposto de Renda, quem revela mais renda suporta alíquotas maiores (progressivas) em relação a quem revela menos renda. O mesmo com o IPTU, em que os proprietários de imóveis mais valiosos suportam maiores alíquotas que os de imóveis menos valiosos.

Alerto vocês para a informação de que ***apenas o IR e o IPTU podem ter alíquotas progressivas em razão do valor da riqueza***. Os demais impostos não podem! Em **1988**, a Carta, em seu texto originário, autorizou apenas para o **IR**, no art. 153, § 2º, I. No ano 2000 foi aprovada a **EC nº 29/2000,** que autorizou também para o **IPTU**, à míngua de o STF afirmar que a progressividade seria sempre inconstitucional (ressalvado apenas o IR, onde havia autorização, dada por norma originária, ilimitada). **Após a EC nº 29/2000 passou a caber IPTU progressivo em razão do valor venal do imóvel**. O STF aceitou a constitucionalidade da emenda e firmou essa jurisprudência, estampada na **Súm. nº 668.** A progressividade seria inconstitucional por ferir a nobre garantia da *proporcionalidade*, princípio implícito na Carta e que limita os atos administrativos, inclusive os de tributação.

Prestem atenção, porque **a EC nº 29/2000 apenas autorizou a progressividade para o IPTU**, logo, mantendo-se o entendimento da inconstitucionalidade nos demais impostos reais (sobre coisas!). Portanto, se cair na prova, *o ITBI progressivo é inconstitucional*, *vide Súm. nº 656 do STF*. Repito: só cabe a progressividade fiscal para o IR e para o IPTU, e, quanto a este, graças à EC nº 29/2000.

Por fim, destaco ainda os dois últimos dispositivos do Sistema Tributário na Constituição que afirmam que impostos podem ter *alíquotas diferenciadas*, mas, agora, em razão de *outros fundamentos*, e, assim, não falaremos em *progressividade* (nem a *sanção* nem a *fiscal*), nem em *seletividade*. É o caso do próprio IPTU, mais uma vez, para o qual o art. 156, § 1º, II, diz que *o IPTU poderá ter alíquotas diferenciadas em razão do local (área) e da utilização do imóvel*, assim como o IPVA, que, por força da EC nº 42/2003, passou a ter a especial norma do art. 155, § 6º, II que afirma que *o IPVA poderá ter alíquotas diferenciadas em razão do tipo e utilização do veículo*.

DICA 12: RESUMO – ALÍQUOTAS DIFERENCIADAS

Aqui, na décima segunda dica, trago, na verdade, não uma dica a mais, e sim um quadro-resumo das situações de alíquotas diferenciadas, vejam:

- **Progressividade Sanção:** IPTU e ITR
- **Progressividade Fiscal:** IR e IPTU (não cabe no ITBI)
- **Seletividade:** ICMS (facultativa) e IPI (compulsória)
- Outros casos de alíquotas diferenciadas:
    a) IPTU (em razão do **local** ou **uso** do imóvel)
    b) IPVA (em razão do **tipo** e **utilização** do veículo)

DICA 13: PRINCÍPIO DA CAPACIDADE CONTRIBUTIVA

Agora, trago o famoso princípio da **capacidade contributiva**. E a primeira coisa que quero frisar é que a *capacidade contributiva* é o princípio "norte" dos IMPOSTOS, mas, saibam vocês, que a grande pegadinha para a prova é a de que

CAPÍTULO 13 – PRINCÍPIOS TRIBUTÁRIOS

a capacidade contributiva também pode se aplicar nas taxas e contribuições, ainda que seu habitat natural seja no mundo dos impostos.

O STF já materializou jurisprudência no sentido de que a capacidade contributiva dos indivíduos pode ser valorada nas Taxas, como fez na famosa Taxa da CVM, bem como nas Contribuições Especiais, o que fez recentemente ao afirmar que a Contribuição de Iluminação Pública – CIP também é regida pelo princípio em tela. Quanto à CIP, aceitou a previsão de que o seu fato gerador é o *consumo de energia elétrica.*

Quanto aos **impostos**, a **capacidade contributiva** é o grande **dogma permissivo das cobranças** deles. Só se pode *impor* a alguém que *contribua* para o Estado se esse alguém demonstrou ter aptidão para contribuir. Para que uma pessoa seja sujeita a uma *imposição estatal* do dever de dar riqueza, somente se tiver praticado fato revelador de riqueza, e, sendo mais preciso, uma riqueza em limite superior ao suficiente para assegurar seu mínimo existencial. Em tais circunstâncias, revelará o qualitativo da *capacidade contributiva*, o qual denota o potencial de se poder contribuir em prol do custeio do Estado, dando parte de sua riqueza revelada (exemplo: da renda, do imóvel, do carro, do bem recebido na doação ou herança etc.) no fato gerador, pagando aquilo que lhe foi *imposto*. Portanto, *a capacidade contributiva é indissociável dos impostos, só se podendo cobrar estes de quem tem aquela*.

DICA 14: CAPACIDADE CONTRIBUTIVA E PROPORCIONALIDADE

Bem, **chegamos à décima quarta dica**. Queria deixar registrada a importante passagem do art. 145, § 1º, da Carta, que tanto cai em provas. Na hora de cobrar os impostos sobre as pessoas que revelaram riqueza, não se podem imputar prestações em quantidades iguais a todos os que revelaram riqueza, pelo simples fato de "terem riqueza". Não se pode estabelecer um teto fixo e cobrar de todos igualmente em prestações fixas e iguais. É necessário distribuir o fardo contributivo de modo isonômico, *proporcional* às riquezas de cada um, de sorte que quem revelou mais riqueza pague mais e quem revelou menos pague menos, não se podendo tributar a todos igualmente. Nesse viés, a prestação que cada pessoa pegará deve variar na mesma proporção de sua riqueza, determinando-se uma **personalização** do ato de tributação, fazendo-se com que *cada pessoa pague na proporção da intensidade de riqueza que possui*. E *quanto mais for possível* fazer essa personificação nos impostos, ela deve ser feita. É por isso que a Carta afirma que, **sempre que possível, os impostos terão um caráter pessoal, e serão graduados** *de acordo com a capacidade econômica do contribuinte*, consagrando-se assim o famoso e importante *princípio de justiça* da **personalização**.

DICA 15: PRINCÍPIO DO NÃO CONFISCO. CONTROLE DE INTENSIDADE DA CARGA TRIBUTÁRIA

Passo a falar, nessa décima quinta dica, de mais um importante princípio de "justiça" nas relações tributárias, qual seja, o **Princípio** do **Não Confisco**, previsto no art. 150, IV, da CRFB/1988. O comando em apreço se ergue no texto constitucional almejando evitar que o ato de tributação possa ser estabelecido e praticado em intensidade desarrazoada, modulado em excessiva intensidade, de modo que gere uma tributação insuportável, colidindo com os limites da capacidade contributiva efetiva dos contribuintes, acarretando terríveis efeitos práticos, a seguir narrados.

Quando o constituinte determina, no referido dispositivo, que *"é vedado estabelecer tributo com efeito de confisco"*, está buscando proibir que a carga tributária possa ser estimulada em uma dosimetria imoderada, tornando a relação tributária impossível de ser cumprida pelo sujeito passivo, e gerando, por força disso, sequelas de ordens múltiplas no sistema jurídico fiscal.

Na sua primeira faceta, o **Princípio do Não Confisco** é um comando normativo constitucional que busca estabelecer um *controle de intensidade* da carga tributária a ser fixada pelo legislador, coibindo excessos. Sem dúvidas, o *legislador* é seu primeiro e mais direto destinatário, posto ser ele o responsável pela fixação do elemento quantitativo da norma tributária (base de cálculo e alíquota). Como regra, o maior cuidado que o legislador deve ter é na fixação do elemento quantitativo *alíquota*, o qual, por certo, é aquele que normalmente leva uma tributação a atingir o desastroso e odioso *efeito confiscatório*. É na medida em que a alíquota cresce que a absorção da riqueza do administrado aumenta em intensidade, gerando, como consequência, um valor final de prestação muito mais caro a ser pago; ou seja, à medida que a alíquota aumenta, eleva-se a intensidade da expropriação da riqueza do sujeito passivo, aumentando-se o valor total a pagar por parte do contribuinte. Desse modo, o princípio do não confisco impõe ao legislador máxima diligência quando da fixação das alíquotas dos tributos, especialmente nos impostos, de sorte a não se criar uma tributação realmente insuportável que gere como efeito concreto a impossibilidade do pagamento, fomentando a sonegação fiscal ou, então, a perda da viabilidade de o contribuinte manter sua riqueza, sendo forçado a abrir mão dela, sofrendo verdadeiramente o *confisco*.

CAPÍTULO 13 – PRINCÍPIOS TRIBUTÁRIOS

> **DICA 16: TRIBUTAÇÃO CONFISCATÓRIA E DESVIO DE FINALIDADE NO EXERCÍCIO DO PODER DE TRIBUTAR. INCONSTITUCIONALIDADE**

Continuo falando com vocês sobre o **Princípio** do **Não Confisco**. A maior intenção do constituinte em proibir a tributação com efeito de confisco é a de evitar que o ato de tributação sofra um *desvio de finalidade*, e, assim sendo, acarrete uma série de efeitos lesivos, os quais podem ser agrupados em três grandes blocos. Isso mesmo! A tributação confiscatória consagra *desvio de finalidade fiscal*, implicando danos ao ordenamento que podem ser percebidos sob três diferentes ângulos de prospecção. Analisemos essas informações.

A finalidade da cobrança do tributo *não é a de extorquir toda a riqueza de uma pessoa, desapropriando-a*. Não. A finalidade do ato tributário é a de permitir a certo Estado, projetado e organizado por certo povo, poder captar, sobre esse próprio povo constituinte, a riqueza da qual depende *para viabilizar o custeio de sua atividade-fim*. Ou seja, *a finalidade do ato fiscal é a de permitir ao Estado alcançar os recursos financeiros dos quais depende para custear suas atividades típicas, cumprindo sua missão existencial*. Não é objetivo do ato de tributação quebrar empresas, constranger pessoas, impossibilitar o acesso ou provocar a perda da propriedade, inibir a livre-iniciativa, obstar a prosperidade empresarial. Não. A carga tributária deve ser exigida da sociedade na justa medida da necessidade que o Estado tem. A intensidade dessa "extorsão" social, para que ela se mantenha idônea e legítima, deve ser compreendida como aquela que se revela suficiente e cabal para que o Estado consiga arrecadar o que lhe é bastante para custear suas despesas essenciais. Não faz parte da finalidade do exercício do poder de tributar *tomar tudo que as pessoas têm*, impedindo o lícito direito de conquistar e usufruir de seus bens, de suas empresas, de suas rendas. Nessa perspectiva, caso a tributação se projete em intensidade imoderada e que se revele flagrantemente insuportável para o grupo de contribuintes, de modo a impedi-los de prosperar no acesso aos bens e manutenção de suas riquezas, constata-se objetivamente o *desvio de finalidade* no exercício do *poder de tributar*. Daí por que deve o legislador ter muita sensibilidade quando da fixação da intensidade com que o tributo vai agredir a riqueza das pessoas, afinal, caso a lei desrespeite esse vetor, restará viciada, acometida pelo gravoso vício da inconstitucionalidade, patologia que torna a lei nula e faz de sua norma uma norma sem aptidão de produzir efeitos. Perceba-se a gravidade do feito: se a norma legal tributária for considerada como norma confiscatória, a lei que a veicula deve ser considerada como uma lei inconstitucional... Isso é muito sério e grave... O princípio da proibição de confisco não é apenas uma norma de exortação de ordem moral e ética, mas sim um princípio expressamente positivado no texto constitucional! Tanto no exercício do controle difuso como no do controle concentrado, o Judiciário pode declarar a lei que estabeleça carga tributária confiscatória como inconstitucional e afastar a tributação por ele imposta, reconhecendo sua incompatibilidade com os parâmetros de controle constitucionalmente traçados para limitar o exercício do poder de tributar.

DICA 17: OS TRÊS PRISMAS DE LESIVIDADE DO EFEITO CONFISCATÓRIO

Prossigo abordando o **Princípio** do **Não Confisco**. Agora quero registrar quais são os *três prismas de lesividade do efeito confiscatório*, para lhes permitir enxergar como maior profundidade de raciocínio qual é a exata dimensão da mazela gerada com a tributação confiscatória. Após percebida essa múltipla dimensão da expansão dos danos causados pelo efeito confisco, aí sim, vocês ficam aptos a entender de modo mais vertical a natureza da norma que proíbe a tributação confiscatória. Vejamos então esses três prismas de lesividade.

O **primeiro prisma** de lesividade do efeito confisco é aquele que demonstra a nocividade da medida para *o próprio sujeito passivo da tributação*; ou seja, analisa-se o prejuízo que a carga tributária imputa àquele que recebe contra si o ato tributário. No **segundo prisma** de lesividade do efeito confiscatório, analisa-se o prejuízo ao interesse *de terceiras pessoas, que não o próprio sujeito passivo* diretamente tributado, pessoas essas que são indiretamente atingidas pelos efeitos decorrentes da tributação confiscatória sobre o contribuinte; o grande exemplo é o dos empregados e consumidores, como veremos a seguir. Por fim, o **terceiro prisma** de lesividade decorrente da carta tributária confiscatória é o que exorta o dano que o confisco gera para *o próprio Estado*.

Ou seja, quando falamos em tributação *confiscatória* não estamos a falar de um sistema de tributação que seja nocivo *apenas* ao sujeito passivo titular da riqueza, o qual, por certo, terá dificuldade em mantê-la e por certo sofrerá sua perda. A noção do dano vai muito além e transcende a plataforma do mero interesse individual do sujeito passivo diretamente tributado. É preciso ter sensibilidade para enxergar que a carga tributária imoderada e desproporcional gera sequelas que se espalham para muito além da esfera da simples discussão a respeito da riqueza do contribuinte, prejudicando terceiras pessoas e o próprio Estado. É por isso que, como veremos no tópico adiante apresentado, o princípio constitucional do **não confisco** não se resume a ser apenas uma norma de tutela do interesse individual do contribuinte em não ter sua particular riqueza aniquilada, mas sim um instrumento que almeja evitar danos que também machucam terceiros, o que faz do comando em apreço um instrumento de natureza plural, e não apenas protetivo dos interesses individuais do contribuinte, afeiçoando-se como magna garantia de consumidores, trabalhadores, e do próprio Estado.

DICA 18: O PRIMEIRO PRISMA DE LESIVIDADE DO EFEITO CONFISCATÓRIO

Quando falamos do *primeiro prisma de lesividade* que decorre da tributação confiscatória e que o princípio do não confisco almeja combater, miramos aquele foco, o qual normalmente a maioria das pessoas visualiza: a ideia de que *o titular de uma riqueza* não pode sofrer o *confisco* de seu bem por força do ato de tributação. Nesse viés, a preocupação do ordenamento seria a de proteger *essa pessoa*, o próprio *titular do bem*, para que o ato tributário não se converta em um instrumento de extorsão da sua propriedade, do seu direito de usufruir adequadamente da sua renda, da sua liberdade empresarial etc. Observe-se, com ilustrações, que, sob esse ângulo de reflexão, o princípio do *não confisco* buscaria, no caso do IPTU, evitar que este pudesse ser fixado de modo extremamente excessivo e assim se evitar que *o proprietário do imóvel perca seu bem*; o mesmo raciocínio no ITR ou IPVA; a preocupação em evitar a carga tributária desproporcional seria em impedir que *o proprietário* seja vilipendiado no seu direito de desfrutar da propriedade, de mantê-la na sua titularidade. No mesmo sentido, quando se falasse de um ISS não confiscatório, a intenção seria a de evitar que um empresário prestador de serviços tivesse de desistir do seu negócio, fechar sua empresa, abrir mão da continuidade de sua liberdade de empreendimento, por força da insuportabilidade da carga tributária; idem no ICMS e IPI; nesse linear, o foco da preocupação seria o de evitar o prejuízo *ao próprio sujeito passivo*, prestador de serviços, vendedor de mercadoria ou produto industrializado. Ainda à guisa de exemplos, a finalidade de se coibir um Imposto de Renda confiscatório seria a de impedir que *o titular da renda* sofresse a restrição no seu direito de utilizá-la para os fins minimamente necessários. Portanto, essa é a ideia do *não confisco* quando analisado sob essa perspectiva; é proteger o interesse e o direito individual de cada contribuinte, para que o ato de tributação não se desvie de sua finalidade precípua e gere, em razão do imoderado excesso de sua intensidade, o efeito da quebra do direito de o contribuinte manter sua riqueza. A perda do direito de propriedade, o fechamento de empresas e empreendimentos, a impossibilidade de uso adequado da renda, tudo isso traduziria esse primeiro prisma de lesividade do efeito confiscatório.

APRENDENDO TRIBUTÁRIO – Pedro Barretto

DICA 19: O SEGUNDO PRISMA DE LESIVIDADE DO EFEITO CONFISCATÓRIO

Aqui o foco muda. O que se percebe é que, quando o Fisco *confisca* os bens de certos contribuintes, terceiras pessoas, dependentes desses bens ou das atividades que eles propiciam, são indiretamente atingidas. E aí se constata que existe um interesse social e coletivo de terceiros em que não se confisquem determinadas pessoas em seus bens e negócios, já que tal mazela termina por atingi-las. O exemplo mais forte que pode ser citado para evidenciar tal percepção é o da tributação sobre os agentes econômicos, os empresários e comerciantes. Vejamos.

Quando um pequeno prestador de serviços não consegue manter seu empreendimento em funcionamento, resolvendo encerrar sua atividade, por não conseguir pagar a carga tributária exigida e ainda assim prosperar no negócio, quem perde com a quebra dessa empresa? Apenas o empresário? Claro que não. Vejam: será que existem pessoas que trabalham na empresa e perderão seus empregos e salários caso essa empresa prestadora feche? Sim. Vejam que o dano do confisco sobre o empresário se alastra e atinge o trabalhador. Mas, caminhe-se além: será que *outras empresas* também não ficam afetadas em uma intercalada cadeia de consumo pela quebra de um agente econômico que seja vital para a sequência dessa cadeia produtiva? Exemplifico: se um fabricante quebrar por não suportar os custos da atividade, por não mais conseguir ter lucro, em face da elevada carga tributária de ICMS e IPI, será que só ele e seus empregados sofrem com a quebra, ou será que as empresas distribuidoras, os lojistas e demais revendedoras também não ficam afetados, já que o bem deixará de ser fabricado? Óbvio que são atingidos! Vejam que o confisco de um agente econômico causa prejuízos e mazelas que vão muito além de sua mera esfera de interesses particulares... Diversos outros empresários, trabalhadores, comerciantes, são prejudicados... O MERCADO, O EMPREGO, O CONSUMO, são afetados... Já imaginaram se o confisco for de um pequeno empresário dono da única farmácia existente naquela determinada cidadezinha do interior, onde somente aquela farmácia oferece a comercialização de medicamentos aos moradores? Como o consumidor vai acessar o bem de consumo a partir de então se o fornecedor fechou as portas, desistiu da continuidade empresarial, em face da falta de perspectivas de obter ganhos com seu negócio?

Percebam, portanto, que, sob essa ótica de visão, projetada para os interesses e direitos de terceiros que também ficam prejudicados pelo efeito confisco da riqueza alheia, é que se revela o **segundo prisma de lesividade** do **efeito confisco**. Há uma colisão com o valor da livre-iniciativa, valor social do trabalho, liberdade de empresa, acesso ao pleno emprego, acesso ao mercado de consumo, e, tudo isso, falando-se aqui em relação a terceiros e não àqueles contribuintes que estão sendo diretamente tributados.

E importante destacar que, não obstante mais visível essa lesividade nas tributações sobre os empresários, não necessariamente precisamos focar esse segmento de sujeitos passivos para que enxerguemos o foco de lesividade que estamos a narrar. Veja-se, por exemplo, o que ocorre quando a tributação da *renda* das pessoas (empresárias ou não) é atingida com a intensidade desproporcional configurando o confisco... Uma pessoa que tem sua renda excessivamente agredida por uma alíquota imoderadamente elevada fica bastante prejudicada na possibilidade de usufruir dessa renda para os fins mínimos e básicos a que ela se destina, tendo afetada a viabilidade da manutenção de suas despesas necessárias para sobreviver com dignidade. Desse modo, perceba-se a nociva veia confiscatória atuando no campo do Imposto de Renda, que não é um imposto que necessariamente agride empresários, ainda que também os agrida. E, como não se pode deixar de perceber, atingindo-se o titular da renda, atingem-se também aqueles que dependem dela... Nesses moldes, quando a tributação sobre a renda de uma pessoa se revela confiscatória, possivelmente filhos, familiares, dependentes, empregados vinculados a essas pessoas, também são indiretamente atingidos.

DICA 20: O TERCEIRO PRISMA DE LESIVIDADE DO EFEITO CONFISCATÓRIO

Sob o terceiro ângulo de compreensão, o efeito confisco se revela danoso também *ao próprio Estado*, já que tende a eliminar a continuidade da ocorrência dos fatos geradores, provocando um estancamento na fonte arrecadatória estatal, além de induzir pessoas a sonegarem a carga tributária, seja por revolta, seja por verdadeira inexigibilidade de conduta adversa. Isso mesmo! Por mais que em um primeiro momento não se costume observar o confisco sob esse ângulo, é fundamental que se consiga alcançar a mensagem ora apresentada!

Quando a tributação confiscatória se consagra, atingindo pessoas, quebrando empresas, tornando inacessível a propriedade, o que decorre dessa catastrófica conjuntura fiscal? O resultado concreto é a eliminação da continuidade dos *fatos geradores* das obrigações tributárias, provocando-se uma eliminação da fonte arrecadatória para o Estado. Ora, se empresas fecham por não suportarem a carga tributária, quem vai pagar ICMS, IPI, ISS, Imposto de Renda, COFINS, CSLL etc.? Se as pessoas deixam de acessar a propriedade, por perceberem que não suportariam os impostos para viabilizar sua manutenção, quem vai pagar impostos sobre a propriedade? Constatem, amigos, que a tributação confiscatória tem a tendência natural de eliminar os fatos geradores das relações jurídicas obrigacionais tributárias, prejudicando a arrecadação dos tributos, e, por isso, se revelando nociva ao próprio Estado. Se pessoas deixam de importar ou exportar, em face da carga tributária confiscatória, como arrecadar o II e o IE? Se os contratos de consumo se tornam inviáveis por força da superoneração tributária, quem vai pagar ICMS e IPI? Se o ISS incidir confiscatoriamente, qual vai ser o estímulo que os pequenos prestadores de serviço (que são a maioria!) terão para continuarem a lutar para manter suas empresas em funcionamento? E se eles fecham, desistindo da livre-iniciativa, quem vai pagar o ISS? Como fica o IPTU, ITR e IPVA se pessoas deixam de acessar a propriedade ou não conseguem mais mantê-la? Percebam, leitores, que o tributo não pode ser o inimigo dele mesmo... O ato de tributação não pode tornar-se a ferramenta que elimina o próprio ato de tributação... Daí a essencial importância de o legislador ter a sensibilidade de estipular uma intensidade para a carga tributária a incidir que seja de fato suportável, que não torne a prestação inviável, sob pena de a própria continuidade da arrecadação ficar em risco.

Além do mais, destaque-se, quando em uma sociedade a carga tributária se revela pública e flagrantemente confiscatória, dissemina-se um sentimento geral entre as pessoas e a sonegação passa a ser vista como algo normal, e, mais do que normal, muitas vezes, necessária. O que em alguns países seria considerado um crime torpe, quiçá hediondo, no Brasil se torna algo banal e usual, praticado por pessoas honestas, trabalhadoras, que não possuem em sua formação qualquer traço patológico que indique vocação para o crime. Vou repetir: *pessoas honestas no Brasil sonegam tributos escancaradamente* e sem qualquer sentimento de estarem fazendo algo realmente errado. E por que isso ocorre? Qual o porquê dessa sonegação escancarada e desse sentimento de tranquilidade? A sonegação praticada por pessoas honestas é fruto de uma mescla entre dois fatores: de um lado, a necessidade de defender e manter a subsistência, que seria aviltada caso a carga tributária exigida tivesse de ser efetivamente suportada; e, do outro lado, a natural revolta contra os notórios, reiterados e inesgotáveis escândalos que evidenciam a corrupção no comando da Administração Pública do nosso país.

As pessoas não têm confiança na Administração... Vão dar seu dinheiro suado para o Estado para alimentar a roubalheira? Pois é... É exatamente assim que muitos cidadãos pensam... A falta de confiança fomenta a sonegação... Quem quer dar o que sua para ganhar àqueles em quem não confiam?

Doravante, se uma pessoa tem de optar entre pagar o Imposto de Renda nos termos plenamente exigidos ou defender sua subsistência, nem precisamos avançar nos comentários ou perdermos tempo com exemplos, para afirmar qual será o resultado da escolha... Imagine a situação de milhões de brasileiros que não conseguem pagar um plano de saúde, que não encontram hospitais nas redes públicas capazes de lhes atender, que não conseguem pagar uma faculdade ou escola para seus filhos e sequer acham vagas para matrículas nas públicas. Vocês acham mesmo que essas pessoas vão entregar ao Estado quase um terço do que ganham a título de imposto de renda? Acham que essas pessoas vão deixar de comer, de viver, para dar recursos ao Estado? Tente convencê-las de que devem pagar o imposto "100% por dentro"... Tenta...

A carga tributária, amigos, quando desproporcional à capacidade contributiva efetiva das pessoas, leva à sonegação fiscal globalizada... Seria muito melhor o Estado cobrar menos e permitir que todos pagassem, o que, por certo, levaria a arrecadar muito mais, do que insistir nesse modelo viciado em que se cobra o absurdo, torna-se inviável o pagamento e perpetua-se o modelo podre que temos no Brasil, no qual a informalidade fiscal é uma realidade vista a olhos nus e onde a sonegação é algo banalizado até mesmo no seio de convívio dos intelectuais. O confisco, levando pessoas a terem de optar entre viver ou pagar, sempre prejudicará o Estado, pois ninguém vai cancelar plano de saúde, tirar filho de escola, deixar de colocar comida na mesa, para pagar imposto de renda... O medo da execução fiscal é infimamente menor do que o medo de sofrer a miséria... Daí que o efeito *confisco* é terrivelmente lesivo ao próprio Estado, pois elimina a arrecadação tributária, coifando os fatos geradores e multiplicando a globalização da sonegação fiscal.

DICA 21: NATUREZA JURÍDICA DO PRINCÍPIO DO NÃO CONFISCO

Agora, em face de todo o exposto e ao rol de comentários sobre os três prismas de lesividade do efeito confiscatório, passo a falar sobre a **natureza jurídica** do **Princípio** do **Não Confisco**.

O princípio em apreço tem por natureza ser um instrumento jurídico *multitutelar*, pois tutela diferentes bens concomitantemente. Propõe-se a efetivar a preservação de três distintos planos de prospecção, ao mesmo tempo, sem que um exclua o outro. É garantia de natureza tríplice, atuando ora como veículo de tutela dos interesses e direitos individuais do contribuinte, ora como instrumento de proteção social, e, ainda, como mecanismo de autocontrole estatal.

Como explicado, o efeito confisco possui três prismas de lesividade. Nesse linear, o princípio que se propõe a vedar o efeito confisco atua para evitar esses três níveis de desdobramentos de dano. E, por assim ser, pode-se afirmar que o comando normativo do *não confisco* é instituto que tutela diferentes planos de direitos e interesses.

Lido como um dispositivo que protege o contribuinte na titularidade de sua riqueza, o princípio do não confisco deve ser compreendido como uma *garantia individual*, almejando preservar direitos emanados do art. 5º da Constituição, como o direito à propriedade, à liberdade profissional, ao mínimo existencial.

Visto sob a perspectiva dos interesses da sociedade, o princípio do *não confisco* deve ser enxergado como uma ferramenta de tutela *metaindividual*, agraciando a sociedade como um todo, e não apenas os titulares de riquezas, protegendo, de um lado, direitos sociais como os direitos dos trabalhadores e o acesso e a manutenção do emprego, assim como, sob outra perspectiva, bens que são albergados pelos vetores dogmáticos da ordem econômica, como a prosperidade empresarial, o acesso aos bens de consumo, o aquecimento do mercado etc. Daí que se torna inegável reconhecer no importante princípio constitucional em estudo a natureza de instrumento de proteção coletiva.

Por fim, quando interpretado sob o enfoque de que busca evitar a estiagem da própria arrecadação tributária, o princípio do não confisco se edifica como um mecanismo de autolimitação estatal, de sorte que o próprio Estado deve controlar a intensidade da carga tributária que almeja exigir dos contribuintes, sob pena de, errando na dosimetria fixada, gerar o catastrófico resultado de não conseguir arrecadar. Sob esse prisma, o comando proibitivo em apreço se apresenta como meio de proteção ao próprio Estado, pois, se respeitado, termina por evitar a quebra da continuidade da ocorrência dos fatos geradores, desincentiva a sonegação fiscal e preserva a frutificação da arrecadação tributária.

É por isso, amigos, que não obstante se tenha dado muita ênfase ao princípio do não confisco apenas como um instrumento de tutela individual. Costumo ensinar a meus alunos que a norma em comento vai muito além desse único prisma, tendo, de fato, uma natureza *sui generis*, atuando como comando *multitutelar*, propagando a eficácia de sua norma em diferentes planos de interesses e direitos, bem como de pessoas titulares de tais bens. A natureza jurídica do princípio do não confisco é a de limitação constitucional protetiva aos direitos individuais, coletivos e do próprio Estado. É, portanto, garantia híbrida, que almeja, em uma primeira faceta, proteger o cidadão, e em uma segunda face, o próprio Estado. Na proteção do cidadão, subdivide-se em dois vetores, o da tutela individual e o da tutela coletiva.

DICA 22: NÃO CONFISCO NAS MULTAS FISCAIS?

Prossigo abordando o **Princípio** do **Não Confisco** e assim entro em um ponto superimportante e que tem sido objeto frequente de indagação em provas de concursos públicos e no Exame de Ordem. Poder-se-ia aplicar a norma proibitiva

CAPÍTULO 13 – PRINCÍPIOS TRIBUTÁRIOS

do *não confisco* também sobre as multas aplicáveis nas relações tributárias? O princípio estampado no art. 150, IV, da CRFB/1988 poderia fornecer sua norma como instrumento de controle da intensidade *também* das multas, não tendo sua órbita de aplicação restrita apenas ao plano dos tributos?

A resposta é positiva! O princípio do *não confisco* deve ser aplicado ao *crédito tributário* no seu todo, e não apenas ao tributo, especificamente. Interpretando teleologicamente a norma, inviável aceitar que o constituinte poderia estar autorizando multas confiscatórias! Necessário dar ao texto do inciso IV do art. 150 a merecida e em nada lesiva interpretação extensiva, para que, onde está escrito que é vedado estabelecer "tributo" com efeito de confisco, se leia que é vedado estabelecer "crédito tributário" com efeito de confisco. O que se busca vedar é que no desenvolver da relação jurídica tributária o Estado possa provocar o confisco sobre o cidadão... Não interessa por qual dos instrumentos integrantes da composição do crédito tributário, se pelo tributo ou pelas penalidades, o que importa é que não se efetive uma tributação confiscatória. Esse é o verdadeiro sentido da norma e a finalidade unicamente buscada. Seria no mínimo incongruente admitir que o constituinte, após enxergar o terrível rol de mazelas geradas pelo confisco, viesse a admitir que tais patologias se pudessem concretizar por via oblíqua, por meio das multas. Seria de imperdoável incoerência apontar o raciocínio no prumo dessa aceitação.

A maximização textual do art. 150, IV, é passo hermenêutico imprescindível à leitura do articulado gramatical exposto no dispositivo em comento, sob pena de não se alcançar a efetividade normativa pretendida pelo legislador maior. Daí que o correto é legitimar o uso do princípio em tela como veículo também hábil a controlar a intensidade das multas fiscais aplicadas nas relações tributárias, sejam as multas meramente moratórias em razão de atrasos nos pagamentos dos tributos devidos, sejam até mesmo as multas sancionatórias aplicáveis em face do descumprimento de obrigações acessórias.

O próprio STF já vem há bastante tempo decidindo nesse sentido, legitimando o manuseio do art. 150, IV, nas questões em que contribuintes questionam o excessivo valor das multas previstas nas leis tributárias, já tendo declarado a inconstitucionalidade de algumas dessas viciadas fontes normativas.

Tem sido muito comum atrelar, em tais casos, o princípio do não confisco ao princípio da **proporcionalidade**, vetores que entram em perfeita harmonia para efetivar a vontade do nosso ordenamento constitucional de reprimir as cobranças enfadonhamente excessivas. O STF, já com alguma reincidência, vem declarando a inconstitucionalidade das multas confiscatórias, desproporcionais, tendo a feliz lucidez de enxergar o vício quando o legislador extrapola na fixação da intensidade da sanção, migrando para um plano que vai além do que já seria suficiente e bastante para alcançar de modo eficiente a função de reprimir e corrigir uma postura ilícita. Nesses casos, a Suprema Corte vem nulificando as leis que apregoam multas verdadeiramente irrazoáveis, que levam ao fechamento de empresas, ao confisco pleno das rendas etc.

À guisa de exemplo, cite-se uma situação em que, pelo descumprimento de certa obrigação acessória por parte de um pequeno empresário comerciante, tenha sido aplicada uma multa de 80% sobre o valor de certas vendas por ele praticadas. Ora, será que, na atual conjuntura do país, um pequeno empreendedor teria condições de suportar uma autuação no valor de 80% do que fatura em certas vendas? Possivelmente não! Na maioria das vezes, o pagamento do ICMS, de muito menor alíquota, já se perfaz obrigação de difícil cumprimento, imagine cumular com uma multa de 80% sobre o valor da venda. Completamente desproporcional, impagável. A consequência natural seria o fechamento da empresa, ou, no caso de tentativa de mantê-la, uma possível execução fiscal por inadimplemento em face da insuportabilidade do ônus imposto, culminando na quebra ou em prejuízos irreparáveis.

É claro que não se busca aqui gerar um sistema de impunibilidade, evidentemente que não! O que se busca exigir é a *moderação*, a equação equilibrada na estipulação da intensidade da sanção, de modo que o legislador consiga alcançar a sensibilidade necessária para determinar uma multa que seja capaz de gerar coercibilidade, de amedrontar o contribuinte e desincentivá-lo a praticar a infração, bem como reprimi-lo de modo duro caso a materialize, mas sem que tal sanção gere o fechamento sumário da empresa, a quebra do empreendimento, a eliminação da propriedade etc. Como jamais pode ser diferente, apenas se defende aqui a busca de uma razoabilidade quando da definição da multa, fomentando-se um controle da intensidade da pena guiado pela batuta da proporcionalidade, ponderando-se a suficiência da repressão para se chegar ao fim colimado.

Portanto, para fins de provas, é possível sustentar que as multas desproporcionais e que geram efeitos confiscatórios são incompatíveis com o sistema constitucional tributário, podendo ser abatidas no Judiciário, submetendo-se à aplicação do controle emanado dos princípios do *não confisco* e da *proporcionalidade*.

DICA 23: PRINCÍPIO DA NÃO LIMITAÇÃO AO TRÂNSITO DE PESSOAS OU BENS. LIBERDADE FISCAL

Passo a tratar do famoso **Princípio da Não Limitação ao Trânsito de Pessoas ou Bens**, previsto no art. 150, V, da CRFB/1988. O comando em estudo se revela como instrumento de proteção da *liberdade*, valor maior que inspira a primeira geração dos direitos e garantias fundamentais que os seres humanos lutaram para conquistar e poderem opor ao Estado. E, no exato ponto de nosso estudo, contextualizando para as relações tributárias, a norma em tela foca a proteção que se ergue em favor de um dos mais genuínos campos de prospecção da liberdade humana, que é a *liberdade de deslocamento*, o direito de *transitar livremente* sem ser restringido por exigências estatais, o que, no caso, seriam as exigências de recolhimento de tributos. Indo além, o constituinte protege também a liberdade de envio, remessa, trânsito de bens de um ponto a outro do país, sem que por esse simples tráfego se sujeite uma determinada pessoa ao dever de pagar o tributo.

A ideia nuclear do *Princípio da Não Limitação ao Trânsito de Pessoas ou Bens* é a de que ninguém será tributado pelo simples "ir e vir" ou pelo mero fato de "deslocar bens de um ponto a outro no espaço". Tais condutas não podem ser transformadas em *fatos geradores* de relações jurídicas obrigacionais tributárias. Ou seja, o mero deslocamento de pessoas ou de bens não será nexo causal para a gênese obrigacional tributária, sendo vedado que o legislador eleja como hipótese de incidência de tributo o simples ir, vir e deslocar bens. Caso certa lei desacate o mandamento e autorize a tributação sobre esse tipo de conduta, estará viciada no plano da validade, sendo nula, acometida pela mais odiosa das patologias do mundo jurídico, qual seja, a inconstitucionalidade material.

DICA 24: PRINCÍPIO DA NÃO LIMITAÇÃO AO TRÂNSITO DE PESSOAS OU BENS. A RESSALVA AO LÍCITO DIREITO DE COBRANÇA DE PEDÁGIO

Fundamental anotar que em nada colide o princípio ora em apreço com o lícito direito de se cobrar *pedágio* quando ocorre, por parte de certo administrado, o uso de rodovias conservadas por certa concessionária, ou, até mesmo, pelo próprio Poder Público diretamente (atualmente é mais habitual o regime da concessão).

A cobrança do *pedágio* tem plena legitimidade e, desde que exercida dentro dos limites da modicidade tarifária e da não usura, não colide em nada com as bases do ordenamento jurídico, quiçá com o princípio tributário em estudo, e, como se deve frisar, dita cobrança tem pleno amparo no texto constitucional – vide a parte final do disposto no art. 150, V, aqui ventilado.

O *pedágio* é uma remuneração que certa pessoa paga por ter usufruído do serviço prestado por outra. Normalmente é cobrado para retribuir certo prestador de serviço que trabalha fornecendo a atividade de conservação das rodovias nas quais se trafega. Quem paga o *ágil* em análise é o próprio usuário, que ao trafegar pela rodovia, que é objeto da atividade de manutenção e conservação, consome o serviço do prestador, devendo, por logo, reembolsar-lhe. Nada mais do que justo.

APRENDENDO TRIBUTÁRIO – Pedro Barretto

O **pedágio** é um tema muito maltratado, merecendo ser estudado com mais carinho. Desde suas primeiras aparições, na época do feudalismo, sempre foi visto como um instituto justo, por via do qual se compele certo grupo de usuários a remunerar prestadores que atuam fornecendo um labor que eles de fato consomem e que se destina, quando prestado, a preservar a integridade do exercício de um dos mais importantes direitos fundamentais de liberdade, qual seja, a liberdade de trânsito. Ou seja, o **pedágio** é a justa contraprestação com a qual se remunera aquele a quem se designa a missão de obrar diuturnamente na função de manter as vias de passagem de grandes estradas sempre conservadas, deixando à disposição, sempre de prontidão, toda uma estrutura de apoio para situações de eventuais acidentes ou quaisquer outras emergências.

Às vezes as pessoas se confundem e equivocadamente pensam que o **pedágio** se cobra em razão do "ir e vir", o que de todo se revela densamente errado. O **pedágio** não se cobra pelo fato de que a pessoa "está passando"... Não é esse o nexo causal... O fato que enseja o direito de **pedagiar** não é, por óbvio, o ir e vir, mas sim o consumo efetivo, por parte do usuário, de um serviço que está sendo oferecido (e utilizado efetivamente!) e que não é de graça. Ou seja, ninguém paga pedágio pelo fato de ir ou vir, mas sim em razão de *ao ir e/ou vir* estar usufruindo, nesse trajeto, de uma prestação de serviço destinada a qualificar e proteger seu deslocamento, prestação essa que se perfaz a título oneroso e que enseja o lícito direito de remuneração em favor do prestador, seja ele, como foi muito comum outrora, o próprio Estado, seja um particular atuando na qualidade de poder concedido em razão da implementação de uma política de concessão, após realização de licitação. O que importa é ter a capacidade de entender que o **pedágio** não se cobra pelo *ir e vir*, não sendo, por si só, um óbice ao livre deslocamento das pessoas. Tanto que se alguém, por **equívoco seu**, não se informa sobre a existência do **pedágio** em certa rodovia e se desloca por ela, jamais ficará "detido" na cabine pelo fato de não dispor de recursos para pagar a tarifa... Seria um devaneio cogitar da situação em que a concessionária impedisse que o motorista prosseguisse viagem, ou, em delírio pleno, ordenasse que ele voltasse de marcha a ré, ou ficasse na porta das cabines pedindo ajuda para que terceiros pagassem sua tarifa para que ele então pudesse ter a cancela levantada e assim prosseguisse viagem... Beiraria a aberração no mais elevado grau de teratologia pensar em hipótese escabrosa como essa... É evidente que o viajante seguirá normalmente sua viagem, sem pagar o pedágio, sujeitando-se, todavia, a uma correta aplicação de multa, sanção legitimamente aplicável pela concessionária em razão do inadimplemento do contrato de concessão, em que é dever do usuário ter ciência da obrigação de pagar o preço em razão do serviço que usufrui. Mas, como se objetiva aqui demonstrar, perceba-se que nem de longe o nexo de causalidade para a incidência do *pedágio* é o mero ir e vir. Por isso que se percebe que em nada ele colide com a norma principiológica do art. 150, V, razão pela qual o próprio constituinte, a fim de evitar quaisquer dúvidas, se preocupou em evidenciar expressamente a licitude do direito de cobrar pedágio. Repito, exatamente pelo fato de que ele não se cobra pelo mero deslocamento de pessoas ou bens, ainda que nesse momento encontre o tempo oportuno para sua exigência, mas, como visto, em razão de nexo causal distinto.

Por fim, sempre oportuno citar que modernamente os serviços de conservação de rodovias públicas são prestados em regime de atividade econômica, regidos pelas normas de direito privado e permeados pelas regras e princípios do Direito Administrativo, ensejando concluir que, nos moldes em que atualmente o *pedágio* vem sendo cobrado, sua natureza é de *tarifa*, não mais cabendo atribuir-lhe a natureza de *taxa de serviço*, como outrora foi muito comum, quando os serviços de conservação de grandes rodovias, as quais se pedagiavam, eram prestados em regime público e compulsório, como atividade típica e exclusiva da Administração, de sorte que a atribuição da natureza tributária para o *pedágio* era possível, como chegou em algumas oportunidades o próprio STF a reconhecer – vide a famosa situação do conhecido "selo pedágio", instituído no final da década de 1980. Entretanto, reiteramos, atualmente a União e os demais entes não mais cumulam a atividade de conservar as grandes BRs e Rodovias que em regra são pedagiadas, concedendo a Ltdas. e S/As a missão de executarem tal desiderato, legitimando uma atuação em regime predominantemente privado, configurando atividade econômica, permitindo-se o fim lucrativo, o que torna inadmissível autorizar concluir que o *pedágio* ainda se revestiria da natureza tributária. Inconcebível nos moldes em que o serviço por ele remunerado hoje é executado.

DICA 25: FEDERALISMO FISCAL E PRINCÍPIO DA VEDAÇÃO DOS ATOS FISCAIS HETERÔNOMOS (ARTS. 18 C/C 151, III, DA CRFB/1988)

O art. 151, III, da Constituição afirma que é vedado à União conceder isenções de tributos dos Estados, Distrito Federal e Municípios. Almeja impedir que o governo federal tente praticar um ato de invasão na autonomia dos demais entes federativos. Seria inconcebível em face do sistema federativo adotado na Constituição de 1988 que tolerássemos a prerrogativa em favor da União de poder renunciar a receitas fiscais que não lhe pertencem, afetando a autonomia arrecadatória, orçamentária e legislativa, dos Estados, DF e Municípios.

Na verdade, o que se deve perceber é que o texto do art. 151, III, diz muito menos do que deveria, pois, sob as luzes da compreensão adequada, não é vedado "apenas à União" que isente tributos alheios. Na verdade **é vedado a qualquer dos entes a pretensão de isentar tributo de outro**. Nesse compasso, os Estados não podem isentar tributos estaduais, um Município não pode isentar tributo de outro Município, e assim por diante.

Ainda que nada fosse escrito no Sistema Tributário Nacional, assim seria por força do disposto no art. 18 da Magna Carta, que assegura a autonomia federativa dos entes como bandeira maior dentro da nossa proposta de organização federativa.

Por fim, aprofunde-se que a vedação de tais atos, flagrantemente *heterônomos*, colidentes com o postulado da proteção à autonomia federativa dos entes, não se restringe apenas ao instituto da "isenção" em sentido estrito, devendo se prolongar de modo a alcançar todo e qualquer ato de renúncia de receita, como as remissões, anistias, reduções de alíquotas, concessões de créditos presumidos etc., de sorte que qualquer que seja o ato heterônomo praticado em âmbito fiscal deve ser considerado como inconstitucional, servindo o art. 151, III, da CRFB/1988 como alicerce para estampar essa vedação, o qual, coirmanado com o art. 18, zela pela preservação do federalismo nos moldes que o nosso ordenamento busca.

DICA 26: FEDERALISMO FISCAL E PRINCÍPIO DA UNIFORMIDADE GEOGRÁFICA DA TRIBUTAÇÃO FEDERAL (ART. 151, I, DA CRFB/1988)

O art. 151, I, do texto maior reza que, quando a União estabelece seus tributos, deve instituí-los de modo uniforme em todo o território nacional. Ou seja, veda-lhe a prerrogativa de modificar o perfil estrutural do tributo de forma que incida com diferentes estruturas em uma ou outra localidade do país. Ou seja, quanto aos elementos essenciais do tributo (fato gerador, base de cálculo, alíquota, sujeito passivo), o modo como a lei os define será único e independente de qual seja o ponto do território do país em que o tributo esteja incidindo, há de incidir de modo igual, uniforme. Exemplificando, caso a alíquota do IPI na comercialização do produto industrializado "x" for fixada em 18%, será 18% qualquer que seja o Município do Brasil em que o IPI esteja incidindo sobre a comercialização do produto "x". Da mesma forma, se a lei instituidora de certa CIDE determinar que o fato típico para sua incidência seja a conduta "w", assim será em toda a geografia nacional.

Constate-se que a finalidade do princípio em apreço é evitar que a União possa discriminar certo ente em relação a outro, criando um percalço ao espírito de unidade e de equilíbrio na Federação. Caso os tributos federais não fossem uniformes, por certo se poderia cometer uma série de atos discriminatórios no manuseio da tributação federal.

CAPÍTULO 13 – PRINCÍPIOS TRIBUTÁRIOS

O ponto áureo desse princípio vem, todavia, com a percepção da necessidade de se flexibilizar a ideia de uma suposta exigência de tratamento igualitário pleno e absoluto em todos os locais do país. Realmente, concordem, seria por demais incorreto ignorar as diferenças socioeconômicas que infelizmente ainda latejam a visíveis olhos dentro das cinco regiões do país. Será que seria correto dispensar tratamentos tributários 100% iguais em todos os locais do Brasil, quando se tem a notória e flagrante ciência de que algumas regiões são infinitamente mais desenvolvidas economicamente e socialmente do que outras? Sem maiores esforços conclui-se que seria preciso criar uma válvula de flexibilização dessa ideia para permitir que no exercício da tributação federal a União pudesse, quando necessário, aplicar atos concretos desiguais, sempre que se constatasse a desigualdade fática e a necessidade de se respeitarem as diferenças, tentando atenuá-las, marchando-se no prumo da busca do equilíbrio. E foi nesse sentido que o constituinte, na parte final do mesmo art. 151, I, ora em apreço autorizou que pudessem ser concedidos **incentivos fiscais de caráter regional**, objetivando-se a promoção do desenvolvimento socioeconômico nas regiões menos favorecidas do país.

Por fim, observe-se que, caso fôssemos aplicar o mandamento constitucional de modo estritamente técnico, o que se deveria entender como correto é que **a uniformidade da estrutura do tributo federal jamais se quebra; o que se admitem são atos de concessão de dispensas de pagamentos, totais ou parciais, antecipadas ou supervenientes** (isenções ou remissões). Ou seja, **para incentivar as áreas menos favorecidas com a tributação diferenciada, ainda assim não seria necessário (nem devido) quebrar a uniformidade do tributo federal, a qual deve ser totalmente blindada. O que se pode fazer é promover a dispensa do pagamento, utilizando-se sistema de incentivos que ataquem o plano do cumprimento da norma, mas jamais se modificando a estrutura da norma, a qual, repiso, deve ter mantida sua uniformidade intacta**. Essa é a ideia que reputamos adequada para se aplicar o princípio em estudo. Não concordamos com a possibilidade de modificação de uma das elementares estruturais do tributo de modo que ele tenha duas ou mais identidades dentro da Federação. Cremos que o tributo federal deve sempre ter estrutura uniforme na geografia nacional, admitindo-se, sim, o uso de técnicas de dispensa de pagamento para que se viabilize, quando necessário, e sempre em prol do fomento ao desenvolvimento socioeconômico das regiões menos favorecidas, o tratamento desigual em concreto.

Dessa maneira entendemos que se fortalece o princípio do federalismo, atuando o sistema normativo fiscal em prol da melhor efetividade da cláusula federativa. Daí por que falamos em **federalismo fiscal** quando nos referimos ao **Princípio da Uniformidade Geográfica da Tributação Federal**.

APRENDENDO TRIBUTÁRIO – Pedro Barretto

DICA 27: FEDERALISMO FISCAL E PRINCÍPIO DA NÃO DISCRIMINAÇÃO PELA PROCEDÊNCIA OU DESTINO (ART. 152, DA CRFB/1988)

Na esteira do exposto anteriormente quanto ao Princípio da Uniformidade Geográfica, acompanha-o na missão de zelar pelo federalismo o **Princípio da Não Discriminação pela Procedência ou Destino**, insculpido no art. 152 da Constituição e que também se ergue como baliza que impulsiona o ordenamento jurídico fiscal a cooperar com a proposta de manutenção do equilíbrio e da harmonia na Federação.

O **Princípio da Não Discriminação pela Procedência ou Destino** impõe a vedação de que os Estados membros, o Distrito Federal e os Municípios se discriminem entre si, gerando tributações diferenciadas em razão do fator "localidade". Ainda que em situações excepcionais o STF tenha manuseado o princípio em epígrafe para aplicá-lo em relação a questões internacionais (como ocorreu na declaração de inconstitucionalidade das alíquotas mais elevadas do IPVA sobre veículos importados em relação aos nacionais), parece-nos evidente que a intenção do constituinte é a de preservar o **equilíbrio e a harmonia da Federação, zelando pelo bom trato jurídico dos entes uns para com os outros**. Ousando respeitosamente discordar da Egrégia Suprema Corte, entendemos com contundente certeza que a finalidade da norma constitucional limitadora em estudo revela que seu plano de aplicação seria apenas no âmbito das relações internas, tendo sido indevido o uso de tal comando na questão dos veículos importados. A norma do art. 152 almeja evitar que **os entes federativos se discriminem entre si, uns aos outros**. Fogem ao campo de aplicação da norma em estudo as relações com outros países.

Podemos mergulhar no mundo das relações de consumo e no campo da incidência do ISS e ICMS para encontrarmos alguns exemplos práticos que podem ser citados para ilustrar a finalidade do **Princípio da Não Discriminação pela Procedência ou Destino**. Vejamos a seguir.

Começo citando o **ISS**. Imaginem o seguinte exemplo. Vislumbrem que a lei ordinária de ISS do Município de Niterói viesse a determinar que a alíquota incidente sobre a prestação do serviço "x" (tributado na origem – regra do *caput* do art. 3º, LC nº 116/2003) seria a alíquota de 2%. Todavia, cogitemos que a lei determinasse que a alíquota de 2% somente se aplicaria nos casos de o serviço ser prestado dentro do próprio Município, e que, ao contrário, caso o prestador executasse o serviço fora da cidade, as alíquotas cresceriam, elevando-se para 3% se o serviço fosse prestado na capital do Estado, 4% em outras cidades do Estado e 5% em Municípios de outros Estados da Federação. Ora, em tal hipótese, o que

CAPÍTULO 13 – PRINCÍPIOS TRIBUTÁRIOS

estaria acontecendo? Uma flagrante discriminação em razão do critério *destino* do serviço. Nesse contexto, a lei seria flagrantemente inconstitucional, violando o art. 152 da Magna Carta. Nesse exemplo, as alíquotas deveriam ser 2%, independentemente de onde o serviço viesse a ser prestado, e caso o prestador recebesse uma notificação para pagar ISS com 3%, 4% ou 5%, em razão de ter prestado o serviço fora de Niterói, poderia ajuizar uma Ação Anulatória, ou, até mesmo, impetrar um MS Repressivo, para pleitear a invalidação do uso da alíquota diferenciada, pedindo sua afastabilidade.

Mais um exemplo no plano do ISS. Imaginem um dos serviços em que o ISS incide em favor do Município em que o serviço é efetivamente prestado, sendo irrelevante o local de origem do prestador (aplicando-se o disposto nos incisos do art. 3º, LC nº 116/2003). Trabalhemos com a hipótese da execução de obras de construção civil por empreitada. Imaginem que três empreiteiras viessem a realizar obras na cidade de Niterói. Uma delas, com estabelecimento no Rio de Janeiro (capital), outra com estabelecimento em Cabo Frio e a terceira sediada na própria cidade de Niterói. Ora, imaginem que a lei do ISS colocasse a alíquota a tributar a construção civil com 2% para empreiteiros prestadores sediados em Niterói, 3% para empreiteiros da Região dos Lagos (Cabo Frio se situa lá) e 5% para a capital. Ora, qual o vício aqui? A lei niteroiense está discriminando em razão da **procedência**, ferindo, portanto, o art. 152 da Carta e assim se revelando inconstitucional.

Ainda sobre o ICMS, outro exemplo. Imaginem operações em que uma distribuidora no Rio de Janeiro recebesse mercadorias enviadas de uma fábrica de São Paulo e também por uma fábrica do Paraná. Ora, em tais hipóteses, sabe-se que se aplica o regime do ICMS dividido, de modo que o Estado de origem aplica a "alíquota interestadual" (no caso, 12%) e o Estado de destino aplica o *"difal"* ("**dif**erencial de **al**íquota" – alíquota interna menos a interestadual). Imaginem vocês que a lei do Rio de Janeiro (no exemplo, Estado destino) determinasse que a alíquota interna (exemplo: 18%) a ser levada em consideração para aplicar o *difal* fosse acrescida em 1% quando as operações viessem de fabricantes do Paraná, de modo que a distribuidora fluminense pagasse um ICMS com alíquota de 6% quando a operação se originasse em São Paulo (18% – 12% = 6%) e alíquota de 7% quando viesse do Paraná (19% – 12% = 7%). Ora, a lei estadual do ICMS fluminense, ao prever essa alíquota diferenciada para tributar as operações originadas no Paraná (acréscimo de 1%), estaria imputando uma clara discriminação tributária, em razão do critério **procedência**. Por logo, seria também inconstitucional, violando o art. 152 da CRFB/1988.

DICA 28: PRINCÍPIO DA TRANSPARÊNCIA FISCAL (ART. 150, § 5º, DA CRFB/1988)

O **PRINCÍPIO DA TRANSPARÊNCIA FISCAL** está positivado no art. 150, § 5º, da CRFB/1988. Atua no plano da tributação das relações de consumo, alcançando o ICMS, IPI e ISS, impondo um dever de conduta aos fornecedores de mercadorias, produtos e serviço, qual seja, de *informar aos consumidores adquirentes qual a carga tributária que foi embutida no preço da operação, suportada por eles, consumidores*. Ou seja, a norma constitucional em estudo exige que os **fornecedores** esclareçam aos consumidores qual é o valor do imposto incluso no preço, valor esse que, de fato, quem suporta é o consumidor.

Perceba-se que o *Princípio da Transparência Fiscal cria um dever para o fornecedor objetivando proteger um direito do consumidor*, especialmente no que tange à alma de "contribuinte" que todo consumidor tem. Daí por que legítimo concluir que o *princípio da Transparência Fiscal é uma ferramenta de tutela aos consumidores*, objetivando proteger o *direito à informação fiscal*, de sorte que todo consumidor saiba quanto ele paga de imposto dentro do preço daquilo que ele consome.

O *Princípio da Transparência* atua, como visto, criando um dever de conduta para o **contribuinte de direito** (ou, "*de jure*", como se costuma falar), que é o **fornecedor**. Ele é quem *de direito* tem o dever jurídico de recolher o imposto, emitir notas, prestar contas formalmente ao Fisco. Todavia, observe-se que tal princípio almeja proteger, de fato, o chamado **contribuinte de fato**, que é o consumidor, que é aquele que *de fato* (verdade real) contribui com o pagamento do imposto. Nesse viés, correta a linguagem muitas vezes utilizada por bancas examinadoras quando afirmam que *o princípio da transparência, objetivando proteger o direito à informação fiscal do contribuinte de fato, impõe um dever de conduta ao contribuinte de direito, qual seja, informar a carga tributária repassada ao adquirente do bem na operação de alienação*.

Como visto, o princípio em apreço atua quando ocorrem operações de comercialização de bens de consumo, seja para venda de serviços, de mercadorias ou produtos. Logo, como constatado, está relacionado ao IPI, ICMS e ISS, que são apelidados pelas classificações doutrinárias como ***impostos INDIRETOS***. "Indiretos" no sentido de que, apesar de a lei determinar que quem suporte a carga tributária seja uma determinada pessoa (o fornecedor), quem termina sofrendo verdadeiramente o impacto fiscal é o consumidor, que é *indiretamente atingido*. Por isso o apelido **impostos indiretos**, sendo correto quando se afirma que *o Princípio da Transparência Fiscal se vincula aos Impostos Indiretos*. Quando ocorre essa situação fática em que o contribuinte de direito (fornecedor) repassa

CAPÍTULO 13 – PRINCÍPIOS TRIBUTÁRIOS

a carga tributária embutida no valor da venda ao contribuinte de fato (consumidor), fala-se que ocorreu o fenômeno da **repercussão tributária**, linguagem com a qual o Direito Tributário identifica esse acontecimento, em que o contribuinte *"de jure"* faz a carga tributária "repercutir" no bolso do financiador *"de factum"*. Por isso, também correto afirmar que *o Princípio da Transparência atua quando se materializa o fenômeno da repercussão tributária.*

Aprofundando a análise, observe-se que a finalidade do princípio em estudo vai muito mais além do que de início se pode pensar. Em um primeiro plano, a ideia é a de **proteger o direito à informação fiscal do consumidor contribuinte**. Nesse viés inicial, perceba-se que a norma constitucional em estudo objetiva preservar um **direito fundamental de primeira geração, qual seja, um direito de LIBERDADE, liberdade de informação**. Indo além, e convocando os pilares da filosofia fiscal como alicerces da reflexão, o que se deve enxergar é: a grande finalidade da norma principiológica em estudo é a de criar uma conscientização cidadã a respeito da carga tributária incidente sobre os atos de consumo. Nesse viés, o que realmente se busca é um processo de conhecimento, de compreensão, de esclarecimento ao povo de quanto se paga de imposto em cada ato de consumo praticado, e assim em todos os atos de sua vida, desde a compra de uma pasta de dente a uma dúzia de banana, a um serviço de transporte etc. Continuando na verticalização da compreensão, chego aonde quero conduzi-los para lhes permitir enxergar o que quero que vejam: **a grande finalidade do Princípio da Transparência é, por meio do fornecimento da informação fiscal, gerar uma conscientização popular da incidência da carga tributária que é suportada pelo povo, gerando-se assim a chamada "consciência fiscal", fortalecendo-se o processo de CIDADANIA FISCAL, maximizando-se assim a potencialização de cobrança do povo sobre o Estado no que tange ao uso do dinheiro púbico, edificando-se o mais genuíno sistema de controle externo da carga tributária, qual seja, o controle popular.** Essa é, *ultima ratio*, a finalidade da norma constitucional insculpida no art. 150, § 5º.

> **DICA 29: PRINCÍPIO DA PROTEÇÃO AO ACESSO À JUSTIÇA: INAPLICABILIDADE DA CLÁUSULA "SOLVE ET REPET". SÚMULA VINCULANTE Nº 28, STF**

Durante muito tempo vigorou no Brasil um modelo restritivo da liberdade de acesso ao Judiciário, modelo esse que hoje é inconcebível, incompatível com a garantia constitucional insculpida no art. 5º, XXXV, da Constituição, que vem sendo interpretada com máxima amplitude. O modelo superado e hoje não mais aplicável ficou consagrado na cláusula *"solve et repet"* (pague e depois recupere).

Do que falo? Do sistema em que se exigia do autor da ação um depósito em dinheiro como condição de admissibilidade do ajuizamento dela, de modo que se o jurisdicionado quisesse questionar no Judiciário certa cobrança feita pela Administração ficaria obrigado a depositar previamente, no ajuizamento da ação, o valor da cobrança. Hoje, não se admite mais a validade desse sistema em que o jurisdicionado só teria seu direito de questionar o ato administrativo de cobrança no Judiciário se fizesse o depósito, tendo sido afastada a aplicação do modelo *solve et repet*.

Antigamente, abraçava-se a bandeira que o ato administrativo de cobrança de tributo (exemplo que mais comumente atrai o tema em apreço) seria profundamente técnico, quase perfeito, edificando-se como ato vinculado e praticado por autoridades competentes e tecnicamente capacitadas. Nesse contexto, acreditava-se que, como regra, o contribuinte não deveria questionar no Judiciário tal cobrança. Curvando-se, todavia, à necessidade de não violar o direito do cidadão de acessar a Justiça, imputava-se uma *relativização* dessa liberdade, exigindo-se a garantia do depósito como condição de acesso. Observe-se que o argumento que se utilizava é o de que *não se obstava o acesso, apenas se relativizava*. E nesse viés argumentava-se que toda garantia pode sofrer restrições, especialmente quando se atua sob a bandeira da proteção ao interesse público. De tal forma, realmente, durante muito tempo, só se aceitava o direito de ajuizamento de ações em face do Estado para questionar cobranças por este feitas, caso o autor da ação realmente disponibilizasse previamente o valor da suposta dívida, a qual, até prova em contrário com a procedência final da ação transitando em julgado, se presumia como realmente devida.

A verdade é que a aplicação desse modelo gerou efeitos práticos daninhos, os quais, entre uma série de patologias que poderiam ser aqui desfiladas, fizeram consagrar um modelo perverso e discriminatório a disciplinar *na prática* a liberdade de acesso à Justiça: quem tinha dinheiro, acessava; quem não possuía, ficava impedido; grandes empresas questionavam os lançamentos; pequenos empresários, sem lastro financeiro, não poderiam ajuizar a ação.

O fato é que analisando a verdade real, observando a repercussão prática do modelo, constatou-se que a imensa maioria da população brasileira não conseguia acessar o Judiciário, pois não dispunha dos recursos. Idem no plano da atividade econômica, em que a maioria dos agentes econômicos é pequeno empresário, e não grande grupo poderoso e com lastro financeiro capaz de viabilizar o depósito. Ou seja, o que aconteceu no Brasil foi que a maioria das pessoas que queria questionar no Judiciário a validade da cobrança do tributo não conseguia "acessar a Justiça", ficando a Ação Anulatória inviável para essa imensa gama de contribuintes.

CAPÍTULO 13 – PRINCÍPIOS TRIBUTÁRIOS

É evidente que o Estado tinha total interesse no modelo ora comentado, pois ao longo do processo não ficava com a sua arrecadação prejudicada, já que o depósito era feito previamente (primeiro o *solve*) e somente ao final, caso o contribuinte ganhasse a questão, recuperaria o montante. Mas, percebam, com essa fórmula, o Estado não ficava sem o uso da receita ao longo do processo.

Como no regime da ditadura que prevaleceu no Brasil durante muito tempo, o ordenamento se inclinou em diversos segmentos a maximizar a proteção ao interesse estatal nem sempre teve a sensibilidade adequada para preservar os direitos dos cidadãos, o modelo *solve et repet* prevaleceu. Todavia, acompanhando a tendência global de se buscar o equilíbrio nessa compreensão, balizando a proteção ao interesse público com a não violação aos direitos fundamentais, houve uma recompreensão do tema e atualmente o nosso ordenamento não mais legitima a aplicação da cláusula *solve et repet*. O STF, por reiteradas vezes, entendendo que para a maioria das pessoas do povo esse modelo feria o acesso à Justiça e, assim, o exercício do contraditório e da ampla defesa, terminou por afastá-lo, declarando inconstitucional a exigência legal de depósito como condição de admissibilidade da ação. Nessa conjuntura surge a **SÚMULA VINCULANTE nº 28, STF**, com o objetivo de proteger o exercício do acesso à Justiça, do contraditório, ampla defesa e devido processo legal.

> **DICA 30: PRINCÍPIOS CONSTITUCIONAIS APLICÁVEIS AO PROCESSO TRIBUTÁRIO, JUDICIAL E ADMINISTRATIVO. DEVIDO PROCESSO LEGAL, AMPLA DEFESA E CONTRADITÓRIO. SÚMULA VINCULANTE Nº 21, STF**

Como registrado nas linhas finais anteriores, também se aplica no âmbito das relações tributárias o rol de garantias insculpidas no art. 5º da CRFB/1988, incisos XXXV e LV. Ou seja, a proteção ao contraditório, ampla defesa e devido processo legal se aplica também nos processos de índole tributária, como não poderia ser diferente. Nesse viés, quando o contribuinte questiona o lançamento fiscal, está protegido com o manto das garantias em comento, as quais não podem ser violadas por normatizações legais, o que configuraria uma afronta à Constituição.

Exemplo que merece destaque no âmbito do processo administrativo fiscal é o que envolve a discussão a respeito do famoso "depósito recursal", que o STF derrubou recentemente. A questão versava sobre a possibilidade (ou não) de a Administração Púbica poder exigir, no processo administrativo, um depósito feito pelo contribuinte, para que o recurso voluntário pudesse ser interposto diante de decisão denegatória em uma impugnação administrativa formalizada. Ou seja, a Fazenda costumava exigir o depósito como condição de admissibilidade do recurso, e, caso ele não fosse feito, o recurso não seria admitido e encaminhado ao Conselho Administrativo de Recursos Fiscais – CARF. O STF, corretamente, entendeu pela inconstitucionalidade da exigência, vislumbrando colisão com a proteção ao contraditório, à ampla defesa e ao devido processo legal.

Com o passar do tempo, a Administração até tentou flexibilizar a intensidade da exigência, aceitando que o depósito se fizesse apenas em 30% do valor da cobrança. Mais adiante, aceitou a opção de o contribuinte escolher depositar os 30% em dinheiro ou fazer um arrolamento de bens no mesmo valor. Mesmo com esse abrandamento, ainda assim o STF entendeu pela inconstitucionalidade. A verdade é que, nos dias atuais, *não se pode fazer qualquer exigência como garantia para a admissibilidade do recurso administrativo*. O STF entendeu pela inconstitucionalidade de qualquer exigência de garantia, assegurando que *o processo administrativo fiscal será gratuito no seu todo, desde a impugnação originária até em todas as instâncias recursais*.

Por fim, consagrando o entendimento pela *inconstitucionalidade do depósito recursal*, o STF publicou a *SÚMULA VINCULANTE nº 21*.

DICA 31: PRINCÍPIOS SETORIAIS DO IMPOSTO DE RENDA: PROGRESSIVIDADE, GENERALIDADE E UNIVERSALIDADE (ART. 153, § 2º, I, DA CRFB/1988). O PRINCÍPIO DO *NON OLET*

O *Imposto de Renda*, segundo expressa previsão na Constituição, é regido por três princípios positivados no texto magno: **progressividade, universalidade** e **generalidade**. Tais comandos são citados no art. 153, § 1º, da CRFB/1988. Esses são os três princípios expressos que estão positivados na Carta referentes ao Imposto de Renda. Todavia, ainda podem ser destacados o **PRINCÍPIO DO NON OLET** (que é uma especialização do princípio da universalidade), que, apesar de não ser citado expressamente, tem ampla consagração jurisprudencial e plena acolhida doutrinária, além do **PRINCÍPIO DA PESSOALIDADE**, que, no fundo, está previsto no art. 145, § 1º, da CRFB/1988. Nesse viés, pode se afirmar que o *Imposto de Renda*, um dos mais importantes no contexto do sistema arrecadatório federal, é regido por cinco princípios próprios: **progressividade, universalidade, generalidade,** *non olet* **e pessoalidade**. Comentemos sobre cada um desses princípios.

DICA 32: IMPOSTO DE RENDA E PROGRESSIVIDADE: DIFERENÇA DA "PROGRESSIVIDADE FISCAL E NÃO SANCIONATÓRIA" DO IR PARA A "PROGRESSIVIDADE

CAPÍTULO 13 – PRINCÍPIOS TRIBUTÁRIOS

> **EXTRAFISCAL E PUNITIVA" DO IPTU E ITR.
> PROGRESSIVIDADE FISCAL NO IR E NO IPTU. TEXTO DE
> 1988, EC Nº 29/2000 E SÚM. Nº 668, STF. A EXTENSÃO DA
> PROGRESSIVIDADE FISCAL PARA O ITCMS E O ITR
> NO STF**

O princípio da **Progressividade** atua na órbita da incidência do **Imposto de Renda** determinando que as alíquotas do tributo em comento cresçam na medida em que a intensidade de renda revelada no fato gerador aumente. Noutras palavras, a alíquota será maior sempre que a renda for mais intensa. Insistindo: quanto mais riqueza for revelada na exteriorização da renda, mais elevada será a alíquota a ser aplicada para determinar a parcela dessa renda a ser expropriada. Essa é a ideia da *progressão de alíquotas*. Elas crescem, "progridem", à medida que a *base de cálculo* aumenta.

Oportuno frisar, desde logo, que quando da promulgação da nossa Constituição *em 1988*, o único imposto para o qual se determinou a aplicação do sistema da *progressividade* das alíquotas *em razão do aumento do valor de riqueza revelada no fato gerador* foi exatamente o *Imposto de Renda*. Não havia permissão constitucional para que qualquer outro imposto pudesse ter alíquotas progressivas com base nesse fundamento permissivo (maior dimensão de riqueza externada na conduta tributável). Em 1988, tal técnica de tributação era exclusiva do **IR**.

Importante lembrar que, em relação ao IPTU e o ITR, o constituinte, também em 1988, autorizava (e ainda autoriza) um sistema especial de tributação, mediante uso de alíquotas diferenciadas, crescentes, às quais também batizou de "progressivas". Todavia, fundamental perceber que essa *"progressividade especial"* que era (e ainda é) admitida para os impostos patrimoniais em citação tinha outro fundamento permissivo, bem diverso do que legitimou a aplicação do sistema de tributação progressiva do **IR**. Nos impostos sobre a propriedade imobiliária, o nexo causal de permissibilidade do uso da progressão das alíquotas era (e ainda é) o modo ilícito de se comportar na relação com o bem, usando-se inadequadamente o imóvel, contrariando o interesse público e ferindo normas e preceitos que ditam o prumo de como se deve comportar o proprietário/possuidor do imóvel. Nesse diapasão, quando o proprietário de imóvel rural cometia a imperdoável postura omissiva de não *produzir* no seu imóvel rurígeno, mantendo-o *improdutivo*, o constituinte autoriza o uso de alíquotas progressivas, exatamente para forçar o proprietário a produzir na terra e assim satisfazer o interesse coletivo. No mesmo linear, quanto ao IPTU, se o proprietário/possuidor utiliza seu imóvel de modo a desrespeitar as exigências de ordenamento e postura emanadas do plano diretor municipal, violando assim o que se definiu como *função social da propriedade*, pode o legislador municipal aplicar alíquotas progressivas para o IPTU, exatamente para forçar o proprietário/possuidor a utilizar o bem dentro dos parâmetros definidos no plano diretor como preenchedores da função social da propriedade. Perceba-se, portanto, que a *progressividade de alíquotas* autorizada para o IPTU e para o ITR em 1988 em nada se misturava com a *progressividade de alíquotas* prevista para o **IR**. Os fundamentos legitimadores do uso do sistema de tributação progressiva eram, de fato, bem distintos. No caso do IR, como frisado, o motivo da progressão das alíquotas é o aumento do valor da riqueza revelada no fato gerador. No IPTU e ITR, não. Nesses dois últimos, as alíquotas cresceriam em razão do ilícito modo de usar a propriedade imobiliária. Daí coube à doutrina "apelidar" com nomenclaturas diferentes essas duas técnicas de "progressividade" autorizadas pelo constituinte, já que se apoiavam em fundamentos permissivos distintos e almejavam objetivos também diferentes. Em face do inegável caráter repressivo da *progressividade* prevista em 1988 para os impostos imobiliários citados, passou-se a falar em **progressividade sanção** – vide, como frisado, a clara intenção do constituinte em punir aqueles que não utilizassem seus imóveis de modo adequado e respeitando as exigências do ordenamento jurídico de vocação protetiva ao interesse coletivo. Nesse contexto, passou a ser comum encontrar referência à linguagem de que a nossa Constituição consagrou em seu texto originário dois sistemas de *progressividades*: a **progressividade sanção**, prevista para o IPTU e o ITR, de caráter punitivo e aplicada em razão de ato ilícito, e a outra progressividade, a **progressividade do IR, de caráter não sancionatório**.

No caso do **Imposto de Renda**, a *progressividade* de alíquotas se apoia na valoração de que, quanto maior é a intensidade da renda auferida, maior é a *capacidade contributiva* do titular da disponibilidade econômica. Daí se perceber que a *progressividade* no **IR** tinha um caráter meramente fiscal, na medida em que apenas buscava aplicar um dos mais robustos pilares norteadores da justiça fiscal, qual seja, o mandamento de que, se uma pessoa possui maior capacidade contributiva, mais ela pode contribuir, e, por certo, ela deve contribuir mais intensamente em prol do erário do que pessoas com menor potencial contributivo. Em face dessa percepção, tornou-se também muito comum falar que no **IR** se aplica a chamada **progressividade fiscal**, pautada meramente nos fins da política arrecadatória, porquanto, ao contrário, no **ITR e IPTU**, temos a **progressividade extrafiscal**, já que nesses impostos a utilização do sistema de tributação progressiva tem notória intenção de propiciar uma atividade interventiva do Estado em questões de polícia governamental, fazendo-se do tributo, nesse caso específico, instrumento de regulação, por meio do qual o governo tenta induzir o comportamento do proprietário/possuidor do imóvel para o modo correto, curvando-se aos interesses da coletividade e do próprio Estado. Observe-se que a *progressividade sanção* prevista para o ITR e IPTU em nada valora a intensidade do valor da riqueza revelada no fato gerador. É literalmente irrelevante se o imóvel vale mais ou vale menos. Não se leva em consideração, nesse caso, a oscilação da capacidade contributiva do contribuinte, o que, ao contrário, é determinante na *progressividade de alíquotas* do **IR**.

Até o ano 2000, a nossa Constituição realmente só autorizava essas específicas situações para uso das alíquotas progressivas. Entretanto, por obra infeliz de mais uma catastrófica atuação do constituinte reformador, foi aprovada a EC nº 29/2000, a qual, alterando o texto do art. 156, § 1º, da Carta, veio legitimar que ***também ficasse permitida a utilização da PROGRESSIVIDADE FISCAL NO IPTU***. Logo, após o advento da famigerada emenda anteriormente narrada, o sistema de tributação, que até então era exclusivo do **IR**, passou a ser aplicável também para o IPTU, o que até então não se admitia, e, mais importante, a nossa Suprema Corte rechaçava com rigor, declarando inconstitucionais as leis municipais que previam uso de alíquotas progressivas fiscais no IPTU (em razão do aumento do valor do imóvel). A consequência é que desde o ano 2000 os Municípios ficaram autorizados pelo constituinte a utilizar em suas legislações locais as duas técnicas de progressão de alíquotas, tanto a *progressividade fiscal* (autorizada após a EC nº 29/2000) como a *progressividade sanção* (autorizada desde 1988). O próprio STF entendeu que após a EC nº 29/2000 não seria mais cabível impedir os Municípios de utilizarem a tributação progressiva fiscal. Nesse compasso, o Pretório Excelso adotou uma linha divisória no tempo e fixou seu entendimento intertemporal, afirmando que, se após a EC nº 29/2000 os Municípios elaborassem novas leis de IPTU autorizando a progressividade fiscal, essas seriam válidas (as leis anteriores à emenda eram inconstitucionais e continuaram sendo, evidentemente); já as leis anteriores à emenda se mantiveram inconstitucionais. Tal entendimento ensejou a expedição da Súm. nº 668 do STF. A partir desse momento não mais se poderia afirmar que apenas o Imposto de Renda se sujeitava ao uso de alíquotas progressivas em razão da maior manifestação de riqueza no fato gerador. Apesar das duras críticas da doutrina que de forma majoritária sempre combatia o uso das alíquotas progressivas pelos legisladores municipais e estaduais no IPTU e demais impostos reais (alegando que tal técnica de tributação – aplicada com a flagrante intenção de permitir aos entes menores ampliarem suas margens de arrecadação – violava o princípio da proporcionalidade, violava a justiça distributiva da carga tributária entre os contribuintes e retirava a efetividade do princípio da isonomia, gerando uma tributação injusta, com distribuição desproporcional da carga tributária, discriminando alguns contribuintes e privilegiando outros), tal possibilidade restou assente no nosso sistema jurídico e ficou chancelada pelo STF que modificou o entendimento adotado nos anos 1990 quando sustentava a inconstitucionalidade de tal modelo de tributação.

Durante a primeira década do novo milênio, essa foi a linha de entendimento que prevaleceu, afirmando-se que o IR e o IPTU eram os dois impostos nos quais se tornava possível a aplicação das alíquotas progressivas em razão do maior valor de riqueza revelada no fato gerador. Negava-se aos entes federativos a possibilidade de utilizarem a tributação com alíquotas progressivas nos demais impostos reais. Todavia, com a chegada da segunda década do século XXI e com uma composição de Ministros já bastante aletrada na Suprema Corte, o STF foi revendo o entendimento e passou a admitir o uso das alíquotas progressivas para mais dois impostos reais, e agora, sem qualquer previsão expressa na Constituição. Primeiro, o fez em relação ao ITCM, em um histórico julgamento em 2013 que também é um grande divisor de águas na compreensão do tema (pela primeira vez a Corte passa a aceitar o uso de alíquotas progressivas nos impostos reais em qualquer previsão expressa na Constituição), o que se deu no julgamento do **RE 562.045/RS**. Um ano depois, a Corte estenderia o mesmo entendimento para abrigar sob o manto da constitucionalidade o uso das alíquotas progressivas fiscais no ITR, o que o fez no julgamento do **RE 720.945 AgR – SP**, julgado na Segunda Turma do Tribunal no dia 9-9-2014 com a relatoria do Ministro Ricardo Lewandowski.

Após os precedentes dos anos de 2013 e 2014, a grande indagação que fica em aberto é: com base no mesmo raciocínio, seria admitida a progressividade para o IPVA? Indo além, ela também deveria ser admitida para o ITBI, suspendendo-se a aplicação do entendimento firmado na Súm. nº 656 que afirma ser inconstitucional o ITBI progressivo? São questões que caberá à Corte decidir nos próximos anos quando precedentes sobre o uso da progressividade nesses dois impostos chegarem ao Tribunal.

DICA 33: IMPOSTO DE RENDA, PROGRESSIVIDADE FISCAL E JUSTIÇA FISCAL. OS FUNDAMENTOS AUTORIZATIVOS DE TAL TÉCNICA DE TRIBUTAÇÃO. JUSTIÇA DISTRIBUTIVA DA CARGA TRIBUTÁRIA ENTRE RICOS E POBRES

Aprofundemos a nossa compreensão sobre a aplicação do princípio da **Progressividade** no âmbito de incidência do **Imposto de Renda**, buscando o aprendizado do ensinamento que justifica o uso de tal técnica de tributação, de

CAPÍTULO 13 – PRINCÍPIOS TRIBUTÁRIOS

modo que consigamos enxergar que o norte inspirador da aludida sistemática é a busca da *justiça fiscal*. Avancemos.

Quando o constituinte projetou a norma da *progressividade* para reger o **Imposto de Renda**, deixando ao legislador infraconstitucional a missão de modular em concreto o sistema de progressão de alíquotas, fixando assim sua escala, certamente se apoiou no pensamento de que o Estado deve fazer *justiça* quando cobra os impostos, e, em especial, um dos mais importantes impostos que existe no ordenamento fiscal, que é exatamente o Imposto de Renda.

E *"justiça"*, aqui, em que sentido mais especificamente? No sentido de que o Estado deve ter máximo zelo para prestigiar os intangíveis valores do *mínimo existencial e da dignidade da pessoa humana*, buscando ser *justo* na distribuição da carga tributária aplicada. Deve ser *justo* na forma como vai atingir as rendas das pessoas e das famílias a serem alvejadas com a exigência de entregarem parte de seus rendimentos em prol do custeio da máquina pública. E deve buscar essa *justiça* na aplicação do **Imposto** sobre as **Rendas** das pessoas de modo a sempre observar a intensidade de renda que cada pessoa aufere, avaliando sua conectividade com a sustentabilidade de seus mínimos existenciais, de sorte a não violá-lo jamais. Deve observar, caso a caso, os limites das rendas de cada um, analisando qual a relação de dependência que o *mínimo de existência digna* de cada pessoa possui em relação a essa renda, para, aí sim, poder avaliar qual a intensidade de absorção dessa renda que se pode imputar, de forma a se propiciar a arrecadação que o Estado busca e da qual depende, mas sem vilipendiar as sensíveis membranas da viabilidade da existência digna da pessoa humana.

Há que se prestigiar, como se constata, com máxima reverência, o *mínimo existencial da pessoa humana*, e, por logo, sua *dignidade cidadã*, fundamentos gênesis da ordem jurídica constituída. Tais valores, de índole constitucional e açambarcados pelo invólucro protetivo dos direitos humanos, devem ser respeitados e protegidos com refinado primor, atuando como verdadeiros limitadores à atuação do legislador infraconstitucional, o qual, por certo, ao estabelecer a normatização regulatória da incidência do **IR**, certamente atentará para tais balizas restritivas de sua liberdade normativa. E o uso da *progressividade* de alíquotas se encaixa exata e perfeitamente dentro dessa percepção.

Mais do que limitadores centrais, o *mínimo existencial e a dignidade da pessoa humana* atuam como alicerces orientadores da incidência do **Imposto de Renda**, conduzindo o legislador na fixação das alíquotas do imposto, modulando a intensidade da tributação, distribuindo sobre as diferentes pessoas do grupo social as distintas cargas de intensidade da persecução arrecadatória. E, repito, enfatizando, que é dentro desse contexto que se projeta o uso das alíquotas progressivas, de sorte que a intensidade da absorção da renda do cidadão (fixada pela quantificação alíquota) aumente à medida que o ordenamento reconhece e se convence que aumenta seu grau de suportabilidade de entregar mais riqueza sem afetar a integridade de seu mínimo de existência digno. Quanto mais renda a pessoa aufere, mais ela se afasta da órbita do mínimo de sobrevivência, caminhando com sua renda elevada para o espectro da melhor qualidade de vida, adentrando em outro plano da coexistência, distanciando-se da mera sobrevivência.

Ora, é quadro fático notório que não exige maior esforço para perceber que, quanto mais renda uma pessoa aufere, mais seguro e efetivamente blindado fica seu mínimo existencial, sendo cada vez maior o seu "excedente" de riqueza para as margens além da plataforma básica da subsistência. E é exatamente desse "excedente", acima da reserva do mínimo existencial, que sairá a parcela contributiva em prol do custeio do Estado. Sendo assim, nada mais justo do que se aceitar como verdadeira a conclusão de que, quanto maior for esse excedente, mais grandiosa pode ser a parcela contributiva fornecida pelo contribuinte, podendo crescer a intensidade de absorção de riqueza fixada pelo legislador, prestigiando a necessidade arrecadatória do Estado. Aceita-se o pensamento de que, à medida que a renda aumenta e marcha na direção oposta ao núcleo do mínimo existencial, o grau de suportabilidade da perda que o titular da renda tem também cresce, razão pela qual ser justo que ele receba uma exigência mais intensa para o exercício do seu dever de contribuir.

A *progressividade* de alíquotas é valorada exatamente nesse momento do raciocínio orientador da incidência do **IR**. O ordenamento se abraça com a ideia de que *é justo* exigir parcelas contributivas mais robustas daqueles que, ao possuírem mais rendimentos, demonstram mais capacidade contributiva, trafegando em outra dimensão da convivência social, coabitando no plano do *máximo existencial*, da qualidade de vida, permitindo-se, muitas vezes, o acesso ao conforto, ao *status*, ao luxo, à vaidade, ao prazer. Daí poderem contribuir com mais significativa quantidade de suas rendas, merecendo realmente serem tratados de modo diferente. De fato, o mínimo existencial a assegurar a vida digna a essas pessoas que auferem mais renda nem de longe corre riscos, ao contrário de outras tantas que, em razão das menores rendas, pouco se distanciam do mínimo de sobrevivência.

Acredita-se que não seria correto exigir desses diferentes contribuintes, os que vivem realidades verdadeiramente distintas, os mesmos percentuais de contributividade. O raciocínio é no sentido de que, caso essas pessoas recebessem do Estado a exigência de entregar os mesmos percentuais de suas rendas, ocorreria um imperdoável equívoco, densamente corrosivo dos pilares da **justiça fiscal**, já que o Estado estaria dispensando tratamentos equânimes a contribuintes em situações econômicas flagrantemente diferentes. Violar-se-ia o mandamento da

CAPÍTULO 13 – PRINCÍPIOS TRIBUTÁRIOS

isonomia, gerando-se privilégios aos mais abastados e discriminações aos menos favorecidos, exatamente tudo o que não se objetiva dentro das perspectivas da justiça na distribuição da carga tributária sobre as pessoas da sociedade.

Exemplos simples podem ilustrar as lições anteriormente expostas e assim enaltecer a verdade de que o uso das alíquotas progressivas nada mais é do que mais um passo dado pelo ordenamento na persecução da justiça fiscal, fomentando-se uma distribuição mais isonômica e não discriminatória da carga tributária sobre a sociedade. Senão vejamos: imaginem os amigos leitores, para mero fim de ilustração do exemplo, que se pudesse considerar que uma renda de 100 x fosse considerada razoável para manter o mínimo de existência digna para uma pessoa e sua família. Ora, será que se o ordenamento, em vez de apregoar o uso das alíquotas progressivas, adotasse um sistema de alíquotas uniformes, seria justo? Imaginemos três pessoas diferentes, auferindo rendas de 120 x, 1.200 x e 12.000 x, e cogitemos de uma alíquota uniforme de 15%. Ora, será que alguém, guiado pela compreensão do que seja o valor do mínimo existencial e de sua inviolabilidade, bem como norteado pelas luzes da isonomia e da justiça, vai realmente ter a inocente crença de que retirar 15% de quem tem 120 x, retirar 15% de quem tem 1.200 x, e retirar 15% de quem tem 12.000 x, traduziria "a mesma coisa"? Evidentemente que não, correto, amigos? É pulsante a percepção de que os efeitos concretos, em relação à órbita do mínimo existencial, são bem diferentes. Retirar 18 x de quem só tem 120 x é colocá-lo basicamente colado na linha de sobrevivência, sem qualquer sobra significativa. Diferentemente daquele que tendo 1.200 x perde 180 x (os mesmos 15%), ficando com uma sobra de 1.020 x, a qual, por certo, o coloca em uma zona de conforto, afastada da linha que foi definida como asseguradora do mínimo de sobrevivência (100 x). E, por fim, muito diferentemente de quem tendo 12.000 x é exigido um valor de 1.800 x, ficando ainda com a imensa quantia de 10.200 x (as pessoas que se inserem nesse patamar com certeza não têm qualquer preocupação com o seu mínimo existencial cidadão, e sim com o *máximo existencial*, qualitativo que, não obstante plenamente lícito, desejado, bem-vindo, nem de longe é o foco condutor do raciocínio no processo de justiça distributiva da carga tributária). Percebam, no exemplo, que caso o Estado exigisse desses três contribuintes, com as três diferentes dimensões de rendimentos citados, os mesmos percentuais contributivos, o tratamento fiscal dispensado estaria sendo altamente privilegiador para a camada elitizada da população e grosseiramente discriminatório para a população de baixa renda. Daí que o constituinte vê na técnica da **progressividade de alíquotas** um mecanismo inteligente e eficiente para corrigir a distorção que seria gerada pelo uso do sistema de tributação com alíquotas uniformes. Ao determinar que as alíquotas aumentem à medida que a renda cresça, o que se faz é exatamente corrigir o erro do tratamento igualitário aos contribuintes em situações econômicas desiguais.

Retomando o exemplo anterior, cogitemos que a lei regente do IR, cumprindo a missão de normatizar o uso da progressividade, estipulasse alíquotas distintas de modo que, na faixa de rendimentos que envolvesse aqueles do povo que auferissem rendimentos de 120 x, a alíquota fosse de apenas 5%, porquanto na faixa de rendas em quantitativo de 1.200 x a alíquota fosse de 15% e, por fim, para as rendas de 12.000 x a alíquota fosse de 25%. Amigos, percebam que nada mais do que justo seria. E, com certeza, percebam, que mesmo os que são obrigados pela lei a entregar maior percentual de suas riquezas, ainda assim, são eles mesmos que ainda terão muito mais riqueza para viverem. Serão exatamente essas pessoas a entregarem maior percentual de suas rendas em prol do custeio do Estado as mesmas pessoas que mais usufruirão de todas as benesses que a vida oferece e de tudo aquilo que o Estado disponibiliza, legitima e tolera. Sejamos objetivos: alíquotas progressivas são para os mais abastados. Se a alíquota é a maior, certamente a lei está tratando das pessoas mais ricas da sociedade, aquelas que, mesmo pagando o imposto em mais elevada dosagem (o que não tem nada de errado, pelo contrário), ainda assim, friso, serão as pessoas que melhores chances terão de viver tudo que há de bom e de melhor na vida, usufruindo de certos bens e serviços, vivendo certos momentos, gozando de certas vantagens, experimentando certas benesses e regalias que grande parte da população jamais experimentará justiça fiscal, sob as premissas orientadoras de um justo processo distributivo da carga tributária sobre a sociedade, entende-se que *a progressividade das alíquotas no Imposto de Renda é mecanismo necessário para permitir a justiça na tributação com tal imposto, fortalecendo o princípio da isonomia, permitindo uma melhor distribuição da carga tributária sobre o grupo social, protegendo sempre o mínimo existencial, desferindo o tratamento fiscal que consagra a máxima que quem tem mais pode e deve financiar mais o Estado, porquanto quem tem menos será expropriado em menor percentual.*

> **DICA 34: IMPOSTO DE RENDA E O PRINCÍPIO DA PESSOALIDADE: JUSTIÇA FISCAL, ISONOMIA, MÍNIMO EXISTENCIAL E OS DIREITOS SOCIAIS. APLICAÇÃO DA VALORAÇÃO SUBJETIVA (ASPECTOS PESSOAIS) SOBRE OS ELEMENTOS MERAMENTE OBJETIVOS DA CONDUTA (AUFERIÇÃO DA RENDA)**

Passemos a comentar o importante **Princípio da PESSOALIDADE**, característica marcante no perfil do **Imposto de Renda**. Tal princípio, inclusive, encontra

CAPÍTULO 13 – PRINCÍPIOS TRIBUTÁRIOS

fundamento no art. 145, § 1º, da CRFB/1988, lócus constitucional que serve de albergue positivo para fundamentar, também, o princípio da capacidade contributiva.

O *Princípio da PESSOALIDADE* é mais um instrumento jurídico a fortalecer a aplicação do *Princípio da Isonomia Fiscal*, postulado maior na persecução da *justiça fiscal*. Por meio de sua norma, o *Princípio da PESSOALIDADE* aprofunda mais ainda a noção de *Isonomia Fiscal*, permite uma mais qualificada diferenciação entre os contribuintes que são desiguais entre si, e com a louvável virtude de pautar essa busca do tratamento desigualador tomando como parâmetro, mais uma vez, a proteção ao valor núcleo do *mínimo existencial*. E aqui, nesse caso específico, se prestigia um espectro muito sensível do mínimo existencial, qual seja, o da proteção à efetividade dos *direitos sociais*. Como perceberemos nas linhas a seguir, *Princípio da PESSOALIDADE*, de sede constitucional, determina ao legislador normatizador do **IR** que leve em consideração *aspectos da vida pessoal* de cada contribuinte para que tais aspectos *interfiram* na definição dos valores da prestação tributária a ser paga em favor do Estado. E os tais "aspectos *pessoais*" que são valorados possuem íntima conexão com os direitos sociais, máxime o destaque à saúde, à educação, à proteção à infância e à senectude, à alimentação e habitação etc. Daí por que ser possível concluir que *o Princípio da PESSOALIDADE é um instrumento que fortalece e qualifica a aplicação do Princípio da Isonomia, enobrecendo a Justiça Fiscal, buscando proteger o mínimo existencial dos contribuintes, especialmente no espectro dos direitos sociais*. Vejamos.

Imagine o amigo leitor a hipótese de existirem dois contribuintes que auferem criteriosamente a mesma renda anual. Exatamente a mesma, igualada até nos centavos. Ora, em uma análise inicial, e com base em tudo que já aprendemos, a conclusão que primeiro surgiria seria no sentido de se afirmar que eles deveriam ser tributados da mesma forma, na mesma intensidade, sujeitando-se às mesmas alíquotas e pagando os mesmos valores em prol dos cofres públicos. Correto? Depende! Não necessariamente. É aqui que vai entrar o *Princípio da PESSOALIDADE*. Afinal, apesar de existir uma perfeita *igualdade OBJETIVA* (eles auferem exatamente a mesma renda – o *objeto* da tributação é o mesmo), pode ser que existam entre esses dois contribuintes algumas importantes *desigualdades subjetivas*, as quais merecerão a carinhosa atenção do ordenamento. Desigualdades *"subjetivas"*, ou seja, ligadas a *aspectos pessoais da vida particular de cada um*. Ou seja, serão analisados alguns dados de índole *pessoal* (daí por que "subjetivas") que gravam o perfil e a forma de viver de cada contribuinte, o que permitirá que, caso se detectem desigualdades merecedoras de valoração, essas desigualdades nos "aspectos pessoais" da vida de cada contribuinte serão levadas em consideração na fixação do valor do imposto a ser pago, podendo, de fato e de direito, determinar que contribuintes com as mesmas rendas (igualdade objetiva) possam pagar impostos em valores distintos (em razão das desigualdades subjetivas). Analisar esses **aspectos pessoais na vida particular de cada uma para então determinar a exatidão da carga tributária a ser exigida é o que se chama de PESSOALIDADE DO IMPOSTO DE RENDA**. E quais "aspectos pessoais" são esses? Vamos em frente.

O nosso sistema fiscal leva em consideração os gastos que uma pessoa suporta, até certos limites, com despesas ligadas ao mínimo existencial, seja o seu próprio ou até mesmo o de pessoas de sua família que possuem como dependentes, infantes (exemplo: filhos) ou senis (exemplo: pais ou avós). Ou seja, o legislador, seguindo a vocação constitucional, vai avaliar essas despesas que cada pessoa suporta ao longo do ano em segmentos vitais para a sobrevivência minimamente digna sua e de seus dependentes, como gastos ligados com a saúde e a educação. A ideia é levar em consideração esses gastos em que o contribuinte perdeu parte de sua renda custeando algo que, no fundo, seria dever do Estado fornecê-lo. Nesse compasso, aceitar-se-á como correto desigualar contribuintes quando da fixação dos valores a recolher de **Imposto de Renda** com base na valoração desses aspectos pessoais. Daí por que ser realmente possível que pessoas que aufiram exatamente as mesmas rendas paguem valores diferentes, pois, como bem exposto, os **aspectos pessoais ligados aos direitos sociais ínsitos ao mínimo existencial são levados em consideração**. É a aplicação do **Princípio da PESSOALIDADE** no **Imposto de Renda**. Preponderam os critérios *subjetivos* ligados ao mínimo existencial sobre a igualdade *objetiva*, sendo idôneo considerar como *desiguais* os contribuintes, a fim de dispensar-lhes tratamento efetivamente diferente, mesmo que, reitero, estejam auferindo as mesmas rendas. Isso nada mais é do que um reforço ao modo isonômico de tributar, dando ao imposto um caráter pessoal.

Para fortalecer a mensagem exposta anteriormente, retomemos a ilação feita dos dois contribuintes com rendas iguais. Todavia, cogitemos que eles tenham os seguintes perfis: um deles, aos 40 anos de idade, é um bem-sucedido diretor de uma multinacional, ganhando 7 mil reais por mês, sendo solteiro, não tendo filhos, morando em um *flat* custeado pela empregadora, a qual paga, ainda, seu curso de pós-graduação, cobre seu plano de saúde e fornece vale-alimentação em considerável valor. Já o outro contribuinte, um rapaz de apenas 25 anos de idade, ainda cursando a faculdade, a qual paga com seu próprio dinheiro, casado, com dois filhos para os quais paga escola, morando em imóvel financiado, pagando plano de saúde para a família, sustentando, ainda, como dependente, seu pai; atua como prestador de serviços autônomo e consegue, no dia a dia, gerar uma renda mensal de 7 mil reais, com o que sobrevive. Comparemos os dois perfis, especialmente valorando esses **aspectos pessoais** ligados à efetividade dos direitos sociais entrelaçados na seara do mínimo existencial. Comparemos e concluamos que, de fato, eles não são iguais (mesmo tendo os mesmos rendimentos!) e, por evidente, não podem ser tratados igualmente. Um deles tem despesas com saúde sua e de sua família (plano de saúde), bem como com a educação dos filhos (escola) e sua própria qualificação (sua faculdade). Mantém ainda o sustento de seu pai, idoso, dependente. Ora, por que uma pessoa paga um plano de saúde para sua família nos dias atuais? Por que paga faculdade particular e escola privada para os filhos? Porque *precisa* sustentar os filhos e idosos da sua família (aqui não discuto o amor, afeto, carinho, gratidão etc.; apenas o custeio das despesas com a dignidade dessas pessoas)? A resposta, para todas as perguntas, é sempre a mesma: **pois o Estado não efetiva esses direitos com qualidade e eficiência para todos**. É público e notório que, dentro da realidade do nosso país, o Estado nem sequer condições tem para fazê-lo. Ora, qual a forma de *compensar* esse *deficit* com o cidadão? Afinal, seria dever do Estado assegurar o acesso a um sistema de saúde e educação dignos para todos, bem como efetivar a proteção e amparo aos idosos e o desenvolvimento aos infantes. Mas já que o Estado não fornece e o cidadão tem de gastar da sua própria renda valores para fins de obter essas prestações, como equilibrar essa carência? Simples: o legislador permitirá que esses gastos, até certos limites de razoabilidade e modicidade (fixados na própria lei do IR), sejam levados em consideração, de modo a permitir uma dedução do valor do imposto a recolher. É o que chamamos de **sistema de deduções do Imposto de Renda**, modelo aplicado em quase todos os países do mundo que em seus sistemas tributários valoram a **justiça fiscal**, o princípio da isonomia, a proteção ao mínimo existencial, e adotam o **Princípio da PESSOALIDADE**.

Por meio do sistema das **deduções**, o legislador busca propiciar um "acerto de contas" entre o Estado e o cidadão, de modo que aquilo que este gastou com sua renda para financiar despesas ligadas ao seu mínimo de existência que deveriam ser fornecidas por aquele, possa ser "ressarcido" na forma de dedução do valor a pagar. Nesses moldes, faz-se um abatimento do imposto a recolher, e a parcela deduzida equivale exatamente a essas despesas que foram despendidas com a efetividade de direitos sociais, como saúde, educação, infância, maternidade, assistência aos senis etc. Ou seja, aquilo que saiu da renda para financiar certas despesas com o mínimo existencial, "voltou" para o bolso do contribuinte na forma de abatimento do valor que ele teria de disponibilizar para o Estado pagando o **IR**.

A conclusão a que se quer chegar, portanto, é que o nosso sistema constitucional prevê para um de seus mais importantes tributos, que é o **Imposto de Renda**, a consagração do **Princípio da PESSOALIDADE**, por intermédio do qual é possível desigualar contribuintes em situações objetivas equivalentes, mas que são corretamente distinguidos uns dos outros em razão exatamente dos aspectos pessoais. E é perfeitamente justo que assim seja. Imaginem, como no exemplo anteriormente ilustrado, aqueles dois contribuintes recebendo o mesmo tratamento do Estado, sendo obrigados a pagar a mesma quantidade de imposto, mesmo sendo notória a distinção entre eles sob esse enfoque dos direitos sociais. Seria uma falha lamentável do nosso ordenamento. Daí a merecida deferência ao *Princípio da PESSOALIDADE*.

DICA 35: IMPOSTO DE RENDA E PESSOALIDADE: PESSOALIDADE x PROGRESSIVIDADE

Fundamental perceber, após as últimas dicas sobre o *Princípio da PROGRESSIVIDADE* e o *Princípio da PESSOALIDADE*, a distinção entre eles e a tranquila e harmônica convivência entre ambos, os quais, apesar de distintos, não são autoexcludentes, pelo contrário, atuam ao mesmo tempo na incidência do **Imposto de Renda**.

Como vimos, e aqui vale o destaque, o fundamento para a manifestação e atuação do *Princípio da PROGRESSIVIDADE* é de caráter meramente *objetivo*, ao passo que para que se aplique o *Princípio da PESSOALIDADE* são levados em consideração aspectos pessoais, de caráter *subjetivo*. Ou seja, as alíquotas serão progressivas unicamente em razão do valor da renda auferida, sendo irrelevante qualquer outro fundamento. Para a aplicação da *progressividade*, o que se leva em consideração, portanto, é apenas a dimensão quantitativa da riqueza, não se apegando o comando em apreço na avaliação de dados da vida pessoal do contribuinte. Em antítese, o princípio da *pessoalidade* não valora a dimensão da renda auferida, atuando, inclusive e especialmente, sobre pessoas com rendas iguais. Quando falamos da *pessoalidade*, o aspecto determinante a nortear o processo desigualador na exigência da carga tributária dos contribuintes é unicamente o das variações na vida particular do contribuinte, independentemente de qual seja a expressão da renda que ele auferiu no fato gerador.

Portanto, importante perceber essa distinção, reconhecendo que apesar de atuarem de modo concomitante, os princípios da *progressividade* e da *pessoalidade* não possuem o mesmo significado, não apresentam normas com mandamentos jurídicos iguais, e fortalecem o processo isonômico mediante orientações jurídicas distintas, as quais, repise-se, não se excluem, apenas sendo realmente diferentes, estando a *progressividade* pautada em aspectos objetivos (análise da dimensão da renda) e a *pessoalidade* em aspectos subjetivos (análise de fatos ligados à vida pessoal do contribuinte, independente de valoração da intensidade da renda).

CAPÍTULO 13 – PRINCÍPIOS TRIBUTÁRIOS

DICA 36: IMPOSTO DE RENDA E GENERALIDADE

Comentemos a partir de agora o importante *Princípio da Generalidade*, comando que o constituinte também afirma expressamente que será norteador do *Imposto de Renda*. Por sua norma, o legislador maior apregoa que o imposto deve incidir sobre as rendas reveladas pelas pessoas, sendo indiferente *quem seja a pessoa que aufere a renda*. Ou seja, independente de quem seja o sujeito titular da renda, a norma impositiva deve incidir, de sorte que não se autorize a vedação da incidência do imposto sob o argumento justificante de que o sujeito passivo é "fulano" ou "beltrano". Não. A noção da *Generalidade* vem exatamente para ensinar que *o imposto incidirá independente de quem seja o titular da renda, abrangendo-se, genericamente, toda e qualquer pessoa, sendo irrelevante a apreciação de aspectos da vida pessoal e a análise de características individualizadas no perfil particular de cada contribuinte... O imposto incidirá simplesmente porque a pessoa auferiu renda, sendo verdadeiramente indiferente quem quer que seja essa pessoa... Tendo a renda, já se edifica a materialidade suficiente para legitimar a incidência da norma tributária autorizativa do ato impositivo*. Em letras miúdas, essa é a mensagem normativa emanada do comando principiológico da *Generalidade*, previsto no art. 153, § 2º, I, da CRFB/1988.

Quanto à amplitude dessa *Generalidade*, há apenas que se ressalvarem as hipóteses de *pessoas* que auferem renda e que *o próprio Constituinte quis excluir do âmbito da incidência da norma*. Nesse viés, quando o legislador fundador apresenta o cartel das *normas imunizatórias*, estabelecendo *imunidades tributárias para certas pessoas*, é evidente que, aqui, nessas especiais situações açambarcadas pela previsão positivada no Texto Pai de *não incidência da norma tributária*, não poderemos considerar que o imposto deva incidir. Óbvio! Afinal, conforme bem frisado, estamos nos referindo a situações em que *o próprio constituinte optou por vedar que o imposto incidisse sobre determinadas pessoas, entendendo que deveria imunizá-las*. Logo, a conclusão lógica a se fincar é a de que *o imposto de renda incidirá sobre toda e qualquer pessoa, salvo aquelas que sejam protegidas por normas qualificadoras de não incidência, ficando imunizadas*. Nesses moldes, o candidato pode responder em qualquer prova de concursos que a nossa Constituição revelou, quanto ao Imposto de Renda, sua vocação de determinar a incidência da norma do imposto quando *toda e qualquer pessoa* venha a auferir renda, ressalvadas apenas as pessoas que ele próprio, constituinte, entendeu que a norma do imposto não deveria incidir, imunizando-as, proclamando na própria Carta a norma constitucional qualificadora de não incidência.

DICA 37: IMPOSTO DE RENDA E GENERALIDADE x PESSOALIDADE

Quero aqui trazer uma importante reflexão contrastando duas ideias distintas, alertando vocês para que não sejam atraídos para algumas conclusões erradas, dentro de uma análise comparativa dos comandos da **GENERALIDADE** e da **PESSOALIDADE**, ambos atuantes sobre o *Imposto de Renda*. Vejamos.

Quando falávamos nas linhas anteriores do princípio da **Pessoalidade**, percebíamos que a ideia central de tal norma é a de exigir que *se valorem aspectos pessoais na vida do contribuinte*, e essa valoração determina a intensidade exata com que a carga tributária incidirá. Já quando falamos da **Generalidade**, estamos dando um recado em direção contrária, informando que o legislador não vai valorar questões pessoais do perfil de cada pessoa para determinar se o imposto incidirá ou não, já que ele incidirá independentemente de quem seja o titular da renda, não sendo válidos quaisquer argumentos pautados no perfil ou característica da pessoa para tentar excluir que o imposto incida. Linhas conclusivas, estudando a matéria, você lê, escuta, aprende, que a **Pessoalidade** e a **Generalidade** dão "recados" diametralmente opostos no que tange à disciplina normativa do Imposto de Renda. O importante, aliás, o ***fundamental***, para que não se gere confusão e não se caia em erro, é entender a diferença entre os ***objetos*** de atuação dessas mensagens, para que então se perceba que, como são objetos diferentes, elas atuam em conjunto, harmonicamente, não conflitando, e, por isso mesmo, não se excluindo.

É que quando o princípio da **Generalidade** determina a abstração da valoração de aspectos pessoais, tal mensagem normativa tem por objeto alcançar discussão sobre *a incidência ou não do imposto*. Já quando se fala do princípio da **Pessoalidade**, não se está analisando a possibilidade de o imposto incidir ou não, mas, sim, partindo-se da premissa de que ele incidirá, discutir *a intensidade com que incidirá sobre cada pessoa*. Ou seja, *para se determinar se o Imposto de Renda incide ou não, desprezam-se aspectos pessoais, ignorando-se eventuais diferenças no perfil da vida das pessoas*, e aqui se qualifica a "impessoalidade" emanada do *Princípio da Generalidade*. Todavia, após a incidência do imposto se concretizar, sobre toda e qualquer pessoa que aufira renda (ressalvadas apenas as pessoas imunes), deve-se perceber que *para se determinar a intensidade das prestações a serem pagas, modulando-se a dimensão exata da expropriação da renda de cada um, serão levados em conta aspectos pessoais da vida de cada contribuinte, de sorte que esses aspectos pessoais interferirão no estabelecimento dos valores a serem recolhidos por cada contribuinte*. É o já conhecido *Princípio da Pessoalidade*.

CAPÍTULO 13 – PRINCÍPIOS TRIBUTÁRIOS

Constate-se, após a explicação exposta, que a *Generalidade* atua em um momento anterior à *Pessoalidade*, posto que aquele analisa o momento em que o imposto incide, enquanto este avalia a intensidade com que os efeitos dessa incidência são projetados. Em outras palavras, a aplicação do Princípio da Generalidade atua em uma fase "pré-pessoalidade", sendo perfeito identificar, da mesma forma, que o Princípio da Pessoalidade atua em uma fase "pós-generalidade".

> **DICA 38: IMPOSTO DE RENDA E A "IMPESSOALIDADE" EMANADA DO PRINCÍPIO DA GENERALIDADE. "IMPESSOALIDADE" NO MOMENTO DA INCIDÊNCIA × "PESSOALIDADE" NOS EFEITOS DA INCIDÊNCIA**

Em face de toda a reflexão exposta na dica anterior, faz-se necessário, para que concluamos com a devida verticalização, a abordagem sobre os Princípios da **PESSOALIDADE** e da **GENERALIDADE**, trazemos uma reflexão importante sobre uma das consequências decorrentes da aplicação da norma emanada do Princípio da Generalidade. A famosa *"IMPESSOALIDADE"* do Imposto de Renda. E, aqui, é fundamental ter total atenção, para que não confundamos o *Princípio da Pessoalidade*, já exaustivamente explicado, com a *impessoalidade* que emana do Princípio da *Generalidade*. Vejamos.

Como percebemos anteriormente, o que o Princípio da Generalidade impõe é que a norma do Imposto de Renda incida independentemente de quem seja o titular da renda, desprezando-se aspectos pessoais da vida e do perfil desse contribuinte, os quais não interferirão na regra de que o imposto incidirá. Ora, o que significa isso? Nada mais do que reconhecer que *a regra que rege a INCIDÊNCIA da norma do Imposto de Renda é a da IMPESSOALIDADE*. Nesse sentido, realmente o IR é totalmente "impessoal". Mas vejam, e aqui reitero com máximo cuidado para não induzir a erro: falamos da *impessoalidade* no que tange a *esse ângulo de análise*, qual seja, o da valoração da legitimidade para a incidência do imposto. Somente isso.

Todavia, essa percepção jamais pode cegá-los para que enxerguem que, *após a incidência da norma* (regida pela *impessoalidade*), quem assume o controle normativo da situação jurídica é o *Princípio da PESSOALIDADE*, o qual vai determinar que a definição da intensidade da carga tributária a ser suportada por cada contribuinte será influenciada por aspectos pessoais das vidas particulares de cada um deles, levando-se em consideração diversos critérios que envolvem a forma como cada um leva a sua vida, destacando-se a análise de despesas com atividades ligadas aos direitos sociais e ao mínimo existencial, por exemplo, saúde e educação. Por logo, peço a todos vocês que jamais deixem de reconhecer a

Pessoalidade do Imposto de Renda, nem colidam com aqueles que afirmam que o IR é um "imposto pessoal", conforme a doutrina consagrou. O que vos peço, nessa nossa missão de estudarmos com mais profundidade e verticalização, dando um passo a mais e buscando sempre a diferença, é que tenham a sensibilidade de enxergar que quando falamos da *impessoalidade* e da *pessoalidade* estamos trabalhando com focos distintos, ainda que no mesmo imposto. E é fácil perceber que esses dois conceitos ("impessoalidade" e "pessoalidade") não se excluem, não colidem e, pelo contrário, convivem harmonicamente.

Daí que, por mais que pareça contraditório, é plenamente correto afirmar algo que, ainda que estranho, reitero, é juridicamente perfeito, como dizer que *o Imposto de Renda é regido pela impessoalidade e pela pessoalidade*. Desde que você explique os distintos objetos da aplicação de cada um desses vetores, nenhum problema. Nesse linear, para que encerremos com cristalina transparência, podemos dizer que *o Imposto de Renda, quanto à legitimação para sua incidência, é totalmente IMPESSOAL, impessoalidade essa emanada do Princípio da Generalidade, expressamente consagrado na Constituição (art. 153, § 2º, I). Já quanto à definição da intensidade da carga tributária a ser aplicada sobre cada contribuinte, o Imposto de Renda é regido pelo Princípio da Pessoalidade, também emanado da Carta Magna (art. 145, § 1º). A impessoalidade atua em um momento anterior à manifestação do Princípio da Pessoalidade. Na primeira, avalia-se a possibilidade (ou não) de aplicação da norma jurídica sobre o fato. No segundo, determina-se o modo de aplicação dessa norma sobre os destinatários dela, após ela incidir sobre o fato.*

DICA 39: IMPOSTO DE RENDA E UNIVERSALIDADE

Passemos a comentar o importante *Princípio da UNIVERSALIDADE*, característica forte no perfil do *Imposto de Renda* e também proclamada no texto da nossa Constituição, no mesmo dispositivo que fala da Progressividade e da Generalidade, o art. 153, § 2º, I. Expliquemos.

A norma que eclode da Lei Fundamental ensina que o Imposto incidirá sobre as rendas das pessoas, *independentemente de como elas tenham sido auferidas. É irrelevante A ORIGEM das rendas, bastando que elas tenham sido, de fato, auferidas*. Ou seja, o que o *Princípio da Universalidade* vem apregoar é que o imposto incida independentemente de qual tenha sido o caminho que o contribuinte percorreu para auferir a renda. Não importa como ele auferiu renda, interessa apenas saber se ele auferiu ou não, podendo ter vindo ela "de qualquer ponto do universo". Essa é a ideia da *Universalidade*.

CAPÍTULO 13 – PRINCÍPIOS TRIBUTÁRIOS

Observe-se que, assim como o Princípio da Generalidade, o **Princípio da Universalidade** também atua de modo a **não restringir a incidência da norma tributária**. Assim como a norma da *Generalidade* determina que o imposto incida independentemente de quem seja o titular (não permite que se restrinja o campo da incidência do imposto em razão de aspectos pessoais do perfil do contribuinte), a norma da **Universalidade** determina que o imposto incida independente da origem das rendas (não permite restringir o âmbito de incidência da norma do imposto em razão do modo como a renda é auferida).

Portanto, o que se consagra na nossa Constituição é um perfil pelo qual o Imposto de Renda se apresenta como um tributo que incidirá única e exclusivamente pelo fato de o sujeito passivo da relação tributária ter praticado o fato revelador da riqueza. Tudo o que estiver à margem dessa constatação é irrelevante. Daí que se ergue a famosa parêmia que diz que, segundo a nossa Carta, *qualquer pessoa que aufira renda, e independentemente da forma como a auferiu, suportará a incidência da norma do imposto de renda*.

DICA 40: IMPOSTO DE RENDA, UNIVERSALIDADE E O *NON OLET*. JURISDIÇÃO FISCAL E JURISDIÇÃO PENAL

Desdobramento do Princípio da **Universalidade**, o **Princípio do NON OLET** atua para reforçar o comando normativo que determina a tributação com o Imposto de Renda independente da origem das rendas. Na verdade, o *NON OLET* traz um aprofundamento da ideia da **Universalidade**, manifestando-se com uma útil e notória especialidade, qual seja: determina que o imposto incidirá **ainda que a origem das rendas seja ilícita, seja criminosa**. Ou seja, mesmo que as rendas advenham do crime, **ainda assim, o imposto incidirá**. Nesse diapasão, não basta dizer que as rendas serão tributadas independente da origem; devemos aprofundar e destacar que o imposto incidirá *até mesmo se a origem da renda for criminosa*. Esse é o traço especial do *non olet* e que reforça a aplicação do Princípio da Universalidade, demonstrando a vocação do nosso ordenamento em desprezar, *para fins tributários*, a origem criminosa da atividade que fomentou a auferição da renda. Esse pensamento, proclamado por Vespasiano, conversando com seu filho Tito, é o que se convencionou apelidar de **Princípio do NON OLET**.

A expressão **NON OLET**, traduzida ao português, indicaria o seguinte significado: **não cheira**. Ou, também, **não tem cheiro**. Adequando para a contextualização do balizamento do tema dentro da seara do Direito Tributário, é comum ouvir e ler que a expressão seria utilizada para afirmar que **dinheiro não tem cheiro**. Na verdade, procurando ser extremamente técnico e leal à história, o que se quer afirmar com a expressão **NON OLET** dentro do foco do nosso estudo é que *a arrecadação tributária não é afetada pela podridão do crime*. Em outras palavras, significaria dizer que *o fedor da ilicitude não afetaria as narinas do Estado Fiscal*. Como costumo afirmar nas minhas salas de aula, presenciais e virtuais, a frase perfeita é: **as narinas do Fisco são bloqueadas contra o odor da ilicitude; a ilegalidade da conduta que levou o contribuinte ao fato tributável só interessa ao Estado Penal, não interferindo na legitimidade do Estado Fiscal para perseguir a arrecadação, razão pela qual se pode repetir que "ilicitum et pecunia non olet"**, consagrando a lição de que o imposto de renda incidirá independentemente do caráter ilícito da operação que conduziu ao resultado *auferição de renda*.

DICA 41: *NON OLET*, A TESE CRÍTICA E SUA APLICAÇÃO NO BRASIL

O **Princípio do *NON OLET***, não obstante plenamente aplicável no Direito brasileiro, é criticado por alguns doutrinadores, pois, segundo eles, a aplicação de sua norma poderia consagrar um perigoso modelo em que o Estado seria um grande patrocinador do crime, sustentando-o, e não o combatendo, para poder se beneficiar dos seus resultados lucrativos, tributando, por exemplo, as rendas geradas por todos os tipos imagináveis de atividades ilícitas. *Data venia*, apesar de reconhecer a inteligência dos argumentos expostos e enxergar que não existe qualquer desproporcionalidade nas alegações, entendo que *jamais*, que *em hipótese alguma*, esse raciocínio pode prevalecer. Afinal, como perceberemos, caso essa tese se aplique afastando-se a norma do *non olet*, as consequências são horrendas, violadoras da justiça e da segurança jurídica, e, como efeitos concretos, servem, mais do que qualquer coisa, exatamente para proteger criminosos, alforriando-os do dever de pagar tributos, e exatamente pelo fato de serem criminosos. Portanto, conforme veremos mais adiante, as consequências de se negar a aplicação da tese do *non olet* trariam efeitos nefastos, violadores das balizas da ética e da moralidade, do combate ao crime, da isonomia e da capacidade contributiva, agredindo contundentemente os pilares da justiça e da segurança jurídica.

Para que possamos pontuar devidamente esse pensamento crítico, analisemos, a título de exemplo, a famosa discussão sobre a tributação das rendas auferidas por traficantes, em razão do comércio de substâncias psicotrópicas. Aplicando-se a norma do **non olet**, aprende-se que as rendas geradas com o tráfico serão tributadas, podendo (e devendo) o Estado aplicar a norma do imposto de renda sobre esses traficantes. A crítica então surge sob os seguintes argumentos: ora, se o Estado deve tributar essas rendas, assenhorando-se de parte dos ganhos gerados com a venda de cocaína, maconha, craque e tantas outras drogas, merecedor de reflexão o fato de que *essas rendas, sob o prisma financeiro, passam então a ser interessantes para o Estado*. Nesse viés, seria realmente interessante para o Estado combater o crime, se o crime vira um agente financiador do Estado? Teria verdadeiramente o Estado interesse e, acima de tudo, comprometimento, em combater com rigor o crime, sabendo que o resultado lucrativo que o crime gera servirá como fonte geradora de recursos financeiros para o orçamento público?

Os críticos avançam em suas teses contrárias ao *non olet*, chegando a ponto de afirmarem que o Estado atuaria, na verdade, como um grande *sócio* oculto, informal, mas plenamente visível, das sociedades e organizações criminosas, seja no tráfico, seja no jogo do bicho, seja na manutenção ilícita dos caça-níqueis, das cirandas de lavagem de dinheiro, da comercialização ilegal de armas e animais, da pirataria eletrônica, da comercialização de produtos falsificados etc. Ter-se-ia, nessa concepção crítica, uma conjuntura fática em que o sócio criminoso investe seu capital e trabalha para por meio do crime gerar o resultado econômico, a rentabilidade. Já o sócio Estado cumpre seu papel meramente omissivo de não desarticular o sistema, exigindo, todavia, periodicamente, sua parcela dos lucros, travestida em uma retenção de Imposto de Renda.

Sob esses argumentos é que surgiu a tese de que admitir que o Estado tribute os rendimentos gerados com a atividade ilícita seria um incentivo para que o próprio não combata o crime, ou, pelo menos, não combata com rigor e eficiência. Chega-se a concluir que a tributação das rendas geradas pelo crime seria nada mais do que uma medida implícita de descriminalização, legalmente acobertada pelas leis tributárias autorizativas da tributação.

Apesar de todo esse raciocínio, a tese não pode, repito, em hipótese alguma, prosperar, devendo ser mantida a aplicação da teoria do *non olet* no direito brasileiro, assim como acertadamente asseguram o STF e o STJ. É preciso perceber que em hipótese alguma o Estado procura manter o crime, bem como em momento algum está fomentando que pessoas pratiquem crimes. Pelo contrário, o que o Estado faz é promover leis que proíbem as condutas ilícitas e determinam a punibilidade a seus praticantes. Afirmar que o Estado tem interesse no crime é uma deturpação de pensamento insustentável, colidente com toda a organização da jurisdição penal que temos no nosso ordenamento jurídico. Insustentável! Como veremos nas dicas seguintes, os fundamentos a legitimar a manutenção da regra do *non olet* no nosso sistema são outros, lícitos, idôneos, e, com sua aplicação, os efeitos concretos são positivos, bem-vindos, abraçados e saudados pela melhor doutrina. Comentemos nos tópicos a seguir.

DICA 42: *NON OLET* E OS ARGUMENTOS PARA JUSTIFICAR A SUA APLICAÇÃO NO

NOSSO ORDENAMENTO. AS SEIS PRINCIPAIS INCONSTITUCIONALIDADES DECORRENTES DE SUA AFASTABILIDADE

Bons argumentos existem para justificar a manutenção da aplicação do **Princípio do *NON OLET*** no nosso ordenamento, preservando-se a ideia de que o Estado pode (e deve) tributar as rendas auferidas ilicitamente, bem como todos os fatos geradores que atraem a incidência de outros tributos, não se restringindo à aplicação do comando meramente ao mundo do Imposto de Renda.

É que se percebe que efeitos muito daninhos, como antecipado, poderiam se concretizar no caso de afastabilidade dessa tese.

O primeiro efeito nocivo seria a afronta ao **Princípio da Isonomia**, consagrando-se uma injustificável dispensa de tratamento desigual a contribuintes em situações econômicas plenamente equivalentes. E, pior, uma quebra de isonomia de modo a concretizar privilégios a pessoas desonestas e criminosas, discriminando-se pessoas honestas, trabalhadoras e que não colidem com as balizas do ordenamento penal. Imagine-se, novamente, o já citado exemplo do traficante de drogas. Cogite-se que esse desgraçado aufira uma renda pessoal de R$ 150.000,00 (cento e cinquenta mil reais) em determinado período do ano, adquirida em razão da comercialização das substâncias psicotrópicas. No mesmo patamar econômico, imagine você mesmo, um advogado, trabalhador, tendo auferido, no mesmo período, renda de igual densidade. Ora, o que justificaria a desajustada medida do ordenamento de legitimar um modelo normativo por meio do qual a União viesse a tributar você e não tributasse o bandido? Dispensar-se-ia um tratamento desigual a vocês dois, sendo que, ***sob o ponto de vista econômico e da manifestação da capacidade contributiva***, vocês seriam perfeitamente iguais. Qual a lógica de tributar *a sua renda* e não tributar a renda do traficante, sabendo-se que essas rendas são plenamente iguais? Insustentável sob as luzes da Teoria da Interpretação Econômica, sob a ótica do Princípio da Universalidade, sob o manto do Princípio da Isonomia. O bandido estaria sendo privilegiado com a benesse de não suportar o ônus tributário, sendo dispensado do dever de fornecer parte de seu patrimônio em prol do custeio do orçamento público, porquanto você estaria assumindo tal fardo, sendo que vocês dois revelaram a mesma riqueza, o mesmo potencial contributivo, e sempre lembrando que a revelação da capacidade contributiva é o único fundamento que legitima e atrai a incidência do imposto. Realmente seria injustificável. Por logo, percebam que o primeiro grande vício em afastar a tese do ***non olet*** seria a de violar o Princípio da Isonomia, tratando-se desigualmente contribuintes em situação econômica equivalente, violando-se a norma do art. 150, II, da CRFB/1988 e assim consagrando repudiável inconstitucionalidade material.

CAPÍTULO 13 – PRINCÍPIOS TRIBUTÁRIOS

Na linha do exposto, a segunda inconstitucionalidade na tese de se afastar a aplicação do *non olet* é a da mutilação de um dos mais importantes aspectos do princípio da *capacidade contributiva*, emanado da norma do art. 145, § 1º. Ora, sabemos todos que a *capacidade contributiva* pode e deve ser compreendida dentro de algumas distintas perspectivas, jamais autoexcludentes, e sim autocongruentes. Em uma dessas facetas, constata-se que a *capacidade contributiva*, como qualidade que algumas pessoas da sociedade externam, *traduz-se em um dever de conduta*, qual seja, o *exercício da contributividade*, que é o aspecto *dinâmico* da *capacidade contributiva*. Ou seja, as pessoas que revelam capacidade contributiva nas hipóteses exteriorizadoras de riqueza que o constituinte selecionou para autorizar os entes federativos a praticarem os atos de cobrança de impostos, *devem exercer essa qualidade, contribuindo, entregando parte de suas riquezas*. Quem tem capacidade contributiva precisa exercer, não sendo faculdade meramente optativa a prática da contributividade, sob pena de falência do Estado e inviabilidade de seu sustento. As pessoas da sociedade abençoadas com a dádiva de possuírem capacidade contributiva *são necessariamente obrigadas a exercerem, sendo um fardo, um ônus do cidadão, o dever de pagar os impostos, sob pena de fracasso da proposta de sustentabilidade estatal*. Portanto, quando a constituinte escolhe a hipótese "auferir renda" como uma das hipóteses reveladoras de riqueza (capacidade econômica) e uma pessoa de fato aufere renda, e aufere renda em limite que transcende a reserva do mínimo existencial, essa pessoa passa a revelar a qualidade chamada *capacidade contributiva*, e, nesses moldes, ela passa a ser *obrigada a contribuir, disponibilizando parte da riqueza revelada em prol do custeio da atividade público-estatal*, sendo direito e ao mesmo tempo dever que a União pratique o ato de imposição fiscal (cobrança do imposto) bem como que esse titular da renda (e da capacidade contributiva) cumpra o que lhe é imposto, exercendo sua *contributividade*. Essa é a intenção do constituinte ao projetar o sistema de custeio do orçamento fiscal federal, pelo que conta com parte das rendas reveladas pelas pessoas para tornar viável a sustentabilidade da União. Se essas rendas não forem entregues, o Estado Federal fraqueja e sucumbe. Portanto, observe-se que, entre os múltiplos aspectos em que se compreende o princípio da *capacidade contributiva*, um deles, e, talvez, um dos mais relevantes, é esse que chamo de *aspecto dinâmico da capacidade contributiva*, o qual ensina que *a capacidade contributiva não é apenas uma mera qualidade, mas sim uma qualidade que imputa um dever de exercício obrigatório, qual seja, o dever contributivo, o exercício da contributividade, verdadeiro ônus de cidadania, que caso não cumprido coloca em risco a viabilidade da sustentabilidade do Estado, comprometendo toda a eficácia da proposta constitucional, machucando, portanto, a efetividade da Constituição*. E o que ocorreria caso se afastasse a tese do ***non olet*** determinando a não tributação das rendas auferidas ilicitamente? Permitir-se-ia que pessoas abastadas, manifestadoras de capacidade contributiva, ficassem alforriadas do dever de exercer a sua contributividade, restando ferida letalmente a face dinâmica do princípio da capacidade contributiva, consagrando-se, portanto, mais uma inconstitucionalidade.

No intento de expor as inconstitucionalidades decorrentes de se afastar a aplicação da tese do ***non olet***, registre-se, sempre lembrando, que, além da violação à *isonomia fiscal* (art. 150, II) e ao aspecto dinâmico da ***capacidade contributiva*** (art. 145, § 1º), também fica agredido um terceiro princípio tributário, insculpido no Sistema Tributário Nacional, que é o princípio da **universalidade** (art. 153, § 2º, I), já explicado linhas atrás, bem como fere ainda e também, um ***Princípio Geral de Direito Público*** que rege toda a Administração Pública, seja nas suas relações internas seja nas relações com o Administrado, o que se repete, por evidência, na Administração Tributária, e falo aqui do respeitável ***Princípio da Moralidade***, comando norteador da ética, probidade e boa-fé nas relações entre o Estado e o povo. Como falar em moralidade na hipótese de afastar a tese do ***non olet*** e aceitar que as pessoas desonestas da sociedade sejam premiadas com a alforria no dever de pagar tributo? Ou seja, seriam premiadas exatamente as pessoas que, desrespeitando as normas jurídicas e praticando crimes, colidissem com a ética, a boa-fé e a probidade. Percebam, por logo, que afastar a tese do ***non olet*** consagraria também a inconstitucionalidade de violar o ***Princípio da Moralidade da Administração*** (art. 37 da CRFB/1988).

Como quinta inconstitucionalidade decorrente de se abandonar a tese do ***non olet***, acuso a amaldiçoada postura de colidir contra um dos valores cardeais e norteadores de todo o Direito Tributário, quando se analisa o processo de distribuição da carga tributária sobre as pessoas da sociedade: fere-se o valor da **JUSTIÇA DISTRIBUTIVA DA CARGA TRIBUTÁRIA NA SOCIEDADE**. Registro que a *justiça* é um valor que se apresenta como um dos três pilares que edificam o modelo de sociedade que todos nós temos por ***objetivo fundamental construir***. Não por acaso reza o art. 3º, I, da Carta, que é objetivo fundamental de todos (incluindo aqui cada pessoa da sociedade, bem como o próprio Estado) a construção de uma sociedade que, além de livre e solidária, deve primar pela *justiça*. E nesse contexto deve se encaixar o processo de distribuição da carga tributária sobre a massa contribuinte. Há de se ter uma distribuição justa desse ônus de financiar a máquina pública. Afinal, se a injustiça imperar em segmento tão nevrálgico, certamente não se poderia falar em um processo de construção de uma sociedade *justa*. Observe-se, nesse linear, que a afastabilidade do ***non olet*** significaria distribuir a carga tributária apenas entre as pessoas que auferem renda honestamente, e, em injustificada antítese, não incluir no processo de custeio estatal as pessoas que de modo ilícito auferem as mesmas rendas. Ora, seria *justo* esse método de distribuir a carga tributária entre as pessoas do povo? Ao aplicar o imposto de renda sob essa sistemática, estaria o ordenamento contribuindo para a construção de uma sociedade *justa*? Evidentemente que não. Daí por que afirmamos que afastar a tese do *non olet* levaria a mais essa inconstitucionalidade, qual seja, a de se ferir o valor da *justiça distributiva da carga tributária na sociedade*.

A sexta e última inconstitucionalidade pode se consagrar por via oblíqua. Expliquemos. Se alguma lei ordinária, ao regular o Imposto de Renda, vier a determinar que este não incidirá sobre rendas adquiridas ilicitamente, entendo que tal lei, por colidir com a regra da *interpretação econômica* prevista no art. 118, CTN, agrediria por via oblíqua o disposto no art. 146, III, "b", da CRFB/1988, já que teríamos, *in casu*, uma lei ordinária violando parâmetros basilares emanados de uma lei complementar de normas gerais. E, violando o art. 118 do CTN, se violaria o art. 146, III, "b", da Carta, especialmente no que tange às normas gerais sobre obrigação e crédito, com o que apontamos a sexta inconstitucionalidade.

Portanto, amigos, fica mais do que demonstrado o rol de argumentos com os quais se justifica a manutenção da aplicação da tese do *non olet* no nosso ordenamento.

DICA 43: *NON OLET* E SUA APLICAÇÃO EXTENSIVA AOS DEMAIS TRIBUTOS

O **Princípio do *NON OLET***, não obstante aqui tenha sido trabalhado com exemplos focados basicamente no imposto de renda, não tem sua aplicabilidade restrita unicamente a esse imposto. A bem da verdade, o *non olet* deve ser visto como um Princípio Geral de Direito Tributário, que alcança a aplicação de todos os tributos, e não somente o Imposto de Renda. Nesse viés, se mercadorias são adquiridas ilicitamente para serem comercializadas, o ICMS deve incidir. Se uma prestadora de serviços pratica ilegalidades para fornecer o seu serviço, ainda assim deve suportar a incidência do ISS e o dever do recolhimento do imposto. Nos mesmos moldes, se certo estabelecimento industrial utiliza métodos ilícitos para industrializar o produto que comercializará, o IPI deve incidir. E assim por diante com todo e qualquer tributo. E a aplicação do *non olet* para os demais tributos não se embasa apenas em uma aplicação analógica do princípio da **Universalidade**, previsto apenas para o Imposto de Renda, mas, especialmente, na aplicação do art. 118 do CTN, que consagra a *Teoria da Interpretação Econômica do Fato Gerador* e não restringe sua aplicabilidade ao mundo fechado do IR, podendo reger a incidência de todo e qualquer tributo. E temos clara convicção de que o art. 118 também pode ser apontado como sede do direito positivo para albergar o comando do *non olet*.

DICA 44: PRINCÍPIO DA NEUTRALIDADE

O **Princípio da NEUTRALIDADE** é aquele que ensina que o tributo ao incidir deve ser *"neutro"*, salvo raros e excepcionais casos em que essa *"neutralidade"* é intencionalmente afastada, o que ocorre quando do exercício da extrafiscalidade. Afora situações em que o tributo é manuseado com caráter extrafiscal, servindo como um instrumento de saudável intervenção sobre a ordem econômica, realmente o exercício do poder de tributar deve se fazer do modo mais *neutro* possível, de sorte que não seja o tributo um instrumento capaz de gerar desequilíbrios na estabilidade da ordem econômica nem na harmonia do federalismo. Aprofundemos.

Amigos, os tributos têm uma finalidade precípua: captar recursos financeiros para o Estado, almejando viabilizar o custeio da atividade-fim deste. Não é outra a finalidade de um tributo. Noutras palavras, quando o ordenamento legitima o Estado a exercer o poder de tributar sobre as pessoas da sociedade, o faz essencialmente com esse propósito, o de permitir que se angariem os recursos necessários para sustentar as despesas que o Estado suporta quando desempenha as atividades com as quais implementa seu fim existencial, qual seja, desenvolver a Administração Pública e fornecer a Prestação Jurisdicional. O tributo atua no ordenamento como a ferramenta que viabiliza, sob a ótica do custeio, a realização dessa atividade-fim. De fato, sem o tributo, esse fim não seria possível. Todavia, o que se deve perceber aqui é que, *se essa é a finalidade do tributo,* **ele deve ser utilizado exatamente (e unicamente) para esse propósito**, não podendo ser manipulado pelo Estado de modo a gerar mazelas na ordem jurídica, especialmente no que tange a dois pilares que não podem sofrer abalos, quais sejam, de um lado a *atividade econômica* e do outro, a *harmonia da Federação*. Portanto, quando se fala em *neutralidade fiscal*, o que se quer ensinar é que cada ente federativo, quando estiver exercendo sua competência tributária, deve ter o zelo de não praticar excessos, os quais possam interferir nocivamente sobre o equilíbrio da atividade econômica, bem como jamais devem utilizar suas competências tributárias de forma que se possam fomentar conflitos federativos, estimulando colisões de interesses dos entes uns para com os outros, o que, por certo, afetaria a estabilidade da Federação. Quando o tributo é exigido sem que essas patologias sejam geradas, pode-se afirmar que ele foi manuseado de forma *neutra*, e, assim sendo, respeitou a norma que ora estudamos, a norma que exige essa *neutralidade*, orientando que o tributo não pode ser manipulado de modo a sofrer desvios em sua finalidade. O nome com o qual identificamos essa norma é exatamente *Princípio da Neutralidade*.

DICA 45: PRINCÍPIO DA NEUTRALIDADE, FEDERALISMO E ATIVIDADE ECONÔMICA

O *Princípio da Neutralidade*, como qualquer *princípio tributário*, atua como uma ferramenta *limitadora ao poder de tributar*, e, como os demais, também tem o seu objetivo maior, ou seja, *o bem jurídico a ser protegido*. Em outras palavras, o que inspira o ordenamento a adotar certa norma principiológica para limitar o poder de tributar do Estado é a percepção de que certo bem jurídico (ou bens jurídicos) pode ser afetado caso não se estabeleça a referida limitação. No caso do *Princípio da Neutralidade*, dois são os bens a serem tutelados, como frisado nas linhas do tópico anterior: primeiro, o equilíbrio federativo; em outra frente, a *atividade econômica*.

Na primeira vertente, a da proteção ao equilíbrio federativo, é necessário entender que o direito de cada ente de exercer sua competência tributária se limita pela impossibilidade de se gerarem danos aos direitos dos outros entes. Ou seja, nessa primeira linha de proteção (harmonia federativa), um ente da Federação não pode fazer da busca pela sua arrecadação uma semente de discórdia dentro da Federação, causando prejuízos aos demais entes e assim abalando o **pacto federativo**. Sob essa ótica, falar que o tributo deve ser *neutro* significa reconhecer que o direito de tributar que cada ente possui está condicionado à não geração de lesões aos interesses legítimos dos demais entes; daí se afirmar que o *Princípio da Neutralidade*, sob essa percepção, também é um *princípio de proteção ao federalismo*, harmonizando-se com os demais princípios já estudados como ferramentas do **federalismo fiscal**. Logo, para concluir esse ponto de vista, pode-se afirmar que a estabilidade do pacto federativo é um dos fins do *Princípio da Neutralidade Fiscal*, o qual, quando assim é compreendido, atua como importante ferramenta no combate à guerra fiscal e à desarmonia na Federação.

Já sob a sua segunda vertente, o *Princípio da Neutralidade* exige que os entes não utilizem o tributo de forma a desequilibrar a atividade econômica, ferindo suas bases. Nesse diapasão, não pode o tributo ser utilizado como fator de interferência nociva, pejorativa, agressiva aos pilares centrais da atividade econômica, como a livre concorrência, a concorrência leal, a proteção aos agentes econômicos mais frágeis etc. Sob esse enfoque, falar da *neutralidade* é apontar os olhos para uma norma que impõe aos entes federativos que tenham máxima diligência quando do exercício de suas competências tributárias sobre os agentes econômicos, de modo que a busca pela arrecadação se faça dentro de parâmetros adequados, não se afetando mercados, não se destruindo concorrências justas, não se permitindo a opressão dos pequenos agentes, e assim por diante. Ou seja, *o tributo não pode ser o responsável pelo desequilíbrio!* Como veremos no tópico a seguir, *o tributo até pode ser utilizado para EVITAR e COMBATER o desequilíbrio, o que ocorre com a chamada EXTRAFISCALIDADE*, mas em hipótese alguma podemos cogitar de *o tributo gerar o desequilíbrio*. Ou seja, se o mercado gera situações de desigualdades nocivas e com isso abala as bases da atividade econômica, nenhum problema em se utilizar o tributo como veículo interventivo e por meio desse manuseio *corrigir* essas mazelas. Todavia, quer-se chamar a atenção aqui para algo distinto, ou seja, quanto à importância de se perceber que *não se pode usar o tributo para que por meio dele se gere o desequilíbrio*. É isso que exige o **Princípio da Neutralidade**, impondo que os entes federativos, ao exercerem suas competências, especialmente quando agem na chamada *função fiscal*, perseguindo a arrecadação, **não interfiram na livre-iniciativa, evitando desequilibrar a lealdade de concorrência, não provocando a inibição do exercício da liberdade profissional, do livre empreendedorismo, de geração da empresa e do emprego**. Se o tributo, de fato, não for manuseado equivocadamente, com certeza cumprirá sua função de ser **neutro** e assim não será um instrumento de fomento de prejuízos à atividade econômica, não ferindo o valor da livre-iniciativa e o valor social do trabalho.

Muitas vezes, o excesso de intensidade com que um ente fixa a incidência do tributo termina por provocar esses desequilíbrios. É quando ocorre o *efeito confisco*, já bastante trabalhado anteriormente. Ora, o efeito confisco é uma das mais evidentes demonstrações de que o tributo não está atuando de forma *neutra*, deixando clara a violação ao *Princípio da Neutralidade*. Do mesmo modo, e em linha oposta de conduta, às vezes a renúncia abusiva de receita em certos segmentos de mercado provoca um desequilíbrio na sua competitividade, afetando-se outros segmentos, o que também expõe o atentado ao mandamento da *neutralidade*. Observe-se que para que o tributo seja, de fato, *neutro*, é fundamental observar todo o rol de demais princípios tributários que limitam o poder de tributar em prol da proteção da justiça, seja sob a ótica da *justiça federativa* ou sob as luzes da *justiça cidadã*. Ou seja, é vital que não se tribute com efeito confiscatório, que se respeite a isonomia, que não se concedam incentivos e privilégios fiscais discriminatórios, que não se fomente tratamento diferenciado de um ente para com o outro, e assim por diante. Só assim é que poderemos afirmar que o tributo realmente foi utilizado dentro das suas reais finalidades, agindo de modo *neutro*, respeitando, portanto, esse crucial mandamento normativo, implícito no ordenamento jurídico fiscal, chamado de **Princípio da Neutralidade**.

CAPÍTULO 13 – PRINCÍPIOS TRIBUTÁRIOS

DICA 46: PRINCÍPIO DA NEUTRALIDADE E EXTRAFISCALIDADE

É fundamental aprender a harmonia existente entre o **Princípio da Neutralidade** e a chamada **Extrafiscalidade**. Quando falamos em **extrafiscalidade**, estamos a reconhecer o fenômeno excepcional em que os tributos são utilizados com uma função que transcende a mera busca de recursos financeiros; ou seja, estamos a reconhecer o uso do tributo com um fim que vai além da mera função arrecadatória, de sorte que o ato de tributação tenha por escopo propiciar uma atuação do governo de modo interventivo, regulatório, sobre certos segmentos da atividade econômica. Todas as vezes em que o tributo é utilizado com esse fim, fala-se que ele foi manuseado de forma **extrafiscal**. "Extrafiscal" nada mais é do que "mais que fiscal" ou "além de fiscal" ou ainda "não meramente fiscal".

Ora, sabemos que a finalidade básica de qualquer tributo é propiciar a arrecadação dos recursos para os cofres públicos, e, quando isso ocorre, falamos da chamada **função fiscal**, reconhecendo o modo natural e ordinário com que os tributos são utilizados pelos entes federativos. Os tributos são, geralmente, instrumentos **fiscais**, sendo essa sua função básica e elementar. Atribuir ao tributo outra função que não apenas a função arrecadatória significa imputar-lhe a pecha da **extrafiscalidade**. Alguns tributos são eventual e casuisticamente manuseados de tal modo; outros, raros, nascem exatamente com essa finalidade; esses últimos são os chamados **tributos extrafiscais por natureza, por essência** (é o caso dos Impostos Federais sobre Importação, Exportação, Produtos Industrializados e Operações Financeiras – II, IE, IPI e IOF).

A função extrafiscal é importante para que o governo consiga, por meio do uso do tributo, atuar de modo interventivo em certos segmentos nevrálgicos da atividade econômica, como o comércio exterior, a indústria e o mercado financeiro. Ao controlar as alíquotas do II, IE, IPI e IOF, ora aumentando, ora diminuindo, o governo consegue interferir diretamente na formação dos preços, e, em razão disso, controlar o fluxo de incentivo ou inibição das operações que ocorrem nesses segmentos altamente sensíveis da atividade concorrencial, interferindo e regulando o mercado, evitando desajustes e desequilíbrios. À guisa de exemplo, ao majorar alíquotas do II ou do IE, o governo encarece as importações ou exportações, respectivamente; ao diminuir as alíquotas, consegue reduzir os preços e assim incentivar as vendas e compras. Nesse simples manuseio de alíquotas o governo federal consegue, por meio meramente desses impostos aduaneiros, controlar o fluxo das fronteiras do país, ditando o ritmo do que pode ou não entrar ou sair dele, protegendo a economia interna e evitando danos ao país. Ao reduzir alíquotas do IPI ou aumentá-las, o Poder Público desonera ou onera os contratos que comercializam produtos emanados da indústria; com isso, consegue regular o fluxo do que se deve expandir e do que se deve conter. Esse uso do tributo, ora para inibir fatos geradores (aumento de alíquotas e encarecimento dos contratos), ora para incentivar os atos econômicos (desonerações fiscais com diminuição de alíquotas, barateando preços e incentivando a expansão da atividade), é o que qualifica o fenômeno da **extrafiscalidade**.

Observe-se cautelosamente a diferença entre a **extrafiscalidade tributária** e a **neutralidade tributária**. No primeiro fenômeno, o tributo é utilizado para *corrigir um desequilíbrio na atividade econômica*; já no segundo, *veda-se que o tributo seja um agente causador do desequilíbrio na atividade econômica*. Por meio da **extrafiscalidade**, o governo manuseia o tributo como *instrumento de intervenção e regulação*, almejando a *geração do REEQUILÍBRIO do segmento da atividade econômica que está afetada*; já sob a ótica da *neutralidade, o tributo não pode ser a fonte que abale o equilíbrio dos segmentos mercadológicos dentro da atividade econômica*. Na **extrafiscalidade**, é notória a atuação **corretiva** do tributo, de modo que ele **corrige**, **remedeia** um problema existente. Nessa, *o desequilíbrio da atividade econômica é a causa do uso do tributo com a função interventiva*. Já quando falamos da **neutralidade tributária**, estamos a registrar que *o tributo não deve interferir no mercado, não deve ser a causa de um desequilíbrio,* sendo flagrante o *caráter omissivo, de abstenção, que a neutralidade impõe aos entes federativos quando do exercício das competências tributárias*. Por fim, exercício da *extrafiscalidade, o desequilíbrio é a causa motivadora do uso do tributo; na neutralidade, o uso do tributo não pode gerar o desequilíbrio.*

CAPÍTULO 14

IMUNIDADES TRIBUTÁRIAS – I
TEORIA GERAL DAS IMUNIDADES

CAPÍTULO 14 – IMUNIDADES TRIBUTÁRIAS – I

1. CONCEITO E DOMÍNIO DO INSTITUTO

DICA 1: SIGNIFICADO DA EXPRESSÃO

Amigos, na primeira dica, quero registrar o que significa a expressão "imunidade tributária". Quando falamos de "imunidade", estamos falando do mais elevado dos benefícios fiscais que existe no ordenamento jurídico. Estamos a nos referir ao benefício fiscal que **decorre da Constituição da República** e que se materializa quando na Carta se determina a proibição da incidência de certo tributo sobre certa situação fática. Ou seja, gera-se uma "imunidade" ao tributo quando o constituinte estabelece uma norma que veda a sua incidência sobre certa pessoa (exemplo: a Constituição afirma, no art. 150, VI, "b", que não incidem impostos sobre os templos de qualquer culto) ou sobre a operação de circulação de certo bem (exemplo: a Carta afirma, no art. 150, VI, "d", que não incidem impostos na venda de livros, jornais ou periódicos). Portanto, **a imunidade é um benefício fiscal que emana da Constituição da República**.

DICA 2: PRINCIPAL EFEITO DO INSTITUTO

Ainda analisando a noção do instituto, há de se perceber que a "imunidade tributária" é, de fato, **um efeito** decorrente de algumas normas constitucionais. E de que normas? Das normas constitucionais que proíbem o exercício da competência tributária, vedando que certo ente utilize determinado tributo de sua titularidade em uma específica situação. Sempre que a Constituição apresenta uma norma com essa estrutura, qual a consequência dessa norma? Qual o efeito concreto decorrente dela? Ora, é fácil perceber! Reflitam: se a Carta Mãe proíbe que o tributo incida, alguma outra fonte poderia se atrever a autorizar que incida? Não! Logo, se da Constituição emana uma norma que veda que o tributo incida, ninguém poderá autorizar sua incidência. Se alguma lei se alvoroçar a fazê-lo, será flagrantemente inconstitucional, nula, logo, não produzindo nenhum efeito! Daí se percebe que "a pessoa" beneficiada pela norma constitucional proibitiva da tributação fica "imune" ao tributo, já que totalmente blindada e protegida pelo escudo da proibição constitucional. Percebem? E ainda tem gente que diz que tributário é difícil...

DICA 3: CONCEITO

Continuando na análise do instituto, importante lembrar que o conceito "imunidade tributária" é **conceito doutrinário**, já que não está escrito na Constituição, em qualquer de seus dispositivos! Foi a doutrina que, percebendo esse efeito benéfico fantástico, criou o apelido "imunidade tributária" para se referir a essa benesse resultante de tais normas constitucionais proibitivas de tributação!

DICA 4: "NÃO INCIDÊNCIA CONSTITUCIONALMENTE QUALIFICADA"

Permanecendo na perquirição da perfeita compreensão do que se entende por "imunidade tributária", queria dizer a vocês que existem algumas expressões muito usadas em provas de concursos e na doutrina e que se associam ao instituto em estudo. A primeira delas é a expressão **não incidência constitucionalmente qualificada**. A mensagem que se passa com tal expressão é a de que, quando a Constituição edifica uma norma "a" proibindo que o tributo "x" incida sobre a hipótese "y", essa hipótese "y" termina virando uma hipótese de "não incidência" do tributo "x", e a causa dessa "não incidência" é exatamente a proibição constitucional decorrente da norma "a" que determinou essa não incidência. Daí por que se diz que a hipótese "y" passa a ser uma **hipótese de não incidência constitucionalmente qualificada**.

DICA 5: "NÃO INCIDÊNCIA CONSTITUCIONALMENTE QUALIFICADA" E RELAÇÃO JURÍDICA TRIBUTÁRIA

Seguindo no domínio da linguagem, falar em "não incidência constitucionalmente qualificada" é se referir a hipóteses que, caso virem fato, caso aconteçam de verdade na vida real, **não atrairão sobre si a norma tributária**, pois existe proibição constitucional de que essa norma incida. Ou seja, o "fato" não receberá a norma jurídica de tributação, **o tributo não incidirá, não se formando qualquer relação jurídica tributária**. Afinal, reflita: se no próprio nome você já afirma que a hipótese é de "não incidência", é claro que quando essa hipótese virar "fato", passar a ser um acontecimento real, o tributo não incidirá sobre esse fato, e, assim sendo, não se "gerará" relação jurídica obrigacional tributária. O beneficiado é "imune" ao tributo e quem deu essa "imunidade" foi a Constituição. Da norma constitucional qualificadora de não incidência resulta o benefício da "imunidade tributária" de modo que o tributo está proibido de incidir quando o fato ocorre, realmente não incide, o fato é "atípico", não recebe a norma tributária, não gerando qualquer relação jurídica entre o Estado e o cidadão.

DICA 6: IMUNIDADE E FATO GERADOR

Por todo o exposto anteriormente, há de se perceber por que no mundo do Direito Tributário falamos que quando se trata de "imunidades tributárias" **não ocorre fato gerador**. E isso é tão simples quanto lógico! O fato "gerador" é o fato que quando ocorre "gera", faz nascer, dá ensejo a uma relação jurídica obrigacional tributária, unindo o sujeito ativo (Estado) ao sujeito passivo (*em regra*, um

CAPÍTULO 14 – IMUNIDADES TRIBUTÁRIAS – I

particular). Ora, o "fato" só será "gerador" se ele realmente, por simplesmente ocorrido, "gerar" esse vínculo obrigacional. E o fato só gera esse vínculo se a norma tributária incidir sobre ele. E, aí sim, é claro, se a norma incidir, é evidente que de imediato se forma a relação jurídica tributária unindo o Fisco ao contribuinte, já que a norma tributária é cogente, imperativa, de ordem pública, dotada de compulsoriedade. Mas há de se ter a sensibilidade de se enxergar que o "fato" só vai ser "gerador" da relação obrigacional tributária **se a norma tributária incidir**, e isso **nunca vai acontecer quando se tem uma imunidade**, pois, se a Constituição proíbe que a norma tributária incida, jamais existirá lei autorizando que ela possa incidir, e, logo, ela realmente não incidirá, razão pela qual o fato, quando ocorre, é atípico, não recebendo a norma e, por isso, não gerando a formação da relação jurídica! Perceberam? Então, na prova, não vamos dar mole para o examinador. Certo, galera? Repitam comigo: **Na imunidade tributária não há fato gerador!**

DICA 7: EXCLUDENTE CONSTITUCIONAL DE TIPICIDADE TRIBUTÁRIA

É também importante perceber que, quando se fala das normas constitucionais imunizatórias, qualificadoras de não incidência de tributo, o que se tem, de fato, em uma linguagem um pouco mais profunda, é uma **excludente constitucional de tipicidade tributária**. As pessoas imunes não praticam fatos típicos! Não praticam mesmo! E isso porque a Carta vedou que a norma de tributação pudesse incidir, proibindo assim que qualquer outra fonte legislativa pudesse autorizar tal incidência. Logo, existindo proibição constitucional de incidência, o que se tem é a previsão de atipicidade tributária, provocada, nesse caso, pela Constituição!

DICA 8: USO CORRETO DA TERMINOLOGIA E CONSEQUENTEMENTE DO INSTITUTO JURÍDICO

Fundamental perceber que **nem sempre a excludente de tipicidade tributária vem da Constituição, podendo vir de fontes infraconstitucionais**, sem problemas! Só que, nesses casos, **não falaremos de "imunidade tributária"**, já que, por todo o aprendido até aqui, só devemos utilizar a linguagem "imunidade tributária" quando quisermos reportar-nos a benefícios que emanam da Constituição da República. E é plenamente possível que a excludente de tipicidade seja provocada por outra fonte que não a Magna Carta, que é o que pode ocorrer quando uma Constituição Estadual de determinado Estado da Federação proíbe que certo imposto incida sobre determinada situação, ou quando uma lei complementar nacional de normas gerais veda que o tributo incida etc. Nessas situações, o que se tem é a proibição de incidência do tributo decorrendo de fontes infraconstitucionais, razão pela qual falamos em **não incidência legalmente qualificada**. Observem o exemplo: se a Constituição Estadual do Estado "x" determina que não incida o ITD sobre a herança de herdeiros necessários de servidores públicos do próprio Estado, quando esses falecem, e desde que essa herança não passe de determinado valor, o que se passa a ter é uma proibição, **dentro daquele Estado "x"**, de que o ITD incida sobre tais heranças. Constatem que essa norma proibitiva só produz efeitos dentro do Estado "x", e não nas demais unidades da Federação, jamais se podendo equiparar a uma proibição de incidência de tributo resultante da Constituição da República. Nesse mesmo exemplo, constatem que a hipótese "herdar herança até certo valor, deixada por servidor público estadual quando morto, sendo seu herdeiro necessário" passa a ser uma hipótese de não incidência do ITD, mas não incidência "legalmente qualificada", pela Constituição Estadual daquele Estado "x". Trata-se, no exemplo em tela, de uma **excludente infraconstitucional de tipicidade tributária**, ou, mudando as palavras, mas falando a mesma coisa, de **não incidência legalmente qualificada**. E, sempre que assim for, **não falaremos em "imunidade tributária", pois "imunidade tributária" é o apelido que se usa exclusivamente para identificar os benefícios fiscais decorrentes da Constituição da República!**

DICA 9: IMUNIDADE E RESUMO DAS LINGUAGENS

Por fim, para fechar essa primeira parte da nossa Teoria Geral das Imunidades Tributárias, conceituando e posicionando o instituto, lembrem-se: para falar em imunidades o examinador de vocês pode usar três linguagens básicas:

- Norma Constitucional Proibitiva de Tributação
- Norma Constitucional Qualificadora de Não Incidência
- Excludente Constitucional de Tipicidade Tributária

É como sempre digo a vocês em sala de aula, com aquele tradicional romantismo tributário: a dádiva imunizatória é bênção que só se derrama pelas veias constitucionais! Somente a voz constituinte proclama o milagre da imunização! Não se esqueçam, a paisagem das imunidades é pintura insculpida unicamente pelo pincel do poder constituinte originário ou derivado reformador!

2. TEORIA GERAL DAS IMUNIDADES

2.1. IMUNIDADES E INSTITUTOS AFINS

a) não incidência:
- a.1) não incidência pura (ou simples) x não incidência qualificada;
- a.2) não incidência constitucionalmente qualificada x não incidência legalmente qualificada;

b) imunidade;

c) isenção;

d) remissão;

e) anistia;

f) alíquota zero.

DICA 10: DIFERENÇAS: "NÃO INCIDÊNCIA", "IMUNIDADE", "ISENÇÃO", "REMISSÃO", "ANISTIA" E "ALÍQUOTA ZERO"

Bom, como já vimos, a "imunidade tributária" se posiciona no rol das "não incidências qualificadas", sendo aquelas que emanam da Constituição da República. Queria registrar aqui algumas importantes distinções, de modo a permitir a vocês identificarem a diferença entre seis institutos parecidos, mas que não são iguais, sendo que a "imunidade" é apenas um deles. Todos se unem pelo traço símile de que em qualquer das seis situações que serão comentadas se cogita de um benefício, de uma situação de não oneração do administrado, mas, claro, em razão de diferentes motivos. Nos seis fenômenos, não haverá dever de pagamento, mas em razão de seis diferentes estruturas jurídicas. E é isso que quero estudar aqui com vocês! Mostrar a vocês esses seis fenômenos, cada um com a sua peculiaridade, para que sejam capazes de identificar com tranquilidade em uma prova quando realmente se fala de cada um deles sem se confundir! Quero falar, como listado anteriormente, da "não incidência", da "imunidade", da "isenção", da "remissão", da "anistia" e da "alíquota zero".

DICA 11: "NÃO INCIDÊNCIA"

O maior, em alcance, desses institutos, é o da "não incidência", e o melhor caminho para compreendê-la é partir do conceito de "hipótese de incidência" para então, a *contrario sensu*, chegar à delimitação exata do âmbito da "não incidência". Como costumo dizer a vocês em sala de aula, na vida só há dois tipos de hipóteses: as hipóteses **de incidência** e as **de não incidência**. Não existe terceira opção. Ou a "hipótese" (potencial situação da vida) que você pensa é uma hipótese que, caso aconteça (e assim vire *fato*), atrairá uma norma jurídica de regência (e aí, é hipótese **de incidência**), ou então a hipótese, caso aconteça, não atrairá norma jurídica alguma para regê-la (e aí é hipótese **de não incidência**). Exemplos: se você pensar na hipótese "alguém usar calça *jeans*", essa hipótese é de "não incidência" de norma jurídica tributária; afinal, caso vire "fato" (alguém realmente usar uma calça *jeans*), essa conduta, usar a calça *jeans*, não atrairá norma de tributação; ninguém pagará tributo pelo simples fato "usar calça *jeans*". Logo, conclua-se que a hipótese "alguém usar calça *jeans*" é uma hipótese de não incidência de norma tributária, e, caso aconteça, a consequência lógica é a de que o tributo não incidirá, o fato será atípico, não se gerando qualquer relação jurídica obrigacional tributária entre o Fisco e o cidadão; não há fato gerador de nada. Outro exemplo, agora, em pensamento oposto, para identificar uma hipótese de incidência: imagine a hipótese "um advogado auferir renda". Ora, se essa hipótese virar fato concreto (de fato, na vida real, o advogado auferiu renda), o fato atrairá a norma do imposto de renda, prevista na lei que rege dito tributo. Constate-se que a hipótese "um advogado auferir renda" é uma hipótese de incidência de norma jurídica de tributação, e, quando ocorre a conduta, ela atrai a norma de tributação e o fato gera a formação do vínculo jurídico obrigacional tributário!

DICA 12: "NÃO INCIDÊNCIA" E IMPOSSIBILIDADE DE DELIMITAÇÃO NO CAMPO HIPOTÉTICO

É impossível alguém delimitar todo o campo da "não incidência". É infinito! Por mais criativa que seja a sua mente, acredite, nenhum ser é capaz de listar todas as hipóteses da vida que, caso aconteçam, serão de não incidência tributária. Esse âmbito é indeterminado. Basta exemplificar: você já pensou na hipótese de um baiano morar em Niterói e resolver escrever um livro de dicas especiais de Direito Tributário? Pois é... Essa hipótese pode virar fato... Por acaso, agora, está ocorrendo... E qualquer baiano pode ir a Niterói fazer isso... E, sempre que ocorra, será conduta atípica, não incidindo norma tributária! Hipótese de não incidência. Portanto, como então conseguir definir a dimensão do campo das hipóteses de não incidência das normas tributárias? É simples! Basta fazer o a *contrario sensu* do campo a incidência. E por quê? Pois esse último é plenamente determinado, conhecido. Todos conhecemos o campo da incidência, já que ainda somos de uma herança positivista, em razão da qual aceitamos que as hipóteses de incidência das normas jurídicas de regência têm que estar previamente cominadas nas leis. Nesse viés, para que uma hipótese seja hipótese de incidência de norma tributária, é fundamental que ela esteja descrita em uma lei tributária. E assim também é no crime, nas relações administrativas, privadas etc. Portanto, vejam que conclusão fácil e precisa: **as hipóteses de incidência são aquelas descritas nas leis; basta analisar as leis em vigência e aplicáveis que se saberá quais são essas hipóteses; todas as demais hipóteses que ficarem de fora dessa definição legal são as hipóteses de não incidência**. É como sempre digo: identifica-se o campo da não incidência por exclusão de tudo aquilo que entrou no campo legal da previsão de incidência das normas.

DICA 13: "NÃO INCIDÊNCIA PURA E SIMPLES" E "NÃO INCIDÊNCIA QUALIFICADA OU PROVOCADA"

Há uma diferença entre dois tipos de "não incidência". Identificando-as, é o que se pode chamar de "não incidência pura ou simples" e "não incidência qualificada ou provocada". E é bem fácil entender a diferença. Na primeira situação, a que envolve o campo da "mera" não incidência, ou seja, da não incidência "pura", "simples", o que se tem é o infinito rol das hipóteses para as quais o legislador não quis "tipificar" em abstrato, inexistindo previsão de incidência; ou seja, as hipóteses serão de "não incidência" simplesmente porque nenhuma lei teve interesse em prever que ditas hipóteses mereceriam a incidência de normas, caso virassem fatos. É como dizer, falo aqui dos fatos atípicos que são atípicos apenas por opção "negativa" do legislador, que não quis tipificar, pois não houve interesse; mas, observe-se, e isso é fundamental para comparar com o campo das hipóteses de não incidência "qualificada", que, aqui, na chamada não incidência "pura" ou "simples", inexiste qualquer proibição que se tipifique em abstrato. Vou repetir, isto é fundamental: no rol das hipóteses de não incidência simples, pura, **não existe proibição de incidência; apenas não se optou por prever a incidência; mas jamais houve vedação; o que se teve foi uma mera opção do legislador de não tipificar a conduta.** Nos exemplos anteriormente dados, de "usar calça *jeans*", de "um baiano escrever um livro em Niterói", e em milhões e milhões de tantos outros cabíveis (exemplo: comer um cachorro-quente; andar em um parque; ter um plano de saúde etc.), o que se tem são hipóteses de não incidência, as quais podemos chamar de não incidências "puras", "simples", ou ainda, de "meras não incidências", já que em momento algum alguém proibiu que pudesse incidir norma tributária sobre essas condutas, nenhuma fonte no ordenamento jurídico vedou a possibilidade de incidência sobre tais condutas, nem a Constituição nem qualquer outra fonte se preocupou em *qualificar* essas hipóteses como de "não incidência tributária". Não. Na não incidência pura, inexiste proibição de incidência; apenas não existe permissão. É isso!

DICA 14: DIFERENÇAS

Já no campo da **não incidência qualificada**, o que se tem é exatamente o oposto. Aqui, falamos do rol de hipóteses para as quais existe **proibição de incidência da norma tributária**; ou seja, **certa fonte normativa edificou norma que proíbe que o tributo incida**; falamos das hipóteses para as quais foi feita vedação de incidência do tributo. Aqui, as hipóteses foram "gravadas" com a norma proibitiva, a qual *qualificou* essas situações como não sujeitas à incidência das normas tributárias. Observe-se, por exemplo, a hipótese "uma igreja auferir renda"; você deve já ter ouvido, ou já leu, que essa hipótese é uma hipótese de "não incidência" da norma do imposto de renda, correto? E por quê? Veja a diferença. Não porque inexistiu vontade do legislador de autorizar incidir a norma do IR sobre as rendas auferidas pela igreja. Não. É que ele **não pôde** fazer isso. E não pôde, pois lhe fora vedado fazê-lo. A Constituição da República edificou uma norma que proíbe incidir impostos sobre os templos de qualquer culto. O constituinte (fonte normativa maior do ordenamento jurídico) proibiu essa incidência. Inspirado em certos motivos (adiante estudados), o legislador maior optou por **qualificar essa hipótese como de não incidência tributária**. Agora, compare as duas situações: primeiro, a hipótese "usar calça jeans"; depois, a hipótese "igreja auferir renda"; em ambos os casos não incidirá imposto; mas, na primeira situação (usar calça jeans), não há qualquer proibição, apenas inexiste permissão, por mera opção discricionária negativa do legislador, que não quis tipificar a conduta; na segunda (igreja auferir renda), houve expressa proibição de incidência do imposto, sendo uma hipótese de não incidência por expressa provocação, por expressa vedação de incidência, e, nesse caso, como veio da Constituição, o legislador ordinário, ao instituir o Imposto de Renda, sequer teria a opção de valorar se ele teria interesse ou não em incluir a hipótese "igreja auferir renda" no âmbito da incidência da norma de tributação. Não. Ele nem sequer teve essa opção, pois estava *proibido*, proibição essa emanada de uma fonte que ele tem que acatar, no caso, a Constituição.

Portanto, em linhas de conclusão: **Ao contrário da "não incidência pura ou simples", quando se fala de "não incidência qualificada" o que se tem é uma proibição de incidência, a qual exclui a possibilidade de incluir a conduta no campo de incidência da norma tributária, materializando verdadeira excludente de tipicidade tributária.**

DICA 15: RECONHECIMENTO DOS DOIS TIPOS DE "NÃO INCIDÊNCIA QUALIFICADA"

Há dois tipos de não incidência qualificada, e é muito importante entender isso. E o critério para distingui-las também é bem simples e vocês vão entender com facilidade! Basta analisar "quem" determinou a "não incidência"; ou seja, o que se tem que observar é: de qual fonte emanou a norma proibitiva da incidência do tributo? Da Constituição ou de alguma outra fonte abaixo da Constituição? Mantendo a pergunta: quem determinou a qualificação da não incidência? O constituinte ou certa fonte *infra*? Se a proibição de incidência emana da Carta

CAPÍTULO 14 – IMUNIDADES TRIBUTÁRIAS – I

Magna, fala-se em **não incidência constitucionalmente qualificada**; mas, se a fonte que provoca a excludente de tipicidade tributária é outra que não a Lei Maior, fala-se em **não incidência legalmente qualificada**, também chamada de "não incidência infraconstitucionalmente qualificada".

DICA 16: FONTES DA "NÃO INCIDÊNCIA QUALIFICADA"

A não incidência legalmente qualificada pode emanar de diferentes fontes, todas elas abaixo da Constituição da República. Reporto-me às Constituições Estaduais, às Leis Orgânicas Municipais e Distrital, cito também as leis complementares de normas gerais (que definem o perfil dos tributos), e, ainda, as próprias leis instituidoras dos tributos, que podem, em seu próprio corpo, determinar situações de não incidência. Como exemplo, imagine-se que a Constituição de certo Estado da Federação determinasse que não incidiria ITCD sobre heranças deixadas por um *de cujus* que era servidor público do Estado e que deixou bens em valor não superior a cem salários mínimos e desde que os herdeiros sejam seus filhos e cônjuge. Ora, nessa hipótese, caso, de fato, algum servidor desse Estado venha a falecer e sua herança não supere 100 SM, bem como ainda se os herdeiros forem seus filhos e cônjuge, não incidirá o imposto, pois a hipótese passaria a ser de não incidência legalmente qualificada, e qualificada pela Constituição Estadual. É importante observar a profunda distinção do que seria caso a previsão emanasse da Constituição da República. No caso, a norma excludente de tipicidade só produz efeitos dentro desse determinado Estado, não afetando os demais. Se estivesse na CRFB/1988 imputaria seus efeitos sobre todos os Estados da Federação. Além do mais, se estivesse na Carta Magna, para se discutir a revogação, haveria de se elaborar uma emenda constitucional, a passar por processo legislativo próprio, desde a reserva de iniciativa a todos os demais trâmites especiais previstos no art. 60 da CRFB/1988, o que, por certo, não ocorreria quanto à proibição de incidência emanada da Carta Estadual. De fato e de direito, são situações bastante diferentes.

DICA 17: "NÃO INCIDÊNCIA QUALIFICADA" COMO EXCLUDENTE LEGAL DA TIPICIDADE TRIBUTÁRIA

Ainda falando em *não incidência legalmente qualificada*, sempre bom lembrar que se trata das **excludentes legais de tipicidade tributária**. E desde já quero frisar o que adiante explicarei, mas peço atenção para que vocês não cometam o grosseiro erro de confundir "isenção" com "não incidência legalmente qualificada", dois institutos completamente diferentes e que alguns lamentavelmente confundem. Repito: quando se fala em "não incidência legalmente qualificada", o que se tem é uma situação em que **a norma tributária não incide sobre o fato,** não há fato típico, o fato não é "gerador", não nasce relação jurídica obrigacional tributária, é impossível cogitar de "dever de pagamento", razão pela qual também será incogitável de se fazer uma lei para dispensar o pagamento, pois jamais nascerá dever de pagamento, pois não existirá relação tributária. Na "isenção" é o oposto, incidindo o tributo, havendo fato típico, fato "gerador", nascendo a relação tributária e havendo uma dispensa do dever de pagamento emanada de uma lei especial.

DICA 18: EXEMPLOS DE "NÃO INCIDÊNCIA QUALIFICADA" NO ORDENAMENTO JURÍDICO

A título de exemplo de não incidência legalmente qualificada nas leis complementares de normas gerais, cito, entre muitas, a previsão de não incidência de ICMS nos contratos de *leasing*, conforme o art. 3º, VIII, da LC nº 87/96. Nenhuma lei ordinária estadual que institua e regule o ICMS pode autorizar tal incidência, já que a LC nacional de normas gerais proibiu essa incidência. A hipótese, fazer contrato de *leasing* dentro do país, é hipótese de não incidência legalmente qualificada, e qualificada pela lei complementar de normas gerais. É o mesmo exemplo, quanto ao ISS, no que tange à proibição de incidência nos serviços prestados para o exterior, conforme emana do art. 2º, I, da LC nº 116/2003.

DICA 19: CONSTITUIÇÃO FEDERAL E O TERMO "IMUNIDADE"

Vale sempre lembrar que, quando a proibição de incidência emana da Constituição da República (não incidência constitucionalmente qualificada), o apelido que se dá ao efeito benéfico decorrente de tais normas é **imunidade tributária**. Chamo a atenção que só se deve utilizar a expressão "imunidade tributária" para se referir aos **benefícios emanados da Constituição da República**, não se devendo chamar de imunidade os privilégios fiscais decorrentes de não incidências legalmente qualificadas. Afinal, se não é igual, logo, não se deve dar o mesmo nome. E se a expressão "imunidade" identifica o benefício decorrente da Carta Republicana, não seria coerente, na linguagem, chamar de imunidade outro tipo de benefício que a esse não se iguale.

DICA 20

Agora, passemos a trabalhar no campo da "incidência do tributo", deixando de lado a órbita da "não incidência", analisando os benefícios de dispensas de pagamento. Quero falar com vocês sobre a **isenção, a remissão e a anistia**, três

CAPÍTULO 14 – IMUNIDADES TRIBUTÁRIAS – I

institutos importantes que traduzem **benefícios fiscais de dispensa de pagamento, no campo da incidência do tributo**. Ou seja, quero falar com vocês sobre três situações em que o contribuinte fica beneficiado, em regra em razão de uma lei especial, não tendo que pagar certa dívida, a qual seria devida não fosse essa lei especial beneficiadora, em três situações, sempre falando de hipóteses em que o tributo incide normalmente, o fato é típico, é "gerador" da relação jurídica obrigacional tributária, mas ocorre uma especial dispensa do dever de cumprir a obrigação de pagamento. A diferença entre as três situações e, logo, entre os três institutos (isenção, remissão e anistia), reside em se **identificar "o que" se dispensa e "em que momento" se dispensa, quanto ao dever de pagamento**. E, como vocês verão, há três diferentes tipos de benefícios que podem ser dados: **ora uma mera dispensa de penalidades; ora uma dispensa antecipada do dever de pagar tributos que seriam devidos no futuro; ora o perdão de dívidas tributárias pretéritas**. E, como as três situações são diferentes entre si, implicando, inclusive, em efeitos práticos distintos, utilizou-se, corretamente, uma tríade de apelidos, passando-se a falar em "anistia", "isenção" e "remissão", na respectiva ordem em relação aos comentários anteriormente destacados.

DICA 21

Quando se fala da **isenção**, o que se tem é o instituto que revela a situação na qual o credor, em regra por meio de lei, se antecipa a um fato gerador futuro, que ainda não ocorreu, e promove uma dispensa do que seria o dever de pagar o tributo, o qual existiria quando da incidência da norma tributária. Acontece que, com a dispensa legal de pagamento dada antes da ocorrência do fato gerador, no momento em que este se materializa e a norma tributária incide, a norma isentiva incide junto, e assim não resulta dever de pagamento. A lei isentiva, quando publicada, renuncia ao direito de crédito que o Estado teria, e esse sequer nascerá. A isenção é uma renúncia preventiva ao que seria um futuro crédito, resultando assim em uma dispensa legal do que seria um dever de pagamento futuro. Não fosse a lei isentiva, haveria o dever de pagar, pois a lei isentiva não impede que a norma tributária incida.

DICA 22

Importante perceber que há uma **diferença flagrante entre imunidade e isenção**, e essa percepção é necessária! Na imunidade, temos uma proibição constitucional de incidência da norma tributária; a norma nem incide; não há fato típico; trabalhamos no plano da atipicidade; já na isenção temos uma mera dispensa do cumprimento da norma tributária *que incide*; há fato típico; há fato

319

gerador e nasce o vínculo obrigacional tributário; a imunidade ataca a incidência da norma e impede a formação da relação tributária; a isenção ataca um dos efeitos decorrentes da formação da relação tributária, qual seja, a obrigação principal, que seria a de "pagar o tributo"; a isenção exclui o direito da Fazenda de cobrar o crédito, já que a lei isentiva a ele renunciou previamente.

DICA 23

Importante também deixar clara a **diferença entre isenção e remissão**. Na remissão, o benefício fiscal se dá após a dívida já nascida. É um **perdão de dívida**, como se aprende no Direito Civil. Pela remissão o Fisco, por meio de lei, perdoa a dívida tributária do contribuinte, dívida essa que já existia, abrindo mão de um crédito que *já possuía*. Em regra, a remissão vem **depois do lançamento**. Tecnicamente, o correto, inclusive, seria afirmar que basta que o benefício seja dado após a ocorrência do fato gerador, que já seria a **remissão**. Mas, como paira controvérsia sobre o momento da constituição do crédito, preferiremos abrir mão do debate aqui, para que, de modo extremamente objetivo e didático, orientemos vocês a seguirem o raciocínio de que a remissão vem após o lançamento, ainda que tenhamos algumas ressalvas pessoais a esse entendimento. Logo, fica fácil distinguir a isenção da remissão: se já teve o lançamento, o crédito já existia, a dívida já era materializada, e vem a lei e perdoa essa dívida, ocorre uma **remissão**. Como aprendido, na isenção, ao contrário, a dívida nem chega a nascer, pois, quando o fato gerador ocorre, o credor já havia aberto mão de seu crédito, por antecipação.

DICA 24

Ainda sobre remissão e isenção, observemos as seguintes diferenças objetivas: na isenção, não chega a se formar crédito, por isso seria incorreto falar que a isenção "extingue" o crédito; daí que o legislador, no CTN, não incluiu a isenção no capítulo da extinção do crédito, preferindo falar que a isenção é causa de "exclusão" do crédito; utilizou-se a palavra "exclusão" para apelidar o efeito especial que a isenção provoca no crédito; afinal, não se pode "extinguir" o que jamais nasce; na remissão, como já havia crédito, o CTN a posiciona como causa de "extinção" do crédito. Logo, não se esqueçam: **a isenção é causa de "exclusão" do crédito tributário e a remissão é causa de "extinção" do crédito**; vale a leitura dos arts. 156 e 175 do CTN.

Frise ainda que, como a lei isentiva vem antes do fato gerador, **a pessoa isenta jamais chega a ser devedora, jamais entra em mora, jamais terá seu nome inscrito em dívida ativa e nunca ficará sujeita ao ajuizamento de execução** fiscal; já a pessoa que foi beneficiada pela remissão chegou a dever (tanto que foi perdoada), pode ter sido inscrita em dívida ativa e até mesmo poderia já estar sendo executada.

Por fim, importante lembrar que tanto a isenção como a remissão são benefícios fiscais, são "favores" fiscais dados ao contribuinte, mas apenas a remissão pode ser chamada de "perdão fiscal", pois na isenção não há perdão, afinal, só se perdoa quem está devendo, e, como visto anteriormente, na isenção a pessoa jamais chega a dever. Logo, anote aí: **Ao contrário da isenção, apenas a remissão é um "perdão" fiscal, ainda que ambas sejam benefícios fiscais.**

DICA 25

Agora, falemos da **anistia**, que também atinge o crédito tributário, sem extingui-lo, e também decorre de lei, enquadrando-se, assim como a isenção e a remissão, no mundo dos benefícios fiscais. **A anistia é a exclusão das penalidades; atinge as multas, e não o tributo.** A *anistia* consiste na conduta de se **perdoarem as infrações**; logo, como fica perdoada a infração, não cabe aplicar a penalidade. O objeto a ser atingido pela anistia é, de fato, a penalidade. Observe-se que a "anistia" é um perdão, mas não se confunde com a "remissão". Esta última é um perdão da dívida, um perdão do crédito tributário, atingindo tanto os tributos, como as penalidades, os juros e a correção monetária. Atinge todo o valor devido. Já a anistia, não. A anistia, como ensina o próprio Direito Penal, não é perdão de dívida, e sim perdão de infração. Na anistia fiscal, o que se tem, normalmente, é **o perdão do descumprimento de obrigações acessórias**; logo, restando perdoadas estas, não se pode aplicar a penalidade. Por fim, na linguagem adotada no CTN, a anistia também não foi incluída no rol das causas de extinção do crédito, o que foi correto, frise-se, já que como só atinge a multa, não afetando o direito de cobrar o tributo, seria realmente impreciso afirmar que a anistia atinge o crédito. Logo, foi por isso que o legislador optou por incluí-la ao lado da isenção, ainda que essas duas não se confundam, no capítulo que apelidou de "exclusão do crédito", para demonstrar que o modo de afetar o crédito é um modo especial, sem chegar a extingui-lo.

DICA 26

Não esqueça: **a remissão é causa de extinção do crédito; a isenção e a anistia são causas de exclusão do crédito**. A isenção e a anistia não extinguem o crédito!

DICA 27

Quanto ao instituto da **alíquota zero**, que não se confunde com a isenção, nem com a remissão e quiçá com a anistia, ainda que também se projete no âmbito da "hipótese de incidência", temos uma situação especial, em que o tributo incide normalmente sobre o fato gerador, mas incide com eficácia "neutra", no que tange ao seu elemento quantitativo, já que, como o próprio nome diz, a alíquota é "zero". No caso, o legislador optou por utilizar a alíquota com o índice "zero por cento", de modo que, quando o tributo incide, não exige nenhum pagamento do contribuinte. Afinal, se a alíquota é "zero", se a lei está exigindo "pagamento" de "zero por cento do valor da riqueza", o que se percebe é que, de fato, o legislador não está exigindo nada, nem meio por cento da riqueza. Não haverá dever de pagamento.

DICA 28

Importante observar diferenças entre a isenção e a alíquota zero. Na isenção, o que se tem é uma dispensa do dever de pagamento, advinda de outra lei que não a lei instituidora do tributo; já na alíquota zero, o benefício fiscal vem da própria lei tributária, que optou por instituir uma alíquota neutra; nesse quesito específico, é como sempre chamo a atenção em sala de aula: na isenção temos duas leis, e o benefício vem da segunda lei; já na alíquota zero, só temos uma lei, que é a própria lei instituidora do tributo, e o benefício fiscal emana dessa própria lei; logo, na isenção temos duas leis; enquanto na alíquota zero, apenas uma.

DICA 29

Ainda comparando isenção com alíquota zero, observe: na isenção, a lei isentiva (lei "b") só é feita porque haveria dever de pagamento, e a lei isentiva vem exatamente para dispensar esse pagamento; aliás, se não houvesse dever de pagamento não faria sentido fazer a lei para isentar; logo, isso quer dizer que, quando falamos da isenção, queremos que vocês percebam que a lei instituidora do tributo (a lei "a") tem base de cálculo e alíquota positivas, ou seja, diferente de "zero"; se a alíquota já fosse "zero" na lei instituidora do tributo, não seria juridicamente possível fazer uma lei "b" para isentar, pois já não haveria dever de pagar tributo. Ao contrário, como já esclarecido, na "alíquota zero", a lei "a" tem alíquota neutra, e não positiva.

Persistindo na comparação dos institutos, constate-se que há semelhanças. Em ambos os casos, não há dever de pagamento, não haverá lançamento, não nasce crédito para o Fisco. Mas, sempre lembrando: o motivo para não haver dever

CAPÍTULO 14 – IMUNIDADES TRIBUTÁRIAS – I

de pagamento é distinto: na isenção, até haveria, mas foi feita uma *lex especialis* que promoveu a dispensa; já na alíquota zero, nem é preciso fazer a *lex especialis*, pois a lei geral de tributação já fez com que não surgisse dever de pagamento.

DICA 30

Por fim, vale encerrar esse rol de dicas lembrando: há sempre duas situações que nunca podemos deixar de perceber: ou a hipótese é de "incidência" de norma tributária ou ela é de "não incidência" de norma tributária. No campo da não incidência, temos a não incidência "simples" e a "qualificada". E é no campo da "não incidência qualificada" que se posiciona a imunidade tributária, que é benefício fiscal decorrente das proibições constitucionais de incidência das normas de tributação. Já no campo da incidência aparecem as dispensas de pagamento, dentro das quais temos a isenção, a remissão e a anistia. Por fim, também no campo da incidência, temos aquela com eficácia neutra, que ocorre quando o legislador fixa a alíquota em "zero por cento".

CAPÍTULO 15

IMUNIDADES TRIBUTÁRIAS – II
IMUNIDADES TRIBUTÁRIAS EM ESPÉCIE

1. IMUNIDADES TRIBUTÁRIAS EM ESPÉCIE – PARTE I

1.1. IMUNIDADES ESPARSAS NA CRFB/1988 FORA DO ART. 150, VI

DICA 1

O primeiro ponto que quero destacar com vocês é a fundamental observação de que na nossa Constituição as imunidades em espécie se encontram edificadas em dois planos distintos: ora estão concentradas em grande número em um único dispositivo, que é o **art. 150, VI** (espalhadas nas alíneas **"a", "b", "c" e "d" "a", "b", "c", "d" e "e"**), ora estão **esparsas** fora do aludido dispositivo, ramificadas nos mais diversos pontos da nossa Carta. Daí, é como sempre digo em sala de aula: o primeiro ponto importante para aprendermos as imunidades tributárias na Constituição é sabermos onde elas estão, e, assim, percebermos que existem **as imunidades do art. 150, VI, e as imunidades "fora" do art. 150, VI, esparsas ao longo do texto constitucional**. Essa é a primeira dica, para fins de organização topográfica do estudo.

DICA 2

Importante registrar que, apesar de no art. 150, VI, só existirem imunidades de impostos, ao longo da Carta, no "menu" das imunidades esparsas, existem imunidades de impostos, taxas e contribuições. Ou seja, a dica que quero passar a vocês aqui é a de que o mundo das imunidades envolve também imunidades de taxas e contribuições! E às vezes os alunos se confundem, pois, de fato, as imunidades do art. 150, VI, se resumem aos impostos. Mas, como veremos a seguir, tenham uma certeza: **na Constituição existem imunidades de impostos, taxas e contribuições; no art. 150, VI, somente são de impostos; mas fora dele, nas imunidades esparsas, temos imunidades de impostos, taxas e contribuições!**

DICA 3

No art. 5º da Carta encontramos imunidades de taxas. Sempre que o referido artigo traz uma previsão que tem como efeito a proibição de cobrança de taxa, no escopo de efetivar a proteção a direitos fundamentais, ele gera uma imunidade tributária. Vejam o que ocorre no **art. 5º, LXXVII, no inciso XXXIV e no inciso XXXV**. Neste último, pelo simples fato de assegurar a inafastabilidade do acesso ao Judiciário, garante a gratuidade de justiça para os miseráveis; nesse sentido, o art. 5º, XXXV, consagra a imunidade de taxa judiciária para os pobres, que poderão acessar a máquina judiciária sem pagar a taxa. No inciso LXXVII impera a vedação de cobrança de taxa judiciária quando uma pessoa impetra alguns remédios constitucionais, como o *habeas corpus* e o *habeas data*. Observe-se que há uma diferença entre as imunidades de taxa judiciária dos dois incisos citados; nesse último (LXXVII), a imunidade é para qualquer pessoa, inclusive os ricos; ela se dá em atenção ao remédio constitucional em uso, e não à pessoa que o manuseia; é irrelevante o poder econômico do paciente impetrante; aqui, o pensamento do constituinte é: em situações como essas não seria razoável exigir que o jurisdicionado pagasse tributo para defender direitos de tal envergadura. E aí está a diferença para o inciso XXXV, que cuida de situação diversa, qual seja, a pobreza de algumas pessoas; nesse caso, é irrelevante qual é a ação avocada, importando a situação econômica do litigante; os pobres não pagarão taxa judiciária, são imunes, sendo-lhes assegurado o acesso ao Judiciário. Vale ainda frisar que, na imunidade de taxa judiciária do art. 5º, LXXVII, **não fica incluído o mandado de segurança, no qual a taxa judiciária incide normalmente**! A imunidade do inciso LXXVII é para a impetração de HC e HD, mas não de MS! Cuidado com esse detalhe em provas! Nada obsta que o miserável, avocando a imunidade decorrente do inciso XXXV, em razão de sua situação financeira, consiga a impetração gratuita, evidente, mas não por se tratar de MS, e sim por se reconhecer sua hipossuficiência econômica!

Por fim, registre-se que no inciso XXXIV existe ainda a vedação de cobrança de taxas quando do exercício do **direito de petição**, de modo que algumas certidões serão expedidas sem custos para o administrado, o qual, não fosse a benesse constitucional em comento, pagaria taxa de serviço para retribuir tal custo.

DICA 4

Existem também **imunidades de contribuições especiais** fora do art. 150, VI, da CRFB/1988. E tenho três exemplos para vocês prestarem atenção, ok? Dois deles ligados à **seguridade social**, ambos no **art. 195**; reporto-me, primeiro, à imunidade do **art. 195, II, parte final**, que determina que **não incide contribuição previdenciária sobre pensão e aposentadoria no Regime Geral de Previdência Social – RGPS**; em seguida, temos a imunidade do **art. 195, § 7º**, que prevê que **não incidem contribuições de seguridade sobre as entidades beneficentes de assistência social**. O terceiro exemplo é o das imunidades de contribuições do **exportador**, previstas no **art. 149, § 2º, I**, as quais se inserem em um contexto mais amplo de um rol de normas de idêntica estrutura, quais sejam, as normas de incentivo e benefício aos exportadores; **a imunidade de CIDE e de contribuições sociais sobre as receitas auferidas na exportação** é apenas mais uma em um rol de outras, como a do IPI e a do ICMS. Sobre esse tema específico, comentaremos com algumas dicas setoriais adiante.

DICA 5

Quanto à imunidade do art. 195, II, parte final, vale a atenção para o fato de que a não incidência de contribuição previdenciária sobre pensão e aposentadoria fica assegurada apenas para os **pensionistas e aposentados do RGPS**, que é o regime geral de que trata o art. 201 da Carta. Ou seja, *a priori*, os inativos que se aposentam ou viram pensionistas pelo **Regime Próprio de Previdência Social – RPPS**, disciplinado no art. 40 da Carta e típico dos servidores públicos, não estão agraciados pela norma do art. 195, II, o qual, observe-se, é claro ao determinar que **somente para os pensionistas e aposentados do regime do art. 201** é que se concede a imunização. Portanto, fiquem atentos, pois é plenamente possível que incida contribuição previdenciária sobre alguns inativos, em especial, alguns servidores públicos, já que a imunidade do art. 195, II, da CRFB/1988 não é para todos.

DICA 6

Quanto à imunidade do art. 195, § 7º, vale chamar a atenção de que em um equívoco de linguagem gramatical o constituinte escreveu que "são isentas" quando, na verdade, quis dizer, podem ter certeza absoluta disso, "são imunes". O próprio STF em alguns julgamentos, referindo-se ao dispositivo em comento, já afirmou se tratar de imunidade, e não de isenção. Esse erro na identificação do instituto ocorreu por duas vezes na elaboração do texto constitucional. Além do ora analisado art. 195, § 7º, o mesmo se deu no art. 184, § 5º, quando da referência à *imunidade* nas operações de transmissão de bens ligadas à desapropriação agrária, onde se falou em isenção quando, de novo, o que se tem é a imunidade tributária. Adiante comentaremos o referido dispositivo.

DICA 7

Para falar das imunidades de contribuições do exportador, do art. 149, § 2º, I, de onde emana a norma que ensina que **não há incidência de CIDE nem de contribuição social sobre as receitas obtidas na exportação**, quero registrar uma primeira observação fundamental! A imunidade à incidência das contribuições sociais, quando se exporta, **não atinge o lucro líquido! Ou seja,** a CSLL tem que ser paga pelos exportadores! O STF entendeu que a imunidade de contribuições sociais **se restringe ao momento da entrada da receita, não atingindo o lucro que pode (ou não) resultar após o uso dessa receita, pagando-se certas despesas, em certo período de apuração!** Em suma: A imunidade não alcança a CSLL!

DICA 8

Ainda nas imunidades dos exportadores, pego o gancho, de carona no tema "imunidade de contribuições especiais sobre exportadores", para falar das outras imunidades do exportador. Queria dizer a vocês que o constituinte criou um regime superbenéfico para os exportadores, personagens importantíssimos nas perspectivas de crescimento econômico do país após o fenômeno da globalização da economia com a chegada dos "anos 1990". Nesse contexto, incentivar os exportadores significava apoiar a expansão das vendas de nossos produtos, aumentar nossa capacidade de produção, aumentar a geração de emprego, aumentar a circulação interna de insumos, aumentando o ICMS e IPI nas vendas internas desses bens, buscando convergir sempre para a maximização das vendas para o exterior, captando o euro e o dólar, captando o capital estrangeiro, fomentando, de fato, o crescimento do país. O exportador, inegavelmente, teve e tem um papel crucial nisso. Para permitir eficiência nessa busca, nada melhor do que gerar preços competitivos e assim permitir melhores condições na concorrência internacional. Assim sendo, o nosso constituinte determinou que nas nossas exportações não incidisse ICMS, IPI nem contribuições sobre as receitas captadas na exportação, fossem contribuições para custear despesas com intervenções no domínio econômico (CIDEs) ou contribuições sociais. Portanto, vale perceber que temos um trio de imunidades tributárias favoravelmente aos exportadores, **não incidindo IPI, ICMS e Contribuições na exportação**, consoante previsto nos arts. 153, § 3º, III, 155, § 2º, X, "a", e 149, § 1º, II.

DICA 9

Ainda nos benefícios fiscais aos exportadores, vale a dica de que, ao revés, a tributação é sempre cabível na importação. E é fundamental ter atenção com isso em prova, pois o trocadilho de palavras pode derrubar o candidato em uma questão bem feita! Tudo que é vedado na exportação, cabe na importação. Logo, **cabe ICMS, cabe IPI, cabe CIDE e cabe Contribuição Social sobre o importador, ainda que não caiba sobre o exportador**. Quanto às contribuições, vale a leitura dos arts. 149, § 2º, II e 195, IV; para o ICMS, vale a leitura do art. 155, II e § 2º, X.

CAPÍTULO 15 – IMUNIDADES TRIBUTÁRIAS – II

DICA 10

Mais uma vez comentando a imunidade dos exportadores, é importante perceber o tratamento diferente que o constituinte dispensa para o exportador de serviços. A questão do ISS não é igual à do ICMS, IPI e Contribuições Especiais, ainda que parecida. Não. É que **o constituinte não proibiu a incidência do ISS na exportação de serviços! Não!** O tratamento foi diferente nesse imposto municipal. O que o constituinte fez foi **determinar que lei complementar excluísse o ISS da incidência na exportação de serviços**.

Uma análise cuidadosa do art. 156, § 3º, II, demonstrará a diferença de tratamento. No ICMS e no IPI, assim como nas contribuições, o constituinte direta e sumariamente *proibiu* a incidência desses tributos na exportação; é caso de não incidência *constitucionalmente* qualificada. Já na exportação de *serviços*, não; nessa, a Carta não vedou a incidência do ISS, deixando ao crivo do legislador infraconstitucional fazê-lo, e desde que por *lei complementar*. E essa normatização foi concretizada por via da LC nº 116/2003, que no art. 2º, I, e parágrafo único disciplinou a possibilidade de não incidência do ISS sobre os contratos de prestação de serviços quando estes forem prestados para o exterior. Para que não caiba a incidência do ISS, de acordo com o referido art. 2º, I e parágrafo único, isso somente ocorrerá quando, além de o serviço ser prestado para um adquirente do exterior, *os resultados do serviço se verifiquem no exterior*. Ou seja, o parágrafo único condicionou o direito de gozar do benefício previsto no inciso I do art. 2º a este fator: só valerá o benefício fiscal se realmente os resultados do serviço forem apurados fora do Brasil. Do contrário, caso os resultados sejam verificados no Brasil, o ISS incidirá, mesmo que o adquirente do serviço seja estrangeiro tenha contratado fora do país, tenha inclusive recebido a prestação fora do Brasil e pago fora do país. Para que caiba o benefício do exportador de serviço, benefício da excludente de incidência do ISS, é fundamental que se analise o local em que os resultados do serviço serão apurados. Se fora do Brasil, não incide o ISS e o prestador goza do benefício fiscal em comento; se dentro do país, o ISS incide e não cabe falar da regra de não incidência emanada da LC nº 116/2003. Por fim, ainda que a lei não defina o que significa "resultados verificados no exterior" para que se possa fazer jus ao benefício, devemos entender que os resultados "se verificam" fora do país quando constatamos que a *utilidade econômica do serviço prestado se der fora do país*; ou seja, quando a benesse propiciada pelo serviço prestado for realmente utilizada, aproveitada, consumida, fora do Brasil. Do contrário, se a utilidade, as vantagens, a benesse decorrente do serviço adquirido for aproveitada aqui mesmo no país, não vale o benefício fiscal em estudo, cabendo normalmente a incidência do ISS.

Chamo, por fim, a atenção de vocês para que tenham máximo cuidado na linguagem utilizada para se referirem ao benefício fiscal do ISS que ora comentamos. Jamais falem em "imunidade tributária", pois, como já aprendido, só podemos falar que existe uma "imunidade tributária" quando a Constituição da República veda a incidência do tributo; não é o que ocorre no caso em estudo. Como visto, a Carta não proibiu a incidência do ISS sobre prestações de serviços para o exterior, pelo contrário, sugeriu que uma lei complementar o fizesse; logo, constatem que é bem diferente do que ocorre no ICMS e IPI, em que a Carta Magna imperativamente veda a incidência desses impostos sobre a exportação. Nesse viés, percebamos (e não descuidemos disso!) que não existe regra de "não incidência *constitucionalmente* qualificada" para o ISS na exportação. A regra que exclui a incidência do imposto municipal decorre de lei, daí por que devemos ter a sensatez de percebermos que o benefício se conceitua como **não incidência legalmente qualificada**.

Por fim, como também já ensinado, é bom perceber que **não se trata de isenção**, ainda que a doutrina insista em assim nominar o benefício em tela, persistindo em temeroso equívoco. Friso, e peço cuidado a vocês com esta informação: apesar de muitos colegas escreverem que existe "isenção heterônoma de ISS na exportação", conclamo a percepção de que o benefício em tela trafega no plano da **não incidência**, o que nem de longe permite confundir com o instituto da *isenção*, no qual *o tributo incide* normalmente, havendo, todavia, uma mera dispensa de pagamento.

Na verdade, com a educada vênia dos amigos que pensam o contrário, *é juridicamente impossível isentar de ISS o exportador que goza do benefício previsto no art. 2º, I, da LC nº 116/2003; afinal, se a regra é de NÃO INCIDÊNCIA, o ISS NÃO INCIDIRÁ SOBRE O FATO, DE SORTE A QUE A EXPORTAÇÃO DO SERVIÇO NESSES CASOS QUALIFICARÁ FATO ATÍPICO; e se o ISS não incidirá, não nascerá relação jurídica obrigacional tributária; não ocorrerá "fato gerador", afinal, se trata de hipótese de NÃO INCIDÊNCIA, tendo sido exclusa a incidência da norma; ora, se a norma não incidirá e a relação jurídica inexistirá, impossível falar de "dispensa do dever de pagamento" (o que se daria com a isenção), já que sequer nascerá obrigação tributária e não haverá qualquer dever de pagamento; portanto, É IMPOSSÍVEL ISENTAR DE ISS O EXPORTADOR DE SERVIÇOS QUE GOZA DO BENEFÍCIO DA NÃO INCIDÊNCIA LEGALMENTE QUALIFICADA emanada do art. 2º, I, da LC nº 116/2003, pois não se pode cogitar da necessidade de uma lei ordinária municipal sendo feita para dispensar o exportador de pagar o ISS, o qual NÃO INCIDE por força de uma proibição emanada da lei complementar nacional de normas gerais; nem*

CAPÍTULO 15 – IMUNIDADES TRIBUTÁRIAS – II

mesmo a lei de ISS do município pode autorizar a incidência do ISS; ele não incidirá; e se o tributo não incide, não há o que isentar.

DICA 11

Agora, quero dar a dica de outra imunidade importante, esparsa no texto constitucional, fora do art. 150, VI, à qual já me referi anteriormente, que é aquela que está prevista no art. 184, § 5º, da CRFB/1988, no capítulo da política agrícola, fundiária e de reforma agrária e ligada à desapropriação agrária. O constituinte, sensível ao pouco poderio econômico de uma família campestre agraciada com a dádiva de receber uma propriedade imobiliária advinda da desapropriação rural quando da implementação da política de reforma agrária, determinou que essa família beneficiada com o recebimento da terra não precisa pagar imposto pela aquisição do bem, o que, por certo, ou seria o ITBI (caso houvesse remuneração pela aquisição da terra) ou o ITD (caso a aquisição fosse a título gratuito). Logo, fica prevista a **imunidade de impostos na operação de transmissão do imóvel desapropriado para fins de reforma agrária**, em atenção à falta de capacidade contributiva do adquirente do imóvel, por certo, uma pessoa pobre. Importante lembrar que nesse dispositivo o constituinte cometeu o já citado vacilo no uso da linguagem e falou em "isenção", quando, a bem da verdade, o que se tem é uma "imunidade tributária".

DICA 12

Bom, agora quero trazer a imunidade do ITR a comento, prevista no art. 153, § 4º, II, da Carta Magna. Almejando proteger os pequenos proprietários de uma única terrinha rurígena, o constituinte determinou que não incidisse o ITR sobre as pequenas glebas de terra, quando o proprietário apenas tem uma propriedade rural! Em regra, na prática, o que temos é a imunidade protegendo famílias de camponeses que desenvolvem a agricultura familiar como forma de autossobrevivência. Logo, para a sua prova, tenha o cuidado com as seguintes pegadinhas: primeiro, a imunidade só existe se a propriedade for uma **pequena gleba de terra**; logo, não cabe o benefício se o proprietário tiver uma média ou grande terra, ok? Ainda que seja a única! E, por evidente, **não basta ser uma pequena gleba de terra, é preciso que seja a única!** Se o proprietário tiver duas ou mais terras, não fará jus ao benefício fiscal ora comentado, afinal, a *mens constitutional* é a de proteger aquele hipossuficiente que só tem uma terrinha, e nada mais. Além do mais, é importante que o proprietário explore essa terra em prol da sua subsistência, o que se harmoniza com as perspectivas gerais do ordenamento jurídico de exigir que se empreenda a função social na propriedade.

No que tange ao fato de a imunidade em estudo só ser cabível para o proprietário que possui uma única propriedade, chamo a atenção de vocês para informação decisiva: caso o homem do campo possua duas ou mais propriedades, mas, na soma de área, elas todas juntas não ultrapassem o limite de pequena gleba de terra, ele pode gozar de outro benefício fiscal, emanado da Lei nº 9.393/96, que é a lei que disciplina o ITR. A referida lei, no seu art. 3º, II concede "isenção" para o proprietário de dois ou mais imóveis, desde que o conjunto de imóveis rurais não passe do limite de pequena gleba de terra, e desde que, cumulativamente, o proprietário o explore só ou com sua família (admitida ajuda eventual de terceiros) e não possua imóvel urbano. Se assim for, esse proprietário gozará da "isenção" de ITR, como afirma a lei, e assim não pagará o imposto.

Com base na informação anterior, qual a diferença que não pode ser desprezada? É que, se o proprietário possui *um único imóvel rural*, ele pode gozar de uma *imunidade tributária*, hipótese em que *o tributo não incidirá, não ocorrerá fato gerador e não nascerá relação jurídica obrigacional tributária*. Já se ele possui dois ou mais imóveis, ele pode, se cumpridos os requisitos anteriormente expostos, gozar de *isenção fiscal*, situação em que *o tributo incidirá, o fato será "gerador" de relação obrigacional tributária, havendo, todavia, dispensa legal do dever de cumprir a obrigação principal (dispensa do dever de pagamento do imposto)*.

Por fim, registramos que, para que um imóvel seja compreendido como **pequena gleba de terra**, ele, em regra, deve ter até no máximo **30 hectares**. Essa é a medida **regra** para identificar uma pequena gleba de terra no país. Apenas duas exceções mitigam essa dimensão: a primeira é quanto aos imóveis localizados no **Polígono das Secas ou na Amazônia Oriental**, caso em que se consideram como "pequenas glebas de terra" os imóveis de **até 50 hectares**; a segunda exceção se dá para os imóveis situados na área da **Amazônia Ocidental ou do Pantanal mato-grossense ou sul mato-grossense**, hipóteses em que a "pequena gleba de terra" abrange imóveis de **até 100 hectares**.

DICA 13

Passo a comentar as imunidades do ITBI previstas no art. 156, § 2º, I, da CRFB/1988. Estão ligadas a situações de formação e extinção de pessoas jurídicas. Se vocês observarem com atenção, verão que o dispositivo em citação é bem grande na sua extensão gramatical e merece zeloso cuidado na sua interpretação. Carrega duas imunidades: uma, em sua primeira parte, ligada ao momento de formação de algumas pessoas jurídicas; a segunda, na parte final, ligada ao instante de extinção de pessoas jurídicas. Nessa segunda parte do texto, é **fundamental prestar atenção na ressalva existente na parte final do dispositivo, pois o benefício**

CAPÍTULO 15 – IMUNIDADES TRIBUTÁRIAS – II

fiscal em estudo, quando ligado à extinção de pessoa jurídica, não favorece algumas pessoas. Ou seja, há uma excludente da norma imunizatória de ordem subjetiva, quer dizer, a imunidade não é deferida para algumas pessoas. E na prova é exatamente aí que mora o perigo! Citarei aqui o texto e partiremos para a análise dessas imunidades nas dicas seguintes. Vejam o texto com o negrito por nós exposto para separar o primeiro do segundo momento em que o constituinte concede as imunidades: "(...) *não incide sobre a transmissão de bens ou direitos incorporados ao patrimônio de pessoa jurídica em realização de capital, nem sobre a transmissão de bens ou direitos decorrente de fusão, incorporação, cisão ou extinção de pessoa jurídica*, salvo se, nesses casos, a atividade preponderante do adquirente for a compra e venda desses bens ou direitos, locação de bens imóveis ou arrendamento mercantil."

Por fim, registro que, para que haja a adequada compreensão a respeito das imunidades em estudo, é fundamental a leitura dos arts. 36 e 37 do CTN, recepcionados pela ordem jurídica pós-1988 e que disciplinam a matéria, especialmente no que diz respeito à ressalva feita na parte final do art. 156, § 2º, II, da Constituição, quando afasta a imunidade em razão do perfil de alguns adquirentes dos imóveis. Enfrentemos o tema nas dicas seguintes.

DICA 14

Na primeira imunidade do citado preceito, a imunidade é deferida à pessoa jurídica que se está formando, tendo seu capital subscrito realizado. Ou seja, quando a pessoa jurídica em realização de capital recebe um imóvel como forma de efetivação do capital social, ela não vai ter que pagar ITBI, já que a Constituição vedou a incidência do referido imposto em situações como essa. A título de exemplo, imagine-se que um dos sócios de uma pessoa jurídica em formação, para adquirir suas cotas do capital societário, integralize o seu aporte de capital mediante ativo imobilizado, entregando um imóvel seu para a pessoa jurídica, como forma de realizar seu capital. Nessa situação, o que estará ocorrendo? A pessoa jurídica estará adquirindo um imóvel, e onerosamente, não é de graça, afinal, ela cede parte do capital social ao sócio que para obter a aquisição cedeu seu imóvel. Percebam que ocorre uma transmissão onerosa, em vida, de bem imóvel, o que legitimaria a incidência do ITBI em desfavor da adquirente, no caso, a pessoa jurídica. Entretanto, **para não onerar essa pessoa jurídica em formação, o constituinte concedeu a imunidade a ela, determinando que ela possa registrar a propriedade imobiliária adquirida mediante realização de capital sem ter que pagar ITBI**. Quanto ao ponto ora analisado, chamo a atenção para importante fato: percebam que o texto constitucional não afirma que a aquisição do bem imóvel deve ser feita em razão de aporte de capital de um sócio. Na verdade, a Carta apenas afirma que o ITBI não incidirá porquanto a pessoa jurídica esteja "em realização de capital". Ora, em uma leitura mais leviana seria possível tentar ampliar o rol de situações açambarcadas pela norma imunizatória, o que, todavia, não merece prosperar. A título de exemplo, imagine-se uma pessoa jurídica que, ainda dentro dos seus primeiros seis meses de existência e com o capital subscrito ainda não totalmente realizado pelos sócios, resolva comprar dois imóveis novos, inclusive, com receita já gerada pela própria atividade nesses primeiros seis meses. Ora, em tal exemplo, a via de aquisição dos imóveis é a celebração de contratos de compra e venda; perceba-se que, nessa situação narrada, a pessoa jurídica de fato e de direito ainda está na fase da realização do capital; constate-se que uma interpretação meramente literal do texto constitucional abriria espaço para defender a imunidade em favor dessa pessoa jurídica, mesmo sabendo-se que a forma de aquisição dos imóveis não fora a da integralização do capital social pelo sócio. E por que seria possível defender a tese? Pois a Constituição realmente não especifica qual a forma de aquisição do imóvel para que a pessoa jurídica adquirente fique imune ao ITBI, referindo-se apenas ao "momento" que a pessoa jurídica atravessa quando está adquirindo o imóvel (o momento em que ela ainda está vivendo a fase da realização do capital social). Todavia, apesar de percebermos que realmente é viável a defesa do posicionamento ora ventilado, entendemos que não foi essa a intenção do legislador maior, de modo que acreditamos que a interpretação exposta permitiria anarquizar o alcance da norma e gerar situações infindas de proibição de arrecadação, sendo que, a nosso pensar, não seria essa a intenção do constituinte. A nosso ver, o que a lei das leis quer determinar é que, *quando um dos sócios da pessoa jurídica* **realiza o seu próprio capital subscrito, mediante o aporte de um imóvel em favor da pessoa jurídica, <u>nesses casos, e somente nesses casos</u> é que seria cabível a aplicação da norma imunizatória.** Tal posicionamento se fortalece com a leitura do art. 36 do CTN, o qual deixa evidente que a não incidência do imposto é uma benesse que favorece pessoas jurídicas que recebem imóveis de seus próprios sócios quando eles estão realizando o capital societário na parte que lhes cabe. Assim entendemos ser a forma correta de interpretar a questão. Todavia, em questões de provas em que o candidato deva defender o contribuinte, caso tenha de defender a pessoa jurídica que "está em fase de realização de capital" e que adquiriu o imóvel mediante outra forma que não o aporte de um dos sócios, recomendo que defendam a interpretação literal do texto constitucional, sustentando, ainda, a não recepção da restrição feita pelo art. 36 do CTN. Enfatizo, todavia, que não reputo o raciocínio correto, ficando a dica apenas para fins de ajudar os candidatos em provas quando a tese for exigida, o que pode ocorrer, por exemplo, em uma prova de segunda etapa do Exame de Ordem, quando a banca muitas vezes pede que defendamos o contribuinte.

DICA 15

Passamos a falar da segunda situação jurídica de *imunidade tributária* prevista no art. 156, § 2º, II, da Carta. Após conceder a imunidade em favor de pessoas jurídicas que adquirem imóveis mediante realização do capital social pelos sócios, o constituinte resolveu imunizar também algumas pessoas jurídicas adquirentes de imóveis. É o que ocorre quando uma pessoa jurídica nasce do processo de *fusão* de outras pessoas jurídicas, adquirindo os imóveis que pertenciam às pessoas jurídicas que foram unidas pela *fusão*. Nesse caso, a pessoa jurídica que surgiu da união das anteriores poderá registrar os imóveis em sua titularidade sem sofrer a incidência do ITBI. O mesmo ocorre quando o fenômeno é o da *incorporação*. Se uma grande pessoa jurídica "a" incorpora uma menos ampla pessoa jurídica "b", e essa pessoa jurídica "b" incorporada possuía imóveis, esses bens passarão para o patrimônio da pessoa jurídica "a" incorporadora, a qual, por certo, não sofrerá a incidência do ITBI quando do registro dos bens no seu patrimônio, já que a Carta afirma pela não incidência do ITBI quando da aquisição de imóveis em processo de *incorporação*. Por fim, o mesmo se dá quando ocorre o processo de *cisão* de pessoa jurídica; se as novas pessoas jurídicas resultantes da *cisão* da pessoa jurídica maior que foi dividida adquirem imóveis que até então pertenciam a ela, essas novas pessoas jurídicas resultantes da *cisão* não sofrerão a incidência do ITBI.

Portanto, percebamos que nesse segundo bloco de imunidades estampadas no art. 156, § 2º, II, da Carta, as pessoas beneficiadas são sempre **pessoas jurídicas adquirentes de imóveis**, já que não podemos cogitar de pessoa física surgindo de fusão, cisão, nem sendo objeto de incorporação.

DICA 16

Passo a comentar agora o terceiro bloco de imunidades de que trata o art. 156, § 2º, II, da Carta. Falo das situações em que determinada pessoa adquire o imóvel de uma *pessoa jurídica em extinção*. O texto prevê *também* essas imunidades. Observe-se, desde logo, que a Carta não especifica quais são as formas de extinção de pessoa jurídica, nem faz qualquer qualificação especificadora, pelo que, em um primeiro momento, é possível aceitar que o adquirente de imóvel de uma pessoa jurídica em extinção, seja lá por qual via se dê essa extinção, não sofrerá a incidência do ITBI. A ressalva, como veremos nas dicas seguintes, se dá quando esse adquirente tiver como perfil ser um explorador de algumas atividades do mercado imobiliário, ou seja, alguém que atua no ramo e tem como atividade preponderante uma de três, quais sejam, a compra e revenda de imóveis, a locação imobiliária ou o arrendamento de imóveis. Perceba-se, contudo, que, para que se retire a imunidade, o que a Carta impõe é uma observância ao perfil do **adquirente**, e não do alienante. Nesse viés, reforçamos a observação de que o texto não especifica, não restringe, não faz qualquer referência ao motivo, ao modo, à forma como a pessoa jurídica tem sua extinção proclamada. Nesse compasso, se está em extinção e possuía imóveis, aquele que vier a adquirir estará imune à incidência do ITBI, salvo se, como antecipado, esse adquirente for alguém que atue no ramo imobiliário e tenha como atividade preponderante a compra e venda, locação ou arrendamento de imóveis. Portanto, aquele que adquire imóvel de pessoa jurídica em extinção (seja por falência provocada, seja por autofalência, seja em razão de dissolução regular, irregular etc.) ficará, *a priori*, imune ao ITBI.

Por fim, antes de adentrar o tema da ressalva feita na parte final do art. 156, § 2º, II, da Constituição, com a qual se exclui o gozo da imunidade, quero registrar ainda uma observação importante: perceba-se que, para adquirir um imóvel de uma pessoa jurídica em extinção, podemos ter, como adquirente, tanto uma pessoa jurídica como uma pessoa física. E aqui constatamos a única situação em que a imunidade do ITBI pode socorrer uma pessoa física, afinal, em todas as demais hipóteses ventiladas no aludido dispositivo constitucional, o adquirente do imóvel é sempre uma pessoa jurídica, de sorte que, realmente ressalvada essa única hipótese (pessoa física adquirindo imóvel de pessoa jurídica em extinção), as imunidades do art. 156, § 2º, II, são apenas para pessoas jurídicas.

DICA 17

A partir de agora adentramos o ponto áureo do dispositivo constitucional em estudo: a ressalva feita no final do seu texto. Com tal ressalva, o legislador maior afasta o direito de gozar da imunidade para algumas pessoas. Aqui, dois desafios surgem: o primeiro deles é o de conseguir identificar o que significa **atividade preponderante** no ramo da compra e venda, locação ou arrendamento de imóveis; o segundo desafio é o de saber para **quais pessoas** (com atividade preponderante na compra e venda, locação ou arrendamento de imóveis) a imunidade é afastada (somente para as pessoas que adquirem imóveis de pessoas jurídicas em extinção, ou também para as que resultam de fusão ou cisão, bem como para as incorporadoras? E, indo além: a perda da imunidade alcançaria também pessoas jurídicas em realização de capital quando essas possuam como atividade preponderante a compra e venda, locação ou arrendamento de imóveis?). Ou seja, a compreensão

CAPÍTULO 15 – IMUNIDADES TRIBUTÁRIAS – II

do real alcance da norma que afasta a imunidade (e assim autoriza a incidência do ITBI) passa pela compreensão desses dois desafios. Avancemos no estudo do tema.

Observe-se que o constituinte, no texto, não foi perfeitamente claro para identificar quais pessoas perdem a imunidade quando possuem o perfil de desenvolverem a compra e venda, locação ou arrendamento de imóveis como atividade preponderante. O texto realmente permite diversos tipos de interpretação. Após consagrar *três diferentes situações de imunidades (pessoa jurídica em realização de capital; fusão/cisão/incorporação de pessoa jurídica; aquisição de imóvel de pessoa jurídica em extinção)*, o constituinte, depois de uma "vírgula", afirma que *"salvo se, nesses casos, o adquirente tiver como atividade preponderante a compra e venda, locação ou arrendamento de imóveis"*. A grande questão é: **EM QUAIS CASOS? Somente nos de extinção de pessoa jurídica ou em todos os demais?** Indo além: **o que é ATIVIDADE "PREPONDERANTE"** para fins de exclusão da imunidade?

Nas próximas dicas abordo os dois desafios. Vamos lá!

DICA 18

Passo a definir *quais são os "casos"* em que a imunidade "cai" quando o adquirente do imóvel tem atividade "preponderante" na compra e venda, locação ou arrendamento de imóveis. Findo isso, mergulhamos no conceito de "atividade preponderante" e concluímos o tema.

É incontroverso que no terceiro caso previsto no inciso II do art. 156, § 2º (hipóteses em que o imóvel é adquirido quando da extinção de pessoa jurídica) a imunidade cai se o adquirente desenvolve a compra e venda, locação ou arrendamento de imóveis como *atividade preponderante*, de modo que ele vai sofrer a incidência do ITBI para poder registrar o imóvel adquirido. Aqui, nenhuma dúvida existe. Afinal, o "nesses casos" a que o constituinte se refere para retirar a imunidade tem de ser, no mínimo, esses casos de aquisição de imóveis em decorrência de extinção de pessoa jurídica. Independente de qual seja a interpretação que se venha a dar ao dispositivo constitucional, essas hipóteses, com certeza absoluta, não escapam. Nelas, é incontroverso, a imunidade "cai". A partir daqui é que a divergência interpretativa surge, já que os procuradores municipais defendem uma tese, favorável ao alargamento das hipóteses de perda da imunidade, de sorte que se torne cabível a incidência do ITBI, porquanto, noutra frente interpretativa, os advogados de contribuintes sustentam que a perda da imunidade em razão do perfil do adquirente deve se restringir *apenas a esses casos de aquisição de imóveis em razão de extinção de pessoa jurídica*, tese que protegeria as pessoas jurídicas resultantes de fusão e cisão, ou as incorporadoras, e ainda, as pessoas jurídicas em realização de capital, mesmo que todas essas desenvolvam a compra e venda, locação ou arrendamento de imóveis como atividade preponderante. Observe-se que são teses opostas; o Fisco interpreta o dispositivo de forma a maximizar o alcance da expressão "nesses casos", com o fito de ampliar as situações de incidência do ITBI; já a advocacia dos contribuintes labora em exegese minimizante da expressão "nesses casos", almejando restringir o rol de hipóteses em que a imunidade é afastada, permitindo a aquisição de imóveis sem incidência do ITBI nos casos de pessoa jurídica em realização de capital, fusão, cisão e incorporação, mesmo que os adquirentes dos imóveis tenham atividade preponderante nos ramos já comentados.

A nosso pensar, razão assiste à Fazenda Pública, já que a intenção do constituinte, muito inteligente por sinal, é a de não conceder a imunidade quando o adquirente atua como empreendedor em três segmentos altamente rentáveis e economicamente poderosos do mercado imobiliário, de forma que a aquisição do imóvel (ou dos imóveis) por certo será feita dentro de um contexto mais amplo em que se vislumbra que ela nada mais é do que uma etapa meio de um ciclo econômico maior; ou seja, a aquisição desses imóveis por tais tipos de pessoas não é uma aquisição para fins de moradia, para assentar uma família, ou para se oportunizar a sede de uma pequena empresa desprovida de imóvel próprio. Não. Pelo contrário. Legítimo presumir que essas aquisições se fazem para que os bens sejam incorporados dentro do fundo de comércio para ampliar o lastro da empresa, elevando seu potencial de gerar lucro e expandir sua atividade. Nesse viés, não faz sentido renunciar à receita fiscal e prejudicar a arrecadação do ITBI. Observe-se que nenhuma ilicitude existe no fato de se adquirirem imóveis para ampliar a atividade imobiliária desenvolvida, o que, inclusive, é coerente com a ambição de crescimento de qualquer empreendedor do ramo. Todavia, o que se deve ter sensibilidade de enxergar é que, se esse é o fim da aquisição dos bens, nada mais justo do que se pagar o imposto, como a maioria das pessoas também paga. E essa, nos parece claro, foi a intenção do constituinte. Ele, em um primeiro momento, assegura a imunidade em favor de adquirentes de imóveis em três planos de situações, sempre ligados à formação e extinção de pessoa jurídica, objetivando incentivar o nascimento de uma pessoa jurídica bem como atrair compradores para uma pessoa jurídica que precisa se extinguir; todavia, com louvável coerência, determina que, em *todos esses casos,* a imunidade não se concede se o adquirente é alguém que adquire esses bens para utilizá-los em uma atividade econômica altamente vantajosa, como a compra e venda, locação e arrendamento de imóveis. A conclusão lógica é que *por dois motivos* a imunidade realmente deve ser vedada aos adquirentes que possuem esse perfil empreendedor do mercado imobiliário: primeiro, porque é inegável que o bem (ou os bens) é adquirido para ser incluso em um contexto de exploração com fins lucrativos, o que legitima presumir a capacidade contributiva e faz crer ser realmente devido o imposto, sendo injustificável a renúncia da receita; em segundo plano, e, aqui, rogo especial atenção de todos vocês, a imunidade deve ser exclusa sim, pois, do contrário, essa imunidade em favor de empreendedores que adquirem os imóveis nas situações descritas na Carta (pessoa jurídica em realização de capital, fusão, cisão e incorporação) poderia afetar a *lealdade de concorrência* com outros empreendedores do ramo, os quais, ao adquirirem imóveis, pagam normalmente o ITBI.

Ainda na conclusão do pensamento anteriormente exposto, defendendo nosso entendimento de que a imunidade deve ser afastada em todas as situações do art. 156, § 2º, II, cremos que as imunidades fornecidas pelo constituinte não podem atuar como instrumentos de desequilíbrio na atividade econômica, ferindo a lealdade de competitividade entre os agentes que atuam nesse tão concorrido segmento de mercado.

Entendemos que os advogados de contribuintes, em face da brecha deixada pelo texto constitucional, desenvolvem uma hermenêutica manipuladora do alcance da norma, atribuindo um alcance que de fato o constituinte não projetou para ela. Ora, não faria qualquer sentido entender que a imunidade não pode ser dada para exploradores do mercado imobiliário quando o imóvel é adquirido de uma pessoa jurídica em extinção, pelos fundamentos altamente lógicos anteriormente expostos, mas, em posição antagônica (injustificável), entender que a imunidade se mantém em favor dos mesmos agentes econômicos pelo simples fato de terem adquirido seus bens em outro cenário jurídico. Insustentável! Os prejuízos decorrentes dessa imunidade para tais pessoas passariam a ser aceitos pelo simples fato de se explorar erroneamente uma lacuna no texto constitucional. Com todo respeito aos que pensem de modo diverso, defendemos que é incabível manter a imunidade do ITBI quando o adquirente é comprovadamente um agente econômico do mercado imobiliário que atua com atividade preponderante nos rentáveis e disputadíssimos segmentos da compra e venda, locação ou arrendamento de imóveis, de modo a que, qualquer que seja a hipótese prevista no art. 156, § 2º, II, da CRFB/1988, sustentamos a queda da imunidade em razão do perfil do adquirente, para que assim se preserve o equilíbrio na atividade econômica, mantendo-se a lealdade de competitividade entre os concorrentes desses mercados, para que se preserve a *neutralidade* que o tributo deve ostentar e para que não se gere uma renúncia de receita desnecessária, prejudicando a arrecadação do Município sem que realmente haja necessidade de se afastar essa tributação.

DICA 19

Agora falemos, enfim, sobre o conceito de **ATIVIDADE "PREPONDERANTE"**; afinal, já sabemos que, para que se perca a imunidade do ITBI, o fator determinante será o reconhecimento da atividade do adquirente de forma *preponderante* no ramo imobiliário nos segmentos da compra e venda, locação ou arrendamento de imóveis. Daí ser, de fato, elementar conhecer as regras jurídicas que realmente imputam o caráter de *preponderância* para a atividade desenvolvida. Bem, o conceito é explicado no art. 37 do CTN, especialmente em seus parágrafos. Vamos lá!

O primeiro passo importante é o de se saber que a *preponderância* da atividade se dá em razão da intensidade de *receita* que ela gera para o empresário, especialmente quando se compara com o volume propiciado por outras atividades desenvolvidas por esse mesmo empresário. É irrelevante a intensidade de prática dessa atividade, valendo, repito, a quantidade de arrecadação que a atividade gere dentro da empresa. Noutras palavras, a atividade imobiliária até pode ser exercida menos vezes, com menos intensidade, em menos tempo, com menos desgaste, mediante celebração de menor número de contratos etc.; todavia, se gerar mais receita do que as outras atividades, sem sombra de dúvidas, a atividade preponderante será a imobiliária. Ou seja, o que vale para fins de se apurar a preponderância é identificar qual atividade gera mais recursos financeiros para o empreendedor; a atividade que for mais rentável é a que será levada em conta para fins de se caminhar no prumo de se identificar a preponderância. Entretanto, é fundamental perceber que, para que se caracterize a preponderância, é vital que a atividade imobiliária nos segmentos da compra e venda, locação ou arrendamento de imóveis represente ***mais de 50% da receita auferida por esse empreendedor***. Nesse linear, só se pode falar que *prepondera* a atividade imobiliária indicada se em razão dela o empresário vier a auferir mais da metade de toda a sua receita. Portanto, para que se perca a imunidade do ITBI e assim o imposto incida e seja devido, devemos estar falando de adquirentes de imóveis que atuam no ramo da compra e venda, locação ou arrendamento de imóveis e que auferem, com essas atividades, mais da metade de todas as suas receitas. Se assim for, realmente o imposto será devido, não valendo a norma imunizatória.

Ainda sobre a verificação de que a atividade do adquirente do imóvel é *preponderante* no segmento imobiliário, nos ramos já citados, é fundamental identificar mais um passo: *qual deve ser o período de tempo em que se avaliarão as receitas auferidas para fins de se analisar se a atividade que preponderou foi a imobiliária?* Ou seja, deve se levar em consideração apenas um ano? Seis meses? Dois anos? Anteriores ou posteriores à aquisição dos bens? Percebem, amigos? É importante conhecer esse regramento, o qual está expressamente disciplinado nos parágrafos do art. 37 do CTN. E não há qualquer dificuldade para o aprendizado. Vejamos: se a pessoa jurídica adquirente do imóvel já existe há mais de dois anos, a preponderância será avaliada da seguinte forma: serão levados em conta os dois últimos anos anteriores à aquisição do imóvel e também, cumulativamente, os dois anos subsequentes; dessa forma, somente se pode falar que a atividade imobiliária é preponderante para esse adquirente se realmente se constatar que nos dois anos anteriores à aquisição, bem como nos dois subsequentes, sua receita predominante veio da atividade imobiliária comentada. Assim sendo, observem que, para essas pessoas jurídicas que possuem pelo menos dois anos de vida quando adquirem os imóveis, só se pode realmente afirmar pela sua preponderância dois anos após a aquisição dos bens. E o que isso significa para fins práticos? Significa que a pessoa jurídica terá o direito de registrar os bens **sem se sujeitar ao ITBI**, sendo que o Fisco municipal só poderá tributar as aquisições dois anos depois, e desde que, lógico, comprove que a receita dos dois anos subsequentes, assim como a dos dois anteriores, foi auferida, em mais de 50%, por meio da atividade de compra e venda, locação ou arrendamento de imóveis. Fundamental perceber isso! O registro se faz sem a incidência do imposto, ficando o direito de tributação do Fisco sob condição suspensiva; caso realmente, após dois anos, se comprove que o empreendedor do mercado imobiliário continuou desenvolvendo a atividade imobiliária de forma preponderante, aí sim pode a Fazenda autuar o contribuinte para que ele pague o ITBI; e, nesses casos, vital enfatizar que a alíquota que deve ser aplicada é aquela que era prevista ao tempo do registro (é no registro que ocorre a **transmissão** do bem, que é o fato gerador da obrigação de pagar o imposto), assim como a base de cálculo será o valor que o imóvel tinha ao tempo do registro; dessa forma, caso o imóvel se valorize nesses dois anos, essa oscilação não interferirá no valor do imposto a ser recolhido, pois a base de cálculo será o valor do bem ao tempo da aquisição, como frisado; da mesma forma, se houver desvalorização do bem, o prejuízo corre por conta do adquirente, pois terá de pagar o ITBI sobre o valor que o imóvel tinha ao tempo do registro, como enfatizado linhas anteriores.

Para encerrar, a derradeira informação de que quando se trate de uma pessoa jurídica "nova" (expressão que costumo utilizar nas nossas aulas da segunda fase de Direito Tributário no Exame de Ordem), a preponderância se apura mediante a análise das receitas auferidas **apenas nos três anos subsequentes à aquisição do imóvel**. Pessoa jurídica "nova" é aquela que tinha menos de dois anos de vida quando da aquisição dos bens. Logo, não há como aplicar a regra prevista para as pessoas jurídicas "velhas", já que não é possível apurar os dois anos antecedentes à aquisição! Portanto, para fins de prova, lembrem sempre:

se o adquirente for uma pessoa jurídica "velha" (existe há pelo menos dois anos quando vem a adquirir o bem), serão avaliadas as receitas auferidas nos dois anos anteriores e também nos dois posteriores à aquisição; já se for uma pessoa jurídica "nova" (com menos de dois anos de vida quando da aquisição do bem), apurar-se-á o período dos três anos subsequentes à aquisição, sendo irrelevante a movimentação financeira desse adquirente em período anterior a sua aquisição. E qualquer que seja o caso (pessoa jurídica "velha" ou pessoa jurídica "nova"), o imposto, caso seja devido, só incidirá após vencido o período de apuração, ficando assegurado o direito de registrar os bens ainda gozando da imunidade, mesmo sabendo-se que ela pode ser afastada em momento superveniente; para que ela seja perdida, deverá ficar comprovado, mediante análise dos balancetes contábeis do adquirente, que realmente sua receita foi, em mais de 50%, adquirida em razão da exploração das atividades de compra e venda de imóveis, locação de imóveis ou arrendamento imobiliário.

DICA 20

Existe interessante normatização quanto à incidência de ICMS ou de IOF na venda de ouro. E o tema também é estudado dentro do capítulo das "imunidades tributárias". É preciso ler em sintonia a harmônica previsão disposta no **art. 153**, § 5º, c/c 155, § 2º, X, "c", da CRFB/1988. É que, nesses dois dispositivos, o constituinte optou por disciplinar qual o imposto que pode incidir na circulação do "ouro". E ora caberá apenas o ICMS, ora caberá apenas o IOF, e vocês precisam conhecer essa normatização especial para não serem surpreendidos em provas! Essa questão da **tributação do ouro** dá uma boa pegadinha! É que às vezes o ouro é vendido como uma joia, uma peça, um enfeite, como no caso de um anel, um cordão, uma pulseira, um *souvenir* etc. E, nessas hipóteses, é equiparado a uma mercadoria como qualquer outra para fins de incidência do ICMS. Entretanto, ao contrário, às vezes o ouro circula como elemento balizador de uma operação cambial ou do mercado financeiro, e não como um bem corpóreo para uso pessoal, como se fosse um bem de consumo comum. Não. Nessas hipóteses, o ouro funciona como um indexador de uma operação financeira ou cambial, o que atrai a incidência do IOF, e, nesse caso, não seria salutar a pretensão de incidência *também* do ICMS, o que levaria a um indesejado quadro de *bitributação*. Nesse linear é que o constituinte determinou que, **quando o ouro circular como um "ativo financeiro" ou como um "instrumento cambial", sujeita-se exclusivamente à incidência do IOF, ficando imune ao ICMS**. Ao contrário, meus amigos, lógica a conclusão de que, se o ouro não estiver sendo tratado como ativo financeiro nem como instrumento cambial, a toda evidência será alvo de incidência do ICMS. Logo, **quando o ouro é vendido como**

CAPÍTULO 15 – IMUNIDADES TRIBUTÁRIAS – II

mercadoria comum, e não como ativo financeiro ou instrumento cambial, será alvo do ICMS, e não do IOF. Por fim, importante destacar a observação final ligada às situações em que o ouro circula como ativo financeiro ou instrumento cambial e é alvejado pelo IOF. Quero chamar a atenção para a parte final do § 5º do art. 153 e seus incisos. Nessas hipóteses, o IOF incidirá com alíquota nunca inferior a 1% e essa arrecadação **não fica com a União**, sendo repartido o produto dessa incidência do IOF entre o Estado (ou DF) e o Município onde se origina a operação, cabendo 30% desse montante arrecadado para o Estado e 70% para o Município. Logo, atenção para a conclusão, amigos, isso derruba muita gente em prova: **quando o ouro é tributado com o IOF, a alíquota não pode ser inferior a 1% (a alíquota mínima é 1%; não quer dizer que tem que ser 1%; apenas não pode ser inferior, mas pode ser superior), cabendo ao Estado e ao Município de origem se apropriarem do produto da arrecadação, ficando 30% com o primeiro e 70% com o segundo.**

DICA 21

Avanço no estudo das imunidades de ICMS, previstas nas quatro alíneas do inciso X do art. 155, § 2º. Ou seja, é fundamental que o candidato conheça as alíneas "a", "b", "c" e "d" do art. 155, § 2º, X. E, na verdade, nós já pudemos comentar duas dessas alíneas, quais sejam, as alíneas "a" e "c", o que fizemos quando falamos sobre o regime de proteção e incentivo aos exportadores, afirmando que *não incide ICMS na exportação* (alínea "a" do art. 155, § 2º, X) e, também, a imunidade do ICMS na circulação do ouro como ativo financeiro ou instrumento cambial, o que comentamos no tópico exatamente anterior a este, já que, como visto, nessas hipóteses o imposto a incidir é o IOF. Portanto, a dica aqui é a de que leiam na Constituição essas quatro alíneas para que conheçam essas situações em que não cabe o ICMS, e saibam que, na prova de vocês, o examinador perguntará qual é o fundamento para que não caiba o ICMS. E o que vocês vão marcar como resposta correta? A proposição que afirmar que **não incide o ICMS, pois existe imunidade tributária**. Teço alguns comentários sobre essas imunidades de ICMS nas dicas a seguir.

DICA 22

Na alínea "a" do art. 155, § 2º, X, relativa à imunidade do exportador, é muito importante ainda destacar que nessa situação específica o constituinte dá um superbenefício ao exportador, de crucial relevo para as finanças da empresa, que é o direito de **manutenção de creditamento**, relativamente aos valores de ICMS que esse exportador creditou no seu "caixa" quando comprou do fornecedor as mercadorias que exporta. Aqui, no caso da exportação, quebra-se a regra geral peculiar ao ICMS e, mais especificamente, ao princípio da não cumulatividade e ao regime de compensação de débito e crédito, já que, *como regra*, o vendedor que é beneficiado com imunidade (assim como também na isenção) fica obrigado a abrir mão do crédito, não podendo mantê-lo para uso na empresa. Ou seja, quando a pessoa é imune nas suas vendas, ela perde o valor do creditamento de ICMS que fez quando comprou os bens que venderá. Só que aqui, o constituinte, totalmente disposto a ajudar os exportadores e incentivá-los mais ainda, **permitiu essa quebra de regra, admitindo a manutenção desse crédito de ICMS**, de modo que os exportadores não precisam estornar o crédito. E o mais espetacular ainda, para os exportadores, é que a partir de 1996, com a edição da LC nº 87 que trouxe novo regramento de normas gerais para o ICMS, ficou autorizada inclusive a cessão desse crédito acumulado, podendo o exportador transferir esse valor de ICMS creditado, caso não venha a utilizá-lo, para outros estabelecimentos de sua titularidade, e, até mesmo, desde que cumprida certas regras, para estabelecimentos de terceiros. O art. 25 da LC nº 87/96 veio autorizar essa transferência dos créditos, de modo que o exportador, além de ter a imunidade, não pagando ICMS quando exporta, tem também o direito de manter o crédito relativo às mercadorias que compra (para exportar), podendo, ainda, transferir esses créditos de ICMS para outros estabelecimentos, caso não venha a utilizá-los. Quanto a esse direito de realizar tais transferências, o STJ, inclusive, já se manifestou entendendo que não é sequer necessário que seja feita uma lei estadual para autorizar o gozo desse benefício, compreendendo que, quando o art. 25 da LC nº 87/96 fala de lei estadual, essa lei seria apenas para regulamentar o gozo do benefício, e, eventualmente, impor limites; todavia, o direito de gozar do benefício já decorre imediatamente da própria LC nº 87/96.

Perceba-se que estamos a falar de situação rara no ordenamento, e, em especial, no mundo do ICMS. O nosso ordenamento foi realmente "amigo" dos exportadores, pois, como dito, além de terem o benefício de não pagarem ICMS quando vendem para o exterior (imunidade), ainda gozam dessa megavantagem de poderem se apropriar do crédito de ICMS relativo ao valor que se pagou de ICMS nas operações anteriores da cadeia produtiva, seja para utilizarem para si mesmos, seja para transferirem para terceiros.

Em relação à manutenção do crédito relativo às operações anteriores que foram tributadas, se porventura esses exportadores resolverem fazer vendas internas no país, nas quais teriam que pagar ICMS (pois a imunidade é só nas exportações), de fato terão um crédito de ICMS para utilizarem nessas vendas, abatendo de seus débitos e pagando, portanto, menos imposto quando dessas

CAPÍTULO 15 – IMUNIDADES TRIBUTÁRIAS – II

vendas internas. Esse é, inegavelmente, um megaincentivo aos exportadores para que também queiram fazer vendas internas, bem como um incentivo aos pequenos empresários internos que também se encorajem a ampliar seus negócios e fazer vendas para o exterior. Quanto mais se exporta, mais se subsidia as vendas internas. Afinal, quanto mais o exportador exporta, mais crédito de ICMS ele acumula em seu "caixa", e esse crédito serve para ser utilizado em vendas internas, abatendo do valor que deveria ser pago de ICMS, ou, caso não se utilize em vendas próprias, pode ser transferido para terceiros. Portanto, não se esqueça na sua prova: marque verdadeiro se o examinador afirmar que **o exportador tem imunidade de ICMS na exportação, bem como goza do benefício de manutenção de crédito de ICMS, não precisando estornar o valor de ICMS adquirido quando da compra das mercadorias, quebrando-se a regra de que a pessoa beneficiada com imunidade de ICMS nas suas vendas é obrigada a abrir mão do crédito adquirido na compra. Nesse caso da exportação, vigora o regime de manutenção de crédito. Da mesma forma, é legítimo, desde a edição da LC nº 87/96, o exercício do direito de transferência desse crédito para outros estabelecimentos, ainda que não haja lei estadual regulamentando o feito, já que o direito de transferir o crédito mantido que não venha a ser utilizado decorre do próprio art. 25 da LC nº 87/96.**

DICA 23

Na alínea "b" do art. 155, § 2º, X, temos a imunidade nas vendas de alguns tipos de bens, desde que se trate de **vendas interestaduais**. E aqui já vai a primeira dica: **as imunidades aqui previstas só valem quando a venda se der entre Estados diferentes; a mercadoria saindo de um Estado e entrando em outro!** E quais seriam esses bens que quando alienados em tais operações atraem a imunidade tributária? São os seguintes:

- petróleo;
- lubrificantes;
- combustíveis derivados de petróleo (sejam líquidos ou gasosos);
- energia elétrica.

Logo, amigos, o que peço a vocês é que tenham atenção com o detalhe inicial de que essa imunidade só atinge as vendas *interestaduais*. Tomem cuidado também com a questão dos combustíveis. Percebam que a imunidade é apenas para **combustíveis derivados de petróleo**, o que quer dizer que **na venda de combustíveis não derivados de petróleo (álcool, por exemplo) não é vedada incidência do ICMS, ainda que a operação seja interestadual!**

347

DICA 24

Na alínea "c", como já comentado anteriormente na questão referente ao "ouro", fica previsto que o ICMS não incidirá na venda de ouro quando este for definido nos termos do art. 153, § 5º. E o que determina o art. 153, § 5º? Que, se o ouro for vendido como ativo financeiro ou instrumento cambial, o único imposto que incide é o IOF e, portanto, não pode incidir o ICMS.

DICA 25

A alínea "d" foi inserida pela **EC nº 42/2003**, por meio da qual se veio a determinar a não incidência do ICMS em algumas atividades ligadas ao segmento da comunicação, atividade que recebe a incidência do ICMS. No caso, cuida-se de **duas modalidades de serviços de comunicação que ficam imunes ao ICMS**:
- serviços de comunicação na modalidade de **radiodifusão sonora**;
- serviços de comunicação na modalidade de **sons e imagens de recepção livre e gratuita**.

DICA 26

Após comentadas as imunidades esparsas, chega a hora de comentarmos as imunidades do art. 150, VI, da Carta. O referido artigo cuida apenas de imunidades de impostos! Imuniza algumas pessoas e a comercialização de alguns bens. Há de se ter atenção, pois são imunidades que se aplicam genericamente a diferentes pessoas, bem como à venda de diferentes bens, razão pela qual alguns autores as chamam de imunidades genéricas. Vale a pena uma leitura atenta por repetidas vezes para que se pegue intimidade com o dispositivo, se conheça quais são as pessoas imunizadas e quais são os bens agraciados com a imunização quando são comercializados.

2. IMUNIDADES TRIBUTÁRIAS EM ESPÉCIE – PARTE II

2.1. IMUNIDADES DO ART. 150, VI, DA CRFB/1988

DICA 27

Sempre oportuno lembrar, de início, que **as imunidades do art. 150, VI são apenas para impostos! Logo, nenhuma dessas pessoas goza de imunidades de**

CAPÍTULO 15 – IMUNIDADES TRIBUTÁRIAS – II

taxas ou contribuições, com base nesse dispositivo! O único caso que podemos falar que uma instituição acumula imunidade tanto de impostos como de contribuições é no caso da seguridade social, por força de **dois artigos diferentes**, mas, friso, reiterando, que, nesse caso, **não é porque o art. 150, VI, concede as duas imunidades; não! O art. 150, VI, só dá imunidades de impostos!** É que outro dispositivo concede a imunização de contribuição de seguridade social! E de quais instituições estamos a falar? Se uma instituição privada atuar prestando **assistência social de modo beneficente, sem fins lucrativos, gozará de imunidade de Contribuições de Seguridade Social (por força do art. 195, § 7º)** e também de IMPOSTOS (por força do art. 150, VI). Afora essa hipótese, as pessoas que são beneficiadas nas alíneas do art. 150, VI, imunizadas apenas quanto à cobrança de impostos, não sendo vedado que lhes cobrem os demais tributos. A título de exemplo, é plenamente possível que um Município cobre contribuição de melhoria de uma igreja, ou que o Estado cobre Taxa de Esgoto de um sindicato de trabalhadores, ou que a União cobre CIDE de um partido político, ou que o DF cobre CIP de uma autarquia federal etc.

DICA 28

A seguir, após alguns breves comentários, transcrevo o art. 150, VI, para que vocês possam tê-lo aqui elencado, e faço questão de chamar a atenção para três detalhes oportunos antes da remissão ao aludido dispositivo:
  a) observem que nas três primeiras alíneas a imunização é dada a **pessoas**; já na alínea "d" **e na alínea "e" (inserida pela EC nº 75/13)** a imunidade está ligada à operação de **vendas de objetos**; logo, não por acaso, são classificadas como **imunidades subjetivas (alíneas "a", "b" e "c")** ou de **imunidades objetivas (alínea alíneas "d" e "e")**. Nesse caso, importante perceber que a imunidade é motivada em razão ora do *perfil* da pessoa, ora do *tipo de bem*. Para proteger essas pessoas e a circulação desses bens, evitando-se a oneração com a cobrança de impostos, é que se concedem as imunidades subjetivas e objetivas desse dispositivo;
  b) o segundo detalhe a que chamo a atenção, quanto às imunidades subjetivas, é o de que vocês devem perceber que as pessoas de direito púbico ficam na alínea "a", sendo que todas as pessoas que estão nas alíneas "b" e "c" são pessoas de direito privado; logo, sem medo, **existem imunidades, sim, para pessoas de direito privado!** Importante é saber quais são elas e quais os limites para que se possa gozar desse benefício;

c) por fim, chamo ainda a atenção de vocês para perceberem que **nas alíneas "a" e "c"** há uma restrição, pelo menos na literalidade do texto, ao rol de impostos que realmente ficam proibidos de incidir sobre as pessoas ali referidas; ou seja, algumas imunidades subjetivas (salvo apenas a dos templos de qualquer culto, da alínea "b"), **a imunidade é apenas para três grupos de impostos, e não para os cinco grupos existentes**. Destrinchando o comentário: está escrito de modo claro e objetivo que é vedado aos entes cobrarem impostos sobre o **patrimônio, renda e serviços** das entidades ali referidas. Logo, não existe previsão, ao menos na literalidade do texto escrito na Constituição, de imunidade quanto aos impostos sobre **circulação** (IPI, ICMS e IOF) e **comércio exterior** (II e IE). A conclusão à que se chega é que diante de uma interpretação *meramente gramatical*, a Constituição realmente não assegura a imunidade de todos os impostos às entidades privadas da alínea "c" nem às entidades públicas da alínea "a". Implica perceber que é "verdadeiro" quando se afirma em prova que as imunidades subjetivas de algumas pessoas listadas no art. 150, VI, da CRFB/1988 está garantida apenas no que tange aos impostos sobre patrimônio, renda e serviços. É verdadeiro sim! Pois é exatamente isso que *está escrito* no texto constitucional. Essa é a "verdade legal". Agora, caso a caso, interpretando as situações do caso concreto, é possível que se faça *interpretação extensiva* do texto constitucional e se aceite que *naquele determinado caso, com aquelas certas características apresentadas*, a imunidade será reconhecida para aquelas pessoas, mesmo em se tratando de um imposto sobre *circulação* ou *comércio exterior*. É assim que se vem comportando o STF quanto ao caso em abordagem, admitindo que *pontual e casualmente* se possa reconhecer, por interpretação extensiva, a aplicação da norma imunizatória em favor das entidades das alíneas "a" e "c" quando se trate dos referidos impostos em comento, os quais não foram objeto da expressa garantia de imunização.

Portanto, transcrevo nesse momento o art. 150, VI, e os parágrafos importantes desse dispositivo ligados ao tema das imunidades:

> **Art. 150.** Sem prejuízo de outras garantias asseguradas ao contribuinte, é vedado à União, aos Estados, ao Distrito Federal e aos Municípios:
> (...)
> VI – instituir impostos sobre:
> a) patrimônio, renda ou serviços, uns dos outros;
> b) templos de qualquer culto;

CAPÍTULO 15 – IMUNIDADES TRIBUTÁRIAS – II

c) patrimônio, renda ou serviços dos partidos políticos, inclusive suas fundações, das entidades sindicais dos trabalhadores, das instituições de educação e de assistência social, sem fins lucrativos, atendidos os requisitos da lei;

d) livros, jornais, periódicos e o papel destinado a sua impressão.

e) ---
(...)

§ 2º A vedação do inciso VI, "a", é extensiva às autarquias e às fundações instituídas e mantidas pelo Poder Público, no que se refere ao patrimônio, à renda e aos serviços, vinculados a suas finalidades essenciais ou às delas decorrentes.

§ 3º As vedações do inciso VI, "a", e do parágrafo anterior não se aplicam ao patrimônio, à renda e aos serviços, relacionados com exploração de atividades econômicas regidas pelas normas aplicáveis a empreendimentos privados, ou em que haja contraprestação ou pagamento de preços ou tarifas pelo usuário, nem exonera o promitente comprador da obrigação de pagar imposto relativamente ao bem imóvel.

§ 4º As vedações expressas no inciso VI, alíneas "b" e "c", compreendem somente o patrimônio, a renda e os serviços, relacionados com as finalidades essenciais das entidades nelas mencionadas.

DICA 29

Bom, aproveitando o gancho da observação feita ao final da dica anterior, queria chamar sua atenção para o seguinte: fique atento, pois, se cair na prova, você precisa ter a sensibilidade de enxergar que existe uma diferença crucial quanto à resposta a ser dada como correta quando o examinador varia a pergunta indagando sobre "o que está escrito na Constituição" e "como o STF vem interpretando e aplicando o que está escrito na Constituição". Uma coisa é você me perguntar o que eu escrevi; outra coisa é você me perguntar a amplitude do que eu quis dizer e a real dimensão da minha vontade, que nem sempre (quase nunca!) se revela com perfeição e exaustão no que consigo passar para o papel. Essa é a função da hermenêutica! Logo, se o examinador pergunta "quanto às entidades sindicais de trabalhadores, quais impostos não podem incidir sobre elas por *expressa* proibição constitucional?", a resposta *só pode ser uma*, qual seja, "os impostos sobre *patrimônio, renda* e *serviços*", já que, realmente, a Carta só assegura a essas instituições (previstas na alínea "c" do art. 150, VI) imunidades quanto a esses impostos. Apesar disso, você já sabe que, caso a caso, é possível que essas pessoas conquistem no STF a extensão da imunidade para os impostos sobre circulação e comércio exterior, correto? Logo, marque verdadeiro se o examinador afirmar que, "apesar de a Constituição só assegurar a entidades sindicais de trabalhadores a imunidade tributária para impostos sobre patrimônio, renda e serviços, é plenamente possível que elas consigam em determinado caso concreto o reconhecimento do direito da imunidade para os impostos sobre circulação e comércio exterior, conforme jurisprudência do STF". Verdadeiro!

DICA 30

Muito explorada nas provas de concursos é a questão que ficou famosa em relação às igrejas, no que tange à discussão da incidência (ou não!) do ICMS sobre as vendas de *souvenirs* religiosos pelas lojinhas que pertencem aos templos. Ou seja, se a Igreja "X" possui dentro certa loja que aliena estatuetas, camisetas, cordões, medalhas, salmos etc., ela sofreria a incidência do ICMS em tais operações? Bom, em preliminar vale ressaltar que as igrejas não estão nas alíneas "a" e "c", nas quais está prevista a restrição da imunidade para os impostos sobre patrimônio, renda e serviços, não se incluindo os impostos de circulação (exemplo do ICMS) e comércio exterior. A dúvida, entretanto, surgiu por força do disposto no § 4º do art. 150, que menciona que a imunidade só é assegurada quando o patrimônio, a *renda* e os serviços estão vinculados às finalidades essenciais das instituições imunes, e, ali, no § 4º, se fez referência às instituições da alínea "b", que, no caso, são as igrejas. Logo, veio a dúvida: a venda de *souvenirs* pela lojinha revelaria atividade ligada às finalidades essenciais da igreja? Após tensos julgamentos e intensas divergências, o STF, no julgamento dos Embargos de Divergência no Recurso Extraordinário nº 210.251/SP, decidiu, por maioria, que **prevalece a imunidade tributária em favor das igrejas, quando da venda de *souvenirs* religiosos, não incidindo o ICMS**. A decisão não foi unânime, sendo que alguns ministros concordaram com a tese da Procuradoria de que o imposto deveria incidir, alegando que o benefício poderia provocar concorrência desleal com outros empresários que atuam no comércio de *souvenirs* religiosos (já que não é monopólio das igrejas explorarem tal comércio – qualquer um pode vender, inclusive você!) e assim afetar os pilares da ordem econômica, especialmente o primado da livre e leal concorrência, bem como, ainda, sustentava-se que atividade de venda de *souvenir* não seria atividade religiosa em sentido estrito, mas sim atividade econômica, ato de empresa, que gera muito lucro inclusive, razão pela qual, alegava a PGE, o ICMS realmente deveria atingir as operações, as quais se desviavam das finalidades essenciais. Apesar de toda a boa argumentação, é de notório saber que os efeitos políticos de se decidir nesse sentido, o de acolher a tese da incidência do ICMS, poderiam ser terríveis em uma perspectiva de preservação da harmonia governamental e de evitabilidade de tensões sociopolíticas fortes que podem abalar a estabilidade

CAPÍTULO 15 – IMUNIDADES TRIBUTÁRIAS – II

do Estado, já que o resultado dessa forma de decidir seria abrir o precedente para o Estado passar a tributar (e executar!) as igrejas, o que, inegavelmente, é extremamente desconfortável. De fato, sob as lentes *políticas* de compreensão do tema, a decisão nos parece acertada, ainda que tenhamos a plena convicção de que juridicamente era perfeita a tese da procuradoria para legitimar a incidência do imposto. Daí vem aquela velha reflexão que em sala de aula sempre instigo vocês a nunca deixarem de fazer quando se depararem com um *hard case* tenso: qual será o efeito concreto de se decidir pela maneira "a" ou "b"? Até que ponto utilizar o argumento juridicamente mais perfeito levará a resultados realmente bons? Será que a tese juridicamente mais correta causará prejuízos irremediáveis? Daí que terminamos por entender quando muitas das vezes os Tribunais adotam decisões políticas, o que, no fundo, se pararmos com calma e parcimônia para refletirmos e nos colocarmos no lugar de cada um daqueles julgadores, talvez chegássemos à mesma conclusão deles, de que "é menos pior" votar desse jeito e caminhar para uma pacificação de entendimento nessa linha. E foi exatamente o que aconteceu no julgamento do EDiv-RE nº 210.251/SP. Logo, na sua prova, não vacile: **não incide ICMS sobre a venda de *souvenirs* religiosos pelas lojinhas das igrejas, prevalecendo a imunidade!**

Por fim, para fechar com perfeição essa dica, queria te informar de uma pegadinha letal: cuidado, pois em momento nenhum estamos aqui a afirmar que se empresários particulares fizerem vendas de tais bens terão a imunidade! Não terão! Por favor, não confundam! A imunidade se dá **exclusivamente às IGREJAS, quando estas vendem os *souvenirs*! Não alcança particulares empresários que atuam no ramo!** Faço questão de deixar claro a vocês que a imunidade não se dá em razão do *objeto*, e sim em razão da *pessoa*. Estamos cuidando de uma imunidade *subjetiva*. Os únicos objetos que gozam de imunidades quando vendidos, em razão do fato de serem *objetos imunes*, são os literários, da alínea "d" (livros; jornais; periódicos; papéis destinados à impressão desses bens). Portanto, o que se debateu foi se *a igreja*, por ser pessoa imune, teria *sua peculiar imunidade* alcançando também a venda de *souvenirs **por ELA** comercializados*. E foi isso que o STF decidiu. Que **E-L-A, a I-G-R-E-J-A, possui a imunidade! Não os demais particulares!**

DICA 31

Aproveitando que estamos falando das igrejas, vamos logo registrar algumas dicas ligadas à alínea "b". A primeira delas é que **não se deve distinguir o credo, a religião, da instituição! Qualquer que seja a bandeira religiosa, a imunidade é assegurada**, não apenas pelo princípio da *laicidade*, fruto do *pluralismo*, mas acima de tudo pelo fato de a própria disposição expressamente consagrada na alínea "b" assim se referir; fala-se em templo "**de qualquer culto**". Logo, na sua prova, lembre-se: não se exclui a imunidade com base no argumento "a religião é essa ou aquela". Árida, entretanto, fica a questão que se avança no sentido de se debater se determinada atividade praticada por certo grupo se enquadra ou não dentro dos limites do que se entende por "religião", que é conceito "metajurídico", trafegando muito mais para o plano da teologia do que das ciências jurídicas. Quer ver? Você, que está lendo agora, definiria religião como? Em uma definição jurídica, qual seria seu parâmetro? Qual fonte? Qual alínea, de qual inciso, de qual parágrafo, de qual artigo, de qual decreto, de qual lei, ou qualquer outra fonte? Percebe a dificuldade de se precisar de modo objetivo esse parâmetro? Bom, para fins de concursos, não lhe recomendo, pelo menos em provas objetivas, investir tempo nessa persecução. Não creio que seja salutar um examinador entrar nesse nível de detalhamento. Estaria se expondo muito. No mais, devemos ter apenas atenções em precedentes pontuais que sejam debatidos na jurisprudência, ou em certas situações específicas que a doutrina chegue a um senso comum de que a imunidade deveria ser restringida. Nesse linear, quero lhe dar duas informações: a primeira delas, no sentido de que muitas vozes se erguem no intento de defenderem que não se deveria reconhecer a imunidade em favor de grupos que exercem rituais macabros e satânicos, com práticas de atos de autoflagelo, automutilação, autodegradação do ser humano. O argumento seria no sentido de que, por mais que a forma de expressar a fé seja livre, ninguém pode renunciar à sua própria dignidade, degradando sua integridade física e moral. E, mais: seria inconcebível, nessa linha de pensar, aceitar que da Constituição possa emanar algum benefício (um privilégio fiscal, por exemplo) em favor de alguém que atenta contra o maior dos postulados fundadores da ordem jurídica, que é a dignidade da pessoa humana, ainda que sob a alegação de um "exercício de direito". Nesse sentido é que alguns estudiosos sustentam que se deveria negar a imunidade a esses ditos grupos. A questão é tensa e merece maior reflexão, o que não é adequado nessa obra. A segunda informação que quero te dar é sobre um caso específico relativo à *maçonaria* e a tendência é a de que a Corte negue a imunidade. Esclareço que, nesse momento, o julgamento está em andamento, mas creio que se consolidará a vedação à imunidade.

DICA 32

Ainda em relação à imunidade religiosa, interessante *case* foi o do **Cemitério Anglicano**. Na cidade de Salvador esse grupo religioso pleiteou a imunidade de IPTU relativamente ao imóvel de sua titularidade, o qual usava para finalidades conexas com sua atividade religiosa, entre elas, a de propiciar aos membros que tivessem seus corpos enterrados em um vasto campo santuário que o imenso imóvel possui. Alegou-se que o imóvel não era utilizado para fins econômicos, que não se explorava a atividade funerária pelo seu sistema empresário, visando a fim lucrativo. E realmente isso é verdade. A questão foi parar no STF e lá se pacificou pela imunidade, estabelecendo-se que deve ter-se a habilidade de diferenciar o que é um cemitério que atua como agente econômico, seja por concessão do Poder Público, seja em regime totalmente privado, onde se explora a lucrativa atividade funesta, de um imóvel onde apenas se desenvolve uma extensão da atividade religiosa, sem comercialização de jazigos ou mausoléus, como se provou ser no caso dos anglicanos. Logo, leve com você para a sua prova: **não necessariamente um cemitério goza de imunidade tributária; aliás, pelo fato de ser "cemitério", com certeza não goza; mas, se for possível compreender que o imóvel onde se desenvolve a atividade obituária é uma mera extensão da igreja, compreendendo-se que o enterro dos membros do grupo é uma prática usual daquela religião e não se detectando atividade com fins lucrativos, é cabível a imunidade! E friso: Não por ser cemitério, e sim por ser equiparado à igreja!**

DICA 33

Ainda na imunidade religiosa, vale ressaltar que a imunidade alcança todo o patrimônio que a instituição tiver e utilizar na atividade-fim. Logo, carros e imóveis de titularidade da igreja, desde que empregados em fins religiosos, sem problema, fica mantida a imunidade. Caso famoso é quando a igreja possui um imóvel extra, que não se confunde com o prédio onde celebra o culto, e utiliza como estacionamento, e, mais especificamente, aluga esse imóvel para particulares para que administrem e explorem o estacionamento com fins lucrativos. Daí se indaga: seria possível manter a imunidade para a igreja? **Sim, desde que ela prove que utiliza a verba recebida na locação para o custeio da atividade religiosa.** O STF aplica esse entendimento que já vinha sendo aplicado para as demais entidades privadas que são imunizadas na alínea "c" do art. 150, VI, conforme se constata na análise da **Súm. nº 724, STF.** Esse mesmo entendimento se aplica também às igrejas, ainda que o verbete só cite entidades da alínea "c", já que os precedentes eram todos relativos a elas quando a Súmula foi editada. Portanto, se cair na prova de vocês, marquem sem medo, que **o imóvel alugado para que terceiros explorem como estacionamento (ou para qualquer outra finalidade) permanece imune, desde que a entidade imune locadora (por exemplo, as igrejas) comprove que reverte os aluguéis na atividade-fim.**

DICA 34

Na alínea "c", temos cinco grupos de instituições privadas que mereceram a deferência expressa da imunidade tributária, a saber:

- partidos políticos;
- fundações partidárias;
- entidades sindicais de trabalhadores;
- entidades de educação sem fins lucrativos;
- entidades de assistência social sem fins lucrativos.

O STF, em correto posicionamento, equiparou as **entidades de saúde sem fins lucrativos** às demais entidades de destinação social (educação e assistência social) para fins de extensão da norma imunizatória, já que seria irrazoável não reconhecer a esse grupo o mesmo direito. Logo, **desde que atuem sem fins lucrativos, as entidades de saúde também gozam de imunidade**.

DICA 35

Em recente julgamento o STF entendeu que a imunidade prevista na alínea "c" do art. 150, VI, alcança ainda os **sítios destinados ao lazer dos funcionários das instituições educacionais e assistenciais sem fins lucrativos**, já que a imunidade alcança todo o patrimônio ligado à atividade-fim, e se entendeu que o fato de o bem ser utilizado para os próprios funcionários terem lazer não desfiguraria a vinculação do bem na atividade-fim. Afinal, o **lazer**, antes de tudo, é um direito SOCIAL, previsto no art. 6º da Carta bem como também no seu Título VIII, chamado de "Da Ordem Social Constitucional", o que se faz expressamente no art. 217, § 3º, afirmando-se que **o Poder Público incentivará o lazer como forma de promoção social**.

DICA 36

Ainda no âmbito das entidades sem fins lucrativos da alínea "c", fundamental frisar que **elas podem ter lucros, sem problemas! O que não podem é ter "fim lucrativo"**, e é muito diferente uma coisa da outra. Antes de explicar, peço sua máxima atenção com essa pegadinha na prova, ok? Não há qualquer problema em a entidade ter lucro ao final de certo período de apuração das receitas e despesas; desde que o lucro não seja "o fim" existencial dos donos da instituição, sem estresse, ela continua imune. O que ela deve provar é que *não tem fins lucrativos*, ou seja, que a finalidade existencial é apenas altruística e que eventual lucro que seja gerado é revertido totalmente na atividade-fim, dentro do país, o que se pode provar mediante apresentação de escrituração contábil que informa todas as receitas e despesas. Desde que não faça repartição dos lucros entre os sócios, reinvestindo-o na atividade-fim, e dentro país, provando documentalmente isso, se mantém imune! Vale a pena ler o art. 14 do CTN, ok, pessoal?

DICA 37

Mais uma dica no art. 150, VI, "c": as entidades sindicais que gozam de imunidade tributária em seu patrimônio, renda e serviços, são **exclusivamente as entidades sindicais de T-R-A-B-A-L-H-A-D-O-R-E-S**, não se alcançando as entidades patronais, de empregadores. Logo, fique atento nessa dica, normalmente derruba muita gente em prova!

DICA 38

No gancho da dica anterior, fique atento, pois a imunidade para as "**entidades" sindicais de trabalhadores**, como o próprio texto constitucional afirma, **não é apenas para os "sindicatos"**, ainda que para estes também sempre esteja assegurada. A benesse fiscal em tela alcança toda a pirâmide sindical, desde que de trabalhadores!

DICA 39

Quanto aos **partidos políticos**, fiquem atentos, pois a imunidade também **alcança suas fundações**. É o único caso em que expressamente a Constituição defere imunidade a uma **fundação privada**, já que, em regra, quando pensamos nas imunidades de fundações, pensamos nas fundações públicas da alínea "a". Pois é, queria deixar essa dica a vocês, lembrando que **fundações privadas também podem gozar de imunidade tributária**, como no caso das fundações partidárias! Por fim, acresço que nada obsta que outras fundações privadas, além das partidárias, possam gozar do privilégio fiscal em comento, desde que, com uma boa advocacia tributária, se consiga equipará-la a uma entidade de assistência social sem fim lucrativo, trabalhando com uma adequação de sua atividade-fim ao disposto no art. 203 da Carta, que dimensiona o que se entende por assistência social.

DICA 40

Passo a falar da alínea "a", abordando a famosa **imunidade recíproca**. Por essa imunização, um ente federativo fica vedado de cobrar imposto sobre o patrimônio, a renda e os serviços do outro. Uma primeira observação muito importante a ser edificada, de acordo com o que já foi amplamente escrito em linhas anteriores, é no sentido de que **a imunidade recíproca não alcança as taxas e contribuições de melhoria, não havendo vedação feita P-E-L-A C-O-N-S-T-I-T-U-I-Ç-Ã-O de que um ente possa cobrar esses tributos retributivos do outro ente**. Entretanto, é fundamental ter atenção quanto às contribuições de melhoria, pois, se de um lado a Carta não veda que haja a tributação recíproca, existe uma lei nacional que veda a incidência desse tributo quando um ente federativo faz uma obra e valoriza imóvel de outro ente. Em suma, **na prática, um ente não pode cobrar contribuição de melhoria do outro, mas não em razão de** "imunidade tributária", que não tem, **e sim em decorrência de não incidência L-E-G-A-L-M-E-N-T-E qualificada, prevista no DL nº 195/67, arts. 2º e 3º**. Ou seja, meus amigos, o DL nº 195/67 é a grande lei nacional de normas gerais sobre contribuições de melhoria, atua como o grande estatuto balizador e padronizante dos limites dentro dos quais os entes federativos podem, em sua comum competência, instituir esse tributo. E esse Decreto-lei (que foi recepcionado como lei *materialmente* complementar) delimita o fato gerador e o sujeito passivo, determinando que o fato gerador é a valorização de imóveis privados em razão de obras realizadas pelo Poder Público, bem como deixa claro que sujeito passivo é o titular do imóvel do domínio privado que alcance a melhoria propiciada pela realização da obra. Logo, ainda que não afirme expressamente pela vedação de incidência de contribuição de melhoria sobre imóvel público, deixa implicitamente essa vedação postada, clara e objetiva, inconteste. Logo, em sua prova, tome cuidado para não errar o fundamento, caindo na pegadinha de dizer que o ente federativo tem imunidade de contribuição de melhoria, pois não tem, afinal a Constituição não proibiu; mas nem por isso você vai cair na outra pegadinha de dizer que o ente pode ser tributado com contribuição de melhoria cobrada por outro ente, pois você sabe que não pode, afinal a hipótese é de **não incidência legalmente qualificada**, tratando-se de fato atípico, havendo excludente infraconstitucional de tipicidade tributária.

DICA 41

No âmbito de projeção dessa imunidade recíproca no que tange às pessoas em que a Administração Pública se projeta e se personaliza, vale dizer que a imunidade alcança, de fato, o patrimônio, a renda e os serviços das **autarquias e fundações públicas mantidas pelo Poder Público, bem como das empresas públicas prestadoras de serviço exclusivo de estado e sociedades de economia mista que também atuem no campo da prestação de serviços públicos exclusivos**. Vale a leitura do art. 150, § 2º, e uma pesquisada nos informativos do STF. Você precisa ter muita atenção com o caso das empresas públicas e das sociedades de economia mista, pois, **em regra, não possuem imunidade tributária, pois, em** geral, são prestadoras de atividade econômica, e não de serviço exclusivo de Estado. Logo, sempre analise os dados fornecidos pelo Examinador na elaboração da questão. Lembre-se de que apenas em casos excepcionais é que temos essas estatais atuando no campo típico da Administração Pública. São os famosos casos da **ECT** e da **Infraero**, situações que sempre são citadas em provas. O STF vem há muito tempo reconhecendo a imunidade a essas empresas públicas, exatamente sob a alegação de que elas não atuam no mundo econômico, logo não competiriam com particulares e, assim, a imunidade não afetaria a lealdade concorrencial. Em parte, temos nossa particular ressalva a esse entendimento, a qual, não é oportuno aqui tecer comentários, o que fugiria à proposta traçada para essa obra. Portanto, quero te assegurar que, se cair na sua prova, a jurisprudência pacificada na Corte Maior é no sentido de que as empresas públicas e sociedades de economia mista que atuam no campo exclusivo da Administração Púbica, prestando serviço típico de Estado, gozam de imunidade. Já as demais empresas públicas e sociedades de economia mista, as que são constituídas para desenvolver atividade econômica, o que é a regra, sempre se frise, **não gozam de imunidade**, devendo você ler essa proibição que resta expressa na Constituição, tanto no art. 150, § 3º, como no art. 173, § 1º, II, e § 2º.

Por fim, chamo a atenção para a questão pontual dos Correios (ECT) e da Infraero. Amigos, essas pessoas jurídicas foram constituídas sob a forma de empresas públicas, todavia elas exercem tanto atividade econômica como também atividade típica da Administração Pública. E aqui é fundamental ter muita atenção com a informação que será passada: o STF (e o STJ vem acompanhando igualmente o entendimento) vem tomando posição definitiva quanto ao modo e aos limites para reconhecer a aplicação da imunidade tributária em favor dessas instituições; e, a nosso ver, a Corte foi de felicidade ímpar no desfecho da questão, consagrando entendimento que há anos temos defendido em salas de aula. O Pretório Excelso, enfim, parece ter assumido em caráter definitivo o entendimento de que a ECT e a Infraero *PODEM TER A IMUNIDADE, ASSIM COMO PODEM NÃO TER; A QUESTÃO DEPENDERÁ DE ANÁLISE FÁTICO-PROBATÓRIA DE PARA QUAIS FINS O PATRIMÔNIO É VINCULADO, DENTRO DAS ATIVIDADES PRESTADAS PELAS INSTITUIÇÕES*. Ou seja, o Tribunal Maior, acolhendo o clamor da doutrina, percebendo que os Correios e a Infraero atuam com objeto social híbrido, tanto prestando atividade típica estatal como atividade econômica, determinou que todo o patrimônio que seja utilizado para a atividade típica de Estado ficará imune, assim como serviços prestados com o foco nesse fim; ao contrário, o patrimônio pertencente às referidas instituições que seja vinculado para a atividade econômica, assim como serviços prestados com esse foco, são plenamente alcançáveis pelas normas de tributação, não se aplicando a imunidade tributária recíproca. À guisa de exemplo, imaginemos a ECT. Todo o patrimônio que comprovadamente seja utilizado para fins da atividade postal (que é, de fato, a atividade típica da Administração Pública que a ECT presta – art. 21, X, da CRFB/1988 e Lei nº 6.538/78, art. 9º, c/c 42) ficará imune; ao contrário, o patrimônio pertencente à ECT que seja destinado a atividades concorrenciais, econômicas, é alcançado pela tributação. Nesse contexto, se a ECT tem imóveis e veículos que servem para a atividade postal, esses bens, com certeza, são imunes ao IPTU e ao IPVA, sem qualquer sombra de dúvidas. Entretanto, se os mesmos bens forem utilizados para a prestação dos demais objetos que a ECT vem explorando, que não se enquadram no conceito e no alcance de "atividade postal", esse patrimônio será tributado. É o que ocorre, por exemplo, com as atividades de serviços bancários, malotes, inscrições em vestibulares e concursos, transporte de cargas, vendas de bilhetes da Tele Sena, entre muitas outras atividades que a ECT passou a desenvolver ao longo dos anos, almejando ampliar suas receitas e potencializar seus lucros; sempre que atuar nessas atividades (não postais), sofrerá a incidência dos impostos e não terá direito de avocar a imunidade tributária. Saber para quais fins o patrimônio é afetado, evidentemente que é questão a ser enfrentada no plano fático-probatório, devendo a análise ocorrer caso a caso.

DICA 42

Vale deixar claro que **a imunidade recíproca não favorece concessionárias, permissionárias nem as precárias autorizatárias**. É muito comum se perguntar em prova se uma concessionária de serviço público, por estar prestando serviço **público**, teria a imunidade. Não! Repito, com força, a resposta é **não!** Essas pessoas são sociedades empresariais com fins lucrativos, são remuneradas com preços e tarifas, repartem lucro, não integram a organização da Administração Pública, não merecendo a imunidade tributária. Imaginem vocês, que equívoco seria, conceder a essas ricas LTDAs e S/As o benefício de não pagar imposto. Logo, se cair em sua prova, elas não possuem imunidade tributária. Vale a leitura do art. 150, § 3º, da Carta.

DICA 43

Questão interessante foi a dos **cartórios**, em que **o STF negou a imunidade tributária**. Interpretando o art. 236 da Constituição e inserindo-o em uma análise sistemática da Constituição, confrontando-o com as normas do sistema tributário sobre imunizações, o STF entendeu que não faria sentido dar a um delegatário a imunidade se ela é negada a concessionárias e permissionárias de serviços públicos. No mesmo passo, o STF reconheceu que os Cartórios não se equiparam a autarquias e não integram a organização da Administração Pública, não havendo que se falar em imunidade recíproca. Assim sendo, se cair na sua prova, pode ter certeza que, desde o julgamento da ADIN 3.089, pacificou-se que **a imunidade recíproca não atinge as instituições cartorárias, que prestam serviços públicos em caráter privado, mediante delegação do Poder Público.**

DICA 44

Outra questão de relevo é a que envolve a **promessa de compra e venda de imóvel público**. O promitente comprador de imóvel público, quando sendo um particular, não estará favorecido pela imunidade tributária para deixar de pagar IPTU. Não poderá alegar que como o imóvel é público, durante a fase da promessa de compra e venda, já que a propriedade só se transfere após o registro da escritura da compra e venda definitiva, a qual só se assina após quitada a promessa, mereceria a imunidade. Não! E o fundamento é simples: é que **a posse do promitente comprador de imóvel é fato gerador de IPTU, afinal, é posse com *animus domini*, voltada e protegida juridicamente para a aquisição da propriedade, e, nos termos dos arts. 32 e 34 do CTN, é fato gerador e ele é sujeito passivo!** Logo, amigos, em prova, com firmeza, podem afirmar que o particular que é promitente comprador de imóvel público passa a pagar IPTU sobre o referido bem. O STF já chegou a pensar diverso décadas atrás, vide expedição da já superada Súm. nº 74; depois, com a **Súm. nº 583** corrigiu seu entendimento, o qual se positivou como norma constitucional originária, vide parte final do art. 150, § 3º, deixando claro que a imunidade recíproca só favorece os entes federativos, não exonerando o promitente comprador do dever de pagar o IPTU relativo ao bem público objeto da promessa.

DICA 45

Mais uma questão importante é a que envolve os contratos de locação. E temos que ter a sensibilidade (que é fundamental aqui!) de perceber duas situações distintas, a saber:

a) quando o Poder Público é locatário de imóvel privado;

b) quando um particular loca imóvel público.

Para enfrentarmos as duas questões, fundamental lembrarmos que **o locatário não é sujeito passivo do IPTU; não possui propriedade do imóvel e sua posse não tem *animus* de domínio, não revela poder econômico, não externa capacidade contributiva**. Nesse sentido, **jamais se deve considerar a figura do locatário na formação do vínculo jurídico obrigacional tributário**. A questão a ser enfrentada deve sempre se debruçar na seguinte perspectiva: é possível tributar o locador quando ele é uma pessoa imune, em razão do fato de estar alugando o imóvel a terceiro e, assim, destinando finalidade diversa de sua finalidade existencial no uso direto da coisa? Nesse caso, o proprietário locador imune perderia a imunidade? Em outra perspectiva, e partindo das mesmas premissas, haveria de se indagar: **uma pessoa que não tem imunidade, que é um particular como qualquer outro, que tem imóvel, poderia ficar agraciado com a imunidade do IPTU pelo fato de ter alugado seu imóvel a uma pessoa imune?**

Na primeira situação, se a pessoa imune aluga o imóvel a um particular, ela, *a priori*, não perde a imunidade. Basta que prove que os aluguéis são revertidos na sua atividade-fim. Nesse sentido, provam que estão utilizando o imóvel (indiretamente) nas finalidades essenciais da instituição, na forma de propiciar o custeio das despesas dela. Nesses termos, continua fazendo jus à sua imunidade tributária. Não provando essa canalização dos recursos financeiros na atividade-fim, perde o direito à imunidade, já que o patrimônio estaria desafetado das finalidades essenciais. Vale ressaltar que esse ônus de provar a vinculação dos aluguéis na atividade-fim **não atinge as entidades públicas da alínea "a", sendo suportado apenas pelas entidades privadas das alíneas "b" e "c"**. Isso pelo fato de que já se presume que, se a Administração Pública loca bens públicos, os aluguéis têm que estar sendo revertidos no custeio de despesas da Administração; e presumir o contrário seria presumir o desrespeito aos princípios que regem a Administração Pública, o que não seria coerente. Do contrário, tratando-se das igrejas, partidos políticos, entidades sindicais de trabalhadores e demais instituições privadas listadas nas alíneas "b" e "c" do art. 150, VI, terão que fazer essa prova de que a receita é convertida na atividade-fim.

Já na segunda situação apresentada, em que o imóvel pertence ao particular e este o aluga à pessoa imune, não há que se cogitar de deferimento da imunidade tributária, já que o particular proprietário, titular do imóvel, ostentador da riqueza e da capacidade contributiva, tem que pagar o imposto normalmente, sendo legítimo o direito do Município de tributá-lo, sendo, inclusive, um desrespeito aos demais particulares que pagam o imposto se esse sujeito passivo ficar alforriado, ferindo-se as bases da justiça fiscal, em especial o princípio da isonomia. O fato de o particular proprietário locador repassar no contrato o ônus fiscal para o locatário em nada impede a eficiência desse raciocínio e a coerência dessa tese, a qual vem sendo aplicada no STF, já que em momento algum o Fisco municipal estará tributando o locatário (no caso, a pessoa imune), com quem não desenvolve qualquer relação jurídica obrigacional tributária relativa ao IPTU. Por fim, oportuno frisar que o repasse do IPTU ao locatário implica apenas em efeitos civis, regidos pelos cânones do direito contratual, em nada interferindo nas normas de Direito

CAPÍTULO 15 – IMUNIDADES TRIBUTÁRIAS – II

Tributário. A lei de locações imobiliárias urbanas (Lei nº 8.245/91) autoriza que se repassem os encargos relativos a impostos e taxas ao locatário, o que, caso seja feito, é *civilmente* válido, vide art. 22, VII, do referido diploma especial; mas isso jamais permitirá concluir que o Fisco passará a tributar o locatário. Se uma pessoa imune, por exemplo, uma autarquia federal, aluga um imóvel privado e aceita no contrato o repasse do IPTU, a obrigação que ela está assumindo é com o locador, e não com o Fisco municipal; sua obrigação é meramente civil, ínsita ao contrato de locação, e não uma obrigação tributária. Ficará *contratualmente* obrigada a pagar as dívidas *do locador* ao *credor do locador*, no caso, o Município; e quando esse locatário pagar a dívida, *não pagará como devedor, e sim como terceiro interessado, pagando em nome e por conta do devedor;* sequer o recibo sairá em seu nome. Logo, estará pagando dívida alheia, para honrar um compromisso contratualmente assumido.

DICA 46

Deixo agora as dicas finais, sobre as imunidades da alínea "d" do art. 150, VI, as chamadas "imunidades literárias" ou "imunidades da informação". A alínea "d", como visto alhures, consagra as chamadas **imunidades objetivas**, já que proíbe a incidência de impostos em operações de **vendas de objetos**. Determina que **não incidem impostos na venda de livros, jornais, periódicos e o papel destinado à impressão desses bens.** Observe-se que a imunidade **não é em atenção ao perfil da *pessoa*, e sim do *objeto vendido*.** Registre-se, e isso é muito importante para as provas, que a finalidade da norma ora em estudo não é impedir que as pessoas que vendem esses bens fiquem imunes de seus impostos, mas sim que as operações que realizam vendendo os bens fiquem imunizadas. Nesse sentido, as editoras, empresas de jornais, livrarias, **pagam normalmente imposto de renda, imposto sobre prestações de serviços, IPTU e IPVA sobre seus imóveis e veículos etc.** A imunidade não é para o patrimônio, a renda e os serviços dessas pessoas que fomentam a venda desses bens, e sim, exclusivamente, para as operações de suas vendas. Logo, fácil perceber que, de fato, a imunidade é para o **ICMS e o IPI**.

DICA 47

A finalidade dessa norma imunizatória é proteger **direitos fundamentais de primeira geração, os chamados Direitos de Liberdade.** O benefício em epígrafe é totalmente atrelado a essa gama dos direitos fundamentais e tem por escopo atuar na sua proteção, evitando corrosão de sua efetividade em razão de atos de tributação que realmente não deveriam ser praticados. No campo desses direitos de liberdade, a projeção da norma imunizatória se concentra em dois planos de prospecção dos direitos fundamentais: **pela ótica de quem escreve e publica, a ideia é proteger, dando máxima efetividade, à liberdade de expressão, à livre difusão do pensamento, à propagação da ideia, à manifestação do intelecto; pelo lado de quem busca acessar a mensagem, a ideia é proteger o acesso à mensagem, ao ensino, à palavra, à educação, trampolim para a cidadania e a culturização.** Nesse âmbito de propagação da finalidade da norma, inegável reconhecer também o **interesse coletivo da sociedade como um todo** em ver a circulação dos editos, já que a efetividade de todos esses bens traz vantagens imensuráveis na evolução sociopolítica da comunidade, que, quanto mais se educa, mais se desenvolve e marcha no sentido de alcançar um processo coexistencial mais qualificado e apto a lograr mais eficiência na busca de construir uma sociedade mais livre, mais justa e mais solidária. É essa norma imunizatória, como sempre digo em sala, um comando constitucional comprometido com a busca de uma maior eficiência na evolução cidadã e na qualificação da sociedade.

DICA 48

É importante entender, entretanto, que a finalidade dessa imunidade *não é baratear a venda de livros, jornais e periódicos*, aumentando lucro para empresários que têm capacidade contributiva ou privilegiando certos públicos consumeristas elitizados que podem tranquilamente pagar imposto embutido no preço do bem de consumo. E é importante entender isso para que se consiga alcançar a boa razão de em inúmeras situações o nosso STF acertar em cheio com interpretações restritivas que negam os pedidos de imunidades com base na aplicação da alínea "d", em casos para os quais a Carta não afirma expressamente existir a imunidade. E é importante mesmo entender isso, pois a nossa Suprema Corte vem construindo uma linha de interpretação muito coerente e consistente no sentido de saber ponderar com inteligência e sensibilidade a tensão colisão entre **a importância do crédito tributário X a necessidade de preservar a integridade dos direitos de liberdade de expressão e informação**; e é nesse sentido que a Casa Maior vai analisar *caso a caso* **para ponderar se realmente é necessário** aplicar uma interpretação extensiva do art. 150, VI, "d", para conceder a imunidade em situações que não estão expressamente autorizadas. E, nesse caminho, em diversas vezes a Corte nega a imunidade, entendendo, após a referida ponderação, que não é necessário sacrificar a arrecadação, nem seria justo, pois, no caso analisado, a incidência do imposto não seria capaz de gerar o efeito concreto de comprometer a efetividade dos direitos fundamentais objeto de proteção. Ou seja, se o STF percebe que a incidência do imposto não vai impedir a circulação do bem, não vai comprometer a comunicação, bem como, se no caso concreto se está a falar de uma situação em que a Carta não assegurou por expresso a

CAPÍTULO 15 – IMUNIDADES TRIBUTÁRIAS – II

imunização, a Casa Hermeneuta Mãe jamais vai conceder a aplicação da norma imunizante, o que, repito, revela louvável acerto, pois, como dito, **a finalidade da norma imunizatória não é a de baratear o custo desses bens, e sim a de evitar que o imposto possa ter o efeito concreto de impedir sua circulação; se, no caso, o bem vai circular da mesma forma, não há por que vedar a incidência do imposto e sacrificar desnecessariamente a arrecadação.**

DICA 49

Na linha do anteriormente narrado, apresento alguns *cases* importantes julgados no STF que têm caído em prova. No primeiro deles, a Corte negou o pedido de Imunidade de ISS a empresas que são contratadas para fornecerem o **serviço de impressão gráfica; essas empresas não têm direito à imunidade do ISS**. A situação é muito comum quando grupos querem editar pequenos jornais, jornais de classes, de bairros, de categorias econômicas ou profissionais etc., e contratam um terceiro para fazer a edição e a impressão gráfica, pagando por esse serviço. Alegavam esses empresários contratados que, se pagassem o ISS sobre o valor do serviço, iriam repassar no preço final, o que oneraria a venda dos jornais. O STF *corretamente* negou a imunidade, sob dois acertados fundamentos: primeiro, que o valor do ISS a ser recolhido, quando diluído na infinda quantidade de jornais a serem impressos, fica completamente irrisório, qualificando verdadeira "bagatela" tributária, não interferindo substancialmente na formação do preço final de cada unidade do jornal; segundo, de se perceber que esses empresários possuem plena capacidade contributiva, não tendo sido escolhidos pelo constituinte como pessoas merecedoras do privilégio fiscal, razão pela qual devem, sim, pagar normalmente seu imposto, especialmente considerando que, como dito anteriormente, essa incidência em nada prejudicará a circulação dos jornais, bem como, ainda, enxergando-se que a arrecadação tem significativa importância para os cofres públicos. Recomendo a leitura de dois excelentes julgados no STF sobre o tema: o **RE 530.121 AgR** e o **RE 630.462 AgR**.

DICA 50

Quanto aos ***objetos*** que, quando circulam, atraem a imunidade tributária, a Carta se refere expressamente a quatro tipos de bens, a frisar:

a) **livros;**
b) **jornais;**
c) **periódicos;**
d) **papel destinado à impressão desses bens.**

Observe-se que, além dos *livros*, dos *jornais* e dos *periódicos*, **o único insumo a que o constituinte fez expressa menção para imunizar quando ele circula é o papel**. Percebam, meus amigos, que o legislador pai não vedou, pelo menos expressamente, a incidência de ICMS e IPI na venda dos demais insumos, ainda que destinados à fabricação dos livros. Logo, diante de uma interpretação seca e literal da Carta, **não há qualquer previsão para imunização na venda de tinta, de barbante, aramado, colágeno, látex etc.** O STF veio reiteradamente negando a imunidade para a venda de insumos que não se enquadrem no conceito de "papel", algo que raramente foi afastado em um ou outro precedente superpontual. Não tenham dúvidas de que a imensa maioria dos casos concretos que chegaram à Corte foram decididos com o posicionamento de se negar a imunidade às operações de comercialização dos demais insumos. Esse entendimento se sedimentou e, apesar dos citados julgamentos pontuais em contrário, podemos afirmar que ele se consolidou como pacificada jurisprudência.

O STF admite interpretação extensiva da palavra "papel", de sorte a que todo e qualquer tipo de *papel*, quando comercializado para fins de produção de livros, jornais ou revistas (periódicos), fica protegido pela abrangência da norma constitucional imunizatória, afastando-se a incidência dos impostos sobre essas vendas. Nesse sentido, por exemplo, o STF reconheceu ao final dos anos 90 e início do novo século a imunidade na comercialização de *filmes fotográficos (feitos com papel especial) destinados à produção dos jornais* (filmes com os quais antigamente se faziam as imagens que seriam veiculadas nas páginas dos jornais – hoje, menos usual, em face do uso da tecnologia digital), o que deu ensejo no ano de 2003 à aprovação da Súm. nº 657 – STF. Recomendo a leitura do **RE 178.863**, **RE 200.607/SP**, **RE 204.234/RS** e o **RE 102.141/RJ**, entre muitos outros.

Todavia, quanto ao conceito de *insumo*, tem prevalecido a *interpretação restritiva* defendida historicamente pela fazenda (o único insumo imune é o *papel*), e não a interpretação extensiva defendida pelos advogados que tentaram assegurar o direito à imunidade nas comercializações de outros insumos destinados ao processo fabril dos livros, jornais e periódicos, tentando afastar a incidência do ICMS. Nesse sentido, vale a pena a leitura de alguns clássicos precedentes das primeiras duas décadas da Constituição no Supremo, por exemplo, o **RE 324.600 AgR**, o **RE 372.645 AgR**, bem como julgados mais contemporâneos como o julgamento no segundo semestre do ano de 2016 do **Agravo Regimental no Recurso Extraordinário 848.696/SP,** em agosto, relatado pelo Ministro Luiz Fux, e no julgamento, em setembro, do mesmo ano, dos **Embargos de Declaração no Agravo Regimental em Recurso Extraordinário com Agravo 930.133/SP**, julgado em 23/09/16 com relatoria do Ministro Luiz Edson Fachin.

CAPÍTULO 15 – IMUNIDADES TRIBUTÁRIAS – II

Quanto ao mencionado **Agravo Regimental no Recurso Extraordinário 848.696/SP**, pedimos vênia para a transcrição da ementa e também de parte do magistral voto do Ministro Luiz Fux, em face de seu caráter extremamente didático e que perfeitamente se harmoniza com a mensagem ora transmitida neste momento da nossa obra:

> **RE 848696 AgR / SP – SÃO PAULO**
> **AG.REG. NO RECURSO EXTRAORDINÁRIO**
> **Relator(a): Ministro LUIZ FUX**
> **Julgamento: 26-8-2016 Órgão Julgador: Primeira Turma**
> **Publicação**
> **Parte(s)**
> AGTE.(S): INTERNATIONAL PAPER DO BRASIL LTDA
> ADV.(A/S): MARCELO PAULO FORTES DE CERQUEIRA
> ADV.(A/S): DANIELLA ZAGARI GONÇALVES
> ADV.(A/S): VIVIAN CINTRA ATHANAZIO E OUTRO(A/S)
> AGDO.(A/S): ESTADO DE SÃO PAULO
> PROC.(A/S)(ES): PROCURADOR-GERAL DO ESTADO DE SÃO PAULO
> **Ementa: AGRAVO REGIMENTAL NO RECURSO EXTRAORDINÁRIO. TRIBUTÁRIO. ICMS. IMUNIDADE. ARTIGO 150, VI, "D", DA CONSTITUIÇÃO. ALCANCE. INSUMOS EMPREGADOS NA FABRICAÇÃO DO PAPEL DESTINADO À CONFECÇÃO DE LIVROS. IMPOSSIBILIDADE. CARÁTER OBJETIVO DA GARANTIA CONSTITUCIONAL. PRECEDENTES. AGRAVO REGIMENTAL DESPROVIDO.**
> **VOTO DO MINISTRO LUIZ FUX:**
> **O SENHOR MINISTRO LUIZ FUX (RELATOR):** *A presente irresignação não merece prosperar. Em que pesem os argumentos expendidos no agravo, resta evidenciado das razões recursais que a agravante não trouxe nenhum argumento capaz de infirmar a decisão hostilizada, razão pela qual deve ela ser mantida, por seus próprios fundamentos. Com efeito, o entendimento tradicional da Corte, desde a promulgação da atual Constituição, foi no sentido de que a imunidade em questão é objetiva e tem alcance restrito, limitando-se apenas aos livros, aos jornais, aos periódicos, bem como ao papel e assimilados destinados à impressão daqueles. Vejam, por exemplo, que o STF decidiu que são imunes os filmes e papéis fotográficos empregados na produção de livros, periódicos e jornais (RE 174.476, Rel. p/ acórdão Ministro Marco Aurélio e RE 203.859, Rel. p/ acórdão Ministro Maurício Corrêa) e o filme de laminação para capas de livros e outros objetos que guardem correspondência, na materialidade e natureza, com o papel (RE 392.221, Rel. Ministro Carlos Velloso).*

Todavia, repeliu a imunização tributária em relação aos serviços de composição gráfica (RE 229.703, Rel. Ministro Moreira Alves, RE 230.782, Rel. Ministro Ilmar Galvão, e RE 434.826, Rel. p/ acórdão Ministro Celso de Mello), às tintas para impressão de livros, jornais e periódicos (RE 265.025, Rel. Ministro Moreira Alves), aos serviços de distribuição de livros, jornais e periódicos (RE 530.121-AgR, Rel. Ministro Ayres Britto), às operações de importação de máquinas e aparelhos por empresa jornalística (RE 203.267, Rel. p/ acórdão Ministro Maurício Corrêa) e aos atos subjetivados como as movimentações financeiras (RE 206.774, Rel. Ministro Ilmar Galvão) e as despesas operacionais (RE 360.303-AgR, Rel. Ministro Dias Toffoli). In casu, a invocação do RE 202.149, julgado pela Primeira Turma desta Corte, representa, nos termos da manifestação do Ministério Público Federal, "a interpretação mais generosa da imunidade" (fl. 4.504).

Contudo, em embargos de divergência, o Ministro Celso de Mello, readequou o julgado nos seguintes termos: "(...) Ocorre, no entanto, como anteriormente assinalei, que o Supremo Tribunal Federal, ao interpretar o alcance e a abrangência da cláusula inscrita no art. 150, VI, 'd', da Constituição, firmou orientação a propósito da controvérsia ora em julgamento, no sentido de excluir, do âmbito do instituto da imunidade tributária, itens ou insumos outros, além dos expressamente referidos e daqueles que se revelam assimiláveis ao papel, procedendo a uma verdadeira interpretação restritiva do preceito constitucional em referência (RE 327.414-AgR/SP, Rel. Ministro CELSO DE MELLO – RE 372.645-AgR/SP, Rel. Ministra CÁRMEN LÚCIA – RE 495.385-AgR/SP, Rel. Ministro EROS GRAU – RE 504.615-AgR/SP, Rel. Ministro RICARDO LEWANDOWSKI – RE 530.121-AgR/PR, Rel. Ministro RICARDO LEWANDOWSKI, v.g.): 'AGRAVO REGIMENTAL EM RECURSO EXTRAORDINÁRIO. TRIBUTÁRIO. ISS. IMUNIDADE TRIBUTÁRIA DO ART. 150, VI, 'D', DA CF. ABRANGÊNCIA. SERVIÇOS DE COMPOSIÇÃO GRÁFICA. IMPOSSIBILIDADE. INTERPRETAÇÃO RESTRITIVA. AGRAVO IMPROVIDO. I – A imunidade tributária prevista no art. 150, VI, 'd', da Constituição Federal não abrange os serviços de composição gráfica. Precedentes. II – O Supremo Tribunal Federal possui entendimento no sentido de que a imunidade em discussão deve ser interpretada restritivamente. III – Agravo regimental improvido.' (RE 631.864-AgR/MG, Rel. Ministro RICARDO LEWANDOWSKI – grifei) 'AGRAVO REGIMENTAL NO RECURSO EXTRAORDINÁRIO. TRIBUTÁRIO. IMPOSTO SOBRE SERVIÇOS – ISS. IMUNIDADE TRIBUTÁRIA. ART. 150, INC. VI, ALÍNEA D, DA CONSTITUIÇÃO DA REPÚBLICA. EXTENSÃO AOS SERVIÇOS DE COMPOSIÇÃO GRÁFICA: IMPOSSIBILIDADE. PRECEDENTES. AGRAVO REGIMENTAL AO QUAL SE NEGA PROVIMENTO.' (RE 435.978-AgR/SP, Rel. Ministra CÁRMEN LÚCIA – grifei)

CAPÍTULO 15 – IMUNIDADES TRIBUTÁRIAS – II

Vê-se, portanto, que a pretensão da empresa contribuinte, ora embargada, não tem o beneplácito da jurisprudência prevalecente no Supremo Tribunal Federal. Embora mantendo respeitosa divergência quanto a essa orientação, devo ajustar-me, no entanto, em atenção ao princípio da colegialidade, ao entendimento prevalecente nesta Suprema Corte a propósito do litígio em exame, procedendo, em consequência, na linha dessa diretriz jurisprudencial, ao julgamento da presente causa. E, ao fazê-lo, verifico que o acórdão ora embargado diverge, frontalmente, de referida diretriz jurisprudencial, considerados, para tanto, os precedentes que venho de mencionar. (...)" (RE 202.149-EDv, Rel. Ministro Celso de Mello, DJe de 17/4/2015).

Assim, a pretensão de estender a garantia constitucional da imunidade tributária, em infinito regresso, de modo a abarcar os insumos empregados na fabricação do papel, não encontra guarida na jurisprudência desta Corte. Ex positis, NEGO PROVIMENTO ao agravo regimental. É como voto.

DICA 51: O IMPORTANTE CASO DAS "CHAPAS *OFFSET*" E A COMPREENSÃO ADEQUADA DO JULGAMENTO DO RE 212.149/RS EM 2011 E DEPOIS A REFORMA DO ENTENDIMENTO NO JULGAMENTO DOS EMBARGOS DE DIVERGÊNCIA EM 2015

No dia 26-4-2011 o STF proferiu na sua Primeira Turma uma decisão bastante polêmica, em apertada votação e sendo a decisão tomada sem unanimidade, por três votos a dois, em sentido contrário à clássica jurisprudência firmada historicamente no Plenário do Tribunal. Julgando o **RE 212.149/RS**, que ficou conhecido como o *"precedente das chapas offset"*. Nesse julgamento, o STF admitiu a extensão da imunidade tributária para outro perfil de insumo utilizado no processo fabril de jornais, que não se confundia com o papel. Ficaram vencidos os Ministros Carlos Alberto Menezes Direito e Ricardo Lewandowski e prevaleceu o voto do Ministro Marco Aurélio, acompanhado pelo Ministro Carlos Ayres de Brito e pela Ministra Cármen Lúcia Antunes Rocha. Antes de comentar o caso, antecipo aqui a informação de que o entendimento foi reformado no dia 17-4-2015, quando então foi julgado o recurso de **Embargos de Divergência no RE 212.149/RS**, ocorrendo a reforma da decisão proferida em 2011 pela primeira turma e restabelecendo-se o entendimento clássico da Corte, negando-se a imunidade, sendo essa a decisão final que prevaleceu no caso concreto.

Nesse *case*, uma editora de jornais do Rio Grande do Sul importou peças que seriam utilizadas para a produção dos jornais. Tratava-se de peças sobressalentes reconhecidas como *chapas offset*, utilizadas nas máquinas destinadas à produção do bem. Quando as peças chegaram ao Brasil houve cobrança por parte da União do Imposto de Importação e do IPI na importação, e por conta disso a editora, importadora, impugnou judicialmente a exigência fiscal alegando que não deveriam incidir os impostos já que a operação estaria protegida pela imunidade tributária do art. 150, VI, "d", da Constituição. Sustentou-se que a imunidade não deveria ser apenas para o *papel* e sim para todos os insumos destinados ao processo fabril. O TRF da 4ª Região, na sua 1ª Turma, julgando recurso de Apelação, decidiu que *deveria ser reconhecida a imunidade* e aplicou entendimento favorável à interpretação extensiva do texto constitucional, colidindo frontalmente com a jurisprudência do STF. Diante desse acórdão a Fazenda Nacional interpôs o Recurso Extraordinário (o RE 212.149/RS) em comento e para sua surpresa o RE teve provimento negado, na citada polêmica votação em que a Primeira Turma do Supremo decidiu por três votos a dois pela manutenção da decisão do TRF-4 e divergiu do entendimento pacificado no Plenário, assegurando o direito de gozo da imunidade na importação de outros insumos distintos do papel.

Foi em face dessa decisão que a União recorreu utilizando o último recurso que haveria disponível, no caso, o recurso de EMBARGOS DE DIVERGÊNCIA EM RECURSO EXTRAORDINÁRIO, o qual só viria a ser julgado, enfim, no segundo semestre do ano de 2015. Durante todo esse tempo pairou a insegurança quanto a se apontar qual seria o posicionamento final da Corte, já composta com uma nova formação de Ministros. Eis que no julgamento do último recurso do STF reformou o entendimento da turma e, em julgado relatado e decidido pelo Ministro Celso de Mello, restabeleceu o posicionamento de sempre, **negando a imunidade tributária para a importação de chapas** *offset*.

DICA 52

Quanto ao conceito de "livro", o STF já equiparou alguns bens a "livro" para fins de se reconhecer a imunidade tributária. Ou seja, falo de um ponto da matéria em que a Corte Máxima fez interpretação extensiva da norma constitucional para agraciar com a não incidência tributária a circulação de bens que, por certo, não chamaríamos de livro, mas, que em razão de sua mensagem e do fim a que ela se propaga, a Casa Suprema optou por contemplar com a benesse fiscal imunizatória. Falo, logo, das **listas e catálogos telefônicos**, das **apostilas e encadernações acadêmicas** e ainda dos *álbuns de figurinha* (chamados, esses últimos, de "livros ilustrados de complementação cromada"). Logo, fiquem atentos nas provas de vocês, pois, se o examinador indagar sobre a circulação desses três tipos de bens, eles são equiparados a "livros" para fins tributários, gozando de imunidade quando circulam. Vale a pena conferir alguns julgados especiais sobre

CAPÍTULO 15 – IMUNIDADES TRIBUTÁRIAS – II

o assunto ora abordado e indicamos o **RE 221.239**, o **RE 179.893**, o **RE 183.403**, o **RE 199.183** e o **AI 663.747 AgR**.

Outro caso interessante que merece ser citado foi aquele em que o STF reconheceu que as *revistas infantis* devem ser protegidas pela imunidade, entendendo que o conteúdo é adequado ao propósito de propagar a educação, informação e cultura, especialmente para as crianças, mas não necessariamente apenas para elas. No julgamento do **RE 910572 AgR/SP** no dia 31-5-2016, com relatoria da Ministra Rosa Weber, a Corte reconheceu a imunidade tributária na circulação de tal perfil de revista.

DICA 53

Tema de sumo relevo e que no início do ano de 2017 ganhou grande destaque é aquele que remete à velha discussão doutrinária a respeito da extensão da imunidade tributária para a circulação de *livros eletrônicos*, não se restringindo a aplicação da norma constitucional às operações envolvendo a circulação de livros de papel apenas. No dia 8-3-2007, no julgamento do **RE 330817/RJ** que teve como originário relator o Ministro Dias Toffoli e que aguardava julgamento desde o ano de 2012, a Corte Excelsa reformulou o antigo entendimento e *passou a reconhecer a aplicação da imunidade tributária em favor dos livros eletrônicos (e-books)*, não mais se fazendo a velha distinção entre livros de papel e livros digitais. Desde o referido julgamento que se pode afirmar que nos termos da orientação firmada no STF a imunidade protege a circulação de todos os livros, jornais e periódicos, tanto os fabricados com o papel como os editados digitalmente. Com a expansão da indústria digital e da inclusão social ao mundo cibernético não havia mais como se negar a aplicação da norma imunizatória para tais operações. Hoje, é irrelevante a análise de qual é a estrutura/suporte por via da qual o conteúdo circula; não mais cabe a distinção feita em razão de ser o suporte uma mídia digital ou um corpo físico feito à base de papel e demais insumos; atualmente, a imunidade será reconhecida em favor de todos aqueles que comercializam ditos bens, tanto os *e-books* como os livros físicos papelificados.

Indo além na sedimentação do entendimento e na intenção de fazê-lo ser plenamente cumprido em todo o país, o STF decidiu aprovar em 2020 a **SÚMULA VINCULANTE nº 57**, passando a impor a toda a Administração Pública, bem como a todos os Juízes e Tribunais do Poder Judiciário, o dever de acatar e aplicar o entendimento.

Ponto de grande relevo a ser destacado quanto ao tema é que a Corte sedimentou o entendimento no sentido de que a imunidade alcança *também* as operações de comercialização dos *e-readers* (bens fabricados para serem utilizados como "suportes" dos livros digitais, permitindo que o conteúdo seja reproduzido numa tela e lido pelo leitor). Logo, as operações de comercialização de tais aparelho também fica imune à incidência do ICMS. Importante frisar, todavia, que a imunidade para a circulação dos *e-readers* não alcança as vendas de computadores, *notebooks*, *tablets* e demais aparelhos multifuncionais que *também* permitam a fixação dos livros virtuais em suas telas. Não. O STF entendeu que a *imunidade* deve ser estendida unicamente para as operações que promovem a circulação dos aparelhos fabricados *exclusivamente* para permitir a fixação/reprodução na tela dos *e-books* (exemplos do *Kindle, Lev, Kobo e outros* da mesma categoria). Por fim, ainda que o *e-reader* possua ferramentas que lhe permitem algumas funcionalidades acessórias (por exemplo, sublinhar e grifar textos, acessar a internet ou printar páginas, a sua venda continuará imune ao ICMS, desde que ele realmente não perca a identidade de um *e-reader* (é dizer, o bem produzido *exclusivamente* para funcionar como suporte de livros digitais).

Aproveitamos para transcrever o texto integral da **SÚMULA VINCULANTE nº 57 do STF:** *"A imunidade tributária constante do art. 150, VI, d, da CF/88 aplica-se à importação e comercialização, no mercado interno, do livro eletrônico (e-book) e dos suportes exclusivamente utilizados para fixá-los, como leitores de livros eletrônicos (e-readers), ainda que possuam funcionalidades acessórias".*

DICA 54

Quanto aos periódicos, importante destacar que o constituinte não fez qualquer especificação ou distinção dos periódicos. Ou seja, *a priori*, a imunidade seria para *todo e qualquer periódico*. Em entendimento particular, somos de acreditar na necessidade de se fazer interpretação fortemente restritiva desse dispositivo, pois não conseguimos aceitar que revistas que em nada agregam na formação de valores do intelecto humano e em nada se prendem ao mínimo existencial possam ter imunidade tributária quando circulam. Não consigo curvar-me à ideia de admitir o sacrifício da arrecadação tributária em prol de barateamento de preços de revistas de fofocas, de cultura inútil e fútil, bem como de revistas pornográficas. Entretanto, chamo a atenção de vocês, para fins de orientar o comportamento na hora de responder a uma questão em provas objetivas sobre o tema, lembrando que a Constituição não traz qualquer restrição a que a imunidade possa ser deferida; não se distinguem os tipos de revistas. Logo, quando cai a questão em prova e o examinador afirma que "a Constituição restringe a imunidade da circulação de periódicos, só cabendo seu gozo se o periódico tiver o perfil 'x' ou 'y'", isso é sempre "falso", pois no texto maior não há qualquer vedação ou distinção.

CAPÍTULO 15 – IMUNIDADES TRIBUTÁRIAS – II

DICA 55

Quanto ao **papel** destinado à impressão de livros, jornais e periódicos, importante lembrar, como já frisado anteriormente, que é o único insumo ao qual o constituinte fez expressa referência no sentido de imunizar sua circulação. Sendo papel, haverá a imunidade, mas desde que *o papel esteja sendo vendido para ser utilizado na confecção de livros, jornais e periódicos*. É fundamental, para que haja a imunidade, que o papel seja vendido para esse fim. Ou seja, há que se indicar, na nota de venda, a destinação, para que então se possa, na prática, aplicar a imunidade. Quando o papel é vendido para uso próprio pelo consumidor, não há que se falar em imunidade tributária. Logo, quando você compra uma resma de papel em uma papelaria para levar para sua casa, para utilizar na sua impressora particular, incide ICMS e IPI normalmente nessa venda. Lembre-se: a imunidade não é por ser "papel", e sim por ser papel "destinado à impressão de livros, jornais e periódicos".

CAPÍTULO 16

RESERVA DE LEI COMPLEMENTAR

CAPÍTULO 16 – RESERVA DE LEI COMPLEMENTAR

1. O DIREITO TRIBUTÁRIO E AS MATÉRIAS QUE SÓ PODEM SER NORMATIZADAS POR LEI COMPLEMENTAR

DICA 1

A primeira ideia que vocês devem edificar em seus raciocínios jurídicos quando ouvirem a expressão "a matéria é de lei complementar" é a de que isso é algo **excepcional**. Antes de tudo, saibam que o tema sobre o qual nos debruçaremos nas dicas que se seguem revela situações verdadeiramente excepcionais. Não é regra uma matéria ser reservada à lei complementar, pelo contrário, é algo que o constituinte só faz, realmente, diante de situações extremamente especiais.

DICA 2

Exigir lei complementar significa impor uma **mudança no modo de legislar; alteração no processo legislativo**. Em outras palavras, implica em se exigir mais rigor e mais qualidade no processo legislativo com o qual se transforma um projeto de lei em lei. E essa alteração consiste na mudança do **quórum de aprovação**. Sendo assim, quando se fala que uma matéria é reservada à lei complementar, o que se passa a exigir é que o parlamento consiga atingir um **quórum de maioria absoluta para a aprovação** do projeto de lei. Ou seja, se mais da metade de todos os membros que compõem a Casa Legislativa não aderirem ao projeto de lei e votarem pela sua aprovação, o projeto não se converte em lei. Nessa linha, a título de exemplo, no Congresso Nacional, para que se consiga aprovar uma lei complementar, é necessário que pelo menos 257 deputados federais (primeiro número inteiro acima da metade de 513) e 41 senadores (primeiro número inteiro acima da metade de 81) votem a favor e aprovem o projeto. Sem esse quórum de **maioria absoluta** dos membros da Casa, não se aprova a lei.

DICA 3

Importante esclarecer que **somente a Constituição** determina quais são essas matérias que, para serem normatizadas, dependem de lei complementar. Ou seja, se você quer saber quais são as matérias que não podem ser normatizadas por simples leis "comuns", ordinárias, dependendo da lei especial, da lei que se aprova com procedimento especial no seu trâmite legislativo, você precisa procurar na Constituição da República. A separação das matérias que ficam submetidas ao crivo de lei complementar é tema estritamente constitucional, não cabendo a qualquer outra fonte interferir nessa divisão.

DICA 4

Quando uma matéria é reservada à lei complementar, o que se busca, de fato, é um reforço de "Legislativo"; ou seja, na persecução do aumento do quórum de aprovação se revela o anseio de se ver maior legitimação na aprovação das leis que vão normatizar as matérias mais nevrálgicas e epicentrais do ordenamento; busca-se eliminar o risco de "falsas maiorias", alcançáveis com quóruns de maioria "simples", "relativa", a qual é suficiente para aprovar uma lei ordinária. Logo, por ser assim, não se pode admitir que o Presidente expeça medida provisória para normatizar uma matéria que o constituinte se preocupou em reservar à lei complementar. Mesmo que haja relevância e urgência no caso concreto, ainda assim não será admissível MP para disciplinar a matéria. Afinal, se o fundamento norteador da exigência de lei complementar para disciplinar certas matérias é a busca de um reforço parlamentar, uma maior robustez na democracia, não seria congruente admitir que o Poder Executivo pudesse disciplinar tais temas. Portanto, vedada em absoluto a possibilidade de MP em matéria de lei complementar, como se constata, inclusive, em expressa proibição constante no art. 62, § 1º, III, da CRFB/1988. O mesmo raciocínio deve ser aplicável nas leis delegadas. Também não se admitem matérias reservadas à lei complementar, o que inclusive está expressamente proibido na Carta, vide art. 68, § 1º. Portanto, amigos, levem com vocês a certeza: **não cabe ao Poder Executivo normatizar matérias reservadas à Lei Complementar, sendo vedado uso de lei delegada e expedição de medida provisória em tais matérias.**

DICA 5

Nenhuma disciplina jurídica recebeu na Constituição tão vasto rol de matérias reservadas à lei complementar como o Direito Tributário. Nenhuma, podem acreditar! Ou seja, o Direito Tributário é o segmento onde com maior fartura se concentram essas previsões. E faz sentido, concordam? Afinal, estamos falando de uma ciência que disciplina a captação da verba pública, a persecução da receita com a qual o Estado sobrevive. Tem diferenciada importância, perfeito? Além do mais, invertendo o ângulo de compreensão e analisando sob a ótica do contribuinte, o Direito Tributário é ciência que normatiza atos com os quais o Estado invade a riqueza do cidadão e o expropria, independentemente de seu consentimento, podendo até caracterizar crime o não adimplemento da exigência fiscal, a depender de como se comporte o sujeito passivo da exigência fiscal.

CAPÍTULO 16 – RESERVA DE LEI COMPLEMENTAR

Logo, compreensível o fundamento de por que se exigir a lei complementar com tamanha intensidade na normatização do Direito Tributário. Portanto, lembre-se: **Nenhum ramo do direito tem tantas matérias reservadas à lei complementar como o Direito Tributário. As bases do Direito Tributário são normatizadas por lei complementar.** Na Carta, vale pontuação dos art. 24, § 1º, c/c 146; 146-A; 148; 154, I, c/c 195, § 4º; 149; 153, VII; 155, § 1º, III; 155, § 2º, XII; 156, § 3º.

DICA 6

Pessoal, aqui quero dar a velha e boa dica sobre a necessidade (ou não!) de lei complementar para criar tributos. Guardem com carinho o que vou escrever agora: **Em regra, os tributos se criam por lei ordinária! Somente em dois casos excepcionais o tributo depende de lei complementar para ser instituído!** É isso aí, galera! Não é necessário recorrer ao processo legislativo especial e buscar quórum de maioria absoluta para aprovação do projeto de lei para que se consiga instituir um tributo; basta lei ordinária. E, vejam bem, nessa regra, se houver relevância e urgência na situação fática, o ente federativo poderá expedir medida provisória para instituir o tributo. Só não será cabível MP quando estivermos cogitando das excepcionais situações em que o tributo se cria por lei complementar, pois, como dito anteriormente, **não cabe MP em matéria de LC**. Logo, **salvo as exceções que comentaremos a seguir, os tributos se criam por lei ordinária, e, nesses casos, havendo urgência e relevância, caberá expedição de medida provisória** (obs.: em matéria estadual, distrital e municipal, caberá medida provisória desde que, é claro, haja previsão nas Constituições Estaduais e Leis Orgânicas autorizando os governadores e prefeitos a expedirem medidas provisórias, já que a Constituição da República só fala em medida provisória se referindo ao Presidente da República – princípio da simetria).

DICA 7

Dos tributos já previstos e descritos na Constituição, apenas os empréstimos compulsórios dependem de lei complementar para serem instituídos. Além desses, é necessário lei complementar também para a instituição dos impostos residuais e das contribuições residuais para a seguridade social. Ou seja, os tributos se criam por lei ordinária, e essa é a regra, sendo, entretanto, necessária lei complementar apenas em dois casos, o da criação de empréstimos compulsórios (art. 148 da CRFB/1988) e o da criação dos tributos residuais (art. 154, I, c/c art. 195, § 4º, ambos da CRFB/1988). Infelizmente, alguns doutrinadores apontam outra hipótese, a do Imposto sobre Grandes Fortunas – IGF, afirmando que esse imposto ordinário também dependeria de lei complementar para ser instituído, em razão de uma interpretação, a nosso ver densamente equivocada, do disposto no art. 153, VII, da Carta. Nessa linha de pensamento, surge corrente na doutrina pátria de autores que citam que seriam três os casos de tributos criáveis por lei complementar, ou seja, os empréstimos compulsórios, os tributos residuais e o imposto sobre grandes fortunas. Conforme comentaremos adiante, no nosso modo de pensar, dentro de uma visão de unidade da Constituição, pautada no uso da interpretação sistemática, histórica, gramatical e lógica, a finalidade da reserva de lei complementar buscada pelo constituinte quando fez referência a ela na parte final do inciso sétimo do art. 153 foi apenas a de exigir a definição exata do que se entende por "fortuna", bem como a específica gradação diferenciadora do que se entende por "pequena", "média" ou "grande" fortuna. A nosso crivo hermenêutico, por diversos motivos adiante expostos, é insustentável a afirmativa de que o IGF dependa de lei complementar para ser instituído, podendo (e devendo!) ser instituído por lei ordinária, como qualquer outro imposto ordinário previsto na Carta, sendo papel da lei complementar, entretanto, oferecer a prévia definição do que seja uma grande fortuna; ou seja, a elaboração da lei complementar, nesse caso específico, é condição objetiva de procedibilidade ao exercício da competência tributária; sem a LC, não se pode criar o IGF, para o que bastaria, sem dúvidas, simples lei ordinária.

DICA 8

Comento aqui com vocês a questão dos empréstimos compulsórios. Fiquem atentos, pois, até a Constituição de 1988 os Empréstimos Compulsórios não dependiam de lei complementar para serem instituídos. No regime da Carta de 1967/69, bastava uma simples lei ordinária. E, na verdade, como o empréstimo compulsório sempre está ligado a situações de urgência, eram expedidos decretos-leis pelo chefe do Executivo para sua instituição. Ou seja, somente após a promulgação da Carta de 1988 é que se passou a exigir lei complementar para os empréstimos compulsórios. Importante observar que a modificação teve um objetivo político forte, o qual, inclusive, de fato, se alcançou, qual fosse, o de evitar expedição de medidas provisórias para instituição do referido tributo, especialmente nos casos de criação do empréstimo para o custeio de investimentos públicos que o governo pretende fazer e alega serem urgentes e de relevante interesse nacional. É que dita hipótese permissiva de criação do tributo é muito subjetiva, sendo sua caracterização algo abstrato e manipulável, ao contrário da guerra externa e da calamidade pública (demais hipóteses permissivas de criação previstas no art. 148 da CRFB/1988), que são objetivas e visíveis de modo flagrante e incontroverso. Logo, no objetivo de evitar o bombardeio de medidas provisórias criando empréstimos para custeio de investimentos supostamente urgentes e de

CAPÍTULO 16 – RESERVA DE LEI COMPLEMENTAR

relevante interesse nacional é que o constituinte "travou" a matéria na reserva de lei complementar, a qual é incompatível com os atos do Executivo (não cabe medida provisória nem lei delegada). Portanto, levem com vocês: **somente por lei complementar se pode criar empréstimo compulsório, qualquer que seja a hipótese de sua criação, e essa inovação se deu após a Carta de 1988, não sendo possível a instituição desse tributo por medida provisória.**

DICA 9

Quanto aos tributos residuais, peço sua imensa atenção, pois, COM TODA CERTEZA, se você não se dedicar ao tema, o examinador consegue induzi-lo a erro. Observem que, para falarmos da necessidade de lei complementar, não estamos a nos referir a qualquer imposto. Não. Até porque, como já visto, em regra os impostos se criam por lei ordinária, tanto os impostos ordinários como os impostos extraordinários de guerra, havendo ressalva apenas quanto à discussão do IGF. Logo, avoco sua total atenção para a lembrança de que apenas os impostos **residuais** é que dependem de LC. Portanto, quanto aos impostos já previstos na Carta, não seria necessário lei complementar para sua instituição, bastando simples lei ordinária. O mesmo com as contribuições de seguridade social. Recordem-se de que a regra é que as contribuições especiais se criam por leis ordinárias, e, entre estas, as contribuições sociais seguem a regra, e, mais especificamente ainda, dentro do mundo das contribuições sociais, as contribuições sociais de seguridade social também se criam por lei ordinária, assim como as contribuições sociais gerais. Lei complementar é algo necessário apenas para as contribuições **residuais** de seguridade social, e não para toda e qualquer contribuição especial. Observem, friso, chamo a atenção, que as contribuições sociais se criam por lei ordinária, essa é a regra! Somente se a União quiser alargar o rol das espécies de contribuições sociais de seguridade social previstas nos incisos do art. 195 é que será necessário lei complementar, já que para a instituição das contribuições lá descritas, de fato, basta lei ordinária. LC seria apenas para alargar esse rol, consoante competência autorizada pelo art. 195, § 4º, que faz referência ao art. 154, I, dos impostos residuais.

DICA 10

Recordem-se de que o Direito Tributário é um dos ramos do direito público que é ínsito à órbita da chamada **competência legislativa concorrente**, conforme prevê o art. 24, I, da CRFB/1988, ao contrário de outros segmentos do Direito que trafegam na competência legislativa privativa da União, como é o exemplo do Direito Penal, art. 23 da Lei Fundamental. Lembrem-se de que, quanto às matérias de competência legislativa concorrente, o § 1º do referido art. 24 da Carta faz referência à "lei de normas gerais", que deve ser editada pela União, objetivando a edificação de limites e parâmetros para que se legisle dentro dessa matéria, criando um perfil normativo com um mínimo de homogeneidade. E assim também há de ser com o Direito Tributário. O que vocês precisam ter atenção, entretanto, é para o fato de que para Direito Tributário essa lei de normas gerais há que ser uma lei complementar, diferente do que ocorre em regra, com os demais ramos, em que a lei nacional de normas gerais é uma lei ordinária, ressalvando-se apenas o Direito Financeiro, que se equipara ao Direito Tributário, sendo necessário, em ambas as ciências, que a lei de normas gerais se aprove com quórum de maioria absoluta no Parlamento. Ainda que o art. 24, § 1º, não exija LC, assim será para o Direito Tributário, por força do disposto no art. 146, III, que com especialidade traz essa reserva. Portanto, amigos, lembrem-se: **ainda que a regra seja a de que a lei nacional de normas gerais para as matérias de competência legislativa concorrente será uma lei ordinária, quando se tratar de Direito Tributário, há de ser uma lei complementar, conforme exige o art. 146, III, da nossa Constituição.**

DICA 11

Queria pedir a vocês carinho com o **art. 146-A** da nossa Constituição, criado pela EC nº 42/2003, trazendo novo rol de matérias que dependem de lei complementar para serem disciplinadas. Artigos trazidos por emendas constitucionais são sempre foco potencial de prova. Tal dispositivo afirma que "lei complementar poderá estabelecer critérios especiais de tributação, com o objetivo de prevenir desequilíbrios da concorrência, sem prejuízo da competência de a *União, por lei, estabelecer normas de igual objetivo*". Merece carinho o tema, o qual promove uma interação multidisciplinar entre o Direito Tributário, o Direito Econômico e, seu mais específico segmento, o Direito da Concorrência. Observem que a proteção à concorrência é o foco que motiva esse dispositivo surgido pela emenda. Preservar o equilíbrio entre os agentes econômicos é algo vital para manter efetivo o rol de princípios norteadores da ordem econômica constitucional, como a livre-iniciativa, a lealdade de concorrência, a proteção ao consumidor, o tratamento favorável aos pequenos empresários etc. E nada mais adequado do que preservar esse equilíbrio por meio de **critérios especiais de tributação**. Observem que é aí que mora o perigo nessa questão. A determinação de tais critérios de tributação especial na atividade econômica para evitar desequilíbrios na concorrência é função de **lei complementar**. Entretanto, há de se perceber que essa previsão não exclui a legitimidade de a União, mediante simples leis ordinárias, estabelecer outras tantas normas que foquem

CAPÍTULO 16 – RESERVA DE LEI COMPLEMENTAR

a proteção do equilíbrio da concorrência. Ou seja, prestem bem atenção para perceberem a pegadinha e não escorregarem nela: existem diversas formas de se atuar protegendo o equilíbrio da concorrência; há diferentes meios e regimes jurídicos que podem alcançar tal objetivo; vejam, como bem afirma a parte final do artigo em estudo, que **leis ordinárias podem estabelecer normas que têm por O-B-J-E-T-I-V-O evitar o desequilíbrio da concorrência**. Entretanto (e aí chamo sua total atenção!), quando a forma escolhida **para alcançar esse objetivo for a criação de um regime de critérios especiais de tributação, aí sim, com certeza, somente por lei complementar se poderá atuar.** Ou seja, quanto ao "fim" (evitar desequilíbrios da concorrência), qualquer lei pode trazer normas que almejem a efetivação de tal objetivo; entretanto, quanto a um dos meios para se chegar a esse fim, que é por meio da **elaboração de critérios especiais de tributação**, aí sim, de fato, **somente por lei complementar será possível.**

DICA 12

Quero falar agora com vocês sobre a reserva de lei complementar em três impostos especificamente: o ISS dos Municípios, o ITD e o ICMS, estes últimos, dos Estados e do Distrito Federal. Fiquem atentos, pois existem dispositivos especiais no Sistema Tributário Nacional, dentro dos artigos que cuidam dos impostos em espécies, que fazem expressa ressalva quanto à reserva de lei complementar nesses três impostos. Quanto ao ISS, vocês vão encontrar nos três incisos do art. 156, § 3º. Quanto ao ITD, verão no art. 155, § 1º, III. Por fim, no ICMS, encontrarão no art. 155, § 2º, XII. Portanto, peço leitura especial para esses três dispositivos, pois nas provas é comum que sejam citadas as matérias neles previstas e o Examinador indaga sobre qual fonte normativa se pode utilizar para regular esses temas, e a resposta, por lógico, dará "apenas por lei complementar". Leiam!

DICA 13

Sobre o ISS, observem que há três previsões de matérias que **dependem de lei complementar**; e vocês têm que ficar muito atentos, pois **as previsões dos incisos I e III estão sob regulação temporária do disposto no art. 88 do ADCT**. Ou seja, por favor, não deixem de ler o que está no ADCT para que então entendam o dispositivo e saibam como ele está sendo aplicado *atualmente*. E com a vigência da LC nº 157/16, que acrescentou dispositivos na LC nº 116/2003, as normas do art. 88 do ADCT ficam com sua eficácia exaurida e a LC nº 116/2003 passa a reger em definitivo os temas dos incisos I e III do art. 156, § 3º, da Constituição. Faço breves comentários nas dicas seguintes.

APRENDENDO TRIBUTÁRIO – Pedro Barretto

DICA 14

Sobre o inciso I do art. 156, § 3º, ele prevê que cabe à lei complementar **fixar alíquotas máximas e mínimas para o ISS**. Atualmente, temos a **LC nº 116/2003, art. 8º, prevendo alíquotas máximas em 5%**. Ou seja, nenhum Município brasileiro pode colocar alíquotas em patamar superior a 5%, sob pena de inconstitucionalidade. Quanto à *alíquota mínima*, é necessário cautela para entender com adequação o assunto. Desde 1988 que o texto originário do art. 156, § 3º, I, exigia a fixação de alíquotas mínimas, exigindo que dita imposição emanasse de lei complementar. Todavia, o legislador se omitiu em cumprir a exigência do constituinte. Posto isso, quase uma década e meia após, aprovou-se, em 12-6-2002, a EC 37/02, que incluiu alguns artigos no ADCT, entre eles, o art. 88, o qual veio fixar *transitoriamente* as alíquotas mínimas do ISS *até que lei complementar definisse qual seria o teto mínimo*. Estabeleceu-se que a *alíquota mínima seria de 2%, salvo para três perfis de contratos de prestação de serviços (os quais poderiam ser tributados com qualquer alíquota, inclusive "zero", não se submetendo ao teto)*. Os contratos em comento seriam o contrato de *serviços de execução de obras*, o contrato de *serviços de demolição* e *serviços de reparação, reforma e conservação de construções* (previstos nos itens 32, 33 e 34 da velha lista de serviços tributáveis que ficava prevista no Decreto-lei nº 406/68 e que na nova lista que viria a ser apresentada em 2003 com a LC nº 116/2003 apareceriam com nova numeração, nos subitens 7.02, 7.04 e 7.05).

A partir de então, a matéria ficou regulada, ainda que por norma constitucional de caráter transitório, norma essa que ficaria com sua eficácia exaurida a partir de quando surgisse lei complementar regulando em definitivo o feito. E nos termos do estabelecido no art. 88, I, do ADCT, passamos a ter no Brasil a *proibição de tributação do ISS com alíquotas inferiores a 2%, salvo apenas nos serviços de execução de obras, demolição e reparação/conservação/reforma de construções*. Salvo nesses três mencionados, qualquer lei municipal que definisse alíquotas inferiores a 2% para o ISS seria inconstitucional, por incompatibilidade com o art. 88, I, do ADCT.

Em julho de 2003, um ano depois, veio a LC nº 116/2003, o então "novo estatuto nacional do ISS", e esperava-se que dito diploma fixaria as alíquotas mínimas de forma definitiva, afastando a aplicação do art. 88 do ADCT, o que, todavia, não ocorreu. A LC nº 116/2003 somente fixou as alíquotas máximas (em 5%, como já mencionado). Por força disso, o art. 88 do ADCT continuou sendo aplicado, o que seguiria ocorrendo até que um dia, enfim, viesse uma lei complementar regular em definitivo a matéria.

CAPÍTULO 16 – RESERVA DE LEI COMPLEMENTAR

Em dezembro de 2016 surgiu a LC nº 157/16 e enfim o legislador complementar cumpriu a missão outorgada pelo constituinte no art. 156, § 3º, I, regulando *em definitivo* o assunto. O art. 2º da LC nº 157/16 criou o **art. 8º-A na LC 116/03**. No referido art. 8º-A repetiu-se o mesmo percentual, *estabelecendo-se, agora em definitivo, que a ALÍQUOTA MÍNIMA PARA O ISS É DE 2%*. A grande mudança promovida, todavia, ocorreu em relação aos *contratos que ficaram livres do teto da alíquota mínima, substituindo-se os contratos de prestação de serviços de demolição pelos contratos de prestação de serviços de transportes coletivo municipal rodoviário, metroviário, ferroviário e aquaviário de passageiros*, do subitem 16.01 da lista anexa. Ou seja, continuou-se com três exceções ao teto mínimo de 2%, mudando-se, entretanto, um dos contratos excepcionados.

A conclusão é no sentido de que a partir da vigência e aplicação da norma do art. 8º-A da LC nº 116/03 se tornou possível aplicar alíquotas inferiores a 2%, inclusive alíquota zero, para os contratos de prestação de serviços de transporte coletivo municipal rodoviário, metroviário, ferroviário e aquaviário de passageiros.

Chamo a atenção para algo *fundamental* e que não pode passar despercebido: *não é para todo e qualquer tipo de transporte que se afasta a alíquota mínima!* É apenas para os contratos de transporte previstos no subitem 16.01 e não nos demais (que se enquadram, por exclusão, no subitem 16.02). É dizer, para que se possa tributar com alíquota inferior a 2% de maneira válida deve se tratar de transporte *coletivo*, tem que ser de *passageiros* e somente pelas vias *rodoviária, metroviária, ferroviária e aquaviária*. Nesse linear, não é possível beneficiar com alíquota inferior a 2% o prestador de transporte individual; igualmente aquele que presta transporte de cargas, objetos ou valores (o benefício é somente para transportes *de passageiros*). Da mesma forma, transportes coletivos pela via aérea dentro de uma cidade (helicópteros, planadores etc.) não são protegidos pelo benefício da possibilidade de aplicação da alíquota inferior a 2%. Ditos transportes entram no subitem 16.02 da lista anexa da LC nº 116/2003 e não ficam protegidos pela excludente do teto mínimo de 2%, submetendo-se, portanto, a sua aplicação. Caso alguma lei municipal estabeleça alíquota inferior a 2% para tais contratos de prestação de serviços de transportes municipais (individuais, de cargas objetos ou valores e ainda pela via aérea) será *inconstitucional*, por violar o art. 8º-A da LC nº 116/2003 harmonizado com o art. 156, § 3º, I, da CRFB/1988.

DICA 15

No inciso segundo, a previsão é de que "cabe à lei complementar excluir o ISS da incidência na exportação", norma que foi regulada pelo **art. 2º, I, da LC nº 116/2003**, o qual fez exatamente essa determinação. A norma constitucional está em sintonia com o espírito propagado no Sistema Tributário, qual seja, o de incentivar os exportadores. A escolha do incentivo à exportação pelo nosso constituinte, nas vias da globalização da economia, que viria a explodir nos anos 1990, significou, nesses mais de 20 anos após a promulgação da Constituição, uma opção acertada, que fez o Brasil crescer, captar clientela internacional, atrair o capital estrangeiro, ampliar sua capacidade de produção e fornecimento, gerar mais empregos, aumentar o PIB, assumir uma posição de liderança no cenário internacional, entre outras incontáveis conquistas. E, para tanto, era elementar trabalhar com a **desoneração fiscal**, para que se pudessem gerar preços atrativos e propiciar aos agentes econômicos brasileiros despontarem no mercado internacional com melhores ofertas. Por isso e para isso foi que o constituinte afirmou que não incide ICMS na exportação (art. 155, § 2º, X, "a"), não incide IPI na exportação (art. 153, § 3º, III) e não incidem CIDEs ou Contribuições Sociais sobre as receitas do exportador (art. 149, § 2º, I), bem como, quanto aos fornecedores de serviços que prestam serviços para o exterior, ainda determinou que *lei complementar excluísse o ISS dessa incidência*. A intenção realmente foi a de criar um regime de incentivos ao exportador, mesmo!

Observem que **o benefício fiscal dado ao prestador de serviço exportador é emanado de lei complementar, a mando da Constituição**. E isso merece atenção. No caso do IPI, ICMS e Contribuições, constatem que foi a própria Constituição que excluiu a incidência desses tributos sobre o exportador. Já no ISS, não. No ISS o constituinte não proibiu. No ISS o legislador pai orientou que lei complementar fizesse, e assim foi feito. Percebam que no ICMS, IPI e Contribuições, eles não incidem sobre a exportação por proibição de incidência constitucional, porquanto no caso do ISS a proibição é legal. Correto, portanto, falar que no caso do ISS tratamos de **não incidência legalmente qualificada,** ou **excludente legal de tipicidade tributária**, ao contrário dos demais tributos, casos em que se tem a não incidência "constitucionalmente" qualificada. Nessas últimas hipóteses, tem-se o que na doutrina se apelida de "imunidade tributária", linguagem que se usa para identificar o efeito concreto benéfico resultante de uma norma *constitucional* proibitiva da incidência de tributo; ou seja, fala-se em imunidade quando se tem a excludente constitucional de tipicidade tributária; a "imunidade" ao tributo é o efeito resultante de normas constitucionais de dita estrutura. Não é o caso do ISS na exportação, já que, nesse, a benesse não emana da Carta, e sim da LC nº 116. Portanto, levem com vocês: **o exportador de serviços não se sujeita à incidência do ISS, mas ele não goza de imunidade tributária. Não é correto falar em imunidade para o prestador de serviços!**

Por fim, saibam que apesar de muitos confundirem (lamentavelmente!) os institutos e falarem que o exportador de serviços goza de "isenção" (erro crasso!), o benefício em estudo é o da ***não incidência legalmente qualificada***, algo bem diferente do instituto da isenção. Nessa última, o tributo incide, há fato típico, nasce a relação jurídica, mas ocorre uma dispensa do dever de pagamento. Na isenção, como já aprendido no capítulo das imunidades, quando do estudo comparativo dos institutos, ocorre uma afetação a um dos efeitos decorrentes da incidência da norma tributária, qual seja, o dever de pagar, mas jamais ocorre a proibição de incidência da norma tributária, sendo, portanto, flagrantemente equivocado equiparar a isenção à não incidência qualificada. Até porque, se a hipótese é de "não incidência", em razão de proibição, não incidirá o tributo (como o próprio nome diz!, "não incidência"), e, se o tributo não incide, é juridicamente impossível editar uma lei para "isentar" o contribuinte, afinal ele sequer terá dever de pagamento, pois nem mesmo nascerá o vínculo jurídico obrigacional tributário.

DICA 16

Quanto ao art. 156, § 3º, III, fiquem muito ligados, pois o constituinte exigiu que lei complementar discipline como poderão ser concedidas isenções em matéria de ISS. Ou seja, *é necessário lei complementar para ensinar os limites dentro dos quais se podem conceder isenções de ISS*. Em outras palavras, há que se criar um "regulamento" com o qual se estabeleçam os limites de como se pode renunciar a essa receita, tão importante e pilar de sustentabilidade da arrecadação dos Municípios. Seria realmente razoável que dita lei fosse feita e estabelecesse critérios objetivos e subjetivos sobre os limites de tolerância para essa receita, o que se harmonizaria com a ideia de se estabelecer um controle responsável sobre essa fonte de arrecadação, estabelecendo regras sobre prazos, limites, perfil de prestadores etc.

E aqui ocorre algo similar ao que comentamos sobre as alíquotas mínimas do ISS nos tópicos anteriores. Até 2002 não havia esse regramento, fixado por lei complementar, como exigiu o art. 156, § 3º, III, da CRFB/1988. A já mencionada EC nº 37/2002 incluiu o art. 88 no ACDT e veio disciplinar, ***temporariamente, transitoriamente***, o assunto, o que se fez no inciso segundo do artigo em comento. Somente no dia 29-12-2016 é que veio a LC nº 157/2016 enfim regulamentar com definitividade o feito. Importante a leitura dos artigos 2º, 6º e 7º da LC nº 157/2016 e do art. 8º-A da LC nº 116/2003.

Comentemos o que ocorreu com foco na inclusão do art. 88 no ADCT em 2002 e saibamos como esse tema foi disciplinado após a vigência da norma transitória criada pela EC nº 37/2002 e até o advento da LC nº 157/2016 e a vigência e aplicabilidade das normas que criou para disciplinar com definitividade o tema.

Com base na norma transitória do art. 88, II, estabeleceu-se que, *salvo para três contratos de prestações de serviços*, **ficaria vedada a concessão de isenção de 100% do débito fiscal**, definindo-se que (salvo as três exceções previstas) **somente se admitiram isenções parciais de ISS**, estabelecendo-se, inclusive, que em algumas situações ficaria **vedada a possibilidade de concessão de isenções de ISS** (nos casos em que o prestador de serviços já estivesse sendo tributado com a alíquota mínima).

O art. 88, II admitiu isenções de 100% (dispensa total do valor que deveria ser pago pelo prestador de serviços) apenas para os contratos de prestação de serviços de *execução de obras, demolição e reforma/reparação/conservação de construções*. Salvo nesses três contratos, vedou-se a isenção de 100% de ISS a partir de então.

Definiu-se que **não se poderia por meio de uma isenção de ISS gerar como resultado concreto e final a situação em que o prestador de serviços ficasse obrigado a pagar menos do que ele pagaria se fosse tributado com a alíquota mínima de 2%**, fixada no inciso I do mesmo art. 88, ADCT. Ou seja, a vontade do constituinte foi de estabelecer que não se poderia usar o instrumento da *isenção* para "burlar" a ideia da alíquota mínima. Noutras palavras, é dizer: se foi fixado que os prestadores de serviços devem pagar ISS em valor equivalente a **no mínimo 2%** do valor do contrato de prestação de serviços, não se poderia retirar a efetividade dessa norma por meio da permissão de concessão de isenções que dispensassem o dever de pagamento e liberassem os prestadores de pagar a quantia definida como minimamente devida.

Posto isso, a intenção foi de realmente determinar quer todo prestador de serviço (salvo os que se enquadrassem nas exceções citadas) teria que pagar, no mínimo, a quantia equivalente a 2% do valor recebido na prestação dos serviços, não se admitindo redução desse valor mínimo a pagar por meio de uma isenção. E, nesse linear, quais os efeitos dessa normatização? Simples concluir, vejamos: primeiro, ficou vedada qualquer isenção para quem já era tributado com a alíquota mínima (logo, os prestadores tributados com 2% não poderiam receber isenções, afinal, caso se desse dispensa de qualquer mínimo valor, o dever de pagamento ficaria inferior ao limite mínimo); em segundo plano, percebeu-se que **o teto máximo de uma isenção de ISS seria de 60% do valor da dívida e que essa isenção de 60% somente poderia ser concedida aos prestadores que se sujeitassem à alíquota máxima de 5%**.

Perceba-se que, se um prestador estivesse sujeito à alíquota máxima de 5%, o limite máximo para isentar esse contribuinte seria dispensá-lo de 60% (3/5) da sua dívida, exatamente para que restasse o dever de pagar a quantia que seria equivalente ao que ele teria que pagar caso fosse tributado com a alíquota mínima de 2%. Exemplificando: imaginemos um prestador de serviços que recebeu

CAPÍTULO 16 – RESERVA DE LEI COMPLEMENTAR

R$ 100.000,00 pela sua atividade. Caso fosse tributado com a alíquota mínima de 2%, teria que pagar R$ 2.000,00 e esse valor *tem que ser exigido e pago*, não se podendo gerar renúncia dessa receita (salvo se tratasse de uma das três exceções). Cogitando que esse prestador seja tributado com a alíquota de 5%, ele teria que pagar o valor de R$ 5.000,00, dos quais *apenas R$ 3.000,00 poderiam ser isentos*, exatamente para manter exigível a quantia de R$ 2.000,00, que seria a quantia equivalente ao que se pagaria caso a alíquota mínima de 2% fosse a alíquota aplicada. *Ou seja, uma isenção de ISS para o prestador que é tributado com a alíquota de 5% (alíquota máxima do ISS) somente pode atingir 3/5 da dívida (60% do débito), preservando-se a exigibilidade de 2/5 da dívida, que seria o equivalente a 2%.*

Observe-se que *a isenção de 60% do valor da dívida <u>somente se aplica quando a tributação é com a alíquota máxima de 5%</u>*. Se, por exemplo, a alíquota aplicada sobre o prestador fosse de 4%, a isenção somente poderia ser de até 50% do valor da dívida fiscal, protegendo-se a exigibilidade da quantia que seria equivalente ao que se tributaria com a alíquota mínima de 2%. Voltemos ao mesmo exemplo anteriormente cogitado do contrato de R$ 100.000,00 e imaginemos a tributação com alíquota de 4%, gerando débito fiscal de R$ 4.000,00. O máximo que se pode dispensar por meio de uma isenção nesse dever de pagamento é a metade do valor (R$ 2.000,00), de sorte a que se mantendo a dívida da outra metade da quantia não se viole a regra fixada no art. 88, II, ADCT. No mesmo exemplo, caso a alíquota aplicada sobre o contrato fosse de 3%, observe-se que a isenção só poderia ser de até 1/3 do valor da dívida de ISS a recolher, mantendo-se a cobrança do valor equivalente a 2%.

A análise da norma do art. 88, II, do ADCT permitia as seguintes conclusões:

1) ficava vedada a partir de então a concessão de isenções de 100% do valor da dívida de ISS, salvo nos contratos de prestação de serviços de execução de obras, serviços de demolição e serviços de reparação, conservação e reforma de construções, os únicos que poderiam ter isenções não sujeitas a limites, inclusive de 100% do valor da dívida de ISS;

2) salvo quanto aos três contratos excepcionados à aplicação da norma limitadora, o limite máximo de uma dispensa de pagamento de ISS gerada por uma isenção seria de 60% do valor da dívida, não se admitindo isenções superiores a 60%;

3) as isenções máximas de ISS, concedendo dispensa de 60% do valor do ISS devido, somente poderiam ser concedidas para prestadores de serviços que estivessem sendo tributados com a alíquota máxima de 5% de ISS;

4) prestadores tributados com a alíquota de 4% somente poderiam obter isenções de metade do valor da dívida (isenções de 50%), ao passo que prestadores tributados com a alíquota de 3% somente poderiam receber isenções de até no máximo 1/3 do valor do seu débito de ISS;

5) prestadores tributados com a alíquota mínima de 2% já estariam obrigados ao pagamento do mínimo que tem que se pagar e por isso *não seria admissível isenção de ISS*, ficando vedada a concessão de isenção nessas situações.

Com o advento da LC nº 157/16, criou-se o art. 8º-A na LC nº 116/03 e no parágrafo primeiro do citado dispositivo repetiu-se a norma do art. 88, II, do ADCT, substituindo-se, todavia, uma das três exceções à regra limitadora: retirou-se o contrato de prestação de serviços de demolição e inseriu-se o contrato de prestação dos serviços de transporte coletivo municipal rodoviário, metroviário, ferroviário e aquaviário de passageiros, previstos no subitem 16.01 da lista anexa da LC nº 116/03. Ou seja: a partir da vigência e aplicabilidade do mencionado dispositivo, a norma transitória do art. 88, II, do ADCT fica com sua eficácia exaurida e o assunto passa a ser regido pela norma legal do art. 8º-A, § 2º, da LC nº 116/03 com *definitividade*, frisando que ficam admitidas as isenções sem limites (podendo ser de até mesmo 100% do valor da dívida – "isenções totais") nos contratos de prestação de serviços previstos nos subitens 7.02 (execução de obras), 7.05 (reparação, conservação e reforma de construções) e 16.01 (transporte coletivo municipal rodoviário, metroviário, ferroviário e aquaviário de passageiros) da lista anexa da LC nº 116/03.

DICA 17

Ainda sobre o tópico da dica anterior, sobre as isenções de ISS, faço questão de esclarecer algo importante aqui, para evitar confusão na sua mente. Amigos, para se isentar ISS, **basta lei ordinária**, ok? O papel da lei complementar reservado pelo art. 156, § 3º, III, não é o de conceder a isenção na prática, de fato, em concreto. Claro que não! O papel da LC é o de *ensinar como se isenta!* A função destinada à LC pelo aludido dispositivo constitucional é a de estabelecer o "regulamento" que vai ensinar dentro de quais limites, por qual prazo, para quais prestadores, sobre que montante, sob quais condições, é que se pode conceder a isenção de ISS nesse ou naquele segmento de mercado. Portanto, por favor, tomem cuidado com isso, ok? Não confundam a lei que dá a isenção com a lei que estabelece os parâmetros para que se possa isentar.

Repito, em qualquer Município do Brasil, **quem concede a isenção de ISS é uma lei local, bastando que seja simples lei ordinária**. Os limites a serem

CAPÍTULO 16 – RESERVA DE LEI COMPLEMENTAR

respeitados por essa lei ordinária local isentiva, entretanto, são dois: primeiro, deve ser uma **lei específica**, nos termos da exigência do art. 150, § 6º, da CRFB/1988; em segundo lugar, como já aprendido, deverá respeitar os limites fixados em lei complementar nacional. Portanto, não esqueçam: **Isenções de ISS se concedem por leis ordinárias, específicas, cabendo à lei complementar estabelecer os limites e regras para que tais isenções sejam concedidas.**

DICA 18

Quanto ao tema da **lei complementar e o ICMS**, fundamental que o candidato leia na íntegra o art. 155, § 2º, XII, da Constituição, passando por todas as suas alíneas, para que conheça o universo de matérias que, quando caem na prova, o gabarito sempre dá: "dependem de lei complementar". Façam isso! Destaco em particular a alínea "g", favorita dos examinadores de concursos, na qual fica previsto que cabe à lei complementar estabelecer os limites dentro dos quais serão formalizados convênios, após deliberações entre representantes de todos os Estados e do DF para que se possam conceder isenções de ICMS. Tal lei complementar já existe, é a **LC nº 24/75**, a qual traz exatamente essas regras que ensinam como é que se podem **conceder ou revogar isenções de ICMS**. Fiquem atentos, pois, como de se perceber, o papel da lei complementar **não é o de isentar o ICMS**, até porque, em regra, as isenções de ICMS emanam de convênios celebrados no CONFAZ e eventualmente são admitidas por leis ordinárias locais (sempre específicas!), conforme recentemente decidiu o STF em julgamento da famosa ADIN nº 3.421/PR. O papel da LC é estabelecer as regras dentro das quais esses convênios serão celebrados.

DICA 19

Quanto ao ITCD, observem com muito zelo o art. 155, § 1º, III, da Carta, pois lá fica reservado à lei complementar o papel de solucionar um incômodo problema que acontece no nosso país, qual seja o de se estabelecerem regras fixas e objetivas, justas acima de tudo, para que se possa normatizar a questão do chamado "ITD Internacional". Ou seja, disciplinar como fica a incidência do tributo se, nos casos de doação, o doador tiver domicílio ou residência no exterior, bem como nos casos de transmissão *causa mortis*, se o *de cujus* possuía bens, era residente ou domiciliado ou teve o seu inventário processado no exterior. Cabe à lei complementar disciplinar tais questões!

DICA 20

Nessa última dica queria deixar a vocês uma **reflexão sobre o real papel da lei complementar no IGF**. E faço isso porque confesso a vocês que, como estudioso que sou do Direito Constitucional, mas me dedicando a mais de 10 anos ao Direito Tributário, me incomoda profundamente ver que as pessoas repetem que o IGF seria um tributo criável por lei complementar. Pois no fundo não é. E, aliás, afirmar por tal sentido é maltratar o Sistema Tributário, ferindo sua história, sua lógica e sua linguagem. No meu modo de pensar, não tenho dúvidas de que a função dada pelo constituinte à lei complementar foi apenas a de definir o que seja uma fortuna, e, em seguida, modulá-la quanto a ser pequena, média ou grande, para que assim se possa saber com exatidão qual é o fato gerador, qual é a base de cálculo e quem é o sujeito passivo na referida exação fiscal, para que então se possa criar o IGF, mediante simples lei ordinária, claro, como se cria todo e qualquer imposto ordinário previsto na Carta, e com o IGF não faz qualquer sentido que seja diferente. E para que fins o constituinte teria se preocupado em fazer expressamente essa reserva? Parece-nos claro que por um motivo político, pouco percebido por aqueles que não têm maior intimidade com o Direito Constitucional, qual seja, o de condicionar o direito de se aprovar a simples lei ordinária instituidora do tributo (IGF) à necessidade de se fazer primeiro a lei complementar de normas gerais sobre o IGF, definindo o perfil do imposto, delimitando o alcance exato do fato gerador, da base de cálculo e do contribuinte. Ou seja, a elaboração dessa lei complementar, nesse caso específico do IGF, seria obrigatória, e, sem ela, não se pode fazer a criação do tributo pela LO. Vejam que o art. 146, III, "a", no Sistema Tributário, exige a lei complementar de normas gerais para definir o perfil dos impostos, delimitando exatamente o fato gerador, a base de cálculo e o contribuinte, e isso vale para todos os impostos. Ocorre que a inexistência dessa lei complementar de normas gerais não impede que se possa criar o imposto por lei ordinária, como se depreende do aprendizado extraído na leitura do art. 24, I, § 1º e seguintes, da Carta. E como exemplo dessa verdade estão diversos impostos hoje instituídos sem que haja a lei complementar que lhes disciplina, vide o caso do IPVA. **A não ser que a Carta expressamente exija a lei complementar**, que foi exatamente o que ocorreu no IGF. No momento em que o constituinte fez a expressa ressalva à necessidade de lei complementar para definir as grandes fortunas, ele impediu que se pudesse fazer a lei ordinária instituidora antes da existência da lei de normas gerais definidora do perfil desse imposto. Nesse caso específico, boicotou-se a possibilidade de criação do IGF, tornando-se necessária a aprovação dessa maldita lei complementar, a qual, infelizmente, não se consegue aprovar. Portanto, analisando sistematicamente a Carta, percebe-se que a

CAPÍTULO 16 – RESERVA DE LEI COMPLEMENTAR

função da LC jamais seria a de criar o IGF. Em uma interpretação *gramatical*, basta ver a diferença de linguagem entre o art. 153, VII e o art. 148 (empréstimos compulsórios) e o art. 154, I (impostos residuais). Nesses dois, o constituinte é claro e inconfundível (como há de ser uma situação em que se quebra uma regra), afirmando que os tributos em tela serão criados **mediante lei complementar**. Mas não é essa a linguagem utilizada no art. 153, VII, do IGF. E que não se queira manipular o dispositivo imputando acidente de linguagem no caso. Não. Foi pensado. Proposital. Intencional. Havia uma motivação política para travar o IGF na LC. Mas jamais exigindo a "criação" por LC, pois isso feriria de morte a lógica do STN, afinal, se todos os impostos se criam por lei ordinária, qual seria a justificativa plausível para o IGF ser por lei complementar? Não haveria.

Interpretando historicamente, somente após a Carta de 1988 é que os empréstimos compulsórios passaram a ser de lei complementar, como já visto anteriormente. Até 1988, todos os tributos eram criados por lei ordinária, ressalva apenas para a criação de tributos residuais. Ora, o IGF não é um tributo residual, e sim mais um de muitos impostos ordinários, submetidos a um mesmo sistema.

Para provas, apesar de tudo isso, saiba que existem inúmeros doutrinadores que ainda teimam em afirmar que o IGF é tributo submetido à necessidade de LC. Em uma prova objetiva, saiba que, em regra, os examinadores apenas transcrevem o art. 153, VII, da Carta, fazendo a questão no melhor estilo "lei seca", sem tirar nem botar vírgula; quem leu a Carta, responde certo. Afinal, se o examinador afirma que "segundo a Constituição, cabe à União instituir impostos sobre grandes fortunas, nos termos de lei complementar", de fato a resposta será "verdadeiro", pois esse realmente é o teor do que está escrito. E observem que o examinador não pacificou a polêmica, apenas colocou a questão nos termos em que ela está escrita na Carta.

CAPÍTULO 17

RELAÇÃO JURÍDICA OBRIGACIONAL TRIBUTÁRIA

CAPÍTULO 17 – RELAÇÃO JURÍDICA OBRIGACIONAL TRIBUTÁRIA

1. OBRIGAÇÃO PRINCIPAL E ACESSÓRIA

DICA 1

Amigos, a primeira dica importante que quero consignar a vocês é no sentido de que a relação jurídica obrigacional tributária que surge unindo o Estado ao contribuinte, quando o primeiro está no exercício do poder de tributar, perseguindo a arrecadação tributária, com a qual sobrevive e sem a qual não custeia suas despesas, é uma relação obrigacional que nasce **independentemente de manifestação de vontade**. O *Fisco*, quando tributa, não age como um policitante, "pedindo", dependendo de consentimento, para que possa exigir do administrado a prestação pecuniária. Não! O *Fisco* não é contratante, não age celebrando negócio jurídico. O Estado Fiscal não pede, ele *impõe* (o nome do principal tributo é **imposto** e não "pedido" ou "solicitação"); o Estado tributante não pleiteia, ele *taxa*; até quando quer que emprestem ele afirma, o empréstimo é **compulsório**. Logo, guardem com vocês: a primeira característica marcante da relação jurídica obrigacional tributária e que a distingue nuclearmente das relações obrigacionais privadas é que na tributária a relação surge sem qualquer necessidade de acordo de vontades, bastando que ocorra o fato típico para a lei tributária e isso já será suficiente para que a norma tributária incida e o fato gere a relação jurídica obrigacional tributária, unindo o Fisco ao contribuinte. Portanto, a RJOT decorre exclusivamente da lei, não tendo sua gênese, sua validade e sua eficácia, emanadas da vontade.

DICA 2

É muito comum que se pergunte em prova "em que momento nasce a relação obrigacional tributária". E, como costuma acontecer, quando se faz indagação sobre esse ponto específico da matéria, o examinador normalmente até peca na pergunta, cometendo um vício técnico de linguagem, mas que, por ser frequentemente praticado, termina sendo aceito na comunidade acadêmica: é que normalmente a questão de prova indaga em que momento nasce a **obrigação tributária** quando o correto seria falar em nascimento da **relação jurídica obrigacional tributária**, dentro da qual os objetos, as prestações, podem ser uma obrigação de pagamento e os chamados deveres anexos, acessórios, de cumprir procedimentos, exigidos pela Administração quando do exercício do poder de polícia, normalmente buscando obter informações no escopo de enfrentar os crimes de sonegação fiscal e demais condutas ilícitas correlatas.

E a resposta adequada para essa pergunta é tão simples quanto objetiva: **A relação jurídica obrigacional tributária surge com a ocorrência do fato gerador**. Repita esta frase com você 10 vezes, isto sempre cai em prova: a relação jurídica entre o Fisco e o cidadão nasce com **a ocorrência do fato gerador**! Não há outra resposta cabível para identificar o momento exato a partir do qual se aponta a gênese obrigacional entre o Estado Fiscal e o administrado, colocando-os unidos entre si por um vínculo jurídico obrigacional e qualificando o Estado como sujeito ativo e o contribuinte como sujeito passivo da relação tributária. Esse momento é, repito, a ocorrência do fato gerador. Basta que ocorra o fato gerador e isso já é suficiente para dar surgimento à relação jurídica obrigacional tributária.

DICA 3

Aprofundando e esclarecendo o comentário anteriormente transcrito, queria dizer a vocês que o fato "gerador" nada mais é do que o fato que é *típico* para a lei instituidora do tributo. E exatamente por ser "típico" é que recebe a aplicação da norma tributária, e, como a norma é compulsória, ela impõe de imediato seu efeito, qual seja, o de formar a relação jurídica obrigacional tributária. É por isso que o adjetivo que se deve usar para qualificar o fato típico é fato "gerador", pois ele "gera", "faz nascer", a relação tributária.

DICA 4

A relação tributária tem elementos objetivos e subjetivos. Quando falamos dos elementos objetivos, estamos nos referindo ao *objeto*, às *prestações*, àquilo que na linguagem tributária se passou a chamar de *obrigação principal* e *obrigação acessória*. Já quando falamos dos elementos subjetivos, estamos a nos referir aos *sujeitos* da relação tributária, ora o *sujeito ativo*, ora o *sujeito passivo*. O CTN cuida do elemento objetivo no art. 113; cuida do sujeito ativo nos arts. 119 e 120; por fim, disciplina o sujeito passivo nos arts. 121 a 138.

DICA 5

Vamos falar aqui sobre as prestações. É muito comum que os examinadores indaguem se o candidato sabe diferenciar os dois tipos de "objetos" que podem ser opostos ao sujeito passivo na relação jurídica obrigacional tributária; ou seja, a diferença entre aquilo que se chama de **obrigação principal** e o que se apelidou **obrigação acessória**. Tudo que signifique **dever de pagamento** será compreendido como **obrigação principal**; todo e qualquer outro tipo de dever exigível do sujeito passivo será chamado de **obrigação acessória**. Ou seja, toda prestação que se

CAPÍTULO 17 – RELAÇÃO JURÍDICA OBRIGACIONAL TRIBUTÁRIA

exija do sujeito passivo na relação tributária que não seja "dever de pagamento", por lógico, não é o principal, e será chamado de "obrigação acessória". Muito em particular, tenho birra com esse apelido, pois, na minha íntima convicção, sei que o que se chama de "obrigação acessória" não é, sob as lentes do direito civil, nem "obrigação" nem "acessória", mas, como foi essa a linguagem que pegou, foi ela que foi escrita e é ela que se utiliza em provas, deixemos de lado nosso ponto de vista pessoal, o qual, caso externado aqui, só confundiria o candidato e não é esse o foco desta obra.

DICA 6

Sobre as *obrigações principais*, queria frisar a vocês que elas significam os deveres de pagamento, e quero muito sua atenção para o que estou escrevendo aqui. Observe que não estou delimitando o "objeto" desse "pagamento"; não estou restringindo apenas ao pagamento de "tributo"; não! Estou lhe informando que *qualquer dever de pagamento* traduz obrigação *principal*. Não pode ter outra classificação... É dever de pagar? Então, é principal! Ainda que não se trate de dever de pagar tributo. Quero, portanto, me referir às multas, às penalidades pecuniárias. Amigos, a tal da "obrigação principal" consiste no dever de adimplir as prestações de pagamento, logo, de tudo aquilo que possa ser devido. Portanto, a ideia de *obrigação principal* envolve o tributo, as penalidades e até mesmo os consectários de mora. Reitero: cuidado, pois as pessoas pensam que a obrigação principal se resume ao dever de pagar tributo, quando, na verdade, a adjetivação "principal" quer apenas designar o mais importante dos deveres em uma relação jurídica obrigacional tributária, que é o de pagar, seja lá qual for o objeto do pagamento. Logo, se cair na prova de vocês a tradicional pegadinha, respondam sem medo: obrigação de pagar multa é *obrigação principal*!

DICA 7

Na linha do exposto anteriormente, fiquem atentos, pois, por mais esdrúxulo que possa parecer em uma primeira leitura, é plenamente possível que haja obrigação principal devida sem que haja tributo devido. É o que ocorre nas relações jurídicas em que não se devem tributos, mas foram aplicadas multas. Basta imaginar o exemplo de um empresário isento de ICMS e que deixa de cumprir obrigações acessórias e, portanto, é multado. A aplicação da multa faz surgir, dentro dessa relação jurídica obrigacional tributária, uma obrigação principal. E essa multa deve ser paga, sendo que, caso não o seja, desafiará execução fiscal; trata-se de crédito *tributário*, já que nascido no bojo da relação tributária, ainda que não seja crédito de "tributo" (é multa!), mas é crédito *tributário*. Nessa situação, existe obrigação principal a cumprir e não há tributo devido; mas há obrigação de *pagar*, e esta só pode ser chamada de *principal*.

DICA 8

Ainda sobre a *obrigação principal*, como se trata do dever de pagamento, insta frisar que ela se submete, em absoluto, à *reserva legal*. Ou seja, somente a lei, lei em sentido estrito, pode prever uma *obrigação principal*. Só a lei pode autorizar a exigência de tributo e somente a lei pode cominar penalidades. Vale a leitura atenta do art. 97 do CTN, ok, amigos?

DICA 9

Continuando na qualificação da *obrigação principal*, além de registrar que sempre decorre de lei, vale lembrar que ela é sempre uma obrigação de caráter patrimonial, *intuito pecunia*, que se classificaria civilmente como prestação *positiva*, sempre na modalidade *obrigação de dar*, nunca podendo ser entendida como prestação *negativa*, de *não fazer* ou de *tolerar*.

DICA 10

Quanto às **obrigações acessórias**, elas significam deveres procedimentais, deveres de condutas, que o administrado deve cumprir para fornecer certas informações que a Fazenda tem interesse em receber, no intento de combater os crimes de sonegação fiscal. As *obrigações acessórias* são desprovidas de conteúdo econômico, não têm caráter *intuito pecunia*, são desprovidas de qualquer valor patrimonial (daí minha implicância com o uso da expressão "obrigação"; ora, se é uma *obligatio*, é evidente que como espécie do gênero "dever jurídico" a *obligatio* tem por essência o conteúdo patrimonial!), traduzindo-se realmente em meras exigências de comportamentos, como os deveres de emitir notas fiscais, de escriturar certos livros, de apresentar declarações, de tolerar fiscalizações etc.

DICA 11

As **obrigações acessórias** estão ligadas à ideia da ***fiscalização***, no intento de se ***proteger a arrecadação fiscal***. Emanam do ***poder de polícia*** da Administração Fazendária e consistem em prestações que ora podem ser ***positivas*** (obrigações de fazer, como, emitir notas e declarações), ora ***negativas*** (obrigações de não fazer ou de tolerar, como exemplo, não receber mercadorias de origem ilícita ou tolerar uma fiscalização dentro da empresa por um fiscal legitimado a tanto e que age dentro dos limites dos poderes fiscalizatórios).

CAPÍTULO 17 – RELAÇÃO JURÍDICA OBRIGACIONAL TRIBUTÁRIA

DICA 12

A **obrigação acessória** decorre da **legislação tributária**, sendo **exceção à reserva legal**. Ou seja, para que se criem "obrigações" procedimentais, não é necessário parar o parlamento para tal desiderato. Podem ser criados os deveres instrumentais por decretos, portarias, atos normativos, sem problemas. Lembrem-se, o conceito de "legislação tributária" é muito mais amplo do que apenas o de "lei" em sentido estrito, conforme se comprova na leitura do art. 96 do CTN. A *legislação tributária* compreende, além das leis, os *tratados e convenções internacionais*, os *decretos* e as *normas complementares*, e, portanto, envolve as diferentes *fontes normativas*, primárias e secundárias. Por logo, obrigações acessórias podem ser criadas por decretos do chefe do Executivo, por Instrução Normativa do Ministro/Secretário de Fazenda etc. Sendo assim, percebam que as *obrigações acessórias* são exceções à reserva de lei, qualificando o que costumo chamar de *deslegalização regulatória do poder de polícia fiscal*.

DICA 13

Importante dica é a que comentamos agora, reportando-nos ao art. 113, § 3º, do CTN, já que nas últimas dicas, comentando as características das obrigações *principal* e *acessória*, fizemos referência ao conteúdo do art. 113, caput e §§ 1º e 2º. O terceiro parágrafo ora em comento consagra a chamada "regrinha de conversão" da obrigação acessória em principal, algo que também me incomoda muito... Mas, vamos lá, por amor ao meu público concurseiro, vamos nessa. O CTN afirma que, se for descumprida a *obrigação acessória*, ela se converte em principal, no que tange à penalidade pecuniária aplicada. E é exatamente assim que cai em prova, e é assim que você deve marcar *verdadeiro* no seu *provão*, pois, conforme consta expressamente no texto da lei, ocorre a conversão da acessória em principal. Na verdade, o que nos parece bem óbvio é que o legislador tentou dizer uma coisa, mas, não tendo sido felicitado com a mais pura textualização da linguagem, terminou escrevendo uma imperfeição. O que nos parece que se tentou afirmar foi que, "caso a obrigação acessória não seja cumprida, aplicar-se-á uma multa, uma penalidade pecuniária, e, em relação a essa, ela se qualifica como *obrigação principal*"; logo, inobservada a obrigação acessória, nasce uma nova (e autônoma!) obrigação principal, essa obrigação de pagar a multa. Já quanto à obrigação acessória descumprida, *data venia*, ela não *se converteu* na principal, por favor, mas apenas deu surgimento a uma obrigação principal nova e interdependente; quanto à acessória descumprida, caberá à legislação determinar se ela fica dispensada em razão da penalidade ou se continua exigível, o que seria plenamente lícito, factível e muitas vezes útil e até necessário. Mas, para a prova de vocês, guardem que no CTN está escrito que a obrigação acessória, pelo simples fato de sua inobservância, converte-se em principal, o que diz respeito à penalidade pecuniária aplicada.

DICA 14

Comparando de modo organizado as duas modalidades de objetos, pode-se afirmar que a principal decorre de lei; já a acessória, da legislação; a principal é pecuniária; a acessória tem essência meramente procedimental; a principal emana da ideia de persecução arrecadatória; a acessória, de poder de polícia, fiscalização; a principal sempre será uma prestação positiva, na modalidade obrigação de dar, porquanto a acessória pode ser positiva ou negativa, nunca de dar, mas sim de fazer, não fazer ou tolerar. Por fim, como visto, do descumprimento de uma obrigação acessória, caso aplicada a penalidade, nasce uma nova obrigação principal.

DICA 15

Vale ainda registrar preciosa informação de que, quando certa lei concede isenção relativa a determinado tributo, a isenção é uma mera *dispensa de pagamento de tributo*, logo, não atingindo a obrigação acessória. Ou seja, a isenção não alforria o administrado de cumprir as obrigações acessórias, a não ser que haja expressa previsão dessa dispensa também. Afinal, na isenção o que se tem é um benefício fiscal de renúncia de *receita*, de dispensa de dever de *pagar*, em nada atingindo o poder de polícia da Administração Fiscal.

CAPÍTULO 18

RESPONSABILIDADE TRIBUTÁRIA

CAPÍTULO 18 – RESPONSABILIDADE TRIBUTÁRIA

DICA 1

O que significa falar do instituto da *responsabilidade tributária*? Amigos, estamos nos referindo a todas as situações em que, na relação jurídica obrigacional tributária, a lei colocará no polo passivo pessoa diferente da que realmente praticou o fato gerador da obrigação tributária. Ou seja, o legislador, ao definir a estrutura da norma tributária, nomeará *sujeito passivo* pessoa diferente daquela que naturalmente deveria sê-lo. Um "terceiro" termina por assumir o dever legal de adimplir a dívida tributária advinda de um fato gerador que não praticou. Esse "terceiro", nomeado pela lei como sujeito passivo, é o **responsável legal**. Todas as vezes que a lei determinar situação como essa, falaremos na criação de *responsabilidade tributária*. É o que ocorre, por exemplo, quando a lei diz que o adquirente do imóvel assume as dívidas causadas pelo alienante, ou que os herdeiros assumem dívidas do *de cujus*, ou que a pessoa jurídica nova resultante de fusão de outras recebe as dívidas por aquelas deixadas, quando imputa a certo empregador o dever de reter o imposto do empregado, descontando do salário e assumindo o dever de pagar ao Fisco etc. etc. etc.

DICA 2

Com base no conceito anterior, fica fácil diferenciar o *contribuinte* do *responsável*. Contribuinte é aquele que *pratica o fato típico* e por determinação da lei *assume o dever jurídico do adimplemento*. É o sujeito passivo *regra*, permito-me dizer. Pois a regra no mundo obrigacional é a que "quem pariu Matheus balança", ou, em linguagem mais técnica, "quem tem débito tem responsabilidade", ou, em idioma tributário, "quem pratica fato gerador de dívida tributária tem que adimplir perante a Fazenda credora". Pois é, esses são os contribuintes, aqueles que praticam as condutas típicas e as leis mandam pagar, não determinando que "terceiros" fiquem responsabilizados pelo pagamento. Ou seja, o contribuinte é aquele que **tem relação pessoal e direta com a conduta típica!** Já o *responsável* não, ele não praticou o fato típico, não teve relação pessoal e direta com a conduta, não se reveste da mesma situação que o contribuinte. E é exatamente por este aspecto, de que o contribuinte tem relação pessoal e *direta* com a conduta, e o responsável não, que a doutrina apelidou o contribuinte e o responsável de **sujeito passivo direto e sujeito passivo indireto**, respectivamente!

DICA 3

O *responsável* pode ser chamado de **sucessor** ou de **substituto**, já que há duas diferentes situações que levam à responsabilização legal de terceiros por dívidas tributárias, ou seja, a chamada **sucessão tributária** (também chamada de "transferência") e a **substituição tributária**.

DICA 4

Seguindo a linha do comentado anteriormente, na primeira hipótese, a da **sucessão ou transferência**, a relação obrigacional tributária nasce normal, com o próprio contribuinte no polo passivo da relação; ele praticou o fato gerador e ele é o sujeito passivo, ele tem que responder pela dívida tributária que gerou; entretanto, ocorre um fato novo que faz com que o legislador *modifique* o polo passivo da relação, excluindo o contribuinte e colocando uma nova pessoa para lhe *suceder* na posição de sujeito passivo. Essa nova pessoa passa a ficar, dali em diante, responsável pela dívida, ocorre uma *transferência da responsabilidade tributária*, uma verdadeira *sucessão*, tanto da dívida como da pessoa que passa a ocupar o polo passivo. É o que ocorre, por exemplo, quando o contribuinte falece (fato novo – o falecimento) e a dívida sucede aos herdeiros, ou quando certa pessoa vende seu imóvel com dívidas tributárias não quitadas (fato novo – alienação do bem) e as dívidas sucedem ao adquirente, ou, ainda, quando uma pessoa jurídica incorpora outra dentro de si (fato novo – incorporação), recebendo as dívidas tributárias da incorporada para si. Observem, amigos, que, em todas essas hipóteses, a relação obrigacional tributária nasceu e se formou sem a figura do *responsável*, que só apareceu no polo passivo em um momento superveniente, *sucedendo* o contribuinte originário! E percebam que essa modificação de pessoas no polo passivo, que muito faz lembrar o instituto da *novação subjetiva* (ainda que com esse não se confunda, pois, aqui, não se extingue a obrigação), se dá exatamente em razão da ocorrência do *fato novo*, o qual tem sempre o poder de colocar em risco o adimplemento, e é exatamente por causa desse risco que a lei, no intento de proteger o crédito tributário, traz outra pessoa para o polo passivo, pessoa esta, o **sucessor**, que é de melhor acesso para a Fazenda, pessoa essa que, entrando no polo passivo, traz mais segurança para o credor e amplia a possibilidade de se obter êxito na arrecadação! Por fim, observe-se que o *sucessor*, a pessoa escolhida pela lei para ser colocada como *responsável legal*, passando a assumir a dívida tributária, é uma pessoa ligada ao fato, ligada à conduta que fomentou a norma da transferência e, em regra, próxima ao contribuinte. Como regra, ninguém será nomeado sucessor por dívidas em relação a uma pessoa com quem jamais se relacionou ou deixou relações jurídicas intersubjetivas!

DICA 5

Já na **substituição tributária** a estrutura da conduta é diferente! O legislador percebe que em certos tipos de situação, quando o fato gerador vier a ocorrer, será muito difícil, quiçá impossível, para a Fazenda credora conseguir tributar a pessoa que praticará o fato gerador, a qual deveria, ordinariamente, ocupar o polo passivo, na qualidade de contribuinte. Nesses casos, a lei nem arrisca deixar o contribuinte no polo passivo para, caso ocorra eventual *fato novo*, criar a regra de *sucessão* da responsabilidade. Aqui, não. Nos casos da chamada *responsabilidade por substituição*, o legislador já percebe que, no momento da própria formação da relação obrigacional tributária, já será difícil para o Fisco conseguir tributar o praticante do fato gerador. Daí, o que ocorre então? Ocorre que o legislador já determina que o sujeito passivo será outra pessoa, desde o início, que será o *substituto*, o qual *substituirá* na posição passiva a figura daquele que ali deveria estar, o *contribuinte*. Observe-se que por ser latente o risco da dificuldade de se conseguir, no caso concreto, cobrar o tributo da pessoa que pratica o fato gerador é que o legislador se antecipa e, na própria estruturação da norma legal tributária, já determina que o sujeito passivo é um terceiro, que não o praticante do fato gerador. Nesses casos, quando o contribuinte praticar o fato gerador ele já sabe que não será ele a pessoa que figurará no polo passivo da relação obrigacional tributária gerada, pois a norma legal tributária apontará para outra pessoa qualificando-a como sujeito passivo; esse é o *substituto tributário*.

Perceba-se que na *substituição tributária*, ao contrário da *sucessão tributária*, não se visualiza a presença de duas pessoas diferentes no polo passivo, em momentos sucessivos. Não. Assim seria na *sucessão*, onde primeiro aparece no polo passivo o *contribuinte*, e, somente em um momento futuro, em razão de um *fato novo*, é que opera a regra de *sucessão* da responsabilidade para o *novo* sujeito passivo, o *sucessor*, operando a *transferência da responsabilidade tributária*. Na substituição, ao contrário, quando o fato gerador ocorre, o contribuinte já sabe que nem entrará no polo passivo, bem como o substituto tem a plena consciência de que ele figurará na posição em comento desde a gênese obrigacional!

DICA 6

Passo a falar com vocês sobre o art. 130 do CTN. Aqui temos a previsão da *sucessão* da responsabilidade tributária por dívidas ligadas a *imóveis*, as quais se *transferem* para **os adquirentes dos imóveis**! Ou seja, quando alguém adquire um imóvel, adquire também as dívidas relativas a esse bem. Resta concluir, as dívidas tributárias que gravam o bem acompanham a coisa, passando sempre a serem do proprietário que adquirir a coisa! Consagra-se, como regra, a famosa teoria *propter rem*, que ensina que as dívidas que surgem da relação do homem e da coisa são dívidas que pertencem a quem tem a titularidade da coisa ao tempo da cobrança; ou seja, é irrelevante "quem causou" a dívida; importa, isso sim, quem é o *dono* da coisa em razão da qual a dívida se constituiu; interessa identificar quem é o proprietário do bem ao tempo da cobrança; ele será o responsável pelo dever de adimplir o credor. Nesse liame, as dívidas que gravam a coisa se transferem para os novos donos da coisa. Sempre que houver previsão legal, essa regra se aplica. E o CTN prevê exatamente isso nas questões tributárias. As dívidas ligadas a imóveis (IPTU, ITR, Taxa de Lixo, Taxa de Esgoto, Contribuições de Melhoria etc.) sucedem para o adquirente o bem. Logo, se você adquirir um imóvel e existirem dívidas relativas a esse bem que não estiverem pagas, saiba que você passará a ser, por expressa previsão legal (art. 130, CTN), o novo responsável por esse montante, e, se o Fisco vier a executar, você será o executado, pois passará, após sua aquisição do bem, a ser o sujeito passivo da relação tributária. Essa é a regra do art. 130 do CTN. Entretanto, é preciso entender que existem duas situações que possibilitam excepcionar essa regra! As duas "exceções" à regra da sucessão tributária. E, sobre isso, falamos na dica a seguir!

DICA 7

Ainda sobre o art. 130, como dito, em duas hipóteses podemos falar que o adquirente fica blindado e não poderá ser responsabilizado por dívidas ligadas ao imóvel, as quais, de fato existem, foram geradas antes de sua aquisição, mas não ficarão sob sua responsabilidade. E quais são essas situações? A primeira delas, quando o adquirente goza de uma certidão expedida pela Administração Fazendária narrando que "não existem dívidas inadimplidas relativamente ao bem"; a famosa "certidão de nada consta", conforme se vê na parte final do *caput* do art. 130 do CTN; a segunda situação, quando a via de aquisição do bem imóvel se dá pela "arrematação em hasta pública", já que, nesses casos, a dívida tributária deve ser paga com o produto do lance da arrematação, conforme prevê o parágrafo único do art. 130 do CTN! Comentemos as duas hipóteses.

Na primeira, o Fisco não poderá demandar o adquirente do bem, se esse mesmo Fisco, ao ser consultado pelo adquirente, informou ao cidadão que não havia dívidas pendentes. Ora, ao dar essa informação, a Fazenda fez o adquirente postulante acreditar que o bem que estava sendo adquirido estava "limpo" de gravames fiscais. Com base nessa informação, o adquirente sequer pensaria em pedir ao alienante um abatimento do preço; afinal, caso o Fisco informasse que existiam dívidas tributárias, como de IPTU e Taxas, por exemplo, o adquirente certamente pediria ao alienante um desconto no valor da compra, afinal, havendo essas dívidas geradas pelo alienante e não pagas, essas sucederiam para ele, adquirente. Logo, haveria, pelo menos, a possibilidade de pedir abatimento do preço de compra. Mas, como o Fisco afirmou, materializando essa declaração na certidão expedida, que não existiam dívidas, excluiu do adquirente qualquer

CAPÍTULO 18 – RESPONSABILIDADE TRIBUTÁRIA

possibilidade de cobrar esse valor do alienante. Ora, se em momento futuro a Fazenda descobre que errou, que deu uma informação equivocada, terá que assumir seu erro; não poderá, em hipótese alguma, demandar esse adquirente; não se aplicará a regra da primeira parte do *caput* do art. 130 do CTN. Afinal, se o Fisco, em tais situações, pudesse demandar o adquirente, estaria ferida de morte a ideia de *confiança* na Administração Pública; esvaziar-se-ia a efetividade do *direito de petição*; comprometer-se-ia a *segurança jurídica*; legitimar-se-ia o comportamento contraditório etc. Ou seja, haveria gravosas sequelas ao ordenamento jurídico. Por isso é que se o adquirente goza de uma certidão expedida pelo Fisco, ao tempo da aquisição do bem, informando que não existem dívidas tributárias pendentes, narrando que todos os tributos relativos ao bem, no presente momento, restam quitados, não poderá a Fazenda, em momento futuro, cobrar desse adquirente dívidas que de fato existam e sejam anteriores à aquisição. A titularidade da certidão será excludente da sucessão da responsabilidade pelas dívidas. Logo, essa é a primeira situação que afasta a responsabilização do adquirente pelas dívidas relativas ao imóvel adquirido.

Na segunda situação, a ideia do legislador é a de assegurar aos arrematantes que, em regra, eles não se submeterão ao dever de, além de pagar um preço pela arrematação, terem ainda que pagar por eventuais dívidas tributárias que existam sobre esse bem a ser adquirido na arrematação em hasta pública. A intenção é a de atrair pessoas para arrematarem o bem. E, de fato, seria desinteressante que o arrematante ainda tivesse que assumir esse ônus de pagar as dívidas fiscais. E, como é de notória percepção, é fundamental que apareça o arrematante, sob pena de não se concluir o processo executivo, não se extinguir a execução, não se gerar a receita para pagar o credor. Portanto, é lógico que a regra de excluir a sucessão da responsabilidade para o arrematante, assegurando a ele que do valor pago na arrematação do bem retirar-se-á o montante necessário para pagar a dívida fiscal que grava a coisa, é um atrativo. Daí essa situação que excepciona o adquirente do imóvel de ter que responder por dívidas anteriores à sua aquisição. Nesse diapasão é que se escreveu no já citado parágrafo único do art. 130 que a dívida tributária se sub-roga no preço da arrematação.

Portanto, amigos, lembrem-se: há duas situações em que uma pessoa poderá estar adquirindo um bem e não se submeterá à regra de sucessão da responsabilidade tributária por dívidas anteriores à sua aquisição e que de fato existam e gravem o bem adquirido: quando portar certidão de quitação fiscal relativa ao bem ou quando estiver arrematando o bem em hasta pública e com o produto da arrematação se possa pagar o valor da dívida! Nessas duas hipóteses, não ocorrerá a sucessão da dívida, devendo o Fisco cobrá-la do antigo proprietário, seu originário devedor. Afinal, não se aplicando a regra de sucessão da responsabilidade tributária, continua como devedor o contribuinte originário.

DICA 8

Passo a comentar aqui com vocês o importante art. 133 do CTN, que cuida das situações em que ocorrem **alienações de fundos de empresa**, ou, como são chamadas, operações de "Trespasse". De quem cobrar as dívidas tributárias que gravam o fundo de comércio alienado? Do adquirente ou do alienante? Amigos, prestem bem atenção aqui no que vou escrever: o legislador se preocupou em determinar em que momento o adquirente poderia passar a ficar sujeito à responsabilização pelas dívidas da "empresa" que ele está comprando; a norma é feita para o adquirente; é com ele que o legislador se preocupa. E, nesse diapasão, queria dizer a vocês que existem três situações possíveis para demonstrar o nível da responsabilização dele. E é exatamente isso que vai ser indagado em prova, se vocês conseguem identificar em quais das três hipóteses o adquirente se enquadrará no caso concreto apresentado pelo examinador. E quais são essas hipóteses? Vamos lá, observe aí a seguir:

a) o adquirente só responderá **subsidiariamente** com o alienante;

b) o adquirente passa a responder **integralmente** pelas dívidas;

c) o adquirente **não responderá** pelas dívidas.

Ou seja, a depender das características do caso concreto, ou teremos a situação em que o **adquirente** ficará protegido com a regra da **subsidiariedade** (nesses casos, o alienante continua a responder pelas dívidas tributárias da empresa vendida; o adquirente só pode ser demandado se não for possível cobrar do alienante, que fica com a responsabilidade preferencial), ou então, a situação em que o **adquirente** passará a responder **integralmente** pela dívida (nessas hipóteses, o correto é entender que "integralmente" é no sentido de "**solidariamente**" com o alienante) ou, ainda e por fim, pode ocorrer a situação em que o adquirente não poderá ser responsabilizado pelas dívidas tributárias que gravam o fundo de comércio adquirido, ficando megabeneficiado pela norma legal dos §§ 1º e 2º do art. 133, criados pela LC nº 118/2005, consagrando-se hipótese de excludente de responsabilização. Analisemos as três situações.

Começo pela situação da excludente sucessória, ou seja, pelas hipóteses em que o adquirente não poderá ser demandado pela Fazenda pelas dívidas tributárias que gravam o fundo de empresa adquirido. Isso ocorrerá em apenas duas hipóteses: quando o adquirente estiver comprando de **devedor em recuperação judicial** ou então comprando da **massa falida**, e, **sempre, sempre, sempre, em ambos os casos, sendo o adquirente uma pessoa "estranha" ao alienante**; para gozar

CAPÍTULO 18 – RESPONSABILIDADE TRIBUTÁRIA

da excludente sucessória, não pode ser pessoa próxima (parente, sócio, diretor etc.). Leiam, por favor, o disposto nos §§ 1º e 2º do art. 133. Observem que, para na prova de vocês o gabarito correto ser a alternativa que diz que o adquirente *não responderá*, é preciso que o examinador, na formulação da questão, informe essas duas características cumulativas:

a) o adquirente não é uma pessoa ligada ao alienante (ver o § 2º do art. 133 do CTN);

b) o alienante é um devedor em recuperação judicial ou falido.

Em ambos os casos, repito mais uma vez, **o adquirente que adquire de devedor em recuperação judicial ou da massa falida, e é pessoa estranha ao alienante, N-Ã-O R-E-S-P-O-N-D-E-R-Á pelas dívidas tributárias do fundo de empresa comprado!** A intenção da LC nº 118/2005 foi a de criar uma *vis atrativa* para que pessoas se interessem a adquirir os fundos em tais situações, graves, como a recuperação judicial e a falência; na primeira, a venda de uma filial, subsidiária, unidade produtiva, pode gerar recursos financeiros para oxigenar o plano de recuperação e viabilizar efetividade nessa proposta; sempre cito o exemplo famoso da Varig, com a venda da Varig Log, o que gerou recursos que foram fundamentais para evitarem a falência da Varig. Já no caso de falência, a ideia é liquidar com rapidez os bens da massa para se conseguirem pagar os credores e encerrar de modo mais breve possível o processo falimentar. Em ambos os casos, as dívidas tributárias ficam com o alienante, sendo vedado cobrar do adquirente; o Fisco terá que receber ora do devedor em recuperação judicial, ora da massa falida.

Bem, agora que vocês já sabem que se cair na prova a questão da venda do fundo de comércio e o examinador perguntar quem responde pelas dívidas tributárias que gravam o bem alienado, não haverá responsabilização nas hipóteses anteriormente comentadas, *não sendo um dos dois casos previamente narrados*, ou o gabarito vai dar que o adquirente responde *integralmente* ou que ele responde *subsidiariamente*. E vocês vão ter que procurar uma informação no enunciado da questão: *qual foi a atitude do alienante nos primeiros seis meses a contar da venda? Ele praticou atos de empresa ou não?* Irmãos, prestem muita atenção no que escrevo agora: **essa é a informação que vai decidir a questão! E ela vai ser dada pelo examinador! Até porque, se ele não der, não tem como ser definida a resposta!** O que vocês terão que identificar, lendo a questão, é exatamente isto: analisar se o alienante, após vender, cessou suas atividades empresárias por pelo menos seis meses, ou, ao contrário, se dentro desse período de carência ele voltou a praticar atos de comércio. **Se o alienante praticar atos de comércio nos primeiros seis meses após a venda, continuando a agir como empresário, ainda** que em outro ramo, atividade ou profissão (basta ser "ato de empresa!"), o **adquirente só responderá subsidiariamente;** repito, memorize: se o alienante continuar no mundo empresário, não se afastando por pelo menos seis meses da atividade econômica, ele é quem continuará respondendo pelas dívidas da empresa que ele gerou, que ele endividou, que ele deixou ficar inadimplente; o adquirente ficará protegido com a responsabilização apenas subsidiária! Essa é a previsão do **art. 133, II, do CTN**.

Ao contrário, se o alienante cessar suas atividades empresárias por pelo menos seis meses a contar da venda (ou cessar de vez mesmo, para sempre...), o adquirente passará a responder "integralmente" pelas dívidas. Essa é a regra do **art. 133, I, do CTN**.

Constatem, portanto, que o que vai determinar se a responsabilidade do adquirente será "subsidiária" ou "integral" é a postura do alienante após a venda; a depender do que ele escolha fazer (continuar agindo como empresário nos primeiros seis meses após a venda, ou cessar nesse intervalo de tempo a prática de todo e qualquer ato de comércio) é que se determinará qual é a modalidade de responsabilidade do adquirente. Vejam que para os adquirentes é sempre interessante que os alienantes continuem agindo como empresários, pois, assim, a responsabilidade pelas dívidas tributárias do fundo de empresa adquirido, pelo menos em um primeiro momento, continua com quem as gerou, não se onerando aquele que está investindo em um novo negócio e se propondo a tentar recuperar uma empresa que está endividada!

Em linhas de conclusão, o que quero, portanto, deixar como orientação final a vocês sobre essa questão é:

a) primeiro passo a ser dado na questão: procurar saber se é caso de não responsabilizar o adquirente; logo, identifiquem se a venda foi feita em falência ou recuperação judicial **E** para um adquirente que seja **pessoa estranha**; se assim for, no gabarito a resposta certa será a que diz que "o adquirente não responderá pelas dívidas, devendo a Fazenda cobrar do alienante";

b) em segundo momento, se a situação não se enquadrou nos moldes anteriores, basta analisar qual foi a **conduta do alienante nos primeiros seis meses após a venda**; se continuou empresário, marquem no gabarito a opção que: "o adquirente somente responderá subsidiariamente com o alienante"; em oposto, caso o alienante tenha cessado seus atos de empresa nos primeiros seis meses após a venda, marque a alternativa que afirmará que "o adquirente responde integralmente pelas dívidas tributárias".

CAPÍTULO 18 – RESPONSABILIDADE TRIBUTÁRIA

DICA 9

Ainda sobre o art. 133, queria registrar uma informação importante quanto à situação do art. 133, I, que afirma pela regra da responsabilidade **integral** do adquirente. Amigos, vocês já pararam para pensar no que significa falar em "integral"? A palavra "integral" apenas afirma uma **quantidade**, ou seja, apenas informa que o adquirente responde por "tudo" e não por uma parte apenas; por um terço, ou metade etc. Logo, vejam com o carinho que o tema merece, que "integral" não é sinônimo de "exclusivo", de "preferencial", nem de "subsidiário", nem de "solidário". Nessas últimas expressões, apontamos o momento em que a pessoa responde, se primeiro, depois ou em conjunto com a outra, bem como afirmamos se apenas uma pessoa ou se duas ou mais podem ser responsabilizadas. Em momento algum a palavra "integral" imputa qual dessas modalidades de responsabilidade é a escolhida pelo legislador. E mais: todas elas podem ser "integrais". Afinal, pensem: quem responde exclusivamente, responde por apenas 20%, por 30% ou "integralmente"? Integralmente! Mas e quem responde "preferencialmente"? Também! E se quem está na preferencial não puder, seja lá por qual motivo seja, ser responsabilizado, e nada pagar, o que ocorrerá com quem é responsabilizado "subsidiariamente"? Também responde "integralmente"! Por fim, percebam que quem responde "solidariamente" também responde "integralmente"! Portanto, a conclusão a que se pode chegar é a de que o CTN **não definiu expressamente e com perfeição a modalidade de responsabilização do adquirente e a situação do alienante quando este cessa suas atividades por pelo menos 6 meses após a venda do fundo de empresa!** Apenas afirmou que o adquirente responde "integralmente" e com isso deixou possíveis dúvidas; além do mais, NADA FALOU sobre o alienante! Em particular, sigo a aplicação do **art. 124, I, do CTN**, que imputa **responsabilidade solidária**, já que há inegável **interesse comum entre adquirente e alienante**, e, como a lei não definiu de modo claro e expresso como fica a responsabilização pelas dívidas da empresa, é possível aplicar esse dispositivo! Aliás, tal entendimento se afina com os critérios hermenêuticos que vêm sendo utilizados pelo **STJ** quando decide as questões duvidosas sobre responsabilidade tributária, optando sempre que possível por decidir de modo mais favorável ao credor de boa-fé (no caso, o Fisco!), já que inegavelmente a essência do instituto da "responsabilidade tributária" é a de proteger o crédito, aumentar a possibilidade de adimplemento e de proteção creditória. Nesse modo de pensar, decidir pela solidariedade é realmente aplicar a tese, entre outras possíveis, mais favorável ao credor. E, por fim, vejam, que não se está aqui a cometer o atentado de "presumir" solidariedade, o que seria incabível; não! O art. 124, I, do CTN legitima a aplicação da responsabilização solidária.

APRENDENDO TRIBUTÁRIO – Pedro Barretto

DICA 10

Passo a falar do importantíssimo art. 135, III, do CTN, que cuida das situações excepcionais de **responsabilidade pessoal dos administradores** por dívidas contraídas em nome das pessoas jurídicas por eles administradas. Ou seja, uma norma de caráter sancionatório que vai quebrar a regra de que não se pode confundir a personalidade jurídica, o patrimônio e a responsabilidade de uma pessoa jurídica com a de seus sócios e, quiçá, de seu *administrador* (o qual não necessariamente precisa ser um sócio), almejando cobrar deles as dívidas que são geradas pela pessoa jurídica e em nome desta. Ou seja, como regra, aquilo que passamos a falar deve ser compreendido desde o início como algo excepcional e dentro de limites restritos, já que, como dito, a regra é que, pelo menos em um primeiro momento, a pessoa jurídica é que deve ser responsabilizada pelas suas dívidas, devendo ser perseguido seu patrimônio próprio em primeira linha.

DICA 11

Ocorre que em duas situações a lei valora a possibilidade de se promover a execução da dívida direta e pessoalmente contra o administrador da pessoa jurídica, por dívidas contraídas por ela e sob a gestão dele. E que casos são esses? São as hipóteses de o administrador, tocando os atos de gestão da pessoa jurídica, praticar atos infracionais à lei ou então ao estatuto/contrato social da pessoa jurídica administrada. Ou seja, se ele se excede e viola limites legais ou contratuais e com isso gera dívidas em razão de seus atos infracionais, ele passa a ser responsabilizado pessoal e diretamente pelas dívidas, cabendo, portanto, execução fiscal diretamente contra ele. Vejam a força e a agressividade desse dispositivo: não é necessário aqui aplicar as teorias de desconsideração da personalidade jurídica da pessoa jurídica para poder então atingir o administrador. Não! Aqui se cuida de uma das mais vorazes execuções perante terceiros por dívidas de pessoas jurídicas; aqui, a lei é clara e autoriza a execução direta contra o administrador, independentemente de qualquer procedimento em relação à pessoa jurídica. E é por isso que se percebe o caráter nitidamente punitivo dessa norma, a qual almeja, na verdade, evitar que os administradores possam se encorajar a ficarem praticando atos infracionais, valendo-se das prerrogativas por serem administradores e assim conduzindo a pessoa jurídica administrada de modo ilícito e praticando atos de desvios e abusos de poder. A intenção, no fundo, e por mais estranho que possa parecer ser, é boa. Inibir e desencorajar ilicitudes na condução das gestões societárias.

CAPÍTULO 18 – RESPONSABILIDADE TRIBUTÁRIA

DICA 12

Fundamental registrar que o STJ vem sendo generoso com os administradores no sentido de afirmar que, nesses casos de dívidas tributárias surgidas em decorrência de infrações à lei ou ao estatuto, a responsabilidade do administrador é **subjetiva**, ou seja, para que ele responda, não basta que tenha ocorrido o ato infracional, sendo necessário apurar **a culpabilidade** dele na conduta, ou seja, ele só responde se ficar provado que **agiu com dolo ou culpa**. Em outras palavras, isso protege o administrador que tem como escusa, como possibilidade de defesa, tentar provar que não teve dolo ou culpa. Se assim conseguir, não será responsabilizado, já que não basta o ato infracional, sendo necessário, como exposto, apuração do elemento subjetivo.

DICA 13

Nebulosa e acalorada discussão sempre recai na temática de se identificar a quem incumbe o ônus da prova de demonstrar que houve dolo ou culpa do administrador para que ele possa ser responsabilizado. A Procuradoria sempre sustenta que, sendo matéria de defesa e contrária ao interesse público, deveria ser provada pelo administrador. Já na advocacia privada o que se sustenta **sempre**, especialmente sob o brocado clássico do "o ônus da prova incumbe a quem alega", é que a Fazenda tem o dever de provar tanto a infração como o dolo ou a culpa do administrador para que caiba a execução pessoal dele pelas dívidas da pessoa jurídica.

DICA 14

De toda sorte, garantia que nunca poderá ser aviltada em favor dos administradores é a de que eles só podem ser executados se tiverem sido notificados administrativamente anteriormente ao ajuizamento da execução. Ou seja, tem que ser dado a eles o direito de se defenderem administrativamente, impugnando a notificação ou até mesmo pedindo um parcelamento no caso de confissão e objetivando adimplir a dívida sem a necessidade e o constrangimento da execução. Portanto, não pode a Fazenda executar diretamente o administrador sem tê-lo notificado para oportunizar essas medidas. E isso é muito importante, pois, antes de se materializar a inscrição em dívida ativa para que se formalize o título executivo, é fundamental dar ao devedor que se pretende executar a oportunidade do contraditório antes da formalização do título executivo que se pretende opor a ele em um processo judicial executório. Até porque nunca é demais lembrar as vantagens para o administrador de ser respeitada essa garantia, correto? Afinal, se ele é diretamente executado sem sequer ter sido notificado antes extrajudicialmente, na execução, após tomar ciência da citação, ele tem exíguo prazo de apenas cinco dias se quiser oferecer garantia para poder embargar a execução fiscal, nos termos dos arts. 8º, 9º e 16 da Lei nº 6.830/80 (LEF – Lei de Execuções Fiscais); porquanto, se houvesse a notificação administrativa ele poderia questioná-la mediante simples interposição de uma reclamação administrativa impugnativa sem necessidade de oferecer qualquer garantia, e, mais ainda, já se conseguindo de imediato a suspensão da exigibilidade do crédito, impedindo inscrição em dívida ativa e evitando ajuizamento de execução. Portanto, se a execução fiscal é ajuizada, ainda que se trate de ato infracional doloso ou culposo, o que permitiria realmente executar o administrador, há de se registrar que é garantia intangível a de que ele só pode ser inscrito em dívida ativa e executado se for notificado para pagar ou questionar a cobrança.

DICA 15

Na linha do exposto ainda há específico problema semelhante. Ocorre quando a Fazenda ajuíza a execução fiscal em face da pessoa jurídica, mas, por perceber a insolvabilidade, não conseguindo encontrar bens a penhorar, pede ao magistrado que aceite emenda da CDA, com a inclusão do nome do administrador, e que ordene o redirecionamento automático da execução fiscal pedindo citação dele. **Isso não pode acontecer**! O juiz jamais poderia aceitar esse tipo de emenda de CDA, substituindo o sujeito passivo no corpo do título executivo e redirecionando automaticamente a execução contra ele, já o intimando para oferecer bens à penhora. Não pode acontecer! Há que se promover a sua notificação extrajudicial, como visto na dica anterior. A CDA, é claro, pode ser emendada até a decisão final de primeira instância, lógico, o que se dá por perceber que, em regra, os vícios na CDA são sanáveis e sua correção não gera prejuízos a ninguém, pelo contrário, evita mais custos para a máquina pública. Ocorre que essa "emenda" da CDA **não pode ser para alterar o sujeito passivo!** Ora, para alguém passar a ser incluído no polo passivo de um título executivo, volto aos comentários de cima, *é fundamental que tenha tido a oportunidade de se defender extrajudicialmente antes de ter seu nome vinculado nesse título que se pretende constituir oponível a ele*! Logo, não cabe a emenda da CDA para alterar o sujeito passivo e redirecionar automaticamente a execução contra o "novo" sujeito passivo réu. A emenda da CDA pode ser para corrigir um nome do sujeito passivo nela indicado (sem alterar a pessoa!), para corrigir o endereço, ou para especificar o valor da dívida, ou a forma como o cálculo foi feito etc., **mas não para alterar o sujeito passivo!** Foi nesse sentido que se posicionou o Superior Tribunal de Justiça, pelo que vale a leitura atenta da **Súm. nº 392**.

CAPÍTULO 18 – RESPONSABILIDADE TRIBUTÁRIA

DICA 16

Situação muito comum que cai sempre em provas para demonstrar dívidas tributárias geradas em atos infracionais ao estatuto/contrato social é a da prática de **desvio do objeto social**. Ou seja, o administrador passa a praticar atos de gestão conduzindo a pessoa jurídica em atividades que não foram declaradas nos atos constitutivos como objeto social da sociedade. Por logo, quando ocorre essa situação, o administrador poderá ser responsabilizado pelas dívidas tributárias decorrentes desses atos infracionais ao estatuto/contrato quando eles forem fatos geradores de obrigações tributárias. Clássico exemplo: uma pessoa jurídica se declarou apenas prestadora de serviços de certo segmento mercadológico, pelo que conseguiu alvará de funcionamento no ponto comercial indicado e teve deferido seu CNPJ. Ocorre que essa pessoa jurídica passa a exercer a prestação de diversos outros serviços que não aqueles declarados no contrato/estatuto social, além de começar a vender mercadorias. Não poderia fazer isso sem fazer a averbação nos atos constitutivos, na Junta, e ter a liberação. A presunção é legítima por parte da Fazenda no sentido de que a intenção de se omitir a averbação da informação e o pedido de deferimento da licença para exercer tais atividades de modo regular se dá com o escopo de fraudar a arrecadação fiscal. Logo, incontroverso que, em situações como tal, o administrador responderá pessoalmente pelas dívidas geradas, cabendo-lhe apenas tentar provar que não houve dolo ou culpa, o que dificilmente conseguirá.

DICA 17

Outra questão muito comum testemunhada nesse *habitat* de debate jurídico é o das **dissoluções societárias irregulares**, situações em que o STJ vem sendo bem rigoroso e admitindo que se possa responsabilizar pessoalmente o administrador que estava na frente da pessoa jurídica ao tempo da dissolução ilegal. Não podem os sócios cometer a ilícita conduta que tão comumente se faz no Brasil, de simplesmente se "fechar a empresa sem dar baixa", como se costuma dizer em clássico jargão popular. É o famoso "fecha as portas sem dar baixa". Ou seja, os sócios devolvem o imóvel ao locador comercial, às vezes nem pagam a cláusula penal pelo inadimplemento da locação, cancelam a linha telefônica, o domínio virtual do *site*, retiram a placa da frente do imóvel e simplesmente desativam completamente a empresa, sem registrar essa dissolução na Junta Comercial, para a qual é como se a pessoa jurídica continuasse a existir, naquele mesmo ponto comercial, exercendo a mesma atividade declarada no contrato outrora registrada e com a mesma composição de sócios. Ocorre que os sócios fecham a empresa porque não querem instaurar uma dissolução regular, liquidar os bens, apurar os haveres e quitar as dívidas com seus credores. Até porque muitas vezes sabem que não o conseguirão, podendo ser atirados ao mundo da falência ou da insolvência civil. E na covardia de não querer enfrentar essas situações é que optam por "desaparecerem", dissolvendo irregularmente a empresa, que permanece formal e juridicamente constituída. Nesses casos, de quem o Fisco pode cobrar as dívidas tributárias pendentes? Ninguém melhor que o administrador, pois era ele o responsável pelos atos de condução da gestão societária e, por certo, o principal responsável pelas ações e o maior detentor de informações. É por isso que o STJ vem legitimando a execução pessoal e direta contra o administrador, aplicando o art. 135, III, nessas situações especiais de dissolução societária irregular.

DICA 18

Tema também de suma importância remete a uma questão específica que o STJ já há alguns anos vem entendendo que qualifica presunção de dissolução irregular, e, assim sendo, permite que se execute o administrador. É o que ocorre quando ele altera o ponto comercial da empresa e não formaliza o aviso na Junta Comercial e na Fazenda Pública, sequer pedindo permissão para alteração de sua base, sua sede. Ou seja, o administrador conduz a pessoa jurídica a uma alteração de domicílio fiscal, sendo que a Fazenda de nada fica sabendo. E o que acontece então? Quando o Fisco vai celebrar certa diligência, fiscalização, autuação na empresa, não encontra nada nem ninguém lá... O que fazer em uma hora dessas? Executar o administrador, sob a presunção de que a pessoa jurídica foi dissolvida irregularmente. Afinal, como ele tem a negligência de sequer informar ao principal e mais importante credor que se mudou de "endereço". E foi nessa linha que o Superior Tribunal de Justiça expediu a **Súm. nº 435**, editada no dia 13-5-2010 e que veio afirmar que é possível, inclusive, em casos específicos como esse, **redirecionar a execução fiscal para o administrador**. Não obstante realmente possível, somos de entender que, em face de todo o já exposto, esse redirecionamento só caberá se for expedida antes a notificação extrajudicial para que o administrador tenha a chance de se defender ou até mesmo de tentar pagar.

DICA 19

Ainda ponto muito importante no tema da responsabilidade dos administradores, é fundamental fazer comentário ao *case* famoso que motivou a edição da **Súm. nº 430 do STJ**, a qual consagra entendimento que protege os administradores. É o que se dá quando a pessoa jurídica fica inadimplente, deixando de recolher em dia seus tributos, e, por conta de "mera mora", em razão desse "simples inadimplemento" o Fisco move o executivo fiscal apontando-o contra

CAPÍTULO 18 – RESPONSABILIDADE TRIBUTÁRIA

o administrador, alegando que, como as dívidas não estão pagas no prazo legal, restaria consumada uma infração à lei (violação ao prazo de pagamento) e assim se poderia, com base no art. 135, III, do CTN, imputar responsabilização pessoal ao administrador por tal passivo. **Não pode! O simples não recolhimento de tributo não permite direcionar a execução da dívida para o administrador**. Amigos, o fato de a pessoa jurídica estar em mora não legitima, por si só, concluir que houve dolo ou culpa do administrador, nem mesmo pode assegurar que houve má-fé, ou sequer que se tinha condição de evitabilidade da situação. A atividade econômica no nosso país é extremamente instável e infelizmente a "mora" faz parte do jogo, por mais que seja indesejada para os credores de boa-fé. Mas, se pelo simples fato de uma pessoa jurídica ficar inadimplente, se puderem atingir os bens pessoais do administrador, o qual, reitere-se, muitas das vezes nem sequer é sócio, quem vai querer administrar pessoas jurídicas diante de tamanho risco de exposição de seus bens pessoais? E, detalhe: em muitas dessas vezes, a pessoa jurídica está em mora, mas tem patrimônio pessoal, goza de titularidade de bens integrando seu fundo de empresa; logo, por que atingir os bens do administrador? Foi nessa linha de raciocínio que o STJ, no início dessa década que se encerrou, reformou entendimento outrora aplicado na Casa, no curso dos anos 1990, e hoje não se aceita a aplicação do art. 135, III, nos casos de mero não recolhimento de tributo.

DICA 20

Quanto ao tema anteriormente comentado, fundamental também perceber a adequada utilização da expressão **mero inadimplemento; simples não recolhimento**. O que se tem que detectar é que em momento algum uma "mora de má-fé", uma mora que se perpetua por desídia do administrador em promover o adimplemento da dívida fiscal quando esse é viável, logo, uma mora *purgável*, estará albergada pelo raciocínio anteriormente transcrito. Explico. É que não se pode jamais misturar a situação na qual uma pessoa jurídica está deixando de recolher tributo porque está passando por grave crise financeira, por real dificuldade e impossibilidade de adimplir seus compromissos (algo, infelizmente, normal no Brasil) com a situação covarde e recriminável de pessoas jurídicas que, não obstante logrem total possibilidade de pagar as dívidas, preferem dar destinação diversa ao capital. Nessa última hipótese é latente a certeza de que o administrador não estaria protegido pela aplicação da Súm. nº 430 do STJ, já que ela se edifica para consagrar a proteção a administradores que tocam o exercício de pessoas jurídicas que estão inadimplentes por impossibilidade sincera de adimplirem, jamais podendo ser avocada como um salvo-conduto geral que exclua a possibilidade de se sancionarem administradores irresponsáveis que desrespeitam as leis tributárias e optam por utilizar o dinheiro do tributo para fins diversos, prejudicando culposamente o equilíbrio orçamentário do Estado e se capitalizando à custa do dinheiro do tributo. Portanto, fiquem atentos, pois se a pessoa jurídica está em mora, mas essa mora é evitável, tem possibilidade de purgação, havendo capital para tanto, aí sim, é possível se cogitar da aplicação do art. 135, III, devendo-se apenas provar a culpabilidade do administrador, já que, como falado, ele não responde objetivamente.

DICA 21

Passo, neste momento, a comentar o instituto da **denúncia espontânea**, do art. 138 do CTN. O instituto traduz ferramenta jurídica extremamente útil e inteligente em prol da Administração Pública, sendo bem-vindo também pelos contribuintes inadimplentes. Revela mecanismo pelo qual um contribuinte que tem dívida tributária jamais declarada ao Fisco, logo, devedor, e, pior, devedor que se qualifica como sonegador, procura a Fazenda voluntariamente antes de o Fisco iniciar qualquer procedimento de fiscalização ou cobrança, e confessa essa dívida tributária, trazendo ao conhecimento do Fisco sua existência, afirmando seu interesse em pagá-la à vista para, assim, quitar seu débito fiscal, o qual de fato existe, mas o credor jamais tomou conhecimento. Se assim agir, logrará a benesse de ver exclusa a aplicação das penalidades, tanto multas moratórias como sancionatórias. Portanto, o que é *denúncia espontânea*? É a conduta pela qual um contribuinte provoca voluntariamente a instauração do procedimento administrativo de confissão de dívida objetivando pagá-la, em *cash*, corrigida e atualizada, com todos os devidos juros legais, para, assim, abraçar o benefício de ver excluída a aplicação das multas, o que, de certo, alargaria em muito o montante da dívida, muitas vezes, mais do que dobrando seu valor.

DICA 22

Sobre a **denúncia espontânea**, importante esclarecer que para que o benefício fiscal em comento se efetive é fundamental que após a confissão haja o **pagamento integral da dívida, incluindo juros e correção monetária**. Não cabe falar em direito à exclusão das penalidades pelo fato de que houve "denúncia espontânea" acompanhada de parcelamento da dívida. Se isso ocorrer, o Fisco tem pleno direito de incluir as multas no parcelamento, o que em nada seria ilícito, afinal receber a multa é algo de direito, e abrir mão dela quando já se deu ao contribuinte a benesse do parcelamento da dívida seria algo excessivo. É evidente que, nada obsta, possa a lei de parcelamento, ao regular sua aplicação, abrir mão das multas. Tudo bem, seria uma *opção do legislador*, mas **o contribuinte não tem o direito de exigir que a multa não entre no parcelamento**; é

CAPÍTULO 18 – RESPONSABILIDADE TRIBUTÁRIA

direito subjetivo da Fazenda fazer sua inclusão, como se compreende, inclusive, na leitura do art. 155-A do CTN, bem como na própria leitura do art. 138 que só se refere ao pagamento.

DICA 23

Importante perceber que, para que haja a benesse da denúncia espontânea, dois requisitos são valorados:

a) requisito material (tem que ocorrer pagamento);

b) requisito temporal (a denúncia tem que ser realmente **ESPONTÂNEA**).

E é sobre esse requisito da tempestividade que quero tecer alguns comentários. Observem que só será, de fato, *espontânea* a denúncia que se fizer antes de a Fazenda tomar ciência da existência da dívida. Ou seja, só cabe o benefício da exclusão das penalidades quando o contribuinte confessa ao Fisco **dívida que o FISCO não conhece, não sabe da existência dela**. E é fundamental perceber isso para que se entenda a **Súm. nº 360 do STJ** e se perceba que nos casos de tributos sujeitos a pagamento antecipado (lançáveis por homologação), que representam os mais importantes tributos de arrecadação (IR, COFINS, IPI, ICMS, ISS etc.), se o contribuinte procura a Administração para tentar realizar um procedimento de "denúncia espontânea" em relação a uma dívida que **ele já havia declarado, mas não pagou no prazo, não caberá a exclusão das penalidades**. No fundo, é como se o ordenamento estivesse querendo dizer a ele: meu filho, não há qualquer espontaneidade nessa sua conduta de procurar o Fisco nesse momento; você está confessando uma dívida que você mesmo já havia informado que devia, quando você assinou uma declaração e a enviou ao Fisco. Logo, em tais casos, por se tratar de dívida de que o Fisco já tem ciência, é que não cabe a aplicação do benefício. Mesmo estando o contribuinte agindo de modo voluntário, sem ter sido autuado, sem ter sido citado em execução, sem que sequer tenha se instaurado qualquer diligência fiscal na sua empresa, ainda assim já não caberá mais a benesse em comento, já que ele não está trazendo qualquer novidade para o credor, afinal, a dívida que ele está vindo "confessar", a Fazenda já conhecia, afinal ela já havia sido declarada. Portanto, em tais hipóteses, não faria sentido algum a Fazenda abrir mão da arrecadação que lhe é lícita, de direito, privilegiando um contribuinte inadimplente sem nenhuma vantagem obter em troca. No que vocês têm que atentar é que a intenção da denúncia espontânea, sob a ótica da Fazenda, é a de atrair para o adimplemento os contribuintes que estão na total informalidade, permitindo ao Fisco receber o pagamento de dívidas que ele sequer sabe existirem, as quais, por certo, com o passar do tempo, ele já não mais poderia receber em face da decadência do direito potestativo de lançá-las, caso descobertas tardiamente. Essa é a sincera intenção do legislador. Não haveria outro motivo. Ninguém renuncia nada que lhe é de direito à toa, especialmente um pagamento, e mais ainda, quando ele é necessário para as contas públicas. Por que o ordenamento sacrificaria o crédito público e abriria mão do valor das multas, que, repito, são legítimas, para privilegiar um devedor moroso, o qual, pelo simples fato de sua inadimplência, já gera transtorno aos cofres públicos, e, mais, diante de uma dívida que o Fisco já sabe que existe? Amigos, pelo amor de Deus, percebam que quando um devedor que está na informalidade, escondido, que nunca declarou suas dívidas, opta por declarar e fazer a denúncia espontânea, *você não pode ficar olhando para ele como um coitadinho não!! Nem como um super-herói!* Ele nada mais fez do que cumprir um estrito dever legal que outras tantas pessoas de bem fazem, que é pagar suas dívidas. Nesse caso, em especial, da legítima denúncia espontânea, o contribuinte, pior, estava na situação de sonegador, possivelmente no crime, e apenas está pagando o que sempre foi e é devido, cumprindo a lei. Portanto, como sempre digo nas salas de aula, "para com essa mania de olhar o devedor como um coitadinho, pois nem sempre isso é adequado".

DICA 24

Sem me desvencilhar do tema anteriormente citado e ainda nele, queria chamar a atenção de vocês para o seguinte: temos que ter cuidado nas provas, pois o art. 138 do CTN, do jeito que está escrito, ele pode nos induzir a erro. Porque, pelo que ele afirma, dá a entender que será espontânea a denúncia que se fizer antes de qualquer procedimento administrativo de cobrança, de notificação, de lançamento, de instauração de uma diligência fiscal etc. Ou seja, se você apenas ler o CTN e não "linkar" com a observação anteriormente comentada que deu ensejo da edição da Súm. nº 360 do STJ, pode ser induzido a erro em prova. E por quê? Porque, vejam, amigos e amigas: é plenamente possível que nada disso tenha ocorrido, que não se tenha realizado formalização de lançamento ou autuação, que nenhuma ação fiscal tenha sido tomada para fiscalizar, que nenhum procedimento de fiscalização ou cobrança tenha se materializado, e, ainda assim, se o contribuinte já tiver declarado a dívida, já tiver preenchido a declaração e entregue, mas não tiver pago no prazo, já **não caberá mais falar em denúncia espontânea! E olhem que não houve fiscalização ou cobrança alguma!** Portanto, rogo a vocês máxima atenção ao comentário, pois essa sensível percepção é vital para as provas. Não vá pensando que pelo simples fato de não ter ocorrido a ação administrativa isso já seria bastante e cabal para legitimar a denúncia como "espontânea" e aplicar a benesse do art. 138. Não! Se já houve declaração, não caberá! É como tenho dito em sala de aula: o melhor entendimento para se compreender adequadamente e à luz do que se vem aplicando na construção da jurisprudência no STJ, a melhor ideia é a de perceber que só é *espontânea* a denúncia que se faz a respeito de uma dívida que o Fisco não conhecia, que ele sequer sabia da existência, pois, se ele já sabia, qualquer que seja a razão dessa descoberta (o contribuinte declarou; se instaurou diligência fiscal em razão de indícios; se efetivou lançamento etc.), já não mais é cabível a aplicação do art. 138.

DICA 25

Pergunta muito comum em provas de concursos é a que compara os institutos da **denúncia espontânea x anistia**. Se ambos são institutos que têm como efeito concreto a exclusão de penalidades, qual seria a diferença? Bem, é simples perceber. Vejam: a *ANISTIA* é benefício decorrente de lei, emana de ato do legislador, parte de uma iniciativa do credor. Além do mais, se interpretada corretamente, a anistia não é uma medida para dispensar pagamentos, como seria, por exemplo, com o instituto da remissão, mas sim para perdoar infrações. A anistia, como emana do próprio Direito Penal, é conduta de perdão de infração, perdão de ato ilícito, o que implica, como consequência, a impossibilidade de aplicação da pena, e, por logo, sua projeção no Direito Tributário termina por atingir a multa e assim afetar o crédito. Observem que por todo o comentado, na denúncia espontânea, tem-se um procedimento administrativo, de iniciativa do contribuinte, que independe de lei, e que, de fato, existe para dispensar o pagamento. Portanto, ainda que ambos os institutos atinjam as penalidades, são, de fato, diferentes, quanto à iniciativa, o modo de efetivação e a motivação.

CAPÍTULO 19

CRÉDITO TRIBUTÁRIO – I

CAPÍTULO 19 – CRÉDITO TRIBUTÁRIO – I

1. O CRÉDITO TRIBUTÁRIO

DICA 1: O QUE É CRÉDITO TRIBUTÁRIO?

Crédito tributário é a expressão que utilizamos para designar o *bem jurídico* que o *Fisco* titulariza em seu favor, em sua esfera de propriedades, quando está no direito legítimo de exigir do contribuinte, na relação jurídica obrigacional tributária, o pagamento de certa quantia, em regra, em dinheiro, correspondente a uma dívida que o sujeito passivo da relação tributária realmente possui e deve adimplir. A titularidade desse direito de exigir a entrega da referida quantia traduz o *bem* que pertence ao *Fisco*, ao *credor* da relação, edificando-se como o seu *direito de crédito*, de índole essencialmente *patrimonial*, pecuniária, como há de ser com todo e qualquer crédito, seja público ou privado. E por ser um *direito de crédito* que emana de uma relação jurídica obrigacional *tributária*, a consequência lógica é que se qualifique como *crédito "tributário"*, natureza essa apregoada em razão do *habitat* jurídico em que se dá a sua gênese, qual seja, uma relação obrigacional *tributária*. Portanto, a mensagem que deixo a todos vocês, em nota introdutória do tema, é a de que o *crédito tributário* é o bem que o *credor* da relação tributária possui, bem esse que lhe assegura a prerrogativa de receber uma prestação de índole patrimonial, que em regra deve ser adimplida mediante um ato de pagamento (ainda que não seja o *pagamento* a única forma de extinção do crédito, como veremos adiante), o qual, de preferência e normalmente, se perfaz com a entrega de *dinheiro* (ainda que não seja essa a única forma de pagar, como também veremos em outras reflexões adiante).

DICA 2: CRÉDITO TRIBUTÁRIO É A MESMA COISA QUE "CRÉDITO DE TRIBUTO"?

Pergunta importante e que com certa frequência aparece nas provas de concursos públicos e Exame de Ordem. E a resposta é NÃO. Não é a mesma coisa. A expressão *crédito tributário* é mais ampla que a expressão *tributo*, e, como veremos nas palavras a seguir narradas, não necessariamente um crédito *tributário* envolve o crédito relativo a um *tributo*, ainda que, por lógico, o normal seja o *tributo* dar ensejo ao crédito tributário. Elucidemos de modo preciso e objetivo a diferença. Como frisado no comentário da dica anterior, quando falamos em crédito "tributário", queremos designar o crédito que *surge em uma relação tributária*. Não necessariamente um crédito relativo a um *tributo*, ainda que esse seja o instituto que mais normalmente (e quase sempre) dá ensejo a direitos de crédito nas relações tributárias. É que em tais relações é plenamente possível que surjam dívidas de três diferentes naturezas, todas elas de conteúdo pecuniário, todas elas ensejando *direito de crédito* na relação tributária, todas elas integrando a estrutura do *crédito tributário*. Reporto-me a quais possíveis dívidas? Falo das dívidas de *tributos*, também dos débitos de *multas fiscais sancionatórias* (em razão de ilícitos administrativos, como exemplo, descumprimento de obrigações acessórias) e ainda dos encargos *moratórios* em razão dos atrasos nos pagamentos de tributos e multas sancionatórias, como *juros e correção monetária*, bem como *multas moratórias*. Todas essas dívidas podem surgir no bojo de uma relação jurídica obrigacional *tributária*. E assim realmente sendo, o direito de crédito relativo a todo esse montante será qualificado, por lógico, como *crédito tributário*.

Pedindo vênia para a insistência, em face da importância de se ter robusta certeza de que realmente se percebe a distinção do que ora se compara, queria que vocês percebessem que em uma relação tributária é possível que o contribuinte não tenha qualquer dívida referente a um tributo (por ser isento, por exemplo), mas pode, pelo simples fato de descumprir obrigações acessórias surgidas na relação jurídica *tributária*, se submeter à aplicação de multas. Ora, em uma situação como essa, esse contribuinte, mesmo sem ter dívida de *tributo*, tem uma dívida com o Fisco, dívida essa relativa à multa. E qual a natureza dessa multa? Multa de trânsito? Multa trabalhista? Cláusula penal contratual? CLARO QUE NÃO! Multa *fiscal*, e *fiscal* pelo fato de ter surgido no *habitat jurídico* de uma relação tributária, ainda que com a *sui generis* característica de ser relação tributária em que não há dívida de tributo. Nesse contexto, o contribuinte devedor do montante relativo à multa fiscal deve ao Fisco uma quantia que se modula plenamente no conceito de *crédito tributário*. Caso não pague, será inscrito em dívida ativa, poderá sofrer contra si ajuizamento de execução fiscal e aplicar-se-á todo o regime jurídico que se aplica na cobrança dos créditos tributários.

A título de exemplo, imaginem uma pessoa que aufere parcos rendimentos ao longo do ano e, por assim ser, não tem qualquer valor de imposto de renda a recolher, por se sujeitar à aplicação da alíquota zero (0%), em face da diminuta base de cálculo. Todavia, cogite-se que na legislação de regência do imposto de renda se determine a obrigação *acessória* de declaração da origem dessa pequena renda, informando-se à Receita Federal quem é a fonte pagadora de tal montante. Caso o contribuinte não cumpra o dever instrumental de proceder à declaração no prazo estabelecido na legislação, poderá ser multado, aplicando-se, nos termos do art. 113, § 3º, do CTN a penalidade pecuniária, a multa fiscal, pelo descumprimento da obrigação acessória. Nesse momento, aplicada a sanção, o Fisco federal, que nenhum crédito tinha a receber, passa a ter um direito de crédito. Relativo ao valor dessa multa aplicada. E adivinhem qual é a natureza desse crédito? BINGO! Crédito tributário!

Conclusivamente, o que quero que percebam, e isso sim é decisivo na interpretação das questões de prova, é que é plenamente possível existir crédito tributário devido sem que haja tributo devido. Que o tributo não é uma partícula *imprescindível* no crédito tributário. Que é possível que haja créditos tributários somente relativos a multas. Que o *crédito tributário* não é sinônimo de *crédito de tributo*, mas sim, como visto repetidamente nas lições suprarregistradas, é o crédito que *deriva de uma relação tributária*, e que corresponde a todo o valor que é devido pelo sujeito passivo em favor do Fisco credor na relação jurídica obrigacional tributária.

DICA 3: PREVISÃO NO CTN QUANTO À NATUREZA E À ESTRUTURA DO CRÉDITO TRIBUTÁRIO

O próprio Código Tributário Nacional reconhece que o crédito tributário envolve tanto os tributos como as penalidades. A leitura conjunta do art. 139 (que inaugura o primeiro capítulo destinado à normatização do *crédito tributário* no CTN, desfraldando as chamadas "Disposições Gerais") combinado com o 113, *caput* e § 1º (dispositivo que define o conceito de *obrigação* tributária e, em especial, de *obrigação principal*), afasta qualquer possibilidade de dúvida quanto ao aprendizado ora em ensino.

O art. 139 afirma que *"o crédito tributário decorre da obrigação principal e tem a mesma natureza desta"*. Já o art. 113, por sua vez, após afirmar no *caput* que *"a obrigação tributária é principal ou acessória"*, esclarece no parágrafo primeiro que *"a obrigação principal surge com a ocorrência do fato gerador, tem por objeto o pagamento de tributo **ou penalidade**..."* (grifo nosso).

Ora, amigos, simples a conclusão a ser extraída da leitura casada dos dispositivos citados. O crédito tributário decorre da existência da *obrigação principal*, e, por lógico, tem a mesma natureza desta (na essência, *tributária*; na qualidade, *patrimonial/pecuniária*). E a *obrigação principal* compreende tanto os tributos *como as penalidades*, consoante se constatou na afirmativa do transcrito art. 113, § 1º. Dessa forma, inevitável perceber que a *obrigação principal* é a obrigação de *pagar*, pagar *tudo que seja devido na relação tributária*, pagar *o valor correspondente ao crédito tributário*. Em raciocínio lógico e na inversão simétrica, o crédito tributário abrange todo o valor que o Fisco faz jus a receber, envolvendo tributos e penalidades, sendo a obrigação *principal* do devedor adimplir toda essa dívida.

DICA 4: QUAL É A IMPORTÂNCIA DE EXISTIR UM CRÉDITO TRIBUTÁRIO SOMENTE RELATIVO A MULTAS, E NÃO A TRIBUTOS? HÁ ALGUMA DIFERENÇA PRÁTICA QUE MERECE DESTAQUE?

Amigos, o tema merece cuidadoso carinho. Não obstante seja muito comum se lerem e ouvirem reflexões que apontam no sentido de inexistir importância na distinção entre uma *multa fiscal* e um *tributo*, pelo fato de que "seriam ambos créditos de mesma natureza", um aluno que se prepara para realizar uma prova de concurso público ou do Exame de Ordem não pode seguir a ferro e fogo essa afirmativa. De jeito nenhum! Dito pensamento deve ser abrandado, para que não se cegue o estudioso na percepção de que, em algumas situações fáticas, o ordenamento jurídico se comporta de modo diferente no tratamento dispensado ao crédito tributado fundado em dívida de tributo e ao que se origina de uma multa fiscal. Não é sempre que isso ocorre, é verdade, mas em certas situações ocorre, e, normalmente, é exatamente aí que entra a maldade na elaboração de questões de prova. Se o candidato não conhece, erra a questão, exatamente por aceitar como verdade suprema a falsa ideia de que "por serem ambos créditos *tributários* não há qualquer distinção no tratamento dispensado pela legislação tributária a eles, o tributo e a multa fiscal". Repito enfatizando: essa premissa é falsa! Exemplifico. Vamos lá.

O grande exemplo que não pode passar despercebido é o que emana da normatização aplicada para disciplinar a ordem de preferência dos créditos no concurso que se instaura na falência. O tratamento benéfico imposto tanto pelo CTN como pela Lei de Recuperação e Falência (Lei nº 11.101/2005) em favor do Fisco, de modo a privilegiá-lo em face de outros credores, no propósito de receber prioritariamente, faz diferença entre o tributo e a multa. Os créditos tributários *relativos a tributos* são pagos em um momento, porquanto os créditos de mesma natureza oriundos de *multas* serão pagos em momento superveniente. O Fisco, no que tange a seu crédito tributário advindo de *dívidas de tributos*, recebe, por exemplo, antes dos chamados *credores privilegiados* (seja credor com "privilégio especial" ou com "privilégio geral"), bem como dos credores *quirografários*. Todavia, no que tange ao montante relativo às *multas fiscais*, o Fisco só receberá após os credores quirografários, razão pela qual o crédito tributário relativo a multas fiscais, na falência, passou a ser apelidado de *crédito subquirografário*, alusão a esse preterimento, já que ficou o Fisco posicionado atrás de tais credores no que tange a seus créditos de multas. Perceba-se, portanto, na explanação desse contexto jurídico, a notória diferença de tratamento dada ao crédito tributário relativo a tributo e o que se origina de multa fiscal. Recomendo, sobre o tema, a leitura dos

CAPÍTULO 19 – CRÉDITO TRIBUTÁRIO – I

arts. 186 e 188 do CTN, bem como dos arts. 83 e 84 da Lei nº 11.101/2005. Em uma ilustração prática, cogite-se de hipótese em que a União não tivesse qualquer crédito relativo a *tributo federal* a receber da sociedade que faliu, nem da massa, a qual fosse devedora apenas de impostos estaduais e municipais, como ICMS e ISS, e que, não obstante falida, não possuía débitos fiscais relativos a tributos com o governo federal. Todavia, suponha que existissem diversas multas a serem pagas. Amigos, nessa hipótese, a União só receberia após serem pagos os credores quirografários, e, caso isso não fosse possível, simplesmente a União *não receberia* por seu crédito *tributário*. Já se, ao contrário, na mesma moldura, o crédito tributário em comento fosse relativo a Imposto de Renda, a IPI, ou a qualquer outro tributo federal, a União receberia antes dos credores quirografários e por certo o crédito tributário restaria saldado.

Todavia, como destacado no início dessa abordagem, nem sempre haverá uma distinção de tratamento. Aliás, o mais comum é exatamente que não haja e que o *crédito tributário* seja tratado de modo único, na sua totalidade, não se distinguindo o tributo da multa. Um primeiro exemplo que merece destaque em face da sua repercussão prática repousa na questão da interpretação do *Princípio do Não Confisco*, estampado no art. 150, IV, da Constituição. Na leitura *crua* do texto constitucional percebe-se que o legislador maior não fez qualquer referência (expressa) às multas, afirmando apenas que é vedado aos quatro entes estabelecerem *tributo* com efeito de confisco. Todavia, em diversos julgamentos, o STF já declarou ser aplicável o princípio em apreço *também nas multas fiscais*, sempre analisando a questão das chamadas *multas confiscatórias* sob o ângulo do controle de *proporcionalidade*. Nesses casos, a nossa Suprema Corte afirma que a interpretação que se deve fazer do texto estampado no art. 150, IV, da Magna Carta é a interpretação *extensiva*, de sorte que onde está escrito *tributo* leia-se *crédito tributário*, consagrando-se, portanto, via jurisprudencial, a aplicação do princípio do não confisco também nas multas fiscais. Ao arrepio do silêncio constitucional em não abordar as multas, não se aceitou a ideia de que esse silêncio teria sido proposital, no escopo exatamente de atribuir tratamento diferenciado entre o tributo e a multa. Não. Ao contrário, em acertado pensamento, se concluiu que o silêncio quanto às multas foi meramente acidental, não se podendo admitir o resultado final de *confisco*, seja ele provocado pelo tributo excessivamente cobrado ou pela multa desproporcionalmente aplicada. Ora, é irrelevante e instrumento que leve ao confisco; o que se deve entender é que *o confisco é vedado*. Nesses termos, o tratamento termina sendo igual, tanto para o tributo como para a multa. Assim como os primeiros, caso se tenha multas desproporcionais em razão de sua demasiada intensidade, serão inconstitucionais, aplicando-se a elas a limitação constitucional da proibição do confisco, assim como também seria nos tributos.

Dessa forma, à guisa de exemplo, imagine-se a situação em que uma pessoa jurídica, vendedora de mercadorias no ramo de informática, devedora de ICMS, pelo simples fato de descumprir uma obrigação acessória, recebesse a aplicação de uma multa de 80% sobre o valor do tributo a ser recolhido. Ora, *a priori*, em análise objetiva e que não dá muita margem para controvérsia, a sanção se revela flagrantemente confiscatória, inconstitucional, portanto, devendo ser invalidado o auto de infração em face da sua colisão com o art. 150, IV, da Constituição, interpretado extensivamente como ensina o Supremo Tribunal Federal.

Uma segunda situação a ser destacada, de grande repercussão na vida prática das pessoas, na qual também se dá um tratamento idêntico ao tributo e à multa, é a que debruça sobre a questão de se compreender se, nas regras legais de *sucessão de dívida tributária* de uma pessoa para outra, a *sucessão* se dá apenas quanto aos tributos ou se abrange também as penalidades. Ou seja, em outras palavras, reflete-se sobre a possibilidade de se imputar ao chamado *responsável por sucessão* a responsabilização *também* pelas *multas* devidas pelo sucedido ou se tal transferência de responsabilidade pelo adimplemento do passivo fiscal se restringiria às dívidas estritamente relativas a tributos, não açambarcando as multas. Em tais situações (que são inúmeras), e em todas elas, o Superior Tribunal de Justiça vem com jurisprudência sólida e consistente no sentido de que a *sucessão* da dívida tributária ao novo responsável abrange tanto tributos como penalidades, sendo devida a compreensão de que a sucessão é da dívida no seu todo, não se excluindo da transmissão da responsabilidade tributária o valor referente às multas; sucede *todo o crédito tributário*, seja nos casos de sucessão *causa mortis* (caso em que os herdeiros absorverão, dentro dos limites do espólio, a dívida tributária do *de cujus* na sua totalidade, sucedendo também, portanto, as multas devidas e não pagas pelo finado – art. 131, III, do CTN), seja nas situações de sucessão *inter vivos* (aquisições de imóveis, veículos, remições de bens apreendidos etc. – arts. 130 e 131, I, do CTN), seja ainda e especialmente nas questões que envolvem a chamada *sucessão empresarial*, como nas operações de *trespasse* (alienação de fundo de comércio – art. 133 do CTN), ou nas operações de *fusão, transformação* ou *incorporação* de pessoas jurídicas (art. 132, CTN). Por todas, ilustre-se o seguinte exemplo: imagine-se uma pessoa jurídica com grande passivo fiscal de ICMS e também de multas sancionatórias que lhe foram aplicadas em razão do descumprimento de certas obrigações acessórias. No caso, com essa dívida ainda não paga, a referida pessoa é incorporada em outra maior, a *incorporadora*, que concluindo negociação societária a absorve integralmente, incorporando-a no seu patrimônio. Ora, nessa hipótese (art. 132 do CTN), a dívida da sociedade incorporada sucede totalmente para a incorporadora, tanto no que diz respeito aos tributos devidos como também às penalidades. Do mesmo modo, se houver algum vício quanto às cobranças, como exemplo, alegação de confisco, seja no tributo ou na multa, a incorporadora passa a ser legitimada para questionar essas cobranças, pois será de imediato a nova *responsável* pela dívida. Ou seja, em conclusão, assim como nesse exemplo da incorporação societária, como em todos os demais casos de sucessão, a transmissão da responsabilidade tributária para o novo sujeito passivo envolve os tributos e as penalidades, mesmo que o CTN, nos arts. 130 a 133 (no caso exemplificado da *incorporação,* art. 132), só fale expressamente dos *tributos*, havendo silêncio gramatical no texto no que tange às multas. Em raciocínio símile ao exposto na questão anteriormente comentada relativa ao princípio do *não confisco*, aqui, no debate sobre a sucessão das multas fiscais, deve dar-se interpretação extensiva aos arts. 131, 132 e 133 do CTN quando falam apenas em sucessão de tributos, analisando-se os dispositivos em comento sistematicamente com o disposto nos arts. 128 e 129 do mesmo Código, esses sim, sugerindo que a forma certa de entender as regras de *sucessão* da responsabilidade tributária é de fato no sentido de que sucedem tanto os tributos devidos como as multas fiscais.

DICA 5: COMO NASCE O CRÉDITO TRIBUTÁRIO? SEGUNDO O CTN, COMO ELE SE CONSTITUI?

Amigos, esse é, sem sombra de dúvidas, o mais delicado tema deste capítulo, desafiando a necessidade de que tenhamos profunda sensibilidade, bom senso e uma pitadinha de boa vontade, para que passemos por ele da maneira mais eficiente possível, especialmente no que tange ao nosso compromisso de desenvolvermos aqui um estudo que foca provas de concursos públicos e do Exame de Ordem. Em face do universo de divergências interpretativas na doutrina, o tema deve ser encarado com preciosa cautela e destacado zelo. Procurarei ser extremamente objetivo para não perder a direção da nossa proposta. Vamos lá!

A discussão aterrissa na dúvida quanto à identificação de *em que momento o crédito tributário se constitui*, especialmente em razão do fato de o legislador haver *afirmado no CTN* que *o crédito tributário é constituído pelo lançamento.* Ou seja, no nosso Código Tributário foi adotada a teoria de que o crédito do Estado na relação tributária somente surgiria após a prática de um procedimento administrativo, privativo de uma autoridade administrativa competente, procedimento esse chamado de *lançamento.* Tal posicionamento na lei se constata na leitura do art. 142, o qual inaugura a normatização sobre o *lançamento,* conceituando-o, dentro do capítulo que se chama de "CONSTITUIÇÃO DO CRÉDITO TRIBUTÁRIO". Ou seja, na nossa lei, a tese seguida foi a de que *o crédito tributário é constituído pelo lançamento.* Quanto ao fato de ser essa a *verdade legal,* o entendimento expressamente consagrado em nosso Código, não há qualquer dúvida. A grande questão é: isso está correto?

Bem, antecipo que sou um dos muitos que, estudando já há bastante tempo a matéria, discordam frontalmente da visão do legislador, ainda que sempre prestigiando meu elegante respeito a seu modo de pensar, rendendo louvor ao seu trabalho. Todavia, peço escusas para, como muitos, discordar.

Independente dos argumentos a seguir narrados para expor a vocês os fundamentos pelos quais se critica a posição adotada pelo nosso legislador, preciso fazer uma afirmativa aqui para vocês, e isso é *fundamental* para que não vacilem na interpretação de questões de provas. Prestem muita atenção: meus amigos, independente de tudo que comentarei a seguir, O CTN ADOTOU A TEORIA DE QUE O CRÉDITO TRIBUTÁRIO É CONSTITUÍDO PELO LANÇAMENTO. E isso não é questionável. Ou seja, não importa se você, assim como eu, vai discordar dessa afirmativa. Para fins de prova, nunca se esqueça de que a tese que até hoje está expressamente prevista na nossa codificação tributária é a da constituição do crédito tributário pelo lançamento. Daí que sempre que se questiona em provas objetivas sobre a natureza do lançamento, *segundo o CTN,* a resposta correta é no sentido de se afirmar que *o CTN* atribuiu ao lançamento a natureza de procedimento administrativo *constitutivo* do crédito tributário – vide expressa escrita do seu art. 142.

Vejamos na "DICA" seguinte os comentários críticos a essa previsão do nosso Código, abraçados por sensível e qualificada parte da doutrina pátria.

DICA 6: CRÍTICAS AO POSICIONAMENTO CONSAGRADO NO CTN DE QUE O CRÉDITO TRIBUTÁRIO É CONSTITUÍDO PELO LANÇAMENTO. VISÃO ALTERNATIVA PARA COMPREENSÃO DO NASCIMENTO DO CRÉDITO TRIBUTÁRIO

Por força de uma série de argumentos lógicos, e, em especial, em face da profunda intimidade que temos com o Direito Civil, disciplina que também lecionamos há 10 anos, não conseguimos concordar com o posicionamento adotado pelo legislador, e optamos por acompanhar a divergência levantada por diversos pensadores do Direito Tributário. Acredito que o *lançamento* não é um procedimento feito para *constituir* o *direito* de *crédito* que o Estado adquire na relação jurídica obrigacional tributária. Não. Jamais. Em absoluto! Cremos, sem qualquer sombra de dúvida, que o *lançamento* não é a *causa* do crédito, mas sim uma *consequência* de sua existência, existindo para permitir que se tenha uma forma *técnica* e com menor possibilidade e erro na *cobrança* do valor

CAPÍTULO 19 – CRÉDITO TRIBUTÁRIO – I

que corresponde ao montante que estrutura esse direito de crédito. Parece-nos inabalável a certeza de que o crédito preexiste ao lançamento, não sendo, como enxergou o legislador, uma consequência possível caso o lançamento se realize. O Fisco não lança *para ter* crédito, e sim *porque tem* crédito. O Fisco não cobra para ter o direito subjetivo de crédito, e sim cobra exatamente porque possui tal direito, e quer exercê-lo, vê-lo satisfeito. O lançamento, quando praticado, *declara* a existência do crédito e objetiva opor, àquele que tem o dever de adimplir a prestação que satisfará tal direito, que o faça.

Respeitando elegantemente entendimentos diversos, posiciono-me na linha oposta à do legislador e à dos que lhe acompanham no sentido de que o crédito seria constituído pelo lançamento. Na minha concepção, unindo aos dogmas próprios do Direito Tributário o conhecimento que emana secularmente dos ensinamentos de Direito Civil quanto aos institutos da *obrigação* e do *crédito*, quando do surgimento de uma relação jurídica obrigacional, seja tributária ou não, concluo que a função do *lançamento*, no cenário das relações tributárias, não é a de *fazer surgir o direito de crédito* da Fazenda, o qual surge, na verdade, quando do nascimento da relação obrigacional. A missão desse importante procedimento é a de permitir que a Administração Pública, *credora*, possa, por meio de uma autoridade competente, um agente administrativo treinado, cobrar do *devedor* o valor que é *devido*, nos termos que *a lei* determina, e cobrar de modo técnico, notificando a esse devedor para que ele pague, informando-lhe qual é o valor da dívida, bem como o tempo e o local do seu pagamento, informando-lhe ainda quais são as eventuais penalidades aplicáveis no caso de descumprimento do dever legal de adimplemento. Considerando que a maioria das pessoas do povo é leiga, muitos sequer sabendo ler e escrever, raros conhecendo direito tributário para terem a capacidade de interpretar (e entender!) a lei tributária, o lançamento se revela procedimento administrativo extremamente útil, no sentido de que propicia uma *cobrança* ao devedor de modo técnico, feita por uma autoridade que tem conhecimento, estudada, diminuindo-se a margem potencial para erros e assim para futuras lides, preservando-se, última *ratio*, a máquina pública, o Judiciário, o interesse da própria sociedade. Esse é o papel do lançamento. Cobrar o valor do crédito, e não criar esse direito.

Sendo um pouco mais intenso na reflexão, quem constitui esse direito de crédito, de crédito tributário, em primeira monta, *é a lei*, quando define em abstrato a moldura perfeita da dimensão e extensão desse direito, patrimonial por excelência, que é o direito de "crédito". Ou seja, à guisa de uma mais profunda análise, quem constitui o crédito *em abstrato* é o legislador, quando fixa a base de cálculo e a alíquota do tributo, bem como comina abstratamente eventuais penalidades pecuniárias (que, caso aplicadas, também farão parte do "crédito").

Nesses termos, *em abstrato*, o direito de crédito a que o Fisco pode fazer jus em uma eventual relação tributária é constituído pela lei, e ninguém terá o poder de modificar a natureza, a essência, a dimensão, o *valor*, desse *crédito*. Repito, concluindo: quem projeta o direito de crédito, constituindo-o em abstrato, definindo sua dimensão e estrutura, **é a lei**!

E, na esteira desse pensamento, para que esse direito nasça em concreto em favor do Fisco, incorporando-se de verdade ao rol de direitos subjetivos que ele passa a acrescer no seu rol de titularidades, fazendo parte de seu ativo patrimonial, *é necessário que ocorra o fato gerador da relação jurídica obrigacional tributária*, momento em que a norma legal tributária incidirá sobre esse fato típico, o qual, exatamente por ser *típico*, e assim receber a incidência da norma (que é *compulsória*), fará *nascer, gerará*, a relação jurídica obrigacional tributária, entre esse Fisco titular do tributo e o sujeito passivo a quem essa norma legal designe a missão de adimplir a prestação; e é nesse exato momento em que a norma legal incide sobre o fato típico, gerando a relação jurídica obrigacional tributária, que nascerá, em concreto, o direito de *crédito* em favor do Fisco, o qual poderá então ser chamado de *credor*, mais comum figurante no polo ativo da relação jurídica obrigacional. Em outras palavras, quando ocorre o fato gerador e nasce a relação obrigacional, nasce o direito de crédito em favor do *credor*. E essa é uma premissa básica que eclode dos ensinamentos mínimos do Direito Privado... Nascida a *relação jurídica obrigacional*, necessariamente há de existir um sujeito ativo e um sujeito passivo... E, como regra, um *credor* e um *devedor*... Amigos, estamos falando de premissas *básicas* do direito obrigacional... Vou repetir para esclarecer: se existe uma **relação jurídica obrigacional**, tem de existir as figuras do sujeito ativo e do sujeito passivo, tendo este último o dever de cumprir certas prestações em favor daquele, sendo esse dever de cumprir tais prestações aquilo que chamamos de *objeto* da relação jurídica obrigacional. E, sendo a prestação de cunho *patrimonial*, o que ela gera, em favor do sujeito ativo, é um direito de *crédito*. Elucidando: não existe relação obrigacional sem sujeito ativo! Estamos a falar dos *pressupostos de existência* de uma e de *qualquer* relação jurídica obrigacional, seja ela tributária ou não; não existe *relação* se não houver pelo menos duas pessoas interligadas, unidas pelo vínculo jurídico... Não há sujeito *passivo* se não houver sujeito *ativo*... Se existe um *devedor*, inevitavelmente há que se ter um *credor*... Ninguém *deve* "ao nada"... Se nasce com o *fato gerador* uma relação jurídica obrigacional tributária, há obrigatoriamente de nascer a figura do *credor*, que será exatamente o titular do direito de receber a prestação de cunho patrimonial que deve ser adimplida pelo *devedor*. Ou seja, onde há relação obrigacional, há sujeitos passivo e ativo, onde há sujeição passiva e ativa, há um devedor e um credor, e onde há um *credor*, há um *crédito*... Logo, a única conclusão que se permite extrair quando se entende com as bases técnicas do direito privado o que significa uma *relação*

CAPÍTULO 19 – CRÉDITO TRIBUTÁRIO – I

jurídica obrigacional, quais são seus elementos, sua estrutura, o que é o *débito* e o *crédito*, é que o direito subjetivo patrimonial de *crédito* que a Fazenda adquire nasce exatamente com o nascimento da relação jurídica obrigacional tributária; ou seja, com a ocorrência do fato gerador! É exatamente isso, amigos... Se o legislador tivesse um pouquinho mais de sensibilidade e a oportunidade de refletir um pouco mais, com certeza, em face do genial e inteligentíssimo homem que foi, teria percebido que o crédito tributário nasce com a ocorrência do fato gerador, decorre da relação jurídica obrigacional tributária, sendo o lançamento um procedimento que tem outra função que, com certeza, não é a de criar, constituir esse direito, mas sim a de cobrar a satisfação dele, de modo técnico.

E aqui, em face do comentário anterior, em relação ao legislador, preciso fazer um comentário *muito importante*. Ao criticar o sentido que o legislador atribuiu ao instituto, em momento algum quero parecer pedante, indelicado, deselegante. Não, claro que não. Apesar de o CTN ter, inegavelmente, diversos erros, alguns grosseiros, isso jamais nos permitirá externar um comportamento desrespeitoso e que não denotasse a humildade de reconhecer seu mérito, sua genialidade. Às vezes, o que falta a muitos doutrinadores é a simplicidade na alma para entender que todo e qualquer ser humano erra, é falível, não somos seres perfeitos e blindados contra a possibilidade de errarmos... E o legislador também é um ser humano... que, como qualquer outro, pode errar... Às vezes, falta coragem para se abrir uma crítica e se afirmar que *a lei está errada*... Gente, qual é o problema em se reconhecer tal fato? As leis não são perfeitas... O criador não é, quiçá, a criatura... O que muitas vezes frustra, entristece, é encontrar pensadores que fazem de tudo para inventar argumentos e teorias que buscam justificar um erro visível na legislação... um sofrido malabarismo hermenêutico, uma tortuosa ginástica interpretativa, única e exclusivamente para tentar encontrar um traço de lógica que possa justificar o que foi escrito na lei... Não seria mais simples reconhecer que o legislador também erra? E nem por isso apedrejá-lo, mas sim laborar apenas no propósito de corrigir e pronto... Amigos, se alguém disser que as leis são perfeitas, coitada da hermenêutica, pobre de Hermes, aniquilada a beleza e a utilidade da atividade de *interpretação*... Tola inocência acreditar que o homem será um dia capaz de com palavras externar a essência de suas vontades e sentimentos... Às vezes calamos, para mudos, simplesmente olhando, falarmos mais do que dizendo... É claro que as leis são imperfeitas e esse é dos mais naturais fenômenos da vida e do mundo jurídico... Observem, em um rápido exemplo comparativo... Um gênio chamado Clóvis Bevilácqua, ao redigir o Código Civil de 1916, quando disciplinou a teoria das incapacidades civis, afirmou, em infeliz momento, que o "ausente" era um absolutamente incapaz... Amigos, uma das maiores barbáries já escritas em uma lei de grande porte na história desse país... O "ausente" não era, nunca foi e jamais será, pelo simples fato de estar "ausente", um incapaz... E foi necessário que mais de cem anos se passassem para que, com o Código de 2002, o Prof. José Carlos Moreira Alves, integrante da equipe coordenada pelo Prof. Miguel Reale, e redator da Parte Geral do novo Código, corrigisse o terrível equívoco, retirando a figura do "ausente" do rol dos incapazes e disciplinando-o de modo especial em capítulo à parte... Ora, vejam, no CÓDIGO CIVIL brasileiro, durante mais de cem anos, estava afirmado algo que era flagrantemente errado... Por que no CTN não seria possível? E, o pior... Existiram estudiosos, apaixonados pelo legislador, incapazes de aceitar que sua excelência, mais um humano mortal, poderia errar, que passaram uma vida para tentar inventar teses mirabolantes, estapafúrdias, bisonhas, para apresentar teorias incoerentes, ficções inúteis, tentando justificar que seria correta a previsão legal... Para quê? Não seria mais simples reconhecer o óbvio ululante e entender que as leis não são monumentos perfeitos blindados contra qualquer possibilidade de erros? E é isso que ocorre aqui no CTN... Amigos, se vocês tiverem uma aula com um professor de Direito Tributário que tenha um mínimo de intimidade com o Direito Civil, que já tenha dedicado parte do tempo de sua vida a navegar pelas páginas dos compêndios que trazem os ensinamentos sobre os institutos do direito privado, vocês perceberiam como o CTN é dotado de erros grosseiros, o que deixa evidente que o legislador não tinha intimidade com tais institutos... Vejam rápidos exemplos: não obstante o mundo inteiro ensine desde o início do século XX que a prescrição é fenômeno que jamais atinge o direito de ação, mas apenas uma pretensão, o nosso legislador escreve, afirma, já na segunda metade do século XX, que a prescrição extingue o direito de ação, de ajuizamento da execução fiscal – vide seu art. 174... Mais grave: não obstante seja unânime no mundo inteiro que a prescrição JAMAIS extingue um direito subjetivo de crédito, mas sim uma *pretensão* (bens jurídicos distintos, que em hipótese alguma se podem confundir), o nosso CTN afirma bizarramente que a prescrição tributária extingue o "crédito" (o que legitima enfadonhos efeitos que fulminam toda a história do instituto da prescrição... A título de exemplo, no Direito Tributário, em face da proeza do nosso legislador, se uma pessoa paga dívida prescrita, terá direito à repetição de indébito, pois, nesse caso, quando pagou, com prescrição já consumada, não existia mais direito de crédito, não existia mais credor, pois o CTN afirma nos arts. 156, V, e 174 que a prescrição extingue o crédito... Amigo, se você abre a boca e fala isso em uma roda de civilistas, você vai ser apedrejado, pois em nenhum lugar do mundo a prescrição extingue um crédito, nem obriga o *credor* a devolver o que recebeu quando pago pelo devedor, pois, ainda que prescrita sua pretensão, o crédito jamais faleceu); e o mais deplorável: o legislador equiparou a prescrição à decadência, rasgando toda a base desenvolvida ao longo da história para ensinar o que se entende como fenômeno jurídico a que se apelida decadência... O nosso CTN afirma que a decadência extingue o crédito

CAPÍTULO 19 – CRÉDITO TRIBUTÁRIO – I

tributário, extingue um direito subjetivo... Ora, sabido por qualquer estudioso que a decadência não se liga a direitos subjetivos, mas apenas a direitos potestativos, traduzindo a situação jurídica na qual um direito potestativo se extingue pelo simples fato de não ter sido exercido por seu titular no prazo cabível. E, em um momento máximo de superação na infelicidade de agredir a lógica, o legislador comete a imperdoável contradição de afirmar que a decadência *extingue* o crédito pelo fato de não se ter praticado o lançamento (no prazo de cinco anos), sendo que ele mesmo afirma que o crédito só se constitui se o lançamento for feito... Ou seja, equívoco sem salvação, o legislador disse que o lançamento constitui o crédito, mas disse também que a decadência o extingue! Isso é IMPOSSÍVEL! A decadência ocorre exatamente pelo fato de não ter ocorrido o lançamento... Ora, se quando ocorre a decadência está se *extinguindo* o crédito, então o crédito, que está sendo *extinto*, teria que existir... Afinal, como se pode extinguir o que não existe, matar quem nunca nasceu? Pois é... Mas é o mesmo legislador que afirmou que quem cria o crédito é o lançamento... Como assim, amigos? Então se o lançamento cria, e ele não for praticado, e assim ocorrer a decadência, então o crédito nunca se criou... Então como é que a decadência extingue? Percebem? Ou seja, essas são apenas algumas ilustrações que queria mostrar a vocês para que se sintam confortáveis para não se sentirem obrigados a concordar com algumas aberrações que estão escritas no nosso CTN, que precisa ser reformado, que tem mais de meio século de vida, que foi escrito na época do Golpe Militar, que foi projetado por juristas que não viveram o mundo de hoje, que não testemunharam coisas que hoje são simples, mas que eles nem sonharam que existiriam... internet, globalização, redes sociais, *i-phone*, telefone celular, compras de aulas via virtual, isso não existia nem em cogitação... Pois é... O CTN foi escrito nessa época, amigos... 1966... Fala de impostos que não existem mais, não traz normas gerais necessárias para questões do dia a dia de hoje, não traz qualquer dispositivo sobre alguns tributos importantes no dia a dia, como o IPVA, as CIDES, as COFINS, o ISS e ICMS, ainda cuida do princípio da anterioridade como se fosse aplicável apenas a impostos sobre patrimônio e renda e não para todos os tributos etc.

Portanto, o que quis fazer com essas longas palavras foi permitir a vocês entenderem que o nosso CTN tem erros grosseiros, lições superadas, lacunas que precisam ser supridas... Entre esses erros, o de afirmar que o crédito tributário é constituído pelo lançamento, sugerindo que, caso o lançamento não se faça, o direito creditório da Fazenda inexistiria, o que seria uma conclusão absurda a partir do momento que se reconhece que, com a ocorrência do *fato típico*, esse fato já é *gerador* de uma *relação jurídica obrigacional tributária*, a qual, com inequívoca certeza, denota a existência de um credor e um devedor, logo, a existência de um crédito.

APRENDENDO TRIBUTÁRIO – Pedro Barretto

Como dito, o papel do lançamento não é fazer nascer esse direito, o qual preexiste a ele e justifica sua prática, mas sim cobrar do devedor, de modo técnico, o valor que corresponde ao montante que dimensiona esse direito de crédito. Com boa vontade de se reconhecer que a partir do lançamento esse dever de pagamento se torna *exigível*, o que levaria a uma teoria que se posiciona na doutrina com tese mais branda, afirmando que o lançamento de fato declara a existência do crédito, mas atuaria com uma feição *constitutiva* sim, a de que o lançamento constituiria a *exigibilidade* do adimplemento do valor do crédito. Ou seja, nessa concepção, o crédito existiria antes do lançamento, mas a exigibilidade oposta ao sujeito passivo para que venha a adimplir a prestação que satisfaz o crédito só se daria após o lançamento. Tese razoável, pelo menos melhor que a infeliz teoria adotada expressamente no nosso Código. Todavia, também é falha, pois nem em todos os tributos se pode dizer que é a prática do lançamento que torna exigível o adimplemento... Pelo contrário... Na maioria dos tributos, a sistemática quanto ao dever de adimplemento e ao direito do Fisco de receber o valor do *seu crédito* é no sentido de que a própria lei já determina que com base na simples ocorrência do fato gerador abre-se um prazo e o devedor já fica obrigado ao adimplemento pelo simples fato de ter ocorrido o fato gerador. Essa é, de fato, a regra verdadeira que é adotada na imensa maioria das relações tributárias no nosso sistema jurídico fiscal. Ou seja, a maioria dos tributos no nosso sistema se sujeita ao dever de pagamento antecipado, já estando o sujeito passivo obrigado a pagar a dívida independente de qualquer lançamento... Basta que pratique o fato gerador e a lei determina o prazo para pagar... Assim é com o Imposto de Renda, o ISS, ICMS, IPI, IOF, com a quase totalidade das Contribuições Especiais etc. Perceba-se que não seria correto reconhecer, pelo menos para a maioria dos tributos, que o *lançamento* é que torna exigível o adimplemento da prestação que satisfaz o crédito. Na verdade, somente quanto aos tributos que obrigatoriamente se sujeitam ao *lançamento de ofício* (IPTU, IPVA, Taxas, Contribuições de Melhoria, CIP, Contribuições Profissionais) é que essa premissa se faria coerente, afinal, nesses tributos, o Fisco é *obrigado* a lançar, e, caso não lance, o sujeito passivo não se obriga ao pagamento; nesses tributos, originariamente sujeitos ao lançamento de ofício, realmente dá para sustentar que a *exigibilidade* do adimplemento do valor correspondente ao direito de crédito viria com o lançamento, e, assim, reconhecer-se-ia que o *lançamento seria constitutivo da exigibilidade do crédito*.

Para que sejamos perfeitos em nossa conclusão, externando exatamente qual o nosso pensamento, cremos que a função do lançamento não é a de criar o crédito, mas sim a de permitir à Administração Tributária cobrá-lo, quando for o caso e tiver o direito, de modo técnico, compelindo o devedor ao dever do adimplemento. Quanto aos tributos que se sujeitam ao *lançamento de ofício*, que são os tributos de fato gerador visível (o Fisco vê a ocorrência do fato gerador), inegável que o lançamento traz um reconhecido efeito constitutivo, mas não do próprio direito de crédito e sim da *exigibilidade* de seu adimplemento. Quando aos tributos sujeitos a pagamento antecipado, dentro do prazo imposto pela legislação tributária, *a priori*, nem deve ocorrer lançamento, pois, se o contribuinte/responsável pagar o que deve corretamente e no prazo, *sequer nascerá direito de lançar*, sendo abusiva qualquer postura da Fazenda de cobrar o que já recebeu. Todavia, nesses tributos sujeitos a pagamento antecipado, **_caso haja o inadimplemento por parte do contribuinte, mediante prática de sonegação fiscal_**, aí sim, nessas situações em que o contribuinte não declara e não paga o que deve, por óbvio, o Fisco adquire o direito de lançar; ou seja, se for vencido o prazo do pagamento antecipado e o sujeito passivo não fizer a declaração da dívida nem pagá-la, é claro que o Fisco adquire, após vencido o prazo para a voluntária ação do contribuinte, cobrá-lo.

ATENÇÃO: Amigos, após toda essa ilustração, deixando claro nosso entendimento, somos obrigados, entretanto, a dar uma orientação aos que vão fazer provas de concursos e o Exame de Ordem: quando as questões de provas objetivas ("provões" de concursos ou "primeira fase do Exame de Ordem" são elaboradas, tem sido muito frequente se adotar como **gabarito** a alternativa que considera que o lançamento é constitutivo do crédito tributário; ou seja, que o crédito é constituído pelo lançamento. Isso porque, **como regra**, as questões vinculam a pergunta ao que está disposto no texto legal... E assim a única resposta cabível, de fato, é aquela que externa exatamente o que a lei prevê... Ou seja, a "Banca" não pergunta o que se acha certo ou errado, nem o que a doutrina "a" ou "b" defendem... A "Banca" apenas indaga se o candidato sabe o que está na lei... Se ele por acaso já leu o Código Tributário... Se ele conhece o texto, e não o que ele acha do texto legal... Normalmente as questões trazem enunciados do tipo "segundo consta no CTN, o crédito..." ou "de acordo com a legislação tributária em vigência, pode-se afirmar que o crédito...", e assim por diante. Por logo, fiquem atentos, pois o que o CTN afirma no art. 142 é que o crédito tributário é constituído pelo lançamento. Ainda que eu não concorde, é o que vocês possivelmente terão de responder nas provas quando as questões vincularem a pergunta feita ao disposto na lei.

DICA 7: DA EXTINÇÃO DO CRÉDITO TRIBUTÁRIO. DA FORMA "IDEAL" DE EXTINÇÃO. O PAGAMENTO

Amigos, após estudarmos o nascimento do crédito tributário, conhecendo a posição adotada pelo legislador, importante avançarmos em um próximo passo. Como ele se extingue? Vejamos.

Nascido o crédito tributário em favor da Fazenda Pública, o caminho naturalmente projetado na relação obrigacional tributária é o que se aperfeiçoaria pela postura do sujeito passivo de adimplir o credor, cumprindo a prestação que é devida pelo modo perfeitamente idealizado. Ou seja, a *via crucis* natural de qualquer relação jurídica obrigacional (por exemplo, a tributária) é aquela que passa pela ideia de que o devedor deve satisfazer o direito de crédito do credor, deve adimplir sua prestação, cumprindo seu dever jurídico, arcando com sua dívida e entregando ao credor o que lhe é de direito, nos moldes perfeitamente projetados, ou seja, adimplindo com o *objeto* que é programado, no *tempo*, *local* e da *forma* que se espera. Agir de tal modo nada mais é do que *pagar*, conforme ensinam as lições básicas do Direito Civil, pagar a dívida. Pois é. Em qualquer relação jurídica obrigacional, o ideal é que o devedor *pague* o que deve. Para isso conspira o ordenamento jurídico, abraçado ao princípio da *proteção ao adimplemento*, harmonizando-se com o dogma de que o fim natural de uma relação *obrigacional* é o fim que se alcança com a moldura que denota que o credor recebeu o que tinha direito, tendo, portanto, seu crédito satisfeito, tendo o devedor honrado aquilo que deveria cumprir, adimplindo perfeitamente sua prestação. Esse é o caminho natural para o encerramento de uma relação jurídica obrigacional, qualquer que seja ela. E com as relações tributárias não seria diferente. O *ideal*, aquilo que o ordenamento jurídico projeta, conspira para que ocorra, é exatamente essa situação, qual seja, aquela em que o contribuinte *paga* a dívida existente, da forma prevista e no tempo e local corretos. Desse modo, a conclusão a que se pode chegar é que o caminho idealizado pelo nosso sistema jurídico obrigacional, também aplicável nas relações tributárias, é no sentido de que **o fenômeno tributário perfeito ocorre quando o crédito tributário é extinto pelo pagamento**. Em outras palavras, **o ordenamento jurídico fiscal idealiza como fim perfeito para uma relação jurídica obrigacional tributária a relação em que o sujeito passivo pague o que deve e o Fisco, portanto, receba o que é de direito, podendo-se afirmar que o crédito tributário se extingue pelo pagamento**. Isso é o ideal, ainda que nem sempre ocorra.

Apesar de ser realmente o fim que todas as pessoas de boa-fé desejam, nem sempre o *pagamento* termina sendo o instrumento que dá fim a uma relação jurídica obrigacional, sendo plenamente possível que tal relação se extinga em razão da ocorrência de diversos outros fenômenos jurídicos. Nesse viés, plenamente possível enxergar que o *crédito* do credor pode ser extinto por outras vias que não a ideal via do *pagamento*. E isso também ocorre no *direito tributário*, *habitat* em que temos uma pluralidade de ferramentas que podem fomentar a extinção do crédito tributário, as quais são listadas em rol taxativo no art. 156 do Código Tributário Nacional. Falemos, no próximo tópico, um pouco mais sobre o tema.

CAPÍTULO 19 – CRÉDITO TRIBUTÁRIO – I

DICA 8: DAS DEMAIS CAUSAS DE EXTINÇÃO DO CRÉDITO TRIBUTÁRIO

O art. 156 do CTN, em seus *onze incisos*, nos apresenta quais são as *doze* ferramentas que têm o poder de extinguir o crédito tributário da Fazenda Pública. Apesar de serem *onze incisos*, trata-se, de fato, de *doze* causas de extinção do crédito, já que no *inciso quinto* temos dois institutos, quais sejam, a **prescrição** e a **decadência**. Vamos fazer uma catalogação organizada desse ponto da matéria, listando informações que são importantes para vocês organizarem o pensamento e a compreensão sobre o tema. Vamos lá!

Como sempre costumo afirmar em minhas aulas, as *doze* causas de extinção do crédito devem ser divididas em três grupos. O primeiro desses grupos é o *"Grupo do Adimplemento"*, que traz na sua equipe *sete* das *doze* causas de extinção do crédito. Em um segundo grupo, trazemos o *"Grupo da Segurança Jurídica"*, no qual aparecem *quatro* institutos que podem letalmente fulminar o crédito tributário. Por fim, no terceiro bloco, temos o *"Grupo de Perdão"*, que se expressa por via singular e particularizada de um único membro, em carreira solo, também propiciando a extinção do crédito tributário. Avancemos indicando quem são os personagens de cada um dos três grupos. Citemos.

No *"Grupo do Adimplemento"*, aparecem as seguintes ferramentas: primeiro, o **pagamento**; depois, a **compensação**; em seguida, a **transação**; após, a **conversão do depósito em renda**; na sequência, o **pagamento antecipado e sua posterior homologação**; no linear, a **ação de consignação em pagamento**; por fim, como sétimo instrumento que extingue o crédito permitindo o adimplemento, surge a **dação de bens IMÓVEIS em pagamento**. Esses sete institutos, listados nos incisos I, II, III, VI, VII, VIII e XI do art. 156 do Código Tributário Nacional, são, de fato, as causas de extinção do crédito que permitem ao Fisco, de um modo ou outro, ser *adimplido*. Bom para o Fisco, já que, independentemente do modo, e mesmo que não sendo especificamente pela via do *pagamento*, pelo menos o credor tem seu crédito satisfeito.

No *"Grupo da Segurança Jurídica"*, desfilamos com quatro componentes, quais sejam: a **prescrição**, a **decadência**, a **decisão administrativa irrecorrível** e a **decisão judicial transitada em julgado**. Quando qualquer desses quatro fenômenos se materializa, o crédito tributário se extingue, porém, sem que haja o adimplemento. Ou seja, o Fisco nada recebe nessas situações. Todavia, por expressa previsão de lei, o crédito tributário se extingue. Os quatro institutos ora citados estão previstos nos incisos V, IX e X do art. 156 do CTN.

Por fim, vem o terceiro "Grupo", que, no fundo, não é um "Grupo", e sim um figurante isolado. Forçando a barra, vou chamar de *"Grupo do Perdão"*, no qual trafega sozinha a **remissão**, instituto por via do qual o credor, por meio de lei, concede ao devedor um ***perdão da dívida***, libertando-o do débito e renunciando a seu próprio crédito, o qual, após concedida a remissão, resta extinto. A **remissão** está prevista no inciso IV do art. 156, e disciplinada no art. 172 do Código.

Amigos, qualquer desses doze institutos, seja em nome do adimplemento, seja em nome da segurança jurídica ou pela via do perdão, promovem a extinção do crédito tributário. Resta dizer, o direito creditório do Fisco não sobrevive à aparição de qualquer desses institutos.

Nos capítulos seguintes desta obra abordaremos destacadamente pontos importantes sobre as causas de extinção do crédito tributário, com o devido e preciso detalhamento. A nossa intenção aqui, no momento inicial em que estamos aproximando vocês do conhecimento a respeito do que seja o crédito tributário, é lhes mostrar que existem diferentes caminhos para se fomentar a extinção do crédito tributário, e não apenas o *pagamento*, trazendo desde logo a inicial (e fundamental) noção de que o crédito pode ser extinto dentro de três ideias, de três concepções, como exposto no delineamento dos três "grupos" anteriormente apresentados. Como supranarrado, adiante, nos capítulos seguintes, retomarei o tema com maior carinho.

DICA 9: SUSPENSÃO, EXTINÇÃO E EXCLUSÃO DO CRÉDITO TRIBUTÁRIO. ARTS. 151, 156 E 175 DO CTN

Quando estudamos o crédito tributário, é fundamental enxergarmos que existem três situações distintas entre si que merecem nosso apreço, entre as quais, o tema imediatamente antes abordado, o das causas de "extinção" do crédito tributário, tema esse listado nos arts. 156 a 174 do Código Tributário Nacional. Juntamente com esse ponto da matéria, devemos estudar também as chamadas "causas de SUSPENSÃO" do crédito tributário (arts. 151 a 155-A, CTN), e, ainda, aquilo que se convencionou chamar de "causas de EXCLUSÃO" do crédito tributário (arts. 175 a 182, CTN). Juntos, os três temas traduzem aquilo que chamamos de ***causas de afetação do crédito tributário***.

Dessa forma, importante entender que o crédito tributário pode ser atingido de três formas diferentes, ou seja: pode ficar temporariamente suspenso, pode ser extinto e pode ser excluso. Daí por que precisamos estudar cada um deles, quais sejam, as *causas de suspensão, extinção* e *exclusão* do crédito, que costumo chamar de *causas de **afetação*** do crédito tributário.

CAPÍTULO 19 – CRÉDITO TRIBUTÁRIO – I

No total, as causas de *afetação* do crédito tributário se agrupam em **20 causas**, sendo que, como já visto anteriormente, *doze* delas se qualificam como causas de *extinção* do crédito. Outras **seis** dessas *20* causas são as que chamamos de causas de **suspensão** da exigibilidade do crédito, sobrando, portanto, apenas *duas* das *20* ferramentas, que são as **duas causas de exclusão** do crédito tributário. Nesse linear, fundamental, antes de qualquer coisa, sabermos quais são as *seis* causas de *suspensão* do crédito tributário, as *doze* causas de *extinção* e, por fim, as *duas* causas de *exclusão*. Todas elas aparecem citadas nos arts. 151, 156 e 175 do CTN, dispondo o primeiro sobre as causas de *suspensão*, o segundo sobre as causas de *extinção* e o último sobre as causas de *exclusão*.

Para que conste a informação, as *duas* causas de **exclusão** do crédito são a **isenção** e a **anistia**. São, como veremos adiante, espécies de benefícios fiscais que o credor pode conceder ao devedor, por meio de lei, abrindo mão de uma receita que faria jus a receber, não fosse a concessão da benesse. Na anistia, o Fisco abre mão de receber o valor relativo a penalidades, em razão do perdão da infração praticada; nessas hipóteses, perdoado o contribuinte, não se pode punir o ilícito cometido, razão pela qual se elide a possibilidade de cobrança da multa; esse é o efeito da **anistia fiscal**. Na segunda hipótese, a da *isenção*, temos a situação em que o Fisco, antecipando-se a um *fato gerador* futuro, expede uma lei para favorecer alguns contribuintes, os quais ficarão dispensados do dever de pagamento do tributo quando o fato gerador vier a ocorrer, não se sujeitando ao dever de pagamento, já que antes mesmo do surgimento da relação jurídica obrigacional tributária o Fisco concedeu, por meio de lei, uma dispensa do dever de cumprimento do que seria a obrigação principal, isentando o contribuinte dessa dívida. Na *isenção* se tem uma dispensa legal antecipada do que *seria* o dever de pagamento de uma dívida, futura, a qual, não fosse a *isenção*, de fato seria devida e exigível, mas, em face do ato de dispensa antecipada, nem sequer chega a nascer. Quando se concede uma *isenção*, não se impede que a norma tributária incida sobre o fato típico, pelo contrário, a norma incide, tanto que a relação jurídica obrigacional surge, bem como eventuais obrigações *acessórias* são preservadas e, caso existam, não são atingidas pelo ato *isentivo*, restando plenamente exigíveis. O que a *isenção* atinge é o direito de recebimento do valor correspondente ao tributo. Nem sequer permitindo que nasça para o Fisco esse direito. Como costumo afirmar em sala de aula, a *isenção* deveria ter sido listada pelo legislador como uma causa de *impedimento* do nascimento do crédito tributário, pois é isso que, de fato, ela faz. Por via da *isenção*, o Fisco, por meio de lei, renuncia antecipadamente àquilo que *seria no futuro* um direito de crédito, o qual sequer existirá. Por via do benefício fiscal em apreço ocorre uma dispensa do dever de cumprimento do principal efeito decorrente da incidência da norma tributária sobre o fato típico, que seria o dever de pagar o tributo. A isenção dispensa esse dever, por traduzir uma antecipada renúncia ao direito de crédito, que inexistirá para o Fisco. É por isso que, muito inteligentemente, em momento de louvável sensibilidade, o legislador não incluiu a *isenção* no capítulo que dedicou ao estudo das causas de *extinção* do crédito, já que, de fato, a *isenção* **não extingue** o crédito, posto ser impossível extinguir o que sequer existe, matar aquilo que não nasce, o que você próprio *impede* ter gênese. Em face da tal percepção é que esperou um momento mais oportuno para disciplinar com algumas normas gerais o instituto em análise, abrindo um capítulo à parte, findo o capítulo dedicado ao estudo das causas de *extinção*, e então fez o seu regramento sobre a *isenção*. Nesse capítulo incluiu a *anistia*, a qual, por certo, também não pode ser afirmada como causa de *extinção* do crédito, pois, de fato e de direito, só atinge um elemento do crédito, qual seja, a *penalidade*, não fulminando o tributo, que continua intocável e plenamente devido, razão pela qual se torna facilmente perceptível que seria extremamente infeliz a conclusão no sentido de que concedida uma *anistia fiscal* restaria morto o direito de crédito da Fazenda; este, sem dúvidas, estaria *afetado*, mas apenas em parte, sobrevivendo íntegro na parcela relativa ao tributo. A única situação em que seria possível, *acidentalmente, excepcionalmente*, que a *anistia* viesse a *extinguir* o crédito, seria quando o crédito da Fazenda fosse composto apenas pela penalidade, a qual estivesse sendo totalmente atingida pela *anistia*, em face do perdão legal da infração que originou essa sanção. Nesse *excepcional* caso em que o crédito tributário surgisse da aplicação de uma multa, a título de exemplo, decorrente do descumprimento de uma obrigação acessória, e essa infração fosse anistiada, atingindo em 100% essa multa, caso o crédito se resumisse a apenas o valor dessa multa, é evidente que a *anistia* teria o *acidental* efeito de estar extinguindo o crédito, o que, reafirmo, não é seu viés peculiar.

Como visto, tanto a isenção como a anistia atingem o direito de crédito da Fazenda, mas sem que se possa afirmar que de modo a *extingui-lo*, o que seria leviano, impróprio. Na isenção, impede-se o nascimento do crédito, porquanto na *anistia* afeta-se apenas um elemento do crédito, não se provocando a morte plena do direito creditório da Fazenda. Para designar esse modo especial, *sui generis* com que ambos os instrumentos *afetam* o crédito tributário, o legislador, no art. 175 do CTN, usou a linguagem **exclusão**, de modo que esse passou a ser o selo linguístico com o qual nós do direito tributário nos referimos a essa forma diferenciada com a qual a *isenção* e a *anistia* atingem o crédito tributário! São, como exaustivamente reafirmado, as chamadas *causas de* **exclusão** do crédito tributário.

CAPÍTULO 19 – CRÉDITO TRIBUTÁRIO – I

> **DICA 10:** ROL TAXATIVO DAS CAUSAS DE "AFETAÇÃO" DO CRÉDITO TRIBUTÁRIO. IMPOSSIBILIDADE DE CRIAÇÃO DE OUTRAS CAUSAS POR VIA DE MERA LEI ORDINÁRIA. NECESSIDADE DE LEI COMPLEMENTAR. ART. 141 DO CTN

Fundamental frisar uma preciosa informação a vocês: as 20 causas de afetação do crédito tributário previstas no CTN estão em **ROL TAXATIVO!** E o que isso quer dizer? Quer dizer que, salvo uma alteração do próprio CTN, mediante uma nova *lei complementar*, nenhum ente da Federação pode criar uma nova forma da suspender, extinguir ou excluir o crédito tributário. Ou seja, para que se possa ampliar o rol das 20 causas de afetação do crédito, é imprescindível que se inclua essa nova causa no CTN, o que, lembre-se sempre, só se pode dar mediante aprovação de *lei complementar* no Congresso Nacional, já que o CTN não pode ser modificado por lei ordinária, em razão de sua natureza de lei *materialmente* complementar.

Oportuno frisar que, não obstante, desnecessário, o legislador no CTN dedicou um artigo exatamente para afirmar essa impossibilidade de se tentar instituir outra forma de suspender, extinguir ou excluir o crédito que não as que foram citadas pelo próprio legislador nacional de normas gerais. Reporto-me, portanto, ao disposto no art. 141 do CTN, que ensina que *"o crédito tributário regularmente constituído somente se modifica ou extingue, ou tem sua exigibilidade suspensa ou excluída, **nos casos previstos nesta Lei**, fora dos quais não podem ser dispensadas, sob pena de responsabilidade funcional na forma da lei, a sua efetivação ou as respectivas garantias"*. Como se percebe, o art. 141 é claro, deixando visível a postura do legislador em não admitir outras vias para se atingir o crédito da Fazenda Pública que não as 20 que foram por ele selecionadas.

Como disse, na verdade, nem seria necessário que o CTN trouxesse essa afirmativa, pois a conclusão a que se chegaria, mesmo que não houvesse o aludido artigo, seria no mesmo sentido. Isso por força de uma interpretação do art. 146, III, da atual Constituição da República. O artigo em tela consagra a conhecida regra, basilar do Direito Tributário, por via da qual se ensina que cabe à *lei complementar* estabelecer as *normas gerais* para a produção da legislação tributária, especialmente no que diz respeito a alguns temas específicos, entre eles, o *crédito tributário*, como enfatiza a *alínea "b"* do referido art. 146, III. E o que isso quer dizer? Quer dizer que a função de legislar para elaborar a definição dos parâmetros, do perfil, dos limites, das características, do *crédito tributário*, é reservada à *lei complementar*. Nesse compasso, caso uma lei complementar cumpra essa missão constitucionalmente designada, nenhuma lei ordinária poderá modificar esses parâmetros, essas *normas gerais* que ensinam os limites dentro dos quais se pode legislar sobre *crédito tributário*. E, no nosso caso, essa *lei nacional, complementar, de normas gerais*, é o próprio **Código Tributário Nacional**, que se incumbiu dessa missão e elaborou as referidas normas gerais no seu livro segundo, dedicando tal atuação ao instituto do *crédito* nos arts. 139 a 193, entre os quais se encontram os arts. 151 a 182, que cuidam das causas de *suspensão* (151 a 155-A), *extinção* (156 a 174) e *exclusão* (175 a 182) do *crédito tributário*. Ora, diante do exposto no art. 146, III, "b", da CRFB/1988, e ciente de que o CTN é exatamente a lei complementar que cumpriu a missão imputada no dispositivo constitucional em comento, estabelecendo as normas gerais sobre crédito tributário, a única conclusão a que se pode chegar é no sentido de que se algum ente federativo tentar inovar, por via de sua própria legislação, no escopo de criar uma nova ferramenta para atingir o crédito tributário (seja suspendendo, extinguindo ou excluindo), a medida será *inconstitucional*, pois, além de colidir com o art. 141 do CTN, estará em confronto com o art. 146, III, "b", da Carta.

Façamos alguns comentários exemplificando em concreto o tema em estudo. Amigos, até o ano de 2001 não existia no CTN o instituto da *dação de bens imóveis em pagamento*, como forma de *extinção* do crédito tributário. O art. 156 só tinha 10 incisos, inexistindo o atual inciso XI, que faz referência à *dação imobiliária*, o qual foi *incluído pela LC nº 104/2001*. E por que isso ocorreu? Simples entender, em face de tudo que foi explicado anteriormente. É que os entes federativos pretendiam utilizar o procedimento da *dação em pagamento* como via alternativa para autorizarem os contribuintes a adimplirem suas dívidas fiscais. Só que o CTN não autorizava, e, em face do disposto nos já citados art. 141 do Código e art. 146, III, "b", da CRFB/1988, os entes sabiam que, se fizessem uma lei local autorizando a *dação* como forma de extinção do crédito, essa lei seria considerada nula, inválida, posto inconstitucional. Para escapar de tal situação é que houve pressão para que por via de lei complementar se viesse a acrescer no Código Tributário a expressa permissão do uso da *dação em pagamento* como forma de *extinguir* o crédito tributário. Tal vontade foi atendida quando em 2001 se editou a LC nº 104, que inseriu, portanto, o inciso XI no art. 156, e, a partir de então, passou a ser reconhecida a dação **_imobiliária_** como forma de extinção do crédito tributário.

No propósito de aprofundar a compreensão do tema, continuo falando da dação em pagamento. Observe-se que, mesmo após a LC nº 104/2001, não se pode jamais deixar passar despercebido que a autorização que foi dada pela referida lei veio **_apenas_** no sentido de permitir a dação de bens **_imóveis_**, não tendo sido feita qualquer referência a bens *móveis*. Nesse diapasão, a grande discussão que se abriu no cenário jurídico fiscal foi no sentido de se analisar como se deveria interpretar o silêncio do legislador ao não se pronunciar sobre a dação de coisas

CAPÍTULO 19 – CRÉDITO TRIBUTÁRIO – I

móveis, já que só ficou autorizada expressamente a dação *imobiliária*, havendo omissão do legislador quanto ao uso dos bens móveis. Ou seja, se vocês observarem com cautela, o inciso XI do art. 156 *não veda a dação mobiliária, apenas não autoriza*. Insta esclarecer: não houve expressa proibição... apenas inexiste expressa autorização... E foi exatamente por força dessa brecha que se ergueu a polêmica: como interpretar esse silêncio? Caberia reconhecer a possibilidade da dação mobiliária, aceitando-se que o silêncio foi incidental, legitimando-se uma interpretação extensiva do texto do inciso XI do art. 156? Ou, ao contrário, dever-se-ia considerar que o silêncio do legislador foi intencional, proposital, um silêncio eloquente, exatamente para deixar claro que não cabe o uso da dação mediante oferecimento de bens móveis? Seria esse o sentido correto a se extrair da norma? Será que realmente não se poderia fazer a interpretação extensiva e assim se aceitar que realmente só caberia dação mobiliária? Pois é... Foi exatamente esse último o sentido que prevaleceu quando o Supremo Tribunal Federal interpretou essa questão. **O STF não aceitou que o CTN autoriza a dação de bens móveis!** A nossa Suprema Corte foi na linha de que o silêncio da LC nº 104/2001, não autorizando expressamente a dação de bens *móveis*, teria sido proposital e exatamente pelo fato de que a intenção do legislador teria sido necessariamente a de somente permitir a dação de bens *imóveis* em pagamento. Por força disso, pacificou-se a celeuma e se confirmou o entendimento de que, se certo ente da Federação vier a autorizar, por lei própria, o uso da dação de coisas móveis para pagamento de dívidas tributárias, essa lei será flagrantemente inconstitucional.

No caso concreto em que o STF se manifestou, tratava-se de lei ordinária do Distrito Federal, que veio a autorizar o procedimento ora analisado. Além de todos os argumentos aqui expostos, o STF abraçou mais um, e apegou-se fortemente a ele para se convencer pala inconstitucionalidade do uso da dação de coisas móveis em pagamento de dívidas tributárias. É que a Corte vislumbrou que o uso de tal mecanismo poderia colidir com outro pilar constitucional, qual seja, o mandamento emanado do art. 37, XXI, da CRFB/1988, que consagra o famoso *princípio da obrigatoriedade da licitação*. Ou seja, o STF entendeu que a lei distrital, ao autorizar a dação mobiliária, ao arrepio de nenhuma autorização existir no Código Tributário, colidiria com a ideia implementada no art. 37, XXI, da Carta, no viés de que para a Administração Pública adquirir bens móveis ela teria que licitar. Ou seja, entendeu que não se deveria flexibilizar o regramento em comento no caso de aquisição de bens móveis. O Pretório Excelso vislumbrou que, se a lei local autoriza que o contribuinte pague suas dívidas fiscais com coisas móveis, estaria, por via reflexa, a Administração autorizada a adquirir coisas móveis sem implementar o procedimento licitatório, ficando impossibilitada a Administração de avaliar a melhor possibilidade de adquirir seus bens analisando a melhor proposta e as mais benéficas condições viáveis, o que, por certo, seria possível se houvesse a instauração do procedimento licitatório. Logo, ponderando valores, o Supremo optou por pacificar que não se deve admitir como compatível com a Constituição o uso de coisas móveis para adimplemento de dívidas tributárias. O julgamento do caso ora relatado se deu na **ADIn nº 1.917/DF**, julgada no Plenário em 26-4-1997 com a Relatoria do muito bom Ministro Ricardo Lewandowski. Transcrevo a ementa:

> **ADIn 1.917 / DF** Relator(a): Ministro Ricardo Lewandowski
> Órgão Julgador: Tribunal Pleno
> Julgamento: 26-4-2007
> Parte(s)
> Reqte: Governador do Distrito Federal
> Advdos: Marcello Alencar de Araújo e Outros
> Reqda: Câmara Legislativa do Distrito Federal
> Ementa:
> **AÇÃO DIRETA DE INCONSTITUCIONALIDADE. OFENSA AO PRINCÍPIO DA LICITAÇÃO (CF, ART. 37, XXI).**
> I – Lei ordinária distrital – pagamento de débitos tributários por meio de dação em pagamento.
> II – Hipótese de criação de nova causa de extinção do crédito tributário.
> III – Ofensa ao princípio da licitação na aquisição de materiais pela administração pública.
> IV – Confirmação do julgamento cautelar em que se declarou a inconstitucionalidade da lei ordinária distrital nº 1.624/1997.
> Decisão
> O Tribunal, por unanimidade, julgou procedente a ação direta, nos termos do voto do Relator. Votou a Presidente, Ministra Ellen Gracie. Ausente, justificadamente, neste julgamento, o Senhor Ministro Marco Aurélio. Plenário, 26.04.2007.

Portanto, caso caia na prova de vocês uma questão como essa, em que se cite feito no qual certo ente da Federação aprove lei ordinária local autorizando a dação de coisa móvel, tenha a certeza absoluta de que essa lei é inconstitucional, pois, ao violar o disposto no art. 141 do CTN, colide com o art. 146, III, "b", da Constituição, colidindo, ainda e também, com o art. 37, XXI, da Carta.

DICA 11: DAS CAUSAS DE SUSPENSÃO DA EXIGIBILIDADE DO CRÉDITO TRIBUTÁRIO. ART. 151, CTN

No que tange às causas de **_suspensão_** do crédito tributário, previstas no art. 151 do CTN, alguns comentários merecem ser feitos. Vamos lá!

CAPÍTULO 19 – CRÉDITO TRIBUTÁRIO – I

Costumo, para fins de orientar o pensamento dos alunos e ajudar em uma melhor compreensão dos institutos, dividir as *seis* causas de *suspensão* do crédito em dois grupos, quais sejam: de um lado, coloco *quatro* das *seis* causas de *suspensão* do crédito, formando um primeiro *bloco* (reclamações e recursos administrativos; tutela antecipada nas ações ordinárias; liminar em mandado de segurança; depósito do montante integral em dinheiro); como sobra, ficam as outras *duas* causas de *suspensão* do crédito, que se agrupam em um segundo *bloco* (parcelamento e moratória). Analisemos essa forma de raciocinar a matéria e percebamos o quão útil e didática ela é.

Primeiro, listo as quatro ferramentas que se apresentam com a mesma finalidade, qual seja, a de *ampliar a proteção ao exercício do direito do contraditório* do contribuinte; quatro institutos que se propõem a acautelar o contribuinte quando ele está se defendendo legitimamente em face de determinada cobrança da qual discorda e a qual resolveu questionar. Quando está exercendo seu direito de questionamento, contradizendo o procedimento de lançamento praticado pela Administração, por meio de impugnação formalizada, seja em sede administrativa ou judicial, o contribuinte pode conseguir o benefício de ficar protegido com a impossibilidade de ser executado porquanto se defende; ou seja, enquanto está exercendo o direito de defesa, mantendo-se o processo ainda em curso, o contribuinte pode conquistar a benesse de ver suspensa temporariamente a prerrogativa da Fazenda Pública de exigir o adimplemento, sendo contemplado com esse especial acautelamento ao seu direito de defesa, logrando a benquista vantagem de não ser executado enquanto se defende. Pois é. Para que tal benefício se conquiste, existem quatro instrumentos que podem ser manuseados. E, caso o contribuinte faça uso de qualquer dos quatro, de modo adequado, logrará essa benesse, qual seja, exatamente a de ver o crédito tributário ficar *suspenso*, impedindo-se o ajuizamento de execução fiscal. E quais são essas quatro *causas* que são capazes de provocar a suspensão da exigibilidade do crédito tributário exatamente dentro dessa ideia de se tutelar o direito do contraditório do contribuinte, assegurando-lhe o conforto de não poder ser executado enquanto se defende? São as que estão previstas nos incisos II, III, IV e V do art. 151 do CTN, quais sejam, *o depósito do montante integral em dinheiro, as reclamações e recursos administrativos, as liminares em mandado de segurança*, e por fim as *tutelas antecipadas em ações ordinárias*.

Já no *segundo bloco*, no qual se incluem os institutos da *moratória* e do *parcelamento*, a ideia é completamente diferente. Semelhante ao *primeiro bloco*, apenas o fato de que, caso utilizadas adequadamente quaisquer dessas seis *figuras*, o efeito finalístico será o mesmo, qual seja, restará *suspensa* a exigibilidade do crédito tributário. Desse modo, independe de qual seja a *causa* que fomente a *suspensão* do crédito, se terá um rol de efeitos comuns, ou seja, restará impedido o ajuizamento de execução fiscal bem como se assegurará ao contribuinte o direito de extrair certidões com efeito de negativa, ou, até mesmo, no caso das impugnações administrativas, certidões negativas mesmo.

Registremos a diferença do *segundo bloco* de causas de suspensão de exigibilidade do crédito (moratória e parcelamento) para com o *primeiro bloco* (depósito do montante integral em dinheiro, as reclamações e recursos administrativos, as liminares em mandado de segurança, e por fim as tutelas antecipadas em ações ordinárias). Vamos lá. Quando falamos da *moratória* e do *parcelamento*, em momento algum estamos cuidando de situações ligadas ao exercício do *contraditório*. Não. Nesses casos, o contribuinte não está sequer questionando o lançamento. Pelo contrário, ele não só concorda com a dívida, reconhecendo-a como realmente devida, como procura a Administração para tentar, por meio do deferimento do parcelamento ou da moratória, adimplir, por via alternativa, mediante uso do *tempo* como fator que cria uma possibilidade mais viável para o adimplemento. Ou seja, perceba-se que, quando um contribuinte procura o Fisco para analisar a possibilidade de deferimento de um parcelamento (mais comum) ou de moratória (mais raro), o que ele quer é *pagar* a dívida, ele quer *adimplir* o que deve e que reconhece como devido. Diferente do que ocorre quando o contribuinte manuseia qualquer dos quatro armamentos ínsitos ao *primeiro grupo*, instrumentos que são utilizados sempre no ideal de questionar a dívida, a qual se nega, buscando-se invalidar o procedimento administrativo de cobrança, o que realmente se almeja. Quando o contribuinte impetra mandado de segurança em face de lançamento ou ajuíza ação anulatória, ele não tem a intenção de pagar a dívida, pelo contrário. O objetivo é exatamente o oposto, o de ver julgada procedente a ação, para fins de invalidar a cobrança feita e ver extinto o crédito pela decisão judicial transitada em julgado. Raciocínio símile quando faz a impugnação em sede administrativa, pela interposição da reclamação administrativa com a qual provoca a instauração do processo administrativo fiscal; nesses casos, o contribuinte por lógico não quer pagar, não reconhece a dívida como correta, almejando ver o ato administrativo ser retirado do mundo jurídico pela própria Administração, almejando ver a extinção do crédito pela decisão administrativa irreformável ao final.

Percebam, amigos, que, quando falamos das causas de *suspensão* da exigibilidade do crédito que se encontram no *primeiro grupo* por nós listado, a ideia é, como bem exposto nas lições anteriormente descritas, de se gerar uma proteção ao exercício do contraditório, em situações nas quais o contribuinte sempre está negando a dívida, querendo provar ser indevida a cobrança e almejando ver extinto o crédito pelo acolhimento de sua intenção ao final do processo. E, nessa conjectura, a *suspensão* da exigibilidade do crédito, oposta à Fazenda, se dá exatamente para esse fim, desejado pelo contribuinte, acautelando-o porquanto está se defendendo. Ao contrário, quando falamos da moratória e do parcelamento, observe-se que a intenção de se gerar a *suspensão* da exigibilidade do crédito não é a de *proteger o exercício do contraditório*, pois, como visto, esse sequer ocorre em tais situações. A verdade, quanto a essas hipóteses, é que não faria qualquer sentido o ordenamento projetar o uso da *moratória* e do *parcelamento,* atraindo o contribuinte para adimplir sua dívida, e não determinar que a Fazenda se abstenha de executá-lo, especialmente porquanto ele ainda esteja dentro do prazo da moratória concedida, ou, nos casos de parcelamento, esteja cumprindo religiosamente o termo de parcelamento. Seria uma incoerência o sistema jurídico fiscal autorizar o Fisco a executar um contribuinte que foi agraciado com a concessão de uma moratória dada pelo próprio Fisco, dentro do prazo que esse credor concedeu a ele, devedor, para que pudesse se reorganizar para proceder ao pagamento; ou seja, se o credor deu ao devedor um novo prazo para poder adimplir (moratória), seria completamente desarrazoado estar autorizado a executar esse devedor em favor do qual concedeu o novo prazo sem que esse prazo se tenha encerrado. Idêntico o raciocínio nos casos de *parcelamento*; ora, se o credor aceitou conceder ao devedor o direito de pagar parcelado, nos termos que ficam estabelecidos no instrumento do parcelamento, e o devedor não viola tais condições, respeitando o que determinou quando do estabelecimento do parcelamento, é óbvio que o credor não pode executá-lo se ele está agindo de modo respeitoso às regras do termo de parcelamento. Portanto, amigos, o que se deve perceber é que a concessão do direito de pagar parcelado ou pagar em nova data, deferida pelo credor em favor do devedor, torna inviável que o sujeito ativo possa executar esse mesmo devedor enquanto ainda vige o prazo da moratória ou enquanto estiver sendo cumprido corretamente o estabelecido no parcelamento. Tal *suspensão* do direito do próprio credor de executar seu devedor em tais situações é uma consequência lógica, inafastável, obrigatória, de ter ele optado por deferir os favores fiscais em comento para o contribuinte. Do contrário, restaria afrontado o princípio da razoabilidade, da vedação de comportamento contraditório, o princípio da boa-fé objetiva nas relações tributárias, os princípios da probidade e da lealdade que a Administração Pública deve ter para com o administrado, bem como o princípio da proteção à confiança. Por força de toda essa carretilha de argumentos é que se reconhece que o deferimento da moratória ou de parcelamento em favor do contribuinte obrigatoriamente deve proporcionar a suspensão da exigibilidade do crédito tributário.

Ainda comentando os institutos em tela, muitas vezes tento mostrar aos meus alunos que, quando o Fisco age deferindo moratória ou parcelamento, ele age protegendo a si mesmo, defendendo seus próprios interesses, e não necessariamente os interesses do contribuinte. Por mais que se gere inegável benefício ao contribuinte, já que poderá fazer do *tempo* um amigo para oportunizar uma nova forma para o adimplemento, há de se perceber que o Fisco muitas vezes é o mais favorecido. E por quê? Pois, dentro de uma ótica de *custo e benefício*, deve o estudioso constatar que, muitas vezes, e bote *muitas* nisso, o contribuinte de fato não tem recursos financeiros para pagar a dívida, a qual se acumula, alargando cada vez mais o prejuízo do Fisco... Dessa forma, chega um momento em que pagar essa dívida à vista se torna inviável para uma imensa massa de devedores... e, caso o credor agisse na imatura e prepotente postura de somente aceitar receber o montante que lhe é devido por meio de pagamentos à vista e integrais feitos pelo devedor faltoso, por certo, na maioria dessas situações, não receberia, e a terrível e desastrosa consequência é que teria de marchar no prumo da indesejável e frustrante *via crucis* da execução fiscal, a qual quase nunca tem eficiência e provoca imensa perda de tempo e dinheiro para o Estado, morrendo, muitas vezes, no famoso e habitual quadro fático de ficar suspensa (em razão de não serem encontrados quaisquer bens do executado), depois arquivada, e por fim extinta pela consumação da prescrição intercorrente. Se vocês analisarem friamente, termina sendo muito mais vantajoso para o próprio credor aceitar receber seu crédito de modo parcelado, sem precisar ajuizar a ação de execução fiscal... Lei da própria vida, amigos, direito do boteco, que ensina que é melhor usar a inteligência e o bom senso para negociar do que perder tempo e dinheiro tendo que brigar... A execução tem custo, direto e indireto... onera a máquina, gera mais atribuição para a Procuradoria, tão abarrotada nos seus feitos ordinários, leva mais um feito ao magistrado, tão bombardeado pela desproporcional equação entre a quantidade de demandas e a infraestrutura humana para atendê-las, e, como *sói* acontecer, na maioria dos casos, não se consegue achar qualquer bem do devedor, o qual, quase sempre, não tem imóveis, e, quando tem, em regra tem apenas um, que é *bem de família*, ficando blindado contra a penhora na execução fiscal de quase todos os tipos de dívidas tributárias. Daí que quando se percebe esse quadro *fático*, da *realidade*, conclui-se que o parcelamento, sob a ótica da *economicidade* (CUSTO x BENEFÍCIO), termina sendo medida mais inteligente, menos custosa, mais segura e, acreditem, em inúmeras situações, até mesmo, mais célere (quanto tempo se perde para se chegar ao final de uma ação de execução fiscal?).

Por tudo isso é que quero levar vocês à conclusão de que, das *seis* causas de *suspensão da exigibilidade do crédito tributário*, podemos falar que *quatro* delas se ligam à noção de se gerar um especial acautelamento ao exercício do direito do contraditório, protegendo o contribuinte questionador com o direito de não ser executado enquanto se defende, deferindo-lhe, portanto, a benesse de ver suspensa temporariamente a exigibilidade do crédito; do outro lado, duas ferramentas que são projetadas para atrair contribuintes morosos, devedores, que estão com dificuldades para conseguir adimplir suas dívidas, o que, todavia, pode tornar-se possível mediante a alternativa que se abre com o uso do tempo, propiciando um caminho mais ameno para conduzir o devedor a conseguir adimplir seu débito e satisfazer o direito de crédito do credor. No *primeiro grupo*, como visto, basta que o contribuinte use, da forma correta, as *impugnações administrativas*, consiga *liminares em mandado de segurança* ou então *tutelas antecipadas em ações ordinárias*, ou, por fim, *realize o depósito do montante integral em dinheiro* no bojo de uma ação ajuizada para questionar a validade da dívida; em todas essas situações, conseguirá a *suspensão* da exigibilidade do crédito, acautelando sua defesa e ficando protegido com o impedimento da execução fiscal ajuizada contra si. No outro *bloco*, o *parcelamento* e a *moratória*, oportunizando que o contribuinte se programe para com o manuseio do tempo ser capaz de se organizar para pagar o que deve, que reconhece e confessa como realmente devido; nesses casos, o ordenamento jurídico termina por também proteger o próprio Fisco, como visto, abraçando a ideia da *economicidade*, desenvolvendo uma política inteligente de *recuperação fiscal* ("REFIS"), atraindo o devedor e legitimando a entrada de recursos nos cofres públicos relativos a dívidas que talvez jamais fossem adimplidas não se desse a benesse em apreço; corolário lógico de conceder essa alternativa ao devedor é se abster, o credor, de executá-lo, durante o tempo em que se mantém idôneo e sustentável o favor deferido, sob pena de vilipêndio a princípios que atuam como cânones de condução das relações da Administração com o administrado, como a razoabilidade, a lealdade, a confiança, a boa-fé objetiva, todos ligados à ideia maior de *segurança jurídica*.

Por fim, não posso sair desse tópico sem relembrar que, assim como nos casos de *causas* de *extinção* do crédito tributário, aqui, nas *causas de suspensão*, também se **depende de lei** para sua aplicação, o que, para que a informação fique perfeita, também se estende às causas de *exclusão* do crédito. As causas de *afetação* do crédito (*suspensão*, *extinção* ou *exclusão*) são inclusas no âmbito da *reserva legal* – vide regra emanada do art. 97 do CTN.

DICA 12: INTERPRETAÇÃO DAS CAUSAS DE "AFETAÇÃO" DO CRÉDITO TRIBUTÁRIO. ART. 111, I, CTN

Ponto importante que merece destaque é o que agora abrimos no propósito de comentarmos a regra de *interpretação* da legislação tributária que está prevista no art. 111, I, do CTN. O art. 111, situado no Título I do Livro II do CTN, se insere no capítulo que se chama "Da Integração e Interpretação da Legislação Tributária", que é o quarto e último capítulo desse primeiro Título do Livro II do CTN. Título I esse que cuida do tema da "Legislação Tributária", e que tem, no referido

Capítulo IV, aquele que se propõe a apresentar algumas importantes regras que devem nortear o processo de *integração* das lacunas da legislação tributária, bem como o caminho a ser adotado quando do exercício da atividade de *interpretação* dos textos com os quais se apresenta a legislação tributária, buscando-se, por tal atividade, identificar o verdadeiro sentido das normas tributárias, as quais se tenta expor com a elaboração dos referidos textos. Nesse capítulo, o art. 108 se destina a estabelecer ensinamentos de como se devem *integrar* as lacunas da legislação; já nos arts. 109 a 112, o CTN traz regras de *interpretação,* como a que ora estamos a abordar, que é a regra do art. 111, I. E o que ela determina? Vejamos.

Ensina o mandamento legal em comento que se deve interpretar **_literalmente_** a legislação tributária que disponha sobre **_suspensão ou exclusão do crédito_**. Ou seja, o nosso legislador nacional de normas gerais, ousando, impôs obrigatório critério interpretativo a ser seguido quando da análise da legislação tributária que discipline as causas de *suspensão* e *exclusão* do crédito tributário, vedando ao intérprete (seja ele o advogado, o magistrado, o procurador da fazenda, o próprio contribuinte) uma potencial discricionariedade para desenvolver diferentes caminhos hermenêuticos no caso concreto quando estiver deparando-se com dispositivos da legislação tributária que versem sobre os temas em análise (suspensão e exclusão do crédito). Levando a "ferro e fogo" o que está previsto no art. 111, I, do Código, é vedado a quem quer que seja interpretar fontes da legislação tributária que tratem de suspensão e exclusão do crédito por qualquer outra via que não seja a interpretação *literal*.

Citemos o dispositivo em referência e façamos, ao final, alguns comentários ainda pertinentes:

> Art. 111. Interpreta-se literalmente a legislação tributária que disponha sobre:
> I – suspensão ou exclusão do crédito tributário.

Bom, o que nos parece claro é que a intenção do legislador foi a de atuar no sentido de querer proibir que se façam interpretações *extensivas* dos dispositivos da legislação tributária que versem sobre causas de suspensão e exclusão do crédito. A clara intenção, nos parece, é a de vedar que o intérprete, diante de situações em que a legislação tributária pertinente aos referidos temas deixe dúvida quanto ao verdadeiro sentido e alcance de sua norma, em face da impropriedade de seu texto, tente dar uma aplicação mais ampla do que, *a priori*, o texto sugeriria. Em outras palavras: ao exigir a interpretação *literal* (letra por letra), o que o legislador quis foi coibir a possibilidade de a doutrina, especialmente os advogados dos contribuintes, pretender dilatar a aplicação das normas para ampliar os favores fiscais decorrentes de tais normas, o que certamente sempre é

CAPÍTULO 19 – CRÉDITO TRIBUTÁRIO – I

possível quando se tem bom conhecimento para manipular o conteúdo das normas legais, em razão da habitual imperfeição dos textos com os quais o legislador tributário tenta exteriorizar ditas normas. No caso, a matéria em comento reflete temas que atingem o direito de crédito da Fazenda, ora tornando-o suspenso, ora excluindo-o, por via, nesse último caso, da concessão de uma anistia ou isenção. Ora, o que quis o legislador com tal regra interpretativa foi proibir que se admitam interpretações extensivas que pudessem inteligentemente ser construídas por meio de malabarismos hermenêuticos, feitos no propósito de ampliar benefícios em favor do contribuinte, sem que a lei deixasse claro que o alcance deveria se dar em tal largueza.

O problema do dispositivo em apreço é que o legislador foi de uma profunda infelicidade na linguagem adotada... Ele afirmou que quando a legislação tributária dispuser sobre suspensão ou exclusão do crédito tributário ela deve ser interpretada **_LITERALMENTE_**... Ora... Cometeu grosseiro equívoco... Na verdade, deveria ter escrito que a interpretação deve ser de modo **_ESTRITO_**, e não de modo *literal*. É que às vezes, ainda que não seja comum, é plenamente possível que a interpretação *literal*, pautada na plena fidelidade ao elemento *gramatical*, curvando-se exclusivamente ao teor do texto escrito na lei, termine por *ampliar* o alcance da norma... É isso mesmo! Por mais que realmente não seja o normal, em algumas situações ocorre exatamente isso, ou seja, a interpretação gramatical termina por expandir o conteúdo da norma, dilatando seu âmbito de aplicação, de sorte que, na dúvida, a interpretação literal, em tais casos, termina por dilatar a margem de aplicação normativa, fazendo com que diante de diferentes sentidos possíveis de serem extraídos do texto, para dar a devida compreensão do conteúdo da norma e a dimensão do âmbito de sua projeção, termine-se por adotar o mais ampliativo, exatamente por força de se ter adotada a interpretação *literal*... Às vezes a gramática leva a esse resultado... E é exatamente isso que o legislador não quer! O que ele almeja com a regra imposta no art. 111, I, é vedar interpretações que possam, na dúvida, conduzir à aplicação da norma pelo modo mais amplo! Nesse diapasão, repito, afirmando que o que o legislador deveria ter escrito é que a legislação tributária relativa a causas de suspensão ou exclusão do crédito se deve interpretar *estritamente*. Aí sim, independente da fidelidade à gramática, fica vedada a interpretação *extensiva*, ampliativa.

Apenas a título de exemplo, para ilustrar uma de algumas situações em que a interpretação literal leva a uma ampliação do conteúdo da norma, tomemos por foco a questão do fato gerador do IPVA. Ora, o IPVA incide sobre que tipo de conduta? Sobre a conduta de ser proprietário de veículo automotor, correto? Daí vem a pergunta: todo e qualquer tipo de veículo automotor ou apenas os veículos automotores terrestres? Isso, pois no texto expresso da Constituição (art. 155, II,

APRENDENDO TRIBUTÁRIO – Pedro Barretto

da CRFB/1988) a Carta apenas cita veículos *automotores*, não especificando quais sejam e sequer apresentando qualquer restrição. Nesse exemplo, percebam, sem qualquer grande esforço, que uma interpretação meramente *literal* do texto do art. 155, II, da Carta leva a norma para um campo amplíssimo de aplicação, pois, indubitavelmente, *com base na literalidade*, qualquer veículo automotor poderia ser alcançado pelo IPVA. Seria um caso em que a interpretação literal ampliaria o âmbito de prospecção da norma tributária, percebem? E, apenas para constar, não é o que ocorre... O STF, com base na *interpretação HISTÓRICA*, analisando a história do surgimento do IPVA, entendeu que o imposto em comento só poderia incidir sobre veículos terrestres, eliminando do campo de incidência do tributo a propriedade de veículos aéreos e náuticos. Ora, o que o Supremo fez aqui? Para definir o real sentido da norma, de acordo com o que achava correto, *restringiu* o texto, não aceitando uma interpretação meramente literal, a qual, nesse exemplo, inegavelmente *ampliaria* o campo de aplicação da norma, justificando sua medida com base na análise da história do surgimento do IPVA. Conclusivamente, o STF utilizou o critério *histórico* para restringir o alcance do texto e assim diminuir o plano de aplicação da norma; se agisse de modo contrário, curvando-se ao elemento *gramatical*, utilizando a interpretação *literal* obrigatoriamente, teria que aceitar uma maximização da norma, vendo sua incidência ser legitimada em um campo mais extenso de projeção.

Usei o exemplo do IPVA apenas para demonstrar a vocês que nem sempre a interpretação *literal* levará ao resultado que o legislador buscou no art. 111, I, do CTN, qual seja, o de impedir interpretações que possam priorizar a expansão da norma que verse sobre suspensão e exclusão do crédito, já que tudo que se quis evitar foi a possibilidade de no caso concreto prevalecer um sentido mais amplo para a norma quando outro de menor amplitude também for potencialmente cabível.

Mais feliz teria sido ele, repito novamente, se tivesse afirmado que a legislação tributária referente a tais temas se deve interpretar ***estritamente***. Ou, para que alcançasse a perfeição na sua intenção, se tivesse afirmado que "**fica vedada a interpretação extensiva da legislação tributária que disponha sobre suspensão ou exclusão do crédito tributário; sempre que houver pluralidade de sentidos interpretativos cabíveis, na análise de tais normas, deve prevalecer aquele que não amplie o alcance da mesma**". Aí sim, restaria assegurado que prevaleceria sempre aquilo que realmente se quis projetar.

Apesar de toda a reflexão, quero registrar, cuidadosamente, que *para fins de provas de concursos* e do Exame de Ordem, especialmente provas objetivas, vocês devem ter o máximo cuidado no sentido de se lembrarem de que o que está disposto no CTN é que a legislação tributária referente à suspensão e à exclusão do crédito se interpreta **LITERALMENTE!**

CAPÍTULO 19 – CRÉDITO TRIBUTÁRIO – I

Por fim, chamo ainda a atenção de vocês para perceberem que no referido dispositivo o legislador não fez qualquer comentário quanto à legislação tributária que verse sobre a *extinção* do crédito. Ou seja, não agiu o legislador, para fontes normativas fiscais que versem sobre as causas de *extinção* do crédito, da mesma forma como procedeu quanto às fontes que disciplinem as causas de suspensão e de exclusão. Para as causas de *extinção*, o CTN **não impõe a interpretação literal**. Chamo à reflexão: não quer dizer que está proibida a interpretação literal na legislação que verse sobre *extinção* do crédito; não, não é isso! Apenas *não se obrigou* o uso de tal critério interpretativo. Em outras palavras, quanto à legislação tributária que verse sobre causas de extinção do crédito, existe uma liberdade para que se possa manusear, no caso concreto, o critério mais adequado para interpretar a legislação tributária, até mesmo cabendo a interpretação literal, quando for o caso (como ocorreu, por exemplo, no caso da dação de bens imóveis em pagamento, causa de *extinção* do crédito tributário, caso em que não se aceitou que o inciso XI do art. 156 pudesse ter reconhecido o uso da dação de bens móveis, aplicando-se, portanto, a interpretação literal), não sendo, contudo, essa a única forma cabível de caminho hermenêutico a ser adotado.

CAPÍTULO 20

CRÉDITO TRIBUTÁRIO – II
SUSPENSÃO DA EXIGIBILIDADE – I

CAPÍTULO 20 – CRÉDITO TRIBUTÁRIO – II

1. TEORIA GERAL DA SUSPENSÃO DA EXIGIBILIDADE DO CRÉDITO TRIBUTÁRIO

> **DICA 1:** O QUE É A "SUSPENSÃO DA EXIGIBILIDADE" DO CRÉDITO TRIBUTÁRIO?

Quando nos valemos da expressão *suspensão da exigibilidade do crédito tributário*, estamos a falar de um *efeito prático, concreto*, que eventualmente pode ocorrer nas relações jurídicas obrigacionais tributárias, em decorrência de algumas diferentes situações. Isso mesmo! Estamos falando de um **efeito concreto** que se gera nas relações tributárias quando alguns feitos se materializam em seu percurso. E que *efeito* é esse? É o efeito que provoca uma temporária obstatividade ao exercício do direito do Fisco de exigir que o contribuinte cumpra, em parte ou no seu todo, a prestação tributária que se entende devida. Ou seja, quando falamos que o crédito tributário está com "exigibilidade suspensa", estamos a nos referir a esse *efeito obstativo* que atinge o credor na relação tributária, ensinando-lhe que ele ficará, por certo período de tempo, impedido de exigir o pleno cumprimento da prestação por parte do sujeito passivo da relação tributária.

Observe-se que, quando falamos desse efeito, estamos a abordar um efeito que *protege o sujeito passivo*, restringindo o plano da liberdade de ação do sujeito ativo, dentro da plataforma das relações obrigacionais tributárias. Como costumo sempre afirmar, a *suspensão da exigibilidade* do crédito tributário atua como um instrumento de proteção ao contribuinte, tendo, por logo, como **natureza jurídica**, ser uma **garantia pró-sujeito passivo**, um instrumento jurídico edificado no mundo fiscal com o escopo de proteger a pessoa (física ou jurídica) em face da qual a Administração está opondo certa cobrança de tributo (a qual pode ser devida ou não). É evidente que, em algumas situações que levam à *suspensão da exigibilidade* do crédito, o credor também fica beneficiado, como é o caso do deferimento de parcelamento de dívida fiscal vencida; é evidente que se percebe a benesse também estendida a credor, ainda que por via oblíqua, indireta. Todavia, tal percepção em nada elide a verdade ora extraída no sentido de que a *finalidade* da *suspensão da exigibilidade do crédito* é a de laborar em prol dos contribuintes. Isso é fato. Nesse contexto, correto perceber que tal **efeito** (a *suspensão da exigibilidade do crédito*), que tem como principal característica provocar esse impedimento (ou suspensão) do exercício do direito (ou "suposto" direito) da Fazenda de cobrar o crédito que ela possui (ou "supõe" possuir), se ergue como uma **garantia cidadã**, aplicável **em favor dos sujeitos passivos** (que não necessariamente serão "devedores", pois podem exatamente estar na situação de serem cobrados por algo que não devem!), tanto pessoas físicas (onde a palavra "cidadã" ficaria mais adequada) como pessoas jurídicas.

Por fim, friso que também não haveria qualquer impropriedade em se reconhecer a *suspensão da exigibilidade do crédito tributário* como uma **situação jurídica**, um **estado de fato e de direito**. Nessa linear de reflexão, falaríamos que a *suspensão da exigibilidade do crédito* traduz um determinado perfil de *situação* em que a relação jurídica tributária se encontra; afirmaríamos que a *suspensão da exigibilidade do crédito* significaria um *estado fático jurídico* que a relação jurídica obrigacional tributária alcançaria em determinado momento ao longo de seu caminho. Nesse diapasão, falar-se-ia da *situação*, do *momento*, do *estado* em que o credor fica temporariamente obstado de prosseguir com qualquer medida praticada contra o devedor no propósito de exigir-lhe o adimplemento. Não haveria qualquer erro em também se compreender o instituto em estudo sob essa ótica de pensamento.

O que importa é que, independente da visão adotada (frisando que as duas apresentadas não se excluem, pelo contrário, até se harmonizam), no sentido de se compreender a *suspensão da exigibilidade do crédito tributário* como um ***efeito*** ou como uma **situação jurídica**, não se deixe de perceber que sua natureza é de instituto protetivo aos sujeitos passivos, provocando certa restrição, ainda que temporária, à liberdade da Fazenda Pública de praticar atos com os quais pudesse compelir o sujeito passivo a adimplir plenamente a prestação. Essencial não descuidar da captação dessa mensagem, vislumbrando sempre o efeito impediente que o fenômeno em comento provoca em desfavor do Fisco e a cautela que gera em favor do sujeito passivo da relação jurídica obrigacional tributária.

> **DICA 2: QUANDO SE DÁ A "SUSPENSÃO DE EXIGIBILIDADE" DO CRÉDITO TRIBUTÁRIO? COMO ELA É GERADA? "CAUSA IMEDIATA" E "CAUSA MEDIATA"**

Ponto especial, que merece atenção cuidadosa, é este que passamos a abordar. O que provoca o *efeito* da *suspensão da exigibilidade do crédito tributário* na estrutura da relação obrigacional tributária? É importante que vocês compreendam bem o que escreverei neste tópico, pois isso vai ajudá-los muito no aprendizado mais amplo do instituto. Portanto, vamos lá! Repito a pergunta com a qual nomeei esse tópico: como se chega à situação de *suspensão da exigibilidade do crédito tributário*? O que provoca esse *efeito*?

Bom, a resposta deve ser dividida em dois momentos, de sorte que percebamos, em um primeiro instante, que existem as chamadas *causas imediatas*,

CAPÍTULO 20 – CRÉDITO TRIBUTÁRIO – II

causas *diretas*, que, pelo simples fato de serem manuseadas de modo correto pelo contribuinte, já gerarão o efeito da suspensão da exigibilidade do crédito tributário na relação jurídica obrigacional tributária; já em um segundo momento, devemos nos indagar sobre *qual a motivação* que conduziu o contribuinte ao manuseio de tais instrumentos, geradores em concreto do efeito suspensivo. Ou seja, o que quero que vocês percebam é: **existem seis ferramentas que caso utilizadas corretamente provocam de imediato a suspensão da exigibilidade do crédito**; esses seis instrumentos jurídicos, de fato, por simplesmente manuseados pelo sujeito passivo, já são suficientes e cabais para provocarem a situação jurídica em que o crédito tributário ficará atingido em sua exigibilidade, a qual restará suspensa de plano; nesse contexto, falo das chamadas ***causas imediatas***, ou ***causas diretas***, pois são elas que realmente provocam na prática o efeito suspensivo. Por outro ângulo, e aqui dando um mergulho mais profundo, deve-se refletir sobre qual é a motivação que provocou o contribuinte a buscar uma dessas ferramentas, para que então fosse buscar o pretendido efeito suspensivo... Ou seja, nesse segundo plano de análise, adentramos no âmbito da persecução das *razões*, dos *motivos* que provocaram a busca das seis ferramentas capazes de ocasionar a suspensão do crédito tributário. E, aqui, nessa segunda órbita de estudo, perceberemos que existem duas situações na vida dos contribuintes que levam a esse caminho. Ou seja, o contribuinte vai buscar um dos remédios que permitem suspender o crédito tributário quando se depara com um de dois possíveis tipos de situação fática em sua vida. E é exatamente por força de estar envolvido em uma dessas duas situações que procura amparo em uma das seis ferramentas que podem provocar o efeito suspensivo do crédito tributário, gerando o efeito impeditivo ao Fisco de executá-lo. Corolário lógico desse aprendizado é que, quando falamos dessas duas situações fáticas que motivam a busca de um dos seis instrumentos concretos que levam à suspensão da exigibilidade do crédito, estamos a falar das chamadas ***causas mediatas*** da *suspensão da exigibilidade do crédito tributário*, são as causas "indiretas", aquelas que, exatamente por estarem acontecendo de verdade na vida do sujeito passivo, é que o levam ao uso das ferramentas que provocam concretamente a *suspensão do crédito tributário*, e, aqui sim, as chamadas *causas imediatas* ou *diretas* do efeito suspensivo em estudo. Avancemos mais a fundo no nosso pensamento e na persecução de uma maior verticalização no nosso aprendizado. Vamos em frente!

Como dito, seis são as ferramentas que são de fato capazes de, em concreto, suspender a exigibilidade do crédito. Vocês se lembram de quais são elas? Já falamos sobre isso aqui nessa obra! Pois é! São exatamente aqueles seis institutos que estão listados no art. 151 do CTN, estampados, cada um, em um dos seis incisos do referido artigo. Reporto-me à ***moratória*** (art. 151, I, CTN), ao ***depósito*** *do montante integral em dinheiro* (art. 151, II, CTN), às **reclamações e recursos administrativos** (art. 151, III, CTN), às **liminares em mandado de segurança** (art. 151, IV, CTN), às **tutelas antecipadas nas ações ordinárias cabíveis** (art. 151, V, CTN), bem como ao **parcelamento** (art. 151, VI, CTN). Essas são, sem dúvidas, as chamadas **CAUSAS IMEDIATAS DA SUSPENSÃO DA EXIGIBILIDADE DO CRÉDITO**. Traduzem os **MEIOS CONCRETOS** para se conseguir provocar o efeito suspensivo ora em comento. São, realmente, as **CAUSAS DIRETAS DE SUSPENSÃO**.

Por outro lado, já aprendemos que, para que qualquer dessas seis *causas diretas de suspensão da exigibilidade do crédito* seja procurada para uso pelo contribuinte, é porque ele deve estar envolvido em uma de duas situações na sua vida, dentro de uma relação jurídica obrigacional tributária em que está interligado ao Fisco, correto? E quais seriam essas duas situações, que chamamos de **CAUSAS MEDIATAS** ou também de **CAUSAS INDIRETAS** para conduzir a uma futura situação concreta de suspensão da exigibilidade do crédito tributário? Conheçamos as duas nas linhas a seguir.

Em uma primeira situação fática, tratamos das hipóteses em que o contribuinte recebe a cobrança de uma dívida por parte da Administração Pública, porém não concorda com a cobrança, pretendendo impugná-la, exteriorizando sua resistência ao ato fiscal, buscando invalidá-lo; nessa primeira situação, a grande característica que se flagra é a da discordância para com a cobrança cumulada com a nítida intenção de questioná-la, acrescida do agir concreto no propósito de efetivar essa busca. Estamos no quadro fático em que o contribuinte buscará o exercício do seu direito de contraditório, atacando o lançamento, deduzindo sua pretensão resistida, fomentando a instauração do processo tributário, seja em sede administrativa (se essa for a via escolhida para o ataque ao ato administrativo), seja em sede judicial (se for o Judiciário o *habitat* jurídico buscado para o combate).

Já em uma segunda situação fática que fomenta a busca das *causas imediatas* capazes de levar ao efeito suspensivo do crédito, temos a moldura que exterioriza situação em que o contribuinte recebeu uma cobrança da Administração Tributária, não quer em momento algum questionar a validade dela, reconhecendo sua legalidade, tem consciência de que não há vício qualquer na referida cobrança, sabe que, de fato, é devedor do que lhe está sendo exigido, reconhece a plena legitimidade do ato fiscal, contudo não possui condições de honrar a prestação, de adimplir o débito e cumprir seu dever. Por qualquer das muitas razões que poderiam aqui ser listadas à guisa de exemplo, para justificar a razão que infelizmente muitas vezes leva o contribuinte a essa situação de impossibilidade de conseguir pagar a prestação devida e exigida, o fato é que ele se depara com essa desconfortável realidade, em que sabe que deve, foi cobrado e não possui condições financeiras reais para pagar. O que fazer nesse momento? Daí que surge a opção

CAPÍTULO 20 – CRÉDITO TRIBUTÁRIO – II

de buscar o *parcelamento* da dívida como via alternativa para o adimplemento, utilizando-se o tempo como fator capaz de auxiliar nesse caminho, viabilizando uma via paralela e que pode ser mais acessível para que o contribuinte consiga pagar o que deve e que, antes de tudo, quer pagar.

Constate, você leitor, que o que motiva a busca do *parcelamento* é exatamente essa situação fática de o contribuinte se deparar com o quadro em que ele recebe uma cobrança devida, da qual não discorda, mas que sabe não ter como adimplir, querendo, entretanto, fazê-lo, todavia, por via alternativa, de modo mais suave e realmente capaz de ser suportado. Essa é a situação que motiva a busca do manuseio da ferramenta do *parcelamento*, uma das seis *causas imediatas* de provocação da suspensão da exigibilidade do crédito. O mesmo raciocínio se ergue na análise da busca da *moratória*, outra das seis causas diretas de suspensão, que, com características muito parecidas às do parcelamento, também permite que com o uso do tempo se oportunize um caminho alternativo para o adimplemento, já que por meio dela se posterga o vencimento da dívida, dando ao devedor uma nova data futura para que venha a honrar seu débito, oportunizando-lhe uma nova possibilidade de se programar para pagar.

A conclusão a que devemos chegar é que duas são as chamadas **CAUSAS MEDIATAS** ou **INDIRETAS** que fomentam a busca do uso de uma das seis **CAUSAS IMEDIATAS OU DIRETAS** de suspensão do crédito tributário. E, no linear dessa conclusão, de se perceber que para que realmente o crédito tributário fique suspenso é **fundamental que uma das seis causas imediatas seja utilizada**. Não basta que o contribuinte se enquadre em uma das duas situações que motivam seu caminho para chegar à suspensão do crédito. Não basta, por exemplo, que *queira atacar o lançamento* do qual discorda; é preciso que ele *realmente ataque o lançamento, consiga a medida suspensiva* (em sede administrativa, basta interpor a impugnação tempestivamente; no Judiciário, não basta ajuizar a ação anulatória ou impetrar o MS; é essencial que consiga a tutela de urgência ou que faça o depósito do montante integral em dinheiro); da mesma forma, não basta querer parcelar a dívida ou se beneficiar de uma moratória que eventualmente esteja sendo deferida; é preciso que aja, que procure a Administração Tributária e efetive o procedimento, assine o termo de parcelamento, homologue na prática seu acesso ao benefício, faça valer em concreto o direito dado por lei de se valer de determinado regime especial de parcelamento ou moratória.

Portanto, a mensagem que deixo é que, de fato, para se poder falar que o Fisco sofre esse efeito de ter seu crédito com exigibilidade suspensa, é elementar que uma *causa imediata* de suspensão seja utilizada pelo administrado; daí que são elas a que normalmente se referem as Bancas Examinadoras em provas de Concursos, assim como também foram elas que mereceram a referência expressa do legislador no art. 151 do CTN, sendo, essas seis causas imediatas de suspensão da exigibilidade do crédito, aquelas que normalmente a doutrina se resume a citar quando quer cuidar do tema.

> **DICA 3: "RESERVA LEGAL" PARA A PREVISÃO DAS CAUSAS DE SUSPENSÃO DA EXIGIBILIDADE DO CRÉDITO TRIBUTÁRIO**

O nosso Código Tributário Nacional, no art. 97, afirma que _somente a lei_ é fonte normativa idônea para estabelecer as hipóteses de suspensão do crédito tributário, reserva legal essa que, registre-se, também é necessária para estabelecer as hipóteses de extinção e exclusão do crédito, bem como para renunciar à receita oriunda de multas, penalidades pecuniárias, em razão de sua dispensa ou redução. Isso quer dizer que o nosso Código, que atua como a grande lei nacional de normas gerais, vedou a possibilidade de outro instrumento normativo que não a própria _lei_ possa vir a conceder em concreto uma dessas benesses. A matéria, repito, trafega no âmbito da reserva legal. Aproveito para transcrever o art. 97, ora em comento:

> Art. 97. **Somente a lei** pode estabelecer:
> (...)
> VI – as **hipóteses de** exclusão, **suspensão** e extinção de **créditos tributários**, ou de dispensa ou redução de penalidades (grifo nosso).

Quanto às impugnações administrativas, elas são reguladas nas leis que regem o processo administrativo fiscal em cada unidade da Federação. Por todas, cito a lei federal, que rege o processo administrativo fiscal em matéria federal que é o Decreto nº 70.235/1972, o qual, apesar de ser formalmente um "decreto", foi recepcionado como uma lei, tem força de lei. Junto ao Decreto nº 70.235/1972, pode-se citar a Lei nº 9.784/1999, que é a grande lei geral sobre _processo administrativo federal_, não só o processo administrativo em matéria tributária. Aplica-se subsidiariamente.

Quanto ao depósito do montante integral, além de ser previsto no CTN, é regulado em lei especial, que em matéria federal é a Lei nº 9.703/1999. Quanto aos depósitos no âmbito estadual e distrital, a matéria se submete a legislação específica.

Quanto à liminar em mandado de segurança, ela é disciplinada na própria lei do Mandado de Segurança, qual seja, a Lei nº 12.016/2009, no seu art. 7º.

As tutelas antecipadas nas ações ordinárias, além de estarem previstas no art. 151, V, do CTN, têm regulação no art. 273 do CPC e na Lei nº 9.494/1997.

CAPÍTULO 20 – CRÉDITO TRIBUTÁRIO – II

Quanto ao parcelamento e à moratória, indubitável que dependem de uma lei que os regule e autorize, em face de simples leitura do disposto nos arts. 152 a 155-A do CTN. Em relação a esses dois institutos, muito importante frisar que, quando cada ente quiser conceder uma moratória, precisa aprovar uma lei que venha a implementar tal benesse em favor do contribuinte. É a referida lei que vai determinar todas as condições da moratória a ser aplicada, como estabelecer seu prazo, informar para quais dívidas se aplica, para qual perfil de pessoas etc.

DICA 4: QUAIS SÃO OS PRINCIPAIS EFEITOS DA "SUSPENSÃO DA EXIGIBILIDADE" DO CRÉDITO TRIBUTÁRIO?

Quando o crédito tributário fica suspenso, alguns efeitos concretos decorrem dessa situação. E é disso que quero falar com vocês a partir de agora. Quero destacar quais são as principais consequências de o contribuinte conseguir suspender a exigibilidade do crédito da Fazenda.

Quero destacar com todos vocês três pontos especiais a serem refletidos, analisando o que ocorre nesses três casos. São os seguintes:

- extração de certidões fiscais pelo contribuinte enquanto está suspenso o crédito;
- ajuizamento/impedimento ou fluência/sobrestamento de ação de execução fiscal;
- fluência de prazo prescricional contra a fazenda pública.

É exatamente nesses três planos que se projetam as mais destacáveis consequências decorrentes da suspensão da exigibilidade do crédito tributário. Resumidamente, gerada a *suspensão*, o contribuinte passa a adquirir o direito de extrair certidões fiscais sem o famoso gravame que o acusa como devedor inadimplente (como ocorre na expedição das certidões *positivas* de débito); também não poderá ser executado em paralelo, durante o tempo em que estiver suspensa a exigibilidade do crédito. Em uma terceira linha de análise, também se imputa um efeito que prestigia o Fisco; quando a exigibilidade do crédito está suspensa, o Fisco fica impedido de executar o contribuinte; por força disso, fácil perceber o óbvio, no viés de que a prescrição que corre contra a Fazenda Pública restará afetada.

Comento, nas linhas a seguir, com mais detalhamento, esses três efeitos.

APRENDENDO TRIBUTÁRIO – Pedro Barretto

> **DICA 5:** A RELAÇÃO ENTRE A SUSPENSÃO DA EXIGIBILIDADE DO CRÉDITO TRIBUTÁRIO E AS CERTIDÕES FISCAIS. AS CAUSAS DE SUSPENSÃO DA EXIGIBILIDADE PROVOCAM QUAL EFEITO NA EXPEDIÇÃO DE CERTIDÕES? O QUE SIGNIFICAM UMA "CERTIDÃO NEGATIVA DE DÉBITO", UMA "CERTIDÃO POSITIVA DE DÉBITO" E UMA "CERTIDÃO POSITIVA DE DÉBITO COM EFEITO DE CERTIDÃO NEGATIVA DE DÉBITO"?

Amigos, como destacado nas linhas imediatamente anteriores, quando o contribuinte consegue suspender a exigibilidade do crédito tributário ele assegura a si mesmo o direito de não se submeter a receber certidões *positivas* de débito. Tais certidões são exatamente aquelas que ninguém deseja extrair, pois, quando emitidas, acusam a existência de um débito vencido, não pago, já inscrito no cadastro de dívida ativa e apto a ser executado a qualquer momento. Sabemos todos que a obtenção de uma certidão fiscal com essa característica, muitas vezes, na vida real, acarreta uma série de restrições ao contribuinte... A título de curtos exemplos, lembremos que com uma certidão *positiva* o contribuinte não consegue habilitar-se em processo licitatório, não consegue deferimento de recuperação judicial, não consegue financiamentos com muitas instituições financeiras (pelo menos bons e grandes financiamentos, com certeza, não consegue), não consegue fechar diversos tipos de negócios no mercado de ações, no mercado cambiário, não consegue crédito rural para empreender no mundo rurígena, e assim por diante. Às vezes, uma simples venda de um carro ou imóvel não se conclui exatamente por força dessa certidão, a qual informa que o contribuinte pode ser executado a qualquer momento, ter seu patrimônio dilapidado pelo Fisco, seus bens penhorados, pois é devedor de dívida vencida, não paga, e que já está confirmada no cadastro de dívida ativa do Estado, pois já foi inscrita. A depender da circunstância, uma simples alienação de bens, após dívida ativa já regularmente inscrita, pode configurar fraude à execução fiscal, nos termos do art. 185 do CTN.

Ora, é evidente que nenhuma pessoa fica feliz ao, quando extrair uma certidão fiscal, receber a *certidão positiva de débito*. O que todos idealizam é conseguir, sempre que necessário, a saudável certidão *negativa* de débito, aquela que *nega* a existência de qualquer dívida inscrita, apta a ser executada a qualquer momento. Ou, pelo menos, uma *certidão positiva com efeito de negativa*.

O grande problema para o contribuinte é que, se realmente a pessoa já recebeu uma cobrança de dívida fiscal, não pagou nem questionou, ficando em mora, a Administração tributária vai fazer a inscrição no cadastro de dívida ativa. E tem de fazer, não há caminho diferente. Olhando sob o ângulo da Fazenda Pública,

CAPÍTULO 20 – CRÉDITO TRIBUTÁRIO – II

é claro que ela tem de fazer a inscrição. Afinal, se foi praticado um lançamento, o qual, até que se prove o contrário, tem total presunção de validade (ato administrativo vinculado), se deu um prazo para o contribuinte pagar *ou impugnar* gratuitamente caso discordasse dele, e o contribuinte nada faz, não pagou nem impugnou, o que deve fazer o credor, no afã de receber o que, *a priori*, tudo indica lhe ser de direito? Deve "correr atrás" de seu prejuízo, claro. E, para poder ajuizar a execução fiscal contra o contribuinte, terá de promover antes a inscrição da dívida no cadastro público de dívidas cobradas, vencidas, não pagas, verificadas quanto à sua legalidade, e então autorizadas a serem executadas. Observem, amigos, que, realmente, qualquer um de nós pode a qualquer momento ter o nome inscrito em dívida ativa... Basta que recebamos uma cobrança de dívida (realmente devida, ou não!), não paguemos nem nos manifestemos para impugnar a cobrança... Sempre que isso ocorrer, que fiquemos inertes, creiam, seremos sim inscritos em dívida ativa... E o Fisco não está agindo errado ou com má-fé por conta disso... Não! Ele está fazendo o que tem de ser feito... O lançamento, como procedimento administrativo vinculado, que goza de todos os atributos dos atos administrativos (presunção de validade, de legitimidade, imperatividade, coercibilidade, autoexecutoriedade), lastreia o direito do credor de fazer a inscrição da dívida no cadastro público... Em outras palavras, por força da realização do lançamento (que se presume correto e válido), somada à inércia do contribuinte que nada fez para questionar (quando podia fazer de modo gratuito e independente de advogado), bem como acrescida da percepção da realidade social de que milhões de contribuintes no Brasil sonegam carga tributária escancaradamente (ainda que não sejam todos), permite *sim* ao Fisco proceder à inscrição da dívida. E... sabe o que vai acontecer a partir desse momento? Se o contribuinte (ou qualquer pessoa interessada) for extrair uma certidão fiscal, ela será expedida *acusando a existência da dívida*. Claro, pois a dívida foi *inscrita*... E se existe dívida ativa inscrita, *a priori*, a certidão expedida acusará essa informação, razão pela qual se terá a desagradável *certidão positiva de débito*.

Ainda na linha do pensamento anteriormente externado, constatem que podemos, como regra, extrair uma CPD (certidão positiva de débito) ou uma CND (certidão negativa de débito). O que vai determinar se conseguiremos a primeira (que não nos interessa – a CPD) ou a segunda (a que nos é bem-vinda e desejada – a CND) é exatamente o fato de já ter ocorrido (ou não!) o ato de *inscrição da dívida no cadastro público*; ou seja, na própria linguagem, o que vai determinar a modalidade de certidão a ser extraída é a análise de se já houve ou não a *ativação* da *dívida*, se ela já é uma dívida *ativa*, *ativada* para a execução fiscal, ou se ainda não.

Ademais, nas reflexões da exposição inicial que vem sendo construída aqui, detectem também a importante informação de que, às vezes, mesmo sem estarmos *de fato* devendo, podemos vir a ter nossos nomes inscritos em dívida ativa, desde que tenha realmente ocorrido o lançamento que fiquemos inertes e morosos. E diante desse quadro, temos de agir para nos defendermos e lograrmos o cancelamento dessa inscrição. E quero aqui ter a capacidade didática de demonstrar a vocês, é que é preciso ter sensibilidade para enxergar que nessas situações, por mais que a dívida inexista de fato, não se pode ter a amadora e rebelde inocência de ficar esbravejando que a Fazenda teria agido de má-fé... Claro que não! Como bem frisado nas ilações supraexternadas, o Fisco fez o que tinha que ser feito... Se a lei autoriza a cobrança da dívida, o lançamento foi feito de modo formalmente correto, o prazo para pagamento ou impugnação foi respeitado, o que deve fazer a autoridade administrativa diante desse resultado? Tem de inscrever a dívida no cadastro mesmo... Ora, se a lei que autoriza o tributo era inconstitucional, se o contribuinte gozava de uma imunidade, se ele quer provar que a conduta dele não fechava os requisitos do tipo fiscal e assim não teria ocorrido o fato gerador, se ele goza de uma isenção etc. etc. etc., ou seja, qualquer que seja o motivo que justifique a postura dele de entender que a dívida de fato inexiste, ele tem de se manifestar diante da Administração, ainda que o faça judicialmente, pois, do contrário, ficando inerte, terá seu nome inscrito sim no cadastro de inadimplentes, e esse ato administrativo de inscrever a dívida e seu titular no cadastro de "dívida ativa" é um ato lícito. E, se assim ocorrer, amigos, toda e qualquer certidão que for requisitada, ao ser expedida, será expedida como uma CPD, ou seja, **certidão positiva de débito**.

Bem, feita a explanação diferenciando o que é a **CND** e o que é a **CPD**, passo a falar do que seria aquela que mais nos interessa nesse momento do estudo: a famosa (amada pelas bancas examinadoras de concursos públicos) **CERTIDÃO POSITIVA COM EFEITO DE NEGATIVA – CPD c/e CND**. Vou repetir e peço que observem com atenção o "nome" do documento: **certidão POSITIVA com efeito de NEGATIVA**. Diante da leitura já vos indago: a certidão é *positiva*? Sim, claro que é! Mas, de fato, na prática, ela *valerá* como *positiva*? Não! Apesar de *positiva* (pois tem dívida já inscrita), ela *produzirá efeitos* como se fosse *negativa*. A pessoa que a receber terá de aceitá-la como se ela fosse uma certidão negativa. Nesse compasso, quando o contribuinte consegue uma CPD c/e CND, ele não sofre as restrições a que se sujeitaria caso portasse apenas uma CPD. Afinal, insisto, forçando sua compreensão, se ela tem "efeito de negativa", para todos e quaisquer fins e direitos, o contribuinte não pode ser tratado como se estivesse apresentando uma certidão positiva, pois a que possui, não obstante seja, de fato, uma certidão "positiva", ela **goza de efeitos de "negativa"**, já que o ordenamento jurídico, em certas situações, entende, ponderando valores e interesses, que isso deve ocorrer. Já falo a vocês, nas linhas que se seguirão, de quando é que essa certidão pode ser obtida. Ah... Só para registrar... Lembra de todas aquelas situações que ilustrei antes para demonstrar que a CPD inviabilizaria o direito do contribuinte (se habilitar em licitação, ter deferimento de recuperação judicial etc.)? Com a ***CPD c/e CND ele exerce regular e normalmente seus direitos***, não sofrendo a restrição a que se submeteria caso tivesse apenas uma CPD.

Percebam então que **EXISTEM DOIS TIPOS DE "CERTIDÃO" QUE INTERESSAM AO CONTRIBUINTE:** a **CERTIDÃO NEGATIVA DE DÉBITO – CND**, sem dúvidas, a ideal, pois revela que não existe nenhuma dívida inscrita, e a **CERTIDÃO POSITIVA DE DÉBITO COM EFEITO DE CERTIDÃO NEGATIVA DE DÉBITO – CPD c/e CND**, essa última perfeitamente útil e bem-vinda, ainda que acusando a existência de dívida ativa já inscrita, todavia revelando que o contribuinte está acautelado por especial proteção emanada da legislação tributária, podendo opor a quem quer que seja o documento que, para todo e qualquer fim, valerá como se a certidão fosse, de fato, negativa.

Para que se consiga uma **CND**, isso só ocorrerá caso ***inexista ato de inscrição da dívida no cadastro público***. Ou seja, se não foi feita a *inscrição da dívida*, obviamente que a certidão *negará* a existência de débito ativado para ser executado. Percebam que o diferencial é exatamente analisar se já houve ou não o ato de *inscrição*. Observem (e olhem que interessante) que, na verdade, até pode existir a dívida no plano da realidade... Ou seja, pode ter ocorrido fato gerador, pode ser que o contribuinte *de fato* deva o montante, pode até já ter ocorrido o lançamento e até mesmo pode ser que o contribuinte já esteja em mora, já tenha esgotado seu prazo para pagamento ou impugnação administrativa da cobrança... Mesmo assim, apesar de tudo isso, *se não for feita a inscrição da dívida no cadastro de dívida ativa* pela autoridade fazendária, *não aparecerá a existência dessa dívida como dívida ATIVA nas certidões que foram expedidas*! Por logo, o que quero que vocês enxerguem é que para que se tenha uma CND basta que se trate de situação em que não foi feita a *inscrição da dívida*. E, de fato, se a dívida não foi inscrita, ela não pode ser executada, ela ainda não está *ativada* para a execução. Nesse linear, se alguém pede uma informação à Administração querendo saber se existe *dívida ativa*, obviamente que a certidão, que será expedida como documento de resposta àquele que exerceu o direito de petição, *negará* a existência de débito; daí por que *certidão negativa de débito*.

Ainda sobre as *certidões negativas*, insisto com alguns comentários, para ter a certeza de que lhes dou a plena percepção do feito. Trabalhando com seu pensamento e o estimulando no curso das conclusões importantes, observe que pode ser que ocorra a situação em que nem existe, de fato e de direito, uma dívida verdadeiramente *devida*, mas, caso haja o lançamento cobrando essa suposta dívida que o Fisco acredita poder cobrar, se houver a inércia do contribuinte, não impugnando, poderá ocorrer a inscrição. Nesses casos, teremos *dívida ativa inscrita*, gerando *certidões positivas de débito*, sem que, de fato e de direito, exista a dívida, o que, por lógico, dará trabalho (prazer!) aos advogados tributaristas, de atuarem na defesa do contribuinte para, provando que a dívida não procede, buscarem o cancelamento da inscrição, "limpando o nome" do cliente (contribuinte). Por outro lado, em linha inversa de compreensão, pode ocorrer a situação em que a dívida de fato existe, o contribuinte realmente deve, o lançamento foi feito, não houve pagamento nem impugnação (até porque não há o que questionar), mas, em face da *inércia da Administração Fiscal*, não se fez a lavratura do termo de inscrição em dívida ativa no cadastro oficial. Ora, em tais hipóteses, as certidões que forem requisitadas serão expedidas como *certidões NEGATIVAS de débito*. Nessas situações, o advogado torce para que o Fisco continue dormindo e a prescrição se consuma... rs.

Conclusão sobre as reflexões anteriormente expostas: você pode até estar devendo e mesmo assim conseguir uma *certidão negativa*, como pode não estar devendo e se sujeitar a uma *certidão positiva*.

Bom, feitas todas essas considerações, chego, com a base necessária para a sua compreensão, devidamente colocada nas linhas anteriores, ao ponto que motivou esse tópico: **qual é a relação das causas de suspensão da exigibilidade do crédito com a extração de certidões fiscais?** Mudando a forma de perguntar sem alterar o conteúdo da pergunta: **restando suspensa a exigibilidade do crédito, como deve ser expedida a certidão?**

Amigos, de fato, o contribuinte extrairá certidões *benéficas* para ele. Todavia, esse ponto específico da matéria merece uma atenção triplicada. É muito comum que encontremos amigos e colegas que no magistério e na escrita sustentam que, "quando a exigibilidade do crédito está suspensa, o contribuinte *sempre* adquirirá o direito de extrair certidões *positivas com efeito de negativa*". Ai, ai, ai... Com o máximo respeito e profunda ternura, queria alertá-los de que essa informação não é tecnicamente perfeita... Ainda que traduza a *regra* do que realmente ocorre, despreza exceções que não podem em hipótese alguma passar despercebidas, especialmente pela comunidade que estuda para provas de concursos públicos e o Exame de Ordem, pois é exatamente no detalhe que fica omitido nessa informação corriqueiramente passada e que aqui lhes alertarei, que as bancas montam suas questões de prova.

Vamos lá... Qual o vício em se afirmar que as certidões serão *sempre CPD com efeito de CND*? É que nem sempre a certidão a ser extraída será uma *CPD c/e CND*. Não! Em algumas hipóteses, a certidão a ser expedida, de fato, será a CPD c/e CND; todavia, em outras o contribuinte tem o direito de adquirir CNDs. Repetindo: em algumas situações em que a exigibilidade do crédito fica suspensa, o contribuinte tem o direito de adquirir certidões NEGATIVAS mesmo, e não apenas certidões positivas com efeito de negativa. E é esse detalhe que é omitido muitas vezes na doutrina, que, generalizando, afirma, irresponsavelmente, que *sempre que a exigibilidade do crédito estiver suspensa as certidões a serem expedidas são CPDs c/e CND*. E não é verdade.

Como comentarei na dica a seguir, quando na *causa* que provoca a *suspensão da exigibilidade do crédito* é a *reclamação/recursos administrativos* (art. 151, III, CTN) ou o *depósito do montante integral em dinheiro* (art. 151, II, CTN), não se pode ter dívida ativa inscrita. No caso das reclamações administrativas, é incabível proceder ao ato de inscrição; nem cabe fazê-lo, como veremos adiante. No caso de *depósito*, se este for feito em ação ajuizada ainda dentro do prazo de pagamento, também não cabe o ato de inscrição. Já se o depósito for feito em momento em que o prazo de pagamento já estava vencido e já tinha ocorrido inscrição da dívida, a inscrição deve ser cancelada, após comprovado que se fez o depósito. Ou seja, o que quero colocar para vocês como informação preciosa é que, havendo a suspensão da exigibilidade do crédito tributário, **nem sempre se extrairá uma Certidão Positiva com efeito de Negativa; nos casos de impugnações administrativas ou depósito do montante integral em dinheiro, a certidão a ser obtida é a CERTIDÃO NEGATIVA DE DÉBITO**.

Nas demais situações em que a exigibilidade do crédito se suspende (liminar em mandado de segurança, tutela antecipada em ação ordinária, moratória e parcelamento), caso já houvesse prévio ato de inscrição em dívida ativa, a certidão a ser expedida, em tais casos, será, inegavelmente, a *certidão positiva com efeito de negativa*.

No item seguinte quero comentar com vocês exatamente a questão das impugnações administrativas e também do depósito do montante integral, para que vocês entendam o feito e saibam raciocinar para, com conhecimento, com consistência argumentativa, saberem se posicionar em qualquer debate sobre o tema, bem como interpretar adequadamente as questões de provas. Vamos lá!

> **DICA 6: SUSPENSÃO DA EXIGIBILIDADE DO CRÉDITO PELA VIA DAS RECLAMAÇÕES ADMINISTRATIVAS (ART. 151, III, CTN) OU PELO DEPÓSITO DO MONTANTE INTEGRAL EM DINHEIRO (ART. 151, II, CTN). "*CERTIDÃO NEGATIVA DE DÉBITO*", E NÃO "CERTIDÃO POSITIVA COM EFEITO DE NEGATIVA"**

Como destacado imediatamente antes, há uma situação em que o crédito tributário fica suspenso e a certidão a ser extraída é a *CND*, e não a CPD c/e CND. Do que falo? Da hipótese em que o contribuinte faz a *impugnação administrativa do lançamento*. Ou seja, após receber a notificação para pagar, o contribuinte opta por fazer a *impugnação* desse lançamento, interpondo a sua reclamação administrativa em face do ato de cobrança. Ora, como já percebido nas linhas anteriores, as *reclamações* e *recursos administrativos* são meios aptos a provocar a suspensão da exigibilidade do crédito, figurando com uma das quatro ferramentas que apresentamos como instrumentos que atacam o crédito no propósito de amparar o exercício do contraditório. E, nesses casos, em que o contribuinte age tempestivamente e faz a impugnação, observem, amigos, que em momento algum ele chega a ficar *em mora*, não fica inadimplente, pois questiona o lançamento *dentro do prazo* que lhe era assegurado para, *alternativamente*, pagar *ou impugnar*. A conclusão que se deve extrair é que, caso o contribuinte opte por impugnar, ele *não poderá ser inscrito em dívida ativa* durante o trâmite do processo administrativo, pois em momento algum ele estará na situação de *inadimplência*. Vou repetir, frisando: *é incabível a inscrição no cadastro de inadimplentes* de uma pessoa *que não está inadimplente*. É vedado inscrever em um cadastro público de dívidas vencidas (tornando-a apta a ser executável) uma dívida *que não está vencida*. Falta, em tais casos, um pressuposto *essencial* para que caiba o ato de inscrição da dívida (e de seu titular) no cadastro público de inadimplência como *dívida ativa*, que é exatamente o requisito da *mora*, do esgotamento do prazo para pagamento ou impugnação.

    Percebam, portanto, que, durante toda a duração do processo administrativo fiscal deflagrado por força da impugnação tempestivamente feita, restará assegurado ao contribuinte (que foi diligente por exteriorizar seu questionamento de modo oportuno) o direito de extrair, sempre que queira solicitar, **certidões NEGATIVAS de débito**. Observem que, se não existe o ato de inscrição, logicamente não se tem, ainda, *dívida ativa*, dívida apta a ser executada; por logo, evidentemente que não se pode expedir uma certidão que venha a acusar que exista tal tipo de dívida, pois, como registrado, essa inexistirá, já que não se pôde proceder ao ato de inscrição, já que não houve mora... Sendo assim, caso a certidão expedida acusasse existir *dívida ativa*, seria, mais do que nula, antes de qualquer coisa, *mentirosa*.

    A conclusão a que chegamos é a de que devemos ter muito cuidado quando ouvimos ou lemos a imprecisa informação de que, "sempre" que a exigibilidade do crédito estiver suspensa, as certidões a serem extraídas serão certidões positivas com efeito de negativas. Não! Vocês perceberam que nos casos de suspensão da exigibilidade do crédito por força das impugnações administrativas a certidão a ser extraída é a *certidão negativa de débito*, a qual, por certo, é muito mais interessante do que uma CPD c/e CND, já que, como CND, informa que *não existe dívida apta a ser executada*, denuncia que não existe qualquer dívida constituída contra a pessoa que esteja inadimplida e já incluída no cadastro... Não! A CND

CAPÍTULO 20 – CRÉDITO TRIBUTÁRIO – II

tem, portanto, efeitos muito mais interessantes que a CPD c/e CND, já que esta última acusa a existência de uma dívida, já constituída, já vencida, já inscrita no cadastro de inadimplentes, ainda que esteja sua exequibilidade afetada temporariamente em razão de uma causa especial de suspensão de exigibilidade do crédito.

Quero, portanto, após destacada a questão das impugnações administrativas, entrar em uma segunda hipótese, na qual tenho inabalável convicção de que *também* deveria assegurar ao contribuinte o direito de extrair **certidões NEGATIVAS de débito**. Ainda que na prática não tenha ocorrido assim como exporei aqui para vocês, ainda que alguns colegas venham ensinando de modo diferente, não tenho qualquer dúvida de que, quando o contribuinte faz o **depósito do montante integral em dinheiro** em favor da Fazenda Pública, eliminando totalmente qualquer possibilidade de o credor ficar frustrado, inadimplido, não pode ter seu nome inscrito no cadastro de inadimplência, não pode ter seu débito inscrito como dívida ativa, e, logicamente, não pode submeter-se a extrair uma certidão **positiva**, ainda que com o amenizador **efeito de negativa**. Não! O contribuinte que *deposita o valor total da dívida em dinheiro* não pode, em hipótese alguma, ter seu nome inscrito no cadastro. E afirmo isso com profunda e coerente certeza, embasada em argumentos sólidos e intacáveis. De modo objetivo e sucinto, justifiquemos. Vamos lá.

Amigos, se o contribuinte ajuíza uma Ação Anulatória, objetivando a anulação do crédito tributário, buscando, portanto, invalidar o lançamento do qual discorda e contra o qual se está insurgindo, e, no curso dessa Ação, opta por tomar a postura de *depositar* todo o montante correspondente à dívida cobrada, esse contribuinte, a partir desse momento, *não pode sofrer qualquer constrição, qualquer constrangimento, qualquer restrição na sua seara de bens e direitos*. Amigos, por favor, reflitam! Que advogados são ou querem ser vocês? A partir do momento em que o contribuinte disponibiliza esse montante, todinho, nos termos em que foi exigido, *não existe mais qualquer risco para a Fazenda Pública* de sofrer o inadimplemento! Ora, com o depósito feito, *do montante integral da dívida cobrada*, e, mais, *em dinheiro*, com plena liquidez, elimina-se qualquer chance de o credor não receber seu montante, caso realmente esteja no devido direito. Ou seja, qual seria a lógica de o credor colocar ou manter o nome do contribuinte em um cadastro de inadimplente, se esse contribuinte já disponibilizou, em dinheiro, *à vista*, todo o valor que o credor julga lhe ser devido? Qual seria o fundamento capaz de, com justiça, com razoabilidade, justificar a postura do credor, que já tem todo o valor que quer receber disponibilizado no processo e assim não sofrendo mais qualquer risco de manter o nome do devedor no cadastro público de inadimplência? *Data venia,* esse contribuinte *não está mais em estado de inadimplência*. Inclusive, já suportou a perda do capital disponibilizado no processo de modo a acautelar plenamente o interesse arrecadatório do Fisco.

Mas, prossigamos no pensamento. Amigos, se o depósito foi feito, o que pode acontecer ao final da ação? Ora, ou a ação será julgada procedente (prevalecendo a tese do contribuinte), ou será julgada improcedente (prevalecendo a tese da Fazenda). No primeiro caso, sendo vencedor o contribuinte, qual a consequência? Provado que ele estava certo, que era indevido o lançamento, restará invalidado, e, por lógico, o Fisco não poderia receber para si o dinheiro depositado, relativo a um crédito que não lhe pertence; nessa situação, o valor depositado deve ser restituído ao contribuinte após o final da ação, extinguindo-se o crédito que fora constituído indevidamente pela decisão judicial transitada em julgado (art. 156, X, CTN). Já, por outro lado, caso a ação seja julgada improcedente, ficando derrotado o contribuinte, entendendo o Poder Judiciário que o lançamento sempre esteve certo e que o Fisco faria jus a seu crédito, o valor depositado automaticamente será confirmado em favor do Fisco, em definitivo, extinguindo-se o crédito pelo fenômeno da *conversão do depósito em renda*. Diante do exposto, analisem ambas as situações e reflitam se seria coerente a postura da Administração Pública de manter o nome do contribuinte no cadastro de inadimplentes, de manter essa dívida inscrita como dívida "ativa", ou seja, dívida *apta a ser executada*. Mais do que incoerente, amigos, é insustentável essa postura... Insisto: quando o depósito é feito, só há dois caminhos possíveis para o desfecho da ação: ou o Fisco vai receber todo o valor que lhe é de direito (caso a ação não seja julgada procedente, prevalecendo, por exemplo, a defesa exposta na contestação sobre as alegações estampadas na petição inicial), levantando o depósito, sem necessidade de ajuizar execução fiscal, ou, ao contrário, o Fisco não receberá nada, exatamente porque não tinha direito algum, o que se dá nas hipóteses de a ação ser julgada procedente, aceitando-se a defesa do contribuinte e restando provado que o crédito era indevido, casos em que o contribuinte levantará o valor depositado. Ora, diante de tudo isso, cientes que estamos de que não há mais qualquer risco ao credor, que não será necessário (nem cabível) ajuizamento de execução fiscal, qual é a lógica de manter inscrita como dívida "ativa" uma dívida que não é mais passível de execução? Irmãos, entre alguns efeitos secundários que poderiam ser aqui lembrados, a *principal finalidade* de realizar a inscrição da dívida no cadastro público, qualificando-a como *ativa*, é permitir o ajuizamento da ação de execução fiscal futura! Repito: a razão essencial que motiva a inscrição da dívida no cadastro de inadimplência é exatamente a de permitir que se torne ela apta a ser executada; é legitimar a formação do título executivo extrajudicial, que é a *certidão de dívida ativa*, e, assim, permitir a instrução da petição inicial e o ajuizamento correto da ação de execução fiscal. Esse é o fim elementar. Ora, a inscrição em dívida ativa não pode ser compreendida como uma atitude da Fazenda motivada pela intenção de prejudicar o contribuinte, de constrangê-lo, de "sujar" seu nome etc. Óbvio que não... Seria um despautério raciocinar o ordenamento jurídico de tal forma... A finalidade da inscrição é apenas a de permitir que o credor possa cobrar o que lhe é de direito, o que se dá por intermédio da ação de execução fiscal, e, para tanto, é imprescindível que se tenha o título executivo, que, no caso das execuções em matéria tributária, é a CDA, a qual só pode ser extraída se houver o prévio ato de inscrição. Nesse compasso, enxerguem, com tranquilidade, que a *finalidade* do ato de inscrição é legitimar a futura execução... Nada mais do que isso... E, sendo assim, volto ao ponto central de nossa reflexão: se a finalidade é manter a dívida *ativada* para a execução fiscal futura, como dívida *ativa*, qual seria o argumento capaz de justificar a manutenção dessa *ativação* quanto a dívidas que não são mais passíveis de execução fiscal? Percebem? É por isso que venho há muito sustentando que, nos casos em que a exigibilidade do crédito tributário fica suspensa por força de ter o contribuinte procedido ao depósito do montante integral em dinheiro, não poderia, em hipótese alguma, sob qualquer que fosse o argumento, a Fazenda manter o nome do contribuinte inscrito em dívida ativa, manter essa dívida inscrita no cadastro.

E, na prática, é isso que tem ocorrido? Não... Na prática, a Fazenda tem, em postura injustificável, mantido o nome do contribuinte positivado no cadastro de devedores. O que fazer em uma situação dessas? Impetrar um mandado de segurança pedindo ao magistrado que ordene, *in limine*, que se retire de imediato o nome do contribuinte do cadastro. A prova pré-constituída do direito líquido e certo é a cópia dos autos do processo na ação anulatória com depósito feito, demonstrando-se ao juiz da causa mandamental que o dinheiro já foi todo disponibilizado, que não há mais risco para o credor, que já não é sequer cabível ajuizamento de execução fiscal. Desse modo, o magistrado deverá julgar procedente o MS e determinar que se cancele o termo de inscrição em dívida ativa.

Por fim, ainda quanto ao tema, quero lembrar alguns outros argumentos importantes para reforçar toda a tese aqui externada. Vejam: o primeiro deles, lembrando que, em nível federal, desde a edição da Lei nº 9.703/99, a Fazenda credora fica autorizada a utilizar o valor depositado no curso do próprio processo, obrigando-se a devolver ao final caso julgada procedente a ação; ora, percebam, que não obstante o contribuinte não esteja "pagando", o Fisco já usa o dinheiro desde o início, como se de fato o pagamento tivesse ocorrido; desse modo, se já tem autorização legal para usar o dinheiro, por que manter o nome do contribuinte em dívida ativa? O segundo argumento, no sentido de lembrar que o STJ vem entendendo que o contribuinte somente poderá recuperar o valor depositado se ocorrer o *trânsito em julgado com a ação sendo julgada procedente*. Ou seja, qualquer outra forma de extinção do processo e da ação faz com que o Fisco fique com o dinheiro para ele. Resta dizer, se, por exemplo, a ação for extinta sem julgamento de mérito, se for acolhida uma preliminar, ou, por qualquer outra via, o desfecho da ação não seja o julgamento definitivo de procedência, o STJ entende que o contribuinte não pode recuperar o valor depositado, pois não provou que o lançamento estava errado, prevalecendo mantidos os atributos que norteiam o ato administrativo, quais sejam, a presunção de validade, legitimidade, a coercibilidade, imperatividade e autoexecutoriedade. Ora, diante de tal percepção, constata-se que, com o depósito feito, a única possibilidade jurídica de o Fisco não receber ocorre nos casos em que realmente se prove que o crédito não era devido, e, ainda assim, somente após o trânsito em julgado da demanda. Por fim, como terceiro e último argumento a ser acrescido, nunca deixemos de lembrar que realizar o depósito é uma *faculdade* do contribuinte, é uma *opção*, e não um dever. Nenhum contribuinte é obrigado a depositar para ter o direito de ajuizamento da ação. O Brasil não segue mais a covarde regra que imperou na época da ditadura, que condicionava o direito de ajuizar a ação para questionar a cobrança feita pelo Estado ao dever de depositar previamente o montante; ou seja, não se aplica mais no nosso país esse modelo perverso do *"pague e depois recupere"*, que ficou conhecido na odiosa parêmia *"solve et repet"*, incompatível com o Estado democrático de direito que legitima a inafastabilidade do acesso ao Judiciário, para manuseio das garantias do contraditório, ampla defesa e devido processo legal. Ora, nesses termos, percebam que *depositar* é algo que o contribuinte não tem nenhuma obrigação de fazer, como o próprio STF assegura, em reiterada jurisprudência – vide a própria Súmula Vinculante nº 28, há pouco tempo editada. Portanto, reflitam: se o contribuinte *opta* por fazer o depósito, o que não lhe é imposto que faça para poder ter acesso ao debate, tomando assim a postura mais favorável ao Fisco, disponibilizando todo o montante exigido e o qual, frise, ele entende que *não deve*, seria razoável aceitar a postura do Fisco de ainda assim mantê-lo no cadastro de inadimplente? Evidente que não.

> **DICA 7:** **FLUÊNCIA DO PRAZO PRESCRICIONAL E CAUSAS DE SUSPENSÃO DA EXIGIBILIDADE DO CRÉDITO TRIBUTÁRIO. AFETAÇÃO. IMPEDIMENTO, SUSPENSÃO OU INTERRUPÇÃO, OU ENCERRAMENTO DO PRAZO DE PRESCRIÇÃO?**

Outro efeito importante que temos de observar, quando ocorre uma situação de *suspensão de exigibilidade do crédito*, é que o prazo prescricional que corre contra a Fazenda Pública fica *afetado*. Isso mesmo, fica *afetado*. E, aqui, nessa afirmativa, já trago a vocês a grande celeuma que envolve o tema. Percebam com

CAPÍTULO 20 – CRÉDITO TRIBUTÁRIO – II

atenção que, cuidadosa e propositalmente, não escrevi que o prazo de prescrição fica "suspenso", nem que ele fica "interrompido", até porque, a depender do caso concreto, esse prazo nem fica suspenso nem interrompido, mas sim *impedido*. Visualizem, desde lodo, que o grande desafio a ser enfrentado pelo estudioso é detectar *de que forma a suspensão da exigibilidade do crédito tributário AFETA a fluência do prazo prescricional*. Amigos, lastimavelmente, esse é um dos temas mais maltratados na doutrina tributária pátria. Sem querer aqui ser deselegante, tornando-me o chato e antipático que fica criticando os outros, longe disso, mas, cordialmente, precisamos "colocar os devidos pingos nos is". É de uma atecnia que chega a beirar o grosseiro insistir em afirmar que *"suspensa a exigibilidade do crédito, SUSPENSA a prescrição"*. Quem assim afirma, demonstra, veementemente, sua total falta de intimidade com o Direito Privado, e, mais especialmente ainda, com o instituto da *prescrição*. Porque, se fosse estudar com um pouco mais de profundidade o tema, não afirmaria isso. E sabem qual é o pior? É que, por força dessa completamente viciada afirmativa que se repete levianamente e impune em incontáveis compêndios publicados no nosso país, *as bancas de concursos* EM ALGUMAS OPORTUNIDADES adotaram essa teratológica premissa como verdadeira.

Amigos, como vocês verão nas linhas adiante, escritas por esse amigo e professor, que, antes de ser um professor de Direito Tributário, é também professor de Direito Civil, é inaceitável se afirmar que o *parcelamento* e a *moratória*, benefícios que se materializam em concreto por uma conduta de iniciativa do devedor de procurar o credor e oficializar publicamente um termo de confissão de dívidas, seriam causas de *suspensão* da *prescrição* tributária. Chega, como dito, a ser grosseiro fazer tal afirmativa. Na verdade, como provaremos, o *parcelamento* e a *moratória* são causas de *interrupção* de um prazo prescricional, sempre lembrando que é muito diferente, na prática, quando se reconhece que certo feito *interrompe* ou *suspende* a prescrição. A discussão não é apenas teórica, ela possui efeitos práticos distintos superimportantes.

Quanto às *impugnações administrativas*, pior ainda o vício. Aí sim, rasga-se o bom senso. Quando o contribuinte impugna o lançamento, provocando a suspensão da exigibilidade do crédito tributário (art. 151, III, CTN), o correto é falarmos em *impedimento* da fluência do prazo prescricional, jamais em *suspensão*. A prescrição fica *impedida* de começar a correr. Adiante também comentaremos o tema com maior detalhamento.

Aberração de maior proporção, todavia, ocorre quando se fala que o *depósito do montante integral* é causa de *suspensão do prazo de prescrição*. Amigos, abrindo o coração a vocês, fico chocado quando leio isso. Como assim? Se o depósito é feito, é do montante integral e é em dinheiro, torna-se **I-M-P-O-S-S-Í-V-E-L** falar em *prescrição* a partir de então... Não tem mais como ocorrer essa forma de extinção do crédito... Ou o crédito se extinguirá pela conversão do depósito em renda (caso julgada procedente a ação anulatória na qual se fez o depósito), nos termos do art. 156, VI, CTN, ou então se extinguirá pela *decisão judicial transitada em julgado*, nos termos do art. 156, X, CTN, nos casos em que a ação é julgada procedente e o contribuinte consegue anular o lançamento. Ou seja, se o depósito é feito, ou o crédito se extingue nos termos do inciso VI ou nos termos do inciso X, ambos do art. 156 do CTN; não mais se torna possível que ocorra a extinção nos termos do inciso V do mesmo artigo, o qual cuida da prescrição e da decadência. Nesses casos, em que o depósito é feito, o correto é afirmar que o *depósito do montante integral* afeta sim a fluência do prazo prescricional, mas nunca de modo a *interrompê-lo*, e sim a *afastá-lo em definitivo*. Ou seja, feito o depósito, suspensa resta a exigibilidade do crédito, e, como se percebe sem maior esforço, *absolutamente afastada* resta a possibilidade de consumação da prescrição. Portanto, o depósito do montante integral, que é uma das seis causas de suspensão de exigibilidade do crédito tributário, não suspende nem interrompe, mas sim *afasta, encerra, a fluência do prazo prescricional*.

Quanto às *tutelas de urgência* que suspendem a exigibilidade do crédito tributário, nos termos do art. 151, IV e V (liminares concedidas em *mandados de segurança* ou *tutelas antecipadas* em *ações ordinárias*), de se discutir se as elas suspenderiam ou interromperiam a fluência do prazo prescricional, ou, ainda, se, em especial hipótese, teriam, assim como o depósito, o efeito de *afastar, encerrar* a fluência do prazo prescricional. Em primeiro detalhamento, explicito que a discussão nesse específico ponto da matéria é altamente perigosa, audaz, posto *não existir qualquer previsão em lei de que tais liminares e tutelas afetariam o prazo da prescrição tributária*; ou seja, nesse específico ponto da matéria, estaremos discutindo algo que não tem qualquer disciplina legal, o que é altamente delicado, em face dos ensinamentos que emanam do direito civil de que prazos de prescrição, sempre fixados por lei, não podem ser afetados pela vontade das partes, por analogia, por qualquer que seja o meio que não a própria lei. Falaremos sobre o tema ao final.

Portanto, fica registrado aqui algo óbvio: quando ocorre a suspensão da exigibilidade do crédito tributário, fica *afetada* a fluência do prazo prescricional. Por lógico, seria extremamente injusto e desarrazoado que a prescrição pudesse correr contra a Fazenda se em situações em que ela está *legalmente obstada* de executar o contribuinte. Não seria adequado ao proclame da *razoabilidade* permitir que a fluência do prazo prescricional marchasse, correndo contra o credor, se esse credor não está *inerte*, não está em desidiosa postura de ignorar a necessidade de exteriorizar sua pretensão e defender seu crédito... Para que corra a prescrição, é fundamental que tenhamos uma situação jurídica que demonstra um credor lesado em seu direito subjetivo de crédito e *inerte* na exteriorização de sua pretensão, assistindo, imóvel, ao passar do tempo, sem procurar opor ao devedor a exigibilidade do adimplemento da prestação que satisfaz seu crédito. Não havendo a inércia, mas sim uma especial situação em que *a lei* proíbe o credor de se mover no prumo da exequibilidade de seu crédito inadimplido, evidentemente que não se pode falar de fluência de prescrição contra esse credor. Desse modo, percebe-se que, quando uma das seis causas de suspensão da exigibilidade do crédito se exterioriza, de fato, a fluência do prazo prescricional é atingida. O grande desafio, como dito no início desse tópico, é enxergar *de que modo* é que essa afetação se materializa. Isso porque, se falarmos em *impedimento*, temos uma produção de efeitos decorrente de tal afirmativa; mas, se falarmos de *suspensão*, temos efeitos com outras características; por fim, se afirmamos que o que ocorre é a *interrupção*, mudamos mais radicalmente ainda os efeitos decorrentes dessa afetação que o prazo prescricional sofre. Sem descuidar de constatar que se falarmos, ainda, que a suspensão da exigibilidade do crédito afeta a fluência do prazo prescricional *encerrando-o, extinguindo-o, afastando-o*, os efeitos, por evidente, são outros.

  O que me parece, e falo aqui com profundo temor de estar sendo deselegante, assustado com a possibilidade de equivocadamente alguns me atribuírem a pecha da boçalidade (o que muito me magoaria, pois nem de longe é essa a intenção do comentário), mas abraçado sempre ao compromisso de ensinar com profundidade, com responsabilidade e verticalizando a interdisciplinaridade das matérias, o que de fato me parece é que muitos amigos, quando escrevem sobre esse tema, não se preocupam em valorar a diferença entre os efeitos que decorrem de uma causa impeditiva, suspensiva ou interruptiva da prescrição. É como se ignorassem os arts. 189 a 206 do Código Civil e todos os históricos ensinamentos que construíram os contornos do que se reconhece juridicamente como *prescrição*, sua estrutura, seu conteúdo, seus efeitos. E terminam utilizando a expressão "suspensão" como se fosse a única forma de *afetar* o prazo prescricional. De sorte que, pelo simples fato de o prazo ficar realmente *afetado*, terminam por afirmar que ele fica *suspenso*.

  Ora, amigos, como veremos nos tópicos seguintes, efeitos graves decorrem desse erro... Nunca nos esqueçamos de que, se uma causa de afetação da prescrição é reconhecida como causa *interruptiva*, estamos a obrigatoriamente aceitar que o prazo que está sendo afetado pode voltar a correr, e, caso assim seja, ele **volta a fluir na sua totalidade**, novamente com **cinco anos**, havendo o perdão da inércia que já se havia consumado, restabelecendo-se, repito, a integralidade do prazo em favor do credor... O prazo volta a correr "do zero"... Já na causa *suspensiva*, quando esse prazo volta a correr, *não há o resgate do prazo já consumado antes de a suspensão se edificar*, não se devolve ao credor o prazo que ele havia perdido, **restabelecendo-se a fluência apenas com o lapso temporal que restava quando ocorreu o ato suspensivo**...

A título de exemplo de como é fundamental analisar essa distinção, se ocorre a queda de um termo de parcelamento, faz *toda a diferença* saber se quando se deu o parcelamento a prescrição ficou *suspensa* ou *interrompida*, pois tal análise será decisiva para determinar qual é o prazo que o credor tem para executar o contribuinte que descumpriu o parcelamento após seu cancelamento. Caso se reconheça que o parcelamento *interrompeu* a prescrição (o que é o correto!), o prazo para o Fisco executar o contribuinte que não honrou o termo seria novamente de cinco anos, a contar da perda da sua validade; já no caso de se reconhecer que o parcelamento apenas *suspendia* a prescrição, o prazo que o Fisco teria para executar o contribuinte não seria, por lógico, o de cinco anos, mas sim apenas aquele lapso temporal que restava para a prescrição se consumar quando o parcelamento foi deferido. Ora, amigos, essa variação de compreensão muda todo o fechamento de um caso concreto, por exemplo, em situações em que a ação de execução fiscal seja ajuizada dentro dos cinco anos contados após cancelado o parcelamento, mas já em momento posterior à consumação do prazo que restava para a prescrição se consumar quando o parcelamento foi originariamente concedido; nesses casos, quem reconhecer que o parcelamento suspende a prescrição, terá de afirmar que a execução fiscal deve ser extinta, pois estará consumada a prescrição; já os que entenderem, como eu, que o parcelamento *interrompe* a prescrição, teriam de reconhecer a viabilidade da execução ajuizada, pois dentro dos cinco anos, e, assim sendo, não estaria prescrita a dívida. Vejam, portanto, o quanto é *fundamental* entender se a causa suspensiva da exigibilidade do crédito é *suspensiva* ou *interruptiva* da *prescrição*! Muda-se todo o destino de uma ação, de um processo, de uma dívida.

Por fim, na linha de conclusão desse tópico, quero registrar que entendo que a forma com que as causas de suspensão da exigibilidade do crédito tributário afetam a fluência do prazo prescricional varia, dependendo de qual seja a causa de suspensão a ser analisada. Desse modo, o *depósito do montante integral em dinheiro*, previsto no art. 151, II, CTN *afasta, encerra, fulmina* a fluência do prazo prescricional; as *impugnações administrativas*, previstas no art. 151, III, por sua vez, *impedem* o início da fluência do prazo prescricional; o *parcelamento* e a *moratória*, dispostos no art. 151, I e VI, têm o condão de *interromper* o decurso do prazo prescricional, consoante emana do próprio art. 174, parágrafo único, IV, do CTN; quanto às *tutelas de urgência*, previstas no art. 151, IV e V, veremos com maior detalhamento nos tópicos a seguir, que a depender do momento em que elas sejam deferidas e de sua confirmação ao final da ação, ou não, elas podem ser causas de *afastamento* da prescrição, ou apenas causas de *interrupção* do referido lapso temporal.

Nos próximos tópicos falo um pouco mais sobre o tema.

CAPÍTULO 20 – CRÉDITO TRIBUTÁRIO – II

DICA 8: AS RECLAMAÇÕES ADMINISTRATIVAS E A FLUÊNCIA DO PRAZO PRESCRICIONAL. IMPEDIMENTO

As reclamações administrativas só são válidas e produzem efeitos se forem feitas *tempestivamente*. E, se assim for, os contribuintes sequer chegam a entrar em mora. Impugnado o lançamento, a constituição administrativamente feita do crédito fica em xeque; não se chega a ter crédito "definitivamente" constituído (termo inicial da fluência do prazo prescricional – CTN, art. 174); ora, a prescrição sequer começa a correr enquanto o PAF está em curso. É incompatível falar de fluência de prazo prescricional com processo administrativo fiscal em curso; se há processo administrativo decorrente de uma impugnação administrativa do lançamento, não há possibilidade jurídica de existir prescrição correndo.

É bem simples de entender, amigos. O prazo de prescrição só começa a correr quando a constituição do crédito alcança a sua "definitividade"; ou seja, nos termos da regra firmada no *caput* do art. 174 do CTN, a prescrição de cinco anos só começa a correr com base na constituição "definitiva" do crédito tributário. Enquanto essa *definitividade* não for alcançada, o lapso temporal prescricional não tem seu início. É juridicamente impossível falar de prescrição sem que esse momento se alcance. Logo, é fundamental, para que se cogite do *início* da fluência de tal prazo, que se identifique em que momento a constituição do crédito se torna *"definitiva"*, já que, antes do referido marco temporal, como dito, a prescrição não começa a correr. E tal situação (definitividade da constituição do crédito) só se consuma em duas hipóteses: de um lado, quando se esgota o prazo fornecido ao contribuinte para pagar o valor lançado ou impugnar sem que ele tenha tomado qualquer das duas medidas (nem pago, nem impugnado); na segunda frente, caso o contribuinte tenha impugnado o lançamento dentro do prazo que lhe fora concedido, o ato de constituição do crédito fica em xeque, sendo avaliado durante o processo administrativo fiscal, de sorte que somente caso haja uma decisão final de improcedência no PAF, não mais recorrível em sede administrativa, mantendo o lançamento, é que o crédito, enfim, alcança a sua constituição *definitiva*. Ou seja, duas hipóteses são possíveis após feito o lançamento e constituído o crédito (constituição ainda não definitiva, posto sujeita a ataque por via de impugnação administrativa): ou o contribuinte, dentro do prazo, formaliza a impugnação, dando formação ao PAF, ou ele não exerce essa prerrogativa e, extinto o prazo para pagamento ou impugnação, a via administrativa de questionamento do crédito se esgota, fulminada pela preclusão. Ora, se o contribuinte não faz a impugnação, não nos interessa o debate, pois estamos analisando exatamente as situações em que o contribuinte interpõe a sua reclamação administrativa dando ensejo ao PAF; por outro lado, se o sujeito passivo formaliza tempestivamente a reclamação impugnando o lançamento e propiciando o surgimento do processo administrativo, o crédito só fica constituído *em definitivo* ao final do PAF, e, claro, desde que, lógico, a decisão final irreversível seja no sentido de se manter o lançamento, não acolhendo as razões expostas pelo impugnante, confirmando-se o crédito tributário; nesse momento, aqui sim, o crédito fica definitivamente constituído, o que não ocorre durante todo o trâmite do processo administrativo fiscal.

Ora, irmãos, o que se conclui? Que durante o PAF a prescrição sequer começa a correr. Por todo o exposto, essa é a conclusão unicamente cabível. Afinal, como visto, se a fluência do prazo de prescrição só se inicia quando a constituição do crédito alcança sua definitividade e essa só vem ao final do PAF (e somente nas hipóteses de decisão final de improcedência, mantendo o lançamento), o que se constata é que a constituição do crédito até o final do PAF ainda não é definitiva, ainda está precária, ainda está com sua validade sob questionamento; nesses moldes, a impugnação administrativa não suspende a fluência do prazo prescricional, já que não se pode suspender o transcorrer de um prazo que sequer teve seu início. Por isso que afirmo que as reclamações administrativas a que se refere o art. 151, III, do CTN são causas de *impedimento* da fluência do prazo prescricional e jamais de *suspensão*, como é comum se encontrar por aí publicado. Repito, chamando a atenção de todos para algo simples e que incrivelmente passa despercebido incontáveis vezes: não se pode falar de *suspensão* de prazo antes que esse prazo possa ter seu início; o correto, em situações como essas, é falar em *impedimento* da fluência do aludido prazo. E é exatamente isso que ocorre quando o contribuinte tempestivamente formaliza sua reclamação impugnando o lançamento e dando gêneses ao PAF. Em razão de o PAF estar em andamento, fica impedido o início da fluência prescricional.

Portanto, as reclamações administrativas que se revelam como causas de *suspensão da EXIGIBILIDADE do crédito* são, também, causas *impeditivas do início da fluência do prazo quinquenal de prescrição contra a Fazenda Pública*.

> **DICA 9: O PARCELAMENTO E A MORATÓRIA E A FLUÊNCIA DO PRAZO PRESCRICIONAL. CAUSAS DE INTERRUPÇÃO, E NÃO DE "SUSPENSÃO". EQUÍVOCO NA COMPREENSÃO DO TEMA**

Aqui, outro ponto que merece muita atenção. Aliás, o que vou ensinar a vocês já me custou acalorados debates em salas de aula e no meio acadêmico, especialmente com colegas e amigos que não costumam estudar, nos compêndios de Direito Civil, os institutos de Direito Privado utilizados no Direito Tributário, A vida sempre e cada vez mais atribulada das pessoas torna o tempo um bem cada

CAPÍTULO 20 – CRÉDITO TRIBUTÁRIO – II

vez mais escasso, de sorte que conseguir exigir de um tributarista que dedique seu precioso tempo a ler e estudar livros, monografias, teses de Direito Civil, é algo que para muitos não passa de uma utopia... Todavia, infelizmente, *esse é o preço a pagar* quando realmente se quer ter domínio de cada instituto sobre o qual se discorre, se ensina, primordialmente quando se enxerga que a interdisciplinaridade é forte. Aprendi desde cedo com meus pais, muito estudiosos, que *"ser bom dói... Ser bom custa caro... Ser bom exige sacrifícios que a maioria jamais vai ter raça de suportar... mas se você realmente quiser trafegar no nicho dos grandes sábios, terá que pagar o duro preço, aprender a renunciar e se dispor a estudar muito... muito mesmo..."* E isso, de fato, e afirmo sem qualquer medo de errar, é para poucos... Estou afirmando um fato, uma verdade: é para poucos. E é isso que mais uma vez constato aqui quando entro no debate do tema. Vejo reiteradamente pessoas afirmando que a moratória e o parcelamento se revelam como causas de *suspensão* da prescrição. Não são, nunca foram e jamais serão. Vou repetir: não são, nunca foram, e jamais serão. Justifico nas linhas a seguir. Antes, todavia, peço vênia para registrar acontecimento que me marcou. Em certa feita um ouvinte, já advogado, na plateia em uma palestra em que eu abordava exatamente esse tema, me disse a seguinte frase: "O senhor está afirmando aqui o oposto do que a maioria diz... e o senhor acha que está certo?". Recordo-me perfeitamente do que respondi, resposta que gerou duplo efeito no lotado auditório... Em um primeiro momento, o silêncio (e presumo que ali as pessoas estavam refletindo sobre o que acabavam de ouvir), e na sequência uma estrondosa salva de palmas. Em tom sereno, voz tênue e pausada, com um sorriso meigo no rosto, disse ao rapaz: "Filho, graças a Deus que a história do homem, da civilização, do próprio Direito como ciência evolutiva, provou que nem sempre a maioria está certa e que discordar dela, especialmente quando se fundamenta coerentemente a discordância, nada mais é do que a oportunização de uma reflexão visando a um processo de transformação, libertando a sociedade da equivocada escravização em um pensamento viciado que mascara a realidade cientificamente adequada... Normalmente, na vida, em todos os seus segmentos, a maioria repete... a minoria reflete... A maioria acompanha... a minoria conduz... A maioria é liderada... a minoria lidera... Maioria é quantidade... Minoria é qualidade... A maioria é movida pela força cinética da massa... A minoria é movida pela genialidade privilegiada que não é peculiar às multidões... Discordar da maioria com inteligência e fundamentação é ato que exige necessária ousadia, mas útil ao processo de reconstrução das normas jurídicas, morais e sociais, dos princípios, valores e paradigmas... Ousadia sem a qual o mundo até hoje viveria seus mais primitivos processos e costumes, os quais, não obstante por muito tempo terem sido aceitos pela maioria, só foram derrubados pela coragem de alguns, que, em voz minoritária, tiveram a visão da necessidade e da utilidade da quebra do paradigma, coragem de apontar o erro no pensamento da maioria e a felicidade de expor as razões de seu pensamento de forma lúcida e convincente, conquistando a adesão e o seguimento a seu pensar, até então minoritário, quiçá isolado, e que passou a reinar, sendo seguido". Fica, com a narrativa, a lição de que não é pecado, não é crime, não é *errado*, e inequivocamente é útil, ainda que nem sempre seja eficiente, discordar com inteligência do que a maioria diz, fala, pensa, escreve.

Voltando ao tema da moratória e do parcelamento. Amigos, primeira pergunta que vou fazer, para, adotando o estilo socrático, caminhar junto a cada um de vocês na construção do aprendizado. Em que lugar da legislação tributária vigente já testemunharam normas gerais sobre prescrição que afirmam que determinada medida possui efeito *suspensivo*? Já leram isso em algum lugar? Pois é... Abram, por favor, o CTN, no art. 174 e leiam o que está escrito no parágrafo único... Observem... Está escrito que a prescrição se "suspende" ou se "interrompe"? Leram? Pois é... Se *interrompe*... Para quem estiver sem o Código na mão aí, transcrevo o art. 174, na íntegra:

> Art. 174. A ação para a cobrança do crédito tributário prescreve em cinco anos, contados da data da sua constituição definitiva.
> **Parágrafo único. A prescrição se interrompe:**
> I – pelo despacho do juiz que ordenar a citação em execução fiscal;
> II – pelo protesto judicial;
> III – por qualquer ato judicial que constitua em mora o devedor;
> IV – por qualquer ato inequívoco ainda que extrajudicial, que importe em reconhecimento do débito pelo devedor.
> *(grifo e sublinhado nosso)*

Amigos, percebam: não existe no CTN qualquer previsão de *"suspensão" de prescrição*. Repito, nenhuma. Pelo contrário, há um rol de quatro hipóteses narradas nos incisos do parágrafo único do art. 174 (e a moratória e o parcelamento se enquadram perfeitamente no caso do inciso IV) que afirmam expressamente, afastando qualquer possibilidade de dúvidas, que ocorre **interrupção** da fluência do prazo prescricional. E, como sabido, o CTN é a lei materialmente complementar que cumpriu a função de elaborar as normas gerais sobre prescrição, conforme exige o art. 146, III, "b", da CRFB/1988. Ora, e se assim o é, o que estabelece o CTN não pode ser desrespeitado pela legislação ordinária que elabora normas para disciplinar o instituto da prescrição. Vale o que o Código dispõe, só cabendo modificação se for aprovada nova lei complementar no intento de modificar as disposições codificadas. Ou seja, temos o CTN, atuando como a lei complementar a que a Constituição se refere, cumprindo a missão designada pelo legislador maior, fornecendo as ditas normas gerais que delineiam os contornos que envolvem o instituto da prescrição no Direito Tributário, e o *Codex* foi preciso ao selecionar quais medidas têm o poder de afetar a fluência do lapso temporal prescricional, bem como qual seria *o modo* de promover essa afetação. E basta ler o texto para, sem qualquer chance de dúvida, identificar que o legislador optou por atribuir o caráter *interruptivo* a tais medidas, revelando ter sido essa a opção legislativa. Nesse liame, o nosso código *não estipulou causas de suspensão de prescrição*. De onde as pessoas retiraram isso? Vejam, amigos, que quando a própria Lei de Execuções Fiscais (Lei nº 6.830/80) afirmou no seu art. 2º, § 3º, que a inscrição em dívida ativa *suspende* a prescrição, gerou terrível polêmica, exatamente pelo fato de que como lei ordinária não poderia inovar no rol de causas que afetam a prescrição, modificando a estrutura edificada no CTN... Aliás, prevalece amplamente entre os estudiosos a inconstitucionalidade do referido dispositivo... Ora, se, mesmo no caso em que uma lei expressamente estipulou uma situação de "suspensão" de prescrição, a academia repudiou, em face do conflito com as balizas fincadas na lei complementar de normas gerais, como admitir suspensão de prescrição sem qualquer previsão legal? E, pior... Como afirmar que certas ferramentas jurídicas (no caso, a moratória e o parcelamento) fomentam a "suspensão" da prescrição quando o CTN expressamente afirma que a situação na qual esses instrumentos são manuseados conduz à **interrupção** da prescrição (art. 174, parágrafo único, IV, CTN)? Não cabe. De fato, a moratória e o parcelamento são causas de *interrupção* da prescrição, assim como o despacho citatório, o protesto judicial e os demais atos judiciais que constituam em mora o devedor.

Como sabido, quem concede moratória é o legislador, assim como igualmente necessária a atuação do Poder Legislativo para que seja concedida e regulada a política de parcelamento de dívidas fiscais. Nesse viés, para que uma moratória seja deferida ou um parcelamento autorizado, é fundamental, antes de tudo, a aprovação de uma lei com esse propósito. Publicada e entrando em vigência a lei, cabe ao contribuinte, interessado em gozar do benefício, procurar a Administração e formalizar o seu pedido de habilitação. Quando procura a Administração Tributária e pede para inserir sua dívida no regime de parcelamento, ou solicita que seja documentada a aplicação da moratória sobre a sua dívida, o contribuinte assina um **termo de confissão de dívida**, reconhecendo ser devedor do montante para o qual pede aplicação do parcelamento ou da moratória legalmente concedidos. E é coerente que assim seja, afinal, se certa pessoa quer pedir ao credor que conceda uma prorrogação de prazo para pagamento (moratória) ou quer que seja aplicado um parcelamento do valor da dívida, parece razoável crer que o requerente tem que concordar que é devedor dela. Afinal, não faria qualquer sentido acreditar que uma pessoa pediria a outra para fornecer melhores condições de adimplemento se entendesse não ser devedora. Daí por que se percebe que, quando o contribuinte procura o Fisco para se habilitar ao gozo de regime especial de parcelamento de débito fiscal ou adesão à moratória, ele confessa a dívida. E, de fato, na prática, é normal que as leis que concedem tais benefícios já prevejam que o contribuinte interessado na fluência deles deva procurar a Administração Tributária e formalizar o termo de confissão de dívidas, documentando o reconhecimento de seu *status* de devedor e, assim, angariando a eficácia do favor fiscal legalmente concedido e administrativamente aplicado.

Nos moldes do que se apresentou, percebam que, de acordo com o disposto no art. 174, parágrafo único, IV, do CTN, "a prescrição se interrompe [...] por qualquer ato inequívoco ainda que extrajudicial, que importe em reconhecimento do débito pelo devedor". Não resta qualquer dúvida de que a formalização de um termo de parcelamento ou de adesão à moratória, por traduzirem ato extrajudicial que importa "em reconhecimento do débito pelo devedor", *interrompe* a fluência do prazo da prescrição tributária, em vez de suspendê-lo. Conclusão derradeira que emana de tal percepção é que, exaurido o prazo da moratória e não paga a dívida, a prescrição voltará a correr, de modo que seu prazo se reiniciará "do zero", fluindo com novos cinco anos a contar do encerramento do prazo da moratória. Da mesma forma, se o contribuinte que aderiu ao parcelamento vier a descumprir as cláusulas do seu termo (exemplo: parar de pagar certas parcelas seguidas ou alternadas), de modo a que "caia" o parcelamento, a prescrição passa a correr normalmente a contar da referida queda, e, a toda evidência, o prazo volta a correr com seu quinquênio integral.

E é aqui que se revela a grande importância do debate em tela. Caso a moratória e o parcelamento fossem causas de suspensão do prazo prescricional, ocorrendo a queda do parcelamento ou o não pagamento da dívida após findo o prazo da moratória, a prescrição não recomeçaria a correr "do zero", mas apenas com o lapso temporal que ao tempo do deferimento do parcelamento ou moratória faltava para se completarem os cinco anos. Todavia, aceitando-se que realmente a moratória e o parcelamento são causas de interrupção de prescrição, o prazo com certeza volta a correr na sua integralidade, já que é característica marcante das causas interruptivas de prazos o traço de que, voltando a correr após interrompida a prescrição, o lapso temporal que já se havia consumado antes da interrupção é devolvido ao credor, que resgata o prazo na sua totalidade, diferentemente do que ocorre com as causas suspensivas de prazos prescricionais, as quais, como demonstrado, não propiciam ao credor, caso o prazo volte a correr, a devolução do lapso temporal já consumado antes da suspensão. À guisa de exemplo, imagine-se a situação em que o contribuinte requer o parcelamento de uma dívida quando falta apenas um ano para que se consuma o prazo de cinco anos de prescrição contra a Fazenda Pública.

CAPÍTULO 20 – CRÉDITO TRIBUTÁRIO – II

Imagine-se o deferimento de parcelamento da dívida pelo prazo de cinco anos, em 60 parcelas mensais. Suponhamos que, nesse caso, após três anos de quando deferido o parcelamento, ele seja extinto pela consumação do inadimplemento previsto como cláusula resolutiva expressa do termo. Caindo o parcelamento nessa situação ora exemplificada, o Fisco passa a ter o direito de executar o saldo remanescente. Passa a correr, todavia, contra o Fisco, a prescrição, a qual, caso se consume, fulmina o crédito tributário relativamente a esse saldo. Imagine-se, portanto, que, três anos após a queda do parcelamento, a Fazenda ajuíze a ação de execução fiscal. Reflitam agora o ponto-chave: se a execução é ajuizada três anos após a queda do parcelamento, é fundamental aqui identificar a importância de saber se o parcelamento teria suspendido ou interrompido a prescrição; pois, a depender de qual seja o posicionamento que se adote, as consequências serão contrárias na compreensão a respeito de se essa execução fiscal está acometida pela prescrição já consumada ou não. Percebam: quando o parcelamento foi concedido, faltava apenas um ano de prescrição; caso se entenda que o parcelamento apenas teria suspendido a prescrição, após sua queda, o Fisco teria apenas esse um ano para manter vivo o crédito; se assim fosse, nesse exemplo narrado em que a execução foi ajuizada três anos após a queda do parcelamento, já se teria consumado a prescrição e a execução fiscal seria julgada improcedente, devendo ser extinta com o reconhecimento de prescrição; todavia, em linha oposta de raciocínio, caso se entenda, como nós entendemos sem qualquer dúvida, que o parcelamento interrompe a prescrição, essa mesma ação de execução seria acolhida como eficaz, não tendo ocorrido a consumação da prescrição, já que após a queda do parcelamento haveriam cinco anos para que o Fisco mantivesse vivo seu crédito, podendo a ação ser ajuizada dentro do referido prazo.

Percebam, portanto, com o exemplo anteriormente narrado, que a grande importância prática em identificar que a moratória e o parcelamento são causas de *interrupção* e não de suspensão de prescrição, está exatamente na identificação de qual é o lapso temporal que o Fisco ainda terá vivo a seu favor para obter êxito na ação de execução fiscal caso haja inadimplemento do termo de parcelamento ou não pagamento após vencido o prazo da moratória, prazo esse que será sempre de cinco anos, partindo-se da premissa que, de fato e de direito, o parcelamento e a moratória são causas de interrupção de prescrição, nos termos do art. 174, parágrafo único, IV, do CTN. Caso se insista no erro em afirmar que as referidas medidas traduziriam causas de suspensão de prescrição, o referido prazo remanescente por certo seria inferior a cinco anos, restando prejudicada a Fazenda Pública, por um erro acadêmico responsável por uma interpretação equivocada sobre o tema.

Por fim, quero registrar para vocês que reconhecer que o ato de confissão inequívoca de dívida por parte do devedor é uma causa de interrupção de prescrição não é algo criado pelo Direito Tributário, mas sim uma regra universal aplicada tanto no direito público como no direito privado em praticamente todos os países do mundo. O próprio Código Civil brasileiro, no seu art. 202, VI, afirma o efeito interruptivo de prescrição decorrente de atos de confissão de dívida pelo devedor. Observe-se a redação do artigo em comento:

> Art. 202. A interrupção da prescrição, que somente poderá ocorrer uma vez, dar-se-á:
> I – por despacho do juiz, mesmo incompetente, que ordenar a citação, se o interessado a promover no prazo e na forma da lei processual;
> II – por protesto, nas condições do inciso antecedente;
> III – por protesto cambial;
> IV – pela apresentação do título de crédito em juízo de inventário ou em concurso de credores;
> V – por qualquer ato judicial que constitua em mora o devedor;
> VI – por qualquer ato inequívoco, ainda que extrajudicial, que importe reconhecimento do direito pelo devedor.

Constatem, amigos, que, de todas as causas de interrupção de prescrição que o Código Civil reconhece, apenas uma é de iniciativa do devedor, e é exatamente o ato de confissão de dívida. Todos os cinco demais meios de interrupção de prescrição refletem condutas de iniciativa do credor, que, atuando na defesa de sua pretensão e buscando escapar de sofrer a consumação da prescrição, quebra sua inércia e busca cobrar a dívida do devedor. A única via que foi oportunizada ao próprio devedor para agir, por iniciativa sua, no intento de interromper a prescrição salvando o próprio credor, é o ato de confissão inequívoca de dívida. E é simples entender a lógica dessa opção que o ordenamento concede ao devedor. É que muitas vezes o devedor, para evitar condutas que o credor precise praticar para defender o crédito contra a consumação da prescrição que se mostra próxima, e que por certo lhe prejudicarão, como, processá-lo ou protestar o título, o devedor opta por formalizar um ato inequívoco de confissão de dívidas e assim renova o prazo de prescrição em favor do credor, o qual, a depender da situação, pode abrir mão da opção de demandar o devedor, já que o prazo de prescrição está renovado pela confissão da dívida. A verdade é que a confissão de dívida termina sendo uma via que muitas vezes salva o devedor de ser executado, permitindo a ele negociar com o credor uma nova forma de pagamento, o que se pode fazer, por exemplo, por meio de um pedido de parcelamento da dívida ou até mesmo uma moratória. Se aceito pelo credor, que não mais está sofrendo o risco da prescrição, a qual foi interrompida, cria-se uma boa alternativa de adimplemento sem que haja a necessidade dos naturais desgastes da lide. E é exatamente na esteira desse pensamento que atua o legislador ao disciplinar as relações tributárias, importando para a ciência fiscal o mesmo raciocínio que secularmente conduz o instituto da prescrição no direito privado. Observem, por oportuno, que os quatro incisos previstos no parágrafo único do art. 174 do CTN estão igualmente previstos no rol um pouco mais amplo de seis incisos no art. 202 do Código Civil.

Por tudo que foi comentado, fica claro que **a moratória e o parcelamento são causas de INTERRUPÇÃO DA PRESCRIÇÃO tributária**. Para nossa felicidade, o entendimento por nós há muitos anos defendido, apesar de ainda minoritário na doutrina, passou a ser acolhido no Superior Tribunal de Justiça, quando no ano de 2012 teve a oportunidade de apreciar o tema. Fica a indicação da jurisprudência para conferência, citando-se aqui os julgados proferidos nos autos do **AgRg no REsp nº 1.234.307-DF**, no **REsp nº 1.290.015-MG**, assim como também no **AgRg no AREsp nº 35.022-RS**, bem como no **AgRg no REsp nº 1.198.016-RS** e ainda, por fim, no **AgRg nos EREsp nº 1.037.426-RS**.

> **DICA 10: AS TUTELAS DE URGÊNCIA E A FLUÊNCIA DO PRAZO PRESCRICIONAL. DA FALTA DE PREVISÃO LEGAL. DO RECONHECIMENTO DA INTERRUPÇÃO. DAS SITUAÇÕES DE ENCERRAMENTO DA FLUÊNCIA DO PRAZO PRESCRICIONAL**

Passemos a analisar qual o efeito do deferimento de uma *antecipação de tutela nas ações ordinárias cabíveis* ou de *liminares em mandado de segurança* no que tange à fluência da prescrição prevista no art. 174 do CTN. Por certo, estamos a abordar medidas precárias, deferidas de modo emergencial no curso das ações de iniciativa do contribuinte, e que são previstas no art. 151 do CTN, incisos IV e V, como causas de *suspensão de exigibilidade do crédito tributário*. Qual seria o modo como afetam a fluência do prazo de prescrição que corre contra a Fazenda Pública? Afinal, se o Fisco fica impedido de ajuizar a execução fiscal em face do deferimento de uma liminar em Mandado de Segurança impetrado pelo contribuinte, bem como pela concessão de tutela antecipada no bojo da ação ordinária ajuizada (exemplo: ação anulatória de lançamento) por ele, não seria razoável admitir que o prazo prescricional continuasse a correr. Afinal, se o Fisco fica legalmente proibido de executar, ele não está inerte por vontade própria, por desídia, mas sim pelo fato de que está legalmente obstado de se mover no afã de executar seu devedor. Parece claro que o lapso temporal tem de ficar afetado, não temos dúvida, sob pena de colisão frontal com o princípio da razoabilidade e com o valor maior da *segurança jurídica*. Como admitir que a prescrição continua correndo contra o crédito público se o Estado está proibido de executar o devedor por força de uma tutela de urgência deferida pelo Judiciário? O grande "x" da questão é identificar *de que modo* as referidas medidas *afetam* o prazo em comento. E, no enfrentamento do tema, um agravante extremamente complicado: **não há qualquer previsão legal expressa de que as tutelas de urgência afetam a fluência do prazo prescricional que corre em desfavor das execuções de dívidas tributárias**. Enfrentemos o tema nas linhas a seguir.

Amigos, em preliminar, quero delimitar o campo em que a análise que estamos a enfrentar é realmente útil. E me parece claro que o tema só merece reflexão nas hipóteses em que a tutela de urgência não é confirmada ao final, caindo no curso do processo ou na sentença final que profira entendimento contrário ao deferido na medida liminar. Expliquemos.

É que se a ação é julgada procedente e a tutela de urgência é mantida na decisão definitiva proferida ao final, resta anulado o lançamento, tendo sido confirmado o entendimento antecipadamente proclamado pelo magistrado no sentido de que o contribuinte estava certo. Aqui, portanto, o lançamento termina invalidado, afastado, reconhecendo-se não ser devido o montante, proclamando-se a inexistência do crédito, pelo que não haverá cogitar de execução fiscal, e, por logo, sendo irrelevante falar de prescrição. Ainda que seja interposto recurso de apelação pelo Fisco, derrotado na prolação da sentença de procedência, isso não é suficiente para modificar o quadro. Logo, nos parece preciso reconhecer que a importância em debater o efeito provocado pelo deferimento da tutela de urgência na fluência do prazo prescricional se restringe realmente às situações em que a medida liminar não é mantida até o final do processo, ou, se mantida até o final, não é confirmada na sentença que eventualmente surpreenda e proclame julgamento de improcedência da ação.

Para os casos em que a liminar deferida no curso do Mandado de Segurança é confirmada ao final, ou em que a tutela antecipada na ação ordinária é igualmente mantida no julgamento meritório, opto pelo entendimento de que tais medidas atuaram como vias de **afastamento da consumação da prescrição**. Afinal, se a ação for julgada procedente e assim se caminhe na marcha do trânsito em julgado, não haverá mais que falar de prescrição. E uma verdade se pode extrair: **sempre que a tutela de urgência for deferida, suspendendo a exigibilidade do crédito e impedindo ajuizamento de execução fiscal, caso essa medida não seja cassada ou reformada, não mais será possível falar em prescrição**. Portanto, entendemos que nesses casos, assemelhando-se ao que ocorre relativamente ao **depósito do montante integral em dinheiro, a tutela antecipada nas ações ordinárias** e a **liminar em mandado de segurança** traduzem meios de **afastamento**

CAPÍTULO 20 – CRÉDITO TRIBUTÁRIO – II

da prescrição. Passo, todavia, a partir de agora, a enfrentar a hipótese contrária, em que a tutela emergencial não é confirmada. Prossigamos.

Amigos, evidentemente que, derrubada a medida de urgência liminarmente concedida, o Fisco tem restabelecido em seu favor o direito de exigir o pagamento, inclusive ajuizando a ação de execução fiscal competente para promover a cobrança judicial do montante devido. E aqui entra o ponto de indagação: derrubada a medida liminar deferida no MS ou na ação ordinária, **qual o prazo de prescrição que o Fisco possui para que seu crédito continue vivo?** Dois entendimentos aqui, como sempre, podem erguer-se: de um lado, a maioria da doutrina sustenta ter ocorrido, durante o lapso temporal em que a medida produziu efeitos, **suspensão** da fluência do prazo prescricional; seguindo-se essa linha de pensamento, reconhecer-se-ia em favor da Fazenda Pública o prazo que faltava para a prescrição se consumar quando a medida antecipatória fora deferida. Ao contrário, caso se entenda, como eu entendo, que tais medidas **interrompem** a fluência do prazo prescricional nessas hipóteses em que são deferidas e não são confirmadas, a consequência é que, derrubada a medida de urgência, o prazo para a Fazenda poder executar o sujeito passivo da relação tributária é novamente o de cinco anos. Opto, como afirmado, por esse segundo entendimento, em face de alguns argumentos que pontuarei cautelosamente a seguir, mas, especialmente, pelo fato de inexistir previsão de causa de *suspensão* de prazo prescricional no CTN. Avancemos no estudo do tema.

Aqui, amigos, sou obrigado a fazer um preliminar registro, o qual, por si só, revela ponto de nevralgia na matéria. É que, como já antecipado, **não existe no CTN, nem em lei alguma, previsão de que as tutelas antecipadas em ações ordinárias ou os deferimentos de segurança em caráter liminar em sede de mandado de segurança possam suspender ou interromper a prescrição tributária**. Realmente não há qualquer previsão, e isso, por si só, já traz problema grave, já que como notoriamente sabido não se podem inventar causas que venham a afetar a fluência dos prazos prescricionais caso elas não sejam previstas em lei. Prescrição é matéria de ordem pública, de normatização adstrita ao plano da reserva legal, não podendo ter suas regras manipuladas pela doutrina. Tal ensinamento inclusive se mostra positivado no art. 192 do Código Civil, quando de modo amplo afirma que "os prazos de prescrição não podem ser alterados por acordo das partes". Ora, caso levássemos a ferro e fogo a lição, de fato nos depararíamos com um problema gravíssimo, pois teríamos que aceitar que a liminar em MS e as tutelas antecipadas em ações ordinárias **não afetariam** a fluência do prazo prescricional que corre contra a Fazenda Pública. E tal tese, com certeza, acarretaria efeitos daninhos à segurança jurídica, afrontando densamente os primados da razoabilidade, já que imporia o dever de reconhecermos que o Fisco não poderia executar o sujeito passivo (já que a exigibilidade do crédito estaria suspensa nos termos do art. 151, CTN), mas a prescrição inacreditavelmente continuaria a correr contra esse mesmo Fisco que, impedido de executar e sem revelar inércia desidiosa, assistiria passivo à prescrição correndo indevidamente contra si sem que nada pudesse fazer para interrompê-la. Constate-se, por logo, que sob as luzes encandeadas pelo princípio da razoabilidade é inadmissível aceitar esse pensamento, ensejador de efeitos concretos esquartejadores da segurança jurídica. Como solucionar o problema, então?

Bem, preferimos aceitar que a prescrição tem de ficar afetada sim. Optamos por relativizar a regra geral de que não se pode afetar a fluência de um prazo prescricional sem expressa previsão legal, embasando nossa decisão no princípio da razoabilidade e no valor maior da segurança jurídica (que alguns preferem chamar de "princípio" também – aqui, menor o problema). Ou seja, aplicando a técnica da ponderação de valores, avaliando o dever de, de um lado, respeitar a regra de que não se pode criar causa de afetação de fluência de prazo prescricional, e, de outro, o dever de respeitar o princípio da razoabilidade sempre que se busca a aplicação das normas jurídicas, bem como o dever de sempre laborar na persecução da segurança jurídica, entendo que deve prevalecer o caminho que aponta para a proteção à segurança jurídica e ao comando da razoabilidade. Por mais que o ordenamento jurídico, em certos momentos, deixe lacunas, jamais pode o hermeneuta utilizar os caminhos interpretativos para gerar o mal ao próprio ordenamento. Entendo ser inconfundível o raciocínio de que permitir que o prazo prescricional continue a correr contra a Fazenda Pública quando ela está impedida de defender seu crédito por força da tutela de urgência chega a beirar a aberração. Por isso opto por realmente buscar um entendimento que propicie uma solução que leve a um caminho não teratológico de conduzir o ordenamento jurídico e a regência dos fatos concretos. Nesse viés, defendo que devemos reconhecer **analogicamente** o efeito interruptivo previsto no art. 174, parágrafo único, do CTN, para as medidas de urgência descritas no art. 151, IV e V, do mesmo Código, sempre que essas medidas não sucumbem após deferidas, não sendo confirmadas em definitivo até o final no processo e com o deslinde do feito.

Diante do exposto, fica claro que meu entendimento se expõe no sentido de que, assim como ocorre com o parcelamento e a moratória, se deve reconhecer que, caindo a liminar deferida no MS ou a tutela antecipada deferida na ação ordinária, a prescrição volta a correr "do zero", sendo restabelecido integralmente o prazo de cinco anos em favor da Fazenda Pública, interrompida que fica a fluência do prazo prescricional quando deferida a medida de urgência. Concordamos com todos os que sustentam que a prescrição não pode continuar correndo quando as liminares são deferidas. Discordamos frontalmente, todavia, quando sustentam que a prescrição fica *suspensa*. Por tudo que já foi comentado nos tópicos anteriores, *o CTN não prevê causas de suspensão de prescrição, mas apenas de interrupção*. Logo, se é para reconhecer que a tutela antecipada deferida em ação ordinária ou que a liminar deferida em mandado de segurança são causas de *afetação* da fluência do prazo prescricional, que se reconheça que a forma de afetar o transcurso do prazo é de modo *interruptivo*, e não suspensivo. E, no fundo, nada mais justo para com o Estado, afinal, se a medida emergencial cai, não é mantida ao final, é porque, no fundo, ela jamais deveria ter sido deferida, revelando-se que a proteção que fora dada ao contribuinte foi indevidamente concedida, tendo o credor suportado um desfavorável efeito suspensivo na exigibilidade de seu legítimo crédito sem que de fato tivesse de passar por tal dissabor; nada mais adequado, portanto, do que laborar na defesa de uma tese que reconheça em favor desse credor, indevidamente prejudicado, o direito de reaver o prazo prescricional na sua integralidade, e não apenas em parte dele. Frise-se, ainda, que tal tese se harmoniza com a vocação narrada pelo legislador quando da redação do já tão citado art. 174, parágrafo único do CTN, no qual se constata que a opção fincada na nossa lei foi em favor de que as causas de afetação da fluência do prazo prescricional afetam o prazo *interrompendo-o*, e não o suspendendo. Não nos resta dúvida: se é para superarmos a omissão legislativa e sustentarmos que o lapso temporal prescricional fica afetado, há que se aceitar que ele fica *interrompido*.

Portanto, a conclusão sobre esse tópico é que as medidas previstas no art. 151, IV e V, do CTN, caso deferidas e mantidas ao final, são causas de afastamento da prescrição tributária. Todavia, caso não sejam mantidas e sejam cassadas, revogadas, antes do fim do processo, ou reformadas na decisão contrária definitiva ao final, o deferimento delas configura hipótese de interrupção da fluência do prazo de prescrição tributária, de sorte que a contar da queda das referidas medidas a prescrição volta a correr contra o Fisco, com seu prazo integral de cinco anos totalmente renovado.

DICA 11: CAUSAS DE SUSPENSÃO DA EXIGIBILIDADE DO CRÉDITO TRIBUTÁRIO E EXECUÇÃO FISCAL. IMPEDIMENTO OU SUSPENSÃO

Amigos, para que fechemos esse capítulo do nosso estudo, quero registrar comentários importantes sobre o último dos efeitos decorrentes da *suspensão da exigibilidade do crédito tributário*. Consoante tudo o que já foi dito anteriormente, fica prejudicado o direito da Fazenda de caminhar no prumo da *execução da dívida* quando uma das causas de suspensão de exigibilidade do crédito se materializa em concreto. Todavia, algumas ponderações precisam ser feitas aqui.

Como regra, suspensa a exigibilidade do crédito, temos o *impedimento* ao ajuizamento da ação de execução fiscal. Nesses moldes, correto raciocinar que o efeito decorrente da *suspensão* da exigibilidade do crédito é o *impedimento* do ajuizamento da execução fiscal. Todavia, há uma situação excepcional em que o efeito é sutilmente diferente. É o que ocorre quando é deferido parcelamento de dívida que já é objeto de execução fiscal em trâmite. Nesses casos, evidentemente que não se pode falar em *impedimento* de ajuizamento de execução fiscal, pois ela *já foi ajuizada*, sendo adequado falar em *suspensão da execução*.

Nessas hipóteses de deferimento de parcelamento de dívidas já objeto de execução, basta que a lei específica que regula o parcelamento de dívidas tributárias de cada ente federativo autorize, e assim será cabível. Ou seja, quem regula os limites de cabimento do parcelamento, o montante que se pode parcelar, o prazo a ser concedido, o tipo de dívida, o momento etc., é a lei... E, claro, cada ente federativo faz a sua própria lei. Logo, se as leis em comento autorizarem parcelamento de dívidas fiscais que sejam objeto de execuções já ajuizadas, nenhum problema, será plenamente cabível. Em tais situações, obviamente que a execução ficará *suspensa* porquanto o parcelamento esteja em curso, vigente, com o contribuinte cumprindo o termo de parcelamento da forma adequada.

Questão interessante que sempre se questiona, em tais casos se suspensão da execução fiscal por força de o executado aderir a parcelamento da dívida exequenda, nos termos da lei de parcelamento, é quanto a eventual penhora feita. Deve ser mantida a penhora ou o ato constritivo deve ser cancelado, levantando-se a penhora? Bom, a resposta mais adequada é no sentido de que *a penhora deve ser mantida*, pois o parcelamento, por mais que apoiado na presunção de boa-fé do contribuinte, não legitima concluir que haverá o adimplemento perfeito; por mais que o ordenamento se abrace ao princípio da presunção do adimplemento, não se pode afirmar, com certeza, que o contribuinte vai honrar todas as parcelas e assim quitar toda a dívida, para então extinguir o crédito e, logo, a própria execução... E, às vezes, esse fracasso na tentativa de honrar o parcelamento assumido se dá por diversos fatores, muitas vezes, inesperados, nem quer dizer que sejam por má-fé ou irresponsabilidade do contribuinte... Não... É que muitas eventualidades podem ocorrer na vida do devedor, ao longo do tempo, afetando suas possibilidades de honrar a dívida... Desse modo, percebam, amigos, que seria altamente temerário levantar a penhora e desproteger o crédito público... Por mais que saibamos que se o contribuinte tentar alienar o bem de modo a ficar insolvente, restará qualificada *fraude à execução fiscal*, restando inoponível ao Fisco a alienação, não interessa ao credor ter de passar por mais esse percalço de enfrentar essa nova situação. O coerente, realmente, é manter a penhora já feita, somente se levantando o gravame que onera o bem no caso de quitação da dívida. Ou, em uma visão moderada aqui, advogando em prol do contribuinte, poderíamos aceitar, sem problemas, que, com o passar do tempo, sendo o parcelamento regularmente cumprido, possa se substituir a penhora do bem inicialmente constrangido por outro de menor valor, compatível com o valor do saldo da dívida ainda não quitada. Ou seja, quanto a essa possibilidade, nada mais justo que livrar o bem de maior valor do gravame da penhora e transpô-la para bem de menor valia, compatível com o montante que ainda resta a ser adimplido. Não tendo, todavia, o contribuinte outro bem de menor valor a oferecer, entendemos que deve ser mantida a penhora.

Outro ponto muito polêmico a ser aqui comentado, quando se tem o parcelamento da dívida que já está sendo objeto da execução, é o de analisar se a assinatura do termo de parcelamento, quando ainda se está dentro do prazo para ajuizamento dos Embargos à Execução Fiscal, significaria a renúncia ao direito de embargar, posição que a Administração Pública vem abertamente sustentando. Entendemos que não. Somos de crer que o contribuinte tem o pleno direito de ajuizar os embargos, defendendo seu entendimento de que a dívida é indevida, renunciando ao parcelamento recém-assinado. Comentemos mais detalhadamente o tema.

O Fisco sustenta que quando o contribuinte pede o parcelamento ele está *confessando* a dívida, assumindo que deve o valor, que a cobrança é legítima. Sob essa ótica, sustentar-se-ia que "ninguém pede parcelamento de uma dívida que não possui" ou que "só pede para parcelar quem tem interesse de pagar... E se pede conscientemente para parcelar é porque conscientemente reconhece que deve". Apoiado nessas premissas é que o Fisco sustenta que seria incoerente admitir o ajuizamento da ação de embargos, almejando exatamente questionar a dívida que se teria publicamente confessado e assumido. Amigos, apesar da inegável aparente incoerência na postura do contribuinte, de assinar um termo de confissão de dívida e na sequência pedir o seu parcelamento, e logo após pretender ajuizar uma ação de embargos para questionar a execução dessa dívida, não merece prosperar a tese da Fazenda, no prumo de restringir o acesso à jurisdição por parte do executado. Pautado na robusteza que emana das garantias constitucionais insculpidas nos incisos XXXV e LV do art. 5º da Magna Carta (acesso ao Judiciário, ampla defesa, contraditório e devido processo legal), o contribuinte terá seu direito de embargar plenamente preservado, bastando respeitar os requisitos legais para realizar o ajuizamento do modo correto. Na verdade, há de se perceber que por vários diferentes motivos o executado poderia se arrepender de ter assinado o parcelamento, e, percebendo que não deve o valor que está parcelando, ajuizar a ação de execução. Seria de voraz incoerência negar-lhe o direito de se defender ajuizando a ação de embargos pelo simples fato de ter assinado um termo de parcelamento. Apenas a título de exemplo, imaginem vocês que hoje, exatamente hoje, o dia em que você está lendo este texto, você procura a administração fiscal do seu Município e pede parcelamento de dívida de ISS que acaba de ser executada, em execução fiscal na qual você foi citado(a) ontem. E após assinar o termo de confissão de dívida, homologando o parcelamento, hoje pela manhã, você é surpreendido no final do dia, quando na internet, lendo as "notícias do dia" no *site* do STF, toma conhecimento de que o STF acabou de julgar inconstitucional a cobrança de ISS em casos como o seu; ou seja, exatamente na mesma situação que fomentou a execução do ISS contra você, o Supremo decidiu que o ISS não pode incidir. E aí? Como advogado, o que você vai fazer? Continuar a pagar a dívida, ciente do precedente, ou embargar a execução, já que ainda está no prazo, para por via da ação embargante questionar o débito, apoiando-se no entendimento exteriorizado pela Suprema Corte no sentido de que a dívida não é devida? Percebem, amigos? É claro, claríssimo, evidente, inconteste, que cabe o direito de embargar mesmo já se tendo assumido o compromisso por via do parcelamento. Da mesma forma que é correto pensar que compromissos não devem ser quebrados unilateralmente, é perfeitamente correto entender que compromissos errados não devem prevalecer; pactos para que se paguem dívidas que não existem podem sim ser rompidos.

Por fim, a última questão superpolêmica que trago a vocês é a seguinte. Imaginem os amigos que fora ajuizada uma execução fiscal em face de determinado contribuinte. O executado perde o prazo de cinco dias para oferecer a garantia no intento de ajuizar os embargos (se garantisse nos cinco dias, teria mais 30 dias para preparar a petição inicial na ação de embargos e ajuizá-la – arts. 8º, 9º e 16, Lei nº 6.830/80) e, assim sendo, fica revel. Não são encontrados bens para que recaia sobre eles a penhora. Todavia, antes mesmo de o juiz suspender a execução pelo fundamento de não haverem sido encontrados bens do executado revel, o contribuinte resolve questionar a dívida, a qual entende não ser de fato devida, por via paralela. Ajuíza uma *ação ordinária*, a famosa Ação Anulatória, dispondo-se a realizar o depósito do montante integral em dinheiro, na Vara de Fazenda Pública, almejando anular o lançamento, anular a inscrição em dívida ativa, anular a CDA, provando que a dívida é infundada, extinguindo, portanto, a ação de execução fiscal. Daí vem a grande indagação: **pode o contribuinte ajuizar a Ação Anulatória em Vara de Fazenda, ciente de que já foi ajuizada Ação de Execução Fiscal e que o prazo para Embargos já se esgotou?** Meus caros, sem qualquer sombra de dúvidas, com amparo na larga jurisprudência do STJ, e com base em uma série de fundamentos extremamente coerentes, **<u>desde que ele deposite o valor da dívida</u>**, não tenham qualquer dúvida: **<u>é óbvio que pode!</u>**

Infelizmente, de forma lamentável, algumas vozes ainda se erguem no prumo de vedar ao cidadão o direito de acessar o Judiciário, manifestando o seu contraditório, para **<u>provar</u>** que o Fisco está executando uma dívida indevida. E,

CAPÍTULO 20 – CRÉDITO TRIBUTÁRIO – II

observem, com imenso carinho e atenção, o requisito destacado para que legitimemos o procedimento do executado, de, mesmo vencido o prazo para embargar, poder ajuizar a autônoma Ação Anulatória: *desde que ele DEPOSITE o valor integral da dívida exequenda em dinheiro*. Ora, amigos, seria completamente irracional, inclusive por profundamente prejudicial à própria Fazenda Pública, negar essa possibilidade. Qual a lógica de vetar a possibilidade de o contribuinte vir a Juízo *garantir em dinheiro* todo o valor que se quer conseguir na execução fiscal, e permitir-lhe, após garantido o Juízo, expor argumentos que podem provar que o título executivo é nulo, que não existe dívida *líquida, certa e exigível*, que a Fazenda está querendo dilapidar o patrimônio de um cidadão com base em dívida que não existe?

Impressionante que alguns colegas e, o mais grave, algumas bancas examinadoras de provas e concursos, vêm sustentando rispidamente o posicionamento de que não cabe ajuizamento de Ação Anulatória quando existe ação de execução fiscal em curso. Surpreendeu-nos a atitude da *Banca FGV* na realização de duas provas seguidas no Exame de Ordem, que na prova específica de Direito Tributário na segunda fase dos Exames 2010.1 e 2010.2, situações em que a questão problema trazia execuções fiscais ajuizadas, a banca só aceitou como resposta correta o ajuizamento de Embargos para defender o executado, desconsiderando a opção exercida (legitimamente!) por diversos candidatos, de ajuizarem a Ação Anulatória, indo contra o caminho que na própria advocacia exercemos, que a imensa, esmagadora maioria dos juízes aceita e que o STJ em incontáveis precedentes já legitimou. Pois é. E a FGV, instituição nobilíssima, da mais alta qualificação e merecedora de todo nosso respeito e prestígio, em lastimável erro, não admitiu. Hoje, quando leciono nas minhas gigantescas turmas de segunda fase de Direito Tributário na preparação de candidatos do Brasil inteiro no Exame de Ordem, sou *obrigado* a "ensinar" a meus alunos que, na Prova da OAB, eles não devem, como regra, ajuizar a Ação Anulatória caso se deparem com uma questão que envolva uma Execução Fiscal em curso, pois "a banca da FGV" entende na sua particularidade que não é cabível... Estranho, não? Constrangedor ter de adotar uma postura como essa em sala de aula, por força de um posicionamento particular de uma banca examinadora contrária ao Direito dominante, contrária ao que, na prática, a advocacia tributária vem praticando e o STJ reconhecendo... Mas, dancemos conforme a música... Pelo menos, sabemos a posição adotada pelo "inimigo"... Daí, fica até mais fácil... Se você que está lendo este livro será um dos muitos e muitos alunos de todo esse país que me seguirão na nossa supersegunda fase de Direito Tributário no Exame de Ordem, ficou mais fácil! Caiu na questão de elaboração da peça prático-profissional uma Execução Fiscal contra o contribuinte, a peça adequada, por lógico, deverá ser a de *Embargos à Execução*... Ressalva apenas nos casos em que flagrantemente se perceba que estão intempestivos os Embargos... Aí, claro, ninguém vai ajuizar embargos se está vendo que está fora do prazo para embargar... Nesses casos, a Banca teria um grave problema, pois a única opção coerente para defender o contribuinte seria acolher a possibilidade de a Ação Anulatória ser ajuizada.

Seguindo na marcha dos comentários sobre o tema, queria que vocês refletissem algumas ponderações que exporei agora, para fortificar suas convicções no sentido de que pode sim ser ajuizada uma Ação Anulatória com *depósito do montante integral em dinheiro* pelo contribuinte, mesmo com Execução Fiscal em curso correndo paralelamente na Vara de Execuções, e o objetivo é lhes permitir enxergar que, em tais situações, como o **depósito do montante integral em dinheiro está sendo feito na Ação Anulatória**, garantindo-se toda a dívida em favor do Fisco exequente, o efeito instantâneo que deve decorrer de tal ajuizamento da ordinária acompanhada de depósito é o <u>**imediato sobrestamento da execução fiscal**</u>; ou seja, feito o depósito, garantida *totalmente* a dívida, a execução fiscal tem de ser suspensa de imediato, quiçá não deveria ser de plano extinta, diante da inexistência de risco para o credor e da certeza de que o dinheiro relativo à dívida exequenda já está disponibilizado, e, em matéria federal, especialmente em face do conhecimento das regras emanadas da Lei nº 9.703/99 que permite ao Fisco *utilizar o valor do depósito* no curso da Ação Ordinária. Ora, meu Pai, qual é o argumento capaz de legitimar a infundada posição de defender que a execução fiscal deve prosseguir? Para que fim?

Os que defendem que não pode caber o ajuizamento da Anulatória o fazem se apegando a um principal argumento, meramente formal, pragmático, que se apresenta no sentido de que *se a Lei de Execuções Fiscais* (LEF) colocou um prazo para a defesa, para o oferecimento de embargos, determinando expressamente que essa é a via correta de um executado se defender, não se poderia banalizar a lei, ainda mais uma lei de suma importância para o interesse público como é a Lei de Execuções Fiscais. Seguindo esse raciocínio, alguns estudiosos terminam por acreditar que autorizar o ajuizamento de Ação Anulatória com Execução Fiscal em curso seria fragilizar a previsão legal de que a via oportuna para a defesa do executado seria a do ajuizamento dos Embargos, bem como dentro do procedimento e do prazo estabelecido nos arts. 8º, 9º e 16 da LEF (Lei nº 6.830/80). Confesso, amigos, que, durante um curto momento, cheguei a concordar com essa tese, inclusive cheguei a escrever acompanhando os pensadores desse entendimento. Todavia, refletindo melhor, constitucionalizando meu pensamento, analisando com mais cautela a prospecção das garantias constitucionais do acesso à justiça, do acesso ao contraditório, percebendo também que legitimar a Anulatória **<u>com depósito</u>** é melhor para o interesse público, detectando que para o próprio crédito público é muito mais interessante ter essa Anulatória ajuizada com o dinheiro todo disponibilizado, em *cash*, à vista, do que seguir com a cara, demorada e incerta execução fiscal, bem como ainda, mergulhando a fundo no estudo dos votos de alguns ministros do STJ que se manifestavam sobre o tema, tive a felicidade de humildemente rever meu entendimento, pelo que, hoje, sem sombra de dúvidas, concordo veementemente com as vozes, de fato majoritárias, e que prevalecem na prática, que assinam que, mesmo que a execução fiscal já esteja ajuizada e os embargos estejam intempestivos, é cabível ajuizamento de ação anulatória acompanhada de depósito. Entendo que o crédito público é irrenunciável, e, se por alguma via, o contribuinte cria flanco alternativo para exercer seu direito de defesa, mas assegurando a integridade do recebimento do valor cobrado pelo Fisco, esse caminho deve ser aceito, pois vetá-lo seria laborar de modo contrário ao próprio inadimplemento, remando-se contra o interesse público. Ora, será que na execução fiscal se conseguiria penhorar esse dinheiro ou outros bens? Amigos, quantas ações de execução fiscal nesse país ficam suspensas, depois arquivadas, depois extintas pela consumação da prescrição intercorrente, exatamente pelo fato de que não se encontram bens do executado para penhora? Incontáveis... E gerando, cada uma delas, custo para a máquina pública, oneração do Judiciário, trabalho para a Procuradoria... Representam perda de tempo, esforço, dinheiro, e não necessariamente levam ao êxito ao final, pelo contrário... Sob a ótica da proteção ao crédito, ao adimplemento, ao interesse público, feriria a razoabilidade optar por negar o cabimento da ação anulatória com depósito apenas para se curvar ao pragmatismo formal de interpretar taxativamente o que está na LEF...

Ora, se a LEF, em sua literalidade, colide com garantias constitucionais, tanto do contribuinte executado (acesso à justiça; contraditório; ampla defesa; não sujeição ao pagamento de uma dívida indevida etc.) como da própria Administração Pública (proteção ao crédito púbico e sua irrenunciabilidade; indisponibilidade da coisa pública; princípio da eficiência da Administração; moralidade; operabilidade do Judiciário; economicidade; legalidade das cobranças e da arrecadação etc.), o único caminho hermeneuticamente correto é o de interpretar as restrições impostas pela LEF quanto ao prazo e à forma de garantia, como no sentido de serem exclusivas para aqueles que quiserem optar pelo ajuizamento da ação de embargos, distribuídos por dependência aos autos da própria execução fiscal. Jamais entendendo que tais limites vedariam o direito do contribuinte de acessar a Justiça para provar que existe uma cobrança feita de uma dívida que não procede e que, caso adimplida forçadamente, consagrará uma afronta à legalidade (posto não tendo cabimento legal), à moralidade (permitindo ao Estado tomar do cidadão uma riqueza sem que de fato tenha o direito), aos pilares básicos que o processo civil ergue para legitimar qualquer execução (não se trataria, no caso, de dívida *líquida, certa e exigível*) etc. Ou seja, há sim de se aceitar o cabimento da Ação Anulatória autônoma ajuizada na Vara de Fazenda (ou, a depender da organização judiciária local, inexistindo Vara de Fazenda, na Vara Cível mesmo, ou, até, se for o caso, como em muitos Municípios desse país, Vara Única), desde que devidamente acompanhada do *depósito do montante integral em dinheiro*.

Friso, por fim, que tal entendimento deve prevalecer **mesmo nos casos em que já se tenha penhora feita forçadamente pelo Fisco e que não tenha ocorrido ajuizamento tempestivo de embargos**. É profundamente vantajoso para o Fisco "trocar" a penhora nos autos da Execução Fiscal pelo *depósito em dinheiro* na Anulatória. Optar por negar, em tais hipóteses, a anulatória, para não se curvar ao exercício da defesa do executado, significaria cometer dois erros graves: o primeiro, de trocar o dinheiro líquido na mão pelo caminho tortuoso e custoso de liquidar o bem penhorado, levando-o à hasta, passando pelo custoso e demorado percurso até a arrematação final do bem; além disso, negar-se-ia a possibilidade de se provar que a CDA é nula, que a dívida é infundada, e assim se reconhecer que o Estado estaria laborando na persecução de uma dívida que realmente não poderia receber. Ou seja, **mesmo com penhora feita**, ainda assim, **é correto aceitar a Ação Anulatória com depósito do montante integral em dinheiro**. E a *Ação de Execução Fiscal* deve, por lógico, ficar sobrestada.

Por fim, no sentido de comprovar o citado de que a jurisprudência do STJ é maciça no sentido de caber Ação Anulatória em casos como o presente, vide, por todos, o AgRgREsp 1.130.978/ES (05/10/2010), que reafirma o REsp nº 937.416/RJ, REsp nº 677.741/RS, AgRg no Ag nº 774.670/RJ, AgRgREsp nº 928.639/RJ, REsp nº 557.080/DF, AgRG no CC nº 96.308/SP, AgRgResp nº 814.220/RJ, REsp nº 747.389/RS.

CAPÍTULO 21

CRÉDITO TRIBUTÁRIO – III
SUSPENSÃO DA EXIGIBILIDADE – II

CAPÍTULO 21 – CRÉDITO TRIBUTÁRIO – III

1. PRIMEIRO BLOCO DE "CAUSAS" DE SUSPENSÃO DA EXIGIBILIDADE DO CRÉDITO TRIBUTÁRIO: ACAUTELAMENTO DO EXERCÍCIO DO DIREITO DO CONTRADITÓRIO

1.1. NOÇÕES INICIAIS

> **DICA 1:** QUAIS SÃO AS CAUSAS DE SUSPENSÃO DA EXIGIBILIDADE DO CRÉDITO TRIBUTÁRIO LIGADAS À IDEIA DE PROTEÇÃO AO EXERCÍCIO DO CONTRADITÓRIO?

Como visto no capítulo anterior, são quatro, e estão previstas no art. 151, nos incisos II, III, IV e V. Dessas quatro, vale sempre lembrar que as *tutelas antecipadas em ações ordinárias*, previstas no quinto inciso do art. 151, não estavam presentes nesse rol até o ano de 2001, quando então, por via da LC nº 104/2001, se fez a inclusão do inciso em comento no aludido dispositivo. Ou seja, somente após a referida lei complementar é que o CTN passou a afirmar expressamente que as *tutelas de urgência* deferidas em ações ordinárias, de modo antecipatório, teriam o fito de realmente provocar a suspensão da exigibilidade do crédito tributário. Adiante detalharemos o tema.

Portanto, para fim de relembrar-lhes, cito mais uma vez as quatro *causas* de suspensão da exigibilidade do crédito tributário que se abraçam ao propósito de permitir que o contribuinte se defenda, questionando a cobrança feita pela Administração Pública, sem correr o risco de ser executado enquanto se defende:

- depósito do montante integral em dinheiro;
- reclamações e recursos administrativos;
- liminares em mandado de segurança;
- tutelas antecipadas em ações ordinárias cabíveis.

Passo então, no rol de dicas que seguem, a tecer alguns comentários importantes sobre esses institutos para fins de prova, ok? Vamos lá!

1.2. DO DEPÓSITO DO MONTANTE INTEGRAL EM DINHEIRO

> **DICA 2:** O QUE SIGNIFICA O DEPÓSITO DO MONTANTE "INTEGRAL"? A INTEGRALIDADE QUER DIZER O QUÊ?

Irmãos, quando nos referimos ao depósito feito pelo contribuinte no escopo de lograr a suspensão da exigibilidade do crédito cobrado pela Fazenda

Pública, estamos a falar de um depósito com o qual o contribuinte disponibiliza o numerário equivalente ao valor que foi cobrado pelo Fisco. Ou seja, *integral*, para fins de qualificar o depósito que tem o poder de provocar a suspensão da exigibilidade do crédito, é no sentido de ser em valor perfeitamente igual ao que o Fisco entendeu ser devido. Não se conseguirá afetar a pretensão da Fazenda de exigir o adimplemento se o depósito for feito em quantia inferior ao montante formalmente exigido. E, para fins de prova, não fujam do entendimento aqui firmado, em hipótese alguma. O Fisco só ficará impedido de ajuizar a execução fiscal se for disponibilizado todo o valor que ele espera receber, o valor que ele *cobrou* quando da prática do ato de lançamento. Esse é entendimento *unicamente* aceito nos nossos Tribunais maiores, coroado na **Súm. nº 112 do Superior Tribunal de Justiça – STJ.**

Mesmo que o contribuinte discorde do valor cobrado, ou, por qualquer outro que seja o motivo, não concorde com a cobrança feita, quando vier a questioná-la, se quiser ver suspensa a exigibilidade do crédito e obstado o ajuizamento da execução fiscal, terá de realizar o depósito dessa quantia que lhe foi cobrada. Observem que, por certo, o contribuinte *não estará concordando com a cobrança*, tanto que estará ajuizando uma ação para questioná-la, e, bem possivelmente, a razão do questionamento, entre algumas outras cabíveis, possa ser apoiada no entendimento de que a dívida está sendo cobrada em valor excessivo; todavia, ainda assim, reafirmo, ele só logrará êxito, no que tange à intenção de ver suspensa a exigibilidade do crédito tributário, se depositar, *em dinheiro*, o montante *integralmente* cobrado pela Fazenda Pública.

Portanto, constatem, amigos, que a expressão *integral* é fazendo referência ao valor que *o Fisco* entende como correto, e não àquele que o próprio contribuinte entende ser o verdadeiramente devido.

Aprendido o que significa *montante integral*, pois em tópico mais adiante comentarei outro ponto *muito importante* sobre o tema, que é a respeito da possibilidade de se fazer um *depósito insuficiente*, ou seja, *a menor*, quero dizer, *em numerário inferior ao montante que foi cobrado*.

DICA 3: DA NATUREZA DO DEPÓSITO DO MONTANTE INTEGRAL: GARANTIA PRÓ-FISCO OU PRÓ-CONTRIBUINTE? UMA GARANTIA DE NATUREZA HÍBRIDA

Analisando a natureza do instituto em tela, possível constatar que seu manuseio apresenta vantagens tanto para o contribuinte como para o próprio Fisco. Não obstante seja de *iniciativa do contribuinte* a realização do depósito, quando

CAPÍTULO 21 – CRÉDITO TRIBUTÁRIO – III

ele é feito, inegável o reconhecimento de que ambas as partes na relação tributária logram benesses, tanto o contribuinte como a Fazenda. E, nesse compasso, compreendemos que o *depósito do montante integral em dinheiro* se afeiçoa como uma *garantia híbrida, mista*, posto acautelar interesses tanto do sujeito ativo como do sujeito passivo na relação obrigacional fiscal.

Acho imperfeita a afirmativa de que o depósito é uma *garantia pró-contribuinte* apenas. Não negamos essa faceta que emana de seu perfil, evidentemente. Todavia, achamos injusto, incompleto, imperfeito, afirmar por tal natureza, pois, nesse viés, se despreza a outra dimensão que emana da essência desse instituto, qual seja, a de ser uma fortíssima garantia para o credor.

Do mesmo modo, para que sejamos coerentes, também não nos parece razoável se afirmar que o depósito seria apenas uma garantia *pro creditoris*, posto, incorrendo no mesmo equívoco supra-acusado, estaríamos a desconsiderar seu viés protetivo ao contribuinte.

É por isso que optamos por reconhecer *depósito do montante integral em dinheiro* um instrumento que se revela como uma *garantia de mão dupla*, tendo por natureza jurídica ser uma *garantia híbrida*, tanto *pro debitoris* como *pro creditoris*, na medida em que protege o devedor baseado no ponto em que está protegendo o credor, e, no mesmo pensar, para acautelar o interesse arrecadatório do credor, termina por assegurar uma série de vantagens ao devedor, protegendo-o no que tange ao exercício do contraditório, evitando a execução fiscal e propiciando uma série de outras vantagens, as quais logo a seguir comentaremos.

Portanto, amigos, em provas de concursos públicos e no Exame de Ordem, alerto para que percebam que o feito do depósito traz vantagens para ambas as partes na relação tributária, sendo sua natureza a de *garantia híbrida*.

Passo a falar, nos tópicos que a seguir se edificam, sobre esse rol de efeitos benéficos que surgem para o Fisco e o contribuinte quando o depósito do montante integral é feito.

DICA 4: DAS VANTAGENS PARA A FAZENDA PÚBLICA COM A REALIZAÇÃO DO DEPÓSITO PELO CONTRIBUINTE

A primeira e grande vantagem que a Fazenda angaria quando o contribuinte opta por realizar o depósito do montante integral e em dinheiro relativo ao valor da dívida cobrada reside no fato de que, a partir de então, resta afastada a possibilidade de o Fisco ter de suportar a frustrante situação do inadimplemento da prestação tributária. Ou seja, elimina-se totalmente o risco da insolvabilidade, gerando-se a certeza concreta de que o crédito tributário não mais fica sob risco, afinal o valor relativo ao montante que foi cobrado está disponibilizado na sua totalidade.

Perceba-se que, se o contribuinte ajuíza uma ação anulatória e *opta* por fazer o depósito, o Fisco termina por se beneficiar imensamente, pois, além de o contribuinte *não ser obrigado* a depositar (conforme destacaremos mais adiante), ele, o sujeito passivo, no âmago de suas convicções, entende que nem sequer deve o valor que está sendo cobrado e que *está sendo depositado*. Ou seja, quando o contribuinte ajuíza a ação anulatória, ele *não está querendo pagar a dívida*; ao contrário, sua intenção clara e flagrante é a de conseguir *anular o lançamento*, contra o qual se insurge, e não a de se submeter ao pagamento da dívida, da qual frontalmente discorda; tanto que *ajuizou a ação* exatamente para *questionar* a cobrança feita. Nesse contexto, observe-se, que, *mesmo discordando da dívida*, o contribuinte faz a *opção* de realizar o depósito, o que, para o interesse do Fisco, é fantástico, pois, independentemente de como será julgada a ação, se procedente ou não, na dúvida, o valor já está integralmente disponibilizado. Essa, portanto, é, sem dúvidas, a mais importante benesse que o depósito do montante integral em dinheiro, realizado pelo contribuinte, traz para o sujeito ativo da relação tributária: a garantia da eliminação do risco do inadimplemento, especialmente em se tratando de situações nas quais o contribuinte entende que não é devedor do valor que foi cobrado.

Todavia, não podemos ainda exaurir a nossa explanação expositiva das vantagens geradas em favor do credor, em face da realização do depósito pelo devedor. Há um segundo benefício que é angariado pelo credor, especialmente quando tratamos dos depósitos feitos na esfera federal, e que não pode, jamais, passar despercebido. E do que estamos a falar? Referimo-nos, nesse momento, à prerrogativa que o Fisco tem de, ao longo do processo, utilizar a verba depositada. Ou seja, enquanto a ação estiver em curso, o processo em trâmite, o dinheiro não ficará *"parado"*, inútil, "guardado em uma sacolinha" ou em uma "caixinha de surpresas". Evidentemente que não. O Fisco poderá utilizar essa verba, ficando apenas sujeito ao ressarcimento ao contribuinte caso, ao final, a ação anulatória seja julgada procedente.

Constate-se que, quando o nosso ordenamento reconhece a possibilidade de se liberar o numerário depositado para uso da Fazenda, o Fisco alcança, portanto, outra vantagem: além de não sofrer mais qualquer risco de inadimplemento, passa a poder usar desde logo o valor depositado, como se realmente o contribuinte tivesse pago a dívida. Por mais que se tenha a clara percepção de que *não se trata de pagamento*, os efeitos se equivalerão, pelo menos até o final do processo. É evidente que não se pode confundir uma *ação de consignação em pagamento* (em que o contribuinte *confessa a dívida*, reconhece-a como *legítima*, *quer pagar*, não

CAPÍTULO 21 – CRÉDITO TRIBUTÁRIO – III

usando a ação para *questionar a cobrança* e sim para conseguir *exercer o direito de pagar*) com uma *ação anulatória com depósito do montante integral*, pois, nesta última, o contribuinte *não quer pagar a dívida*, e faz o depósito apenas para acautelar seu direito de não ser executado enquanto se defende, atraindo para si algumas outras vantagens. Mas, como fica claro, *não está pagando a dívida*, pois guarda consigo a esperança de ao final da ação, tendo-a julgada procedente, levantar o depósito feito e recuperar o montante disponibilizado. É claro que são situações diferentes. Todavia, o que queremos registrar é que, *a partir do momento em que o Fisco **PODE** usar o montante depositado, PARA ELE, FISCO, o efeito prático é o de ter o capital disponível, é como se ele estivesse recebendo o "pagamento"*; por mais que essa benesse seja precária (pode ter de devolver ao final o valor), pelo menos, durante o processo, poderá usar a verba.

Portanto, percebam que uma série de vantagens emerge para a Fazenda Pública quando o contribuinte faz o depósito do montante integral do valor cobrado, o que não pode ser desprezado, especialmente em razão do fato sempre por nós lembrado de que o depósito não é uma obrigação, e sim uma opção do administrado.

DICA 5: DAS VANTAGENS PARA O CONTRIBUINTE EM REALIZAR O DEPÓSITO

Se emana para o Fisco todo o *menu* de benesses anteriormente descritas, inegável que em favor do contribuinte também se consagram algumas vantagens com o exercício da opção de realizar o depósito. A primeira delas, por lógico, é a própria *suspensão da exigibilidade* do crédito; por si só, já uma grande vantagem. Dela decorre a certeza de que não haverá ajuizamento de execução fiscal, o que, para muitos contribuintes, é algo imprescindível em suas vidas, muitas vezes, nem mesmo por questões políticas ou profissionais, sequer patrimoniais, mas por razões morais e de preservação de sua imagem e *status*, e até mesmo da credibilidade em torno de si próprios no meio em que se inserem, vivem e atuam. Quem gosta de ser executado?

Além do exposto, de se perceber que, se o contribuinte faz o depósito em dinheiro do montante integral da dívida, ele gera a imediata interrupção da fluência de quaisquer consectários de mora; ou seja, a partir do momento em que ele disponibiliza o capital pretendido pela Fazenda, não se pode mais admitir a fluência de juros, correção moratória e multas de mora. E qual a grande vantagem disso? É que, quando ele ajuíza a ação anulatória e faz o depósito, evidentemente que ele espera sair vencedor e ver reconhecida sua pretensão de anular o lançamento, recuperando o valor depositado ao final; todavia, é evidente que existe o risco de ele sair derrotado, de não ter acolhida sua tese no Judiciário; nessa hipótese, de sair vencido, o que ocorre? Fica provado que ele sempre foi devedor daquele montante e o lançamento jamais esteve viciado. Ora, em tais hipóteses, se ele fez o depósito, dos males o menor, pois, quando o processo se exaurir (muitas vezes, anos depois de quando ele depositou), não haverá a necessidade de fazer qualquer complemento de valor, acréscimo de diferencial, pois não será cabível cogitar de atualização do valor ou da imputação de juros ou multa de mora. Ao contrário, se o contribuinte ajuíza a ação para tentar anular o lançamento, sem fazer o depósito, caso derrotado ao final, o valor da dívida a pagar por certo alcança um montante muito maior do que aquele inicialmente previsto, pois quanto mais o tempo vai passando os juros vão se multiplicando, e, quando ele se vê obrigado definitivamente ao pagamento (derrotado no processo), a dívida está em uma plataforma muito maior, e, às vezes, já insustentável para ele, contribuinte.

Quanto a esse comentário anterior, da fluência dos juros e consectários de mora, isso é muito sério, amigos. Na prática, vemos diuturnamente problemas gravíssimos quanto ao tema. Imaginem vocês como é que o advogado explica para o cliente que a dívida quase dobrou (ou até triplicou) de valor em quatro, cinco anos, após o encerramento do processo com a improcedência da ação anulatória? O cliente vai entender? Essa situação é gravíssima, especialmente na esfera federal, em que o sistema de juros calculado com base no índice da chamada TAXA SELIC é altamente voraz, cruel, desproporcional... Três anos de inadimplemento corrigidos pela SELIC podem fazer essa dívida mais do que triplicar... E o pior para o advogado... Imaginem vocês que o advogado tivesse conseguido, durante a ação, a concessão de uma tutela antecipada, o que, durante o trâmite, manteve a exigibilidade do crédito suspensa... Mas, ao final, o juiz entendeu por não mantê-la, revertendo o entendimento quando do ato de sentença... O que dizer ao cliente? A dívida, até então com exigibilidade suspensa, volta a ser exigível e em valor exorbitante... É complicado. Daí que aparece a imensa vantagem em se poder realizar o depósito, elementarmente em causas nas quais o advogado não tem a certeza de que vai obter o êxito esperado, ou seja, naquelas em que a pretensão é cabível, faz de acolhida duvidosa pelo Judiciário. Nesses feitos, com certeza, se o contribuinte puder depositar, ele passa a eliminar esse risco de, no futuro, caso saia derrotado na lide, ter que pagar quantia muito maior, pois o depósito inibe de imediato a fluência dos consectários da mora.

Por fim, a outra grande vantagem em se realizar o depósito é que o contribuinte consegue se livrar de receber, quando requeridas à Administração Pública, certidões *positivas* de débito, as quais, por certo, podem causar uma série de embaraços e restrições à vida do contribuinte. Dessa forma, seguindo o entendimento que é sempre citado na doutrina, e que se visualiza na prática, pode-se afirmar que com o depósito feito o contribuinte consegue auferir certidões *positivas com efeito de negativa*. Todavia, friso que em meu pessoal entendimento, já sustentado em passagens anteriores nessa obra, defendo a tese de que, se o depósito foi feito, o Fisco é obrigado a retirar o nome do contribuinte do cadastro de inadimplentes, desativando a dívida, e, assim, fornecendo a certidão *negativa* de débito. É que não faz qualquer sentido lógico manter ativada uma dívida que não será mais objeto de execução fiscal, pois essa possibilidade se tornou juridicamente impossível, já que *todo o valor do que se pretende arrecadar já foi disponibilizado, em dinheiro, nos autos da ação anulatória*. Ora, se o Fisco sair vencedor na demanda, com a improcedência da ação, o depósito se converte em renda definitivamente para ele Fisco; não existe qualquer risco de insolvência. Não faz qualquer sentido, fere a lógica, qualifica abuso de poder, constrangimento ilegal ao contribuinte, manter o nome dele em dívida ativa se ele já tirou do bolso todo o valor da dívida cobrada e o disponibilizou judicialmente no processo em que o Fisco é parte, frisando-se ainda que, como visto, em regra, esse dinheiro fica desde logo disponível para uso da Fazenda Pública. Ora, a finalidade de se *ativar a dívida* é torná-la apta a ser executada a qualquer momento... Desde quando não se torna mais viável executá-la, a natural consequência é que essa dívida deve ser de imediato *desativada*, retirando-se o nome do contribuinte do cadastro de inadimplentes e cancelando-se o ato de inscrição. E, desse modo, a certidão que deve ser expedida é a certidão *negativa* de débito (acusa inexistir débito inscrito e passível de execução), e não a certidão *positiva com efeito de negativa* (a qual ensina que existe débito inscrito, passível de execução, mas que temporariamente está protegida com a suspensão da exigibilidade do crédito); na verdade, não há mais qualquer possibilidade de execução fiscal do montante, o que, nem de longe, significa prejuízo ao Fisco, pelo contrário... Se realmente estiver certo, não precisará executar... A improcedência da ação anulatória já faz, por via oblíqua, as vezes do trânsito em julgado da execução fiscal.

DICA 6: DA FACULDADE DE SE FAZER O DEPÓSITO. É UM DIREITO, E NÃO UMA OBRIGAÇÃO DO CONTRIBUINTE

Bem, esse é um tema que durante longo período foi alvo de polêmica, a qual hoje resta largamente pacificada e não mais permite questionamento. Durante muito tempo se sustentou que a realização do depósito seria essencial para que se pudesse ajuizar a Ação Anulatória e assim questionar a validade do ato administrativo de lançamento do crédito tributário. Em outras palavras, sustentou-se que o direito de ajuizar a ação para questionar o ato fiscal seria condicionado à postura de previamente disponibilizar o montante da dívida cobrada e objeto do questionamento. Insistindo: a realização do depósito seria um requisito objetivo de admissibilidade da ação; sem sua efetivação, o juiz não conheceria da petição inicial e não despacharia para ordenar a citação do réu, extinguindo o feito preliminarmente. Por mais absurdo que seja esse entendimento, acreditem, ele chegou a ser aplicado no nosso ordenamento, não mais encontrando guarida no Direito contemporâneo.

O pilar de apoio do pensamento que sustentava a obrigatoriedade do depósito como uma condição para se poder exercer o direito de questionar a cobrança era o seguinte: afirmava-se, em tese totalmente protetiva ao Estado, que o lançamento, como procedimento administrativo totalmente vinculado, deveria se presumir como plenamente correto, somente podendo ser questionado dentro de restritas condições, entre elas, a de se disponibilizar previamente o capital cobrado, de modo a não prejudicar o interesse público. Atribuía-se ao lançamento uma presunção de perfeição quase divina, alegando-se ser ele um procedimento extremamente técnico, sem erros, já que praticado por autoridades competentes da Administração Pública. Unindo essa ideia da técnica pura aos vorazes atributos do ato administrativo, especialmente atos como lançamento, vinculados, como a presunção de validade, a legitimidade, a imperatividade, a coercibilidade e a autoexecutoriedade, projetava-se o lançamento a uma plataforma de quase inquestionabilidade. E dando suporte a essa presunção erguia-se como bandeira de fundo a ideia da supremacia do interesse público, falando-se da não prejudicialidade ao equilíbrio do orçamento, sustentando-se, portanto, que, para se questionar o ato quase mítico, deveria o administrado disponibilizar o valor da cobrança, para não abalar a arrecadação e não gerar sequelas ao orçamento. Covardemente, ainda se sustentava que tal tese não acarretaria qualquer mazela ao cidadão, posto caso o contribuinte conseguisse a improvável façanha de provar que o lançamento estava errado, seu dinheiro seria restituído ao final do processo, de sorte que ele não sofreria prejuízo verdadeiro algum.

O sistema de pensamento anteriormente narrado, peculiar a regimes estatais nos quais a ditadura impera, chegou a se aplicar no Brasil. Prova maior disso é a redação da própria Lei de Execução Fiscal, escrita em 1980, ainda no regime militar, que veio expressamente afirmar em seu art. 38 que a Ação Anulatória tem de ser acompanhada do depósito para poder ser admitida! Friso, desde logo, que o STF interpreta restritivamente esse artigo, para torná-lo compatível com a Constituição, especialmente com a garantia insculpida no art. 5º, XXXVI, que assegura a toda pessoa o direito de acesso livre e irrestringível ao Poder Judiciário. Nesse compasso, o STF restringe o alcance do texto para não se ver obrigado a reconhecer a inconstitucionalidade do dispositivo, e no manuseio da chamada

CAPÍTULO 21 – CRÉDITO TRIBUTÁRIO – III

interpretação conforme a Constituição, o Pretório Excelso, fazendo hábil e coerente malabarismo hermenêutico, extrai da leitura outro sentido, qual seja, o de que a lei "quis dizer" que o depósito é obrigatório na ação anulatória *para quem queira suspender a exigibilidade do crédito e evitar a execução*, mas não para que caiba o próprio ajuizamento da ação, o qual, indubitavelmente, independe do depósito, não se aplicando, em hipótese alguma, a literalidade do ultrapassado texto estampado no aludido art. 38 da lei dos executivos estatais.

Amigos, as mazelas emanadas da tese anteriormente exposta são grosseiras e flagrantes. Imaginem que brutalidade seria realmente aceitar que para uma pessoa poder ir ao Judiciário questionar um ato da Administração Pública ela tivesse de depositar o valor cobrado? Vocês já imaginaram a situação das inúmeras pessoas que não tivessem recursos financeiros para depositar? Como conseguiriam questionar o ato administrativo de cobrança? Imagine a você mesmo, ou a sua pequena empresa, passando por esse dissabor... Recebendo uma equivocada cobrança de uma dívida, em valor considerável, o qual você nunca deveu e que você não dispõe de recursos financeiros para depositar, e então você precisar conseguir esse numerário sob pena de não ter sequer o direito de provar que não é devedor desse montante. Seria de fato um absurdo. Como costumo citar nas minhas aulas, consagrar-se-ia o *apartheid do Judiciário*, por via do qual apenas as pessoas ricas poderiam acessar o Poder Judiciário e questionar o ato da Administração, sendo coifado o acesso ao contraditório para pessoas sem poder econômico, as quais ficariam sujeitas a uma execução fiscal de uma dívida que nunca tiveram e que sequer puderam exteriorizar o direito de defesa. Por fim, tragam essa reflexão para o plano da nossa realidade. Amigos, em que país nós vivemos? Vamos botar o pé no chão! Nós vivemos no Brasil, um país que não obstante seja maravilhoso e que tanto nos orgulha por múltiplos fundamentos, é país de economia instável, de risco empresarial altíssimo, de atividade econômica exercida em larga maioria por pequenos e microempresários, os quais não conseguem ter capital disponível sequer para honrar a carga tributária que é legitimamente devida (a qual, frise-se, brutalmente confiscatória e flagrantemente atentatória à capacidade contributiva efetiva dos contribuintes), quanto mais para depositar um montante que nunca deveram! Ou seja, qual pequeno empresário teria disponível em caixa uma verba parada para poder utilizar depositando um valor de uma dívida que nunca teve? Repito, amigos: os contribuintes não conseguem pagar o que devem! Vivemos em um país em que pessoas honestas vivem sonegando, trabalhando no limite da elisão fiscal, por pura inexigibilidade de conduta adversa! Como pensar que essas pequenas empresas (que são a imensa maioria no mercado) ou que pequenos contribuintes individuais teriam condição de fazer esse depósito? Seria dar uma demonstração de total falta de sensibilidade à realidade fática do país crer que esse depósito seria viável... E é por isso que o STF, obviamente, não admite que se possa condicionar o direito de ajuizar a Ação Anulatória à realização do depósito, o que se consagra na leitura da **Súmula Vinculante nº 28** da Suprema Corte.

Portanto, fica aqui registrado que o depósito é uma mera opção, uma faculdade, jamais um dever. Se fosse uma obrigação, por certo colidiria com o direito constitucionalmente albergado de livre acesso ao Judiciário, vilipendiando, portanto, o traquejo do contraditório, o caminho ao devido processo legal e à ampla defesa.

DICA 7: DAS SITUAÇÕES EM QUE A OPÇÃO POR NÃO SE FAZER UM DEPÓSITO TERMINA SENDO VANTAJOSA PARA O CONTRIBUINTE. A DESVANTAGEM DO DEPÓSITO PARA O SUJEITO PASSIVO

Um ponto que merece ponderada reflexão é esse que passamos a tratar. E ele remete à advocacia do dia a dia, da análise caso a caso da situação de cada contribuinte. Amigos, *de fato*, em determinada situação específica, a realização do depósito pode não ser, realmente, a melhor opção para o contribuinte, de sorte que pode o advogado, para melhor acautelar o interesse do cliente, abdicar de fazer o depósito e direcionar sua defesa por outro caminho. Do que falo? Vamos em frente.

O depósito, apesar de todas as benesses acusadas nas reflexões supraespostas, traz um traço negativo: é que, quando o contribuinte o celebra, ele passa de imediato a perder o poder de uso desse capital, não mais tendo a liberdade de dispor, usufruir, aplicar, investir, tal montante, do qual só retornará a titularidade caso saia vencedor na demanda, logrando a procedência da ação, e, frise-se, somente recuperando essa verba *ao final do processo* em que saiu vencedor.

Perceba-se que a grande desvantagem de se optar por realizar o depósito é que se perde o poder de giro desse montante. E, a depender de algumas ponderações que devem ser feitas no caso concreto, caso a caso, causa a causa, pode se chegar à conclusão de que não vale a pena depositar, sendo muito melhor correr o risco de sofrer o ajuizamento da execução fiscal concorrentemente com a Ação Anulatória em trâmite. Teçamos alguns comentários, inclusive exemplificando, para fins de elucidarmos a explicação e permitirmos a você a plena compreensão da mensagem que queremos transmitir.

Imaginem vocês que o cliente do advogado, o contribuinte que quer ajuizar a Ação Anulatória, é empresário de pequeno porte, para quem a disponibilização do capital a ser depositado represente imenso sacrifício, bem como lhe retire o fôlego financeiro para ter o giro necessário no caixa de sua empresa. Ora, em casos como esse, há de se indagar: a pretensão de anular o lançamento é realmente possível? A *causa* é favorável? A *tese* é boa? Há precedentes a favor? Amigos,

CAPÍTULO 21 – CRÉDITO TRIBUTÁRIO – III

se o advogado percebe que existe ampla possibilidade de obter êxito na ação, constatando que todos os ventos conspiram a favor da procedência da ação, qual é a lógica de se fazer o depósito, prejudicando o cliente, que ficará considerável tempo, até mesmo, dependendo, anos a fio, sem poder usar seu capital? Ora, não faria sentido... Dessa forma, o advogado opta por seguir outro caminho... Tenta a antecipação da tutela para fins de suspender a exigibilidade do crédito... Caso consiga, maravilha, logrou o mesmo efeito benéfico de suspensão da exigibilidade do crédito que conseguiria com o depósito... E se o pedido de deferimento da tutela antecipada não for acolhido, ainda há a possibilidade de se atacar por via de agravo a medida negatória e conseguir reformá-la no Tribunal, conquistando "em cima" a tutela pretendida. Ora, se há a chance de conseguir a tutela, muito melhor para esse cliente que ele alcance a suspensão da exigibilidade do crédito por via da tutela do que do depósito, já que, nessa hipótese, não disponibilizou um centavo sequer, não tendo seu fluxo de caixa, seu poder de investimento, seu giro de capital abalado. É claro que, como já citado, o advogado deve analisar se realmente a tese é boa, sempre sendo leal e conversando com o cliente, expondo transparentemente todos os riscos, pois, caso a tutela não seja mantida, o pagamento ao final será em valor muito maior, pois caso julgada improcedente a ação o valor será corrigido, atualizado, e sofrerá a aplicação dos juros e demais consectários de mora. Agora, se, ao contrário, o advogado confia na tese, tem bons precedentes favoráveis na jurisprudência aplicáveis ao caso concreto, vale a pena correr o risco. Percebam como a questão é realmente casuística. Caso a caso se analisarão as circunstâncias, a possibilidade da tese, o interesse do cliente etc.

Na mesma linha de pensamento, imaginem o seguinte. Imaginemos que o contribuinte possua dois ou três imóveis. Ora, aí segura fica a opção de não depositar, não ficando, portanto, descapitalizado o contribuinte. Ora, tenta a tutela antecipada e deixa a ação anulatória correr... Caso seja ajuizada a ação de execução fiscal, pelo fato de não se ter conquistado a antecipação da tutela, o contribuinte poderá *embargar* a execução... E para embargar *não precisa necessariamente depositar*, pois pode dar um de seus imóveis como garantia, indicando-o à penhora... Observem que nos termos dos arts. 8º, 9º e 16 da LEF, o contribuinte pode, como garantia oferecida para embargar, disponibilizar bens à penhora (inclusive de terceiros que concordem em ajudar o executado e ofereçam bens seus), ou até mesmo apresentar uma carta de fiança bancária. Portanto, flagrem que, a depender da situação concreta, do perfil do cliente, do nível de risco da causa, pode o advogado, para proteger o cliente, orientá-lo a não depositar, convencendo-o de que a realização do depósito lhe será até mesmo prejudicial, pois empatará seu capital de giro, e sem necessidade, já que existem caminhos paralelos capazes de defendê-lo com eficiência sem que ele precise travar seu dinheiro por anos, depositando-o no processo. Ou seja, o advogado pode mostrar ao cliente que muitas vezes, quando a causa é boa e as chances são fortes de se conseguir anular o lançamento, é possível tentar a antecipação da tutela, e, mesmo que não se consiga, caso ocorra o ajuizamento da execução, ainda assim é possível embargar e se ter a plena externação da defesa, sendo que não necessariamente será imprescindível depositar para embargar e se defender perfeitamente, sendo factível a apresentação de garantias por outras vias.

Portanto, o que quero consignar é que, se de um lado, o depósito traz uma série de vantagens, de outro, a depender do caso concreto, sua realização pode não ser a melhor opção para o contribuinte, sendo possível defendê-lo de modo plenamente eficiente sem que se indisponibilize temporariamente seu capital de giro.

DICA 8: DA POSSIBILIDADE E DAS CONSEQUÊNCIAS DE SE FAZER UM DEPÓSITO A MENOR DO QUE O MONTANTE QUE FORA COBRADO

Bem, esse é um tema que divide os estudiosos. Seria possível o contribuinte fazer um depósito parcial no que tange ao montante que foi integralmente cobrado? Sim ou não? Caso afirmativa a resposta, qual seria a consequência de tal feito? Restaria suspensa a exigibilidade do crédito? Caberia uma execução fiscal concorrente? Nesse caso, se sim, de qual valor?

Observem que a questão merece cuidadosa atenção.

É muito comum ler, ouvir, participar de debates e conversas em que surge o comentário de que *"não cabe o depósito insuficiente"*. Será que não cabe mesmo? Por que não poderia caber? Existe proibição em algum lugar? Não. Não existe. Há que se aguçar mais uma vez a antena da sensibilidade jurídica para se tornar hábil a distinguir duas coisas diferentes: uma delas, apenas no tocante à possibilidade de se depositar a menor *ou não*; a outra, em se identificar se a exigibilidade do crédito cobrado poderia ficar suspensa pelo eventual depósito parcial. E são raciocínios que se devem fazer separadamente, ainda que um puxe o outro. Prossigamos.

Não conseguimos concordar com os que negam o cabimento do *depósito parcial*, o qual, a nosso pensar, é plenamente cabível, conforme exposição de motivos a seguir desvendada. Todavia, com o bom senso que não poderia faltar, reconhecemos que em tal hipótese, de admissibilidade do depósito parcial, não é cabível sustentar que sua realização tenha o poder de impedir a execução fiscal. E, para que haja plena sincronia entre a tese projetada e a razoabilidade, evidentemente que, caso se ajuíze a execução fiscal nos casos em que se fez depósito a menor, a toda guisa, ela somente pode mirar o saldo remanescente do valor cobrado, saldo esse indicativo do montante que não foi disponibilizado pelo depósito insuficiente. Aprofundemos.

Reflitam: o que levaria o contribuinte a adotar a medida de tentar fazer um depósito parcial? Depois se perguntem: qual seria o prejuízo ao Fisco em se ter aceitado tal depósito? Especialmente se em nada ficar obstada a exequibilidade do saldo remanescente! Avance em suas reflexões: para o Fisco, para o interesse público, seria melhor ser réu em uma ação anulatória ajuizada pelo contribuinte sem que nenhum valor fosse depositado, tendo o Fisco que executar esse montante integral, ou ser réu na mesma ação anulatória, mas com parte do valor já depositado, ficando o crédito parcialmente já assegurado, garantido? Indo além, registre-se, lembrando, que com o depósito parcial já poderia a Fazenda, bem ou mal, utilizar essa verba ao longo do processo, ficando apenas no risco de ter de restituir ao final caso a ação tenha a procedência como seu desfecho. Indago, portanto, ao leitor: vocês conseguem ver alguma lógica em se vedar o depósito parcial? ÓBVIO QUE NÃO, AMIGOS! Quão equivocada, meu *Pai do Céu*, é a tese que se ergue para coibir tal depósito...

Continuemos dissecando as perguntas anteriormente levantadas. O que levaria o contribuinte a proceder à realização do depósito parcial? Bem, não obstante diversas poderiam ser as justificativas aqui apresentadas, a maioria delas, de flagrante raridade na prática; vou me ater a duas situações, as quais, no mundo da r-e-a-l-i-d-a-d-e (é que tem gente que escreve divagando pelo mundo da lua...), absorvem a maioria das situações fáticas em que o contribuinte opta por tal procedimento.

Na primeira delas, o contribuinte discorda da dívida (tanto que ajuíza a ação para anular o lançamento) e *não dispõe do capital em mãos, correspondente ao valor cobrado, para poder fazer o depósito do montante integralmente exigido*. Ora, o que fazer se o Fisco lançou indevidamente uma quantia elevada e o administrado não dispõe, de fato, da verba? Vai fazer o quê? Vai roubar? Pedir emprestado e se endividar, pagar juros, por força de uma cobrança indevidamente sofrida? Não! Tendo numerário em montante que corresponde à parte do valor indevidamente cobrado, e querendo depositá-lo, não seria razoável para o próprio Fisco aceitar? Sim, claro! Melhor do que nenhum depósito ser feito... Na pior das hipóteses, para o Fisco, mesmo tendo que devolver ao final esse dinheiro, no caso de a ação ser julgada procedente, o Fisco, pelo menos, pôde usar o capital durante o trâmite da ação... Pôde se capitalizar com o capital que não era seu e que jamais lhe deveria ser disponibilizado... Do mesmo modo, percebam que, caso o Fisco esteja certo, ótimo que se tenha um depósito parcial, pois a execução (na qual sempre há um risco para o exequente; o risco de não encontrar bens do devedor!) somente recairá sobre uma parte da dívida, já que, no que diz respeito ao montante depositado, este se converterá em renda em favor do Fisco, confirmando, em definitivo, o direito de usar o capital sem precisar de uma ação de execução fiscal para receber tal verba. Percebam, amigos leitores, que o entendimento do que se chama de *razoabilidade*, a compreensão do que se deve ter como *mínimo de bom senso*, DESAUTORIZA o pensamento que vede a realização do depósito parcial. Vejam que, nessa primeira hipótese ilustrada, o contribuinte *não tem recursos financeiros para fazer o depósito integral...* Logo, se ele *não tem o numerário*, é ÓBVIO que ele jamais fará esse depósito... Daí a pergunta: qual seria o fundamento capaz de com equilíbrio e bom tino vedar o depósito do montante que se consegue fazer? Nenhum! Só traria prejuízos ao Fisco vedar esse depósito! Agora, por lógico, também, de se reconhecer, e aqui, incontroversamente, que em nada se impede o ajuizamento da execução fiscal no que diz respeito ao montante que não foi depositado! Claro!

A segunda hipótese que também se repete imensamente nesse mundo nosso tributário do dia a dia, é a que demonstra situações nas quais o contribuinte entende que a cobrança foi feita em *valor superior* ao realmente devido. Observe-se a particularidade do caso, tão comum na militância. Aqui, o contribuinte *não nega a dívida*. Ele reconhece que praticou o fato gerador, que é devedor, todavia entende que há um vício na determinação do valor cobrado, o qual, a seu modo de pensar, *foi exigido em excesso*. Ora, em tais situações, o que se constata é que, se de um lado, o contribuinte entende que a patologia está apenas no valor excedente, ele reconhece, logicamente, *a contrario sensu*, que existe parte da dívida que é de fato devida, que merece ser arrecadada e que ele inclusive tem interesse em pagar. Daí, adivinhem vocês, qual é a medida que esse contribuinte pede ao advogado que adote? Bingo! Exatamente o que você acabou de pensar! Ele objetiva ajuizar a ação, depositando o valor apenas relativamente ao montante que ele entende que é devido. Sua intenção aqui é clara. Ele quer se livrar da dívida que é *incontroversa*, não se sujeitando mais à fluência de juros ou correção monetária, sequer multas de mora, sobre o referido montante. E, quanto ao valor que reputa excessivo, pretende exercer o contraditório, visando anular os efeitos do lançamento no que tange a esse excesso. Inteligente a tese. E qual o problema em aceitá-la? Nenhum! Ainda mais em se seguindo a lógica anteriormente já ventilada, a qual ensina que em nada se atinge o direito da Fazenda de ajuizar de plano a ação de execução fiscal relativamente ao montante controverso não depositado. Frise-se, ainda, que *nenhum prejuízo* se impõe ao Fisco com esse depósito apenas da parte incontroversa, pelo contrário, podendo a Fazenda respirar aliviada, pois não precisará mais "correr atrás" desse montante, o qual já lhe fica assegurado, devendo a eventual execução recair apenas sobre o passivo controverso, o qual, caso realmente seja devido (o que se comprovará

CAPÍTULO 21 – CRÉDITO TRIBUTÁRIO – III

com o julgamento de improcedência da ação anulatória), fica plenamente passível de ser perseguido na via executiva.

Ora... Vejam, irmãos, que nenhuma razão assiste aos que ainda teimam em sustentar que na Ação Anulatória só se pode aceitar o depósito se ele for feito no *montante INTEGRAL*. Meus amigos, se é possível aceitar a ação sem depósito algum, situação em que o Fisco se põe em uma total situação de risco, qual a inteligência de se coibir o depósito parcial, voluntariamente feito por um contribuinte que sequer é obrigado a depositar qualquer centavo para poder questionar a dívida? Com todo respeito aos que ainda insistem em sustentar o contrário, *é plenamente cabível se fazer o depósito parcial* na Ação Anulatória, podendo o Fisco, paralelamente, ajuizar a Execução Fiscal para buscar atingir o patrimônio do contribuinte no montante excedente.

Para o contribuinte, muitas vezes a opção surge de reflexões extremamente inteligentes do advogado tributarista no caso concreto. A depender do caso, o advogado consegue que o contribuinte deposite parte da verba, e isso ajuda muito a convencer magistrados a deferirem a o pedido de antecipação de tutela que se faz para suspender a exigibilidade do crédito no que diz respeito ao montante não coberto pelo depósito. Isso mesmo! O advogado hábil promove o depósito parcial, daquele montante que o contribuinte conseguiu levantar (nos casos em que não tinha recursos para depositar o valor total), ou, se for o caso, o depósito do valor que realmente se entendeu incontroverso, e, na sequência, o advogado formaliza o pedido de deferimento de antecipação de tutela, para conseguir, nos termos do art. 151, V, do CTN, suspender a exigibilidade do crédito até o final do processo, livrando o cliente da execução fiscal e assegurando-lhe o direito de extrair certidões com efeito de negativa. Observe-se que nessa ágil e legítima manobra advocatícia, técnica por excelência, o advogado substituiu o caminho para conquista da suspensão da exigibilidade do crédito, abdicando de fazer um depósito de montante *integral* pela *soma* de um depósito *parcial* mais a obtenção da *tutela antecipada*. E o que quero frisar é que em muitas das vezes, pelo simples fato de o contribuinte depositar aquele valor parcial, isso interfere na formação do juízo de valor do magistrado para poder deferir a tutela de modo antecipatório... Afinal, ele vê a postura do contribuinte, que não se omitiu em depositar o valor que lhe era cabível, ou aquele que ele entendia que realmente era devido. Essa demonstração de *boa-fé*, de interesse em não lesar a Fazenda, de não tirar qualquer proveito indevido, de não querer apenas procrastinar a dívida, termina sim, por interferir, saudável, lícita e positivamente, na formação do juízo de valor dos bons magistrados.

DICA 9: DO DEPÓSITO A MENOR RELATIVO AO MONTANTE INCONTROVERSO. AÇÃO "ANULATÓRIA" COM DEPÓSITO INSUFICIENTE OU AÇÃO CONSIGNATÓRIA ANÔMALA CUMULANDO PAGAMENTO DE DÍVIDA CONFESSA E PEDIDO DE ANULAÇÃO DOS EFEITOS DA COBRANÇA NO QUE TANGE AO MONTANTE CONTROVERSO?

Outro ponto desafiador para reflexão é: nesses casos anteriormente citados, em que o contribuinte ajuíza a ação "anulatória" e faz depósito de valor parcial, no que diz respeito ao montante cobrado, almejando questionar o excesso, ele está *pagando dívida confessa, assumida*, contra a qual não há qualquer questionamento, e tentando nessa ação *para pagamento*, questionar o excesso, ou está realmente tentando *anular* os efeitos do ato administrativo em parte de seu alcance?

Amigos, vejam que questão realmente interessante e instigante. Facilmente aqui alguns poderiam apressar-se e dizer que se trata de uma *Ação Anulatória "sui generis"*, posto a intenção seja *anular* parte dos efeitos emanados do lançamento, quais sejam, os que obrigam o pagamento no valor relativo à parcela que se questiona. Nessa linha de compreensão, a *Ação* seria uma *Anulatória* de caráter *híbrido*, pois permitira a realização de um *pagamento* pela via judicial, e ainda o questionamento da validade do lançamento, objetivando-se a anulação de parte de seus efeitos.

Por outro lado, com certeza, vozes levantar-se-iam para proclamar que, na verdade, não se trataria de uma *Ação "Anulatória"* verdadeiramente falando, mas sim de uma *Ação "Consignatória"*, esta sim, especial, anômala, *sui generis*. Afinal, nesse prumo de compreensão, o que se teria seria uma Ação ajuizada para que o contribuinte conseguisse *realizar o pagamento*, o *pagamento judicial*, pela *via consignante*, de uma dívida que o credor cobrou e que ele não nega que deve, pelo contrário, exteriorizando, inclusive, seu total interesse em pagar. De tal modo, o raciocínio se ergueria no sentido de que a natureza dessa ação seria a de *Ação Consignatória,* e não de uma *Ação Anulatória*, tanto que a verdadeira carga da pretensão jurisdicional almejada pelo autor da ação é a de conseguir adimplir o que deve, cumulando, *acessoriamente* ao seu pedido principal, o pedido de ver anulado o excesso da cobrança.

Pois é, pessoal. Argumentos inteligentes podem ser levantados aqui contra e a favor das duas teses. E se formos seguir a ferro e fogo, pelo amor ao debate, no caminho do deslinde do tema em apreço, certamente seguiremos por mais incontáveis páginas. E não é esse o nosso objetivo aqui. Tecerei apenas alguns

CAPÍTULO 21 – CRÉDITO TRIBUTÁRIO – III

comentários breves e extremamente objetivos na análise das duas teses quanto à imputação da natureza dessa ação. E, ao final, apontarei conclusões.

Falemos primeiro da tese que sustenta tratar-se de uma Ação Anulatória com depósito insuficiente, relativo a montante incontroverso, e, assim, uma Anulatória *"sui generis"*. A grande dificuldade que de início precisa ser detectada pelo que defende se tratar de Anulatória, e que tem de ser superada, é a de se identificar *o que se pretende ANULAR*. Amigos, percebam que, *como regra*, uma Ação "Anulatória" ajuizada em razão de um ato ou procedimento administrativo (por exemplo, o *lançamento* do crédito tributário) contra o qual se pretende insurgir, tem por objetivo ANULAR O ATO que motivou o ajuizamento da ação. Todavia, percebam que não é exatamente isso que ocorre aqui. Nessa situação ora em estudo, o contribuinte não pretende anular o lançamento... Tanto que ele *quer pagar* parte da dívida... E se o lançamento for judicialmente anulado, *cai todo o procedimento*... Percebam, o *lançamento fica invalidado em Juízo*, caindo todos os seus efeitos, restando desconstituído o crédito, literalmente extinto, nos termos do art. 156, X, do CTN, pela "decisão judicial transitada em julgado". E não é isso que se busca quando se ajuíza essa ação "Anulatória" acompanhada de depósito insuficiente, relativo à dívida que se assume como realmente devida, confessa, e que se *pretende pagar*. Nesse diapasão, tenham a sensibilidade de enxergar que, realmente, seria equivocado falar em *anulação do lançamento*. Desse modo, o que se pretenderia *anular*? O que poderíamos, com muita boa vontade aqui, e, frise-se, sem qualquer ilicitude ou patologia técnica, é cogitar da *anulação de parte dos efeitos decorrentes do lançamento, mas não do lançamento em si mesmo*. Percebem? Quanto ao ato administrativo, ou se o anula ou não se anula... Não existe, até o que sabemos, a anulação de "um pouquinho" do ato... Ou o ato cai, ou ele não cai... E, evidentemente, como frisado, o que se pretende nessa ação não é a anulação do ato e de toda a sua eficácia... Não! Daí por que, para quem pretende defender que realmente se trata de uma Ação "Anulatória", tem de, no mínimo, adequar a linguagem, o pensamento, a compreensão, para perceber que o que se busca anular são apenas *efeitos* do ato, pois caso o lançamento seja anulado não haverá crédito algum remanescente, não haverá valor a se pagar.

A crítica, por logo, ao posicionamento que sustenta tratar-se de Ação "Anulatória" é exatamente essa. Não se busca anular o ato administrativo, o que, de fato, é a finalidade central da Anulatória.

Já para quem entende que se trata de uma Ação Consignatória, uma *Consignatória Anômala*, também há um obstáculo a ser vencido. É que, quando se ajuízam as Ações Consignatórias em matéria tributária, não se pretende *questionar* atos de cobrança feitos pelo Fisco. Na verdade, o único fim que impulsiona o ajuizamento de ações de consignação é o ato de *pagamento*. Ou seja, não é a Ação

Consignatória a ferramenta projetada para legitimar embate entre o contribuinte e o Fisco por meio de um questionamento a respeito da validade do lançamento. Haveria aqui uma inadequação do meio processual escolhido. Todavia, inegável que, se o contribuinte realmente reconhece parte da dívida cobrada como devida, se dispõe a depositar o montante sob confissão de que realmente é devido, deposita com o intuito nítido de pagar, não pretende (nem pedirá) a restituição do valor depositado ao final, como negar a clara face de Ação "Consignatória"? Como desconsiderar que o que está de fato ocorrendo é um *pagamento judicial*?

Percebam, para que finalizemos o tema, que inegavelmente essa ação proposta com depósito insuficiente, nesse caso que estamos abordando, em que o contribuinte reconhece parte da dívida e quer pagá-la, querendo cumulativamente questionar o valor excedente que reputa indevido, possui tanto uma "veia" de Ação Anulatória como também um viés de Ação Consignatória. É flagrante o caráter *sui generis* dessa ação, do mesmo modo que é inconteste que ela deve ser aceita nesses moldes debatidos, em face de toda a argumentação já antes exposta.

Trata-se de Ação de natureza híbrida, que consegue, com rara excepcionalidade, externar a essência de Anulatória e de Consignatória, deixando evidente que por via dela o contribuinte deduz no Judiciário duas pretensões completamente distintas, quais sejam, tanto a de *pagar uma dívida fiscal* como também a de *questionar uma cobrança de tributo*.

Independente do nome que se opte por atribuir, seja chamando de "Ação Anulatória com Depósito insuficiente de montante incontroverso", seja como "Ação Consignatória com pagamento parcial cumulada com pedido de anulação de parte dos efeitos do lançamento", o que importa é que se entenda que essa Ação **deve ser admitida**, já que, como visto, além de não representar qualquer dano ao Fisco, não lesando em nada o interesse público, termina por açambarcar uma série de vantagens para o credor, especialmente no que tange à eliminação do risco do inadimplemento quanto a esse montante que se reconhece como devido, legitimando-se a arrecadação, o ingresso do recurso financeiro nos cofres públicos, diminuindo o valor do passivo a ser objeto de eventual execução futura.

DICA 10: DA IMPOSSIBILIDADE DE LEVANTAMENTO ANTES DO FIM DO PROCESSO PELO CONTRIBUINTE

Merece reflexão o caso em que se discute a possibilidade (ou não) de o contribuinte fazer o levantamento do valor depositado durante o curso do processo, antes de seu encerramento, bem como analisar *se o Fisco poderia usar esse valor depositado antes de finda a Ação*, com seu julgamento de improcedência. E, aqui, o raciocínio deve se erguer em linhas opostas, quando analisamos a vertente do contribuinte (levantar o depósito antes do trânsito em julgado) e a da Fazenda (usar o valor depositado antes do trânsito em julgado). Analisemos inicialmente a questão que gira em torno do interesse do contribuinte.

No que diz respeito à tentativa do contribuinte de "pegar de volta" o valor que depositou antes do fim do processo, não será cabível. Já quanto à possibilidade de o Fisco utilizar a verba depositada durante o processo, razoável que se aceite. E, frise-se, em matéria federal, desde a edição da Lei nº 9.703/99, vem se admitindo.

Como sabido, o contribuinte não é obrigado a realizar o depósito. É uma opção. Todavia, caso escolha por disponibilizar o montante, ele só recuperará essa verba na hipótese de sair vencedor na demanda. Ou seja, para ter seu numerário restituído ao final do processo, terá de provar que realmente era indevido o lançamento e obter um julgamento de procedência na Ação Anulatória. Do contrário, qualquer que seja o caminho que leve ao desfecho do processo, o depósito se converte em renda em favor do Fisco e ocorre a extinção do crédito nos termos do art. 156, VI, do CTN, ou seja, pela "conversão do depósito em renda". O entendimento que vem se aplicando é no sentido de que, quando o contribuinte deposita, ele está abrindo mão da titularidade do capital, que não mais lhe pertence, passando a ser o que, em uma saudável ficção jurídica, chamamos de *res in judicia*, ou "coisa do Juízo". A partir do momento em que depositou, o sujeito passivo, autor na Anulatória, disponibilizou esse montante com o objetivo de proteger seu interesse de não ser executado em paralelo, suspendendo a exigibilidade do crédito tributário lançado, e, para tanto, buscou assegurar ao Estado que não haveria qualquer risco de inadimplemento. E é exatamente por força da eliminação desse risco que o ordenamento passou a contemplar o contribuinte com as já estudadas vantagens que decorrem da realização do depósito, como a eliminação do risco da execução e a garantia de extração de certidões fiscais que não sejam certidões positivas. Ora, nessa sistemática, a lógica que se edifica é no sentido de que o contribuinte precisará provar que o lançamento estava errado, conseguindo ver seu pedido principal acolhido, alcançando o julgamento de procedência, extinguindo o lançamento e o crédito, e, aí sim, logrando o levantamento do valor depositado. E, nesse caso, é óbvio que levantará o montante, pois, quando depositou, não estava pagando, não estava confessando dívida, pelo contrário; estava questionando a validade do lançamento e conseguiu provar que sua tese estava certa, conseguindo a decisão judicial que invalidou o ato da administração, fazendo sucumbir o crédito, extinto nos termos do art. 156, X, do CTN, pela "decisão judicial transitada em julgado". Nessas situações, reitero, é claro que o contribuinte, vencedor na lide, recuperará seu montante. Todavia, fundamental perceber que, se o contribuinte não consegue provar o que alegou, não consegue convencer o Juízo a acolher sua intenção e assim anular o lançamento, não conquistando, qualquer que seja a razão, a decisão de procedência, o lançamento fica mantido, a presunção de sua validade não fica desconstituída, o crédito não se extinguiu. Ora, amigos, nessa hipótese, parece coerente sim aceitar que o depósito se converta em renda em favor do Fisco, salvaguardando o interesse público e preservando o equilíbrio orçamentário do Estado. O lançamento tem presunção de validade, até que se prove e se decida em contrário. Se isso não ocorre, de modo que o contribuinte que questionou não consegue sair vencedor do processo, o valor do depósito feito deve ter efeito de quitação ao final da lide, convertendo-se em renda, sim, a favor da Fazenda Pública credora, autora do lançamento, ré na ação anulatória. E é isso que ocorre na prática.

Questão interessante ocorre quando, após o depósito feito, o processo se extingue sem julgamento de mérito. Vejam que instigante: o juiz *não julgou o mérito* e extinguiu o feito. Indago: o valor do depósito deve ser ressarcido? Bem, apesar da existência de opiniões bem divididas sobre o tema, entendemos que não. Mesmo nesses casos, o contribuinte não pode ter o valor do depósito restituído, o qual, frisamos, só se devolve se o contribuinte conquistar o provimento jurisdicional que determine a anulação do lançamento. Se o lançamento não tivesse presunção de validade, até se poderia discutir a questão. Mas como essa presunção favorece o ato da Administração, somos de seguir o pensamento reinante na prática, no sentido de que esse valor deve ser convertido em renda e, caso o contribuinte queira insistir em questionar o feito, que o faça em sede de ação repetitória superveniente. Sei que muitos poderão discordar, por pensar com amor ao contribuinte. E é legítimo e merece meu respeito. Todavia, sigo firme no propósito de entender como razoável a posição que vem sendo adotada nos Tribunais, preservando o interesse público, o equilíbrio do orçamento e a presunção de validade, de legitimidade, de coercibilidade, de imperatividade e de autoexecutoriedade do ato administrativo de lançamento.

Muito comum também o caso em que o contribuinte, no curso da Ação Anulatória em andamento, descobre que o STF ou o STJ acabaram de decidir de modo contrário à sua tese, em determinado precedente que versa sobre sua mesma questão. Ora, ciente, portanto, de que com base na jurisprudência que está se formando, não conseguirá lograr êxito em seu intento, pede em Juízo que se ordene o levantamento do dinheiro depositado. Ora, seria um desrespeito à Fazenda Pública, ao interesse público, ao bom senso, à ética, se o Juiz acolhesse tal pleito. Seria um deboche! Amigos, seria o mesmo que, via oblíqua, querer fazer o credor de palhaço! Ora, imaginem o seguinte: o contribuinte ajuíza a ação e deposita o valor; de plano, portanto, suspende a exigibilidade do crédito; o processo se arrasta por anos, e, ao longo de todo esse período, o contribuinte fica protegido com o direito de extrair quantas certidões queira, sempre em lesiva estampa de

CAPÍTULO 21 – CRÉDITO TRIBUTÁRIO – III

"CPD"; o Fisco fica durante todo esse período impedido de ajuizar a ação de execução fiscal; o patrimônio do contribuinte fica blindado contra qualquer ato de constrição; quando então, de modo ardiloso, o contribuinte, percebendo que não tem chances de ganhar, olha para o Fisco e diz: "Amigo, vou levantar a garantia... Desculpa aí, valeu? Se você quiser receber o valor que realmente você tem direito, me executa, tá, bacana? Pois esse dinheiro eu estou levantando antes que o juiz sentencie a seu favor! Muito obrigado pelo período em que você não me executou, me deu todas as certidões que eu precisei, agora, infelizmente, tenho essa notícia trágica para você: se quiser receber, me executa, pois, esse dinheiro que está aqui, eu apenas o deixei "precariamente" aqui no Juízo; agora que vi que o bicho tá pegando para o meu lado, que não vou ganhar, e já me beneficiei o suficiente, vou levantar o dinheiro e você que se vire para vir buscar esse mesmo valor em um novo processo, o de execução". Irmãos, dispensa qualquer comentário. Seria realmente um teratológico devaneio crer que tal barbárie jurídica esquartejadora do bom senso pudesse prevalecer. É por isso que na prática o contribuinte, uma vez depositado o montante, não pode mais exigi-lo, salvo se obtiver a decisão de procedência ao final.

DICA 11: DO USO DO MONTANTE DEPOSITADO PELA FAZENDA PÚBLICA ANTES DO FIM DO PROCESSO

Digno de análise também o direito do Fisco de usar o valor depositado ao longo do processo. Ao contrário do que se percebe em relação ao contribuinte, que, como visto, não poderá levantar o montante antes do fim da Ação, o Fisco pode, como veremos nas linhas a seguir, fazer uso desse capital desde o início do feito, o que, como veremos, revela raciocínio plenamente coerente, harmonizado aos proclames da razoabilidade, da supremacia do interesse público, da indisponibilidade da coisa pública, ao primado da busca da preservação do equilíbrio orçamentário, da presunção da validade e de legalidade dos atos da Administração, entre outros vetores que poderiam ser expostos aqui para justificar o direito de uso do montante depositado por parte da ré, Fazenda, ao longo do trâmite da ação. Amigos, de início, elementar reprimir com fervor qualquer crítica que se exteriorize caso fundada na alegação de "violação à isonomia". Por favor, não cometamos esse inocente e imperdoável equívoco. "Isonomia" não significa dispensar tratamento igual a todas as pessoas, mas apenas àquelas que de fato devem ser equiparadas; nesse diapasão, a isonomia *exige* que se dê um tratamento *diferenciado, desigual*, àqueles que não são iguais. Ou seja, é preciso saber respeitar as diferenças e dar a pessoas diferentes tratamentos distintos, na medida de suas desigualdades. E, com perene certeza, podemos afirmar que o interesse público e o interesse privado não se colocam, como regra, na mesma plataforma de equilíbrio. O Fisco não é igual ao contribuinte. A pretensão individual, por mais lícita, idônea e merecedora de proteção que possa ser, não se equipara, em regra, ao interesse global da sociedade no crédito público, bem de titularidade coletiva, pertencendo a todos do povo. Abreviando e sintetizando, não se pode exigir, na maioria das situações, que o ordenamento jurídico se comporte por meio de suas normas de modo a dispensar tratamentos iguais entre o Fisco e o contribuinte.

O primeiro argumento que deve ser refletido é: o que se deve fazer com o dinheiro depositado? Deixá-lo parado, sem qualquer utilidade, em um cofrinho, para que após o fim do processo, talvez anos depois, se entregue ao legítimo dono? O dinheiro é bem que pode ficar parado e sem utilidade ou ele tem uma notável função socioeconômica? Não seria de bom tom permitir que esse capital possa ser útil ao todo desse tempo em que se processa o andamento da causa até o seu desfecho, sendo destinado de modo útil a atender o interesse público? Claro! Especialmente se o caminho adotado para dar utilidade a esse montante não colocar em risco o direito do contribuinte, de ver esse montante ressarcido ao final caso a ação seja julgada procedente e o lançamento venha a realmente ser anulado. Ou seja, se ficar assegurado ao autor da demanda que ao final a verba lhe será ressarcida imediatamente, sem risco, em montante corrigido e atualizado, qual o problema em se dar destinação útil a esse capital? Nenhum! Portanto, em face do reconhecimento de que realmente o dinheiro não pode ficar parado, de que o interesse público e a *necessidade* da Administração de usar a verba são latentes, em sintonia com a certeza de que caso a ação seja julgada procedente o valor é de imediato ressarcido ao contribuinte, corrigido e atualizado, não há, de fato, qualquer impedimento a que se libere o valor depositado para que o Fisco utilize durante o feito, ainda que essa liberação seja, por lógico, de modo precário, ciente desde o início a Fazenda de que, caso a ação seja julgada procedente, terá de ressarcir prontamente o capital.

Amigos, ainda na análise do tema. Vocês já analisaram a possibilidade de o contribuinte estar errado em sua alegação? Ou seja, invertam o foco agora: e se o lançamento estiver, sim, perfeitamente correto? Como ficaria o ente federativo se não pudesse utilizar o dinheiro ao longo da ação e tivesse de esperar anos para, após findo o processo, poder enfim utilizar aquilo que sempre fez jus a receber? Como fica a situação do Estado nessa situação? Vocês conseguem projetar em suas mentes o que poderia significar no impacto orçamentário o desfalque durante anos de uma verba que muitas vezes a Administração depende, desesperadamente, para viabilizar a execução de suas despesas? Irmãos, vivemos em um país em que a Administração Pública atravessa permanente crise, a cada dia mais agravada, em que é comum a reincidência de não alcance das metas

CAPÍTULO 21 – CRÉDITO TRIBUTÁRIO – III

orçamentárias... Será que seria coerente agravar o problema, impedindo que a Fazenda possa usar uma receita que está disponibilizada, em dinheiro, em Juízo, sendo que sequer foi provado pelo contribuinte que o lançamento estava errado? O que deve valer ao longo do processo, a presunção de validade ou de vício do lançamento? De validade, correto? Claro! E se assim o é, porque então "travar" o uso do dinheiro que já foi depositado? Ora, sem alongar demais agora... É claro que se deve liberar de imediato o valor em favor da Fazenda, acautelando-se o interesse público, curvando-se ao mandamento que ensina que o lançamento se presume válido até que se prove o contrário, laborando-se no intento de evitar um rombo orçamentário, um prejuízo injusto à Administração e o agravamento da já caótica situação orçamentária da maioria dos entes federativos. Especialmente, friso, se fica assegurado ao contribuinte que, ao final do processo, ele pode recuperar seu capital, sem qualquer prejuízo.

Observe que, se não há risco para o contribuinte, ficando-lhe assegurada a imediata e pronta restituição ao final, *caso saia vencedor da causa*, perde-se qualquer razão lógica capaz de obstar o uso do montante pelo Estado. Nunca esqueço uma passagem em sala de aula, quando, lecionando sobre o tema, certa aluna fez o comentário: "Acho injusto, pois, se o contribuinte não vai poder usar o dinheiro antes do processo, por que o Fisco poderia???". Digo a vocês, em linguagem coloquial e informal, mas plenamente eficiente no conteúdo e na externação da mensagem, exatamente o que eu disse a ela: "DEIXE DE TER OLHO GRANDE!". Só por que você não pode (e corretamente não tem de poder mesmo!) você acha que todo mundo tem de sofrer a vedação? Rapaz, vocês já perceberam como em nossa vida, vira e volta nos deparamos com alguém que pensa e age assim? É o famoso "Aaahhh, se eu não posso, então ninguém mais vai poder!". *Ave-Maria*, viu. Ô, olho de tandera! É evidente, amigos, que tal pensamento egoísta e deturpado jamais prevaleceria, lembrando sempre a isonomia que *exige* tratamento diferenciado entre partes flagrantemente desiguais.

O que tenho citado em minhas aulas para ensinar meus alunos sobre a coerência do pensamento de liberar o valor depositado para uso do Fisco é que, aqui, o que vislumbramos é o *periculum in mora INVERSO*. Ou seja, aqui, há um flagrante risco de dano irreparável *ao réu*, caso se demore a acolher a *contratutela* da Fazenda. Entendamos o comentário. Quando o contribuinte ajuíza a Anulatória, qual é a *tutela jurisdicional* que ele está buscando? A *anulação do lançamento*, correto? E qual é a *contratutela* que o Fisco, réu na Ação, almeja conquistar, vide defesa exteriorizada na contestação? O Fisco quer que se negue o pleito de anulação do lançamento praticado, sendo, sua *contratutela*, exatamente a *manutenção do ato administrativo*, confirmada na decisão *final* de improcedência da Ação, perfeito? Pois é. Ocorre que, *caso o Fisco tenha de esperar até o final do processo para poder ter tal confirmação e assim fazer jus ao direito* (que sempre teve!) *de usar o montante depositado, pode sofrer prejuízos de ordem imensurável, por certo irreparáveis*. Daí ser necessário *antecipar a contratutela*, de modo a acautelar o interesse público e evitar a concretização dos danos marginais em desfavor do réu. Observem que, no caso, falo de um "perigo na mora" que corre *contra o réu*, e não contra o autor, como normalmente falamos e estudamos quando estudamos o tema das tutelas de urgência. Ora, é por isso que tenho afirmado que liberar o dinheiro para o Fisco utilizar durante a ação, almejando evitar prejuízos irreversíveis ao interesse público, significa nada mais do que antecipar essa contratutela, reconhecendo o perigo na mora da decisão final, perigo esse que atinge o réu, e não o autor. O bom direito do réu vem presumido, estampado na presunção de validade que o lançamento goza.

CAPÍTULO 22

CRÉDITO TRIBUTÁRIO – IV
PRESCRIÇÃO E DECADÊNCIA

CAPÍTULO 22 – CRÉDITO TRIBUTÁRIO – IV

DICA 1

A prescrição e a decadência significam meios de **extinção do crédito tributário**, sendo essa a natureza jurídica dos institutos no Direito Tributário. Diferente do *Direito Civil*, em que a decadência é causa de extinção de um "direito potestativo", mas nunca de um *crédito*, e a prescrição se revela como causa de extinção de uma "pretensão", mas jamais de um *crédito*, no Direito Tributário há uma modificação em relação ao alcance desses institutos, sendo ambas, a prescrição e a decadência, fenômenos que realmente alvejam letalmente o crédito tributário. Quando consumadas, o próprio crédito da Fazenda falece, não sendo mais o Fisco titular dele. Não se esqueçam disso na prova: **a prescrição e a decadência extinguem o crédito!**

DICA 2

Já que no Direito Tributário a prescrição e a decadência realmente extinguem o "crédito" da Fazenda (art. 156, V, CTN), caso alguém pague uma dívida caduca ou prescrita, pagou o que não devia! Configura-se **pagamento indevido**, afinal, em ambos os casos, não havia mais crédito. Logo, a consequência é que, se for ajuizada ação de repetição de indébito em razão do pagamento de dívida caduca ou prescrita, ela será julgada **procedente**, pois realmente havia *indébito*. Ao contrário do Direito Civil, em que essas ações seriam julgadas *improcedentes*, no Direito Tributário, tomem cuidado na prova, pois, se consumadas a decadência e a prescrição, extinto resta o crédito, **as ações de repetição de indébito serão julgadas procedentes e a Fazenda será condenada a restituir o valor que recebeu por pagamento de dívida caduca ou prescrita!**

DICA 3

Tanto a prescrição como a decadência correm contra a Fazenda Pública, e, quando se consumam, prejudicam o Estado, extinguindo o crédito. Não obstante, no Direito Tributário **também existe a prescrição que corre contra os contribuintes**, que se visualiza nos casos em que o administrado paga indevidamente certo montante, a título de tributo, e percebe que pagou indevidamente, querendo a restituição (exemplo: pagou a maior; pagou tributo fundado em lei inconstitucional; pagou sendo isento; pagou sem ter praticado o fato gerador; pagou dívida caduca ou prescrita etc.), e, nesses casos, terá, por logo, direito à restituição. Entretanto, essa pretensão não é eterna, submetendo-se à prescrição, no prazo de cinco anos a contar do pagamento indevido. Portanto, amigos, peço máxima atenção a vocês: **a prescrição pode correr contra os contribuintes, e não apenas contra a**

Fazenda; se alguém paga indevidamente certo valor, terá cinco anos de prazo prescricional, contados a partir da data do pagamento indevido, para manter viva a pretensão de exigir a condenação da Fazenda a restituir o montante!

DICA 4

Ainda falando da prescrição que corre contra o contribuinte, na restituição de indébito, importante lembrar que o prazo de cinco anos previsto no art. 168, I, do CTN, não é o único caso de prescrição contra o contribuinte nas situações de pagamentos indevidos. Existe a famosa **prescrição de dois anos, do art. 169, *caput*, do CTN**. Ela ocorre quando o contribuinte tem pedido administrativo de repetição de indébito julgado improcedente e pretende anular judicialmente a decisão administrativa e conseguir a condenação do Fisco em Juízo, revertendo a decisão desfavorável na via administrativa. Nesses casos, a prescrição será de dois anos a contar do dia da decisão que deu pela improcedência do pedido administrativo de restituição do montante acusado como indevido. Logo, fiquem atentos: **Se o contribuinte, dentro dos cinco anos a contar do pagamento indevido, opta por pedir a restituição na via administrativa, e perde, ainda assim, poderá rever em juízo essa decisão. Prescreverá em dois anos, a contar da decisão denegatória no processo administrativo, a pretensão de conseguir a condenação em juízo do Fisco, anulando-se a decisão administrativa judicialmente.**

DICA 5

Amigos, *contra a Fazenda Pública*, o que significam *decadência* e *prescrição*? A *decadência* traduz a *perda do direito de lançar*, pela inércia da Administração durante cinco anos. Ou seja, se o Fisco não lança o tributo dentro do prazo decadencial de cinco anos, perde esse direito! Percebam que **a decadência tributária nada mais é do que a perda do direito de lançar em razão da inércia, após cinco anos!** Já a *prescrição* está ligada à *execução fiscal*. Se o Fisco lançou o tributo no prazo, ok, escapou da decadência. Mas, caso o contribuinte não pague no prazo devido para pagamento, ficando inadimplente, caberá ao Fisco executar esse inadimplemento. Entretanto, esse direito de *executar* não pode ser eterno, concordam? Por logo, caso se passem cinco anos, se a Fazenda ficar inerte e não se mover para ajuizar a execução fiscal (e conseguir que o juiz dê o despacho citatório), estará consumada a prescrição tributária, extinguindo-se o crédito! Logo, percebam: **a prescrição tributária contra Fazenda Pública mata a possibilidade de se lograr êxito na execução fiscal, pois o crédito se extingue antes de se poder alcançar êxito na ação de execução!**

CAPÍTULO 22 – CRÉDITO TRIBUTÁRIO – IV

DICA 6

Visualizando em uma linha do tempo, em uma linha cronológica, a decadência sempre vem primeiro que a prescrição. No gráfico do tempo, está posicionada sempre entre o fato gerador e o lançamento. Se não lançar, pode sofrer decadência! Já a prescrição não, não está ligada ao lançamento, mas sim à execução fiscal!

DICA 7

Contra a Fazenda correm duas prescrições! A primeira delas, chamaremos de **prescrição ordinária**, ou, simplesmente, de "prescrição". A segunda, que ocorre em um momento superveniente, "lá na frente" na ação de execução fiscal, já em uma fase mais avançada no "intercorrer" do processo executivo, chamaremos de **prescrição intercorrente**. Em ambos os casos, falaremos de um **prazo de cinco anos. A prescrição tributária contra a Fazenda sempre é de cinco anos, nos termos do art. 174 do CTN.**

DICA 8

A primeira prescrição é de cinco anos a contar da "constituição definitiva do crédito" até o "despacho citatório" nos autos da execução. Ou seja, a partir de quando o crédito tributário fica ***definitivamente*** constituído, passa a correr a prescrição contra o Fisco. Como digo em sala de aula, "o cronômetro dispara na regressiva", "a ampulheta vira". E o que vai interromper esse prazo impedindo que a prescrição se consuma é o ato do magistrado de proferir o *despacho citatório* nos autos do processo, após ajuizada a ação executiva. O famoso "cite-se!". Portanto, percebam, é simples: **se passarem cinco anos a contar da constituição D-E-F-I-N-I-T-I-V-A do crédito e a Fazenda não conseguir que o juiz dê o despacho citatório na execução, consumar-se-á a prescrição!** Para que vejam na prova se houve ou não prescrição, vocês têm que observar estes dois marcos temporais: o momento em que o crédito fica DEFINITIVAMENTE constituído e o momento em que o juiz profere o "cite-se"; se nesse intervalo de tempo se passaram cinco anos ou mais, ocorreu a prescrição e o crédito tributário foi extinto, não podendo a execução obter sucesso, restando frustrado o Estado no seu intento!

DICA 9

Observem, amigos, que **não basta o lançamento para que comece a correr a prescrição! É preciso que o crédito fique "definitivamente" constituído, e não apenas "constituído"**. Na linguagem adotada no CTN, o lançamento constitui o crédito tributário. Mas, veja, repito, insisto, **a prescrição não corre com base no**

535

lançamento. Isso porque o lançamento pode ser atacado administrativamente, pode ser objeto de pedido de revisão, pode ser modificado pela interposição de uma reclamação administrativa, uma impugnação promovida pelo contribuinte, que, discordando do lançamento e do crédito, pode atacá-los. E pode, claro, estar certo e conseguir invalidar esse lançamento e "detonar" esse crédito! Logo, após o lançamento feito, sempre haverá um prazo para "pagar ou impugnar". Dentro desse prazo, o ato administrativo de lançamento ainda não se exauriu, ainda está precário, sujeito a um ataque que pode modificá-lo. Portanto, durante esse prazo em que ainda cabe o recurso administrativo impugnativo, o crédito já está constituído, mas não "em definitivo". Somente após esgotado o prazo para essa impugnação, e aí, ficando intempestivo o recurso, é que se pode falar que o lançamento atingiu sua definitividade, "não muda mais", só se alterando agora se for por ordem judicial, mas, administrativamente, não mais, já que não caberá mais a impugnação, pois se esgotou o prazo para interposição da reclamação impugnativa. **Nesse momento então, em que fica vencido o prazo para pagamento ou impugnação, é que o crédito tributário fica, administrativamente falando, definitivamente constituído**. Portanto, meus amigos, peço a vocês máxima atenção: **A prescrição começa a correr com seus cinco anos a partir da constituição definitiva do crédito, e não do simples feito do lançamento!**

DICA 10

Fiquem muito atentos, pois o que salva o crédito tributário interrompendo a prescrição é o **despacho citatório** dado dentro dos cinco anos. Observem, por favor, que **não basta o ajuizamento da execução dentro dos cinco anos; é imprescindível que ocorra o despacho**. Essa é a regra prevista no art. 174, parágrafo único, I, do CTN e também no art. 8º, § 2º, da Lei de Execuções Fiscais – LEF (Lei nº 6.830/80). Cuidado, pois na execução fiscal não se aplicará a previsão constante como regra geral no CPC de que a prescrição se interrompe com a *citação válida do réu, retroagindo à propositura da ação* (art. 219, c/c 263, CPC). Lembrem-se, a especialidade da LEF, combinada com o CTN, é que regerá a execução fiscal. Logo, cuidado, pois na prova, se a questão cair, entre as opções erradas estará esta, que dirá que o que interrompe a prescrição tributária contra o Fisco, na execução fiscal, é a citação válida do contribuinte, retroagindo esse efeito interruptivo ao ato de ajuizamento. E será falso, pois você já aprendeu que **o que interrompe a prescrição tributária é o despacho citatório!**

Todavia, preciso trazer uma informação muito importante, preciosíssima, para o conhecimento de vocês, e suplico MÁXIMA ATENÇÃO AGORA: apesar de ser o "despacho citatório" o ato que formaliza a interrupção da prescrição, esse

CAPÍTULO 22 – CRÉDITO TRIBUTÁRIO – IV

efeito interruptivo **RETROAGE AO MOMENTO DO AJUIZAMENTO DA AÇÃO!** É isso mesmo que vocês leram! Vou repetir para fixar: a prescrição só se interrompe *formalmente* quando ocorre o despacho citatório; sem este, não se concretiza a interrupção; todavia, quando o despacho é proferido, o efeito interruptivo dele decorrente retroage ao momento da propositura da ação. Ou seja, é como se, de fato, o que tivesse interrompido a prescrição realmente fosse o ajuizamento.

Sendo teórico, não posso jamais aconselhar vocês a afirmarem em provas que "o que interrompe é o ajuizamento". Não. Seria de uma grosseria imperdoável. Afinal, o que realmente interrompe a fluência do prazo é o ato concreto do Juiz de proferir o *despacho* nos autos ordenando a citação do réu. Entretanto, quando ocorre esse despacho, o nosso ordenamento jurídico vem aceitando que se permita considerar a prescrição interrompida desde quando a Ação foi proposta. O que, no fundo, se revela como uma *ficção jurídica* bem-vinda, saudável, pois protege o credor que conseguiu ajuizar a ação dentro do prazo prescricional. Ou seja, mesmo que o despacho citatório só venha a realmente ser efetivado em um momento posterior à consumação do prazo de cinco anos, caso a propositura tenha se dado tempestivamente, o despacho opera retroagindo e o credor tem sua pretensão salvaguardada. E isso não é bacana? Sim, é, claro. É justo!

O que o credor tem de fazer é ajuizar a ação, protocolizar a petição inicial, isso é o que lhe cabe. Não cabe ao credor, *data maxima venia*, ter de formar os autos no cartório, levá-los ao gabinete do magistrado e fazer com que ele formalize o despacho neles. Não. Essa função não pode ser compreendida como ônus do advogado. Daí que, se ele foi diligente para ajuizar a ação dentro do prazo que a lei concedeu, ele quebrou sua inércia, agiu tempestivamente, ajuizou a ação ainda no lapso temporal que o ordenamento o concedia. Portanto, feliz o posicionamento de permitir que o despacho ganhe efeito retroativo e volte ao momento do ajuizamento para fomentar, na prática, a interrupção da prescrição.

Para fins práticos, qual é a consequência disso? Em uma prova, como essa informação, referente ao efeito retroativo, pode cair em uma questão? É simples. Observem: a banca poderia narrar uma questão em que ela informaria que o ajuizamento da ação se daria dentro dos cinco anos da prescrição, bem ali no limite mesmo, nos últimos dias. Logo, vejam, **o ajuizamento se fazendo dentro do prazo**. Todavia, a questão informaria que o juiz só viria a proferir o despacho nos autos ordenando a citação alguns dias depois, e, claro, em uma data em que já restaria ultrapassado o prazo de cinco anos. Ora, nessa hipótese, se o candidato não se lembrar de que o despacho opera o efeito retroativo, ele errará a questão, pois pensará que terá ocorrido a prescrição. E por que ele pensará assim? Pois quando ele fizer a conta, avaliando o lapso temporal, com base na constituição definitiva do crédito tributário, e observando a data do despacho, ele verá que realmente se passaram mais de cinco anos entre esses dois momentos. E aí é que estaria a maldade da questão, pois, se o candidato não lembrasse que *o despacho interrompe a prescrição com EFEITO RETROATIVO AO AJUIZAMENTO*, ele realmente acreditaria que teria ocorrido a prescrição, a qual, de fato, não estaria consumada, pois, como a propositura da ação teria se dado dentro dos cinco anos, realmente não estaria prescrito, estaria salvo o crédito da Fazenda, e exatamente por força do citado efeito retroativo. *De fato*, é exatamente isso. Portanto, peço a vocês que, sempre que estiverem em uma questão de prova analisando uma situação narrada pela banca sobre prescrição, procurem nela esses detalhes. Vocês vão perceber que é supercomum as bancas afirmarem um quadro fático exatamente igual a este que estou colocando aqui, em que o despacho veio depois dos cinco anos, mas o ajuizamento se concretizou dentro do quinquênio anual. Sempre que isso ocorrer, vocês vão se lembrar aqui do nosso livrinho e vão afirmar, sem medo, que *não houve a prescrição!* Vão afirmar que o ajuizamento dentro dos cinco anos salvou o crédito, apenas esperando o despacho para formalizar a interrupção da prescrição.

Bem, ainda no tema, avancemos em mais um passo importante. Talvez vocês estejam se perguntando até agora: "De onde o Professor Pedro Barretto tirou esse efeito retroativo? Será que ele inventou isso?". Claro que não! (Risos...) Óbvio que eu não faria isso aqui, expondo-os a seguir um pensamento meramente individual e prejudicando suas pontuações em uma prova. Claro que eu não faria isso com vocês! Depois de mais de doze anos ensinando nos maiores cursinhos do país, vivendo e transpirando o *habitat* do concurso público e do Exame de Ordem, já tendo sido examinador de prova, é evidente que a gente aprende a escrever o que é mais importante, e não necessariamente ficarmos tentando convencer as pessoas daquilo que pensamos. Bom, nesse linear, de onde vem essa fundamentação? Simples! O que hoje se aplica na prática é a conjugação dos dispositivos da LEF e do CTN (art. 8º, § 2º, Lei nº 6.830/80 e art. 174, parágrafo único, I, CTN) com o que dispõe o CPC no seu art. 219, § 1º. E, creiam, esse entendimento de combinarmos o que está disposto no referido § 1º do art. 219 do *Codex Processual* com a norma da LEF e a do CTN é atualmente aplicado pelo próprio STJ, que segue afirmando que realmente a interrupção da prescrição retroage ao ajuizamento.

E aqui, peço mais uma vez sua triplicada atenção: *o STJ respeita a regra do CTN e do LEF de que o ato que formaliza a interrupção da prescrição é o despacho citatório* (e, nesse ponto, afasta a regra do *caput* do art. 219 do CPC, que afirma que seria a citação válida que interromperia a prescrição), *mas, por outro lado, aplica em conjunto com os aludidos artigos do CTN e da LEF a regra do efeito retroativo emanada do § 1º do art. 219 do CPC*. Ou seja, promovendo um *diálogo* entre as *fontes normativas* ("diálogo das fontes"), efetivando um diálogo

CAPÍTULO 22 – CRÉDITO TRIBUTÁRIO – IV

entre todas elas, o STJ entendeu que devemos considerar que na execução fiscal a prescrição se interrompe com o despacho citatório (aqui, aplica o CTN e a LEF, não o CPC), mas com eficácia retroativa (aqui, aplicando o CPC, art. 219, § 1º).

Como sabemos, o *Diálogo das Fontes* se revela como moderna, inteligente e ousada metodologia de interpretação das fontes normativas, manuseada pelos hermeneutas contemporâneos em diversos países no globo, seguindo-se o ensinamento propagado por Erik Jayme, por via do qual o jurista, analisando diferentes fontes que apresentam dispositivos positivados com a finalidade de disciplinarem o mesmo tema, faz uma análise sistemática de todas as fontes em conjunto e, lendo o texto exposto em cada uma delas, busca fabricar a norma pura, perfeita, absorvendo o que há de melhor em cada texto e eliminando as falhas. Ou seja, faz-se uma grande "mistura" textual, "joga-se em um liquidificador" de eliminação dos vícios, e extrai-se o caldo puro feito pela soma do que há de mais eficiente na análise global de todas as fontes que entraram no "diálogo". Esse caldo "puro" que resulta após a análise sistemática dos textos de todas as fontes avaliadas é a norma gerada e que deve ser aplicada. Nesse processo, o hermeneuta parte de uma base, ou seja, os textos que realmente existem nas leis. Ele não inventa nada, ele tem como matéria-prima para o processo interpretativo os textos já produzidos nas leis em vigência. Partindo dos diferentes textos, escritos com a mesma finalidade, focando disciplinar o mesmo fim, ainda que em fontes diversas, o intérprete "fabrica" a norma a ser aplicada; na verdade, o mais correto é entender que ele "encontra" o verdadeiro teor da norma a ser aplicada, pois quem, de fato, a gerou, foi o legislador, não havendo invasão à seara da reserva legal na criação da norma. Aqui, no manuseio do *diálogo das fontes*, o que o exegeta faz é costurar os textos para achar a norma perfeita, ou, pelo menos, a mais adequada. Por isso se fala de uma norma que se origina em diferentes fontes ao mesmo tempo, ou, como comumente chamada, *norma multigenética* e, ainda, *heterotópica*. E foi exatamente isso que o STJ fez ao analisar a LEF, o CTN e o CPC para dimensionar qual o alcance exato da normatização quanto à interrupção da prescrição. Nesse linear, o STJ entendeu, como dito, que o que interrompe a prescrição é o despacho (aplicando o CTN e a LEF), mas que esse efeito interruptivo retroage ao ajuizamento (aplica o CPC).

Para quem quiser fazer uma consulta, vale a pena ler o **REsp nº 1.120.295/SP**, de relatoria do **Ministro Luiz Fux** (ainda estava no STJ; hoje, no STF), julgado no dia 12-5-2010. Vale também a leitura do **AgRg no Resp nº 1.253.763/PR**, relatado pelo **Ministro Humberto Martins**, no dia 2-11-2011.

Caminhando para encerrar o tópico, um adendo importante. O CTN, no art. 174, parágrafo único, I, que afirma que a interrupção da prescrição se dá pelo despacho citatório, não tinha essa previsão na época de sua publicação originária, em 1966. Na verdade, o CTN, quando surgiu, afirmava que a interrupção da prescrição se daria com *a citação pessoal do contribuinte*. E assim estava no texto do Código até entrar em vigência a **LC nº 118**, em 9-6-2005. Somente com a entrada em vigor da referida lei é que o texto do CTN foi equiparado ao da LEF. Nesse linear, terrível controvérsia pairava até 2005, pois, de fato, o CTN previa uma regra e a LEF estipulava outra. Ou seja, havia discrepância normativa para se identificar em que momento exato se interromperia a prescrição, se no despacho citatório (LEF) ou se apenas quando ocorresse a citação pessoal do executado (CTN).

Após 9-6-2005, com a vigência da nova lei e com a equiparação dos dois textos (a LEF e o CTN ficaram com redações iguais – ambos prevendo que o despacho citatório é o termo interruptivo), a polêmica acabou, mas apenas quanto às ações ajuizadas após essa data. Para essas, sem problema, pois, a partir de 9-6-2005, de fato, não haveria mais qualquer questionamento, a interrupção se daria no simples ato de despachar, não sendo necessário aguardar a citação pessoal se aperfeiçoar.

O problema que ficou pendente foi no que tange às ações ajuizadas antes de 9-6-2005. A dúvida gerada foi: nessas ações, a regra "nova" do art. 174, parágrafo único, I, do CTN, trazida pela LC nº 118/2005, retroagiria? Com a vigência da LC nº 118/2005, como ficariam as ações já em curso? Esse foi um dos grandes pontos polêmicos que o STJ precisou enfrentar, e, atualmente, a questão resta pacificada. **O STJ sedimentou entendimento no sentido de que a "nova" regra do art. 174, parágrafo único, I, CTN, ALCANÇA as execuções fiscais ajuizadas antes de 9-6-2005, mas DESDE QUE AINDA NÃO TIVESSE SIDO PROFERIDO O DESPACHO**. Ou seja, se, com a entrada em vigência da nova lei, ainda não tivesse sido proferido o despacho nos autos, vindo esse a ser proferido, ele será considerado como o termo interruptivo da prescrição. Ou seja, como a nova lei já estará em vigência, ela se aplicará ao caso, mesmo se tratando de ação ajuizada antes da vigência da lei. No caso, **o STJ se posicionou no sentido de que deve ser aceita a *aplicabilidade imediata da norma*,** mas apenas, frise-se, para os casos em que ainda não tivesse sido proferido o despacho. Nesse diapasão, e *a contrario sensu*, **caso já tivesse sido proferido o despacho nos autos antes da vigência da LC nº 118/2005, a lei não rege a ação; e, nessa situação, o que vai interromper a prescrição É A CITAÇÃO PESSOAL**.

O raciocínio jurídico adotado, portanto, foi no sentido de que para todas as ações que estavam em curso em 9-6-2005, quando a nova lei entrou em vigência, a interrupção da prescrição se daria com o despacho apenas nas ações em que ele ainda não tivesse sido proferido; nesse sentido, nessas ações em que o Juiz ainda não havia despachado, vindo a despachar já na vigência da nova lei, a norma nova se aplicará imediatamente e será, de fato, o despacho citatório que

CAPÍTULO 22 – CRÉDITO TRIBUTÁRIO – IV

interromperá a prescrição nesses casos. Noutra frente, a conclusão lógica é que, se o despacho já houvesse sido proferido antes da vigência da lei nova, a novel norma não retroage, e, para essas ações anteriores a 9-6-2005 em que já havia o ato de ordenação de citação, somente se interromperia a prescrição com a citação pessoal. Vale, quanto ao tema em debate, a leitura do **REsp nº 1.204.289/AL**, julgado em 28-9-2010 na **Segunda Turma**, com a relatoria do **Ministro Mauro Campbell Marques**. Da mesma forma, vale ler o julgamento do **AgRg no Ag nº 1.061.124/SP**, julgado em 21-10-2010 na **Primeira Turma** com a relatoria do então **Ministro Luiz Fux**, à época, na Casa Superior de Justiça.

Por fim, para encerrar o tópico, uma última informação também valiosa. Caso o Fisco ajuíze a ação dentro dos cinco anos e o juiz não promova o despacho citatório, ficando parado o processo, poderia se acolher a consumação da prescrição? Qual o prazo que o juiz tem para despachar? Se o processo ficar parado, abandonado, a prescrição se consuma contra o Fisco? A jurisprudência do STJ também é cristalina, no sentido de que se deve avaliar a existência do *elemento culpa*, por parte do Judiciário e da Fazenda exequente. Ou seja, se o exequente não ficou desidioso, não abandonou o processo, foi zeloso, formalizou pedidos de que se despachasse, que o processo se movimentasse, ele não pode ser prejudicado. Insta perceber, se a demora no processo, se seu não andamento, é fruto dos vícios internos do Poder Judiciário, não se constatando culpa do exequente, não pode ele ser vitimado pela consumação de uma prescrição que ele não teria como evitar. Assim sendo, o STJ entende que só se poderia falar de uma suposta prescrição nesse caso de o processo ficar parado se ficasse provado que houve desídia, leviandade, abandono por parte do exequente. Do contrário, se a parada se der por força de mecanismos ínsitos às formalidades do próprio aparelho do Judiciário, a culpa não sendo do exequente, não se pode impor a ele que seja vitimado pela consumação da prescrição. Desse modo, não se consome a prescrição quando o motivo da parada processual for peculiar às próprias nuances do Poder Judiciário. Vale a leitura da **Súm. nº 106 do STJ**.

DICA 11

Se o juiz da execução percebe que já se consumou a prescrição, ao constatar que se passou o prazo de cinco anos a contar da constituição definitiva do crédito, ele **pode conhecer de ofício essa prescrição, declarando-a independente de requerimento do contribuinte, afirmando a extinção do crédito e extinguindo o processo**. Aplicar-se-á o art. 219, § 5º, do CPC, que permite esse reconhecimento *ex officio*, sendo desnecessária qualquer outra medida especial. Com o silêncio da LEF, o STJ entendeu pela aplicação subsidiária do CPC, permitindo tal reconhecimento! Confiram a **Súm. nº 409 do STJ**, que reconhece tal possibilidade!

DICA 12

Amigos, agora quero falar com vocês sobre a **prescrição intercorrente**, que pode acontecer no curso da execução já ajuizada, em andamento, mutilando o crédito do Fisco! Ela está prevista no **art. 40**, §§ 4º e 5º, da LEF. Ela começa a correr após passado um ano da suspensão da execução fiscal por não terem sido encontrados bens do executado. Passado esse um ano, abre-se o prazo prescricional de cinco anos de novo. Observem que a prescrição estava adormecida, já que o despacho citatório a interrompeu. Ela estava "quietinha", "caladinha", esquecida. E então ela resolve acordar e vai voltar a assombrar a Fazenda! Suspenso o processo por não serem encontrados os bens do executado, o legislador dá uma "moral" para o Fisco, dando uma verdadeira "colher de chá", determinando que ainda se espere um ano sem que a prescrição volte a correr; entretanto, meus amigos, passado esse prazo de um ano após a suspensão do processo, não tem mais jeito, a prescrição volta a correr, "do zero", com seu prazo integral, de cinco anos, de novo. E aí, caso se consuma esse prazo quinquenal sem que o Fisco consiga achar bens do devedor, estará materializada a prescrição no intercorrer da execução fiscal, ou, como o próprio nome denuncia, a "prescrição intercorrente tributária". Portanto, tatue aí na sua memória: **a prescrição intercorrente é de cinco anos, e começa a correr após um ano de quando é suspensa a execução fiscal; se passarem os cinco anos após esse primeiro ano e não forem encontrados bens do executado, estará extinto o crédito pela consumação da prescrição intercorrente, devendo ser extinta a execução!**

DICA 13

Peço a vocês para tomarem *total* cuidado com essa questão do "um ano" após a suspensão do processo. Por favor, não se esqueçam disso na prova, é pegadinha fatal, o examinador sabe que você pode esquecer e explora isso. Lembre-se, cuidadosamente, de que a prescrição intercorrente não é de cinco anos a partir da "suspensão da execução"; não! Não basta suspender! Recorde-se, quando o processo é suspenso, o legislador ainda dá uma "mãozinha" para o Fisco, determinando que ainda se passe um ano sem que a prescrição volte a correr. Portanto, amigos, fiquem atentos, reitero: **A prescrição intercorrente, que é de cinco anos (e não de seis!), só corre após um ano de quando ficou suspenso o processo por não se ter encontrado bens do executado!**

CAPÍTULO 22 – CRÉDITO TRIBUTÁRIO – IV

DICA 14

Pessoal, outra maldade que o examinador pode tentar manipular para induzir vocês a erro: a LEF, nos parágrafos do art. 40, vai afirmar que, após suspenso o processo, o juiz deve, um ano passado da suspensão, proferir despacho ao cartório ordenando o seu arquivamento. Ok, normal, regra geral de processo executivo. Sem problema. O "problema" é que no texto da LEF, por um descuido do legislador, afirmou-se que a prescrição intercorrente correria *a partir desse despacho*. Ora, e se o juiz, porventura, não proferir o despacho? A prescrição não corre? Então ele tem o poder de se omitir e assim impedir que a prescrição comece a correr? Claro que não! Prestem bem atenção no que vou falar agora, isto é decisivo na prova: *É irrelevante, literalmente irrelevante, para fins de se dar início ao prazo de cinco anos da prescrição intercorrente, analisar se o juiz vai despachar ou não; a prescrição começará a correr a partir de quando se passe um ano da suspensão do processo, momento* **em que o juiz "deverá" despachar; despache ele ou não, isso em nada interferirá na contagem do prazo prescricional, que se iniciará automaticamente após um ano da suspensão!** Essa foi a acertadíssima interpretação que prevaleceu no STJ, que gerou segurança no sistema jurídico corrigindo a impureza da lei, fazendo uma interpretação adequada dela! Vale conferir a **Súmula nº 314 do STJ**. Não se esqueçam, valerá como regra exatamente tudo que expliquei nos comentários anteriores: **a prescrição intercorrente é de cinco anos a contar de um ano após a suspensão da execução!**

DICA 15

Bom, consumada a prescrição intercorrente, pode o Juiz declará-la *de ofício*? Claro! Pessoal, em 2004 a Lei nº 11.051 inseriu o § 4º no art. 40 da LEF, que só possuía os três primeiros parágrafos em seu texto originário! E esse dispositivo novo autorizou o juiz a conhecer *de ofício* a consumação da prescrição intercorrente, independente de requerimento do contribuinte, extinguindo então o processo. E qual é a "pegadinha" perigosíssima no tema? É que houve um "condicionamento" a esse exercício do "conhecimento de ofício". **O juiz deve ouvir previamente o representante da Fazenda; o juiz não deve conhecer de ofício a prescrição intercorrente sem dar a chance de a Fazenda se manifestar.** Se a dívida for de pequeno valor, ok, o Procurador da Fazenda nem é obrigado a se manifestar (o § 5º dispensa) formalmente, por expresso, mas **o juiz sempre deve oficiar o representante do Fisco para dar a chance de ele alegar qualquer causa impeditiva, demonstrando que, porventura, pode realmente não estar consumada a prescrição** (exemplo: o executado pode ter pedido um parcelamento da dívida e pode estar pagando!). Portanto, preciso que vocês tenham total atenção aqui:

Para se conhecer de ofício a prescrição intercorrente, é preciso ouvir a Fazenda Pública antes, não podendo o juiz se manifestar de ofício e declarar a prescrição sem dar a chance de o representante do Fisco se manifestar (art. 40, § 4º); *a relativização dessa exigência, entretanto, vem no § 5º, que afirma que, se a dívida for de pequena monta,* em valor abaixo do fixado pelo Ministro da Fazenda, o representante do Fisco não precisa se manifestar!

DICA 16

Meus amigos, quero aqui deixar a vocês a dica sobre a prescrição na **repetição de indébito**, caso em que a prescrição corre **contra o contribuinte**, já que, quando ele paga indevidamente certo montante, adquire o direito a receber de volta, ficando essa possibilidade, entretanto, sujeita ao prazo prescricional de cinco anos! Guardem com vocês a seguinte informação: **Qualquer que seja o motivo apresentado pelo examinador, hoje, a regra é considerar o dia do pagamento indevido como termo inicial desse prazo prescricional de cinco anos! Não esqueçam: a prescrição é de 5 anos a contar do pagamento indevido!**

DICA 17

Quanto aos tributos *lançados por homologação*, que são aqueles que se sujeitam ao *pagamento antecipado* (exemplo: IR, ICMS, ISS, IPI, COFINS etc.), não se aplica mais no Brasil a famigerada tese que ficou conhecida como **cinco + cinco**, a qual terminava por, *de fato*, dobrar o prazo para a repetição de indébito para 10 anos, deixando o Estado na terrível situação de ficar sujeito a ter que devolver os montantes pagos indevidamente por uma década, o que abalava a segurança jurídica e gerava desequilíbrios gravíssimos nos orçamentos. Essa tese surgia da combinação do art. 168, I, com o 150, § 4º. Afirmava o STJ que "primeiro" correm os cinco anos a que se refere o art. 150, § 4º, e só depois correm os cinco anos de prescrição a que se refere o art. 168, I. O STJ entendia que o que extinguiria o crédito seria a *homologação* do pagamento, e não o próprio pagamento (o que sempre foi errado, pois o que extingue um crédito é seu pagamento!), e, com isso, a prescrição de cinco anos só correria a partir da *homologação*, já que o art. 168, I, do CTN afirma que a prescrição corre a partir "da extinção do crédito"; e como o art. 150, § 4º, diz que a *homologação* pode se dar em até cinco anos a contar do fato gerador, surgiu a bisonha tese de que primeiro se contariam os cinco anos do art. 150, § 4º (entre o fato gerador e a homologação) e somente depois é que começariam a correr os cinco anos do art. 168, I, pois só com a homologação estaria extinto o crédito. Assim sendo, de fato, os contribuintes que pagavam indevidamente tinham 10 anos a contar do fato gerador para pedirem de volta o

CAPÍTULO 22 – CRÉDITO TRIBUTÁRIO – IV

montante. Com a edição da **Lei Complementar nº 118/2005, acabou a tese do "cinco mais cinco"**, pois ela, no seu art. 3º, pacificou que o que extingue o crédito é o pagamento (óbvio!), e não a homologação (que é ato meramente quitatório, declaratório de que houve pagamento).

DICA 18

Fundamental esclarecer que a LC nº 118/2005 **não pôde retroagir**, ficando respeitado o direito de **todas as pessoas que ajuizaram suas ações de repetição antes da LC nº 118 entrar em vigência pegarem os pagamentos feitos em até 10 anos para trás**, ou seja, prevaleceu o cinco mais cinco para todo mundo que **ajuizou** a ação **antes da vigência da LC nº 118/2005**. Depois da vigência dela (9-6-2005), qualquer pessoa que ajuizasse a ação só pegaria de cinco anos para trás, aplicando-se a prescrição de cinco anos, e não mais o critério do cinco + cinco. Portanto, amigos, para a prova, não vamos esquecer: **a LC nº 118/2005 não pôde ser aplicada retroativamente; todas as pessoas que ajuizaram ações de repetição de indébito antes de sua vigência puderam se valer da tese dos cinco + cinco; depois da vigência da lei, qualquer que seja o caso, quem ajuizou ação ou vier a ajuizar, a prescrição é de cinco anos a contar do dia em que houve o pagamento indevido!**

DICA 19

Fiquem atentos com a outra situação prevista no CTN que cuida de prescrição correndo contra o particular, e também na repetição de indébito! É o famoso caso da **prescrição de dois anos, do art. 169 do CTN**. Se o contribuinte pagou indevidamente e dentro do prazo prescricional de cinco anos fez seu pedido de restituição, escapa da prescrição de cinco anos. Ocorre que ele pode ter optado por ter feito esse pedido na **via administrativa**, e não na via judicial. E para sua infelicidade pode ser que ele "perca" nesse processo administrativo, ou seja, pode ocorrer de ser julgado improcedente o recurso administrativo dele. O que fazer nesse momento? Havendo **decisão denegatória na via administrativa**, o contribuinte deve ir ao Judiciário para tentar "derrubar" essa decisão administrativa, revertendo o quadro e conseguindo em Juízo condenar a Fazenda a restituir o montante. Logo, ele terá uma **ação anulatória da decisão administrativa, a qual almeja, fundamentalmente, a condenação judicial da Fazenda a restituir o montante**. E, nesse caso, o art. 169 do CTN deu um prazo de dois anos para que o contribuinte possa obter êxito nessa ação. Ou seja, **prescreve em dois anos a pretensão a conseguir condenar a Fazenda a restituir o indébito se o contribuinte** já pediu na via administrativa e obteve decisão denegatória; esses dois anos correm com base na decisão denegatória na via administrativa!

Vale frisar, amigos, que, apesar de o CTN chamar essa ação de "anulatória", já que se precisará "derrubar" a decisão denegatória administrativa, ela é uma ação de carga principal condenatória, pois o que se pretende, de fato, é condenar o Fisco a restituir o valor indevidamente arrecadado. E, se não fosse assim, ter-se-ia que acolher que o prazo seria decadencial e não prescricional, já que a prescrição só se associa às ações condenatórias, ao revés da decadência que somente se vincula às ações constitutivas (como as anulatórias, por exemplo). Mas o prazo é realmente prescricional, pois, não obstante a prejudicialidade de se ter que *anular* a decisão administrativa desfavorável para se conseguir a condenação do Fisco a repetir o montante, percebam que a carga central da ação, sobre a qual gira o pedido principal, é a condenação à repetição!

DICA 20

Por fim, na última dica aqui deixada, quero lembrar aos amigos que na **decadência tributária**, na qual, como já visto, o Fisco **perde o direito de lançar pela sua inércia em cinco anos**, lembrem-se que o art. 173, I, deu uma "colher de chá" para o Fisco, deu uma "ajudinha camarada", determinando que no ano em que a Administração adquire o direito de lançar, o ano, em regra, do próprio fato gerador, **a decadência ainda não começa a correr!** Nunca se esqueçam de que o prazo de cinco anos decadenciais só tem início de fluência a partir do **primeiro dia do exercício financeiro seguinte ao que já se podia lançar!** Ou seja, o legislador deu "uma forcinha" para a Fazenda e disse que a decadência só começa a correr no ano seguinte. Exemplo: imaginemos o IPTU devido por você, em relação ao seu imóvel, relativo ao ano de 2010; no dia primeiro de janeiro de 2010, você estava com o imóvel no seu nome, e, ali, você estava consumando o fato gerador do IPTU relativo a esse ano de 2010 que se iniciou; ora, de imediato, naquele exato momento, o Fisco adquiriu o direito de lançar, e, por certo, já lançou contra você esse IPTU, inclusive! Entretanto, se, por qualquer motivo, a Administração se omitiu de lançar, ainda poderá fazer em momento futuro, pois goza de um prazo de cinco anos decadenciais. E, para então fecharmos a questão nesse exemplo, de se perceber que esses cinco anos só começam a correr a partir de 1º de janeiro de 2011, pois, no próprio ano de 2010 (em que já cabia o lançamento) a decadência não começou a correr. Portanto, amigos, fiquem atentos na prova para não darem o "vacilo" de incluírem o primeiro ano na contagem do prazo, pois, como visto e conforme determina o art. 173, I, do CTN, a decadência se inicia no primeiro dia do exercício financeiro seguinte!

CAPÍTULO 23

CRÉDITO TRIBUTÁRIO – V
EXCLUSÃO DO CRÉDITO E TEORIA DAS ISENÇÕES

CAPÍTULO 23 – CRÉDITO TRIBUTÁRIO – V

1. ISENÇÕES FISCAIS

DICA 1: O QUE É ISENÇÃO?

Isenção é o nome que se dá a um dos mais importantes institutos do Direito Tributário. Trata-se de uma modalidade de **benefício fiscal** por via do qual o poder público abdica do poder de tributar certas pessoas que se sujeitam à incidência do tributo, antecipando-se ao momento da ocorrência do fato gerador da obrigação tributária e renunciando preventivamente o que seria o seu direito subjetivo de crédito, agraciando os favorecidos com uma liberação dada por antecipação daquilo que seria um dever de pagamento futuro, dever esse que inexistirá, exatamente por força da benesse concedida, a *isenção*. Os contribuintes *isentos* terminam por ser agraciados com a **desoneração do dever de pagar**, gerando-se aquilo que se costuma chamar de **dispensa do dever de cumprir a obrigação principal de pagamento do tributo**.

Ao conceder uma *isenção* o ente federativo manifesta uma vontade. A vontade de renunciar o direito ao crédito tributário, excluindo preventivamente a possibilidade de sua formação, e, de tal modo, não tributar aqueles que, *a priori*, teria que tributar. Contemplará pessoas que, não fosse o ato beneficiador, ficariam sujeitas ao dever de pagar o tributo incidente. Sujeitos que praticarão a conduta que materializa a hipótese de incidência do tributo, concretizando o fato *gerador* da relação jurídica obrigacional tributária, mas que *gozarão do favor fiscal* da *liberação da obrigação principal de adimplir o montante tributário*.

É importante perceber que a *isenção* decorre de uma manifestação de vontade do poder público que possui dupla estrutura; de um lado, a benesse direcionada a dispensar o sujeito passivo do dever de pagar, e, de outro lado, o ato de renúncia do próprio direito de crédito, o qual não chegará sequer a nascer. E é importante perceber esse duplo aspecto. É essencial enxergar que na isenção não se tem, *apenas,* isoladamente, uma mera *dispensa do dever de pagar*; essa sim, ocorre, não há dúvida, mas há algo mais, que faz com que a isenção seja algo que vai *além* disso; na *isenção* o credor **abdica do seu direito de crédito**, de sorte a que, na verdade, não é uma concessão de uma dispensa do dever de pagar, e sim um ato de renúncia ao próprio direito de crédito, sendo que é exatamente por força dessa renúncia que o efeito dela decorrente é a dispensa do dever de pagamento. E é **fundamental** perceber isso para que se tenha a certeza absoluta de que quando uma isenção é concedida *não haverá direito de crédito* relativamente ao valor que foi objeto da vantagem fiscal concedida. Insistindo, o que se quer aqui é demonstrar que quando o poder público isenta o administrado ele não está apenas concedendo uma prerrogativa para que o sujeito passivo da obrigação tributária escolha se quer ou não quer pagar; não; não é isso; o que ocorre é uma *renúncia ao crédito*, razão pela qual **não haverá o que pagar**, não haverá dívida. Tal percepção é imprescindível para se enxergar que, caso ocorra um pagamento de dívida isenta, tal pagamento tem natureza de **pagamento indevido**. O contribuinte que recebe uma isenção não tem dívida, e, se ele paga, ele pagou o que não era devido; pagou algo para o que não há direito de crédito correspondente; a isenção impede a formação do crédito tributário. Logo, não se trata de uma "mera dispensa"; se assim fosse, o contribuinte poderia, ao arrepio do benefício, acreditar que seria possível adimplir a dívida, renunciando a "dispensa". Equivocado acreditar que a dívida subsistiria por quando o poder público conceder uma isenção haja vista que não haverá crédito, e qualquer pagamento referente ao montante isento configura pagamento indevido, ensejando, inclusive, o ajuizamento de Ação de Repetição de Indébito para viabilizar a reaquisição dos valores.

DICA 2: ISENÇÃO E A SUA PROSPECÇÃO PARA FATOS GERADORES FUTUROS

Quando se fala em *isenção*, trata-se de favor fiscal que é direcionado para fatos geradores de obrigações tributárias que ainda não ocorreram, mas estão em vias de se materializar. É ato de vontade que se projeta para renunciar créditos tributários futuros, que ainda não se constituíram e que não chegarão a se constituir. É por isso que a *isenção* tem, a bem da verdade, um ***efeito impeditivo***, impedido a formação do crédito tributário. O ato de renúncia que o poder público faz ao conceder a isenção é um ato que proclama a abdicação de uma receita futura, a qual, ao tempo da formalização da benesse, ainda sequer é devida. Renuncia-se, em um melhor dizer, uma expectativa creditória, um valor que em um futuro próximo *seria* (e não mais será) devido. A título de exemplo, imagine-se que, ao final do ano de 2015, se aprove uma lei municipal para promover em favor de alguns contribuintes uma dispensa do pagamento do IPTU referente ao ano de 2016; ou então, cogite-se de uma lei aprovada em abril do ano de 2016 concedendo dispensa do pagamento do Imposto de Importação para algumas pessoas jurídicas que promovam certos tipos de importação partir do mês de agosto do mesmo ano; ou uma lei estadual que em qualquer data do ano determine que ficam isentos de recolhimento do ITCMD certos sujeitos passivos que recebam bens doados ou por herança ou legado a partir do mês subsequente à vigência da lei. Perceba-se, em cada um dos exemplos dados, que o que se ilustra é uma situação fática em que o ente competente promove a renúncia de receita àquilo que seria o seu direito de crédito futuro. Atingem-se *obrigações de pagamento* que, na verdade, ainda não existem e que, por força dessa *renúncia abdicativa*, sequer chegarão a nascer. A

CAPÍTULO 23 – CRÉDITO TRIBUTÁRIO – V

relação tributária surgirá, obrigações acessórias serão plenamente exigíveis, mas a obrigação principal de pagamento do tributo (que incidirá) não nascerá, vide a prévia renúncia ao crédito que gerou a dispensa (na verdade, a inexistência) desse que seria um dever de pagamento.

A *isenção*, perceba-se, portanto, não traduz o benefício por via do qual se perdoam dívidas pretéritas, inadimplidas e ainda devidas. Não. *Isenção* é o nome que se dá ao benefício por via do qual se faz com que não nasçam dívidas futuras. Esse é o caráter *prospectivo, futurista*, da vontade manifestada na renúncia de receita que edifica a concessão da *isenção*.

> **DICA 3: COMO CONCEDER ISENÇÕES. REGRA PARA OS TRIBUTOS EM GERAL (LEI ESPECÍFICA) E A EXCEÇÃO PARA O ICMS (CONVÊNIOS DO CONFAZ E TRATADOS INTERNACIONAIS)**

Como regra, a concessão de *isenções* depende de que seja aprovada uma *lei*, a qual deve ser, consoante exigência do art. 150, § 6º, da CRFB/1988, uma **lei *específica***. Tal regra é afastada no que tange ao ICMS, tributo que atrai normatização especial para viabilizar a concessão (ou revogação) de tais benefícios.

Isenções de ICMS, em regra, não podem ser concedidas por lei específica, sendo inclusive vedada a adoção de tal via concessiva para isentar débitos referentes ao imposto em comento. Isenções relativas ao ICMS ou emanam de **convênios** (aprovados no CONFAZ) ou então de **Tratados Internacionais**. O mais comum é a aprovação dos **convênios**, o que se faz no plano interno (nacional), sendo a via dos Tratados Internacionais algo mais eventual (ainda que não tão raro) e que reflete acordo de vontades construído no plano internacional (ainda que se dependa de homologação posterior do tratado no plano interno para que ele ganhe aplicabilidade).

Ressalvada a excepcional situação do ICMS, realmente é imperiosa a presença da *lei* para que se possa promover um ato isentivo, independente de qual seja o tributo envolvido (impostos em geral, taxas, contribuições de melhoria, empréstimos compulsórios e contribuições especiais). É necessária a atuação do Poder Legislativo. O modelo implementado no nosso ordenamento jurídico constitucional-tributário condiciona a renúncia da receita pública ao respaldo legal, o que se afeiçoa, para nós, como algo elogiável e merecedor de aplausos. É que, ao subordinar a validade do ato à atuação do legislador, o que se almeja é efetivar os traços do regime democrático, condicionando a recusa à arrecadação à deliberação popular. Ao se exigir a *lei* para conceder uma isenção, o que se está por fazer, a bem da verdade, é exigir que para que se possa ter o ato praticado de modo válido haja o consentimento popular prévio, externado por meio da manifestação de vontade dos representantes do povo, no parlamento, a quem incumbe a aprovação da lei.

Registre-se que, além de necessária uma *lei*, observe-se que *não basta que se tenha meramente uma lei*. Essa *lei* precisa ter uma qualificação; ela precisa ser uma lei **específica,** sem o que não será válida a concessão da isenção. Daí se perceber que, na realidade, o que se depende é da obediência a uma duplicidade de requisitos: primeiro, que se tenha uma *lei*, e, na sequência, que a lei seja aprovada como uma lei *específica*. Essa é, inclusive, a expressa exigência constante no já mencionado art. 150, § 6º, do texto magno.

Lei **específica** é aquela que é construída por via de um projeto de lei que não propõe a normatização de temas distintos, desconexos, tendo sido focado unicamente no ato isentivo a ser praticado, ou, quando muito, sobre o tributo ao qual se está atrelando a isenção. Ou seja, há uma *reserva temática*, não se trazendo no bojo do projeto de lei a abordagem sobre temas distintos. Cuida-se, por assim ser, de uma lei que, para nascer, deve nascer como uma lei *monotemática*, e não como uma lei *pluritemática*. Em outras palavras, o que se quer exigir é que isenções não emanem de *leis "gerais"*, as quais seriam aquelas que abordariam uma pluralidade de temas diferentes e entre eles se envolveria a norma concessiva da isenção. Essa generalização é que se quis evitar, exigindo-se a especificidade do conteúdo do projeto de lei. A título de exemplo, o projeto de lei para se conceder uma isenção de IPTU no âmbito municipal não poderia abranger, no seu corpo, proposta de normatização sobre saúde municipal, educação, remuneração dos servidores e isenção de IPTU; se assim o fosse, o tema da *isenção* estaria envolto a outros tantos (no exemplo, saúde, educação e remuneração do servidor), inocorrendo obediência à exigência constitucional fincada no art. 150, § 6º, e, pelo menos em tese, não se poderia aprovar esse projeto de lei, o que, caso ocorresse, geraria, pelo menos teoricamente falando, uma lei inconstitucional, exatamente por ser uma lei isentiva e não ser específica.

A intenção do constituinte ao exigir que a lei a conceder isenções seja uma lei *específica* é de fácil percepção, sendo simples e inteligente sua lógica. O que se almeja é a implementação de uma técnica especial para o ato de renúncia da receita pública, qual seja, aquela em que se assegure que o parlamento, ao debater o tema, o fará com total foco e reserva de atenção, não estando dividido na apreciação de outros temas que prejudiquem a análise dos efeitos da dispensa de pagamento que se está por via de conceder. É que o ato isentivo, por traduzir uma conduta estatal de disposição de receita pública, sacrificando a arrecadação (e ao mesmo tempo de favorecimento a certo grupo de pessoas da sociedade), exige, de fato, máxima atenção e total foco para que realmente se tenha a devida compreensão das consequências de sua implementação, avaliando-se cuidadosamente se realmente a medida deve ou não ser aprovada. A ideia obedece a uma lógica natural da vida, o que pode ser replicado a todos nós, quando percebemos que normalmente corremos riscos de não obtermos êxito em certas missões quando tentamos implementá-las em conjunto com outras tantas ao mesmo tempo sem darmos foco específico a qualquer delas; quantas vezes, na vida, deixamos de fazer algo bem feito (ou pelo menos corremos o risco de assim ser) exatamente por tentarmos fazer diversas coisas ao mesmo tempo? Quantas vezes na vida, exatamente por não focarmos, nos prejudicamos, não realizamos de modo satisfatório nossos objetivos (e, às vezes, sequer conseguimos realizá-los)? É sob essa mesma lógica que o constituinte pautou seu comando normativo, impondo que o projeto de lei direcionado a promover uma isenção seja um projeto de lei com especificidade temática, restringindo-se à exclusiva disciplina do ato ou, quando muito, do tributo sobre o qual o benefício recai, não podendo envolver outros temas. Se assim o for, a lei eventualmente aprovada terá obedecido à exigência constitucional de nascer como *lei específica*.

DICA 4: DIFERENÇA ENTRE ISENÇÃO E REMISSÃO

Na esteira do ensinamento supra-apresentado surge a brecha para que se diferencie a *isenção* de outro instituto também importante no direito tributário e, mais especificamente, no universo dos benefícios fiscais. Trata-se, no caso, da *remissão*. Esta, a seu turno, traduz o benefício com o qual o credor proclama vontade direcionada a **perdoar dívidas inadimplidas e ainda não extintas, plenamente exigíveis, mas que se opta por perdoar o débito**, liberando o devedor do dever (que nasceu e ainda existe) de pagamento. Ao contrário da *isenção* que traduz benefício de projeção prospectiva, a *remissão* assinala vontade projetada retrospectivamente, atingindo dívidas que já nasceram, são devidas, estão inadimplidas, e, mesmo ainda sendo exigíveis, opta por se abrir mão delas, extinguindo-se a relação obrigacional pelo perdão da dívida. É por isso que, não raro, encontramos alguém falando ou escrevendo o simplório jargão comparativo de que *"a isenção é para frente e a remissão é para trás"*, o que, apesar de não exaurir o conteúdo distintivo dos dois institutos, não deixa de indicar algo verdadeiro.

Observe-se que tanto a **isenção** como a **remissão** traduzem benefícios fiscais que consagram **renúncias de receita pública**. Ambos são concedidos pelo próprio ente competente e titular do tributo que será atingido pela vantagem fiscal concedida. Ambos são trabalhados no âmbito da incidência tributária e da existência da relação jurídica obrigacional tributária. Ambas as figuras, evidentemente, atingem o crédito tributário, não o fazem de forma diversa. Todavia, apesar dos visíveis traços de similitude, existem inúmeras diferenças substanciais entre as duas medidas, de sorte que realmente não há como confundi-las, sendo vedado equipará-las. Analisemos de modo assertivo as mais importantes distinções nas linhas a seguir.

Enquanto na *isenção* se tem uma vontade direcionada a renunciar aquilo que seria uma dívida futura, a qual ainda não existe ao tempo da renúncia e que sequer chega a se constituir, na *remissão* se exterioriza uma vontade firmada para renunciar uma dívida de origem pretérita, a qual já nasceu, existe e ainda é exigível; e não obstante não haja qualquer óbice a que se conceda uma *remissão de dívida* antes mesmo de que se tenha esgotado o prazo para o adimplemento (nenhuma incompatibilidade com a essência do instituto), o mais comum é que as *remissões* sejam concedidas em favor de sujeitos passivos que já estão em mora, com suas dívidas já vencidas e não pagas. Portanto, constate-se que na **isenção** se tem uma **renúncia abdicativa** (*pró-futuro*), abrindo-se mão se poder ter algo que se poderia ter (a receita futura da qual se abre mão por antecipação), porquanto na **remissão** se tem uma **renúncia translativa** (renunciando-se algo que já se possui, abrindo-se mão de um crédito do qual já se é titular).

Observe-se que a *isenção* tem o condão de **impedir a constituição do crédito tributário**, o qual não chega sequer a nascer, ao passo que a **remissão** não impede o nascimento do crédito, e, pelo contrário, o atinge após ele já existir, de modo a **extingui-lo**. Nesse linear, constate-se que o modo como cada uma das ferramentas afetativas do crédito tributário o atingem é diferente; a *remissão* é uma causa de **extinção** do crédito tributário, porquanto para a *isenção* não se pode reconhecer o mesmo efeito. É que, se a *isenção* é concedida antes do nascimento da relação obrigacional tributária e impede a formação do crédito, como se poderia afirmar que se estaria "extinguindo" aquilo que sequer nasceu? Como seria possível extinguir o que não se constitui, o que sequer chega a existir? Daí que, corretamente, se percebeu que a isenção não afeta o crédito "extinguindo-o", ainda que o afete. O correto seria reconhecer que a *isenção* é causa de **impedimento** da formação do crédito. O nosso legislador, todavia, na redação do texto com o qual projetou o Código Tributário Nacional, optou por utilizar a expressão *"exclusão do crédito"* para indicar esse modo especial com o qual a *isenção* atinge o crédito tributário (art. 175, I, CTN). De tal modo, é correto afirmar que, segundo a nossa legislação vigente, *a **remissão** é causa de **extinção** do crédito e a **isenção** é causa de **exclusão** do crédito tributário*, vide os artigos 156, IV e 175, I, ambos do *Codex Fiscal*.

Perceba-se que, apesar de ambas as figuras poderem ser tranquilamente catalogadas como **benefícios fiscais**, a **isenção** *não é um perdão fiscal*, ao contrário da *remissão*, que costuma sê-lo. Quando o fisco concede uma *isenção* ele não está *perdoando* o contribuinte. "Perdão" é algo que se concede a quem cometeu uma falta, a quem está em erro, a quem deixou de cumprir certo dever etc. Ao isentar o Estado não está "perdoando" dívida, afinal ela sequer existia e jamais foi devida. Perceba-se, portanto, o equívoco em se conferir caráter de ato de perdão ao instituto isentivo; não há, insista-se, *perdão fiscal* na isenção. Ao contrário, quando se fala da *remissão*, é visível o caráter de *perdão de dívida*, o que, talvez, e de forma excepcional, se pudesse relativizar nas raras hipóteses de concessão da remissão antes de vencido o prazo para o pagamento da dívida e já após sua existência, situação em que realmente o sujeito passivo ainda não estaria em mora e não se poderia corretamente falar em um "perdão". O comum, todavia, como inclusive já frisado linhas anteriores, é que a *remissão* seja concedida para dívidas já vencidas, o que leva a crer ter notório caráter de perdão.

Perceba-se que nas situações em que se concede uma *remissão*, perdoando-se dívidas antigas e vencidas, o contribuinte favorecido pelo *perdão fiscal* é alguém para quem se pode dizer que *surgiu dívida*, alguém que *ficou em mora*, que *inadimpliu um dever legal*, que *pode ter se sujeitado à aplicação de multas*, que *pode ter sido inscrito em dívida ativa* e que, inclusive, *pode já estar sendo executado em ação de execução fiscal*. Ao contrário, nenhum desses efeitos será atrelado à *isenção*, porquanto em relação a essa modalidade de favor fiscal o que se tem é hipótese em que sequer chega a nascer dívida.

Lembre-se, por fim, que a *isenção* é concedida **antes de o fato gerador acontecer**, porquanto a *remissão* lhe é posterior. Normalmente quando se concede a *remissão* já houve o lançamento, ao passo que a *isenção* o impede, inexistindo o procedimento administrativo de lançar valores nas relações abarcadas pelo ato isentivo.

DICA 5: ISENÇÃO E HIPÓTESE DE INCIDÊNCIA

A *isenção* é benefício fiscal que se projeta no campo da incidência do tributo. Quando se concede uma isenção não se impede a sua incidência, a qual, enfatize-se, se concretizará, e a exação fiscal, repita-se, incidirá sobre o fato típico, não se impedindo a formação do liame obrigacional. Ocorre normalmente o *fato gerador* da relação obrigacional tributária, a qual se ergue, sendo que, todavia, desprovida de uma obrigação principal de pagamento de tributo por parte do sujeito passivo (se a isenção for total) ou com uma obrigação principal de pagar apenas parte do valor que seria efetivamente devido (nas hipóteses de isenção parcial).

Entendemos ser indevido crer que por força da concessão de uma isenção a norma tributária deixaria de incidir sobre o fato típico. Acreditamos de forma convicta que a benesse fiscal em apreço atua no campo dos efeitos decorrentes da incidência da norma tributária, tendo como prima eficácia a de promover a dispensa, no todo ou em parte, do dever de pagamento, por força da renúncia abdicativa ao direito de crédito. Nesse mister, de se perceber que o ato isentivo não converte uma hipótese de incidência em hipótese de não incidência; não impede que a norma tributária se projete sobre o fato típico e não obsta a formação da relação jurídico-obrigacional tributária, a qual se edifica, produzindo alguns efeitos nem de longe atingidos pela isenção, a qual se restringe a apenas excluir o dever de pagamento do tributo objeto de sua liberalidade.

Discordamos, com respeito, dos que sustentam (ao nosso pensar equivocadamente) que a concessão de uma isenção transformaria a "hipótese de incidência" em "hipótese de não incidência", bloqueando a incidência da norma tributária. Tal crença, fruto de uma equivocada percepção (e que faz com que alguns afirmem que a *isenção* se associaria à ideia de *não incidência legalmente qualificada*), não merece, em hipótese alguma, prosperar. *Isenção* e *não incidência legalmente qualificada* são institutos bem distintos entre si, ainda que alguns teimem em ignorar as visíveis diferenças e insistam na malfadada equiparação. A seguir, analisemos, comparativamente, os dois institutos.

DICA 6: DIFERENÇA ENTRE ISENÇÃO E NÃO INCIDÊNCIA LEGALMENTE QUALIFICADA

Quando se fala em *não incidência legalmente qualificada* se está a reportar a situações em que o tributo não incide por força de norma proibitiva de incidência projetada pela lei (ou por qualquer outra fonte normativa infraconstitucional); nessas situações, não ocorre fato *gerador* de relação tributária, não surgindo o vínculo obrigacional entre o fisco e o contribuinte. O fundamento jurídico para que não haja dever de pagamento reside no fato de que *o tributo não incide* e exatamente por isso é que não nasce relação obrigacional alguma, inexistindo, portanto, qualquer dever de pagar, seja lá o que for.

Diferentemente, na *isenção* o tributo **incide** normalmente sobre o fato típico, gerando-se a relação tributária, ficando, todavia, dispensado o dever de pagar, podendo essa dispensa ser total ou parcial, a depender de qual tenha sido a intensidade da *isenção* concedida. A título de exemplo, imagine-se a concessão de uma isenção de 70% do valor que seria o valor total a pagar em razão da incidência do tributo; em tal caso, sobreviverá o dever de pagar a quantia correspondente a 30% do valor que seria o montante total devido caso não houvesse sido concedida a isenção parcial de 70%. E por que sobreviverá tal dever de pagamento? Primeiro, pois a liberalidade concedida pelo poder público ao formalizar a concessão da isenção somente recaiu sobre parte da dívida, e não sobre todo o seu teor, tendo sido a renúncia fiscal projetada apenas sobre uma fração do direito de crédito do

CAPÍTULO 23 – CRÉDITO TRIBUTÁRIO – V

Estado, não alcançando toda a sua globalidade; nesse linear, a dívida de 30% do valor total sobrevive e deve ser adimplida *exatamente pelo fato de que o tributo incidiu normalmente sobre o fato típico*, gerando-se a relação tributária e sobrevivendo regularmente o dever de adimplir a obrigação principal no que tange à quantia não abarcada pela isenção parcial. Cogite-se, em um outro exemplo, de uma isenção de 60% de IPTU sendo concedida ao fim de certo ano e favorecendo determinados contribuintes em relação ao ano seguinte; nesse ano posterior eles deverão pagar o valor de 40% do IPTU, o que prova de forma indubitável que *o tributo incide* e que sua incidência não é, de forma alguma, impedida pelo ato isentivo, o qual, insista-se mais uma vez, apenas atinge *um dos efeitos decorrentes da incidência da norma tributária*, qual seja, *o dever de pagamento*, podendo-se eliminá-lo em parte ou no todo por meio da *isenção*.

Exemplos simples para ilustrar situações de *não incidência legalmente qualificada* seriam aqueles em que as *leis complementares nacionais de normas gerais* proíbem a incidência de certos tributos em determinadas situações (como ocorre em alguns dos incisos do art. 3º da LC nº 87/96 do ICMS, ou no art. 2º da LC nº 116/2003 do ISS, ou no art. 36, parágrafo único e 37, § 4º, do CTN em relação ao ITBI, quando o legislador estabelece proibições de incidência dos citados impostos sobre certas hipóteses para as quais o constituinte não vedou a incidência). Nas aludidas hipóteses restará *vedada* a incidência da norma fiscal de tributação, pelo que sequer surgirá relação jurídica quando os fatos ali previstos se materializarem na vida dos contribuintes, sendo incogitável falar de dever de pagamento, o que nem mesmo em tese, nem mesmo em potencial, se tornaria factível de ocorrer. E se assim o é, *não incidindo* a norma tributária por força do comando legal nacional excludente, torna-se *juridicamente impossível* falar em *conceder isenção* para *dispensar o dever de pagamento* em tais hipóteses, já que, observe-se com atenção, *o dever de pagamento sequer pode surgir, já que a norma de tributação não incide por força da vedação legal de incidência*.

Constate-se, com facilidade, que nas hipóteses em que o tributo *não incide* (não se gerando relação obrigacional tributária) se torna incabível conceder isenção, pela falta do seu *objeto*, qual seja, a "dívida potencial"; não há como dispensar alguém de ter que pagar algo que nunca foi e jamais seria devido. Isentar "o quê" se o tributo sequer incidirá e nenhuma dívida se formará? Isentar para renunciar *o quê*, já que nenhum direito de crédito existirá?

Enquanto na *isenção* o tributo incide, mas vigora uma renúncia ao direito de crédito preventivamente concedida, na *não incidência legalmente qualificada* o tributo sequer incide. Se de um lado a isenção não impede a formação da relação obrigacional tributária (que se constitui), dita relação não se edifica nas hipóteses em que a norma tributária não incide, exatamente como ocorre nas situações de *não incidência legalmente qualificada* (o que se daria igualmente nas hipóteses de não incidência constitucionalmente qualificada). Enquanto na isenção, pelo menos em tese, é possível que surja dever e pagamento (o que ocorrerá nas hipóteses de concessão de *isenção parcial*), é inviável falarmos de dever de pagamento (seja no todo ou em parte) quando nos reportamos às situações de *não incidência legalmente qualificada* (o que parece óbvio, pois, se o tributo *não incidirá* e não se terá relação jurídica, não há como se cogitar de dever de pagamento algum, inexistindo vínculo obrigacional unindo um devedor a um credor). Na *isenção* podemos afirmar que *há fato **gerador***, nasce relação tributária, mas não deverá ocorrer o lançamento, pois não há crédito a ser viabilizado, vide a renúncia praticada no ato isentivo; já na *não incidência legalmente qualificada*, também não haverá o que se lançar, mas por fundamentos jurídicos distintos, ou seja, força de não existir relação tributária, já que como o tributo não incidiu, não houve *fato **gerador***, não se tendo gerado absolutamente nada.

Perceba-se, na comparação anterior apresentada, que, apesar da semelhança fática residente no fato de que não haverá dever de pagamento algum tanto para uma pessoa que pratica fato gerador e goza de isenção total como para outra que pratica atos protegidas por regra legal excludente de incidência da norma tributária *(não incidência legalmente qualificada)*, os fundamentos para a benesse de não sofrer oneração fiscal são distintos. Uma coisa é ser livre do dever de pagamento por se estarem praticando condutas sobre as quais o tributo não incide; outra coisa é se praticarem condutas em que o tributo incide normalmente, mas em situações em que se estará livre do dever de pagá-lo por força de uma norma especial que promoveu uma dispensa do dever de efetivar o adimplemento.

DICA 7: ISENÇÃO E IMUNIDADE. DIFERENÇAS

Isenção e *Imunidade* são expressões que se referem a *benefícios fiscais*. Não obstante, apesar de indicarem categorias jurídicas parecidas, os institutos não se confundem. A *imunidade tributária* é benefício de origem e estrutura diferente em relação à *isenção fiscal*.

Com perfil completamente diferente daquele que ostenta a *isenção fiscal*, a *imunidade tributária* é o benefício que emana de normas constitucionais que, postas dentro da Constituição da República, vedam a incidência de tributos. Trata-se de uma proteção gerada a certas pessoas por força de regras fincadas no texto constitucional que qualificam certas hipóteses como hipóteses de não incidência de normas tributárias. Nessa toada, a *imunidade* é a benesse que eflui de tais normas; a pessoa a quem o constituinte protege ao edificar a norma qualificadora de não incidência tributária é o *sujeito imune*, ou *imunizado*; ganha, por força da regra proibitiva de incidência tributária estabelecida na Constituição, uma blindagem que o *imuniza* contra a possibilidade de incidência do tributo sobre o seu comportamento.

As *imunidades* são geradas por normas constitucionais. Ao contrário, não é da Constituição que emanam as *isenções*. Isenções são concessíveis, em regra, por meio de *leis*, ressalva apenas quanto ao ICMS, em que a fonte normativa hábil à concessão é o *convênio* (que deve ser celebrado no CONFAZ), bem como valendo o lembrete de que, no plano do Direito Internacional Público, Tratados Internacionais também são ferramentas idôneas para conceder *isenções*. Fato claro, não há dúvida, é que as *isenções não emanam da Constituição*, não tendo no poder constituinte originário ou reformador o seu berço genitor. Ainda que saibamos tenha o constituinte cometido em momento de raro relapso o erro de chamar de *isenção* o que não o é (arts. 184, § 5º, e 195, § 7º), reafirmamos, para fins de afastar qualquer possibilidade de dúvidas: *as isenções não emanam da Constituição, e sim de leis específicas* (regra geral do art. 150, § 6º, da CRFB/1988), de Tratados Internacionais ou, nos casos específicos do ICMS, de Convênios aprovados no CONFAZ. O benefício que é gerado pelo constituinte é a *imunidade tributária*.

As *imunidades* se associam ao plano da não incidência tributária. São geradas quando se erguem na Constituição normas *proibitivas de incidência tributária*; daí ser comum ligar as *imunidades tributárias* à ideia de *não incidência constitucionalmente qualificada*. Ao contrário, as isenções se associam ao capo da *incidência* das normas tributárias, significando, como já explicado em tópicos anteriores, um instrumento por via do qual se exclui o direito de crédito e se desonera o sujeito passivo do dever de pagamento, do tributo que *incide* sobre o fato típico.

Quando falamos de *imunidade tributária* trabalhamos com a certeza de *inocorrência de fato gerador*, e, por consequência, *inexistência de relação jurídica obrigacional tributária*. Não há, no campo das imunidades, *fato gerador de obrigação tributária*. Ao contrário, na *isenção* ocorre fato gerador e nasce relação jurídica obrigacional tributária.

Na *imunidade jamais haverá dever de pagamento*, já que, por força da norma constitucional qualificadora de não incidência, não incide tributo algum sobre o fato típico. O máximo que pode ocorrer é a estipulação de obrigações acessórias (deveres comportamentais, procedimentais, não de pagamento) na legislação tributária para serem cumpridas pelas pessoas imunes à incidência da norma de tributação; dever de pagamento de tributo, todavia, com certeza não existirá. Ao contrário, nas *isenções*, em que o tributo incide, basta que a isenção seja de caráter parcial (algo normal) e se terá dever de pagamento exatamente no que tange ao montante não acobertado pela dispensa do pagamento (a parte da dívida que não fora isenta). Visíveis, portanto, as diversas distinções entre os institutos.

DICA 8: ISENÇÃO E ALÍQUOTA ZERO: DIFERENÇAS

Há algumas semelhanças entre os institutos da *isenção* e da *alíquota zero*, ainda que, evidentemente, não sejam iguais. Coincidem no aspecto de que ambos são trabalhados no campo da *incidência* da norma tributária, em ambas as situações se tem ocorrência de fato gerador, nascimento de relação tributária, inocorrência de lançamento e desoneração fiscal. Todavia, a fenomenologia é realmente distinta. Vejamos.

Quando falamos de tributação com *alíquota zero*, estamos nos referindo às situações em que na lei que rege a tributação a norma tributária é fixada com a alíquota em *percentual zero*; ao definir o conteúdo essencial da lei (demarcação da hipótese de incidência, fixação do sujeito passivo, determinação da base de cálculo e estipulação da alíquota), o legislador opta por fixar a alíquota em *0%* e, por força de tal opção, quando a norma incide sobre o fato típico o resultado gerado é a inexistência de débito, não surgindo qualquer dever de pagamento nem qualquer perspectiva creditória, já que uma alíquota de "zero por cento" ao incidir sobre qualquer valor gerará um saldo que será sempre *zero*.

Perceba-se que, ocorrido o fato típico, *com a mera incidência da norma tributária já não surge oneração para o contribuinte*, que nada terá a pagar, não se dando gêneses a qualquer expectativa de crédito para o fisco, e tudo isso *exatamente pelo fato de se ter fixado na norma da lei de regência do tributo a alíquota em percentual zero*.

É bem diferente do que ocorre na *isenção*, em que a norma da lei de tributação necessariamente possui alíquota *diferente de zero* (alíquota positiva – a partir de 0,1% pelo menos), gerando, quando projetada sobre qualquer base de cálculo, um resultado positivo (superior a zero), o qual indica o *quantum* que seria o valor a pagar (e que corresponderia ao limite quantitativo do crédito tributário a ser arrecadado) e que não deverá ser pago por força da *dispensa de pagamento* que será fornecida por *outra fonte normativa* (em regra, outra *lei* – ressalvado o ICMS em que as isenções se concedem por convênios ou tratados internacionais), sendo, tal *dispensa do pagamento*, a *isenção*.

É visível a diferença. Na tributação com *alíquota zero* a desoneração fiscal é provocada por força de se ter uma alíquota "neutra" na norma de incidência tributária, ao passo que na concessão de *isenção* a não oneração é decorrente de um benefício concedido por outra fonte normativa, a qual promove a renúncia ao crédito que se faria jus a arrecadar, dispensando um dever de pagamento que haveria de se suportar, já que a norma tributária de incidência possui *alíquota positiva*, diferente de *zero*. Uma coisa é não se ter que pagar porque nada lhe foi exigido; outra, visivelmente distinta, é não se ter que pagar porque, apesar de se ter exigido algo, se promoveu uma dispensa do dever de pagar o que seria exigível.

Observe-se que no fenômeno atinente à *isenção* ocorre um diálogo entre duas fontes normativas (de regra, duas leis), de sorte que a primeira fonte autoriza a tributação porquanto a segunda concede o benefício da dispensa (a isenção propriamente dita); a primeira fonte é a chamada *lei de tributação*, a qual projeta a norma tributária de incidência, prevendo alíquota *diferente de zero*; já a segunda fonte é aquela que promove a dispensa do dever de cumprir aquela que seria a obrigação principal do pagamento. Perceba-se, nesse linear, que a *isenção* é gerada por uma *lei especial*, que dialoga com a *lei geral de tributação*, e, nesse compasso, o que se verifica é que a lei isentiva, sem alterar o conteúdo estrutural da norma da lei permissiva de tributação (não muda a alíquota nem mesmo qualquer dos outros elementos estruturantes essenciais – fato gerador, base de cálculo e sujeito passivo), apenas promove a dispensa do dever de pagar o valor que haveria de ser pago não fosse o ato isentivo. Daí se dizer que quando se fala de *isenção* se tem pelo menos duas fontes normativas, emanando o benefício fiscal da segunda, que ataca aquele que seria o principal efeito decorrente da incidência da norma da primeira, qual fosse, o dever de pagamento e o direito ao crédito tributário.

Ao contrário do anteriormente apresentado, quando se fala de tributação com *alíquota zero* não se tem esse diálogo entre duas leis. Não. Aliás, sequer é juridicamente possível falar de uma *segunda lei para dispensar o dever de pagamento*, afinal, *não haverá dever algum de pagamento*, e *exatamente pelo fato de a alíquota já ser zero*. O benefício de se tributar com a *alíquota zero* faz com que a desoneração decorra da própria lei permissiva de tributação, diferentemente do que ocorre na isenção, que, como já visto, faz com que o benefício do não pagamento emane de outra lei. Já sendo *zero* a alíquota, não há espaço para se fazer uma lei de *dispensa de pagamento* (não há como dispensar de pagar aquele que nada tem a pagar); sendo positiva a alíquota, é possível tal feitio e, caso praticado, se tem o ato *isentivo*.

Outra importante diferença a se registrar é que, quando se opta por estipular a *alíquota zero*, é possível afirmar, em absoluto, que não haverá qualquer exigência de pagamento; ao contrário, tal certeza só é possível quando se tem isenção *total*, já que na isenção *parcial* apenas parte do débito é dispensada, sobrevivendo a exigência no que tange à parcela não renunciada do crédito. Não existe "alíquota zero *parcial*"; ou a alíquota é *zero* ou é diferente de *zero*. A isenção pode ser total ou parcial.

Mais uma preciosa distinção reside no aspecto *genérico* da *alíquota zero*. Quando a lei a fixa, a incidência com eficácia quantitativa neutra atinge todos os destinatários da norma, de modo que toda e qualquer pessoa atingida pela norma tributária será favorecida com a tributação neutralizada, sem receber qualquer dever de pagamento; a norma incide igual para todos. Já na *isenção*, a norma de incidência pode ser positiva e determinar a tributação de forma genérica aos destinatários de sua projeção, atuando o legislador por meio de lei especial (a lei *isentiva*) para favorecer unicamente aquele que se quer beneficiar com a desoneração fiscal. Consegue-se, na *isenção*, beneficiar somente um grupo de pessoas sem a necessidade de *zerar* a alíquota na norma de incidência, mantendo-a positiva, de modo que sua incidência gere o dever de pagamento a todos aqueles que não se quer especificamente beneficiar.

Para fins meramente formais, válido lembrar que a *isenção* é catalogada pelo legislador codificante como uma *causa de exclusão do crédito tributário* (art. 175, I, CTN), sendo essa sua natureza legalmente imputada. Já a *alíquota zero*, ainda que inviabilize qualquer processo arrecadatório, não foi, pelo menos formalmente, catalogada como uma das causas de *exclusão* do crédito tributário.

Constate-se, portanto, que, apesar de a *alíquota zero* e *isenção total* gerarem um resultado final similar (não haverá dever de pagamento para o sujeito passivo da relação tributária e não haverá direito de crédito para o sujeito ativo), o caminho para sua edificação é distinto. Apesar de em ambas as situações ocorrer incidência da norma tributária sobre o fato típico e se ter a geração da relação jurídica obrigacional tributária, não haverá, em qualquer delas, oneração fiscal ao contribuinte, o qual ficará desobrigado ao dever de pagamento, sendo certo que os fundamentos para tal benesse se originam de modo diferente.

DICA 9: ISENÇÃO E ANISTIA. DIFERENÇAS

Apesar de ambas serem listadas no art. 175 do CTN como *causas de exclusão do crédito tributário* e de fazerem parte da família dos *benefícios fiscais*, a anistia e a isenção não se confundem. Ainda que ambas decorram, de regra, de lei específica (ressalva ao ICMS – renúncias de receita de ICMS decorrem de *convênios* ou *tratados internacionais* e não de leis), possam ser totais ou parciais, condicionadas ou não, **o objeto sobre o qual recai o benefício é distinto**. É que a *anistia*, quando concedida, *atinge penalidades* (geralmente, as *multas*), porquanto a isenção é direcionada aos *tributos*. A *anistia* está relacionada com a prática de infrações, atos ilícitos, que ensejam a aplicação de penalidades pecuniárias, com o que em nada se afina a *isenção*. A *anistia* traduz o ato pelo qual o ente político, normalmente por meio de lei específica, abre mão de executar uma sanção que seria exequível, perdoando certa (ou certas) infração (infrações) praticada(s) por determinados contribuintes. Abdica-se de *punir*, excluindo-se a aplicação (se ainda não formalizada) ou a execução (se já formalizada a sua aplicação, mas ainda não executada a sanção) da sanção, renunciando-se ao direito de arrecadar os valores correspondentes ao que se pagaria em relação à multa da qual se está abrindo mão. Em uma linguagem simplificada, a *anistia* traduz o ato pelo qual o credor abre mão de receber os valores referentes a multas que poderia cobrar, por força de estar perdoando o infrator no que tange às infrações que geraram aquelas penalidades de cujos valores se estão dispondo.

A *isenção*, como já visto, traduz ato por via do qual o fisco, antes da ocorrência do fato gerador da obrigação tributária, promove a renúncia antecipada ao que seria um direito de crédito futuro, e tem por objeto o valor do *tributo* que seria devido, no todo ou em parte. Já a *anistia* traduz a dispensa do dever de pegar uma multa, de cumprir uma penalidade, aplicada (ou por aplicar) em decorrência de uma infração à legislação tributária, ilícito esse que se perdoa com o ato anistiador.

A *anistia*, não há dúvida, é um *perdão*, no que difere, portanto, da *isenção*. Por ser um *perdão* até se aproxima do instituto da *remissão*, que igualmente revela conduta estatal de perdoar, mas com essa também não se confunde; é que enquanto a *anistia* é um *perdão de infração* (atingindo apenas as *penalidades*), a *remissão* é um *perdão de dívida pretérita*, atingindo o crédito tributário na globalidade de seus elementos estruturantes (tributos, penalidades e consectários da mora – juros e correção monetária). A *isenção*, como sabido, não tem o caráter de ato de *perdão*. Os chamados *perdões fiscais* são a *anistia* e a *remissão*, que, como frisado, traduzem *perdão de infrações* (com dispensa das penalidades) e *perdão de dívidas*, respectivamente.

DICA 10: ISENÇÃO, BENEFÍCIO FISCAL E INCENTIVO FISCAL

Importante destacar a diferença entre os conceitos *benefício fiscal* e *isenção*, bem como, ao final, entre ambos e o conceito *incentivo fiscal*.

A expressão *benefício fiscal* é a mais ampla de todas e indica todo e qualquer comportamento por via do qual o Estado aja e possa estar gerando vantagens, benesses, para os contribuintes. A isenção, a título de exemplo, se enquadra aqui como espécie de gênero. Existem diversas formas de se agir beneficiando um contribuinte, o que sempre se dará por via da concessão de uma *isenção*. Há outros tantos modos de o Estado atuar beneficiando o sujeito passivo na relação tributária, como, quando se concede uma remissão de dívida, ou a anistia de uma penalidade, ou quando se promove uma redução de alíquota ou quando se autoriza uma dedução de certos fatores da base de cálculo do tributo etc. Em todos os exemplos citados se constata a materialização de *benefícios fiscais*, os quais têm por característica maior o traço de se revelarem como efeitos benéficos decorrentes de condutas praticadas pelo Estado favorecendo o contribuinte, favor esse que, por exemplo, pode significar uma dispensa de pagamento, oriunda de um ato de renúncia de receita, como nos exemplos anteriormente pontuados. Nem sempre, todavia, o *benefício fiscal* concedido importará uma renúncia de receita, gerando desoneração de despesa e dispensa de pagamento; o *benefício* pode consistir no deferimento de um parcelamento ou moratória, na concessão de um melhor prazo de pagamento ou até mesmo na simplificação de procedimentos de cumprimento de obrigações acessórias.

Conclua-se, em face do exposto nas linhas anteriores, que a *isenção* é espécie do gênero *benefício fiscal. Isenção* é o nome que se dá a um dos muitos institutos por meio dos quais se podem conceder *benefícios fiscais*. A isenção, como ato por via do qual o credor promove uma renúncia antecipada ao crédito tributário futuro a que faria jus, desonerando o sujeito passivo que seria onerado, evidencia, inequivocamente, um *benefício fiscal*, sem que seja o único que possa ser promovido na seara das relações tributárias entre o Estado e o contribuinte.

Quanto à expressão *incentivo fiscal*, para muitos colegas na doutrina ela é utilizada como sinônimo de *benefício fiscal*. Apesar de reconhecermos ser de menor importância prática o aprofundamento da discussão a respeito da linguagem nesse específico caso, e de valorarmos que, de fato, em muitas situações as expressões *incentivo* e *benefício* realmente são utilizadas como sinônimas, preferimos crer ser possível, ainda que com certo esforço, apontar a distinção, assim como o faz o próprio constituinte, que de forma expressa, em pelo menos dois dispositivos (art. 155, § 2º, XII, "g", e art. 156, § 3º, III), faz menção a ambos os conceitos, e, ao que nos parece, não os tratando como em sinonímia. Nesse compasso, preferimos crer que os benefícios fiscais (quaisquer que sejam eles – isenções, por exemplo) *podem ou não* assumir um viés de **incentivo fiscal**. Dependerá, ao nosso pensar, da *motivação e da finalidade do ato*, da intenção consubstanciada na concessão do benefício.

Entendemos que em duas situações distintas o benefício fiscal pode ser chamado de *incentivo*, sendo tal rotulação um adjetivo que o caracterizaria em certos contextos e a depender de qual a razão e sua concessão.

Nessa toada, em um primeiro giro, acreditamos que quando o poder público, almejando alcançar certos resultados, utiliza o benefício como uma forma de *incentivar um comportamento do contribuinte*, fomentando nele a decisão de praticar certos atos, *incentivando* tais práticas mediante a concessão de uma vantagem fiscal, vantagem essa que é concedida como um *estímulo*, uma ferramenta de motivação, para que enfim o contribuinte pratique a conduta que o Estado tem interesse em ver realizada, acreditamos que o benefício concedido dentro de tal contextualização é um *incentivo fiscal*. O fisco *incentiva comportamentos* que são de interesse do Estado ver realizados por meio da concessão de benesses fiscais, as quais se apresentam, nessa nuance, como *incentivos fiscais*. O ato estatal, nesse caso, se revela como um meio de intervenção indireta governamental na atividade econômica, utilizando-se o tributo (de forma negativa – "não cobrando") para *induzir* comportamentos; vislumbrar-se-ia, aqui, o fenômeno que no estudo do Direito Econômico se chama de *intervenção estatal indireta na atividade econômica pela técnica da indução*, e a concessão do *benefício fiscal* seria uma forma de promover essa prática, o que faria com que esse *benefício* ganhasse o caráter de *incentivo*. E aqui, nessa primeira concepção, a expressão *incentivo* utilizada para identificar o ato de incentivar *a prática de comportamentos pelos contribuintes*, comportamentos esses sobre os quais o Estado tem interesse.

Em uma segunda perspectiva, acreditamos que a expressão *incentivo fiscal* pode ser utilizada com uma segunda carga de significância. É o que se dá quando o benefício fiscal se concede para promover o *desenvolvimento econômico* de certo grupo de contribuintes, ou certa categoria profissional, ou certo setor do mercado, almejando-se desde a *recuperação e apoio* (em um quadro fático de dificuldades), ou ao desenvolvimento (em um momento de crescimento) ou até mesmo à busca de grandes resultados (em um momento de estabilidade e franca ascensão). Quando a concessão do benefício fiscal tem o condão de fomentar esse tipo de resultado, o *desenvolvimento ou a recuperação* econômica ou financeira de um dos beneficiários diretos ou indiretos, acreditamos que ele assume o caráter de *incentivo fiscal*. Nesse linear, atrelamos o uso da adjetivação *incentivo fiscal* para contextos em que o favor fiscal é direcionado à promoção de resultados mais satisfatórios para os beneficiários sob o prisma econômico e financeiro. Sob essa angulação, fácil perceber que nem toda concessão de benefício fiscal poderia ser rotulada como um *incentivo fiscal*. Bastaria imaginar a hipótese de uma concessão de uma *remissão de dívidas de pequeno valor* em vias de terem sua prescrição consumada; não há dúvida de que a concessão de tal benefício não seria direcionada a promover a prática de qualquer comportamento por parte dos beneficiários nem a incentivar seus crescimentos, mas meramente a dispensar a Fazenda da exequibilidade de dívidas de valor irrisório e em vias de prescrição, casos em que a execução seria mais cara para o Estado do que a própria arrecadação talvez alcançada ao seu final. Outro exemplo seria o de imunidades e isenções concedidas em razão do estado de miserabilidade e pobreza de certos contribuintes, o que, ao nosso pensar, se daria com base no pilar da solidariedade social, e não necessariamente para fomentar o desenvolvimento econômico e financeiro dos beneficiários, de suas empresas ou de seus mercados.

A conclusão derradeira é que os *benefícios fiscais* são muitos e as *isenções* traduzem uma de suas espécies. Do mesmo modo, qualquer benefício fiscal, inclusive uma isenção, pode ou não ser concedido com o caráter de *incentivo fiscal*.

Constate-se, ainda, na linha das conclusões extraídas, que *uma isenção será sempre um benefício fiscal ainda que nem todo benefício fiscal seja uma isenção*. E, por fim, enxergue-se que *uma isenção, que é um benefício fiscal, pode, ainda, ser, ao mesmo tempo, um incentivo fiscal, assim como pode não o ser*, sendo necessário avaliar o contexto do caso concreto em que ela é concedida para, em razão das nuances percebidas, avaliar se estará presente ou não o caráter de *incentivo* fiscal na medida praticada.

DICA 11: A FONTE NORMATIVA CONCEDENTE DA ISENÇÃO COMO "LEI ESPECIAL". SUA RELAÇÃO COM A LEI PERMISSIVA DA INCIDÊNCIA TRIBUTÁRIA (LEI GERAL)

Importante perceber a natureza da relação que se estabelece entre a lei isentiva e a lei instituidora do tributo. De se constatar que a lei concessiva da isenção não altera o conteúdo da lei geral do tributo sobre o qual se está concedendo a isenção, não o atingindo com qualquer comando revogatório e sequer modificando qualquer de seus elementos estruturantes. A lei isentiva não altera os traços da hipótese de incidência, não revoga a permissão de incidência do tributo, não modifica sua base de cálculo e sequer sua alíquota, não altera a definição do sujeito passivo da relação tributária, não modifica tempo e local de pagamento etc. Apenas gera uma *dispensa do dever do pagamento* em razão da renúncia ao potencial crédito tributário.

Constate-se que, quando se aprova uma lei para fins de se conceder isenção em relação ao que seria um débito fiscal (lembre-se de que a isenção é sempre direcionada a fatos geradores futuros), o suposto débito (fala-se "suposto" pois, como visto, ele sequer chega a nascer) que fica isento tem um valor que se exprime em moeda (no caso nosso, em *reais*) e que corresponde à interação da alíquota prevista na lei instituidora do tributo e a base de cálculo conforme fixada na mesma lei; perceba-se que a lei isentiva não altera a alíquota nem a base, não promovendo qualquer modificação na lei geral de tributação; o valor que se deveria pagar continua intacto, sem aumentar ou diminuir, sendo, todavia, dispensado seu pagamento, por força da renúncia abdicativa ao crédito que lhe seria correspondente. O mesmo ocorre quanto ao sujeito passivo da relação tributária, que não é modificado pela lei isentiva, continuando a ser a mesma pessoa determinada pela lei permissiva de tributação, sendo que, agora, *isento* do dever de cumprimento da obrigação principal.

Visualize-se, ainda, que a lei isentiva não altera os limites da hipótese de incidência, não muda os contornos do tipo fiscal, não ampliando nem restringindo os lindes da tipicidade tributável. O fato típico continua a ser exatamente o mesmo. Apenas se terá o fenômeno de que, quando a norma tributária vier a incidir sobre o fato típico, inexistirá dívida a pagar (no caso, claro, de isenção total do débito), ou, quando muito, somente haverá dever de pagar parte da quantia que realmente seria devida (nas hipóteses de isenção parcial).

Nesse compasso, o que se edifica é uma relação entre a lei isentiva e a lei geral de tributação que pode ser definida como uma relação de *generalidade e especialidade*, sendo a lei concessiva do benefício fiscal nada mais que uma *lei especial* em relação à lei instituidora do tributo (que faz as vezes da *lei geral*), não havendo revogação de qualquer fragmento do conteúdo desta última. A título de exemplo, imaginemos que em certo Estado da Federação haja a Lei nº 1.000, sendo esta a lei instituidora do IPVA. Dita lei, evidentemente, apresenta o delineamento da hipótese de incidência do IPVA, fixa seu sujeito passivo e estabelece a base de cálculo e a alíquota do imposto (necessariamente toda lei instituidora de imposto deve prever os mencionados elementos essenciais). A partir daí, cogitemos que seja aprovada, em momento futuro, uma determinada lei nesse mesmo Estado, a Lei nº 5.000, e suponhamos que se trate de lei específica para conceder isenção de IPVA para pessoas portadoras de deficiência física ou mental que sejam proprietárias de veículos destinados a sua condução. Ora, a lei isentiva (Lei nº 5.000), ao se relacionar com a lei permissiva da incidência (Lei nº 1.000), em momento algum alterará quaisquer dos elementos estruturantes do IPVA conforme definidos no seu corpo normativo; não haverá qualquer modificação na definição da hipótese de incidência, da sujeição passiva, da base de cálculo ou das alíquotas, o que permanecerá intacto. O que se terá, aí sim, será meramente o efeito especial de se dispensarem os favorecidos pela benesse fiscal (no caso, as pessoas portadoras de deficiência física ou mental que sejam titulares de veículos destinados a sua condução) do pagamento do imposto, sendo esse o efeito especial que a lei isentiva provoca.

Assevere-se que em momento algum a lei isentiva veda a incidência do tributo, autorizada pela lei permissiva de tributação. Não. Importante enfatizar que o tributo incide sobre o fato típico e se gera a relação jurídica obrigacional tributária (mantendo-se íntegros os deveres acessórios e, caso se trate de isenção parcial, o dever de pagamento no que tange ao montante não favorecido pela isenção), tendo a lei isentiva apenas o condão de promover a dispensa do cumprimento da obrigação principal em razão da renúncia ao crédito tributário, excluído.

Por fim, o que se quer evidenciar, sob um linear estritamente técnico, é que o efeito principal decorrente da incidência da norma da lei isentiva, ao incidir, dita norma que promove a suspensão de um dos efeitos decorrentes da incidência da norma da lei geral de tributação, qual seja, o dever de pagamento do tributo. Noutras palavras, é dizer que, quando a norma de tributação incide sobre o fato típico, um dos efeitos decorrentes dessa incidência ficará suspenso, bloqueado, não se materializando no caso concreto; trata-se, como já se mencionou, do efeito referente ao dever de pagamento do tributo, que é um efeito natural decorrente da incidência de qualquer norma tributária que incida com alíquota diferente de zero. Em razão da isenção, ocorrerá que tal efeito não se concretizará, já que a norma isentiva o inibe.

Pedindo vênia para insistir, o que se quer deixar claro é que a norma da lei instituidora do tributo (norma geral de tributação; norma de incidência tributária) e a norma isentiva incidirão concomitante e conjuntamente sobre o mesmo fato típico, sendo que o efeito que emanará da incidência da norma isentiva é exatamente esse efeito de suspender um dos efeitos oriundos da incidência da norma de tributação (o dever de pagamento); por isso afirmarmos que a lei isentiva apresenta uma norma que suspende parte (e não toda – somente atinge o dever de pagamento, e não os outros efeitos decorrentes da incidência da norma da lei de tributação) da eficácia promovida pela incidência da norma prevista na lei instituidora do tributo.

DICA 12: O TRÍPLICE EFEITO DA ISENÇÃO

Visível após as explicações pontuadas nos tópicos anteriores que, quando certa lei concede uma isenção, a norma legal provoca três efeitos instantâneos, cumulativos, que se harmonizam e se integram: primeiro, suspende um dos efeitos decorrentes da incidência da norma geral de tributação; em segundo plano de eficácia, formaliza a renúncia ao crédito e promove a dispensa do dever de pagamento; em uma terceira perspectiva, ordena o impedimento da prática do lançamento, tornando exclusa qualquer possibilidade de se exigir o crédito tributário (já renunciado), gerando a exclusão preventiva da formação deste. Em relação à lei geral, suspende um dos efeitos decorrentes da incidência de sua norma (a norma incide, mas não gera débito); em relação ao contribuinte, promove a dispensa daquilo que seria uma dívida; em relação à Administração, ordena o impedimento da prática do lançamento.

DICA 13: ISENÇÃO, LEI ORDINÁRIA, LEI COMPLEMENTAR E MEDIDA PROVISÓRIA

Como regra, para a concessão de isenções é necessário uma *lei*. Basta que seja *lei ordinária* e é imprescindível que seja *lei específica* (conforme exige o art. 150, § 6º, da CRFB/1988). Não há necessidade de que o ato isentivo decorra de lei complementar (o constituinte não submeteu a matéria de isenção de tributos à seleta órbita dos temas reservados à necessidade de que se legisle por lei complementar), assim como não há qualquer incompatibilidade entre o ato de isentar e a adoção de *medidas provisórias* pelo Chefe do Poder Executivo; se estiverem presentes os pressupostos de cabimento da MP, ela poderá ser utilizada

CAPÍTULO 23 – CRÉDITO TRIBUTÁRIO – V

para a concessão do benefício fiscal em comento; o constituinte não incluiu o ato estatal de concessão de isenção de tributos no elenco das matérias vedadas ao alcance de medidas provisórias (art. 62, § 1º, III, da CRFB/1988).

Realmente a regra é que é necessário uma lei para se isentarem tributos, ressalva feita apenas ao ICMS, que, como já citado diversas vezes ao longo desse capítulo, tem procedimento próprio para as renúncias de receitas, decorrendo suas isenções de *convênios* aprovados no CONFAZ ou de Tratados Internacionais. Para os tributos em geral, vale a regra da *reserva legal*. É que, para se renunciar a receita que a lei autoriza, nada mais adequado que somente em virtude de lei se possa fazer. A reserva legal é proteção ao regime democrático, condicionando a renúncia da receita pública à deliberação popular, legitimando-se que somente o povo, por intermédio dos seus representantes, autorize os governantes a recusarem a receita que ele mesmo, o próprio povo, por meio de lei, determinou se buscasse arrecadar para custear a gestão pública, que é de seu interesse (e necessidade) ver ser bem implementada. Veda-se, portanto, ao Poder Executivo, de modo unilateral, por atos infralegais, promover a concessão e isenções. Com isso se busca coibir renúncias de receita que se pudessem fazer de modo obscuro, não transparente, em esquemas de corrupção, favorecendo grupos empresariais alinhavados com esquemas ilícitos entrelaçados com os agentes da Administração. Ao se exigir a lei, além de se buscar dar mais transparência ao ato de renúncia da coisa pública, retira-se dos governantes a prerrogativa de poderem, em reuniões de gabinetes, negociar benefícios para esse ou aquele segmento de contribuintes, empresários, banqueiros etc.

Quanto à desnecessidade de ser aprovada a lei isentiva como *lei complementar*, realmente essa é uma verdade. Nenhum vício em se aprovar o projeto de lei com maioria simples, formalizando a lei isentiva como mera lei ordinária. Fato, isso é possível e nenhuma inconstitucionalidade há em tal feito. Todavia, é importante lembrar que existem algumas regras firmadas em lei complementar que estabelecem limites à liberdade de se concederem isenções. É que, como regra geral para todo o Direito Tributário, sabe-se que a liberdade dos entes políticos de legislarem no âmbito do direito fiscal se submete ao dever de obediência às chamadas *normas gerais nacionais*, as quais são fixadas exatamente por *lei complementar*. Noutras palavras, é dizer, qualquer ente federativo terá a liberdade de promover a concessão de isenções referentes a seus tributos, o que poderá, inclusive, fazer mediante aprovação de simples lei ordinária; todavia, deverá sempre obedecer ao estatuto de normas gerais fixadas em lei complementar nacional. É que, como sabido, o art. 146, III, da Constituição determina que leis complementares estabeleçam as normas gerais para que cada um dos entes, de forma padronizada e obedecendo a certos parâmetros, possa produzir a sua legislação própria tributária; dentro das regras da competência legislativa concorrente (no que se insere o

Direito Tributário – art. 24, I, da CRFB/1988), há que se obedecerem às normas gerais fixadas pela União (art. 24, § 1º, da CRFB/1988), por lei complementar (art. 146, III, da CRFB/1988), somente se podendo legislar de modo suplementar, não violando essas normas gerais estabelecidas (art. 24, § 2º). E de acordo com a alínea "b" do art. 146, III, da Constituição, cabe à lei complementar estabelecer as normas gerais sobre *crédito tributário*, o que inclui o instituto da *isenção* (causa de *exclusão do crédito*). Portanto, a conclusão a que se quer chegar é no sentido de que, apesar de poderem os entes federativos legislar para conceder isenções dos seus tributos mediante uso de simples leis ordinárias, deverão sempre respeitar as normas gerais fixadas em lei complementar nacional, podendo ser destacadas, atualmente, as normas que estão no CTN, por exemplo as que se albergam nos arts. 175 a 182. Havendo desrespeito, a lei isentiva será inconstitucional; e não por ser uma mera lei ordinária (não há, como dito, vício em ser lei ordinária), e sim estar violando as normas gerais de lei complementar nacional.

Por fim, destaque-se ainda que, em relação ao ISS e ao ICMS, a Constituição exigiu que lei complementar estipulasse regras para limitar o modo como as isenções de tais impostos podem ser concedidas. Sobre o tema, que tem previsão nos arts. 155, § 2º, XII, "g", e 156, § 3º, III, da Constituição, faremos abordagem específica em tópicos adiante apresentados.

DICA 14: ISENÇÕES AUTÔNOMAS E HETERÔNOMAS

Assim como os benefícios fiscais em geral, as *isenções* devem ser *autônomas*, e não *heterônomas*. A bem da verdade, os atos governamentais, independente da sua natureza, devem, de uma forma global, ser fruto da *autonomia política* de cada ente federativo, jamais sendo consequência de um ato de heteronomia, o qual qualifica uma *invasão da autonomia de um ente federativo por outro ente*, ferindo de morte um dos propósitos essenciais do federalismo, que é o respeito que cada ente ínsito na Federação deve ter a cada um dos demais.

O princípio da *autonomia federativa*, estampado no art. 18 da Constituição, é um dos pilares da nossa Federação e assegura a cada ente político a titularidade da sua *autonomia*, a qual consiste na liberdade para, respeitando a soberania da Federação, promover sua auto-organização, sua autoadministração e exercer seu autogoverno. E é dentro dessa margem de liberdade titularizada por cada um dos entes que eles podem, em relação aos *seus* tributos, tomar decisões de conceder benefícios e incentivos fiscais aos seus contribuintes, como é o caso, por exemplo, das *isenções*.

Quando a *isenção* é concedida em relação a certo tributo que pertence ao próprio ente que a está concedendo, promovendo-se a renúncia de uma receita que lhe pertenceria, fala-se que a isenção é *autônoma*, já que fruto da sua

CAPÍTULO 23 – CRÉDITO TRIBUTÁRIO – V

autonomia. Isenção *autônoma* nada mais é do que aquela que é concedida pelo próprio titular do tributo em relação ao qual se está renunciando o crédito. Em uma linguagem simples, a renúncia é feita pelo próprio titular, pelo próprio dono do direito arrecadatório do qual se está dispondo. Exatamente como deve ser. E assim deve ser, acresça-se, não somente em relação à concessão de uma isenção, mas também de qualquer outro benefício fiscal, ou qualquer ato de governo em geral. Aliás, assim deve ser ao longo das relações coexistenciais na vida como um todo, seja a do Estado, seja a nossa própria vida, de sorte que quem não é dono de algo não deve pretender renunciar esse algo que não lhe é de titularidade, somente cabendo a quem realmente é proprietário a faculdade de dispor e abrir mão do que lhe pertence. Assim é na vida como um todo.

Ao contrário das mencionadas isenções *autônomas*, chama-se de *isenção heterônoma* aquela em que um determinado ente federativo promove a renúncia da receita referente a tributo de competência de outro ente federativo. De regra, tal postura é vedada, revelando-se incompatível com o princípio da autonomia federativa, mandamento basilar da nossa forma de Estado. As isenções devem ser autônomas, e não heterônomas, não se devendo admitir exceções.

Um ponto, todavia, merece comentário. Alguns colegas na doutrina sustentam existirem duas situações em que caberiam isenções "heterônomas". Humildemente, discordamos. E é bem simples entender o motivo. É que, ao nosso modo de entender, nas duas situações (a seguir comentadas), se for feita uma leitura atenciosa, se perceberá que não se trata, verdadeiramente, de isenção "heterônoma"; aliás, sendo franco, em uma delas, sequer se tem o fenômeno da isenção. Nessas duas situações em que algumas autorizadas vozes na doutrina pátria afirmam ser excepcionalmente cabível a isenção "heterônoma", o que se tem são dois casos em que realmente haverá o benefício fiscal, o qual, todavia, não deve ser rotulado como isenção "heterônoma", pois, como veremos, de fato, não se trata de tal enquadramento. E a conclusão a que chegaremos é no sentido de que realmente não existe possibilidade de se admitir a isenção heterônoma no nosso ordenamento, a qual, caso fosse concedida, seria inequivocamente inconstitucional, vide total incompatibilidade com o art. 18 da Constituição.

O primeiro caso é o que alude à concessão de *isenção de tributos estaduais pela via dos Tratados Internacionais*. O segundo é um clássico caso de *não incidência legalmente qualificada por lei complementar nacional de normas gerais* e que parte da doutrina (ao nosso humilde e respeitoso modo de pensar, em equívoco) confunde como se fosse um caso de isenção, o que verdadeiramente não é. Trata-se, nessa segunda situação, da exclusão de incidência do ISS em alguns contratos de prestação de serviços para o exterior, a qual decorre da norma legal firmada no art. 2º, I e parágrafo único da LC nº 116/2003, autorizada pelo art. 156, § 3º, II, da CRFB/1988.

No primeiro caso, das isenções concedidas por Tratados Internacionais, elas são admitidas **exatamente por não serem heterônomas**, conforme comentários que aprofundaremos no tópico imediatamente posterior ao que ora se redige; trata-se, como veremos, de isenções de caráter "federativo", e não "federal", revestidas de "soberania estatal brasileira", e não de "autonomia federal", não consagrando invasão da autonomia estadual por parte da autonomia federal, e sim sendo um caso de sobreposição da soberania da República Federativa do Brasil em relação à autonomia de um de seus entes federados, que, no caso, seria o Estado membro (ou o Distrito Federal). Tais isenções são admitidas, repito, exatamente por não ferirem o princípio da autonomia federativa, por não se revelarem como atos heterônomos.

Na segunda situação, o que ocorre é que a Constituição autoriza lei complementar a excluir o ISS da incidência quando ocorrerem exportações de serviços (prestações de serviços para destinatários no exterior). Ora, frise-se, de antemão, que a Constituição, de *per si*, sequer excluiu a incidência do ISS, tendo apenas autorizado que lei complementar o fizesse (art. 156, § 3º, II, da CRFB/1988). E a LC nº 116/2003 o fez, no art. 2º, que em três incisos estabelece normas qualificadoras de não incidência, excluindo a incidência do ISS e impedindo a ocorrência de fato gerador de relação obrigacional tributária. Entre os casos ali listados está o que se refere o mencionado dispositivo constitucional, de sorte que no art. 2º, I e parágrafo único se estabelece que em algumas hipóteses de prestações de serviços para o exterior não incidirá o ISS (nos casos em que os resultados do serviço se verifiquem no exterior, sendo lá apurados). Nesse caso específico, o que temos não é, *data maxima venia*, uma *"isenção heterônoma"*, pois sequer temos uma *"isenção"*. A questão versa sobre situação em que o ISS *não incide*, é excluído do campo da incidência, sendo vedado pela lei nacional de normas gerais que qualquer lei municipal possa autorizar a incidência do ISS nas situações ali mencionadas. Se porventura a lei local de ISS de certo Município autorizar a incidência do ISS, a norma local será inconstitucional, tanto em face do art. 156, § 3º, II, como do art. 146, III, "a", da Constituição. Por assim ser, cuida-se de situação trabalhada no campo da *não incidência*, o que, como já aprendido nos tópicos anteriores, difere frontalmente das isenções, que são trabalhadas como benefícios de dispensa de obrigação principal no campo da incidência. Portanto, não se trata, como se chega a afirmar, de *isenção heterônoma*. Por fim, assevere-se que a norma legal excludente da incidência do ISS firmada na LC nº 116/2003 é plenamente válida e se reverte do caráter de norma nacional, e não de norma federal, não havendo, portanto, configuração de ato heterônomo, por via do qual a União supostamente estaria invadindo a autonomia dos Municípios. Tal violação não ocorre, já que, como dito, as normas gerais nacionais são fruto da soberania federativa do Estado brasileiro, e não da autonomia federal da União.

CAPÍTULO 23 – CRÉDITO TRIBUTÁRIO – V

DICA 15: LEGITIMIDADE DAS ISENÇÕES DE ICMS POR TRATADOS INTERNACIONAIS

Apesar da vencida opinião de alguns doutrinadores, a jurisprudência do STF resta pacificada no sentido de ser cabível a concessão de isenções de ICMS (e demais impostos estaduais) por via de Tratados Internacionais. Tal entendimento é acompanhado sem qualquer embargo pelo STJ, havendo unidade de entendimento entre as duas cortes de superposição.

A rejeição, por parte da doutrina, a tal possibilidade, se deu em razão do fato de que alguns acreditaram que tais isenções de tributos estaduais, concedidas por Tratados Internacionais, poderiam estar violando o pacto federativo, gerando desrespeito à autonomia federativa dos Estados membros, consagrando ato por via do qual a "União" promovesse uma invasão à autonomia federativa estadual, consagrando ato heterônomo a ser repudiado.

A verdade é que tal tese não prevaleceu, tendo se firmado entendimento diametralmente oposto. Reconheceu-se a legitimidade de tal via isentiva, especialmente pelo fato de que, quando uma isenção é deferida por um Tratado Internacional, não é correto acreditar que o benefício é concedido pela União. Afinal, realmente não é a União, como pessoa jurídica interna ínsita dentro da Federação brasileira, que celebra Tratados com outros países. Quem é parte no Tratado é o país, o Brasil, Estado soberano, pessoa jurídica de direito público externo, com capacidade internacional, e não a União, que, distintamente, é pessoa jurídica de direito público interno, sem personalidade internacional e jamais podendo ser confundida com a República Federativa do Brasil, da qual é parte, integra e a quem não se equipara. Nesse linear, quando um Tratado é celebrado, ele não é celebrado pela União, e sim pela República Federativa do Brasil. E nessa toada, de se concluir que a isenção fornecida não é uma isenção "federal", e sim "federativa", inocorrendo situação de invasão da autonomia estadual por parte do governo federal. O que ocorre (e que é legítimo) é o exercício de um ato de soberania do Estado brasileiro, o qual se sobrepõe à autonomia de qualquer dos entes internos da Federação, os quais deverão acatar o comando oriundo da vontade maior.

O STF em diversas ocasiões afirmou não haver violação às regras de respeito à autonomia federativa, as quais impõem que cada ente se abstenha de praticar atos que invadam a autonomia dos demais. Nos casos de isenções concedidas por Tratados, a Corte Excelsa reconheceu não haver qualquer violação ao comando do art. 151, III, da Constituição, o qual veda que a União conceda isenções de tributos que se aninham na competência tributária dos demais entes, abrigando a norma que consagra o famoso "Princípio da Vedação de Isenções Heterônomas". Exatamente pelo fato de que *não é a União* que concede a isenção, e sim o Brasil, como

Estado soberano, que se consegue validar a benesse gerada no acordo internacional, afastando qualquer incompatibilidade com o citado art. 151, III, da Constituição.

Alguns autores chegam a afirmar que as isenções por via de Tratados consagrariam excepcional situação de admissibilidade de *isenções heterônomas*. Sob essa angulação de compreensão, tratar-se-ia de isenções heterônomas admitidas. Com todo respeito, discordamos em absoluto. Não se trata de isenção "heterônoma". Em hipótese alguma. E é exatamente por isso que essas isenções são válidas: por não serem heterônomas. Pois, se o fossem, insuperavelmente estariam maculadas com a pecha da inconstitucionalidade e não teriam aptidão a produzir efeitos lícitos. O ato de *heteronomia* é aquele que surge do conflito de autonomias, em que um determinado ente invade a autonomia de outro na prática do ato; revela colisão de *autonomias*, exigindo a figura de dois entes federativos em conflito. No caso das isenções por Tratados, o que se tem é ato de *soberania do Estado Maior Brasileiro*, se sobrepondo à *autonomia federativa* do ente "estado membro"; não há colisão de autonomias; não há confronto entre entes federativos, o que ocorreria caso fosse a União a atuar celebrando o Tratado e deferindo a isenção. Reconhecer que a isenção é dada pela Federação (e não pela União) e depois afirmar que se trata de ato *heterônomo* revela contradição insuperável, evidenciando raciocínio viciado que não merece prosperar. Lembremo-nos de que quando o Presidente da República age na pactuação dos Tratados ele não age como Chefe de Governo Federal, e sim como Chefe de Estado Brasileiro; do mesmo modo, quando o Congresso ratifica o Tratado viabilizando sua internalização, ele não age como parlamento federal, e sim como parlamento nacional, brasileiro. O próprio STF já chegou a afirmar no sentido do que ora defendemos, registrando de forma expressa não se tratar de *isenção heterônoma* (vide **RE 229.096, RE 234.662 AgR/BA, RE 460.935 AgR/PE**).

Por fim, deixamos nossa particular opinião no sentido de que, pelos mesmos fundamentos, reconhecendo a sobreposição da *soberania* em relação à *autonomia*, o mesmo posicionamento pode ser adotado para casos de isenções de tributos *municipais* por Tratados Internacionais.

DICA 16: ISENÇÕES DE ICMS POR TRATADOS INTERNACIONAIS E OS CONVÊNIOS DO CONFAZ. APLICAÇÃO POR EXTENSÃO

Não obstante, pelo menos em tese, seja válido que o Tratado inove e conceda uma isenção de ICMS ainda não conhecida, o fenômeno que tem sido comum é um pouco diferente desse.

Na prática, o que ocorre, há décadas, em vários países (inclusive no Brasil), é o seguinte: diante de uma isenção *já concedida* em um determinado país,

CAPÍTULO 23 – CRÉDITO TRIBUTÁRIO – V

desonerando a operação de comercialização de certa mercadoria, prestigiando dados perfis de fornecedores, cria-se, por via do tratado, a *norma expressa de extensão da isenção*, determinando-se sua aplicação para alcançar algumas situações que não foram descritas na fonte normativa que a concedeu internamente no país, favorecendo-se com *a mesma isenção* algumas outras operações, as quais normalmente envolvem produtos similares aos isentos e que são oriundos de outros países, também signatários do Tratado. Ou seja: o Tratado promove a extensão da aplicação da isenção (que já existia) para alcançar operações que não seriam, *a priori*, favorecidas por ela, já que na norma isentiva local não haveria previsão expressa para prestigiar ditas situações. Daí se construir, via Tratado, a norma de extensão, determinando a aplicação do mesmo benefício para determinados fatos que passam, portanto, a também ficarem protegidos pelo benefício fiscal. A intenção é assegurar a concorrentes que comercializam mercadorias similares àquela mercadoria isenta naquele determinado país que possam gozar de tratamento fiscal equivalente, preservando-se condições leais de competitividade e de sobrevivência do produto estrangeiro naquele mercado interno.

Caso que ficou famoso no Brasil foi aquele que restou conhecido como o *"caso do bacalhau norueguês"*, iguaria de origem europeia que foi privilegiada com extensão de norma isentiva que havia sido dada no Brasil para operações de comercialização de alguns pescados brasileiros, destacando-se, por exemplo, o *peixe seco*, bem de origem nacional e que tem amplo consumo na mesa das famílias brasileiras.

No caso comentado fora aprovado o Convênio 60/91 no CONFAZ (Conselho Nacional de Política Fazendária) que autorizou os Estados e o DF a efetivarem isenção de ICMS nas vendas de pescados. Ocorre que o convênio expressamente vedava a isenção a alguns peixes, como o bacalhau, o salmão e a merluza. Ocorre que fornecedores que comercializavam o bacalhau norueguês, além do salmão e da merluza de origem estrangeira, se sentiram prejudicados pela forte desigualdade na precificação das vendas desses pescados, que ficaram muito mais caros que os peixes nacionais. Daí que foram avocar a aplicação da norma prevista em um importante Tratado do qual o Brasil se fez signatário e no qual constava regra expressa determinando que as isenções concedidas em quaisquer dos países que tivessem aderido ao pacto deveriam ser estendidas para favorecer produtos simulares de origem de outros países também pactuantes do Tratado. Pediram, portanto, que o Judiciário brasileiro reconhecesse a norma prevista no acordo internacional e determinasse a aplicação da isenção concedida pelo Convênio 60/91 sobre as operações de comercialização do bacalhau da Noruega, do salmão e da merluza de origem europeia. Trata-se, no caso, do famoso Tratado conhecido como **GATT** *(General Agreement on Tariffs and Trade)*, que fora incorporado e internalizado pelo Brasil. Tanto o **STF** como o **STJ** reconheceram a validade da norma do **GATT** e aceitaram a tese dos fornecedores dos peixes de origem estrangeira, reconhecendo o direito de gozo da *isenção de ICMS dada pelo Convênio 60/91, POR EXTENSÃO PROVOCADA PELO TRATADO INTERNACIONAL (GATT)*, vedando a cobrança do imposto pelos Estados e pelo DF. Tal entendimento ensejou a edição da **Súm. nº 575, STF** e das **Súmulas nos 20 e 71, STJ**, todas pertinentes ao tema. E desde esse precedente, em que o *bacalhau da Noruega* ficou isento de ICMS por via da norma do GATT, que se chancelou o entendimento de ser cabível a extensão de isenções concedidas internamente no país pela via de Tratados Internacionais, já tendo ocorrido outros precedentes.

Oportuno frisar, todavia, que, caso seja revogado o ato normativo *interno* que concede a isenção, evidentemente que também cai a extensão da isenção para as operações equiparadas pela norma do Tratado. No caso do bacalhau, como o Convênio 60/91 somente valeu até 30/04/99, quando expirou, deixando de vigorar a isenção para o peixe seco brasileiro, também cessou a isenção na comercialização do bacalhau norueguês, já que a sua benesse decorria da aplicação extensiva da norma oriunda do convênio nacional; expirado o convênio, despareceu a norma isentiva, não mais havendo o que se estender nas operações com pescados estrangeiros.

DICA 17: ISENÇÕES DE ICMS POR CONVÊNIOS DO CONFAZ

A via tradicional para a concessão das *isenções* (e demais incentivos e benefícios fiscais) de ICMS é, como já comentado aqui nessa obra, a celebração de **Convênios** no âmbito do **Conselho Nacional de Política Fazendária – CONFAZ**. É pelos ditos atos normativos, de natureza colegiada, formalizados após **deliberações** feitas pelos representantes dos Estados membros e do Distrito Federal, que *se concedem e revogam isenções, incentivos e benefícios fiscais de ICMS*. A regra emana do disposto no art. 155, § 2º, XII, "g", da Constituição. O procedimento em que se efetuam tais deliberações para viabilizar a formalização dos *convênios* tem suas diretrizes fincadas na **LC nº 24/75**, que faz o papel da lei complementar exigida no citado art. 155, § 2º, XII, "g", de regular a forma como os atos de renúncias de receita do imposto em apreço podem ser praticadas. A lei possui texto de pequeno número de artigos e é extremamente clara e precisa, com alguns pontos que merecem breves citações.

Primeiro, de se comentar que o procedimento fixado na LC nº 24/75 não é apenas para concessões de isenções, alcançando também outras modalidades de favores fiscais, conforme art. 1º da Lei (exemplo: reduções de base de cálculo; devolução total ou parcial, direta ou indireta, condicionada ou não, do tributo, ao contribuinte, a responsável ou a terceiros; concessões de créditos presumidos;

ou quaisquer outros incentivos ou favores fiscais ou financeiro-fiscais dos quais resulte redução ou eliminação, direta ou indireta, do respectivo ônus).

A seguir, vale destacar alguns *quóruns* fixados na lei. De início, frise-se que, para que possa ser iniciada uma sessão deliberativa, é imprescindível que tenham sido convocados os representantes de todos os Estados e do Distrito Federal, sob a presidência de representantes do governo federal, sendo certo que as reuniões somente se realizarão caso haja a presença de representantes da maioria absoluta das Unidades da Federação (pelo menos 14 das 27), conforme regramento fixado no art. 2º.

Inaugurada a sessão, para que sejam formalizados os convênios, aprovando a concessão de um dos benefícios fiscais, se dependerá sempre de **decisão unânime dos Estados representados**; a sua revogação total ou parcial dependerá de **aprovação de quatro quintos, pelo menos**, dos representantes presentes. Mais rigoroso o *quórum* para beneficiar, menos exigente para retirar o benefício.

Conforme o disposto no art. 3º da lei, o CONFAZ pode conceder o benefício de modo que ele não necessariamente se aplique em todas as unidades da Federação, desde que isso realmente seja objeto da deliberação e nesse sentido seja a decisão unânime. Daí afirmar o legislador que *"os convênios podem dispor que a aplicação de qualquer de suas cláusulas seja limitada a uma ou a algumas Unidades da Federação"*.

Após publicado o convênio, é necessário que ele seja *ratificado* pela chefia do Poder Executivo de todas as unidades federativas, inclusive das que eventualmente não tenham tido representantes presentes na sessão deliberativa da qual emanou o convênio, podendo a ratificação ser expressa ou tácita (esta última, nos casos em que após prazo de 15 dias não haja rejeição expressa). Se o convênio não for *ratificado* por todas as unidades federativas, ele se considera *rejeitado*, não produzindo efeitos. Vale a transcrição do art. 4º da LC nº 24/75:

> **LC nº 24/75, Art. 4º** Dentro do prazo de 15 (quinze) dias contados da publicação dos convênios no Diário Oficial da União, e independentemente de qualquer outra comunicação, o Poder Executivo de cada Unidade da Federação publicará decreto ratificando ou não os convênios celebrados, considerando-se ratificação tácita dos convênios a falta de manifestação no prazo assinalado neste artigo.
> § 1º O disposto neste artigo aplica-se também às Unidades da Federação cujos representantes não tenham comparecido à reunião em que hajam sido celebrados os convênios.
> § 2º Considerar-se-á rejeitado o convênio que não for expressa ou tacitamente ratificado pelo Poder Executivo de todas as Unidades da Federação ou, nos casos de revogação a que se refere o art. 2º, § 2º, desta lei, pelo Poder Executivo de, no mínimo, quatro quintos das Unidades da Federação.

Por fim, destaque-se, ainda, que *"Os convênios entrarão em vigor no trigésimo dia após a publicação a que se refere o art. 5º, salvo disposição em contrário"*, conforme dispõe o art. 6º da lei.

DICA 18: REVOGAÇÃO DE ISENÇÕES

Isenções, como regra, são revogáveis, não gerando direito adquirido, de sorte que o simples fato de ser concedida uma isenção em certo momento não permite crer que se gera um direito perpétuo de continuar dispensado do dever do pagamento. Noutras palavras, a regra que se quer ensinar pode ser bem expressa na afirmativa de que *uma isenção concedida hoje não permite crer que será para toda a vida*, não gerando para o beneficiário o direito de exigir sua permanente manutenção, não lhe sendo facultado impedir que o ente federativo concedente da benesse revogue-a quando entender oportuno e conveniente. Essa é, todavia, como mencionado, **a regra**, a qual, não resta dúvida, comporta exceções. Comente-se.

Quando a Fazenda opta por conceder a isenção **a prazo certo** (a termo) **e sob condição** (condicionada), perde o direito de revogá-la. Daí a tradicional (e correta) afirmativa de que se tornam revogáveis as isenções a prazo e condicionadas. É muito comum, para falar do requisito referente ao estabelecimento da *condição*, se utilizar a expressão *onerosidade*, de modo a se registrar que *isenções onerosas e a prazo certo se tornam irrevogáveis*.

Constate-se que para se tornar irrevogável, a isenção deve ser concedida com **os dois requisitos cumulativamente**, e não apenas gravada pela inserção de apenas um dos dois. Eles não são alternativos, e sim, como frisado, **cumulativos**.

A ideia inspiradora da norma é bem simples: se o fisco onera o contribuinte impondo-lhe uma contraprestação ou determinando que ele cumpra certo requisito, que atenda certas exigências ou adapte-se a certo perfil (condicionamento) para que mereça o gozo da isenção, e, além disso, estipula um prazo fatal para que ela se extinga, determinando um lapso temporal fatal para o gozo da benesse, não pode depois, dentro do prazo anunciado, frustrar o contribuinte que cumpriu o requisito exigido, adequou-se ao perfil imposto e se programou para se valer da desoneração fiscal dentro do prazo anunciado. Se o fisco pudesse revogar a isenção concedida a prazo certo e de forma condicionada, não apenas geraria imensa frustração aos contribuintes como poderia, por certo, mais do que apenas frustrar, causar prejuízos, desequilibrando planejamentos e antecipando o restabelecimento da tributação para um momento que informou não se sujeitaria a ela, o que feriria de morte a segurança jurídica, trazendo insegurança, instabilidade e perda de confiança para as relações tributárias.

Aclare-se o pensamento lembrando que a Fazenda em momento algum é obrigada a isentar, somente o fazendo por iniciativa e vontade própria. Do mesmo modo, ao conceder a isenção, não tem nenhum ônus de fornecê-la com fixação de prazo e cumulativamente mediante o estabelecimento de condições. Logo, contate-se que o fisco não é obrigado a conceder isenções irrevogáveis (sequer é obrigado a isentar!), pelo que, se realmente toma a decisão de implementar o ato isentivo gravado pelas características que *sabe desde o início* furtar-lhe-ão a prerrogativa revogatória, não poderá depois voltar atrás e causar surpresas lesivas aos interesses dos contribuintes. Portanto, nenhuma nocividade na regra que torna irrevogáveis as isenções onerosas e a termo, reafirmando-se aqui, novamente, que *a regra é a revogabilidade das isenções*. Vale a leitura do art. 178, CTN, a seguir transcrito:

> **CTN, art. 178**. "A isenção, salvo se concedida por prazo certo e em função de determinadas condições, pode ser revogada ou modificada por lei, a qualquer tempo, observado o disposto no inciso III do art. 104."

DICA 19: ISENÇÕES E O PRINCÍPIO DA ANTERIORIDADE

O STF, apesar de algumas dissidências na formação de sua jurisprudência, normalmente priorizou o entendimento no sentido de que não se deve aplicar a norma constitucional do *princípio da anterioridade* quando se promove a *revogação de uma isenção*, entendendo que revogada a benesse fiscal a tributação se restabelece de imediato, não sendo necessário aguardar o exercício financeiro seguinte bem como o prazo mínimo de 90 dias para que a norma tributária volte a produzir efeitos. É, inclusive, registramos, nosso entendimento pessoal.

Não obstante existam alguns pontuais precedentes em que já se aplicou, casuisticamente, entendimento contrário, o Supremo Tribunal sinaliza para a priorização da tese que nega a aplicação do Princípio constitucional da Anterioridade das leis tributárias sobre revogações de isenção, vide **Súm. nº 615 – STF** e sendo válida também a leitura do **RE 204.062/ES** e da **ADIN 4016/PR**. Oportuna também a leitura do **ARE 682631 AgR-AgR/MG** julgado no ano de 2014 e de relatoria do Ministro Luis Roberto Barroso.

A discussão que se abre quando esse tema vem à baila é: publicada a lei que revoga a isenção que vinha sendo aplicada, a tributação (suspensa pela isenção) pode ser restabelecida de imediato e dentro do próprio ano, ou deveria se aplicar sobre essa lei revogadora de isenção o *Princípio da Anterioridade* (art. 150, III, "b" e "c", da CRFB/1988) para fins de somente admitir o restabelecimento da tributação no exercício seguinte e desde que ultrapassados pelo menos 90 dias a contar da publicação da lei revogadora da isenção?

O debate ganha luz, pois o texto constitucional somente determina a aplicação de tal comando principiológico nas hipóteses de *criação* ou *majoração* de tributo, o que genuinamente não ocorre quando se revoga uma isenção (não se cria um tributo novo nem se eleva a carga tributária do tributo já existente, apenas se restabelecendo sua eficácia em face da extinção da isenção que vinha suspendendo sua produção de efeitos).

A doutrina majoritária no nosso país, em posicionamento contrário ao que mais comumente se aplicou no STF nos julgamentos do tema, sustenta que a norma do *Princípio da Anterioridade deveria se aplicar a toda e qualquer situação em que ocorre uma mudança do regime tributário que se revele gravosa ao contribuinte*, não se restringindo a aplicação do comando protetor apenas para as hipóteses de *criação* ou *aumento* de tributos. Sustenta, desse modo, que para proteger o *direito de não surpresa* se deveria aplicar a norma limitadora do poder de tributar do Estado em todo e qualquer ato governamental que altere gravosamente o regime de tributação, trazendo para os contribuintes um dever de pagamento que não lhes vinha sendo imputado. A argumentação que se ergue para defender tal posicionamento sempre vem atrelada à ideia de que se deve evitar a aplicação imediata da nova tributação para impedir que se causem prejuízos aos contribuintes que seriam pegos de surpresa pelas novas despesas. Costuma-se falar que se feriria a segurança jurídica e que a aplicação imediata do novo regime traduziria abuso de direito por parte do Estado. Por isso se sustenta, nessa vertente interpretativa, que, sempre que são adotadas medidas de revogações de benefícios fiscais, se deveria, por analogia, considerá-los equiparados a atos de criação ou majoração de tributo, para que, por extensão, se aplicasse o *Princípio da Anterioridade*. Daí se defender que *revogada uma isenção* se deveria aguardar o exercício financeiro seguinte (art. 150, III, "b", da CRFB/1988) para restabelecer a tributação que estava suspensa em razão da isenção que vinha sendo aplicada, e, claro, desde que já superados pelo menos 90 dias a contar da data da publicação da lei revogadora (art. 150, III, "c", da CRFB/1988), continuando o contribuinte isento a gozar dos efeitos da isenção (já revogada) até o final do ano e até o final do prazo mínimo de 90 dias.

É bem verdade que, mesmo prevalecendo entendimento contra a tese doutrinária prevalecente, existem alguns julgados no próprio STF acolhendo-a, equiparando atos de revogação de benefícios fiscais a criações ou majorações de tributos para fins de se determinar a aplicação, por extensão, da norma constitucional do *Princípio da Anterioridade*. O grande defensor da tese que prevalece entre os doutrinadores no STF é o Ministro Marco Aurélio, que há anos vem tentando fazer com que ela prevaleça, ainda que nem sempre acompanhado pelos colegas de Plenário. Em pelos menos duas ocasiões, todavia, que merecem destaque, conseguiu convencer o Plenário e obteve êxito na sua intenção de fazer valer a aplicação da garantia constitucional limitadora, impedindo a aplicabilidade imediata da norma revogadora do benefício fiscal, submetendo-a ao crivo do *princípio tributário*.

Primeiro, cite-se o julgamento da **ADIN 2.325/DF**, quando o Supremo determinou que as alterações no regime de creditamento do ICMS implementadas pela LC nº 102/2000 (que alterou a LC nº 87/96) somente se aplicassem a partir de 1º-1-2001, não produzindo efeitos no próprio ano 2000. Depois, no julgamento do **RE 564.225 AgR/RS**, novamente tendo o Ministro Marco Aurélio como relator, o Tribunal Excelso aplicou o *princípio da anterioridade* sobre norma legal que revogava benefício de redução de base de cálculo de ICMS. Aproveitamos para transcrever a ementa do julgado em comento:

> **RE 564.225 AgR / RS – RIO GRANDE DO SUL**
> **AG.REG. NO RECURSO EXTRAORDINÁRIO**
> **Relator(a):** Ministro MARCO AURÉLIO
> **Julgamento:** 2-9-2014
> **Órgão Julgador:** Primeira Turma
> **IMPOSTO SOBRE CIRCULAÇÃO DE MERCADORIAS E SERVIÇOS – DECRETOS Nº 39.596 E Nº 39.697, DE 1999, DO ESTADO DO RIO GRANDE DO SUL – REVOGAÇÃO DE BENEFÍCIO FISCAL – PRINCÍPIO DA ANTERIORIDADE – DEVER DE OBSERVÂNCIA – PRECEDENTES.**
> Promovido **aumento indireto** do Imposto Sobre Circulação de Mercadorias e Serviços – ICMS por meio da revogação de benefício fiscal, **surge o dever de observância ao princípio da anterioridade**, geral e nonagesimal, constante das alíneas "b" e "c" do inciso III do artigo 150, da Carta. Precedente – Medida Cautelar na Ação Direta de Inconstitucionalidade nº 2.325/DF, de minha relatoria, julgada em 23 de setembro de 2004. MULTA – AGRAVO – ARTIGO 557, § 2º, DO CÓDIGO DE PROCESSO CIVIL. Surgindo do exame do agravo o caráter manifestamente infundado, impõe-se a aplicação da multa prevista no § 2º do artigo 557 do Código de Processo Civil.

Em sentido contrário, colamos a ementa de julgado do ano de 2014, anteriormente mencionado, de relatoria do Ministro Luis Roberto Barroso, em que o Tribunal Constitucional afirmou que o *Princípio da Anterioridade* somente se aplica quando há *criação* ou *majoração* de tributos, hipótese em que negou sua aplicação em situação que se havia implementado inovação gravosa no regime de tributação por força de aplicação de novas normas referentes a regime de substituição tributária do ICMS:

> **ARE 682631 AgR-AgR / MG – MINAS GERAIS**
> **AG.REG. NO AG.REG. NO RECURSO EXTRAORDINÁRIO COM AGRAVO**

Relator(a): Ministro ROBERTO BARROSO
Julgamento: 25-3-2014
Órgão Julgador: Primeira Turma
EMENTA: AGRAVO REGIMENTAL EM AGRAVO REGIMENTAL EM RECURSO EXTRAORDINÁRIO COM AGRAVO. DECRETO Nº 45.138/09-MG. INSTITUIÇÃO DO REGIME DE SUBSTITUIÇÃO TRIBUTÁRIA. HIPÓTESE QUE NÃO REPRESENTA OFENSA AOS PRINCÍPIOS DA ANTERIORIDADE ANUAL E NONAGESIMAL.
1. **O Supremo Tribunal Federal tem entendido que os postulados da anterioridade anual e da anterioridade nonagesimal estão circunscritos às hipóteses de instituição e majoração de tributos**. 2. O regime de apuração da substituição tributária não está alcançado pelo âmbito de proteção da tutela da não surpresa, na medida em que o agravamento inicial que decorre do dever de suportar o imposto pelos demais entes da cadeia será ressarcido na operação de saída da mercadoria. 3. Na hipótese sob análise, não há aumento quantitativo do encargo e sim um dever de cooperação com a Administração tributária. 4. Agravo regimental a que se nega provimento.

Lembramos ainda que em outros casos similares em que medidas distintas da criação ou majoração de tributos o STF negou a aplicação do Princípio da Anterioridade. Por todos, cite-se o caso tradicional de antecipação das datas de vencimento de obrigações tributárias, situações em que a Corte Máxima vem admitindo a aplicabilidade dos novos marcos temporais fixados para o recolhimento do tributo no próprio ano em que eles são informados, vide a velha **Súm. nº 669 – STF** e a recente **SÚMULA VINCULANTE nº 50**, publicada no ano de 2015, a qual afirma, *verbis*:

SÚMULA VINCULANTE nº 50 – STF
"Norma legal que altera o prazo de recolhimento de obrigação tributária não se sujeita ao princípio da anterioridade."

Apesar das inegáveis oscilações que se evidenciam na firmação do entendimento do STF sobre a matéria, parece-nos razoável crer que ainda prevalece o entendimento no sentido de que *não se deve observar o Princípio da Anterioridade* quando da revogação de *isenções*, ainda que, casualmente, tal tese, em face da gravidade dos efeitos, possa ser afastada, o que, reiteramos, deve ser fruto de uma análise do caso concreto, de suas circunstâncias, de seus efeitos e desdobramentos.

A nossa particular opinião, já afirmada no início do tópico, é contrária ao respeitável (e respeitado) entendimento que prevalece entre os colegas. Acreditamos que, quando a isenção é concedida e não o é de forma condicionada e a prazo certo, os contribuintes já são informados desde logo que a qualquer momento o benefício pode ser cancelado e a tributação restabelecida. Não ocorre, a nosso juízo, efeito *surpresa*. A regra é clara e informada desde o início. Frise-se que a

Fazenda não é obrigada a conceder a isenção e poderia não a promover. Ao fazer, renuncia receita, abre mão de sua arrecadação e protege as necessidades dos contribuintes. Se o faz informando que no momento que for necessário retirará o privilégio e precisará restabelecer a tributação de imediato, não há surpresa, não há deslealdade.

Acreditamos, sim, que o que falta no nosso país é a capacidade do setor empresarial de se programar com qualidade e desenvolver a *responsabilidade fiscal do empresário*, quando o que mais testemunhamos é apenas a exigência da responsabilidade fiscal do Estado. Possuímos, paralelamente à intensa vivência no mundo acadêmico, vasta experiência no campo empresarial e fazemos parte dos que acreditam que quando a isenção é concedida o empresário já deve ter a plena ciência de que ela pode ser destituída a qualquer momento, pelo que deve programar-se para seguir a vida com o restabelecimento da tributação logo após a perda da vantagem. Com tal entendimento prevalecendo, acreditamos que o Estado ficaria mais seguro e confortável para, querendo isentar, fazê-lo, sem o receio de, caso seja necessário cancelar o benefício por alguma situação de urgência ao longo do ano, ficar enforcado na regra que lhe imporia ter que passar todo o resto do ano sem poder recuperar a tributação. Não temos dúvida de que, se prevalecesse o entendimento sustentado majoritariamente no país, os próprios contribuintes seriam prejudicados, pois a Fazenda dificilmente concederia um benefício em determinado ano de incerteza e insegurança orçamentária, já que, caso concedesse, não poderia recuperar a tributação no final do ano se precisasse reavê-la.

DICA 20: INTERPRETAÇÃO ESTRITA DOS ATOS ISENTIVOS. REGRA DA VEDAÇÃO DE INTERPRETAÇÃO EXTENSIVA. EXCEÇÃO

A regra interpretativa emanada na hermenêutica tributária e aplicada aos atos isentivos é aquela que ensina que *isenções não comportam interpretação extensiva*, devendo o intérprete, ao se deparar com os textos que veiculam as normas isentivas, interpretá-los literalmente, na estrita dimensão em que são redigidos, sendo-lhe vedado promover a ampliação do alcance da norma, maximizando o texto. Nessa toada, de se registrar que *isenções se interpretam estritamente, literalmente*, exatamente dentro dos limites do texto apresentado na fonte normativa que formaliza a concessão da benesse.

A ideia que inspira a construção da regra é de fácil e conhecida compreensão, residindo na certeza de que não se devem, por processo interpretativo, ampliar limites de renúncias, de atos que promovem perdas, sem que tal intenção esteja claramente revelada na vontade externada pelo proclamador da liberalidade. Ou seja, significa dizer que, diante de eventual dúvida na interpretação de certo texto que veicula norma que promove uma renúncia, uma perda, um favor, não é aconselhável se optar por um caminho interpretativo que promova uma expansão do alcance, da intensidade, dos destinatários da norma por via da qual se concede o benefício. A intensão é se gerar segurança e proteção em favor de quem está promovendo a renúncia, abrindo mão de algo, colocando-se em uma situação de perda, de redução, para que não se sujeite a uma diminuição patrimonial em limite superior àquele que deixou claro estar gratuitamente disposto a suportar.

Tal regra é um comando clássico e geral da hermenêutica como um todo, aplicável tanto no direito público (e não somente no campo das relações tributárias) como no direito privado (o Código Civil, a título de exemplo, ensina que os negócios jurídicos benéficos e as renúncias se interpretam estritamente – art. 114, CCB).

No CTN, tal comando interpretativo aparece firmado no art. 111 do Código Tributário Nacional, conforme se percebe na leitura a seguir:

> **CTN, art. 111.** Interpreta-se literalmente a legislação tributária que disponha sobre:
> I – suspensão ou exclusão do crédito tributário;
> II – outorga de isenção;
> III – dispensa do cumprimento de obrigações tributárias acessórias.

Há, todavia, uma especial situação que, apesar da resistência de alguns colegas na doutrina, inspira e justifica, a nosso pensar, a quebra da regra da interpretação estrita e impõe a interpretação extensiva. Isso se dá quando os efeitos da isenção concedida, caso interpretada literalmente a lei concessiva, venha a gerar *violação ao Princípio da Isonomia*, afetando pilares da justiça e promovendo desequilíbrio na ordem jurídica. É dizer: caso a interpretação estrita leve a uma inconstitucionalidade por afronta aos valores da justiça, entendemos que a preservação dos valores constitucionais deve se sobrepor ao comando interpretativo, o qual deve ser afastado dando lugar a modo diverso de interpretação.

Há um caso que merece exemplificação. Imagine-se a concessão de isenção de IPI e ICMS, e ainda de IPVA, apenas em favor de pessoas portadoras de deficiência física, mas não em favor de portadores de transtornos mentais (ou vice-versa), favorecendo seres humanos acometidos pelas patologias de ordem física apenas ou de ordem mental apenas, e não a todos eles. Em tal situação, parece-nos razoável aceitar que a norma isentiva, caso interpretada apenas dentro dos lindes do seu teor literal (de caráter flagrantemente excludente, segregador, discriminatório), colidiria com os proclames constitucionais que orientam o dever estatal de promover a inclusão das pessoas portadoras de transtornos e deficiências, independente da natureza da patologia, sem qualquer discriminação. Além de se revelar não isonômico, o ato afrontaria o sistema inclusivo que o ordenamento constitucional impõe que o Estado promova, zelando pela dignidade de toda e qualquer pessoa portadora de deficiência. No **STJ**, vale a leitura do **Resp 1.370.760/RN**.

Situação digna de igual apreciação foi a que o **STJ** julgou no segundo semestre do ano de 2015, no **Resp 1.390.345/RS**, relatado pelo Ministro Napoleão Maia Nunes, quando o Tribunal mais uma vez afastou a interpretação literal da norma isentiva (afastou expressamente a aplicação do art. 111 do CTN), quando a Corte assegurou a um portador de deficiência, proprietário de veículo que fora roubado, o direito de adquirir novo veículo e mais uma vez gozar da isenção do IPI, antes de esgotado o prazo de dois anos. É que a Lei nº 8.989/95 (que concede isenções de IPI na aquisição de automóveis para utilização no transporte autônomo de passageiros, bem como por pessoas portadoras de deficiência física), no art. 2º, afirma que a benesse só pode ser utilizada uma única vez a cada dois anos. No caso apreciado, o STJ se deparou com situação em que o adquirente, portador de deficiência, teve seu veículo roubado e precisou adquirir um novo automóvel. O Tribunal quebrou a literalidade do texto e permitiu aplicar a norma isentiva novamente, antes de passados os dois anos, em face do caráter flagrantemente humanitário da questão e exatamente para harmonizar a aplicação do benefício fiscal aos comandos constitucionais determinantes da proteção às pessoas portadoras de deficiência.

> **DICA 21: ISENÇÃO DE IMPOSTOS, TAXAS E CONTRIBUIÇÕES DE MELHORIA. NÃO EXTENSÃO A TRIBUTOS CRIADOS APÓS A CONCESSÃO DO BENEFÍCIO**

O art. 177 do CTN, em seus dois incisos, consagra normas importantes sobre o alcance das isenções.

No primeiro inciso, registra conhecida regra de que as isenções, salvo expressa previsão na lei, não se estendem às Taxas e Contribuições de Melhoria. Ou seja, ficando o legislador em silêncio, jamais se pode presumir que o ato isentivo alcança débitos referentes a tais tributos.

A título de exemplo, imagine-se lei municipal que isente o proprietário de certo imóvel dos "encargos fiscais" relativos ao bem. Não havendo expressa indicação das Taxas devidas e de eventuais Contribuições de Melhoria, ditos tributos continuarão devidos, devendo-se entender que a isenção apenas atingirá dívidas de IPTU (ou ITR se for o caso), bem como eventualmente do ITBI. Frise-se, todavia, que, caso queira, poderá o legislador afastar essa regra e conceder de forma expressa a isenção aos tributos vinculados ora citados. Lembre-se de que o próprio art. 177, I, do CTN faz a expressa ressalva asseverando que a regra de não extensão da isenção às Taxas e Contribuições somente se aplica *"salvo disposição de lei em contrário"*.

Já no inciso segundo, fica estabelecido que a isenção não alcança tributos que venham a ser instituídos posteriormente a sua concessão, o que revela extrema logicidade, afinal, se o tributo ainda não existia ao tempo da isenção, razoável crer que o legislador não teve intenção de incluí-lo no espectro da dispensa de pagamento.

Perceba-se que ambos os incisos trazem normas que se harmonizam à regra geral que ensina que isenções não devem ser interpretadas extensivamente, devendo ser aplicadas exatamente nos moldes em que foram concedidas.

Aproveitamos para transcrever o art. 177:

> Art. 177. Salvo disposição de lei em contrário, a isenção não é extensiva:
> I – às taxas e às contribuições de melhoria;
> II – aos tributos instituídos posteriormente à sua concessão.

DICA 22: PAGAMENTO DE DÍVIDA ISENTA E REPETIÇÃO DE INDÉBITO

A concessão de uma isenção, como já estudado neste capítulo, não consiste em um ato por via do qual se "faculta" ao sujeito passivo da relação obrigacional tributária escolher se quer ou não pagar o valor que corresponderia ao suposto crédito. Não. A *isenção* traduz uma **renúncia** ao direito de crédito, de sorte que ele sequer chega a existir, inexistindo, correlatamente, qualquer débito fiscal quando da ocorrência do fato gerador da relação tributária para a qual fora concedida a isenção. Sendo a isenção dada em relação a todo o montante que seria devido (isenção "total"), inexistirá qualquer valor a pagar, e, por certo, se algum pagamento for feito, não corresponderá a um crédito do qual a Fazenda faça jus, configurando-se o pagamento como pagamento indevido, ensejando repetição de indébito.

Humildemente, pedimos vênia para discordar e apontar o equívoco da tese por via da qual se tenta sustentar que pagamento de dívida isenta é pagamento devido. *Data maxima venia*, não nos parece caber qualquer lastro de sustentabilidade à tese. Quem paga um valor referente a uma "dívida" isenta, paga relativamente a um débito que não existe, que não se formou, que sequer chegou a nascer. Cabe, não há dúvida, repetição de indébito. O crédito que o fisco teria direito a receber caso não tivesse concedido a isenção foi excluído prematuramente em razão da renúncia preventiva, formalizada na concessão da isenção. Não há direito algum de crédito. Se recebeu, o fisco tem que devolver, pois não era credor, não fazia jus a crédito algum.

CAPÍTULO 23 – CRÉDITO TRIBUTÁRIO – V

DICA 23: ISENÇÕES E DEVEDORES SOLIDÁRIOS

Existe regra especial no art. 125, II, do CTN para as hipóteses em que se concedem *isenções* (ou remissões) a devedores solidários. Afirma o legislador que *"a isenção ou remissão de crédito exonera todos os obrigados, salvo se outorgada pessoalmente a um deles, subsistindo, nesse caso, a solidariedade quanto aos demais pelo saldo".*

O que se percebe, analisando a norma, é que, nos casos em que a isenção é concedida de forma que não contemple todos os coobrigados, somente aquele(s) que foi favorecido pelo comando legal é que estará alforriado do débito, continuando os demais vinculados ao dever de adimplir a dívida fiscal. Todavia, fundamental perceber que, quanto aos coobrigados que continuam inseridos no polo passivo da relação obrigacional, a dívida sobrevive *"no saldo"*, e não na sua totalidade. Nesse linear, é dizer que deve ser abatida da dívida remanescente a quantia equivalente ao que seria uma cota parte do sujeito passivo que fora isento, não ficando para os demais a dívida na sua integralidade. Exemplificando, imaginemos que três pessoas sejam devedoras solidárias de IPTU em relação a certo imóvel do qual são proprietárias em regime condominial. Caso seja aprovada lei concedendo isenção de IPTU e somente um dos três proprietários seja favorecido, a dívida do IPTU sobreviverá contra os outros dois proprietários, mas apenas na quantia equivalente a dois terços do que seria o seu valor total, excluindo-se o débito no que tange a um terço, que seria a fração a ser suportada pelo sujeito favorecido pela norma isentiva.

Dessa forma, de se constatar que nas hipóteses de concessão de isenções a devedores solidários há de se analisar se o benefício fiscal fora outorgado de forma pessoal, favorecendo apenas a um (ou alguns) dos devedores, ou, ao contrário, se fora deferido de sorte a favorecer a todos. No primeiro caso, somente aquela pessoa que realmente cumpre os requisitos pessoais estabelecidos pela lei para ser favorecida é que gozará da vantagem, sendo alforriada do débito fiscal, sobrevivendo a dívida para os demais, no saldo. Vale frisar, por fim, que, caso restem duas ou mais pessoas no polo passivo, a responsabilização pelo saldo **continua sendo solidária** entre elas, de modo que o fisco pode cobrar esse saldo na sua integralidade de qualquer desses coobrigados.

DICA 24: AS ISENÇÕES DE IMPOSTO DE RENDA PARA PESSOAS FÍSICAS. O ART. 6º DA LEI Nº 7.713/1988

A Lei nº 7.713/88 concede, no seu art. 6º, isenção do Imposto de Renda das Pessoas Físicas em uma série de situações, listadas nos mais de 20 incisos ali listados. As rendas, portanto, que os contribuintes auferem em qualquer daquelas hipóteses, ficam protegidas pelo comando isentivo, não havendo o dever de pagamento do imposto aos cofres públicos federais.

Entre as múltiplas situações elencadas no dispositivo em comento, destacamos, para exemplificar, o importante caso que envolve os rendimentos auferidos a título de aposentadoria ou reforma por pessoas portadoras de diversas modalidades de doenças, normalmente de maior gravidade, algumas delas terminais, e com certeza todas imputando ao enfermo elevados custos para o tratamento direcionado à amenização do sofrimento e tentativa, quando cabível, de cura. Nessa toada, pessoas portadoras de patologias como a esclerose múltipla, a neoplasia maligna, a cardiopatia grave, a hanseníase, a paralisia irreversível e incapacitante, entre outras, ficam dispensadas do dever de pagamento do imposto sobre as eventuais rendas que venham a auferir, conforme expressa previsão firmada no inciso XIV do citado art. 6º da lei. Oportuna a transcrição:

> Art. 6º Ficam isentos do imposto de renda os seguintes rendimentos percebidos por pessoas físicas:
> (...)
> XIV – os proventos de aposentadoria ou reforma motivada por acidente em serviço e os percebidos pelos portadores de moléstia profissional, tuberculose ativa, alienação mental, esclerose múltipla, neoplasia maligna, cegueira, hanseníase, paralisia irreversível e incapacitante, cardiopatia grave, doença de Parkinson, espondiloartrose anquilosante, nefropatia grave, hepatopatia grave, estados avançados da doença de Paget (osteíte deformante), contaminação por radiação, síndrome da imunodeficiência adquirida, com base em conclusão da medicina especializada, mesmo que a doença tenha sido contraída depois da aposentadoria ou reforma.

Importante acrescer que o direito de gozo da isenção, nos mencionados casos de enfermidade grave, depende de que se cumpra adequadamente o procedimento exigido na legislação que regula pormenorizadamente o tema. Dessa forma, é necessário proceder a avaliação médica em repartição oficial indicada pelo Poder Público, que ateste a existência da moléstia, seu estágio e a data de sua aparição, para que então seja expedido o **laudo pericial** que deverá ser cadastrado na repartição fiscal para fins de que se oficialize, a partir de então, o direito de gozo da benesse isentiva.

CAPÍTULO 24

CRÉDITO TRIBUTÁRIO – VI
GARANTIAS E PRIVILÉGIOS DO CRÉDITO TRIBUTÁRIO

CAPÍTULO 24 – CRÉDITO TRIBUTÁRIO – VI

DICA 1

As garantias previstas no CTN **não são taxativas**, sendo possível que qualquer outra lei *(inclusive podendo ser simples lei ordinária)* estabeleça outras proteções ao crédito tributário; se cair na prova, fiquem atentos, pois, reitero, as garantias legais creditórias fiscais estão em **rol exemplificativo no CTN** (vejam o art. 183).

DICA 2

Em execução fiscal, o Fisco **pode penhorar bens** sobre os quais tenha sido **voluntariamente** (por via contratual!) determinada a **cláusula de impenhorabilidade**; essa cláusula, **quando convencionalmente estipulada**, é **inoponível ao Fisco**; já, entretanto, nos casos de **impenhorabilidade legal**, o Fisco respeita a cláusula e não penhora o bem! Vale a leitura do CPC, art. 649 e da Lei do Bem de Família (Lei nº 8.009/90), que se apresentam como os principais diplomas legais a determinar a impenhorabilidade de bens, as quais o Fisco respeita! Por fim, **atenção** com a Lei do Bem de Família, pois o art. 3º consagra as ressalvas nas quais é possível penhorá-lo, ou seja, casos em que é afastada a proteção legal; e, em dois dos sete incisos ali presentes, temos questões tributárias. É o caso de **dívidas relativas ao imóvel** e de **dívidas para com o INSS relativas a contribuições previdenciárias dos empregados do imóvel**. Nesses dois casos, **torna-se possível penhorar o bem de família por dívida tributária** (art. 184, CTN, c/c CPC nº 649, c/c Lei nº 8.009/90, arts. 1º e 3º). Portanto, lembrem-se sempre: o Fisco respeita a impenhorabilidade legal, mas não se sujeita à impenhorabilidade voluntariamente determinada!

DICA 3

A **fraude à execução fiscal** sofreu alteração quanto ao **momento** a partir do qual ela se caracteriza; desde a **LC nº 118/2005** que foi **revogada a parte final do art. 185 do CTN**. Logo, **não precisa mais ter execução fiscal ajuizada com citação válida**; se o ato fraudulento de alienação do patrimônio se praticar **quando já havia dívida ativa regularmente inscrita**, já se caracteriza a fraude. Logo, **fiquem atentos**, pois basta já ter dívida ativa inscrita e não mais precisa da execução em curso para já caracterizar a fraude à execução fiscal! Lembrando, sempre, claro, que, para haver a fraude, o ato de alienação deve ser capaz de reduzir o contribuinte a um estado patrimonial de insolvabilidade (*eventus damni*), já que, se uma pessoa tem 10 "x" em patrimônio, está sendo executada em 3 "x" e está alienando 2 "x", não há fraude alguma! Por fim, registre-se que, se houver alienação fraudulenta após dívida ativa inscrita, a presunção de fraude é uma **presunção absoluta**, chamada de presunção **jure et jure**.

DICA 4

A LC nº 118/2005 incluiu no CTN o art. 185-A, que consagrou a penhora *on-line* por dívidas tributárias, que vem sendo apelidada de norma da **indisponibilidade de bens do devedor via on-line**. Fiquem atentos aos limites impostos pelo artigo para que possa o juiz ordenar essa indisponibilização dos bens do contribuinte executado! **Somente pode ser feita após esgotado o prazo que o réu tem para oferecer a garantia (para embargar) e se tiver tido citação válida!** O juiz não pode bloquear o patrimônio do executado a qualquer tempo, não pode fazê-lo imediatamente após o ajuizamento da ação; tem que citar o réu e dar chance a ele de oferecer garantia pela maneira que entenda menos gravosa a si mesmo; logo, não podem seus bens serem indisponibilizados antes de exaurido o prazo para oferecer a garantia!

DICA 5

Havendo **falência**, lembrem-se sempre de que os créditos tributários **não precisam ser habilitados no juízo falimentar**; o Fisco pode ajuizar a ação de execução fiscal independente do juízo de falência; não se sujeitando à famosa *universalidade do juízo*; leiam com atenção o art. 187 do CTN!

DICA 6

Lembrem-se sempre de que o Fisco é um **credor privilegiado**; logo, quando ele concorre com outros credores diante de um mesmo devedor comum em certo concurso instaurado, o Fisco é protegido! Como regra geral, o **crédito tributário prefere a qualquer outro, exceto o trabalhista**, como prega o *caput* do art. 186 do CTN; entretanto, tenham atenção com duas pegadinhas: **na falência** e **nos inventários/arrolamentos**! Na falência, o Fisco pode estar em terceiro ou sétimo lugar; em regra, estará em terceiro, atrás dos trabalhadores (até cento e cinquenta SM) e credores acidentários bem como dos credores com garantia real (até o limite do gravame); mas, se o crédito do Fisco for **exclusivamente de multas**, o Fisco vira **credor subquirografário**, ocupando a sétima posição, onde ficam os credores de multas, abaixo dos quirografários, acima apenas dos credores subordinados! Já nos inventários e arrolamentos, o CTN no art. 189 afirma que os créditos tributários serão pagos preferencialmente a **quaisquer outros**, sem fazer ressalva sequer aos créditos trabalhistas; a matéria comporta discussão, mas, em provas objetivas, é comum que apenas se transcreva o dispositivo, razão pela qual o gabarito sempre dará "verdadeiro"! Por fim, o mesmo ocorre com a **liquidação**

CAPÍTULO 24 – CRÉDITO TRIBUTÁRIO – VI

judicial ou voluntária de pessoa jurídica; o art. 190 afirma a preferência ao crédito tributário em detrimento de todos os demais!

DICA 7

Se diferentes Fiscos concorrerem entre si para receberem o pagamento de seus créditos e não for possível pagar a todos, primeiro se paga à União e suas autarquias, depois aos Estados e ao DF e suas eventuais autarquias, e somente por último é que se paga aos Municípios e suas eventuais autarquias! Se cair na sua prova, marque verdadeiro! Vale a leitura do art. 187, parágrafo único, CTN, c/c art. 29, parágrafo único, LEF, e, ainda, a Súm. nº 563 do STF!

DICA 8

O deferimento de recuperação judicial para o empresário postulante exige algumas documentações, entre elas a Certidão Fiscal. Fiquem atentos, pois **não é necessário ter que estar com todos os tributos pagos e assim, portanto, uma certidão negativa de débito!** Não! Basta conseguir uma **certidão positiva com efeito de negativa, nos termos dos arts. 151, 205 e 206 do CTN**, o que pode ser conseguido, por exemplo, por meio da habilitação em **parcelamento!** Vale atenção para a leitura do art. 191-A do Código!

DICA 9

Na falência, fiquem atentos: após pagos os créditos extraconcursais e as importâncias passíveis de restituição, a partir do momento em que se começar a pagar o rol de créditos dos credores do empresário falido, o crédito tributário pode ficar na terceira posição ou então na sétima. Isso aí! E, quando falo que pode ficar na sétima posição, é porque estou me referindo às hipóteses de créditos de *multas fiscais*, de penalidades, afinal esses só são pagos após o pagamento dos credores quirografários, os quais ficam na sexta posição. Ou seja, um crédito tributário só de multas fica abaixo dos quirografários, sendo apelidado de subquirografário, ficando na sétima posição na ordem concursal estabelecida no art. 83 da Lei nº 11.101/2005. Portanto, o crédito tributário pode ser um crédito subquirografário na falência!

DICA 10

Novamente sobre a falência. Salvo as multas, no que tange ao valor dos tributos devidos e seus consectários, o Fisco realmente fica em terceiro lugar na ordem concursal, mas há de observar que a posição privilegiada dos dois credores que estão na sua frente tem limites, e, caso esses limites sejam desrespeitados, esses credores perdem todo e qualquer privilégio, virando, relativamente a esse excesso, quirografários. E quem são esses credores e quais são esses limites? Em primeiro lugar aparecem os credores trabalhistas, que se sujeitam ao limite de cento e cinquenta salários mínimos. Resta dizer, esses preferenciais credores só podem receber na frente do Fisco na quantia que se compreenda até esse valor de cento e cinquenta SM; acima disso, viram quirografários. Vale frisar que foram equiparados a créditos trabalhistas para fins de preferência prioritária os créditos acidentários, sendo que, nesse especial caso, não se aplicando o limite suprarreferido. Já na segunda posição, superando o crédito tributário, aparece o credor com garantia real, sendo que respeitando o limite do valor do gravame. Ou seja, os credores que têm seus créditos protegidos por garantias reais, como penhores e hipotecas, recebem na frente do Fisco, que caiu para o terceiro lugar, mas só recebem primeiro no que tange ao valor até o limite da garantia, e não necessariamente pelo valor total do crédito. Logo, a título de exemplo, se um banqueiro empresta R$ 500.000,00 e recebe como garantia um imóvel de R$ 350.000,00 hipotecado, ele, banqueiro, ficará na frente do Fisco e receberá primeiro, já que é credor com garantia real, mas somente até o limite de R$ 350.000,00, que é o valor do gravame, devendo, quanto ao excedente ao limite do gravame (no exemplo, R$ 150.000,00), receber como quirografário, sem qualquer privilégio.

DICA 11

Boa pegadinha de concurso é a que envolve uma sutil percepção de uma situação especial que poucos enxergam, qual seja, a de que na falência é possível que se pague primeiro um crédito tributário e somente depois um trabalhista. Isso quando se estiver a cogitar de um crédito tributário extraconcursal (fato gerador ocorrido durante o curso da falência) e de um crédito trabalhista da sociedade falida (crédito relativo à dívida contraída antes da quebra; dívida pela sociedade, e não pela massa falida).

CAPÍTULO 25

AÇÕES TRIBUTÁRIAS

CAPÍTULO 25 – AÇÕES TRIBUTÁRIAS

DICA 1: A RELAÇÃO OBRIGACIONAL TRIBUTÁRIA, O PROCESSO TRIBUTÁRIO E AS AÇÕES TRIBUTÁRIAS

As chamadas *Ações Tributárias* (também comumente apelidadas de *Ações Fiscais*) são aquelas que se ajuízam quando uma das partes na relação obrigacional tributária (sujeito ativo ou sujeito passivo; Estado ou contribuinte) decide pleitear no Poder Judiciário uma determinada tutela jurisdicional para compor certo litígio que emana de uma determinada relação tributária, esteja essa já em andamento ou em vias de se edificar. É dizer, quando um dos sujeitos da relação tributária se sente lesado (ou em vias de sê-lo) no plano dos seus direitos e opta por buscar a solução para o imbróglio nas vias judiciais, fala-se que fará uso de uma *Ação Tributária*. Se o autor, proponente da demanda, é o Estado (normalmente na qualidade de sujeito ativo), fala-se de uma *Ação de Iniciativa da Fazenda Pública*, porquanto, ao contrário, quando o demandante é o sujeito passivo da relação tributária (contribuinte ou responsável legal) se afirma tratar de *Ação de Iniciativa do Contribuinte*. Perceba-se, com clareza, que tanto a Fazenda Pública como os administrados são legitimados à Propositura de Ações Tributárias, bem como podem ser os réus nas mesmas, o que evidencia ser legítimo reconhecer que tanto o fisco como os contribuintes possuem legitimidade processual ativa e passiva para figurar no processo, seja como autor ou como réu, dependendo apenas de quem estará ajuizando a ação e quem estará sendo nela processado.

Com o ajuizamento de uma *Ação Tributária* o que se promove é a possibilidade de formação do *Processo Judicial Tributário*, o qual surge exatamente em decorrência da propositura de tais demandas, impulsionando-se o surgimento da *lide fiscal*. No centro de tais contendas, como objeto nuclear, ter-se-á uma controvérsia entre as partes gravitando em torno de uma relação jurídica obrigacional tributária, existente ou inexistente, formada ou a nascer, na qual se testemunhará, por certo, uma disputa pela defesa de direitos a ela atrelados. Normalmente, a Fazenda defende em Juízo o direito (ou suposto direito) ligado ao seu *crédito tributário*, porquanto o contribuinte, em regra, defende a preservação de seu patrimônio, seja alegando o direito de não pagar, ou de pagar valor diferente daquele eventualmente cobrado, seja pleiteando a recuperação de valores indevidamente pagos ou até mesmo postulando pelo direito de pagar em juízo pela via consignada quando em algumas situações se vê ilicitamente prejudicado para poder fazer o pagamento pela via extrajudicial.

Podemos dizer que nas *Ações Tributárias* se discutem direitos e deveres atrelados às relações tributárias, de sorte a que tais *ações* estão, via de regra, antenadas a questões de natureza patrimonial e, normalmente, no plano obrigacional e creditório, sendo ações de natureza pessoal, sendo possível defini-las afirmando que *Ações Tributárias são aquelas que se ajuízam para pleitear na via judicial uma tutela jurisdicional que possa dirimir um conflito de interesses erigido do plano de uma (ou algumas) relação obrigacional tributária, impulsionando a formação do Processo Judicial Tributário e materializando a lide fiscal, pleiteando-se a solução que, harmonizada com os comandos normativos do sistema jurídico vigente, melhor resolva a pendência entre os sujeitos ativo e passivo, definindo a quem incube a melhor razão e buscando, de acordo com os princípios e regras jurídicas regentes da relação material tributária, proporcionar a efetividade dos direitos de quem os possui, seja o seu titular o fisco credor ou o sujeito passivo da turbulenta relação que se quer ver pacificada.*

DICA 2: AÇÕES DE INICIATIVA DA FAZENDA PÚBLICA. AÇÃO DE EXECUÇÃO FISCAL E AÇÃO CAUTELAR FISCAL

A mais comum Ação de iniciativa da fazenda pública buscando tutela jurisdicional nas relações tributárias é a **Ação de Execução Fiscal**, a qual se revela como a *actio* adequada para promover a execução judicial do débito fiscal inadimplido pelo contribuinte e a consequente satisfação do crédito tributário. É ação de natureza executiva e o seu ajuizamento almeja proporcionar ao credor a resolução definitiva da sua frustração, intentando-se obter o recebimento do valor que é de direito e que indevidamente não fora pago, objetivando-se impor ao executado que pague a quantia ou que suporte a despejo do ônus sobre seu patrimônio, o qual pode se dilapidado para que se satisfaça o crédito correspondente ao débito exequendo. Para ser ajuizada deve a petição inicial estar amparada pelo **título executivo**, que, no caso, é de natureza **extrajudicial**, qual seja, a **Certidão de Dívida Ativa – CDA**, constituído internamente dentro da própria Administração Pública após procedimento administrativo direcionado a apurar a legalidade do direito de executar a dívida, constatando-se a existência de sua liquidez, certeza e exigibilidade. A **Ação de Execução Fiscal** tem procedimento especial normatizado na Lei nº 6.830/80 (LEF), lhe sendo aplicável subsidiariamente o Código de Processo Civil no que couber.

Pode também a fazenda oferecer demanda de natureza **cautelar** em face do contribuinte, ajuizando a chamada **Ação Cautelar Fiscal**, de natureza preventiva e que almeja evitar que o devedor possa dilapidar seu patrimônio se tornando insolvente (ou agravando um estado de insolvência), tendo por escopo a conquista de tutela jurisdicional que ordene a indisponibilização de bens do contribuinte antes mesmo de ser ajuizada a Ação de Execução Fiscal. É que em determinadas situações da vida real a fazenda percebe que alguns de seus devedores passam a exteriorizar comportamentos não muito comuns de dilapidação do patrimônio,

CAPÍTULO 25 – AÇÕES TRIBUTÁRIAS

colocando em risco o seu potencial de solvabilidade, ameaçando o seu direito creditório já existente. Diante de indícios concretos pode o credor, exatamente para evitar o temido risco, em postura de cautela, ajuizar a *Ação Cautelar Fiscal*, a qual terá por escopo nodal obter a conquista do provimento jurisdicional inviabilizador da alienação dos bens do devedor, indisponibilizando-os. A *Ação Cautelar* pode ser ajuizada antes mesmo de se ter inscrição em dívida ativa, o que se revela útil e oportuno, já que a proteção gerada pelo instituto da *fraude à execução fiscal* (art.185, CTN) só se aplica para atos de alienação após a regular lavratura do termo de inscrição em dívida ativa, sendo plenamente possível que o devedor, antes mesmo do prazo de vencimento do débito, comece a praticar atos de redução patrimonial exatamente com o propósito fraudatório. A *actio* em comento tem sistema normativo especial previsto na Lei nº 8.397/92.

Constate-se que não como confundir uma ação e outra. Ume é de natureza executiva e a outra tem natureza cautelar. Através da primeira o autor já busca a agressão ao patrimônio do demandado porquanto na segunda ele apenas busca a preservação desse patrimônio. Na ação executiva fiscal o fisco objetiva ao final do processo ter recebido tudo que lhe é de direito, vendo seu crédito satisfeito, não sendo esse o fim imediato da ação de natureza cautelar, a qual tem por objetivo preserva r a integridade do patrimônio do demandado para que, na hora certa e pelo meio correto, se possa agir na direção de persegui-lo para enfim obter a satisfação do crédito.

> **DICA 3: AÇÕES DE INICIATIVA DO CONTRIBUINTE. AS QUATRO AÇÕES "ORDINÁRIAS" DO SUJEITO PASSIVO DA RELAÇÃO TRIBUTÁRIA, O MANDADO DE SEGURANÇA E OS EMBARGOS À EXECUÇÃO FISCAL**

Existem seis ações que são de uso comum na advocacia tributária protetiva dos interesses dos contribuintes. Ações que se ajuízam para promover a busca da tutela jurisdicional em favor do administrado e em face da Administração. Ações por via das quais o sujeito passivo da relação tributária processa a fazenda pública. Quatro delas são as chamadas *Ações Ordinárias do Contribuinte*, às quais se acrescem a especial ação constitucional do *Mandado de Segurança* e ainda, no plano das Execuções Fiscais ajuizadas pela fazenda, a ação de defesa que é a ação de *Embargos à Execução Fiscal*, utilizada no dia a dia de uma advocacia tributária exercível contra o Estado e na defesa dos interesses do executado. As quatro ações básicas, ordinárias, servientes à defesa dos contribuintes, são a *Ação Anulatória, Ação Declaratória, Ação Consignatória e Ação de Restituição de Indébito ("Ação Repetitória")*. Somadas, essas seis ações são, se dúvidas, as ações básicas por via das quais se advoga defendendo os interesses dos sujeitos passivos das relações tributárias, possuindo, cada uma delas, o seu adequado campo de cabimento.

Além dessas seis ações básicas, é possível, evidentemente, o uso de algumas ações, não especificamente tributárias, envolvendo, todavia, como tema de fundo, uma relação tributária ou desdobramentos dela emanados.

Ainda que não seja usual e que nem mesmo seja o foco do estudo quando se estuda o Direito Tributário, é necessário lembrar que às vezes, como dito anteriormente, se ajuízam ações que normalmente não são prestigiadas quando se debruça no aprendizado da ciência fiscal mas que a envolvem. É o caso, por exemplo, de um eventual ajuizamento de uma ADIN pleiteando a declaração de inconstitucionalidade de uma lei tributária, ou de uma Ação Rescisória nas hipóteses dos arts.966 a 975 do CPC para rescindir a decisão judicial transitada em julgado proferida em uma das ações tributárias básicas, ou o raro caso de impetração de Habeas Data para obtenção de uma informação de caráter pessoal da vida privada do impetrante e de natureza tributária, constante em um banco de dados de responsabilidade de um órgão ínsito no campo da Administração Tributária, ou ainda uma ação penal para apurar a prática de crimes contra a ordem tributária etc.

Ou seja, mesmo não sendo algo que possamos chamar de "ações tributárias", fica aqui o carinhoso lembrete quanto à possibilidade do ajuizamento de ações como essas e promovendo debates em torno de questões tributárias.

DICA 4: AS QUATRO AÇÕES ORDINÁRIAS DE INICIATIVA DO CONTRIBUINTE: AÇÃO ANULATÓRIA, AÇÃO DECLARATÓRIA, AÇÃO CONSIGNATÓRIA E AÇÃO REPETITÓRIA

As quatro ações ordinárias de iniciativa dos contribuintes são inconfundíveis entre si, não havendo qualquer possibilidade de se misturar uma com outra. As hipóteses para o cabimento de cada uma delas são claramente distintas, assim como o tipo de tutela jurisdicional pretendida quando se faz o ajuizamento ora de uma ora de outra. Em outras palavras, é dizer que cada uma dessas ferramentas jurídicas é serviente a um fim diferente, revelando-se útil, cada ação, para a busca de um perfil de tutela jurisdicional própria, sendo as situações da vida real que justificam seus ajuizamentos visivelmente diferentes entre si. E aqui pedimos vênia para registrar exatamente como costumamos colocar nas nossas aulas aos nossos alunos, especialmente os que estudam para provas específicas de Concursos ou para a segunda etapa do Exame de Ordem seguindo o nosso Curso

CAPÍTULO 25 – AÇÕES TRIBUTÁRIAS

de Direito Tributário: "mesmo que você tente você não consegue errar a identificação dessas ações; elas não se misturam, não se equiparam, não se substituem e não se confundem; cada uma serve para um fim e eles são facilmente visíveis e rapidamente identificáveis; não tem como errar; nem tentando".

A *Ação Anulatória* é aquela que se ajuíza quando se pretende obter em juízo uma decisão judicial destinada a **anular ato da Administração Tributária**, livrando o contribuinte, destinatário do ato e autor da ação, da obrigação de curvar-se a ele, de se sujeitar a seus imperativos mandamentos. O exemplo clássico é o dos ajuizamentos das *"Anulatórias Fiscais"* em face de **lançamentos** indevidos de tributos. Ou seja, nas hipóteses em que a fazenda cobra do contribuinte algo que não é devido, impondo-lhe o dever de pagamento de algo do que não é devedor; nessas circunstâncias, pode o sujeito passivo da cobrança ajuizar a *Ação Anulatória* pleiteando ao Poder Judiciário que expeça provimento jurisdicional direcionado a *invalidar* o ato viciado e que não pode prosperar. Caberá ao autor, na ação, demonstrar o vício do ato, fundamentando juridicamente sua tese e provando que não assiste razão ao fisco em promover aquela cobrança; assim fazendo, conseguirá a *anulação* do ato, o que logrará com a procedência da Ação.

A *Ação Declaratória,* a seu turno, não se direciona a pleitear a anulação de um ato da Administração Tributária. Não. Diferentemente da supramencionada *Ação Anulatória*, a *Ação Declaratória* se ajuíza para que o autor possa obter uma decisão judicial de teor meramente afirmativo, única e puramente declaratório, a qual reconheça e afirme certa verdade que o postulante precisa ver reconhecida para poder exercer certos direitos ou não ser prejudicado em outros tantos. De outra forma, é dizer que se trata de ação direcionada ao propósito de se extrair do Poder Judiciário uma afirmação, meramente isso; e uma declaração revestida da força de provimento jurisdicional transitado em julgado; ou seja, uma decisão judicial que se oponha a todos aqueles a quem o contribuinte precisa impor tal verdade, a qual, por certo, não se estaria conseguindo comprovar extrajudicialmente e que se precisa ver reconhecida e provada para que ele não seja prejudicado na sua esfera de direitos. Exemplos comuns para o ajuizamento desse tipo de ação ocorrem quando o contribuinte pede que o Judiciário reconheça certas características ou qualidades no seu perfil para que então possa se habilitar ao gozo de certo tipo de benefício fiscal, como um parcelamento especial de dívidas concedido por lei, ou uma isenção ou até mesmo uma imunidade tributária, as quais, em muitas das vezes, para que possam ser corretamente usufruíveis, exigem a comprovação de certos requisitos, o que nem sempre se consegue fazer extrajudicialmente; em tais situações é comum o ajuizamento da ação de pleito declaratório para que o Judiciário reconheça aquilo que se pretende ver afirmado e, dessa forma, proporcione ao adquirente do provimento judicial exercer o direito que lhe cabe, impondo que se cumpra e se aceite o teor da decisão exarada no exercício da jurisdição. Destaquemos que é muito comum, também, o ajuizamento de **Ações Declaratórias** de modo ***preventivo***, nas situações em que os contribuintes percebem que o fisco está em vias de promover cobranças indevidas de tributos contra eles. Ao invés de esperarem as cobranças para atacá-las por meio de *Ações Anulatórias*, os contribuintes se antecipam e preventivamente já ajuízam ações pedindo ao Poder Judiciário que **declare** que não existe em favor do Estado o direito que o fisco julga possuir, pleiteando que se declare que não há obrigação de pagar aquilo que a fazenda anuncia estar em vias de cobrar. Nesses casos, ao invés de esperar a formalização do ato indevido de lançamento para após seu feitio impugná-lo por via de *Ação Anulatória*, o sujeito passivo que sabe que será vítima da cobrança infundada se antecipa, ganha tempo e provoca o enfrentamento da questão de mérito antes mesmo do lançamento se formalizar; nesses casos, como o ato ainda não foi praticado ao tempo do ajuizamento, seria incorreto chamar essa ação de ação "anulatória" (afinal, ainda não há o *ato* a ser anulado; a fazenda ainda não praticou ato algum; inexiste ato a ser invalidado ao tempo da propositura da demanda) e daí que o nosso ordenamento corretamente define que a ação preventiva em apreço é uma ação meramente "declaratória", sendo portanto apelidada de **Ação Declaratória Preventiva"**. É por isso que não raro a doutrina costuma fazer a tradicional referência que *"antes dos lançamentos, a ação a ser ajuizada é a Ação Declaratória Preventiva, porquanto se já houve a cobrança e já há ato administrativo a ser anulado, a ação é a Ação Anulatória"*.

    A **Ação de Restituição de Indébito**, chamada no meio fiscal por **Ação Repetitória,** é serviente a fim completamente diverso e ajuizável em hipóteses bem diferentes. Trata-se de remédio jurídico que se faz uso nos casos em que *se faz pagamento indevido e se pretende recuperar o valor incorretamente pago aos cofres públicos*. É ação destinada a proporcionar ao contribuinte que pagou o que não devia recuperar o dinheiro que, em erro, foi disponibilizado ao erário. É ação de natureza eminentemente **condenatória**, impulsionando o pleito de uma tutela jurisdicional direcionada à **condenação** do réu ao ressarcimento das verbas que recebeu mas que não fazia jus a obtê-las. Independente de qual tenha sido o fundamento para demonstrar que o pagamento fora feito de forma indevida (ex: pagamento em valor maior que o realmente devido; pagamento com base em cobrança emanada de lei inconstitucional; pagamento sem que se fosse o real devedor; pagamento quando sequer tenha ocorrido fato gerador de relação tributária; pagamento de dívida prescrita ou caduca – que no Direito Tributário, ao contrário do Direito Civil, é sim *pagamento indevido*; etc.), o direito à restituição

CAPÍTULO 25 – AÇÕES TRIBUTÁRIAS

é uma garantia que o ordenamento jurídico concede ao contribuinte que pagou aos cofres estatais aquilo que não devia; desde que não vacile com o requisito da tempestividade (prescreve em cinco anos a contar da data em que fora feito o pagamento indevido a pretensão à sua restituição – art. 165, CTN) e aja de forma correta, provavelmente conseguirá obter êxito na sua demanda judicial, a qual, para ser instaurada, deverá ser feito mediante o ajuizamento da *Ação Repetitória*, que é a *actio* adequada para tal tipo de pretensão jurisdicional.

A *Ação Consignatória* propicia a busca de tutela jurisdicional completamente distinta das anteriormente citadas. É ação que se ajuíza para permitir ao contribuinte que consiga *exercer, judicialmente, o direito de pagar sua dívida fiscal*. Ou seja, é ação destinada a viabilizar o adimplemento de um débito que se confessa existir, que se pretende pagar mas que se está encontrando obstáculo ilicitamente colocado pela fazenda credora na esfera extrajudicial, impedindo que se consiga, fora das margens do Poder Judiciário, realizar o pagamento. Em algumas dessas situações a legislação tributária legitima que o sujeito passivo da relação tributária possa fazer o pagamento em juízo, para não ficar prejudicado com os daninhos efeitos do inadimplemento, ao qual não quer dar causa mas que está sendo indevida e forçadamente direcionado para materializar. Perceba-se que a ação para pagamento judicial, distintamente das demais, é uma ação em que o autor *quer pagar*; seu ajuizamento, todavia, decorre do fato de estar ele, o sujeito passivo da relação material tributária e sujeito ativo na relação processual, impedido, de modo inadequado, de conseguir proceder ao pagamento; em tais situações, o ordenamento jurídico lhe socorre e proporciona o veículo processual em comento para que possa ele exercer, na plataforma do Poder Judiciário, o seu direito de pagar. Rememoremos que o *pagamento*, antes mesmo de ser um dever, é acima de tudo, um *direito*. Pagar é um direito de quem deve. O pagamento liberta, assim como, ao contrário, o não pagamento no tempo, local, modo e valor corretos, gera danos, sejam de ordem patrimonial (multas) e de outras naturezas (inscrição em cadastros de inadimplência, sanções de ordem política, profissional, social, moral, etc.). O art. 164 do CTN, nos seus três incisos, lista as hipóteses em que se considera abusiva a postura do credor e então legitima, nessas situações, o cabimento da *Ação Consignatória Fiscal*, a qual impulsionará a formação de um processo que terá seu procedimento guiado com base nas normas especiais dos arts. 539 a 549 do CPC, que regem os processos decorrentes das Ações Consignatórias em geral.

Constate-se, desse modo, que quando se observam as quatro ações ordinárias dos contribuintes, elas, de fato, se propõem a fins completamente diferentes entre si, como algumas vezes já afirmado aqui. São cabíveis para resolver problemas distintos. Se ajuízam em situações da vida real que realmente não se confundem.

Uma dessas ações, permite questionar atos indevidos da Administração pretendendo suas invalidações, almejando tutela jurisdicional de caráter desconstitutivo, invalidante, anulatório (***Ação Anulatória***); ou delas se destina a proporcionar a recuperação de valores indevidamente pagos, impondo ao Estado um provimento jurisdicional que o condene a devolver tais verbas ***(Ação Repetitória)***; uma terceira dessas ações tem o escopo de legitimar o exercício do direito de pagamento em sede judicial, em razão da dificuldade indevida e abusivamente imposta pelo credor para se efetivar o adimplemento de forma regular na seara extrajudicial, sendo uma ação idealizada para permitir ao devedor **pagar**, concordando com o lançamento (não querendo impugná-lo) e confessando a dívida ***(Ação Consignatória)***; por fim, a última delas, não é serviente ao propósito de se pleitear a invalidação de atos da Administração, nem a condenação à devolução de valores e sequer ao exercício de pagamento algum; diferentemente, é ação que se maneja quando apenas se quer obter o reconhecimento de certa verdade, reconhecimento esse que se revela fundamental para que se possa exercer certo direito ou não ser afetado em outro; busca-se, nesse compasso, uma tutela jurisdicional meramente afirmativa de algo que é real, existe e se precisa ver comprovado para preservação da integridade da esfera de direitos ***(Ação Declaratória)***.

DICA 5: O MANDADO DE SEGURANÇA NAS RELAÇÕES TRIBUTÁRIAS

O ***Mandado de Segurança***, como sabido, não é uma ação especificamente tributária, ainda que encontre, na seara das relações fiscais, nicho de habitual projeção, terminando por ser ferramenta de manejo reiterado na advocacia tributária.

Trata-se de *ação constitucional*, catalogada dentro do rol dos chamados "*remédios constitucionais*" (juntamente com o *Habeas Corpus,* o *Habeas Data*, a *Ação Popular* e o *Mandado de Injunção*), sendo serviente aos administrados tanto em causas fiscais como nas não tributárias, sempre que se pretenda questionar ato ilegal ou com abuso de poder da Administração Pública que esteja gerando ou possa gerar lesão a direito líquido e certo dos administrados, direitos estes que não sejam amparados pelo *Habeas* Corpus ou pelo *Habeas Data*, tornando-se o uso da ação cabível quando além de tudo isso, se tratar de situação em que para a defesa seja desnecessária qualquer dilação probatória (no procedimento especial do MS não cabe produção de provas, as quais, caso necessárias, devem ser pré-constituídas e apresentadas já no ato de impetração). A tutela jurisdicional almejada é a de se conseguir a invalidação do ato ilegal ou abusivo da Administração (chamado de *ato coator*), caso já praticado, ou, tentar evitar que ele se pratique ou que caso se pratique não produza os efeitos que se quer evitar sofrer, nas hipóteses em que o ato de coação ainda esteja em vias de se concretizar. Na primeira hipótese, em que o ato já está consumado e se pretende invalidá-lo, tem-se o chamado *Mandado de Segurança Repressivo* (que almeja reprimir o ato, retirando-o do mundo jurídico e evitando que se continue com a situação de lesão ao direito do jurisdicionado impetrante), porquanto na segunda hipótese, em que o MS se impetra antecipadamente, nas situações em que se percebe que o ato ilegal ou abusivo está em vias de ser edificado, tem-se o chamado *Mandado de Segurança Preventivo*, o qual almeja, via de regra, uma tutela jurisdicional inibitória, que impeça a prática do ato coator que se anunciar em vias de ser promovido, ou, não sendo isso possível, almeja lograr, pelo menos, um impedimento à produção dos efeitos indevidos do ato que eventualmente termine por ser praticado. Nos casos do *MS Repressivo*, vigora regra especial que estatui prazo para o cabimento da impetração, estabelecendo que a mesma só será aceita se feita em até 120 dias contados da ciência do ato coator por parte do impetrante (art. 25, Lei nº 12.016/09).

Trata-se de ação de natureza constitucional, como dito anteriormente, a qual resta amparada expressamente no art. 5º da Constituição. Quando ajuizada individualmente, sua previsão decorre do art. 5º, LXIX, tratando-se do chamado *Mandado de Segurança Individual*; já quando a impetração é feita por algumas entidades privadas a quem o constituinte conferiu legitimidade para postular na defesa dos interesses de alguns grupos de pessoas, almejando tutela coletiva que ampare direitos difusos e coletivos, tem-se o chamado *Mandado de Segurança Coletivo*, albergado no inciso seguinte, no art. 5º, LXX, da CRFB/1988. O procedimento aplicado nos processos instaurados por força do ajuizamento das ações mandamentais em comento é especial e resta disciplinado em lei própria, que, no caso, é a Lei nº 12.016/09.

A tutela jurisdicional pleiteável em sede de MS é similar àquela que se pode buscar mediante ajuizamento de Ação Ordinária, de sorte a que o cabimento do MS se revela como algo opcional, alternativo, que se apresenta como *outra via* para a busca da prestação jurisdicional pretendida, não se excluindo, via de regra, pelo simples fato de caber o MS em determinado caso concreto, o cabimento da Ação Ordinária, a qual normalmente continua, em paralelo, plenamente cabível. Todavia, pelo fato de existirem diversas vantagens no uso do MS, é comum que os jurisdicionados optem por buscar o remédio heroico como via de defesa, abrindo mão da ação ordinária, já que no manejo do MS se alcança procedimento mais célere, que gera menor custo, com preferência para julgamento, sem fase de dilação probatória e, em especial, elimina o risco de pagamento de honorários sucumbenciais em caso de derrota, já que em sede de Mandado de Segurança não cabe a condenação ao pagamento de honorários de sucumbência.

DICA 6: O MANDADO DE SEGURANÇA, A AÇÃO ANULATÓRIA E A AÇÃO DECLARATÓRIA

Normalmente, quando se impetra o *Mandado de Segurança* em uma relação tributária, almejando-se questionar ato da fazenda pública, a tutela jurisdicional que se busca é semelhante à que se pleitearia por via do ajuizamento ora da *Ação Anulatória* (nas hipóteses de *MS Repressivo* – para *anular* o ato coator já praticado pela Administração) ou ora pela *Ação Declaratória Preventiva* (quando se está em situação em que se constata que a Administração está em vias de praticar o ato ilegal ou abusivo de poder). E é exatamente por isso que se costuma afirmar que quando cabe o *MS Repressivo* cabe também o ajuizamento da *Ação Anulatória*, assim como nas hipóteses em que é viável a impetração do *MS Preventivo* é igualmente cabível a propositura da *Ação Declaratória Preventiva*.

Nos termos do anteriormente exposto, é dizer que o cabimento do *MS Repressivo* é um cabimento *concorrente*, *concomitante* com o da *Ação Anulatória*; noutras palavras, é afirmar que sempre que couber a impetração de *MS Repressivo*, pelo menos em tese, caberá, também, o uso da *Ação Anulatória*, sendo plenamente possível e correta a defesa judicial provocada por qualquer das duas vias. Entretanto, é fundamental ter profundo cuidado para perceber que a recíproca nem sempre será verdadeira, pois não é em toda situação atacável por via da ordinária *Ação Anulatória* que estarão presentes os requisitos autorizativos do uso do *Mandado de Segurança*; daí ser correto afirmar que apesar de ser cabível a *Anulatória* quando cabe o *MS*, nem sempre será cabível o *Mandamus* quando couber a ação ordinária de anulação. Basta imaginar uma situação em que a defesa, no caso concreto, desafie a necessidade de dilação probatória; se assim for, não será adequada a via do *Mandado de Segurança* (na qual é *proibida* a dilação probatória), somente restando como possível a defesa em sede de *Ação Anulatória*. Outro exemplo seria aquele em que já estivesse superado o prazo de 120 dias a contar da ciência do ato coator, quando então não mais seria cabível o uso do *MS*, por força da inobservância da regra atrelada ao requisito da *tempestividade* para ajuizamento (regra prevista no art. 25 da Lei nº 12.016/09 e reconhecida como constitucional pela nossa Suprema Corte – Súm. nº 632, STF), restando, mais uma vez, apenas a *Ação Anulatória* como via adequada para a defesa.

Uma terceira hipótese em que não caberia o *MS* e somente restaria a *Ação Anulatória* como via adequada seria aquela em que o cliente buscasse uma tutela jurisdicional mais ampla, indo além do que a mera anulação do ato a ser invalidado, mas, também e além dessa, buscasse, cumulativamente, uma segunda proteção, qual fosse, a de querer recuperar valores já indevidamente pagos em razão do ato de cobrança indevida; nesses casos, em que o contribuinte estivesse por pretender ajuizar a ação para anular ato coator de cobrança indevida cumulando seu pedido com um pedido de repetição de indébito de valores já pagos por força do ato coator de cobrança (pretendendo, portanto, obter *duas* proteções – invalidar a cobrança ainda pendente e *também* recuperar valores já pagos), a defesa, para proporcionar o êxito nos dois fins pretendidos, não poderia ser feita por via de *MS* e sim apenas através do ajuizamento de *Ação Anulatória*, a qual, no caso, seria uma *Ação Anulatória cumulada com pedido de Repetição de Indébito* (o que na linguagem comum da advocacia se chama de *"Anulatória cumulada com Repetitória"* ou – e aí tanto faz – de *"Repetitória cumulada com Anulatória"*), já que *é vedado o uso de Mandado de Segurança para pleitear provimentos jurisdicionais condenatórios de natureza patrimonial* (o *MS* não faz as vezes de uma *ação de cobrança*, ou de uma *ação indenizatória*, ou de uma *ação de repetição de indébito*; não é essa a finalidade que autoriza o uso do remédio constitucional ora em estudo). Portanto, em tais situações, teremos mais um quadro fático em que caberá o uso da *Ação Anulatória* mas não caberá o uso do *Mandado de Segurança*, reforçando a lição que ora se tenta passar no sentido de que apesar de *a Anulatória ser cabível nas situações em que cabe o MS, nem sempre o MS será cabível em toda e qualquer situação em que cabe a Ação Anulatória.*

Registremos que no que diz respeito à relação entre o *MS Preventivo* e a *Ação Declaratória* o raciocínio também é semelhante. Sempre que couber o *Mandado de Segurança* será cabível a ordinária preventiva, ainda que, nem sempre que essa última seja adequada aqueloutro estará legitimado.

> **DICA 7: SITUAÇÕES EM QUE O JURISDICIONADO PRECISA DA DEFESA PELA VIA DO MANDADO DE SEGURANÇA E SE TERMINA POR TER QUE ABRIR MÃO DO (JURIDICAMENTE CABÍVEL) USO DA AÇÃO ANULATÓRIA. O INTERESSE E A NECESSIDADE DO CONTRIBUINTE, ANALISADOS NO CASO CONCRETO**

Lembremo-nos de importante situação na vida real e muito comum no seio da advocacia tributária, qual seja, aquela em que o contribuinte, por força das características peculiares e pontuais de um determinado quadro fático, necessita de uma defesa que deva necessariamente ser, para satisfazer os interesses que revele naquela específica situação, realizada por via do uso do *Mandado de Segurança*, de sorte a que, com base *nesses interesses e na necessidade exposta no caso concreto*, o uso da *Ação Anulatória*, não obstante fosse plenamente cabível e juridicamente autorizado, não atenderia as expectativas (ou, até mesmo, *necessidades*) expostas pelo administrado naquela pontual circunstância.

É que às vezes, de acordo com quais sejam os interesses e necessidades dos próprios contribuintes, os advogados se deparam com situações em que não lhes resta outro caminho senão a decisão de abrir mão do uso da *Ação Anulatória* para ter que impetrar o Remédio previsto no art.5º da Constituição. Para fins de exemplificação, imaginemos, algumas hipóteses em que isso ocorre. Primeiro, vislumbremos uma situação bastante simples, qual seja, aquele em que o cliente solicita ao advogado que faça a defesa de seus interesses propondo a ação de rito mais célere e menos custosa, condicionando a contratação do advogado ao atendimento desse particular interesse no caso concreto. Nessas situações, não poderá o Advogado (sob pena de desrespeitar o interesse do cliente e a norma estabelecida como condicionante para a contratação do patrono da causa) optar por ajuizar a *Ação Ordinária*, devendo, necessariamente fazer a defesa pela via do MS, o que, como regra, *para ele, o Advogado a atuar na causa*, significa a perda do acesso aos honorários sucumbenciais caso a atuação seja vencedora, já que não é cabível condenação da parte vencida ao pagamento de honorários advocatícios sucumbenciais em sede de *MS*. Perceba-se que, não obstante talvez fosse mais interessante *para o Advogado* a defesa na ação ordinária (para poder ter acesso ao ganho dos honorários sucumbenciais em hipótese de vitória na causa), e frisando ser tal ajuizamento tecnicamente cabível (afinal, como já frisado anteriormente, sempre que cabe o *MS* cabe também a ordinária, a qual não deixa de ser juridicamente cabível pelo fato de se tornar *também* viável a impetração remedial), a circunstância fática (o interesse do cliente em obter uma prestação do serviço advocatício mediante uso de defesa judicial que se fizesse por via que proporcionasse um trâmite mais célere e menos custoso) terminaram por, *de fato* (e não *de direito*) inviabilizar o acesso à *Ação Anulatória*, somente sendo possível, pelo menos sob a perspectiva ética e do respeito aos interesses do titular do direito defendido, fazer a defesa pela via mandamental.

Um outro exemplo que poderia ser narrado seria o das situações em que o cliente, ao contratar o advogado, deixa claro que não quer correr o risco de, caso julgada improcedente a ação, ter que pagar, ele impetrante, honorários sucumbenciais à fazenda pública. Desse modo, necessariamente a ação deve ser a *mandamental*, pois caso ajuíze a ordinária e a mesma não seja contemplada com o resultado de procedência, evidentemente que tal condenação se tornará possível. Logo, restando cabíveis os requisitos para a impetração do *MS*, e havendo tal interesse em voga, mesmo que a ordinária seja possível, a defesa deverá ser feita mediante uso da ação constitucional.

DICA 8: A EXECUÇÃO FISCAL E AS DEFESAS DO EXECUTADO

Quando a fazenda pública ajuíza uma Ação de Execução Fiscal propondo a cobrança e execução do débito fiscal que julga ser devido e inadimplido, o executado é amparado pelo ordenamento jurídico com o direito de se defender, apresentando argumentos e provas que demonstrem que não assiste razão ao exequente, pleiteando que a ação executiva seja julgada improcedente e livrando seu patrimônio da constrição, não se sujeitando ao dever de pagar o valor executivamente exigido. É a consagração dos direitos fundamentais constitucionalmente tutelados do contraditório, ampla defesa e devido processo legal no âmbito das execuções fiscais. Para que possa efetivar tais garantias e então materializar a defesa, propondo judicialmente o questionamento ao pleito do autor exequente, o executado deve se valer dos meios juridicamente corretos, utilizando as ferramentas processuais adequadas para formalizar a defesa. E são elas que recebem de nós a denominação *"Defesas do Executado"*.

As duas mais comuns vias para que o executado se defenda são a **Ação de Embargos à Execução Fiscal** e a *Exceção de Pré-Executividade*; a primeira, regulada na própria Lei de Execuções Fiscais (Lei nº 6.830/80), especialmente no art.16, e a segunda, amparada no entendimento jurisprudencial consagrado na **Súm. nº 393, STJ**. Cada uma tem suas características próprias e para se tornar cabíveis respeitam regras específicas de cabimento.

Em algumas situações excepcionais em que não se torna possível a externação da defesa pelo executado nem através dos **Embargos à Execução Fiscal** nem pela via da **Exceção de Pré-Executividade** (algumas ocasiões em que não é viável cumprir os requisitos necessários para a admissibilidade dessas defesas), a jurisprudência do Superior Tribunal de Justiça vem flexibilizando a rigidez sugerida por parte da doutrina para aceitar o cabimento, atípico e realmente excepcional, do ajuizamento de uma *Ação Anulatória acompanhada de Depósito do Montante Integral em dinheiro*. Frisamos, contudo, que não é comum que a defesa de um executado na execução fiscal se faça por via do uso da *Ação Anulatória*, sendo sua admissibilidade realmente excepcional, sendo aceita, como dito, nos casos em que não é possível a defesa por via dos *Embargos* nem da *EPE*, e ainda assim, desde que se proceda ao feitio do depósito em dinheiro para garantir o valor do débito exequendo amparado no título executivo (a Certidão de Dívida Ativa).

> **DICA 9: A EXECUÇÃO FISCAL E AS DEFESAS DO EXECUTADO. A DIFERENÇA ENTRE A NATUREZA DOS "EMBARGOS À EXECUÇÃO FISCAL" E DA "EXCEÇÃO DE PRÉ-EXECUTIVIDADE"**

Não obstante a existência de alguns traços comuns entre os **Embargos** e a **EPE**, como o fato de as duas serem *defesas do executado* e o aspecto de ambas serem direcionadas ao próprio Juízo em que foi proposta a Ação de Execução

Fiscal, encaminhadas para julgamento pelo mesmo Juiz que julga o feito executivo, existem diversas diferenças entra ambas as medidas, o que merece ser bem delineado aqui.

Os **Embargos à Execução** traduzem uma **Ação**, sendo essa a sua natureza. Não se trata de uma mera defesa processual feita nos próprios autos do processo executivo. Não. Cuida-se de uma ação autônoma, nova, que não se confunde com uma simples *exceção* (de impedimento, suspeição ou incompetência), com a contestação, ou com as tradicionais figuras jurídicas do pedido contraposto e da reconvenção.

Quando o executado (*réu* na Ação de Execução Fiscal) opta por essa via de defesa, a via dos *Embargos à Execução Fiscal*, ele decide por **ajuizar uma nova ação**, com a qual atacará a ação executiva em face dele proposta, questionado a idoneidade do título executivo nela veiculado. Nesse linear, assume a postura de **autor** na ação embargante ajuizada e para formalizar a sua propositura ele apresenta uma **petição inicial**. Ou seja, o *réu executado* não oferece uma *contestação* ou qualquer outra defesa de réu nos próprios autos da Execução e sim se defende fora dos mesmos, por via de uma ação própria, que tem sua propositura deflagrada por via da apresentação de uma **petição inicial**, que é a peça processual a ser redigida pelo advogado patrono da causa para formalizar seu ajuizamento. Daí se falar que o *réu executado* vira o *autor embargante*. A ação de *Embargos* deve ser ajuizada no mesmo juízo em que fora ajuizada a ação executiva (ação principal), devendo ser requerida na petição inicial a *distribuição por dependência*, ficando juntas as duas ações, a executiva e aquela por via da qual se propõe a defesa embargante a seu conteúdo, cabendo ao mesmo Juiz julgar ambos os feitos.

Com perfil exatamente oposto, a **Exceção de Pré-Executividade** é uma defesa que **se faz nos próprios autos da Execução**, não sendo uma nova *ação* mas sim uma defesa que o réu executado apresenta dentro da própria execução fiscal proposta, protocolando-a para ser juntada sobre a petição inicial nos mesmos autos, reafirme-se. E aqui já despontam centrais diferenças entre a **EPE** e os **Embargos à Execução Fiscal**: o último traduz uma ação própria e se apresenta mediante a redação de uma *petição inicial*, tendo sua apresentação formalizável fora dos autos da Execução, recebendo autuação apartada, paralela, sendo juntada por dependência aos autos principais; já a *Exceção de Pré-Executividade* não é uma ação, é defesa que se propõe nos próprios autos da execução e a petição que se apresenta nesses autos *não é a petição inicial* (já que a *inicial* é a petição proposta pela procuradoria, deflagrando o ajuizamento da ação executiva e dando impulso à formação dos autos), sendo, portanto, uma *petição incidente*, que se junta no processo para pedir a tutela jurisdicional protetiva ao executado. Perceba-se que quando o executado se defende pela via dos *Embargos* ele assume a posição de *autor*, apresentando *petição inicial* e *ajuizando nova ação*; já quando se defende por via de *EPE* ele não assume a qualidade de autor, defendendo-se como réu mesmo, sem ajuizar qualquer ação, promovendo sua defesa nos mesmo (e únicos) autos existentes, os autos da ação executiva.

> **DICA 10: A EXECUÇÃO FISCAL E AS DEFESAS DO EXECUTADO. A DIFERENÇA ENTRE OS REQUISITOS DE ADMISSIBILIDADE DOS "EMBARGOS À EXECUÇÃO FISCAL" E DA "EXCEÇÃO DE PRÉ-EXECUTIVIDADE"**

Para que seja cabível o ajuizamento da ação de **Embargos à Execução Fiscal** quando o contribuinte é colocado no polo passivo de uma Execução Fiscal, **dois requisitos de admissibilidade** devem ser cumpridos, cumulativamente, sob pena de não ser admitia a defesa desafiando a extinção do processo sem julgamento de mérito. Frise-se que nenhum dos dois requisitos se exigem para a apresentação da **EPE** nos autos da *Execução Fiscal*, os quais são de observância obrigatória apenas quando se pretende fazer a defesa pela via do ajuizamento dos *Embargos*. Trata-se, no caso, dos requisitos da **garantia prévia do juízo** e da **tempestividade do ajuizamento**, sendo o primeiro (garantia obrigatória) tema de ampla polêmica e conhecida divergência por parte de alguns colegas na doutrina, restando, todavia, nos termos da jurisprudência estabilizada no STJ como de observância obrigatória, inclusive com expressa previsão na lei (artigos 8, 9 e 16 da Lei nº 6.830/80 – Lei de Execuções Fiscais).

Ao contrário dos *Embargos do Executado*, a adução da *EPE* pode ser feita a qualquer tempo no processo, não havendo regra temporal para limitar a sua apresentação, não se falando de *"tempestividade"* para o manejo da *defesa incidente*, assim como também não é exigida qualquer garantia, razão pela qual se afirma que *a EPE é defesa que se faz uso sem qualquer dever de submeter o patrimônio do executado à agressão, podendo ser apresentada sem qualquer depósito, sem indicação de bens à penhora e sem a necessidade de apresentação de fiança bancária ou qualquer outro tipo de garantia*. É, como diversas vezes já afirmou o Superior Tribunal de Justiça, uma defesa *atemporal* e que *independe de qualquer garantia*.

O requisito de admissibilidade para o cabimento da defesa por via de *EPE* é outro, qual seja: **não pode haver necessidade de dilação probatória** para que o executado demonstre o seu bom direito e prove ao julgador que a Execução atacada não pode prosperar. Ou seja, a defesa em *EPE* lembrando característica peculiar ao Mandado de Segurança, é uma defesa em que o jurisdicionado precisa já possuir todas as provas do que alegará previamente constituídas para juntá-las na petição a apresentar, ou, então, se tratar de um caso em que o fato é público e notório, incontroversamente, o que dispensaria toda e qualquer produção de provas. Noutras palavras, é frisar que não se pode pretender produzir as provas no curso do processo; caso seja necessária a dilação probatória, a defesa deverá ser feita mediante o ajuizamento dos *Embargos* e não pela apresentação da *EPE*, na qual, reitere-se mais uma vez, é vedada qualquer pretensão de constituição incidental de provas. Aliás, é exatamente aqui que reside a essência da articulação jurídica que inspirou o surgimento dessa figura jurídica, a *Exceção de Pré-Executividade*, que até hoje é desprovida de qualquer amparo legal expresso (a *EPE* foi criada na advocacia, não está expressamente prevista na lei e decorreu, primordialmente, da genialidade de Francisco Pontes de Miranda quando atuou no famoso *"caso Mannesmann"*), tendo sido idealizada como meio hábil a defender executados que estavam sendo injustamente demandados e em situações em que fosse desnecessária qualquer produção de provas superveniente para deixar claro e inconteste a inviabilidade do pleito executivo do exequente, demonstrando flagrantemente e de forma irrefutável a invalidade do título executivo. Logo, a defesa por via da *Exceção de Pré-Executividade* não é possível se o executado, para provar o que alega, para convencer a órgão jurisdicional julgador de que o não assiste razão ao exequente, depender de autorização para produzir provas supervenientemente, seja pela via testemunhal, pericial, ou qualquer outra. Por fim, o segundo requisito para o cabimento da *EPE* é que se tenha *matéria de ordem pública*, o que permitiria ao próprio magistrado conhecê-la *de ofício*, sem arguição, sem provocação do interessado, o que ocorre, por exemplo, em relação às *nulidades*. Normalmente, na prática, o que o executado precisa fazer é provar que o título executivo (CDA no caso das *Execuções Fiscais*) é *nulo* (seja por falta de *liquidez*, de *certeza* ou de *exigibilidade*), o que levará à *nulidade* da própria ação executiva (CPC, arts. 580, 586 e 618), tratando-se, sem qualquer dúvida, de *matéria de ordem pública*; sendo desnecessária a dilação probatória e se podendo demonstrar e comprovar na apresentação da petição o vício e comento, cabível a defesa pela via da *EPE*, independente do momento de sua apresentação e sem necessidade de oferecimento de qualquer garantia.

Perceba-se, portanto que cada uma das defesas (*Embargos à Execução Fiscal* e *Exceção de Pré-Executividade*) possuem **dois requisitos de admissibilidade**, sendo, todavia, diferentes uns dos outros. Para os *Embargos*, **garantia** e **tempestividade**; já para a *EPE*, **desnecessidade de dilação probatória** e **matéria de ordem pública**. Vale a transcrição da **Súm. nº 393, STJ**, na qual se registra:

> **STJ, Súm. nº 393:**
> A Exceção de Pré-Executividade é admissível na execução fiscal relativamente às matérias conhecíveis de ofício que não demandem dilação probatória.

CAPÍTULO 25 – AÇÕES TRIBUTÁRIAS

Constate-se que a vantagem de se fazer uso da *EPE* reside no fato de que se torna possível defender o executado sem que o patrimônio dele seja onerado. Ou seja, o advogado consegue fazer a defesa de seu cliente sem que o mesmo fique obrigado ao depósito prévio do valor exequendo, ou a indicar bens à penhora ou apresentar fiança bancária, que são as três modalidades de garantias que a Lei nº 6.830/80 lista como cabíveis para se fazer a obrigatória garantia do juízo quando se pretende embargar a execução (arts. 9 e 16 da LEF). Igualmente vantajoso é o fato de que por se fazer a defesa nos próprios autos e por não haver qualquer dilação probatória, a defesa se faz de forma muito mais célere, menos burocrática e, evidentemente, menos custosa ao executado.

A desvantagem, todavia, de se buscar a defesa em sede de *EPE*, é que caso seja necessária a produção de provas para viabilizar o deslinde da causa com a acolhida da defesa, isso não será possível, já que somente em sede de *Embargos* é que se torna cabível a dilação probatória.

Na prática, o mais comum é que os advogados tentem a defesa incidente, nos próprios autos, sem oneração do patrimônio do cliente, conseguindo o êxito e o encerramento do feito mais rápido e com menor custo, especialmente pelo fato de que o STJ já pacificou ser plenamente cabível a condenação da exequente *excepto* aos honorários sucumbenciais em favor do advogado do executado *excipiente*. Realmente, é comum se priorizar a via da *EPE* em relação aos *Embargos*. Todavia, nem sempre os magistrados atuantes nas diversas nas varas de execução fiscal desse país aceitam a *EPE* nesse ou naquele caso concreto, alegando em muitas situações que a matéria, pelo teor dela, pelas circunstâncias ventiladas, desafiaria a necessidade de dilação probatória para possibilitar o convencimento do julgador em relação aos argumentos apresentados pela defesa para tentar livrar o executado da exequibilidade gerada contra ele e lastreada na presunção de verdade do título executivo. Daí que, não obstante cabível a interposição do recurso de *Agravo de Instrumento* em face do indeferimento da *EPE* para tentar reverter a decisão de inadmissibilidade no Tribunal, o caminho que se revela adequado termina sendo o da propositura dos *Embargos*, suportando-se o ônus de se ter que oferecer a garantia e não se descuidando do requisito da tempestividade, observando-se o prazo de 30 dias para ajuizamento, conforme dispõe o art. 16 da LEF.

DICA 11: A EXECUÇÃO FISCAL E A DEFESA DO TERCEIRO NÃO EXECUTADO E INDEVIDAMENTE PREJUDICADO. OS EMBARGOS DE TERCEIRO

Situação desconfortável e que não raro acontece é aquela em que no curso de certa execução promove-se a penhora de certos bens que *não pertencem ao executado*, havendo materialização de **penhora de bem de terceiro**, o que, por certo, é ato viciado, desprovido de amparo jurídico e que não merece prosperar, sendo de direito que o legítimo titular da propriedade (ou eventualmente *posse*) do bem indevidamente agredido pela constrição possa se defender e pleitear ao juízo da execução que declare a nulidade da penhora e liberte o bem do gravame indevidamente acostado sobre a coisa. Para tanto, esse *terceiro*, que não é o executado, que não é aquele perante quem o exequente direcionou seu pleito executivo, deverá ajuizar uma ação própria, por via da qual tentará demonstrar ao juiz da causa que a penhora foi indevidamente feita, alegando e comprovando que o bem agredido é seu e não do real executado, demonstrando ainda não ser seu fiador ou garantidor, comprovando não ter qualquer ônus legalmente imponível de suportar o débito exequendo, seja ele devido ou não, o que, quanto a esse mérito, é literalmente irrelevante para o terceiro, a quem não incumbe adentrar à discussão meritória a respeito da legitimidade ou não da pretensão exequente do autor da ação executivo, restringindo-se seu interesse e seu ônus à prova de que *o bem que foi agredido é de sua propriedade ou posse e não do executado*. Para formalizar tal defesa deverá ajuizar ação chamada de **Embargos de Terceiro**.

A ação de **Embargos de Terceiro** é regida por procedimento próprio, normatizado pelas regras previstas nos arts. 674 a 681 do CPC, devendo ser ajuizada, pelo terceiro, no próprio juízo no qual corre a Execução da qual emanou o ato de agressão indevida do seu patrimônio. Tem por objetivo central proteger a integridade do direito de propriedade e de posse da coisa, livrando o bem da indevida constrição.

Não obstante algumas semelhanças com a ação de *Embargos do Executado* (normalmente chamada de *Embargos à Execução*), com essa não se confunde e é fundamental que a distinção fique clara, evitando qualquer tipo de equívoco.

A ação de *Embargos* **De Terceiro** é ajuizável pelo **terceiro**, alguém que não é parte do processo, que não é o réu, que não é a pessoa em face de quem o exequente propôs a demanda. O terceiro *não é a pessoa perante quem se está cobrando a dívida*. É o oposto do que ocorre em relação aos *Embargos* **Do Executado**, ajuizáveis pelo réu no processo executivo, sendo, nesse caso, o embargante parte no processo principal, sendo ele a pessoa exatamente contra a qual se está cobrando o débito, estando o seu nome apontado no título executivo como aquele que deve responder pela dívida exequenda.

O **terceiro embargante** não tem o ônus de atacar a execução, não lhe cabendo avaliar, opinar, defender ou criticar os argumentos eventualmente apresentados pelo exequente e a veracidade do título executivo. Apenas lhe incumbe a missão de provar que **não é o devedor ou garantidor da dívida exequenda**. Em outras palavras, é dizer que o terceiro embargante apenas vem ao feito para livrar o seu bem, sendo irrelevante para a esfera do seu interesse jurídico o debate à respeito de saber se a dívida realmente é devida ou não, se o exequente possui razão, se o executado merece que seus eventuais Embargos à execução sejam acolhidos. Ou seja, não interessa ao terceiro o julgamento sobre a questão meritória, sobre quem tem ou não direito, se o exequente ou o executado. Apenas lhe interesse retirar o bem que lhe pertence da agressão. Para tal, bastará provar que não é o devedor, que não é garantidor da suposta dívida cobrada e que o bem agredido se insere no âmbito do seu direito de propriedade ou posse. E aqui se percebe a mais marcante distinção da ação do terceiro em relação à ação do executado, que não é terceiro e sim parte, a quem incumbe provar que não é devedor, que o objeto da execução não é devido, que não assiste razão ao exequente, atacando o *meritum causae* e tendo que provar a nulidade do título executivo. Ainda que ambas as ações se chamem de **Embargos,** é visível a diferença entre elas.

No âmbito das relações tributárias e das *Execuções Fiscais* existem algumas polêmicas bem conhecidas sobre o tema, inclusive tendo ensejado a edição de Súmulas notórias no Superior Tribunal de Justiça, como a **Súm. nº 251, STJ,** e a **Súm. nº 84, STJ** (esta última, oficializando a derrocada do entendimento que era adotado pelo STF antes de 1988 e que estava exposto na *superada* Súm. nº 621 da Suprema Corte).

A **Súm. nº 251, STJ,** é de grande valia na prática, e consagra o entendimento firmado na Corte no sentido de que quando o fisco promove execução fiscal em face de Administradores de pessoas jurídicas, imputando a eles a responsabilização pessoal pelos débitos da PJ (o que ocorre nas hipóteses de prática de atos ilícitos dolosa ou culposamente na gestão da pessoa jurídica administrada – art. 135, III, do CTN), a meação do cônjuge do administrador não pode, de plano, responder pela dívida, somente se podendo atingir o patrimônio do consorte se o fisco exequente provar que do ato ilícito do administrador reverteu benefício em prol do casal, beneficiando-se o cônjuge; não restando provada a vantagem (e sendo o ônus probatório do exequente), a meação fica protegida, e, caso atingida pela penhora, pode o titular ajuizar os *Embargos de Terceiro*, almejando liberar a sua parte do patrimônio para que a força da execução não recai sobre acervo. Vale a transcrição do mencionado verbete sumular:

> **Súm. nº 251, STJ:**
> A meação só responde pelo ato ilícito quando o credor, na execução fiscal, provar que o enriquecimento dele resultante aproveitou ao casal.

Já a **Súm. nº 84** homologa entendimento que protege promitentes compradores de imóveis ou de veículos, quando são ajuizadas execuções fiscais em face dos promitentes vendedores e a penhora em tais execuções recai sobre o bem objeto da promessa e já sob a posse do promitente comprador. **Mudando o entendimento que era adotado pelo STF antes da Constituição de 1988** (vide a <u>superada</u> Súm. nº 621, STF), **o STJ firmou entendimento de que o promitente comprador pode defender a posse do bem objeto da promessa (e a expectativa de aquisição da propriedade ao final com a quitação da promessa) por via dos Embargos de Terceiro, <u>mesmo que a promessa não esteja registrada</u>, pleiteando, via ação embargante, o livramento do bem da constrição.** Ou seja, colocando por terra o velho entendimento do Supremo, quando cabia à Corte Excelsa a apreciação das matérias infraconstitucionais do direito objetivo federal (assim o era antes de 1988, quando sequer existia o STJ – que foi criado a partir da Constituição de 1988), o STJ sedimentou a interpretação de que o nosso ordenamento não condiciona o direito de livrar o bem da penhora por parte do promitente comprador à necessidade de ter sido feito o registro da promessa, como condicionava o STF. Nessa toada, bastará ao promitente comprador provar que a promessa de compra e venda foi celebrada antes do fato gerador da dívida exequenda, e, se após este, provar que ao seu tempo o promitente vendedor tinha patrimônio remanescente suficiente para saldar o débito, não havendo qualquer fraude na alienação. Provando que já era titular do direito de posse sobre a coisa (e uma posse, relembre-se, com *animus domini*, protegida pela perspectiva juridicamente assegurada de conversão em propriedade) ao tempo do nascimento da dívida, ou provando que quando adquiriu a posse, mesmo após o fato gerador da dívida já ter ocorrido, a promessa não foi feita em fraude à execução fiscal (por ter o promitente patrimônio além desse bem objeto da promessa para quitar o débito), poderá defender a sua posse e a sua expectativa de aquisição da propriedade, livrando o bem da penhora e impedindo que dívidas fiscais pessoais do promitente vendedor executado sejam quitadas com o imóvel, do qual é possuidor e espera adquirir a propriedade. Para defender essa posse e conseguir livrar o bem da constrição já materializada deverá ajuizar a ação de ***Embargos de Terceiro***, no próprio juízo da execução fiscal, dirigindo a petição inicial, na mesma vara, ao mesmo juiz que julga a ação executiva, pedindo a distribuição por dependência. Frise-se que tal direito será viável **mesmo que a promessa não tenha sido registrada**. Oportuna, por fim, a transcrição da **Súm. nº 84, STJ:**

> **Súm. nº 84, STJ**
> É admissível a oposição de embargos de terceiro fundados em alegação de posse advinda de compromisso de compra e venda de imóvel, ainda que desprovido do registro.

Por fim, acresça-se que apesar de o texto da Súmula fazer menção apenas a ***imóveis*** como objeto dos contratos preliminares de venda e compra, o raciocínio

CAPÍTULO 25 – AÇÕES TRIBUTÁRIAS

se aplica igualmente quando o bem atingido pela penhora é um veículo, tendo sido a coisa móvel alienada na promessa o objeto da constrição.

DICA 12: O CABIMENTO DA AÇÃO CONSIGNATÓRIA FISCAL

A *Ação Consignatória Fiscal* é cabível para que contribuintes possam, em algumas situações autorizadas pela lei, conseguir **pagar judicialmente dívidas que reconhecem como devidas, confessam e querem adimplir**, sendo essa a finalidade imediata de tal ação: permitir o adimplemento do débito nas vias judiciais.

É evidente que estar legitimado a promover o pagamento de uma dívida na plataforma do Poder Judiciário não é algo que possa decorrer da mera e simples vontade do devedor. Não faria sentido algum facultar-lhe o livre arbítrio de em toda e qualquer situação da vida poder escolher, ao seu bel prazer, promover o pagamento pela via judiciária, onerando a máquina pública e causando embaraços ao credor. Há de se ter um justo fundamento para que se justifique ser cabível o adimplemento por tal via, a qual, por certo, causa transtornos, provoca custos e uma série de outros efeitos indesejáveis, não só para o credor demandado para receber e dar quitação em Juízo, mas, também, como supra mencionado, para a própria máquina pública. Por assim ser, coube ao legislador a incumbência de definir em quais situações da vida real poderia o devedor buscar socorro no Poder Judiciário para realizar o pagamento do débito fiscal em Juízo, vinculando a fazenda a receber judicialmente o valor de seu crédito.

As situações em que tal possibilidade resta autorizada estão descritas nos três incisos do art.164 do CTN e somente nos casos ali descritos é que realmente o ordenamento jurídico permite que o contribuinte promova seu pagamento em juízo. E quando se está diante de qualquer das hipóteses ali narradas se torna autorizado o ato. Em todas elas se percebe que ocorre um comportamento abusivo da Administração, que impede, ou, quiçá, dificulta muito, que o contribuinte consiga exercer o seu direito de pagar aquilo que realmente deve e que está disposto a adimplir mas não está conseguindo.

As situações fáticas narradas nos incisos I e II evidenciam hipóteses em que o fisco condiciona o exercício do pagamento do tributo que se quer pagar a um *algo mais*, seja ora a exigência de outro pagamento ou seja ora a imposição de cumprimento de uma determinada obrigação assessória.

Em ambos os casos é vedada a postura da Administração, a qual não pode condicionar o direito de se pagar uma dívida *devida*, confessada, formalmente cobrada a qualquer outra exigência. Não pode o fisco tomar tal medida, seja por força de pretender arrecadar concomitantemente outros valores ou por querer impor o cumprimento de deveres assessórios.

É direito do contribuinte pagar isoladamente aquela dívida que reconhece e pretende adimplir. A título de exemplo, imagine-se que o fisco condicione o direito de pagar o IPTU à imposição de que se pague conjuntamente certa taxa que tenha sido cobrada. Em tal situação, caso queira pagar *apenas* o IPTU, poderá fazê-lo o contribuinte, e se houver recusa de recebimento por parte da Administração, poderá o sujeito passivo da relação tributária promover o pagamento em juízo utilizando a *Ação Consignatória*. Enfatize-se, em relação ao exemplo, que é literalmente irrelevante o aspecto de a taxa cobrada ser devida ou indevida; mesmo que ela seja *devida*, ainda assim não pode o credor condicionar o pagamento de uma dívida ao de todas as demais ao mesmo tempo; os fatos geradores são autônomos e é direito do contribuinte promover os pagamentos de forma independente; imagine-se, por exemplo, a situação em que o contribuinte só dispusesse de recursos financeiros para pagar o valor do IPTU; não seria lícito impedir esse pagamento (prejudicando o erário e sujeitando o contribuinte à mora, às multas e juros, à inscrição em dívida ativa) pelo fato de não poder ele, naquele momento, pagar a taxa, ainda que essa seja devida, reitere-se. Se assim agir o credor, poderá o devedor pagar apenas aquele valor que pretende adimplir valendo-se do socorro da via judicial para tanto.

O mesmo raciocínio se a condição imposta for para que se cumpra certa obrigação assessória, o que, como dito, não pode ser feito; caso a Administração imponha essa exigência, poderá o sujeito passivo promover o pagamento mediante consignação judicial, mesmo sem ter cumprido a obrigação assessória, sendo irrelevante analisar se o dever instrumental é ou não realmente e regularmente previsto na legislação; sendo ou não devida a obrigação assessória, o seu não cumprimento não permite impedir o pagamento de dívida tributária devida e confessa, e, quando a prestação procedimental é realmente devida, o não adimplemento enseja a imposição de sanção, normalmente multa, mas não permite ao Estado impedir o pagamento do tributo devido por parte do contribuinte.

A outro giro, a hipótese prevista no terceiro inciso do art.164 do CTN cuida dos casos em que ocorrem duas ou mais tributações aplicadas sobre um único fato gerador, sendo o sujeito passivo tributado por duas ou mais pessoas diferentes, recebendo cobranças plurais quando na verdade é devedor de uma única dívida, devida a apenas uma das pessoas que formalizaram cobranças concomitantes. É o famoso caso da *bi-tributação*, na qual o sujeito passivo recebe duas ou mais tributações ao mesmo tempo sendo que somente deve a uma das pessoas que o tributaram.

CAPÍTULO 25 – AÇÕES TRIBUTÁRIAS

Em tais quadros fáticos poderá ajuizar, no seu domicílio, a *Ação Consignatória*, requerendo a citação de todos os cobradores para colocá-los como litisconsortes passivos no povo passivo da demanda, depositando o valor realmente devido (de preferência, se possível, depositando o maior valor entre os que foram cobrados), pleiteando tutela jurisdicional que declare quem é o legítimo credor e que homologue o pagamento consignado em seu favor, extinguindo o crédito pelo nos termos do art. 156, VIII, CTN, bem como também e ao mesmo tempo reconhecendo como indevidas as outras cobranças e extinguindo os respectivos créditos incorretamente cobrados por via da decisão judicial transitada em julgado que os afirme como não devidos, nos termos do art.156, X, CTN.

É sempre simples e fácil identificar uma situação fática em que se deve ajuizar uma Ação Consignatória Fiscal. A premissa inicial é que sempre se estará diante de uma hipótese em que *o contribuinte quer pagar*; ele procurará o Judiciário *para adimplir o débito* e não para questioná-lo; tratar-se-á de situações em que a dívida cobrada é aceita e reconhecida como devida, não havendo, por parte do contribuinte, resistência a ela; ocorre, todavia, um problema causado pelo Estado e é exatamente por força desse problema, o qual dificulta (quiçá impede) que o contribuinte consiga adimplir voluntariamente sua dívida, que se toma a decisão de promover o ajuizamento da ação para por via dela se conseguir adimplir o montante. Para que a Ação se torne cabível, o problema deve ser exatamente um dos que aparecem narrados nos citados incisos I a III do art. 164 do CTN. Diante de qualquer das hipóteses ali narradas, torna-se cabível a Consignatória Tributária.

DICA 13: A AÇÃO DE REPETIÇÃO DE INDÉBITO FISCAL

A *Ação Repetitória* é mais uma que não desafia qualquer dificuldade para que se identifique seu cabimento e se percebam as situações fáticas que atraem seu uso. Ela é cabível quando os contribuintes querem recuperar valores que foram indevidamente pagos aos cofres públicos.

Normalmente, o ajuizamento das Ações Repetitórias se dá unicamente com esse propósito, o de recuperar os valores pagos equivocadamente. Todavia, existe uma situação especial em que a *Actio Restitutiva* propicia ao contribuinte uma utilidade maior. É quando através dela se almeja, também, ao seu final, adimplir um debito fiscal pendente, através do procedimento da *compensação judicial*, utilizando-se o valor a ser recuperado como *moeda* para amortizar uma dívida pendente. É quando se fala da chamada *Ação Repetitória com pedido de Compensação*. Basta imaginar a simples e comum situação em que certo contribuinte tenha realizado pagamento indevido de certa quantia ao fisco e tenha decidido por ajuizar a ação; ao final, obtendo êxito e logrando a condenação da ré ao ressarcimento, vide a procedência da ação, percebe que possui, perante o mesmo ente, um dívida pendente de adimplemento, sendo essa, realmente devida; ao invés de desembolsar capital em dinheiro para pagar essa dívida, se vale do valor que tem a receber para então pedir em juízo que se efetive a *compensação* ente a quantia a ser recuperada e o valor que se pretende adimplir. Desde que haja autorização para a compensação na *lei específica de compensação* (todo ente federativo possui legislação própria para reger a compensação envolvendo os seus tributos), poderá o contribuinte requerê-la no curso da *Ação Repetitória*, devendo o Judiciário, caso não enxergue qualquer irregularidade, efetivá-la. O pedido pode inclusive ser feito ao final do processo, já na fase de liquidação da sentença que julgou a ação procedente, pedindo-se que ao invés de se ordenar a expedição de precatório, que se converta a condenação ao ressarcimento em procedimento compensatório. Nesse sentido a jurisprudência do STJ, vide **Súm. nº 461, STJ**.

Duas características marcantes da *Ação Repetitória* que merecem destaque. Primeiro, o fato de que para que a ação possa ser julgada procedente é fundamental que o contribuinte observe o **prazo de prescrição**, já que **a contar da data do pagamento indevido se inicia prazo prescricional de 5 anos**, o qual, caso inobservado, é letal à pretensão do administrado, nos termos do art. 168, CTN. A segunda observação importante é no sentido de que deve o autor da ação pleitear que ao final sejam acrescidos os valores referentes aos juros e correção monetária sobre a quantia indevidamente paga, para que o ressarcimento se faça no montante verdadeiramente correto; em se tratando de restituição na esfera federal, há de se aplicar a *Taxa SELIC*, porquanto nos demais casos se aplica a regra clássica dos juros de 1% ao mês contados após o trânsito em julgado da sentença e a correção monetária desde a data do desembolso, nos termos do art. 167, p. único do CTN e das **Súmulas nºs 162 e 188, STJ**.

DICA 14: A AÇÃO ANULATÓRIA E A SUSPENSÃO DA EXIGIBILIDADE DO CRÉDITO TRIBUTÁRIO: O DEPÓSITO DO MONTANTE INTEGRAL EM DINHEIRO E A ANTECIPAÇÃO DE TUTELA

A *Ação Anulatória*, como já mencionado, é a ferramenta processual adequada para proporcionar o questionamento judicial dos atos administrativos que se revelam indevidos e contrários aos direitos dos contribuintes. Pleiteia-se, através dela, a *invalidação* do ato que se pretende anular. Pede-se a *anulação* em juízo.

Não obstante cabível para pedir a invalidação de todo e qualquer ato viciado da Administração, não há dúvida que a mais habitual situação a atrair a *actio de invalidação* é aquela em que se pretende obter a invalidação de um lançamento fiscal e juízo, buscando-se a extinção judicial do crédito tributário indevidamente constituído, livrando o contribuinte dos efeitos da cobrança e dos riscos de sofrer uma com o ajuizamento de uma não merecida execução fiscal.

Em tais situações, de se destacar que o mero ajuizamento da *Ação Anulatória* não é suficiente, por si só, para gerar a chamada *suspensão da exigibilidade do crédito* tributário, impedindo o ajuizamento de ação de Execução Fiscal concorrente com o trâmite da Ação Anulatória e assegurando algumas outras vantagens, como, a obtenção de certidões fiscais com efeito de negativas. Ou seja, para que o contribuinte conquiste a proteção de ter os efeitos do ato de lançamento suspensos durante o transcorrer do processo precisará se valer de uma das duas medidas suspensivas que proporcionam a obtenção de tal benefício. Nesse compasso, será necessário que busque amparo nas ferramentas previstas no art. 151, II ou V, do CTN, e, nessa toda, ou tome a decisão de fazer o *depósito do montante integral e dinheiro* ou, caso opte por não realizá-lo (já que não é obrigatório seu feitio), que consiga a *concessão de tutela antecipada* nos autos. Qualquer dessas duas medidas é suficiente para assegurar a *suspensão da exigibilidade do crédito tributário*, e, se assim se der, porquanto tal efeito permanecer, ficará o autor da Ação Anulatória protegido com a certeza de que não sofrerá um ajuizamento de Ação de Execução Fiscal em paralelo e que poderá sempre que necessitar obter certidões com efeito de negativas na Administração.

Observe-se que o contribuinte não é obrigado a realizar o depósito em dinheiro da quantia cobrada para que possa ajuizar a ação. Não. A ação será viável independente do seu feitio. Todavia, a opção por realizá-lo traz a vantagem de proporcionar o efeito suspensivo ao lançamento, restando, como demonstrado, suspensa a exigibilidade do crédito tributário, nos termos doa art. 151, II, CTN. Frise-se que o mesmo deve ser em dinheiro e da quantia exigida no lançamento, conforme entendimento firmado no STJ e estampado na **Súm. nº 112, STJ**.

Caso o contribuinte opte por ajuizar a ação sem a realização do depósito, não pode o órgão jurisdiciona competente rejeitar a ação. O depósito não é condição de procedibilidade à defesa dos interesses do administrado por via da *Ação Anulatória*, já tendo inclusive pacificado o STF que tal exigência configuraria forte violação às garantias constitucionais do *acesso à justiça, devido processo legal, ampla defesa e contraditório*, tendo sido editada a **Súmula Vinculante nº 28** impondo a obediência a tal entendimento em todo o Judiciário.

DICA 15: A MEDIDA CAUTELAR FISCAL DO CONTRIBUINTE

Ferramenta de boa valia à advocacia tributária é a chamada **Medida Cautelar Fiscal do Contribuinte**, que normalmente é chamada de **Cautelar Fiscal Preparatória**. Como o próprio nome sugere, é uma medida de *cautela*, que fomenta a instauração de um prévio processo de natureza cautelar, direcionado a assegurar proteção para preservação da viabilidade de um outro processo futuro, o principal.

Normalmente, a Ação Cautelar é uma ação que se ajuíza quando se precisa ajuizar uma Ação Anulatória mas não se tem tempo suficiente para preparar toda a defesa de mérito de forma técnica na petição inicial, sendo que, apesar de ser necessário um tempo para se redigir a inicial com calma, o contribuinte precisa obter com urgência uma certidão negativa para exercer certos direitos. Em tais quadros fáticos, se ajuiza cautelarmente a ação preventiva e se propõe o depósito do valor cobrado no lançamento, lançamento esse que será o ato a ser atacado na ação principal, que será a *Ação Anulatória*. De tal modo, assegura-se por antecipação o efeito que se buscaria com a *Anulatória* (a suspensão da exigibilidade do crédito) e se proporciona ao cliente a obtenção das certidões que precise extrair, evitando-se que sofra prejuízos por estar com o nome inscrito no cadastro de dívida ativa. Após o ajuizamento da *Medida Cautelar Fiscal* acompanhada do depósito do valor lançado se ganha então o tempo suficiente para se redigir, com calma, a petição inicial a se protocolada quando do ajuizamento da Ação principal.

Imagine-se, a título de exemplo, uma situação em que certa pessoa jurídica contrata um advogado tributarista para que promova ajuizamento de Ação Anulatória com o propósito de questionar uma cobrança de diversos valores, referentes a diferentes tributos e a largo período retroativo. Cogite-se que para fazer a defesa o advogado precisasse avaliar os documentos da empresa, analisar os livros de notas fiscais, as planilhas de contabilidade da contribuinte, etc. Indo além, pense-se se tratar de tema que envolvesse alta complexidade técnica a desafiar vasta pesquisa doutrinária e jurisprudencial. E suponha-se que a empresa, em situação de extrema urgência, informa ao advogado sua necessidade de que se consiga imediatamente uma certidão fiscal com efeito de negativa para atender uma necessidade emergencial (ex: habilitação em um processo licitatório; liberação de financiamento perante o poder público; deferimento de recuperação judicial; etc.). Como se comportar o advogado? Pode propor o ajuizamento da **Medida Cautelar Fiscal acompanhada do Depósito** do valor cobrado, sem sequer discutir o mérito e sem ainda atacar o ato de cobrança, algo que somente se fará na ação principal, quando vier a ser supervenientemente ajuizada. A finalidade da ação preparatória será apenas a de antecipar o depósito dando ao fisco a garantia de que o valor cobrado já está disponibilizado, tornando-se, portanto, vedado que se negue a expedição de certidões com efeito de negativa. Dessa forma o contribuinte consegue a obtenção dos documentos dos quais necessita e o advogado ganha tempo para preparar a defesa de modo adequado.